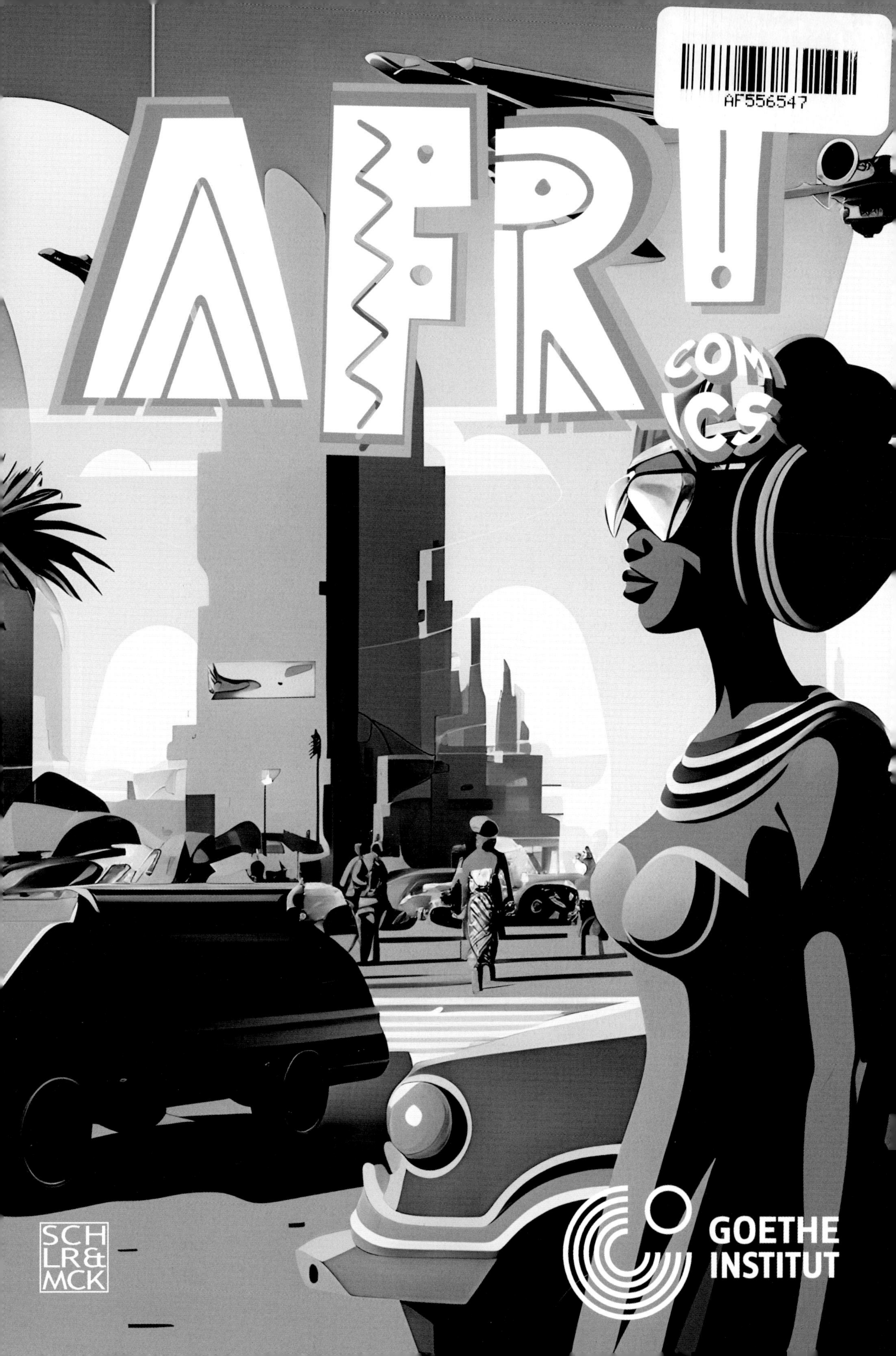
AFRI
COMICS
SCH
LR&
MCK
GOETHE
INSTITUT

Information bibliographique de la Deutsche Nationalbibliothek

La Deutsche Nationalbibliothek a répertorié cette publication dans la Deutsche Nationalbibliografie; les données bibliographiques détaillées peuvent être consultées sur Internet à l'adresse http://dnb.dnb.de .

Cette anthologie fait partie du projet régional AfriComics,
mené par la région Afrique subsaharienne
du Goethe-Institut e. V.

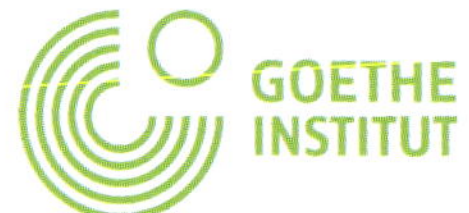

Première Édition

Lectorat: Antonia Sümnich, Heike Friesel
Cover-Design: Derek Amoah
Imprimé par Standart Impressa
en Lituanie.

ISBN 978-3-89930-472-5

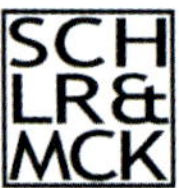

Inhalt

Chères lectrices, chers lecteurs,

Avec ce livre entre vos mains, vous détenez le résultat d'un long processus ; tous ceux qui y ont contribué sont très heureux et fiers de pouvoir présenter un si beau résultat de leur travail.

C'est pourquoi je souhaite commencer cette préface non pas par les détails techniques du projet mais par un sincère remerciement, surtout aux artistes participants dont les œuvres sont ici rassemblées. C'est principalement grâce à eux que le projet « AfriComics » a pu aboutir avec succès et qu'un réseau dynamique a été créé, offrant ainsi des opportunités d'échange et de soutien mutuel dans la durée.

Bien sûr, nous n'oublions pas tous ceux qui ont produit des vidéos pour le site web lors des phases précédentes du projet, ceux qui ont conçu et animé des ateliers, et bien sûr, les participants aux nombreux ateliers de la première phase. Sans l'engagement actif de tous ces individus créatifs et enthousiastes issus de 21 pays différents, ce panorama n'aurait pas été possible. Nous remercions également les collègues des instituts Goethe impliqués qui nous ont soutenus dès le début avec confiance, leur connaissance des pays d'accueil et bien entendu les ressources financières nécessaires.

La scène de la bande dessinée africaine est aussi variée que le vaste continent lui-même et les vidéos prises au début du projet en 2020 témoignent elles aussi de cette grande diversité. Cette collection de vidéos permet d'explorer le monde de la bande dessinée en Afrique et en provenance de l'Afrique. Elle contient par exemple des portraits d'icônes nationales de la bande dessinée, de courtes conférences pratiques sur les stratégies de marketing ou sur les méthodes de développement des personnages ou propose aussi une vue d'ensemble de l'évolution de la bande dessinée africaine.

Mais ce n'était que la première étape. Lorsque la Covid a enfin permis à nouveau des réunions physiques, des ateliers ont eu lieu dans 14 pays au total. La plupart d'entre eux ont été conçus et animés par deux formateurs qui grâce à leur étroite collaboration ont su associer de façon fructueuse.leurs expériences et compétences acquises tantôt en Allemagne tantôt dans les pays d'accueil. Certains résultats et impressions photographiques de ces ateliers se trouvent également sur le site web mentionné précédemment :

www.goethe.de/africomics.

L'un de nos objectifs principaux était de fournir aux artistes de bandes dessinées des opportunités de mise en réseau international. Cela a été réalisé grâce aux différents ateliers proposés dans les pays d'accueil et au niveau international lors d'une réunion commune qui a eu lieu au Ghana à l'été 2022. Des artistes sélectionnés de 15 pays se sont réunis pour travailler ensemble sur de nouvelles bandes dessinées autour du thème de „Decolonize...!". Sous la direction de Mikaël Ross d'Allemagne et Akosua Hanson du Ghana de nouvelles idées ont été développées, des storyboards ont été élaborées, discutées avec les autres participants, modifiées puis présentées à nouveau aux collègues. Les dix-sept artistes de bandes dessinées qui se sont regroupés pendant cette semaine au Ghana sont restés en contact et continuent de se soutenir mutuellement.

Comme ailleurs dans le monde, la création de bandes dessinées est une activité de niche sur le continent africain, même si elle commence à s'y établir progressivement. Certes les mythes et les super-héros, les mondes fantastiques et la recherche d'autres réalités jouent dans l'art de la bande dessinée africaine, comme partout ailleurs, un rôle important. Cependant, à travers les histoires présentées ici, on peut facilement reconnaître le rôle important des ancêtres dans la perception historique de nombreux Africains. Et bien que l'histoire coloniale continue de peser lourdement sur les sociétés, que ce soit sur le plan économique, culturel ou psychologique, le désir d'une coexistence harmonieuse et respectueuse est présent dans de nombreuses histoires.

Accra, été 2023
Heike Friesel

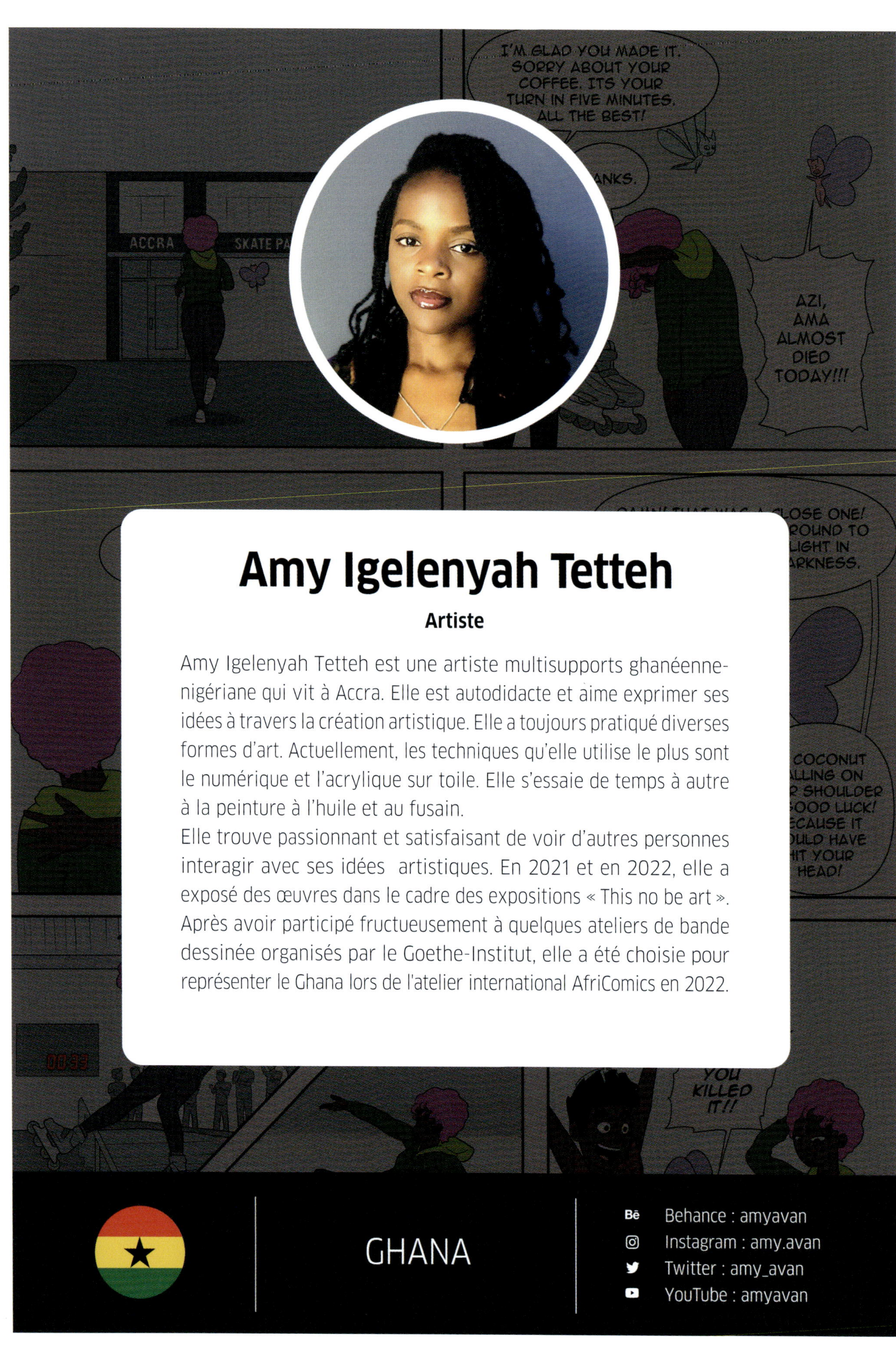

Amy Igelenyah Tetteh

Artiste

Amy Igelenyah Tetteh est une artiste multisupports ghanéenne-nigériane qui vit à Accra. Elle est autodidacte et aime exprimer ses idées à travers la création artistique. Elle a toujours pratiqué diverses formes d'art. Actuellement, les techniques qu'elle utilise le plus sont le numérique et l'acrylique sur toile. Elle s'essaie de temps à autre à la peinture à l'huile et au fusain.

Elle trouve passionnant et satisfaisant de voir d'autres personnes interagir avec ses idées artistiques. En 2021 et en 2022, elle a exposé des œuvres dans le cadre des expositions « This no be art ». Après avoir participé fructueusement à quelques ateliers de bande dessinée organisés par le Goethe-Institut, elle a été choisie pour représenter le Ghana lors de l'atelier international AfriComics en 2022.

GHANA

Behance : amyavan
Instagram : amy.avan
Twitter : amy_avan
YouTube : amyavan

UNCHAINED

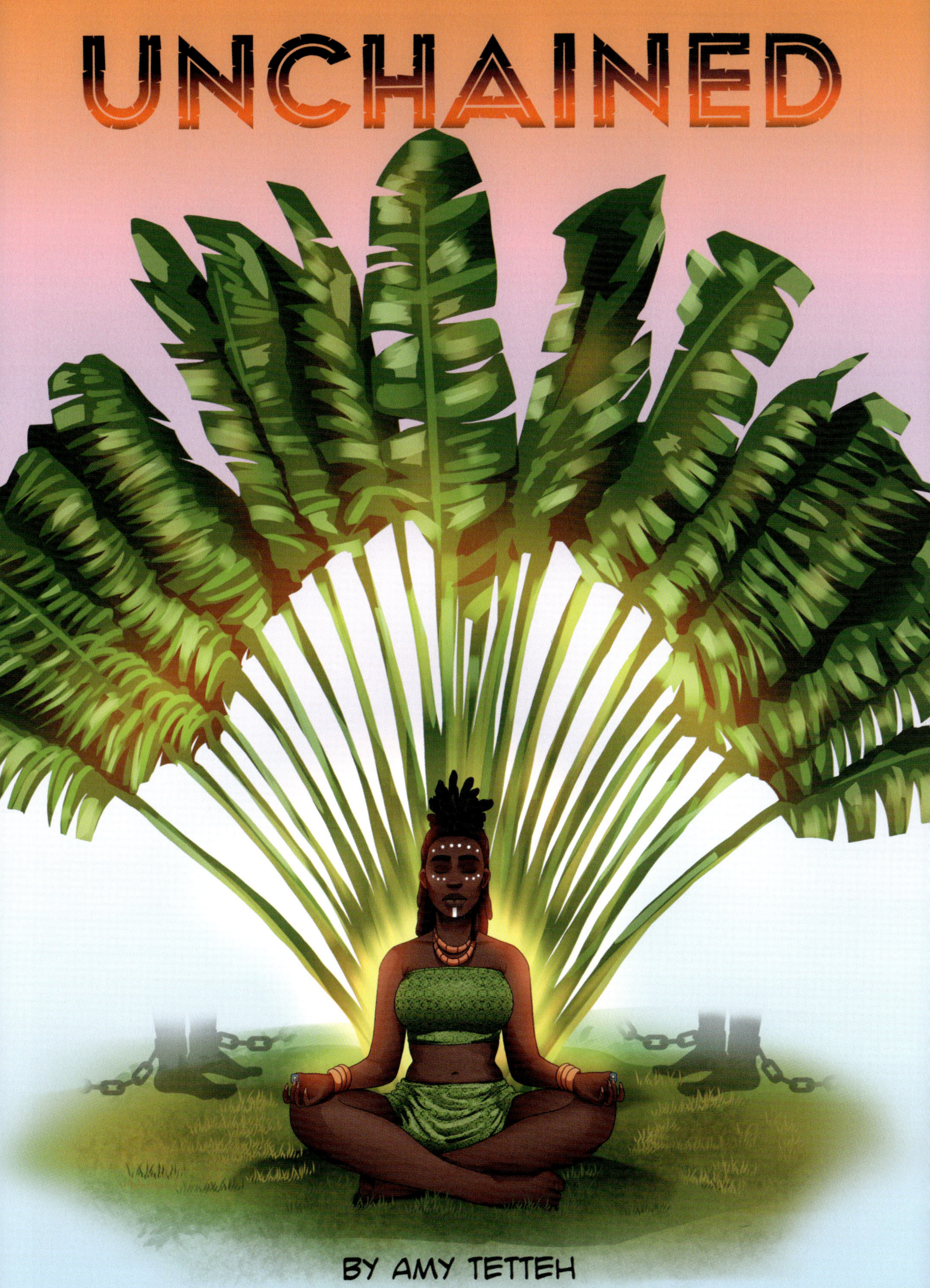

BY AMY TETTEH

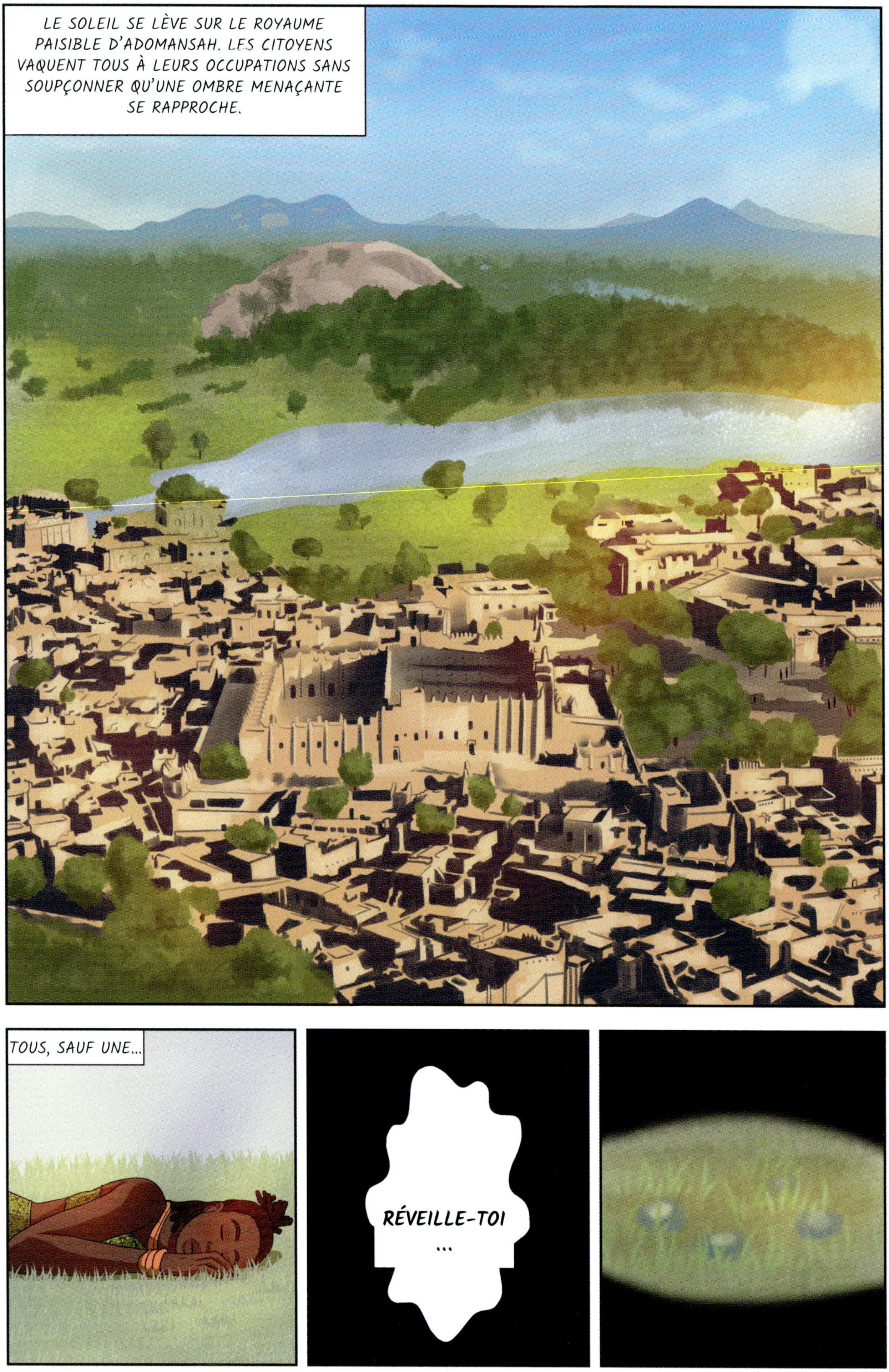

LE SOLEIL SE LÈVE SUR LE ROYAUME PAISIBLE D'ADOMANSAH. LES CITOYENS VAQUENT TOUS À LEURS OCCUPATIONS SANS SOUPÇONNER QU'UNE OMBRE MENAÇANTE SE RAPPROCHE.

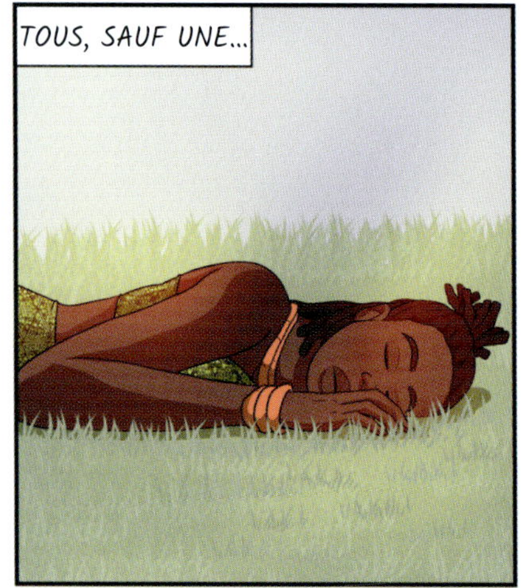

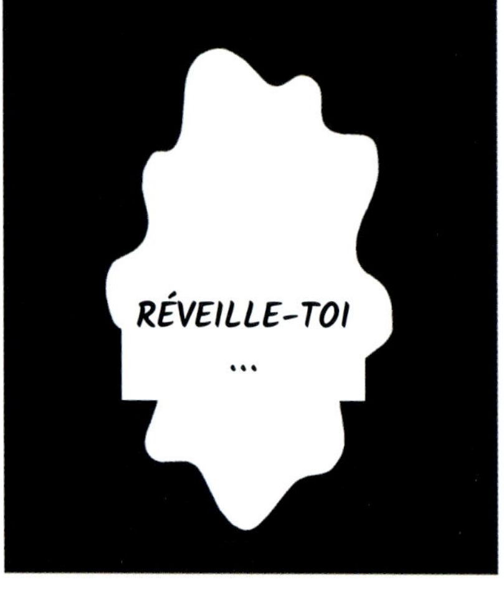

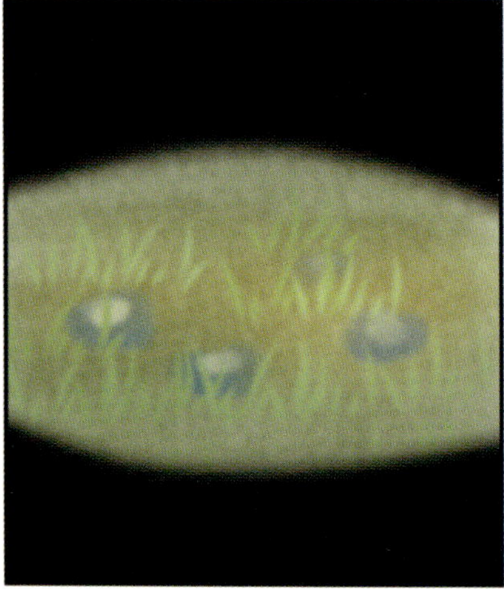

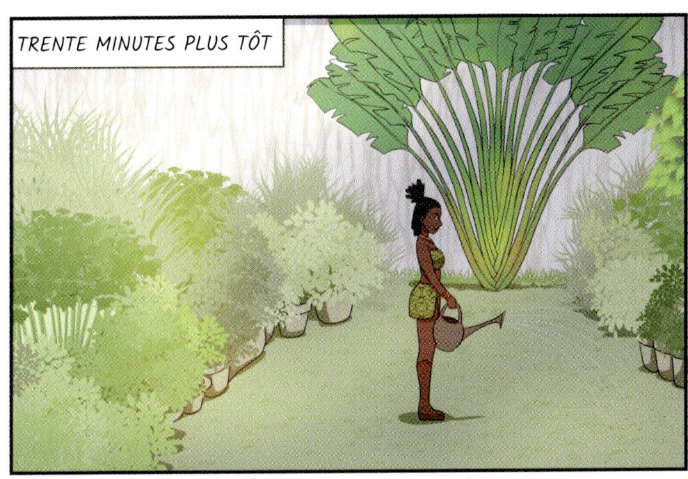
TRENTE MINUTES PLUS TÔT

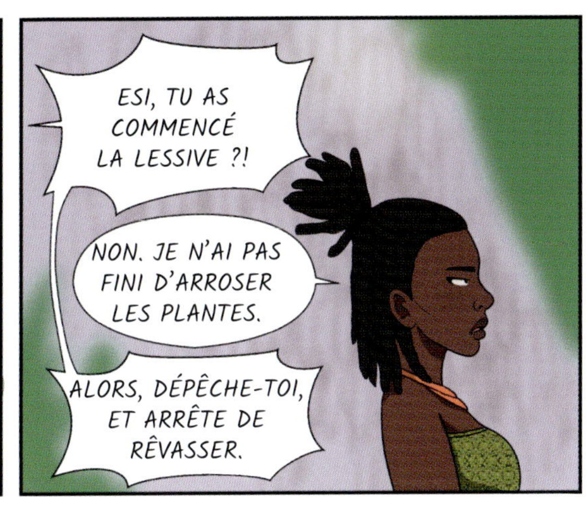
ESI, TU AS COMMENCÉ LA LESSIVE ?!
NON. JE N'AI PAS FINI D'ARROSER LES PLANTES.
ALORS, DÉPÊCHE-TOI, ET ARRÊTE DE RÊVASSER.

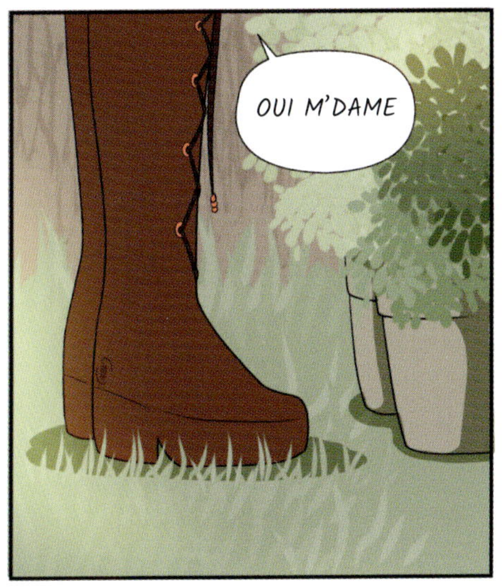
OUI M'DAME

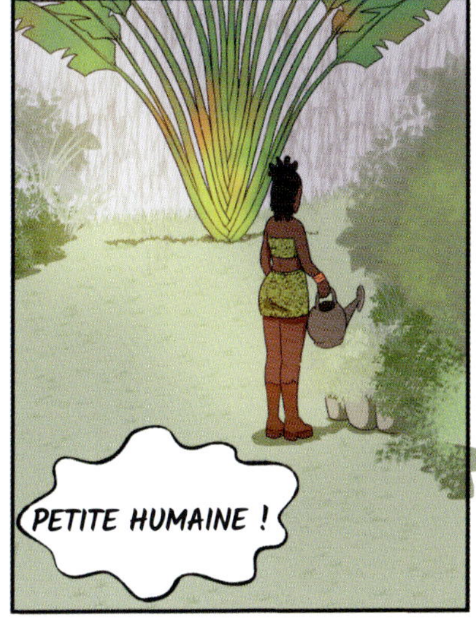
PETITE HUMAINE !

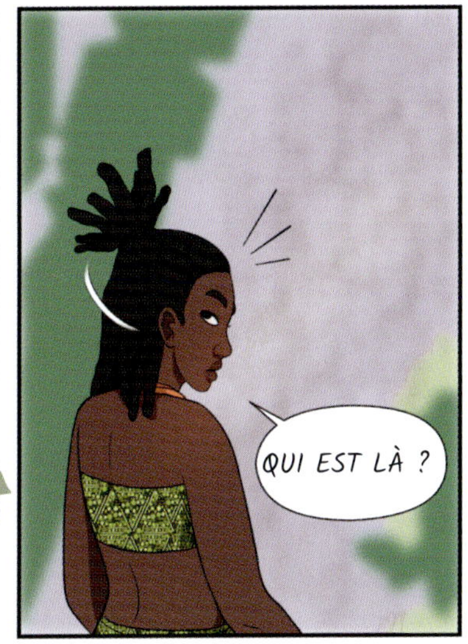
QUI EST LÀ ?

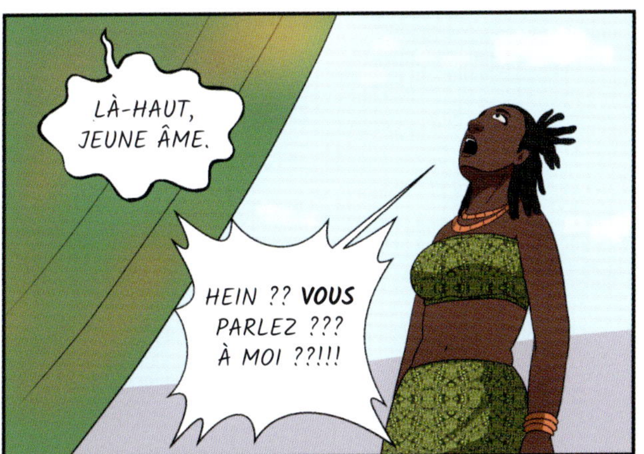
LÀ-HAUT, JEUNE ÂME.
HEIN ?? **VOUS** PARLEZ ??? À MOI ??!!!

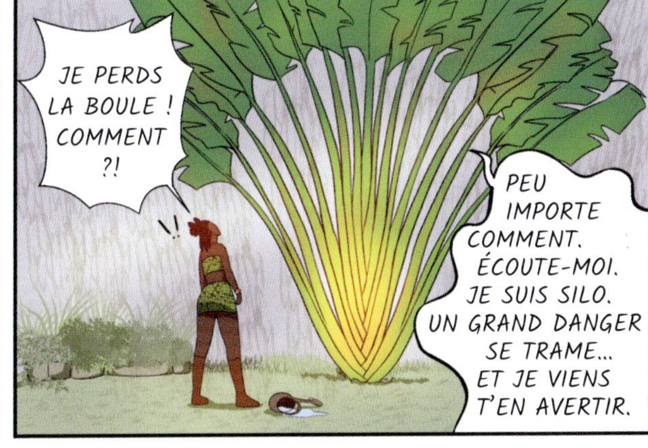
JE PERDS LA BOULE ! COMMENT ?!
PEU IMPORTE COMMENT. ÉCOUTE-MOI. JE SUIS SILO. UN GRAND DANGER SE TRAME... ET JE VIENS T'EN AVERTIR.

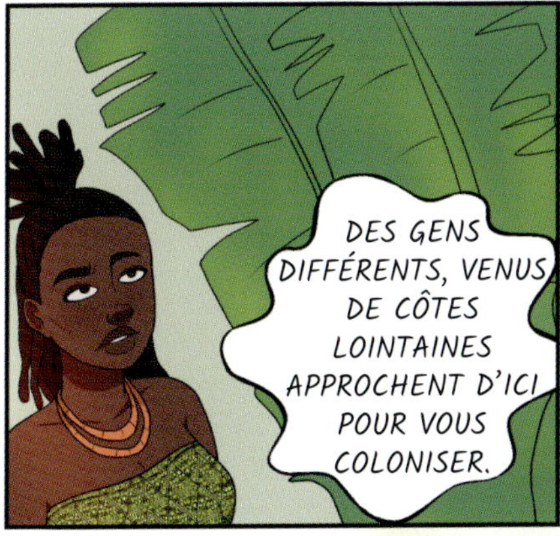
DES GENS DIFFÉRENTS, VENUS DE CÔTES LOINTAINES APPROCHENT D'ICI POUR VOUS COLONISER.

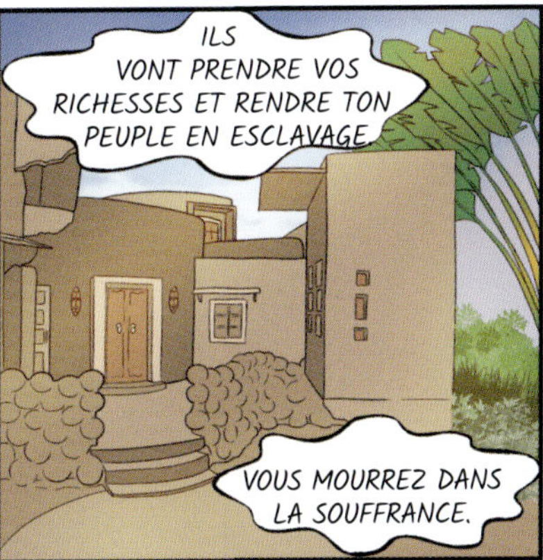
ILS VONT PRENDRE VOS RICHESSES ET RENDRE TON PEUPLE EN ESCLAVAGE.
VOUS MOURREZ DANS LA SOUFFRANCE.

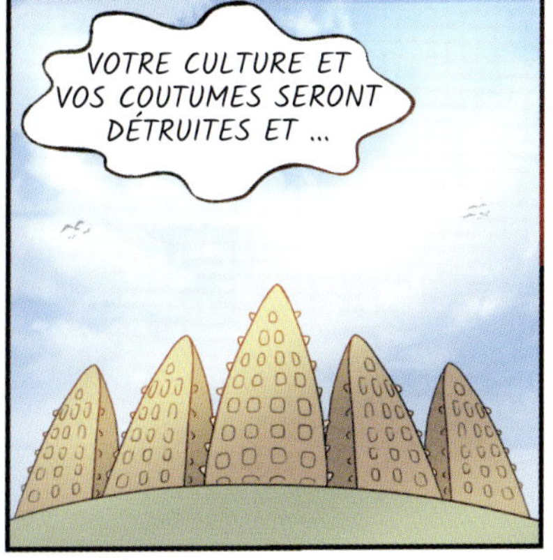
VOTRE CULTURE ET VOS COUTUMES SERONT DÉTRUITES ET ...

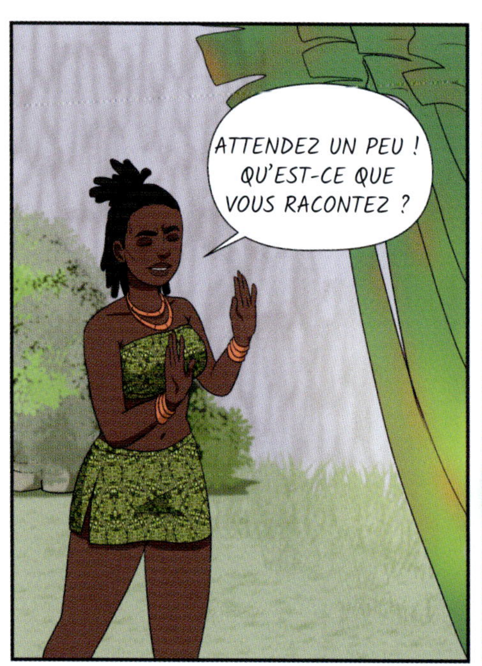
ATTENDEZ UN PEU ! QU'EST-CE QUE VOUS RACONTEZ ?

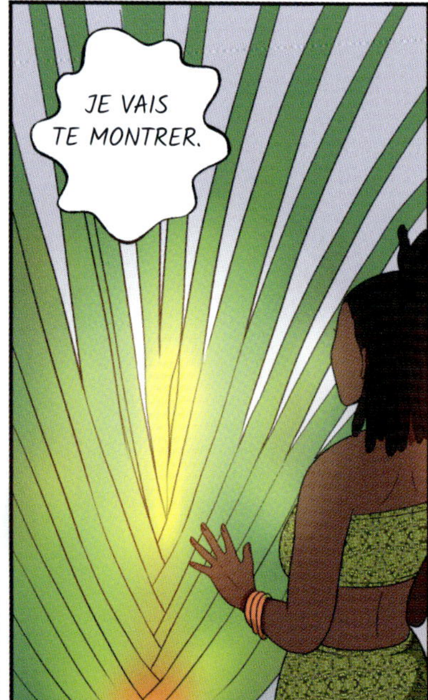
JE VAIS TE MONTRER.

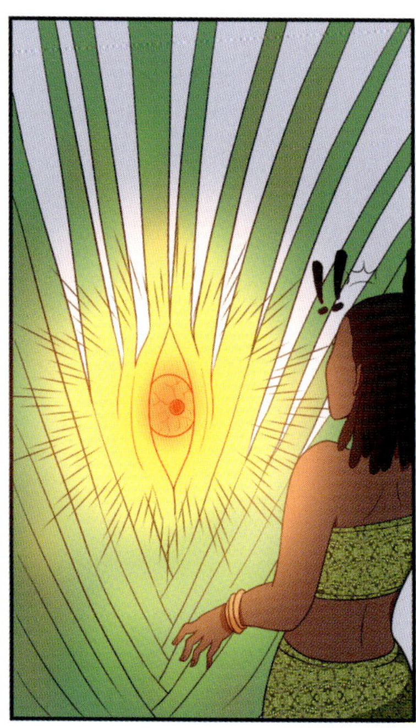
!!

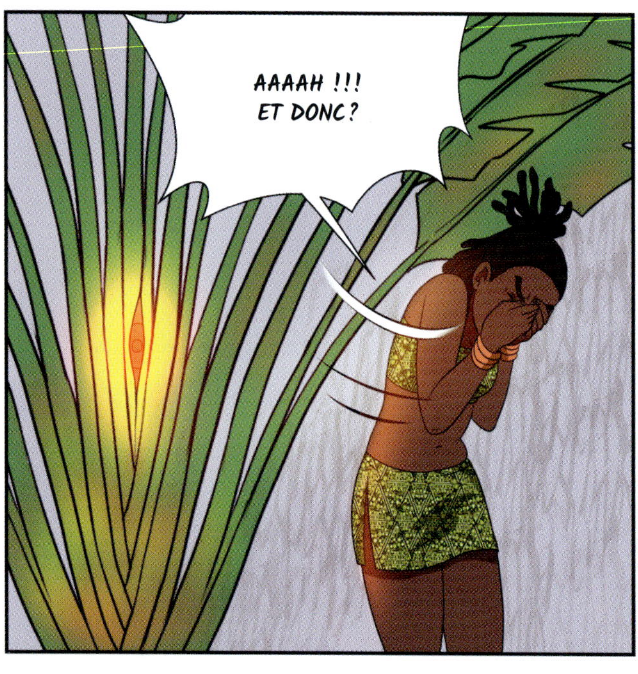
AAAAH !!! ET DONC ?

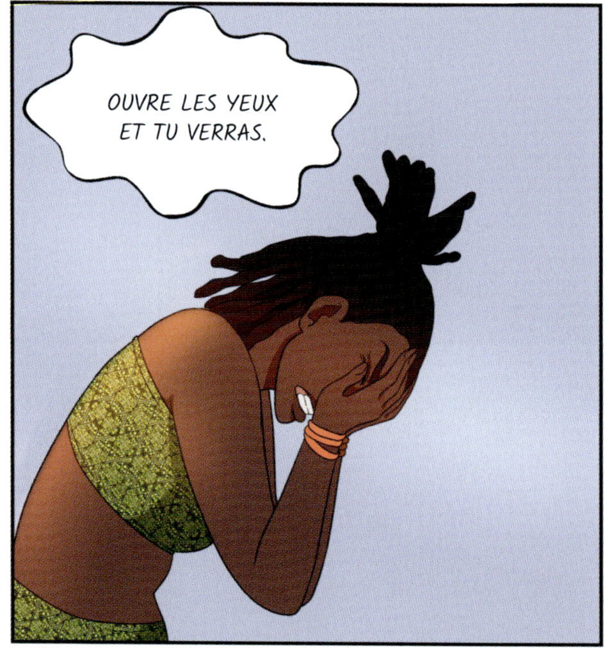
OUVRE LES YEUX ET TU VERRAS.

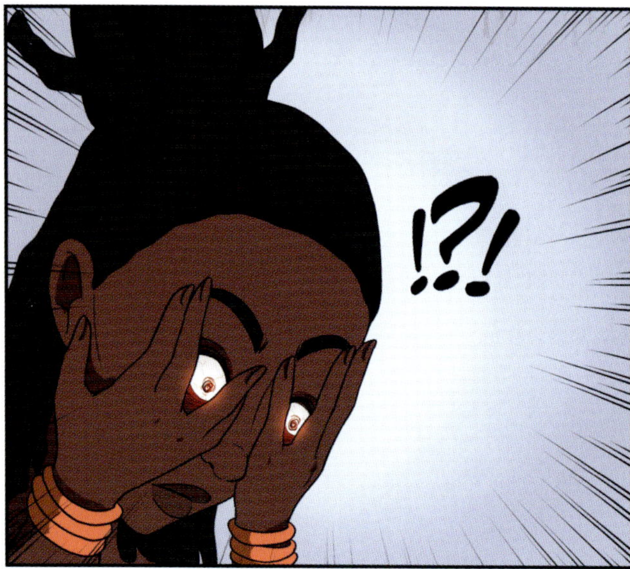
!?!

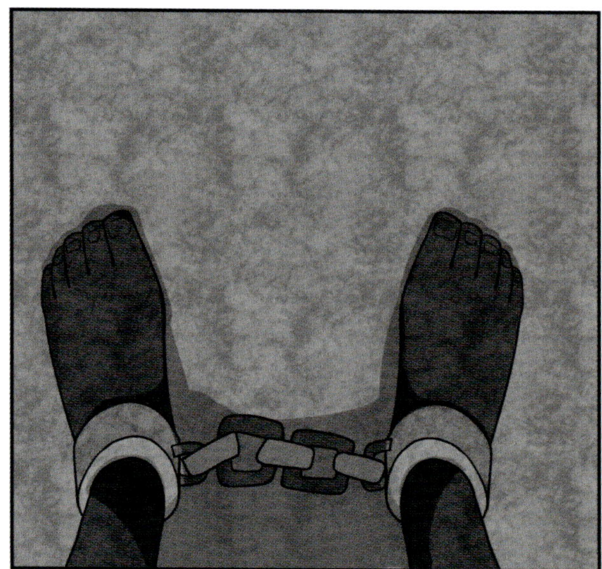

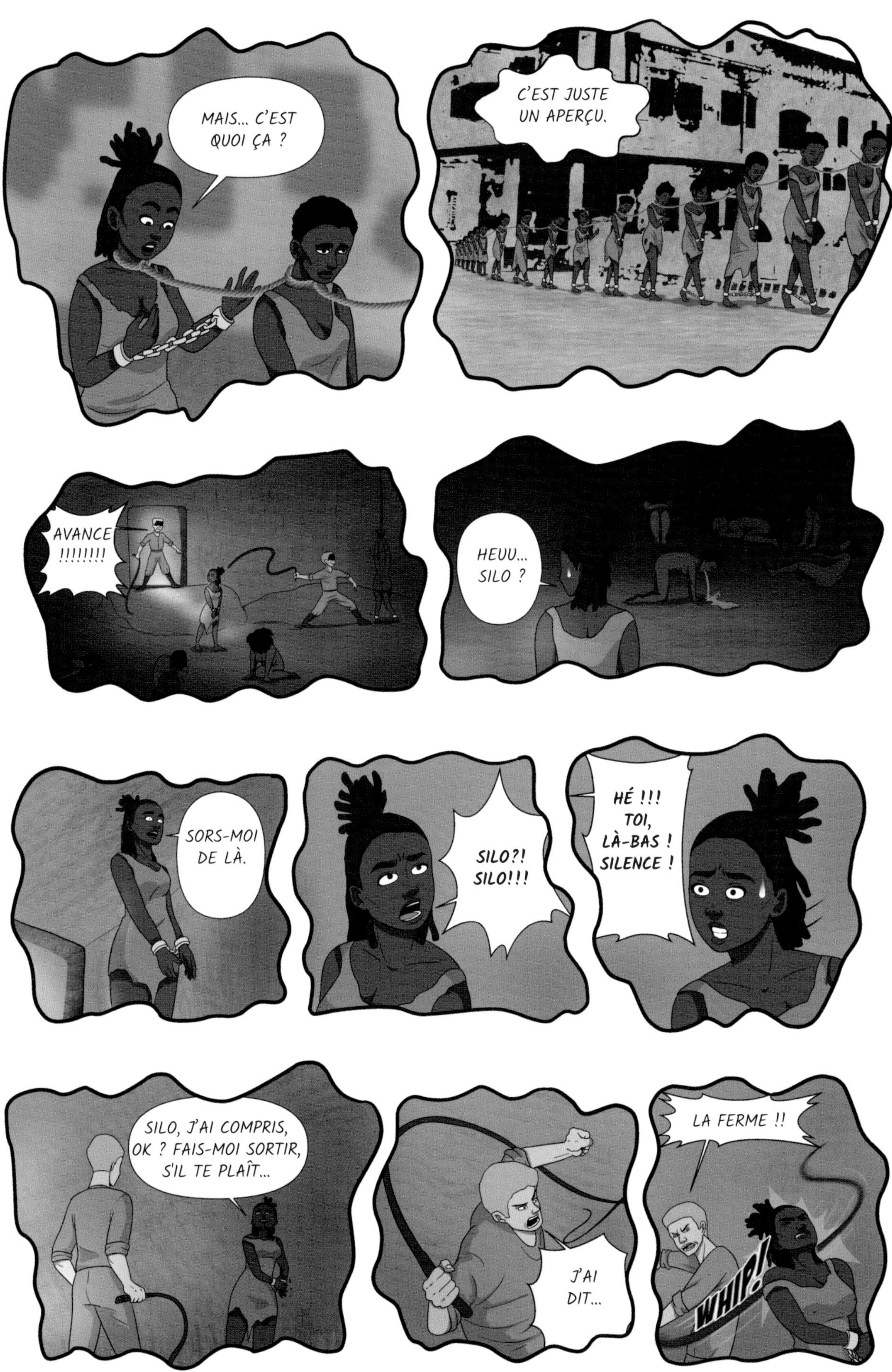
MAIS... C'EST QUOI ÇA ?
C'EST JUSTE UN APERÇU.
AVANCE !!!!!!!!
HEUU... SILO ?
SORS-MOI DE LÀ.
SILO?! SILO!!!
HÉ !!! TOI, LÀ-BAS ! SILENCE !
SILO, J'AI COMPRIS, OK ? FAIS-MOI SORTIR, S'IL TE PLAÎT...
J'AI DIT...
LA FERME !!
WHIP!

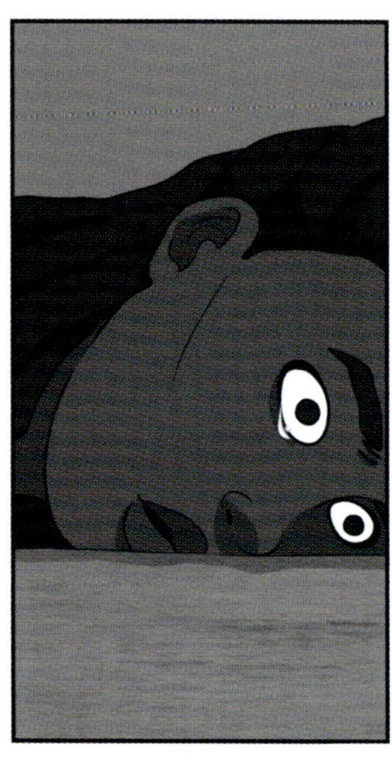
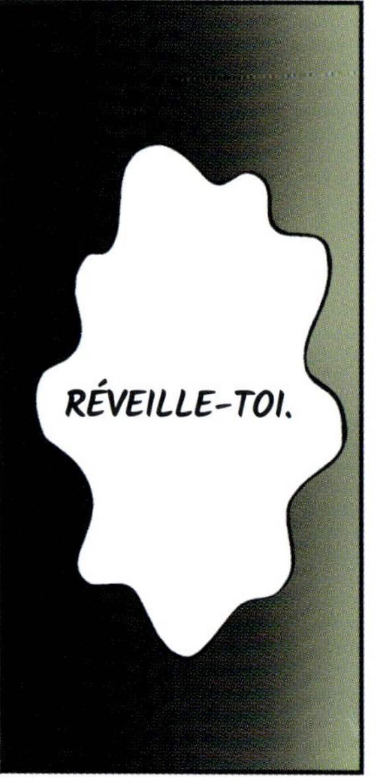
RÉVEILLE-TOI.
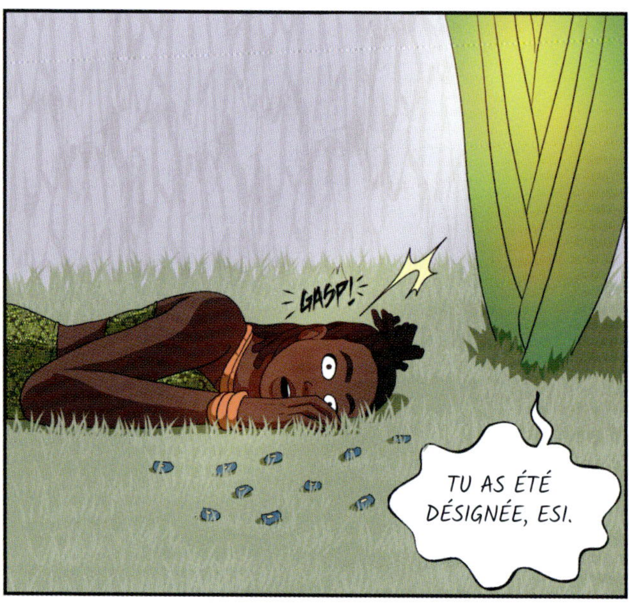
GASP!
TU AS ÉTÉ DÉSIGNÉE, ESI.
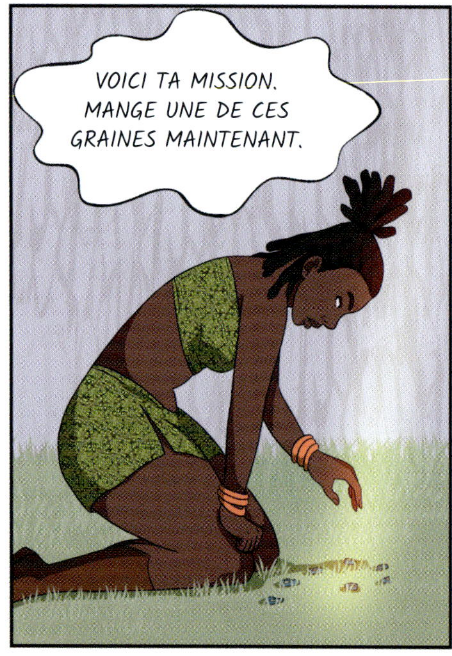
VOICI TA MISSION. MANGE UNE DE CES GRAINES MAINTENANT.
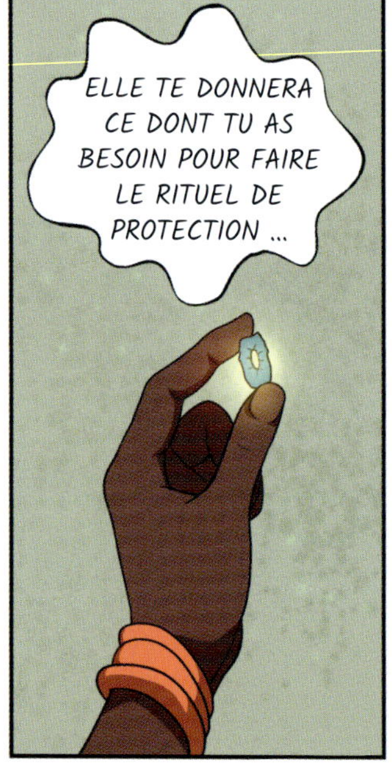
ELLE TE DONNERA CE DONT TU AS BESOIN POUR FAIRE LE RITUEL DE PROTECTION ...
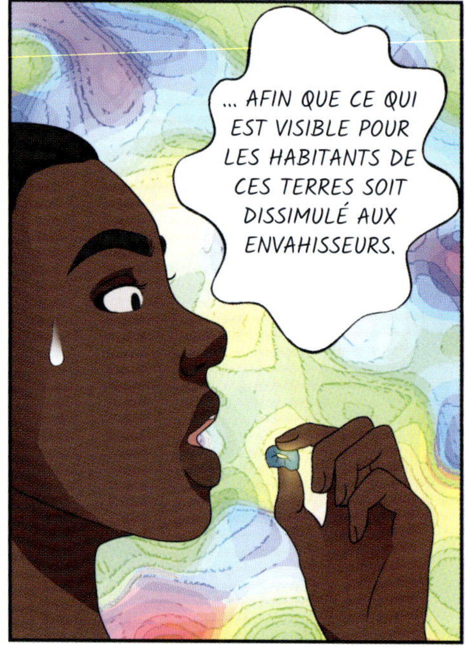
... AFIN QUE CE QUI EST VISIBLE POUR LES HABITANTS DE CES TERRES SOIT DISSIMULÉ AUX ENVAHISSEURS.
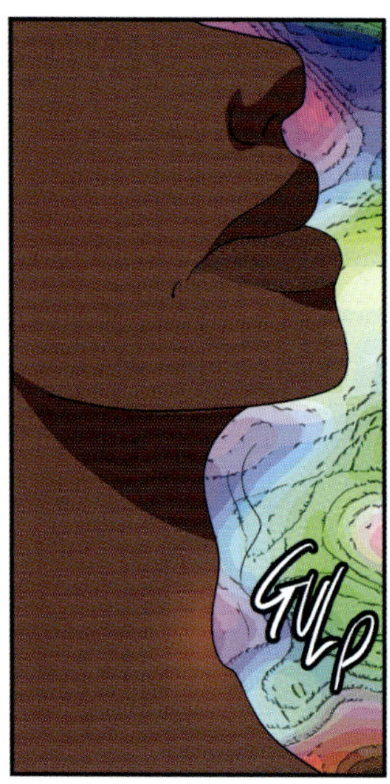
GULP
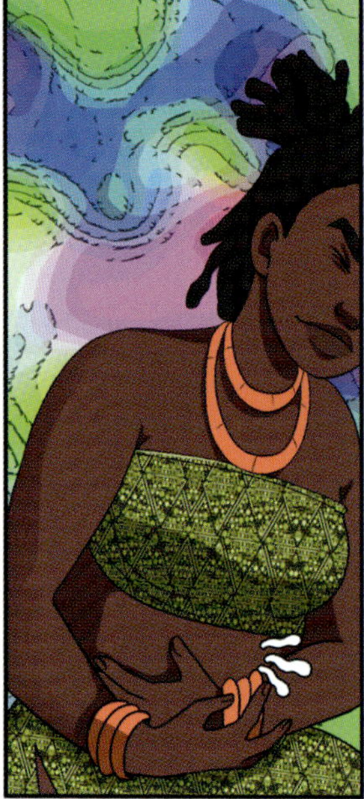
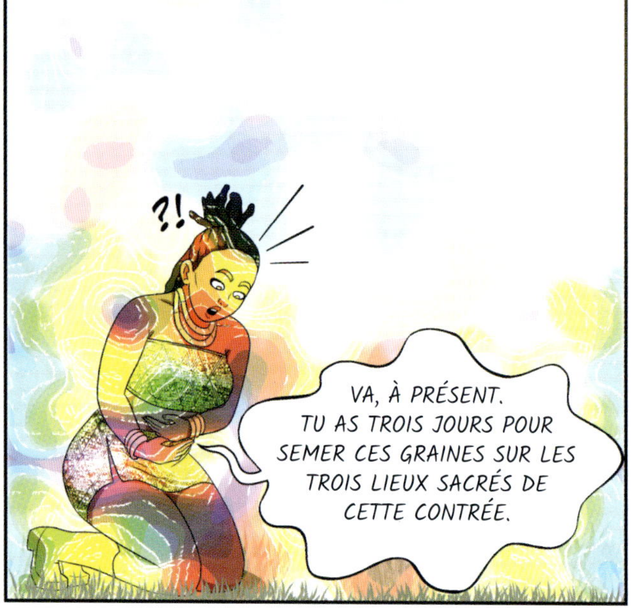
?!
VA, À PRÉSENT. TU AS TROIS JOURS POUR SEMER CES GRAINES SUR LES TROIS LIEUX SACRÉS DE CETTE CONTRÉE.

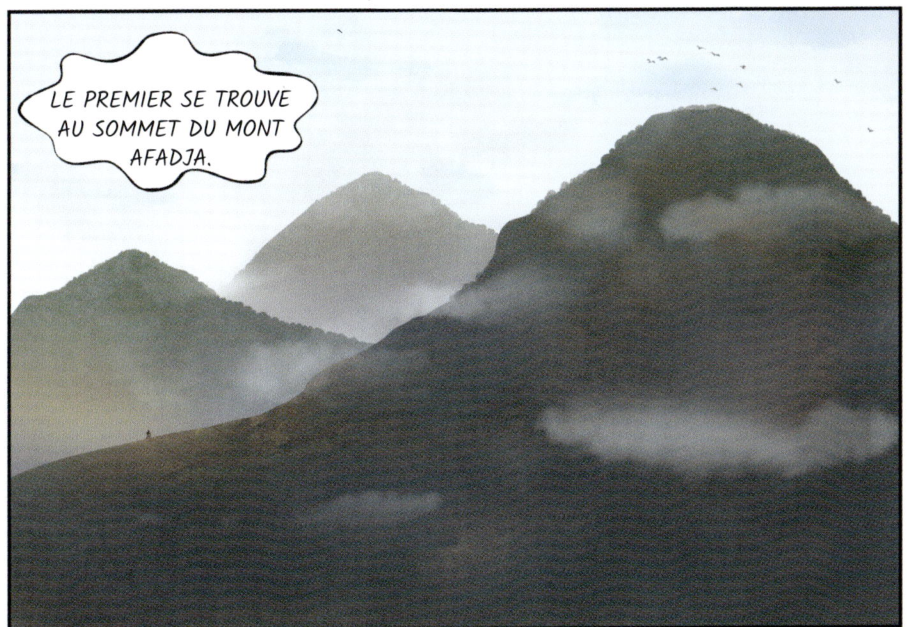
LE PREMIER SE TROUVE AU SOMMET DU MONT AFADJA.

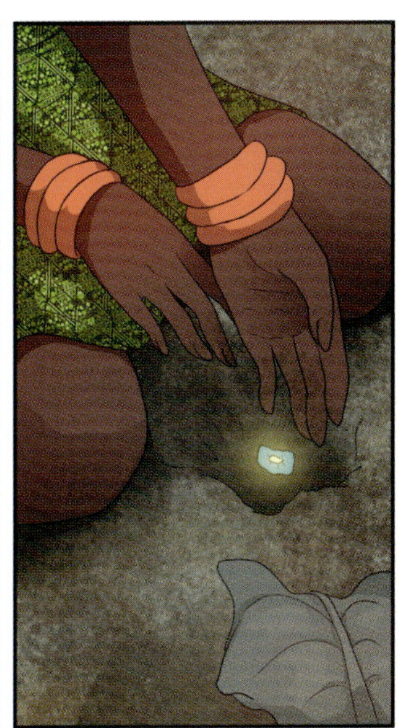

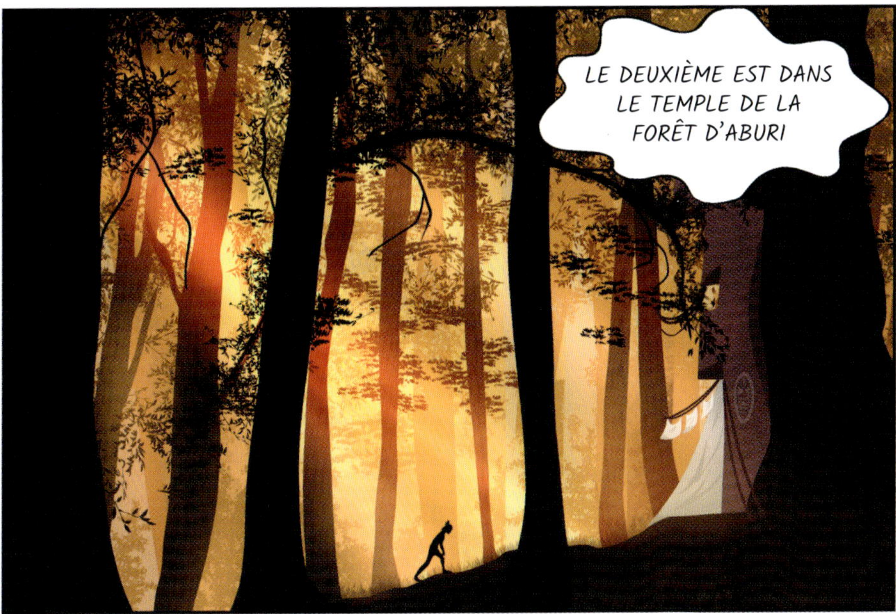
LE DEUXIÈME EST DANS LE TEMPLE DE LA FORÊT D'ABURI

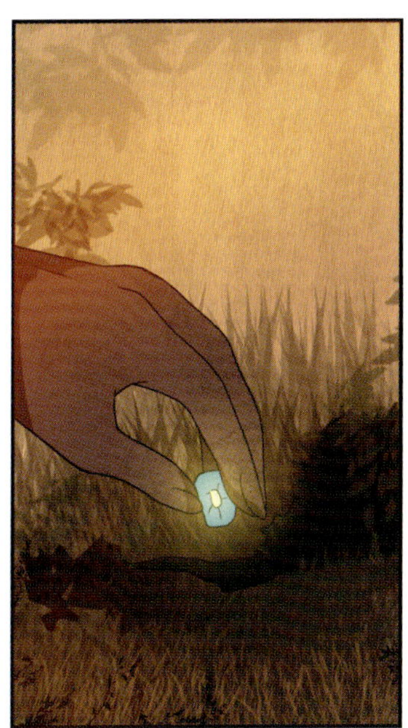

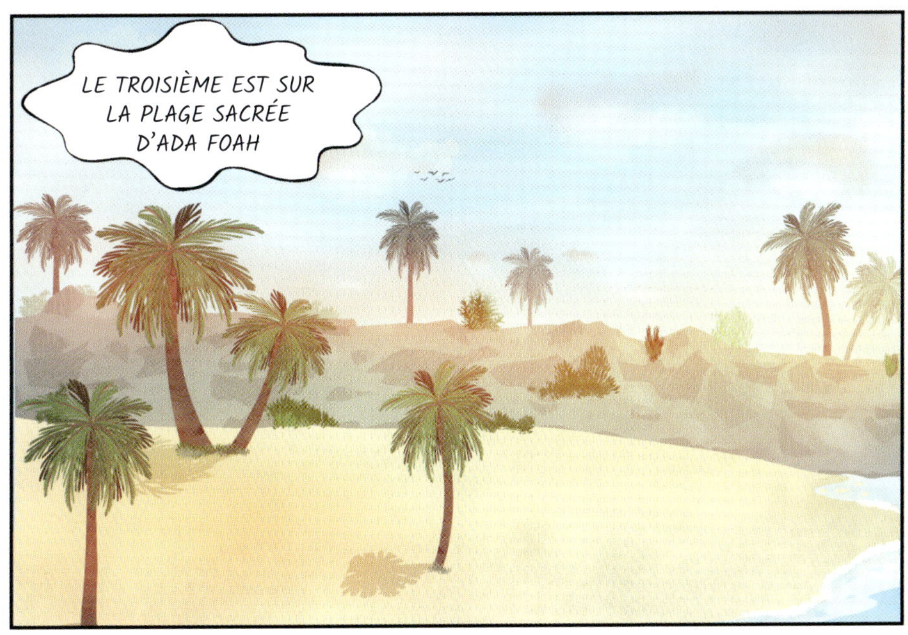
LE TROISIÈME EST SUR LA PLAGE SACRÉE D'ADA FOAH

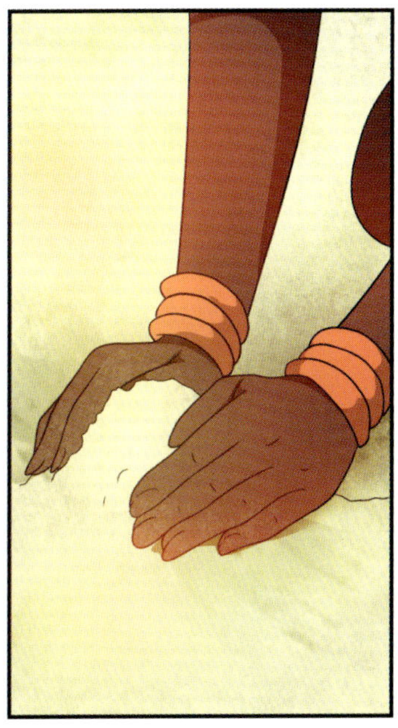

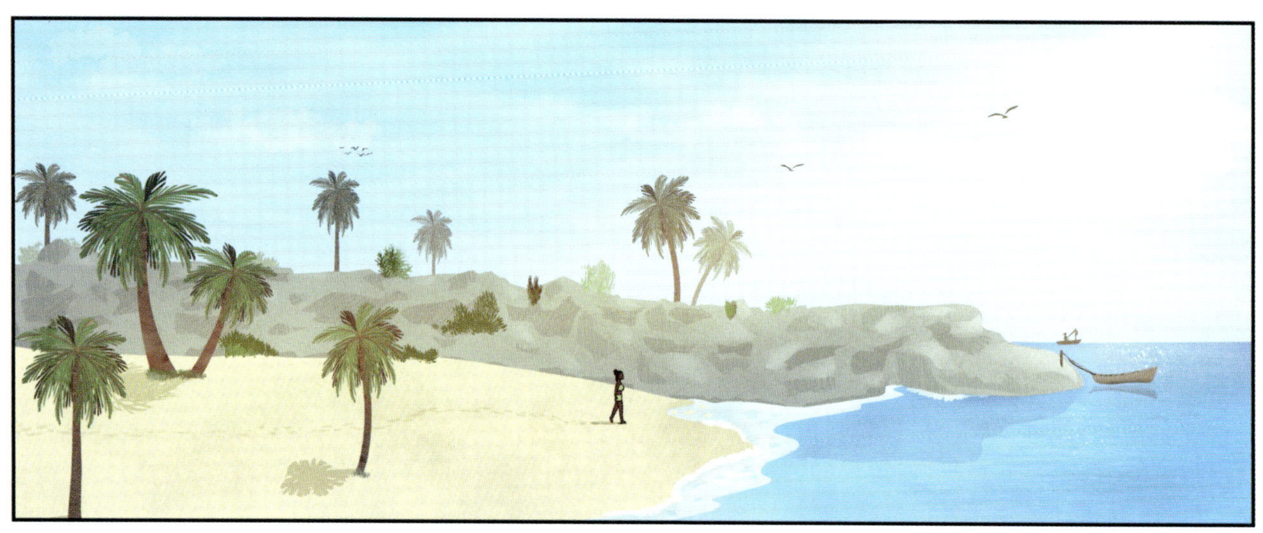

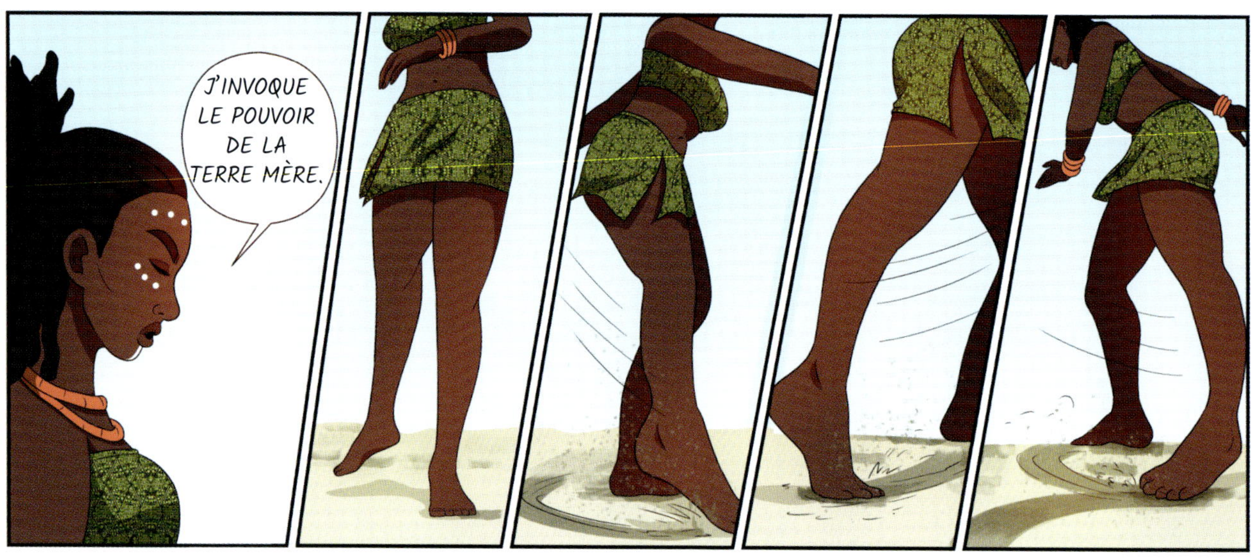
J'INVOQUE LE POUVOIR DE LA TERRE MÈRE.

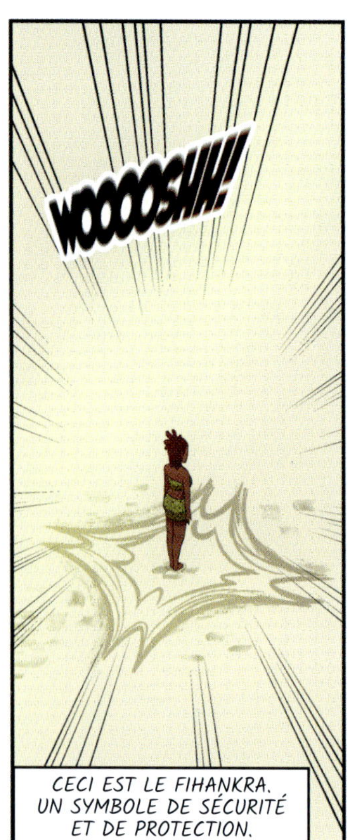
WOOOOSHH!
CECI EST LE FIHANKRA. UN SYMBOLE DE SÉCURITÉ ET DE PROTECTION.

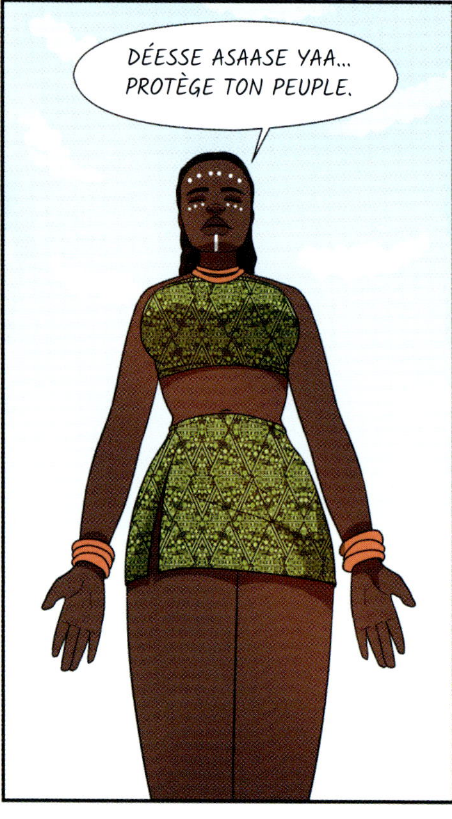
DÉESSE ASAASE YAA... PROTÈGE TON PEUPLE.

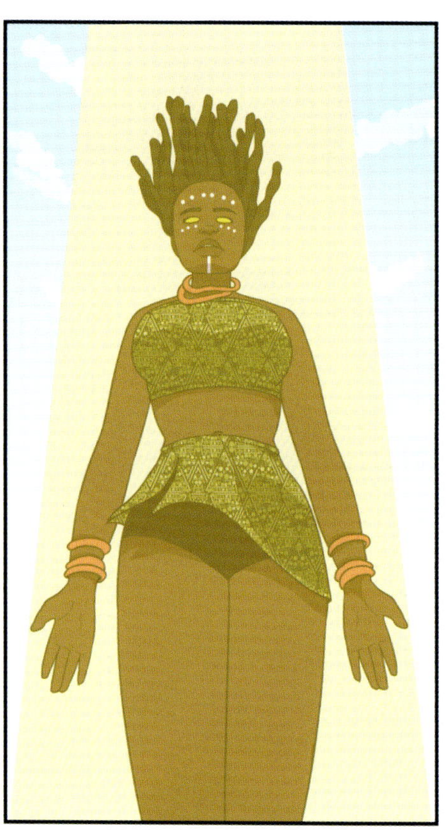

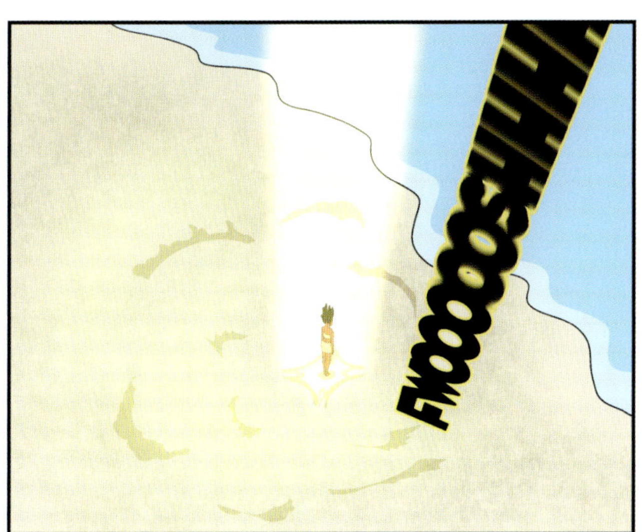
FWOOOOOSH

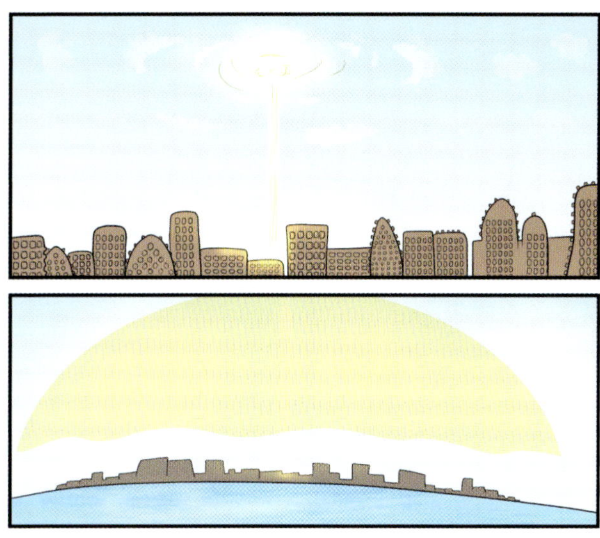

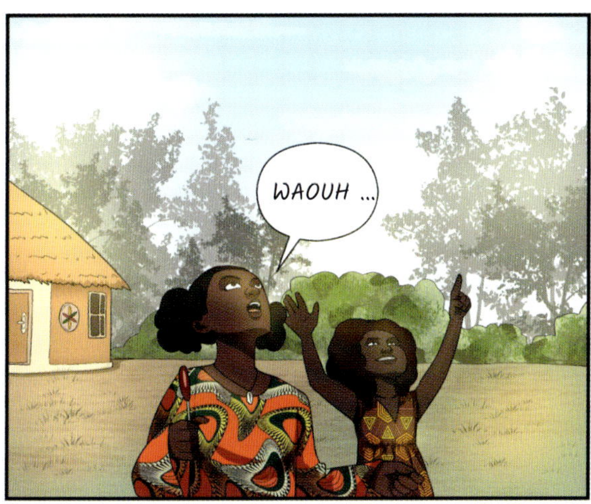
WAOUH ...

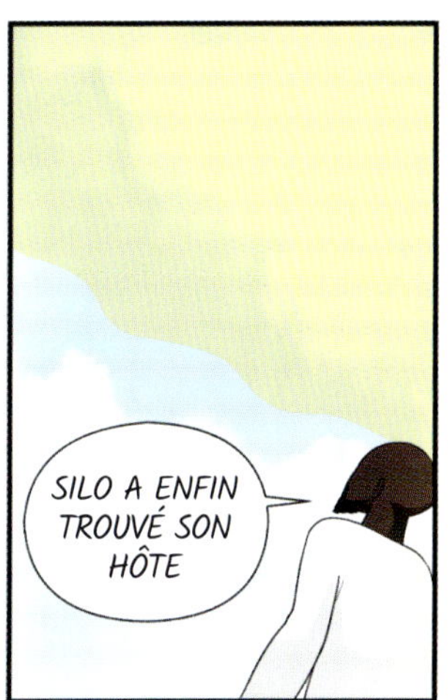
SILO A ENFIN TROUVÉ SON HÔTE

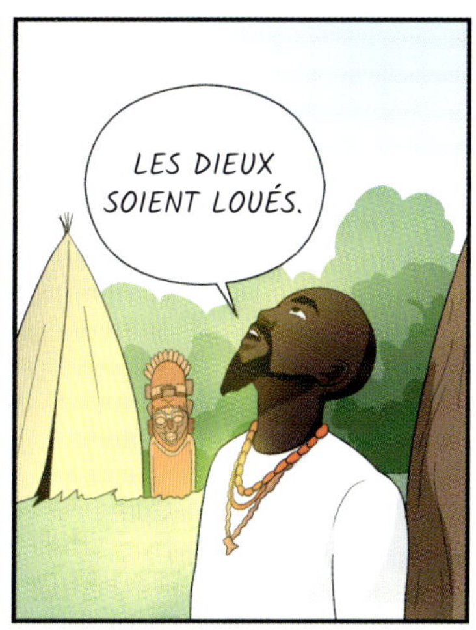
LES DIEUX SOIENT LOUÉS.

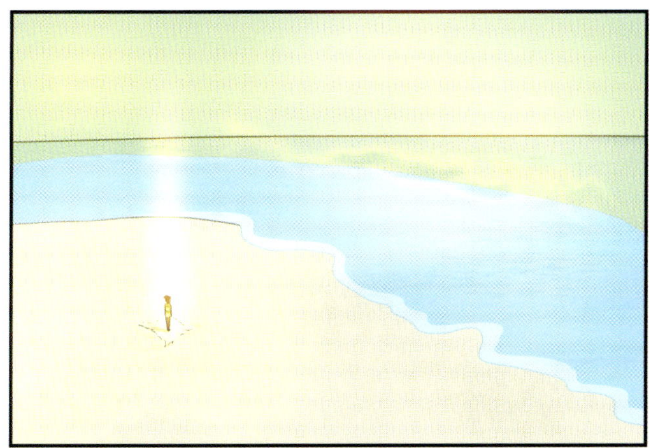

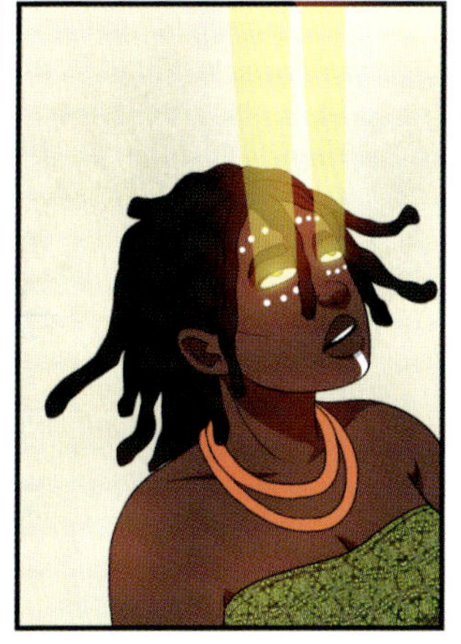

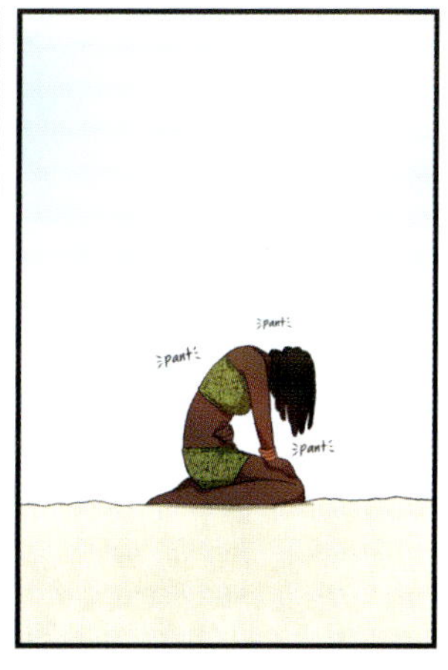
pant
pant
pant

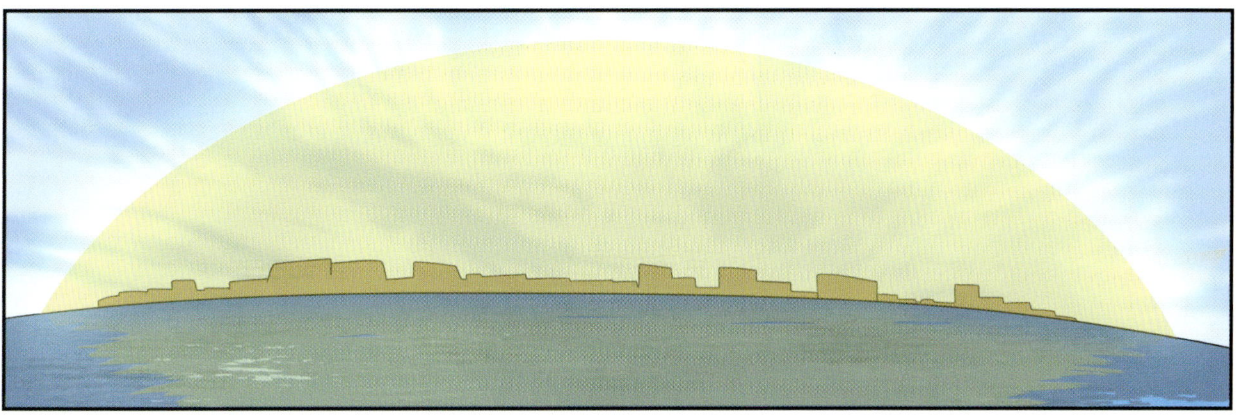

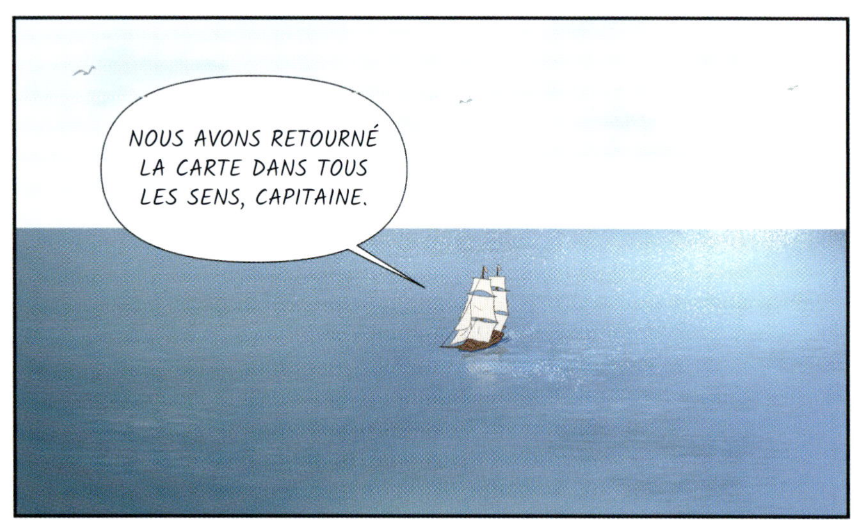
NOUS AVONS RETOURNÉ LA CARTE DANS TOUS LES SENS, CAPITAINE.

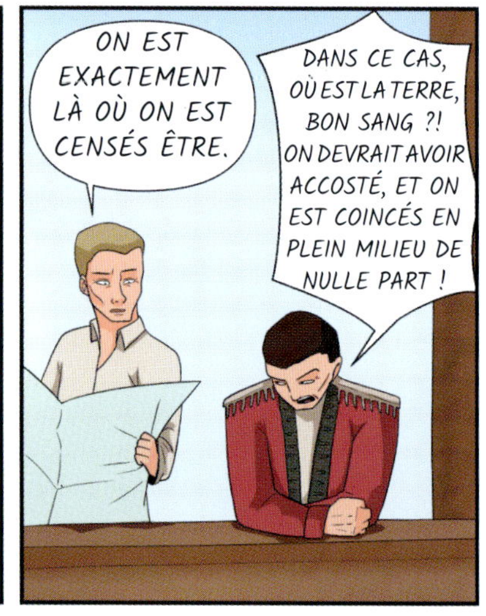
ON EST EXACTEMENT LÀ OÙ ON EST CENSÉS ÊTRE.
DANS CE CAS, OÙ EST LA TERRE, BON SANG ?! ON DEVRAIT AVOIR ACCOSTÉ, ET ON EST COINCÉS EN PLEIN MILIEU DE NULLE PART !

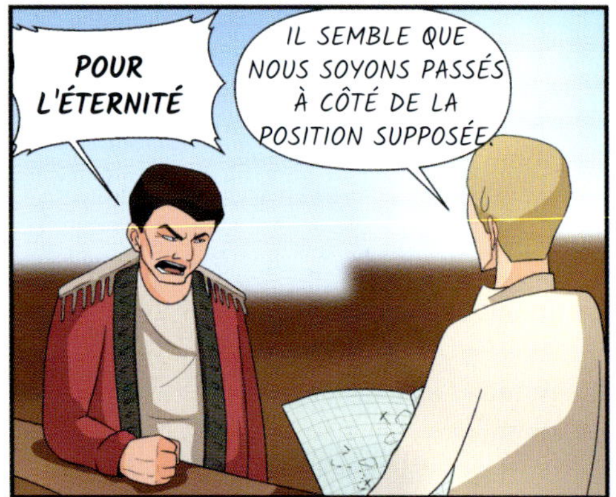
IL SEMBLE QUE NOUS SOYONS PASSÉS À CÔTÉ DE LA POSITION SUPPOSÉE.
POUR L'ÉTERNITÉ

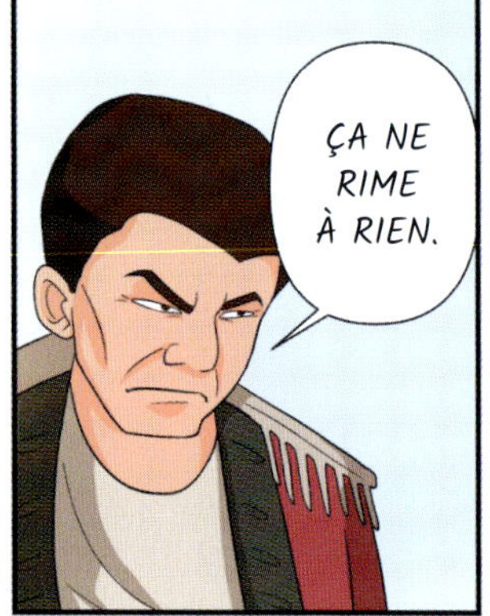
ÇA NE RIME À RIEN.

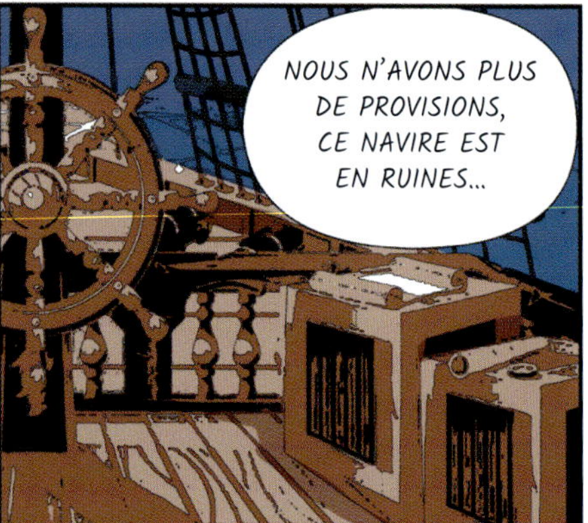
NOUS N'AVONS PLUS DE PROVISIONS, CE NAVIRE EST EN RUINES...

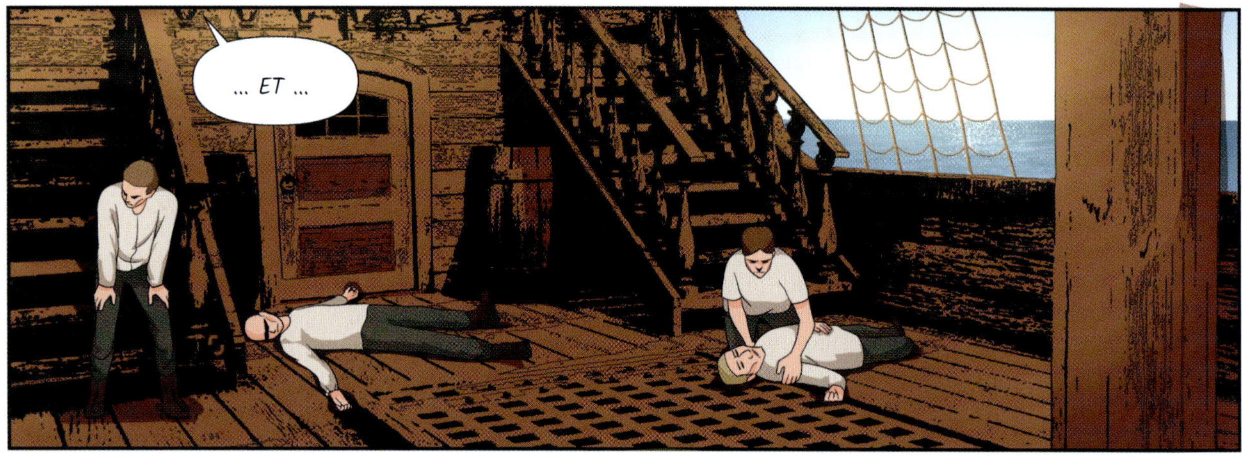
... ET ...

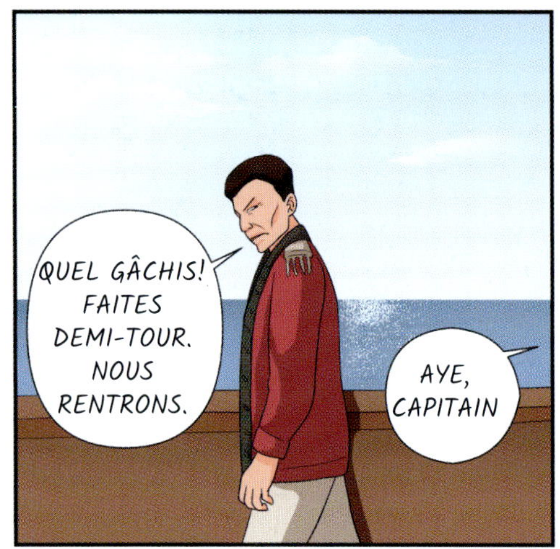
QUEL GÂCHIS! FAITES DEMI-TOUR. NOUS RENTRONS.
AYE, CAPITAIN

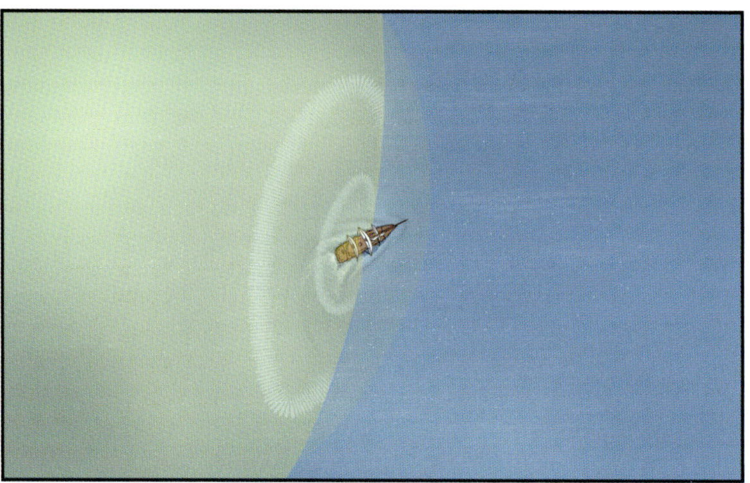

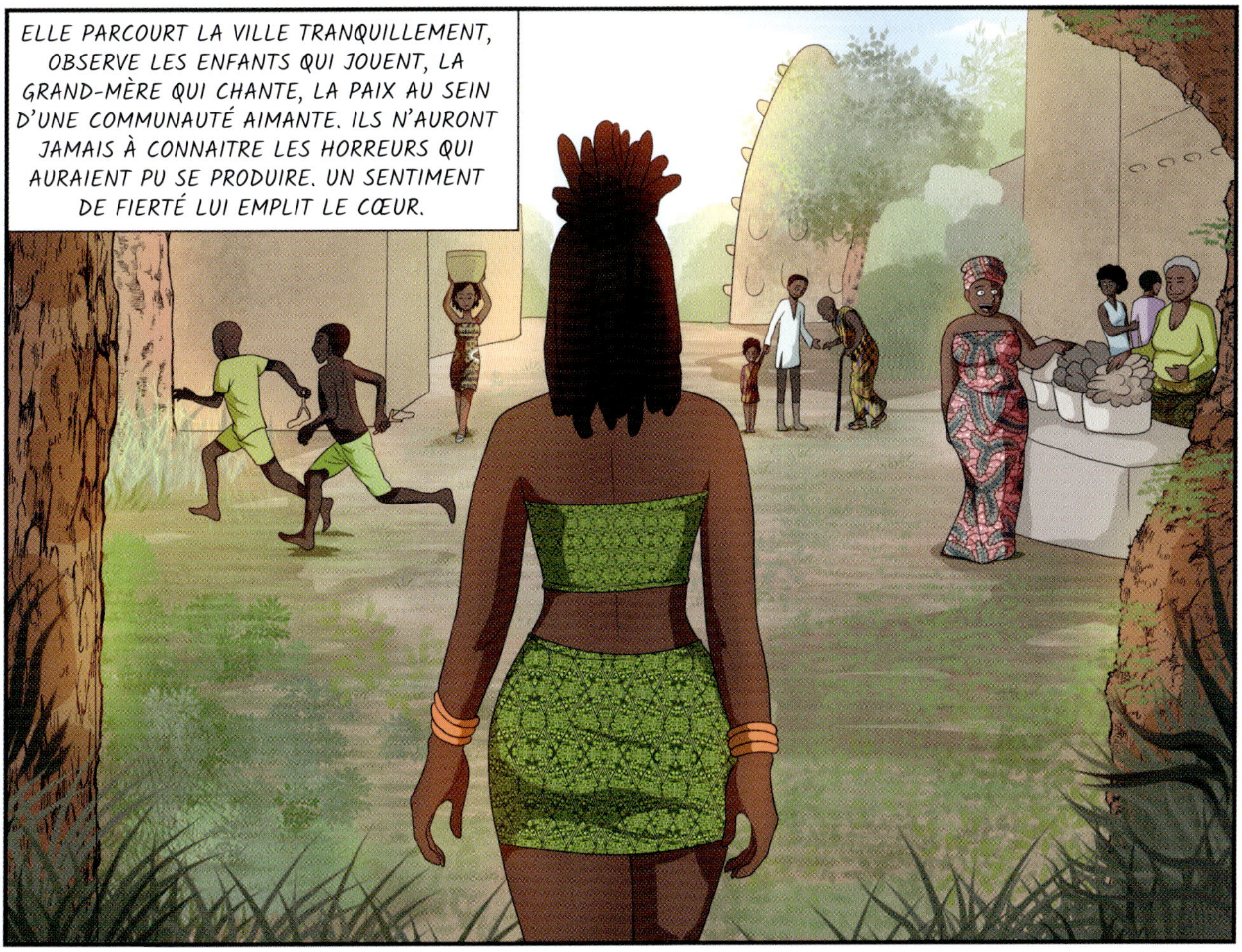

ELLE PARCOURT LA VILLE TRANQUILLEMENT, OBSERVE LES ENFANTS QUI JOUENT, LA GRAND-MÈRE QUI CHANTE, LA PAIX AU SEIN D'UNE COMMUNAUTÉ AIMANTE. ILS N'AURONT JAMAIS À CONNAITRE LES HORREURS QUI AURAIENT PU SE PRODUIRE. UN SENTIMENT DE FIERTÉ LUI EMPLIT LE CŒUR.

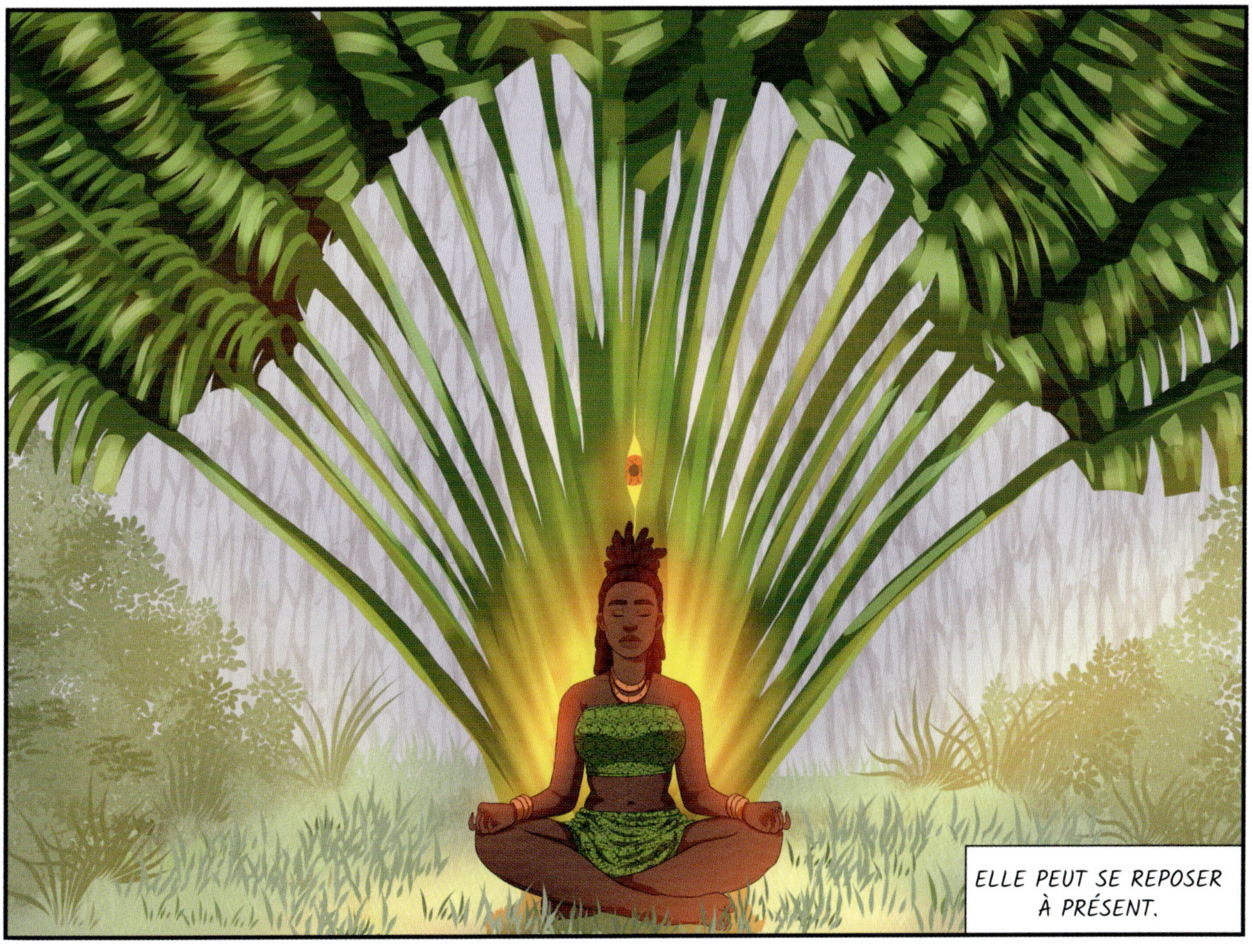

ELLE PEUT SE REPOSER À PRÉSENT.

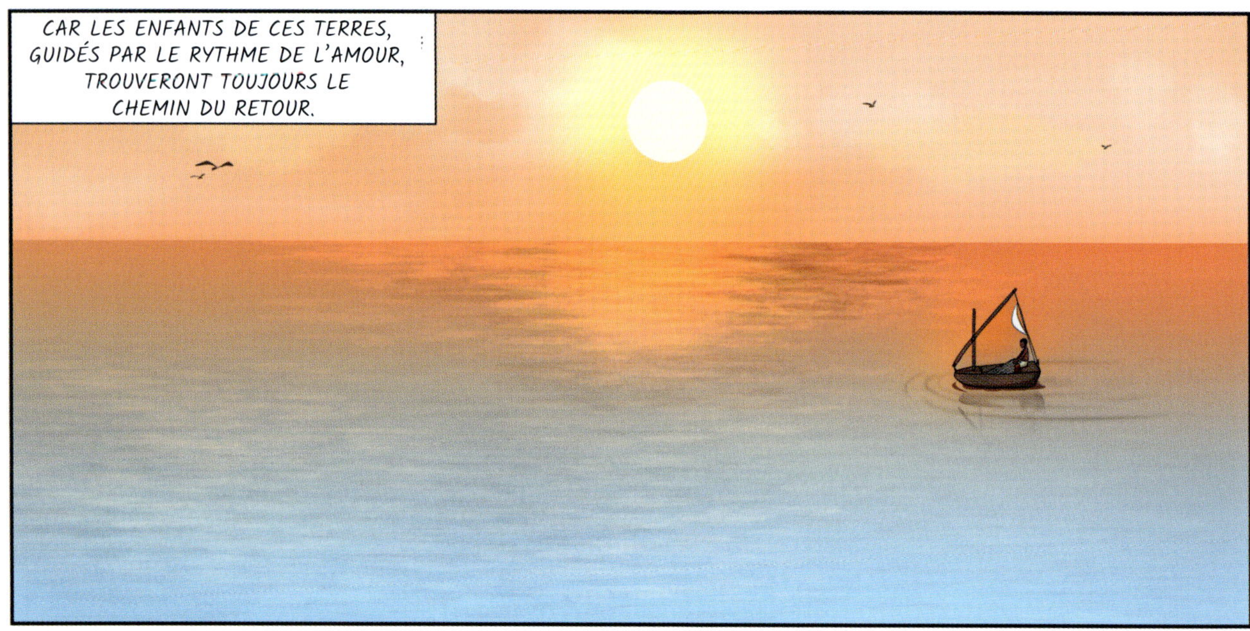
CAR LES ENFANTS DE CES TERRES,
GUIDÉS PAR LE RYTHME DE L'AMOUR,
TROUVERONT TOUJOURS LE
CHEMIN DU RETOUR.

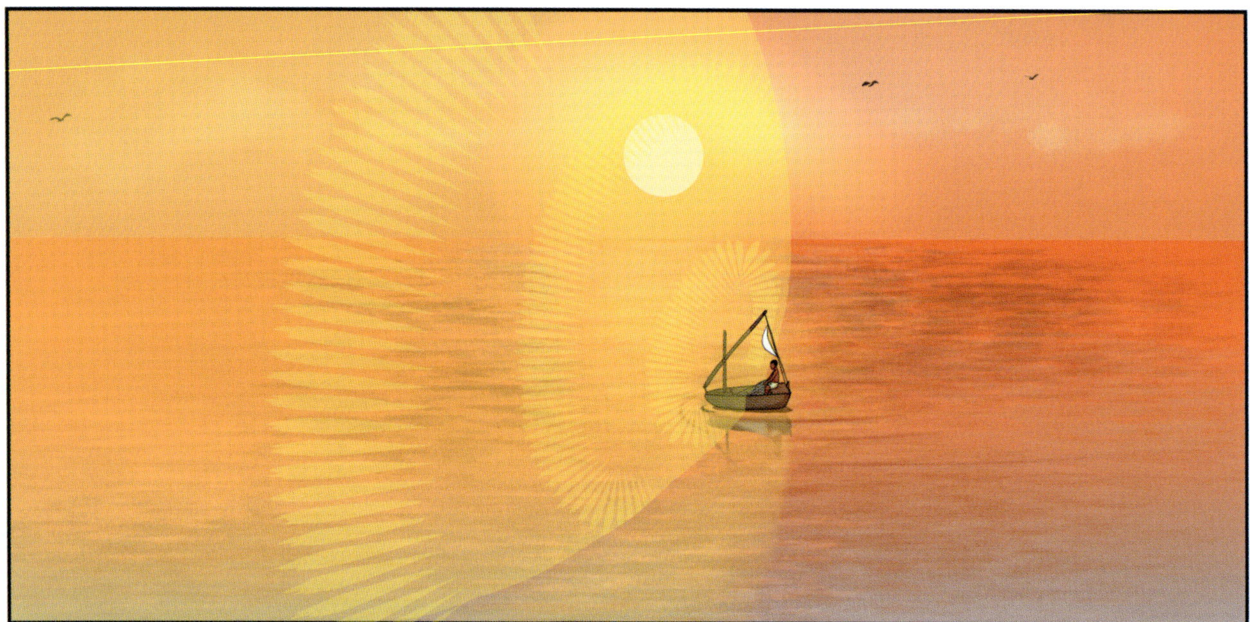

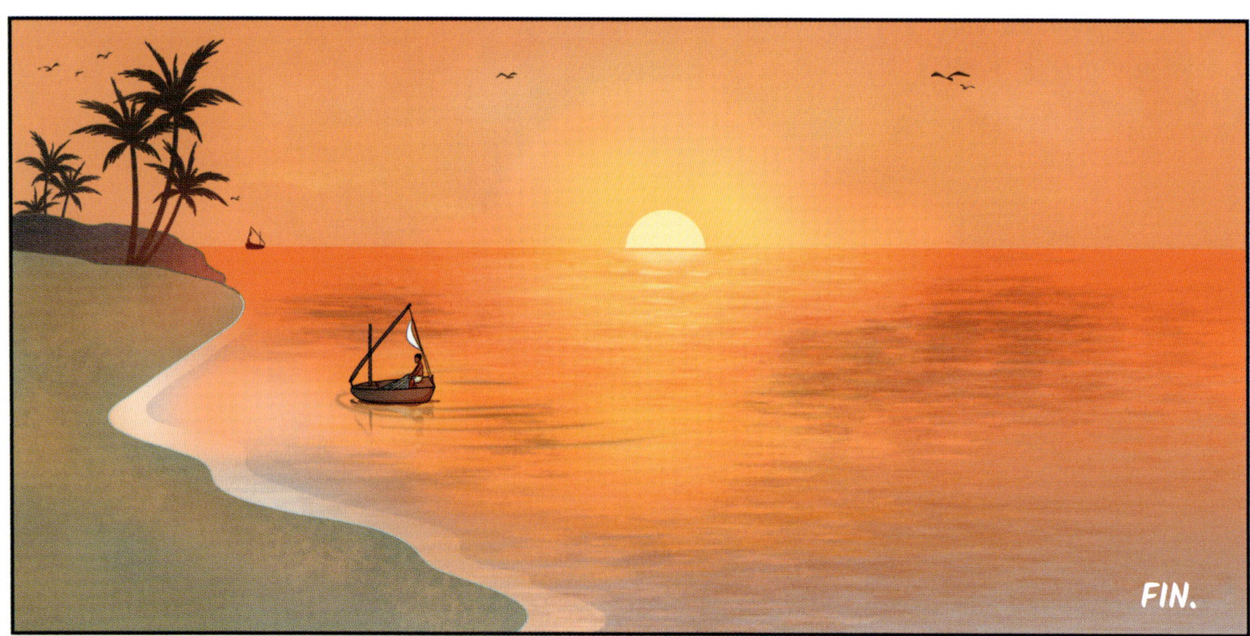
FIN.

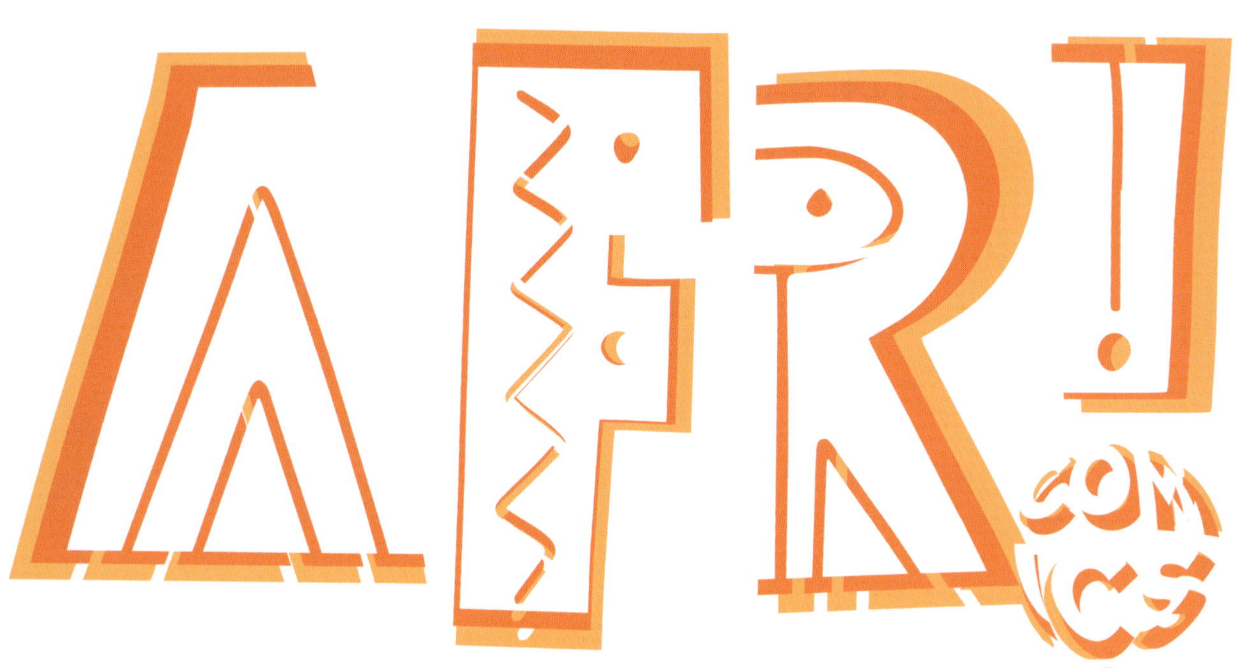
AFRICOMICS

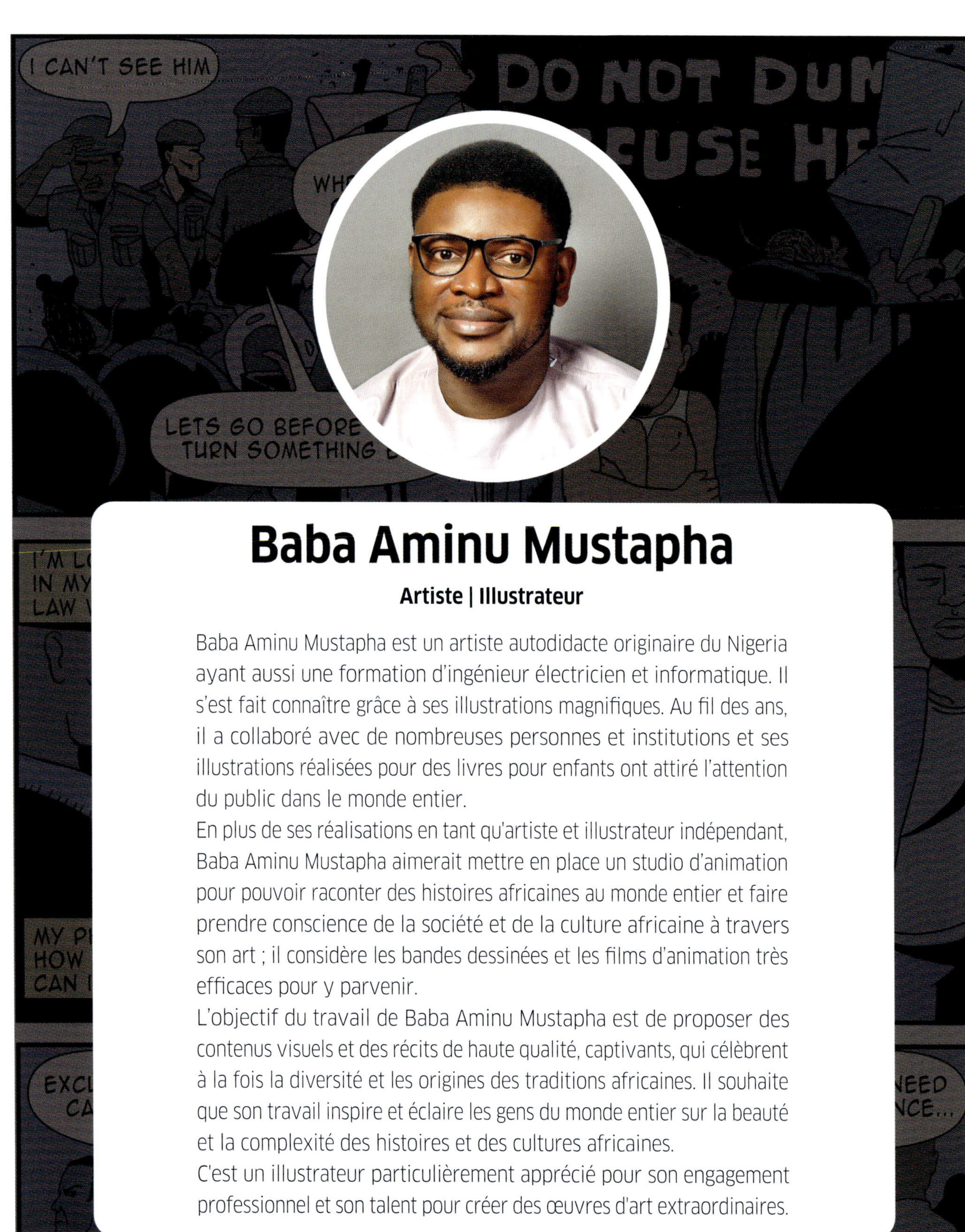

Baba Aminu Mustapha

Artiste | Illustrateur

Baba Aminu Mustapha est un artiste autodidacte originaire du Nigeria ayant aussi une formation d'ingénieur électricien et informatique. Il s'est fait connaître grâce à ses illustrations magnifiques. Au fil des ans, il a collaboré avec de nombreuses personnes et institutions et ses illustrations réalisées pour des livres pour enfants ont attiré l'attention du public dans le monde entier.

En plus de ses réalisations en tant qu'artiste et illustrateur indépendant, Baba Aminu Mustapha aimerait mettre en place un studio d'animation pour pouvoir raconter des histoires africaines au monde entier et faire prendre conscience de la société et de la culture africaine à travers son art ; il considère les bandes dessinées et les films d'animation très efficaces pour y parvenir.

L'objectif du travail de Baba Aminu Mustapha est de proposer des contenus visuels et des récits de haute qualité, captivants, qui célèbrent à la fois la diversité et les origines des traditions africaines. Il souhaite que son travail inspire et éclaire les gens du monde entier sur la beauté et la complexité des histoires et des cultures africaines.

C'est un illustrateur particulièrement apprécié pour son engagement professionnel et son talent pour créer des œuvres d'art extraordinaires.

NIGERIA

Facebook : Baba9ja4life
Instagram : bamanimax
Twiter : babaminustapha
Website : www.bamanimax.com

LE RETOUR

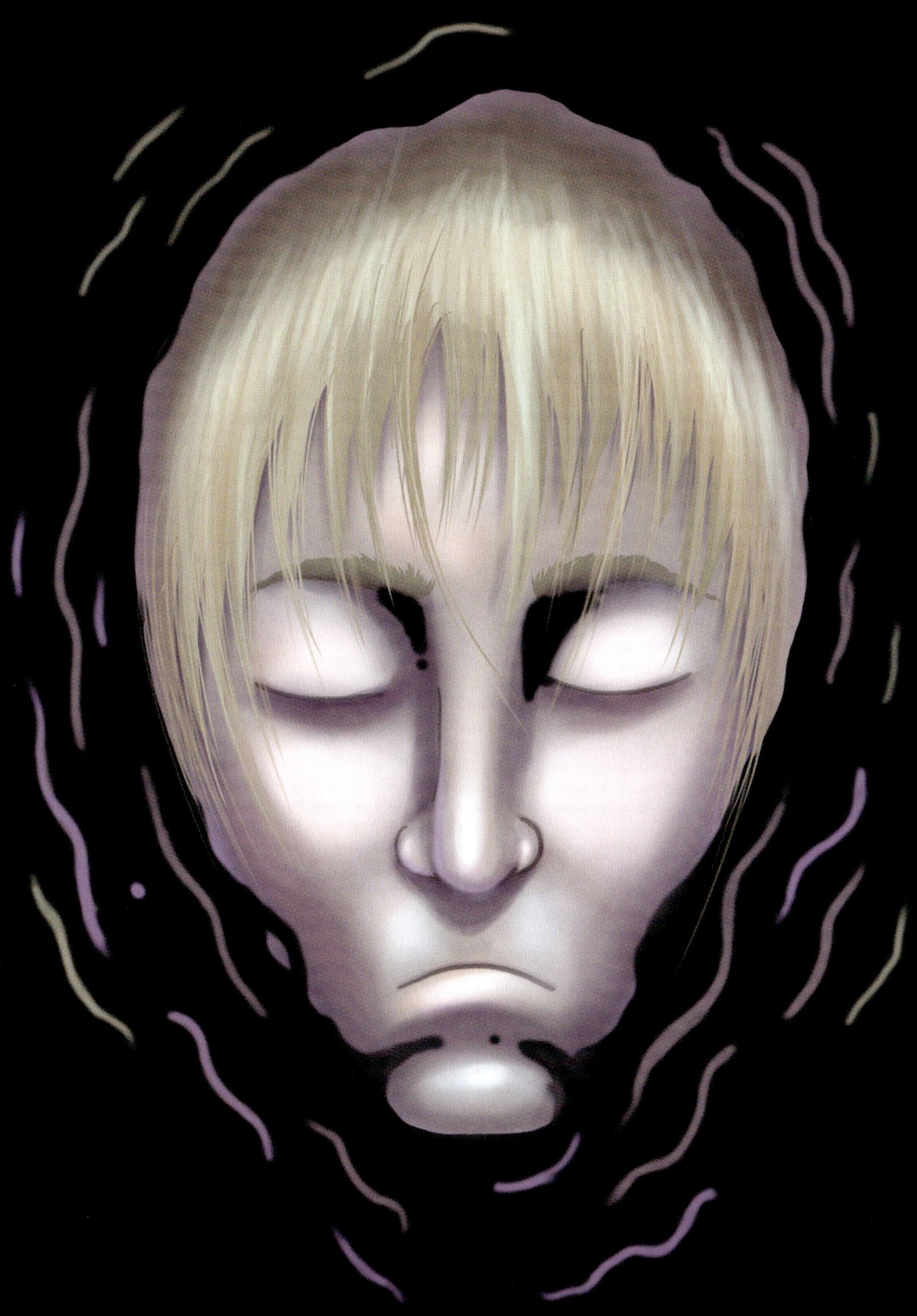

BABA AMINU MUSTAPHA

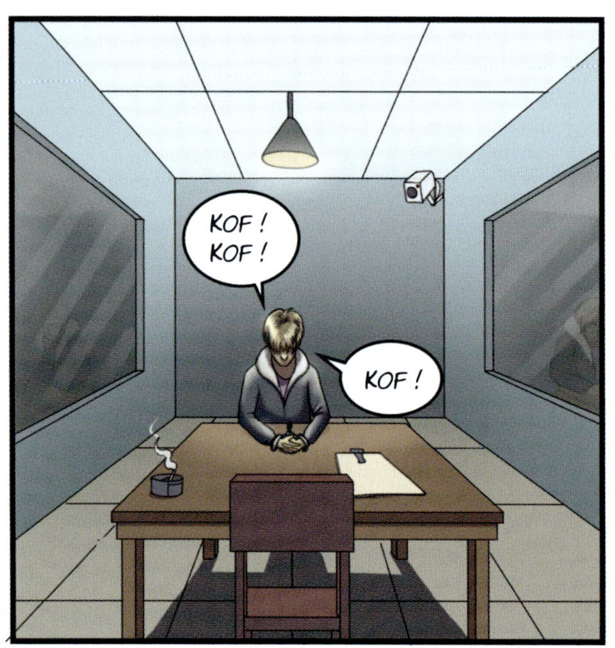
KOF !
KOF !
KOF !

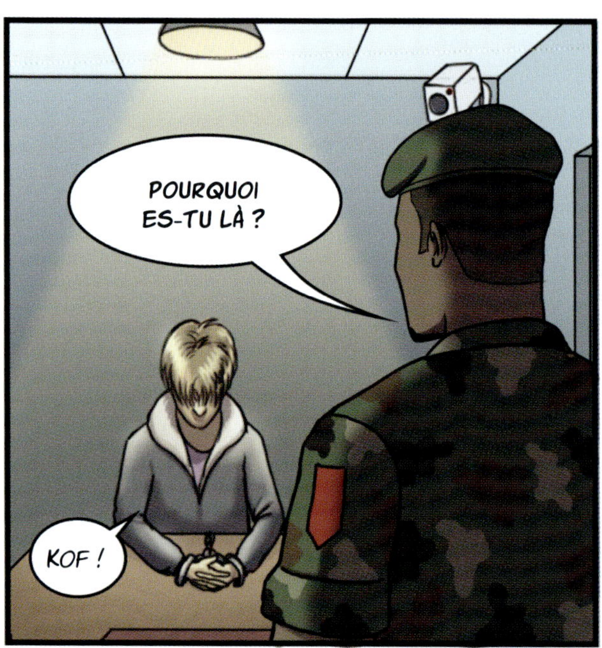
POURQUOI ES-TU LÀ ?
KOF !

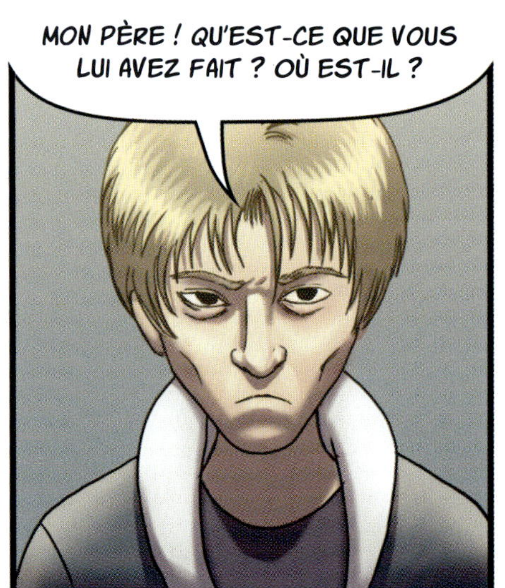
MON PÈRE ! QU'EST-CE QUE VOUS LUI AVEZ FAIT ? OÙ EST-IL ?

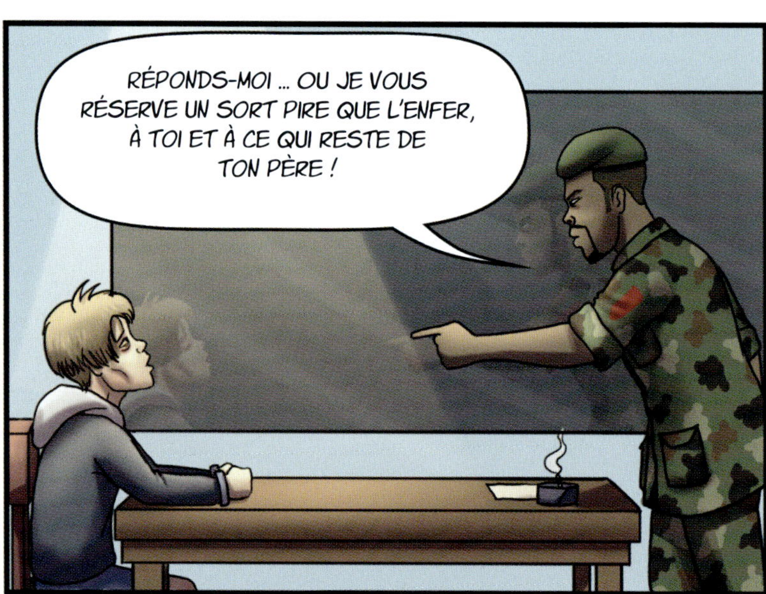
RÉPONDS-MOI ... OU JE VOUS RÉSERVE UN SORT PIRE QUE L'ENFER, À TOI ET À CE QUI RESTE DE TON PÈRE !

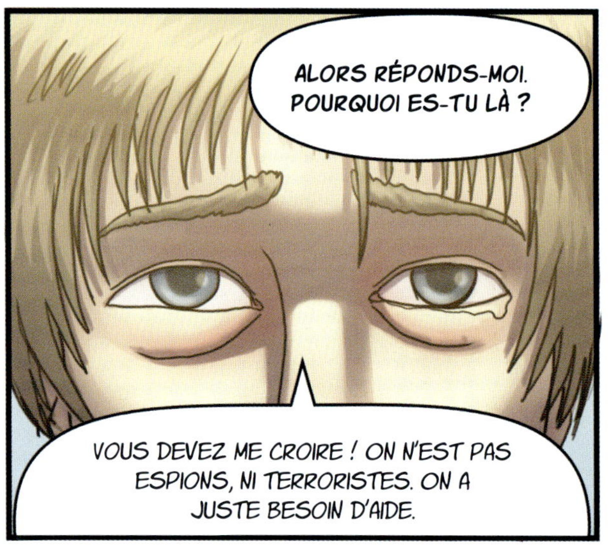
ALORS RÉPONDS-MOI. POURQUOI ES-TU LÀ ?
VOUS DEVEZ ME CROIRE ! ON N'EST PAS ESPIONS, NI TERRORISTES. ON A JUSTE BESOIN D'AIDE.

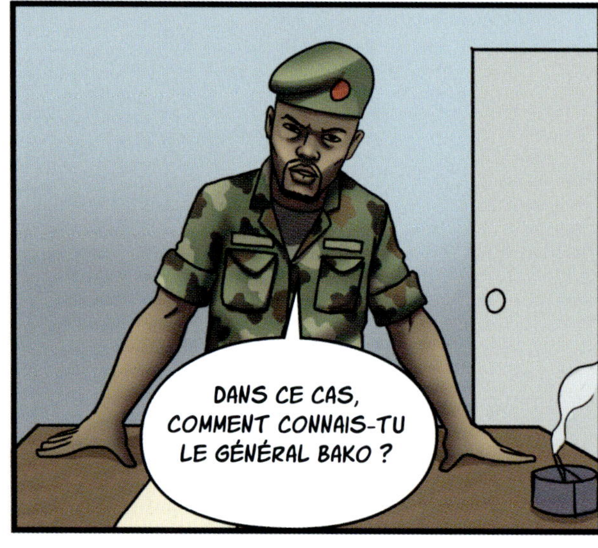
DANS CE CAS, COMMENT CONNAIS-TU LE GÉNÉRAL BAKO ?

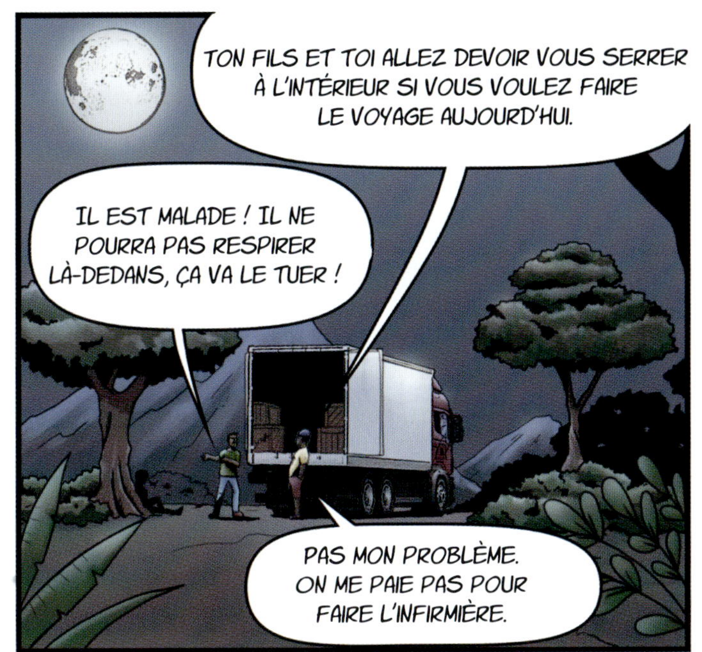
TON FILS ET TOI ALLEZ DEVOIR VOUS SERRER À L'INTÉRIEUR SI VOUS VOULEZ FAIRE LE VOYAGE AUJOURD'HUI.
IL EST MALADE ! IL NE POURRA PAS RESPIRER LÀ-DEDANS, ÇA VA LE TUER !
PAS MON PROBLÈME. ON ME PAIE PAS POUR FAIRE L'INFIRMIÈRE.

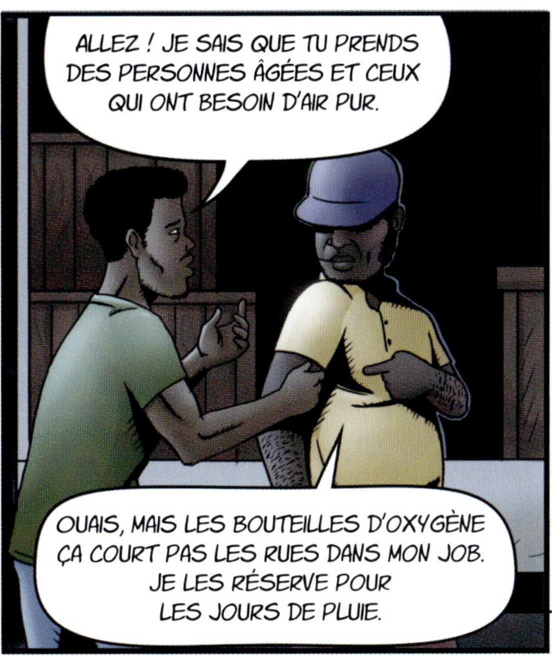
ALLEZ ! JE SAIS QUE TU PRENDS DES PERSONNES ÂGÉES ET CEUX QUI ONT BESOIN D'AIR PUR.
OUAIS, MAIS LES BOUTEILLES D'OXYGÈNE ÇA COURT PAS LES RUES DANS MON JOB. JE LES RÉSERVE POUR LES JOURS DE PLUIE.

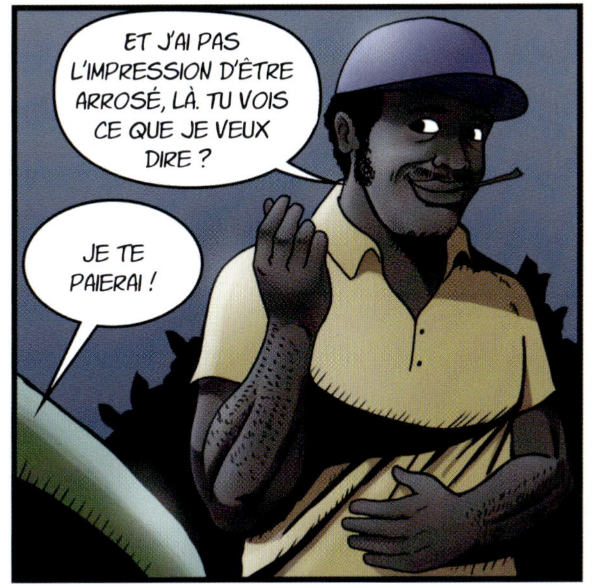
ET J'AI PAS L'IMPRESSION D'ÊTRE ARROSÉ, LÀ. TU VOIS CE QUE JE VEUX DIRE ?
JE TE PAIERAI !

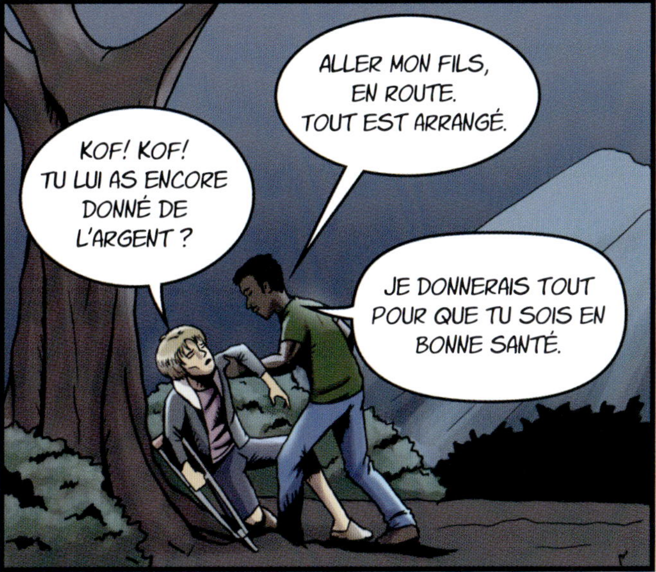
ALLER MON FILS, EN ROUTE. TOUT EST ARRANGÉ.
KOF! KOF! TU LUI AS ENCORE DONNÉ DE L'ARGENT ?
JE DONNERAIS TOUT POUR QUE TU SOIS EN BONNE SANTÉ.

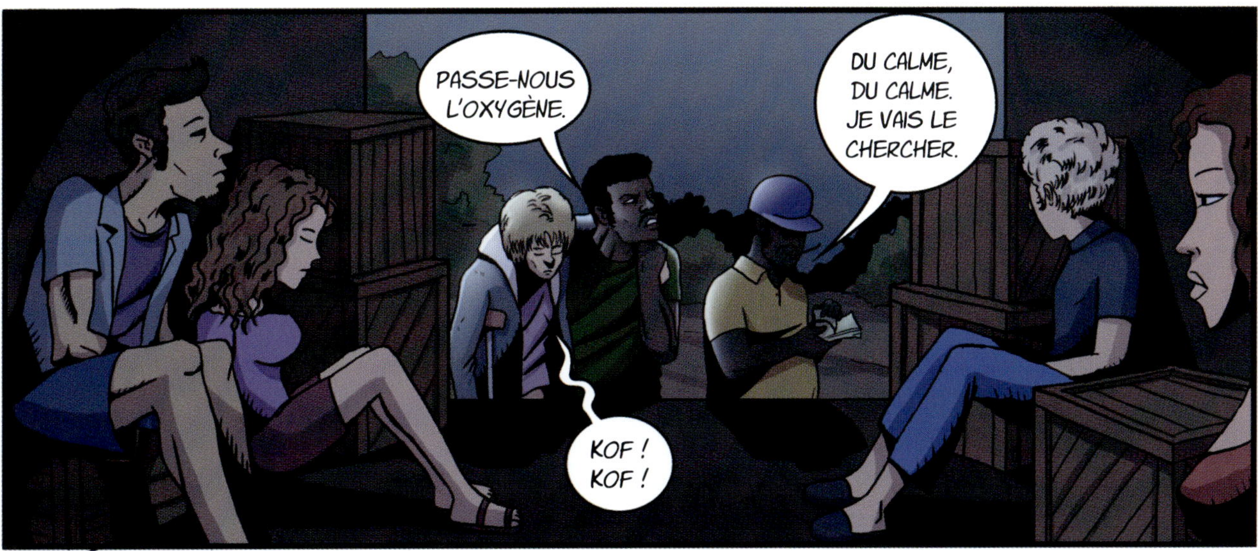
PASSE-NOUS L'OXYGÈNE.
KOF ! KOF !
DU CALME, DU CALME. JE VAIS LE CHERCHER.

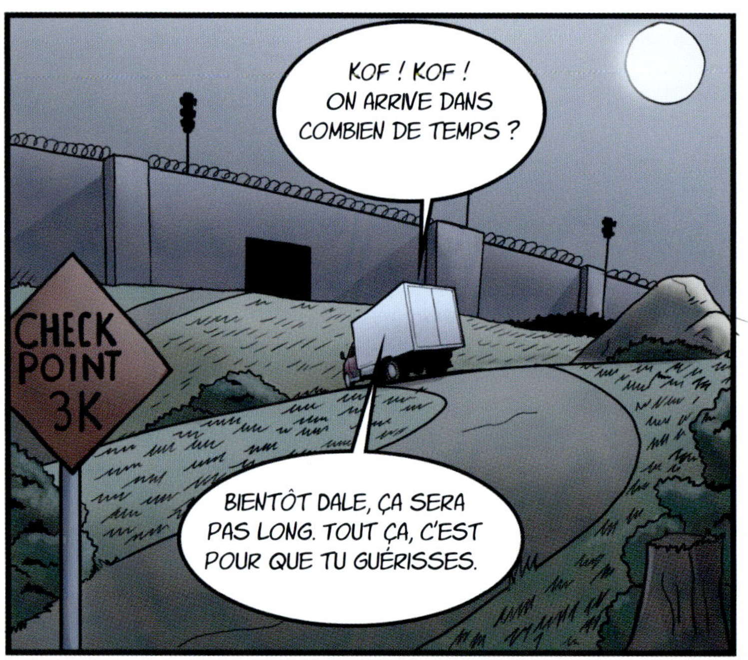
CHECK POINT 3K
KOF ! KOF ! ON ARRIVE DANS COMBIEN DE TEMPS ?
BIENTÔT DALE, ÇA SERA PAS LONG. TOUT ÇA, C'EST POUR QUE TU GUÉRISSES.

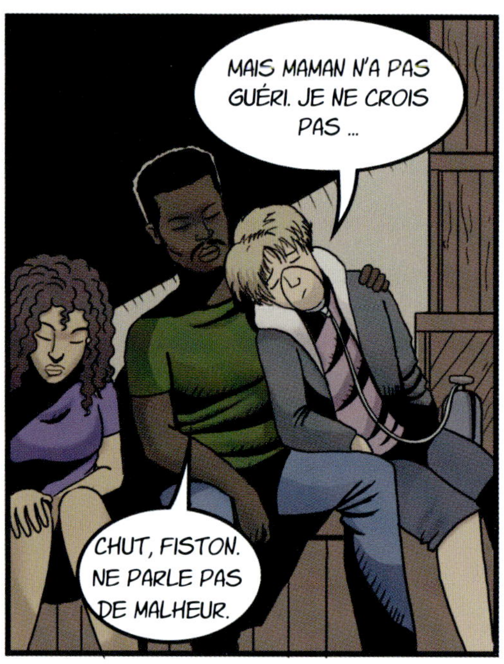
MAIS MAMAN N'A PAS GUÉRI. JE NE CROIS PAS ...
CHUT, FISTON. NE PARLE PAS DE MALHEUR.

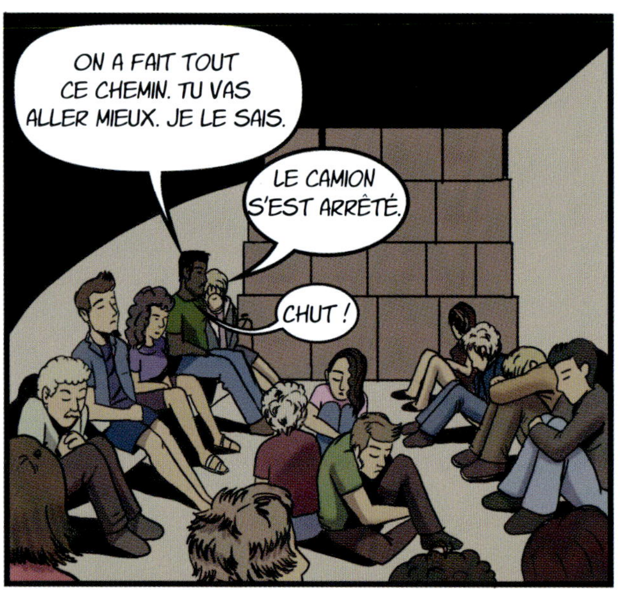
ON A FAIT TOUT CE CHEMIN. TU VAS ALLER MIEUX. JE LE SAIS.
LE CAMION S'EST ARRÊTÉ.
CHUT !

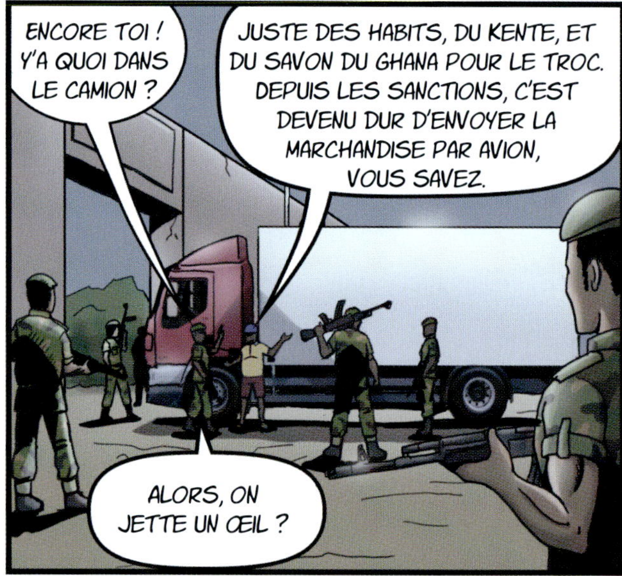
ENCORE TOI ! Y'A QUOI DANS LE CAMION ?
JUSTE DES HABITS, DU KENTE, ET DU SAVON DU GHANA POUR LE TROC. DEPUIS LES SANCTIONS, C'EST DEVENU DUR D'ENVOYER LA MARCHANDISE PAR AVION, VOUS SAVEZ.
ALORS, ON JETTE UN ŒIL ?

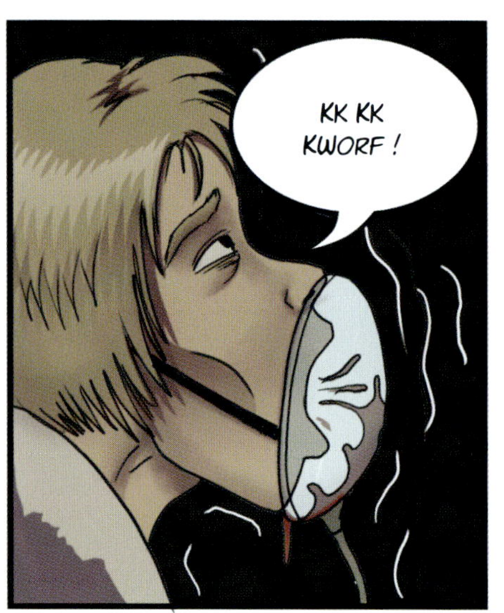
KK KK KWORF !

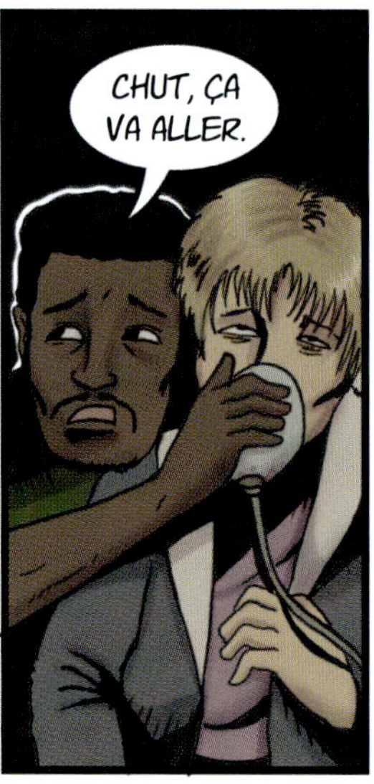
CHUT, ÇA VA ALLER.

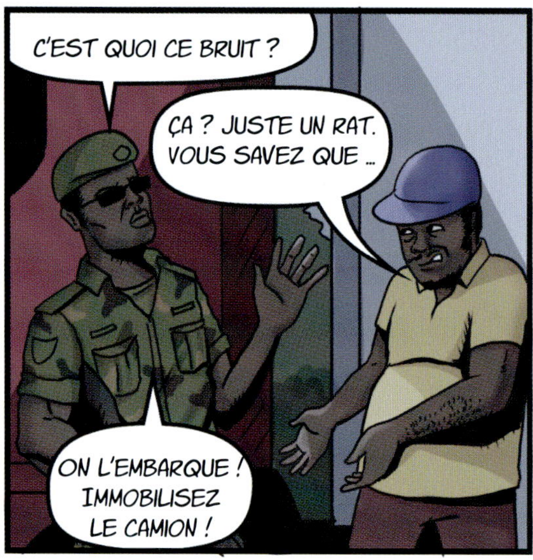
C'EST QUOI CE BRUIT ?
ÇA ? JUSTE UN RAT. VOUS SAVEZ QUE ...
ON L'EMBARQUE ! IMMOBILISEZ LE CAMION !

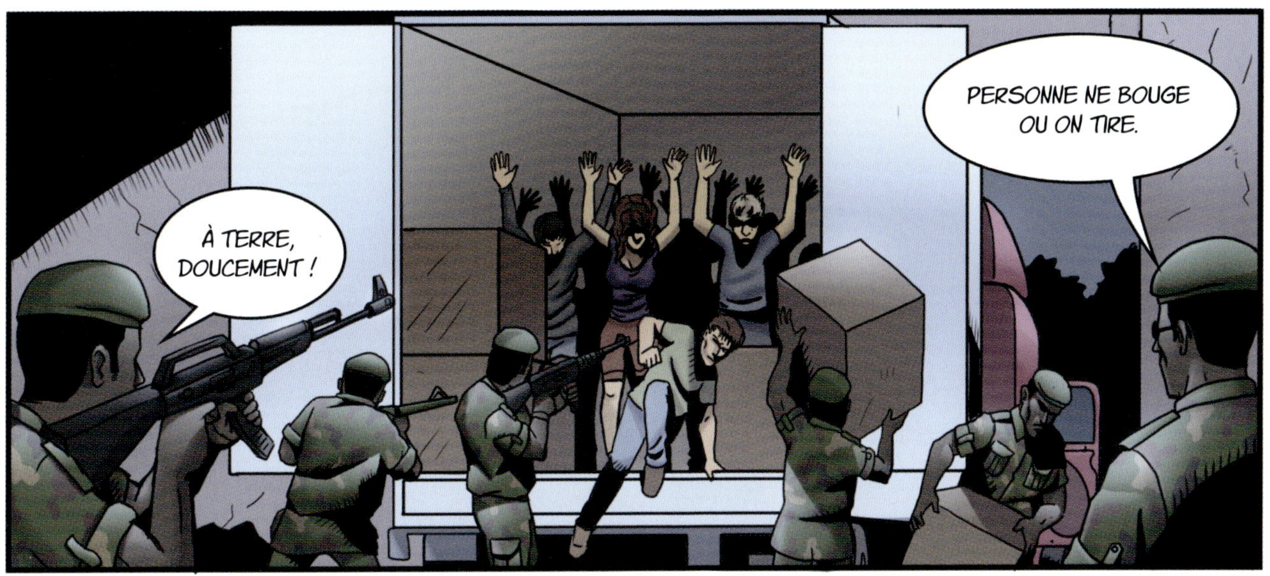
PERSONNE NE BOUGE OU ON TIRE.
À TERRE, DOUCEMENT !

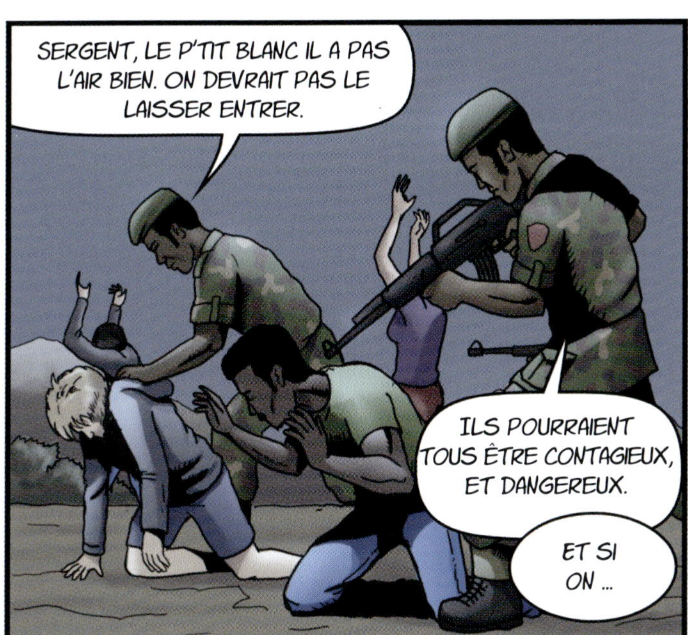
SERGENT, LE P'TIT BLANC IL A PAS L'AIR BIEN. ON DEVRAIT PAS LE LAISSER ENTRER.
ILS POURRAIENT TOUS ÊTRE CONTAGIEUX, ET DANGEREUX.
ET SI ON ...

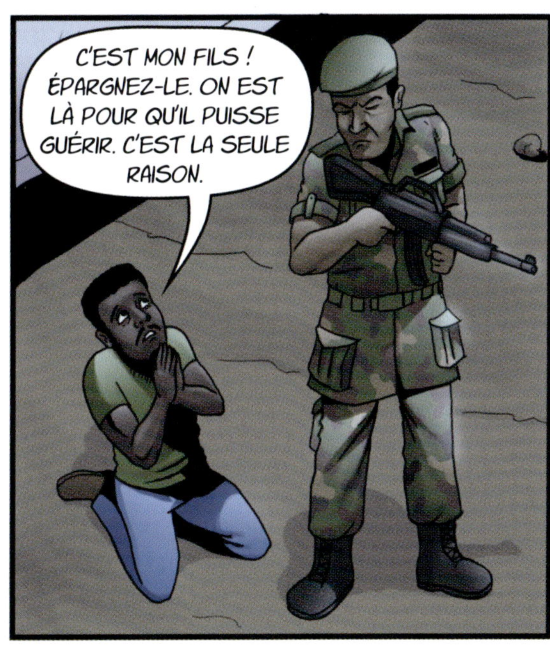
C'EST MON FILS ! ÉPARGNEZ-LE. ON EST LÀ POUR QU'IL PUISSE GUÉRIR. C'EST LA SEULE RAISON.

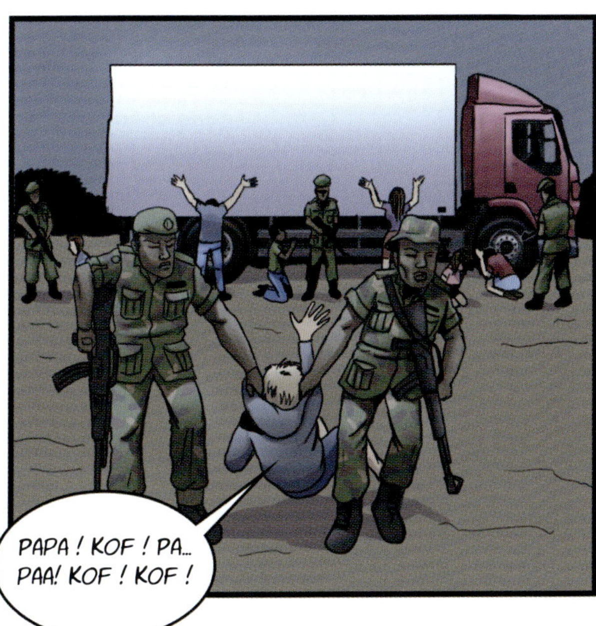
PAPA ! KOF ! PA... PAA! KOF ! KOF !

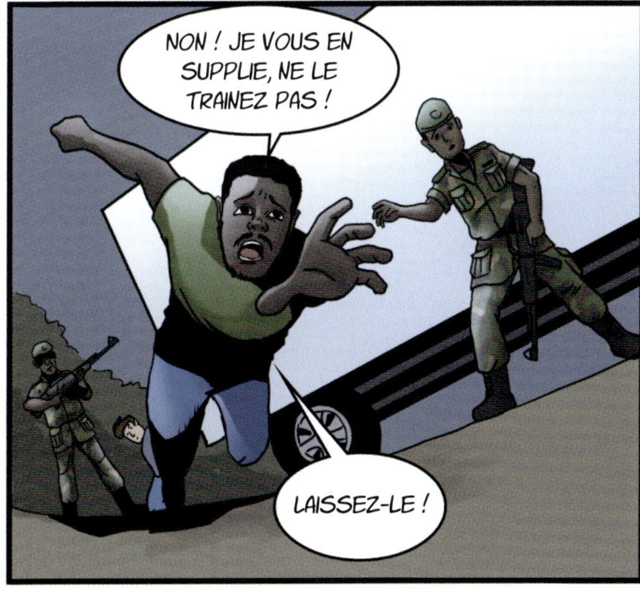
NON ! JE VOUS EN SUPPLIE, NE LE TRAINEZ PAS !
LAISSEZ-LE !

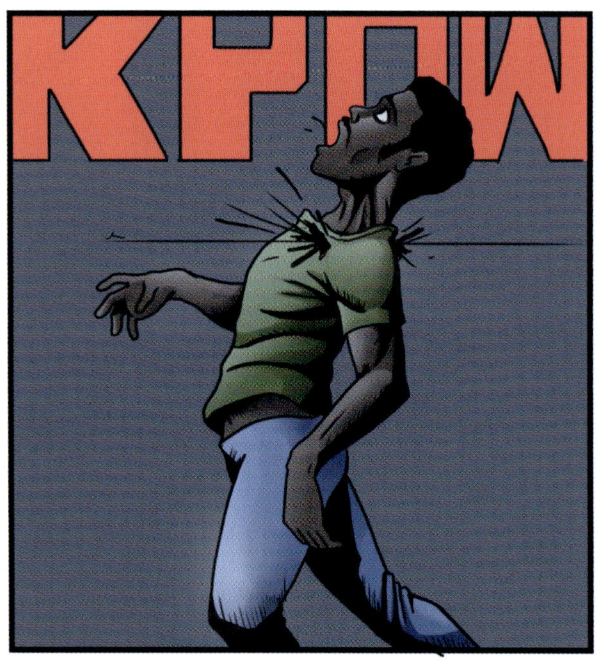
KPOW

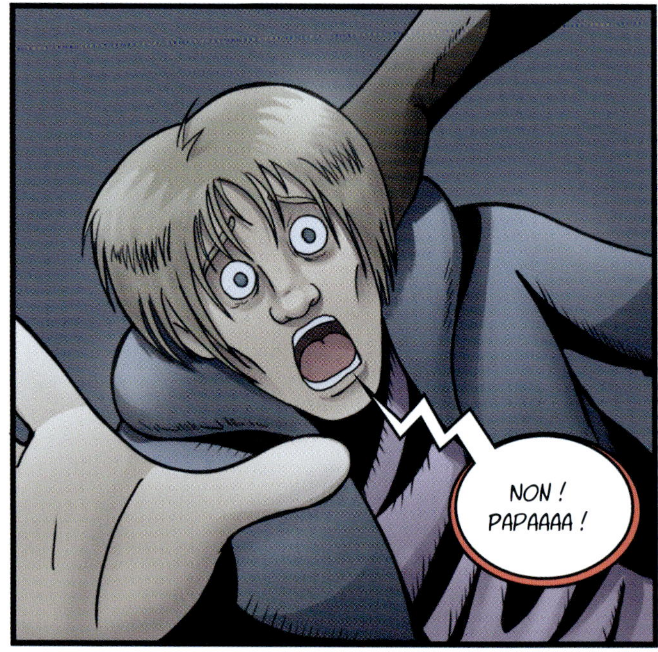
NON !
PAPAAAA !

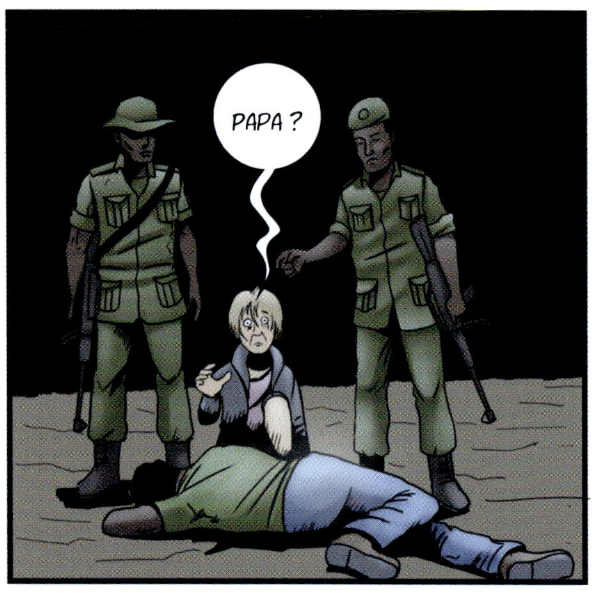
PAPA ?

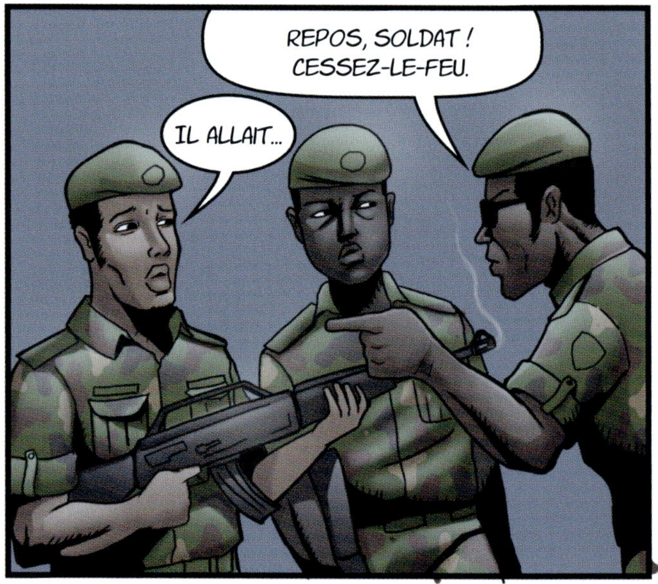
REPOS, SOLDAT ! CESSEZ-LE-FEU.
IL ALLAIT…

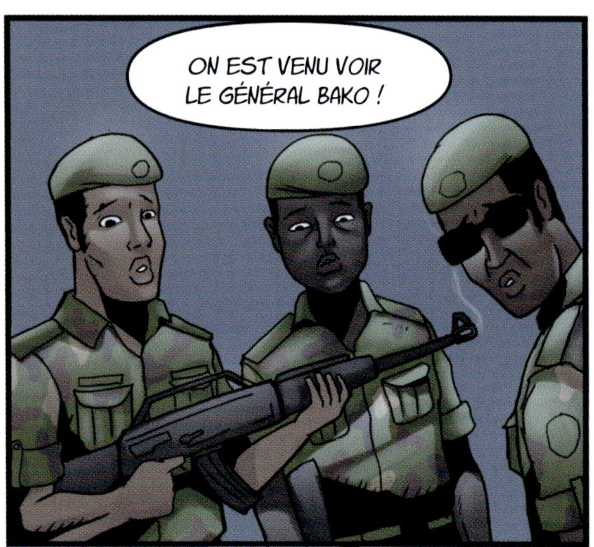
ON EST VENU VOIR LE GÉNÉRAL BAKO !

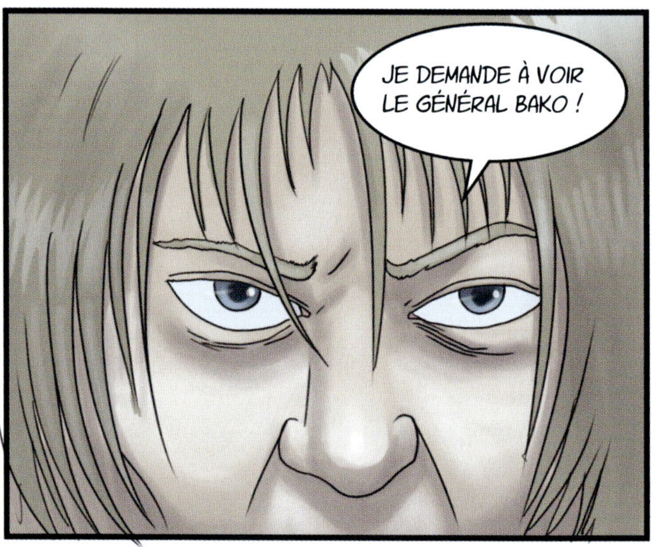
JE DEMANDE À VOIR LE GÉNÉRAL BAKO !

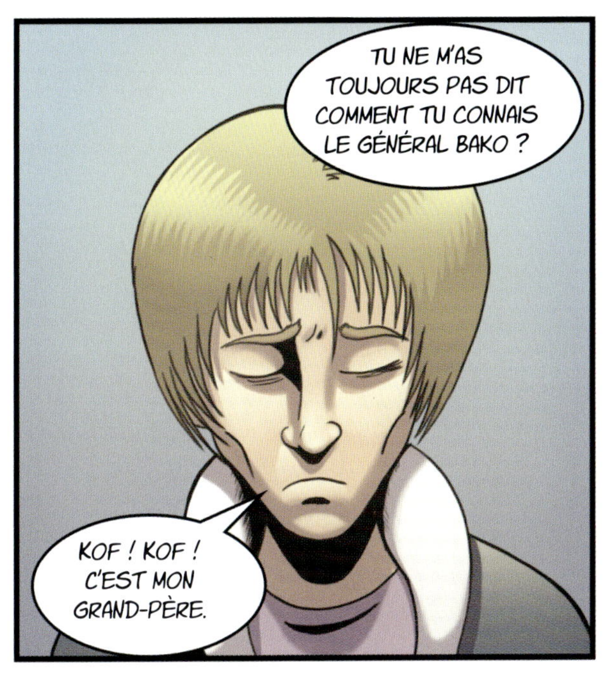
TU NE M'AS TOUJOURS PAS DIT COMMENT TU CONNAIS LE GÉNÉRAL BAKO ?
KOF ! KOF ! C'EST MON GRAND-PÈRE.

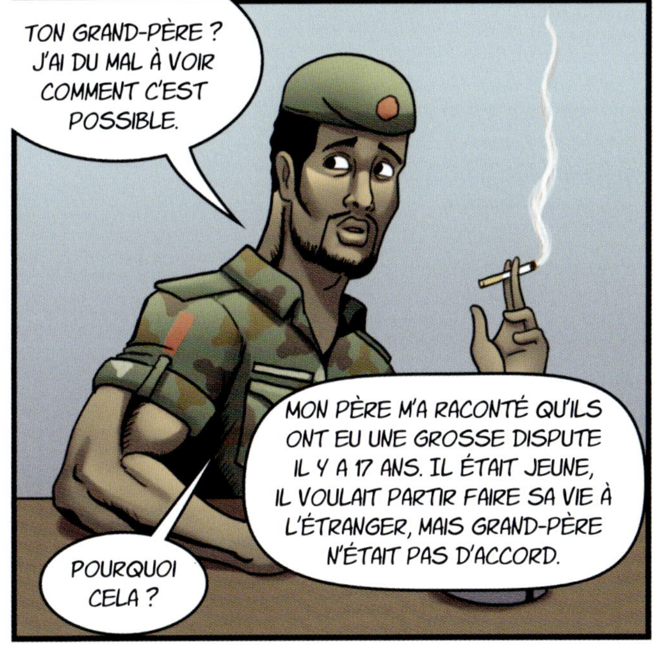
TON GRAND-PÈRE ? J'AI DU MAL À VOIR COMMENT C'EST POSSIBLE.
MON PÈRE M'A RACONTÉ QU'ILS ONT EU UNE GROSSE DISPUTE IL Y A 17 ANS. IL ÉTAIT JEUNE, IL VOULAIT PARTIR FAIRE SA VIE À L'ÉTRANGER, MAIS GRAND-PÈRE N'ÉTAIT PAS D'ACCORD.
POURQUOI CELA ?

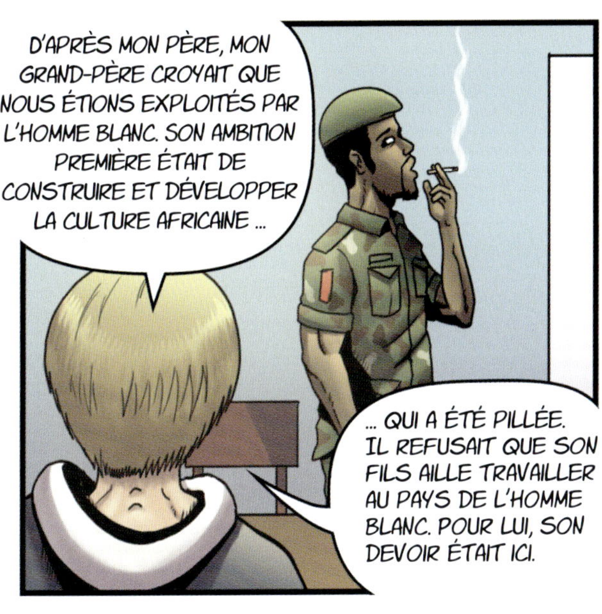
D'APRÈS MON PÈRE, MON GRAND-PÈRE CROYAIT QUE NOUS ÉTIONS EXPLOITÉS PAR L'HOMME BLANC. SON AMBITION PREMIÈRE ÉTAIT DE CONSTRUIRE ET DÉVELOPPER LA CULTURE AFRICAINE ...
... QUI A ÉTÉ PILLÉE. IL REFUSAIT QUE SON FILS AILLE TRAVAILLER AU PAYS DE L'HOMME BLANC. POUR LUI, SON DEVOIR ÉTAIT ICI.

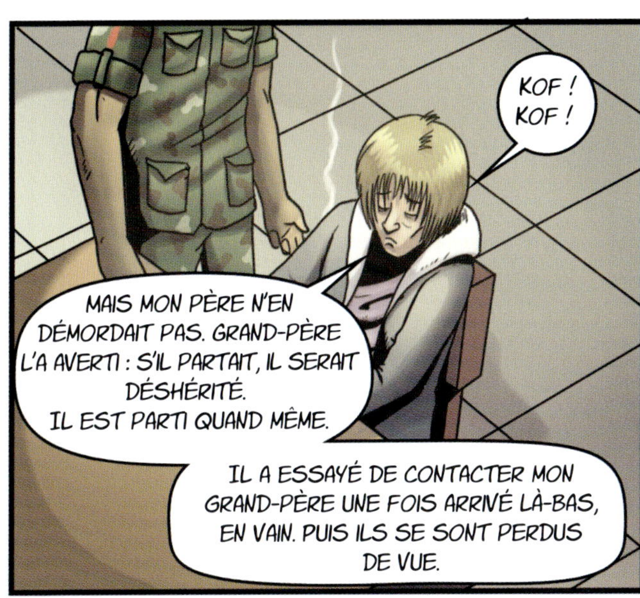
KOF ! KOF !
MAIS MON PÈRE N'EN DÉMORDAIT PAS. GRAND-PÈRE L'A AVERTI : S'IL PARTAIT, IL SERAIT DÉSHÉRITÉ. IL EST PARTI QUAND MÊME.
IL A ESSAYÉ DE CONTACTER MON GRAND-PÈRE UNE FOIS ARRIVÉ LÀ-BAS, EN VAIN. PUIS ILS SE SONT PERDUS DE VUE.

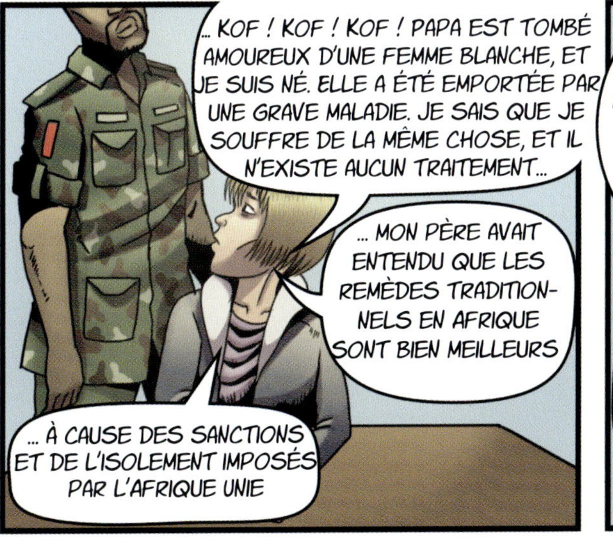
... KOF ! KOF ! KOF ! PAPA EST TOMBÉ AMOUREUX D'UNE FEMME BLANCHE, ET JE SUIS NÉ. ELLE A ÉTÉ EMPORTÉE PAR UNE GRAVE MALADIE. JE SAIS QUE JE SOUFFRE DE LA MÊME CHOSE, ET IL N'EXISTE AUCUN TRAITEMENT...
... MON PÈRE AVAIT ENTENDU QUE LES REMÈDES TRADITION-NELS EN AFRIQUE SONT BIEN MEILLEURS
... À CAUSE DES SANCTIONS ET DE L'ISOLEMENT IMPOSÉS PAR L'AFRIQUE UNIE

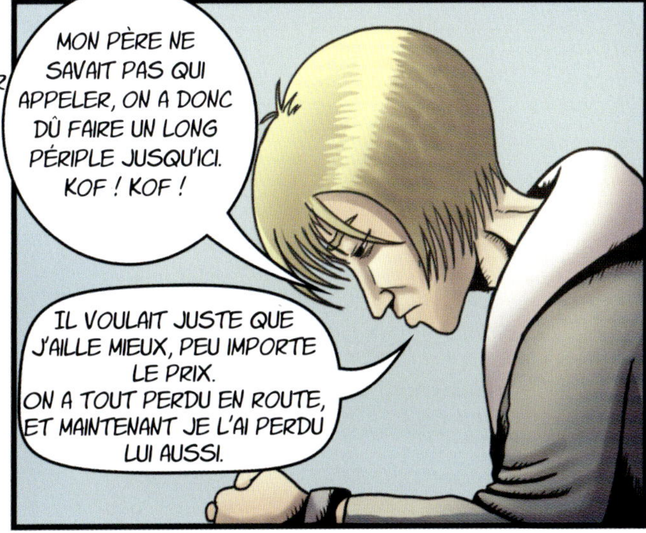
MON PÈRE NE SAVAIT PAS QUI APPELER, ON A DONC DÛ FAIRE UN LONG PÉRIPLE JUSQU'ICI. KOF ! KOF !
IL VOULAIT JUSTE QUE J'AILLE MIEUX, PEU IMPORTE LE PRIX. ON A TOUT PERDU EN ROUTE, ET MAINTENANT JE L'AI PERDU LUI AUSSI.

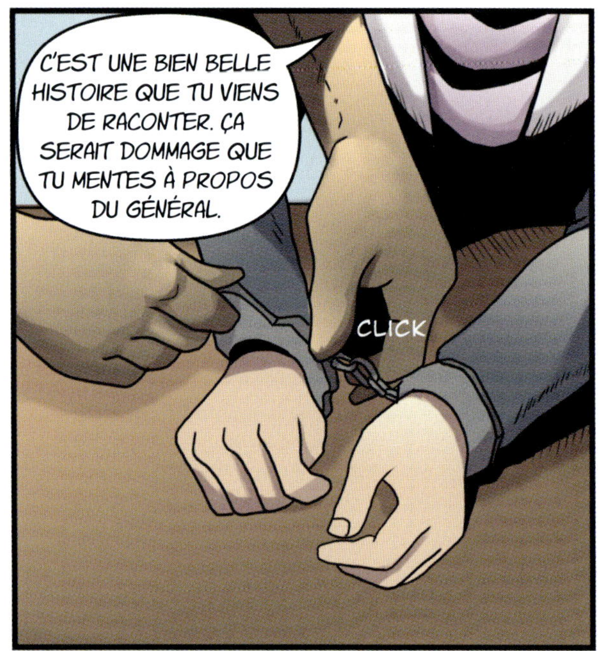
C'EST UNE BIEN BELLE HISTOIRE QUE TU VIENS DE RACONTER. ÇA SERAIT DOMMAGE QUE TU MENTES À PROPOS DU GÉNÉRAL.
CLICK

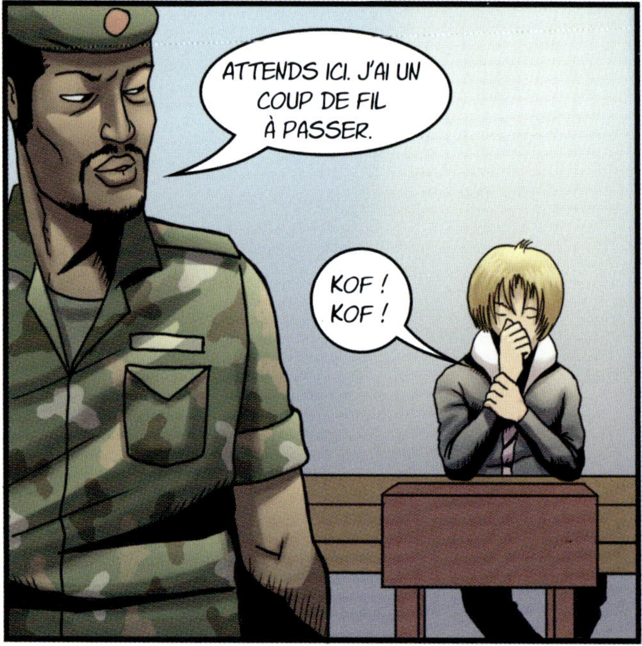
ATTENDS ICI. J'AI UN COUP DE FIL À PASSER.
KOF ! KOF !

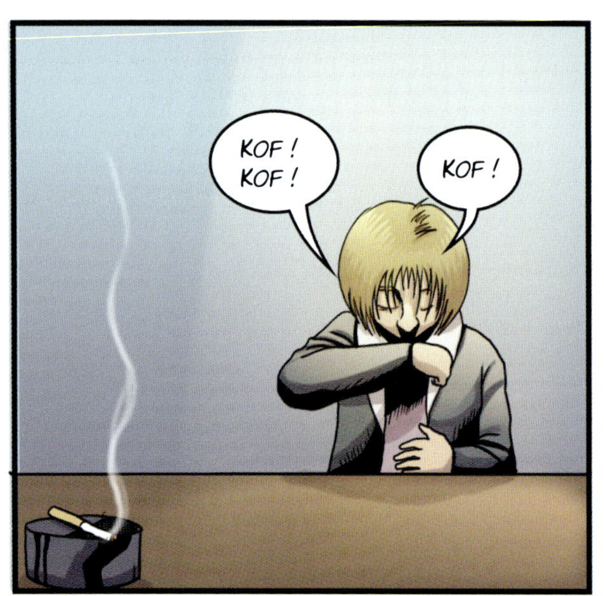
KOF ! KOF !
KOF !

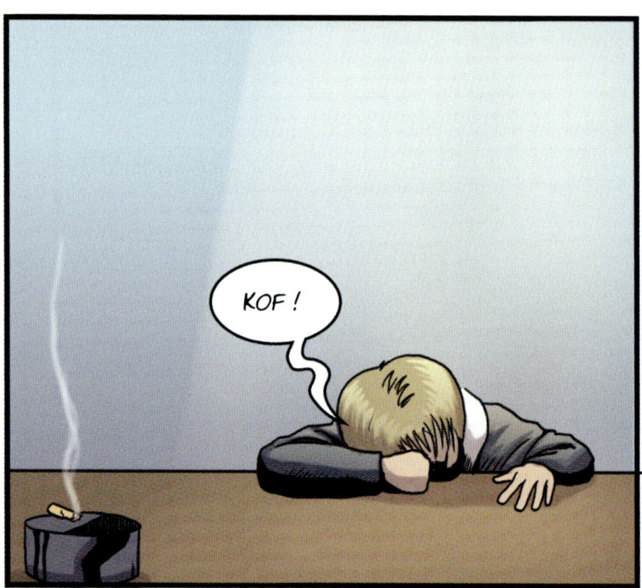
KOF !

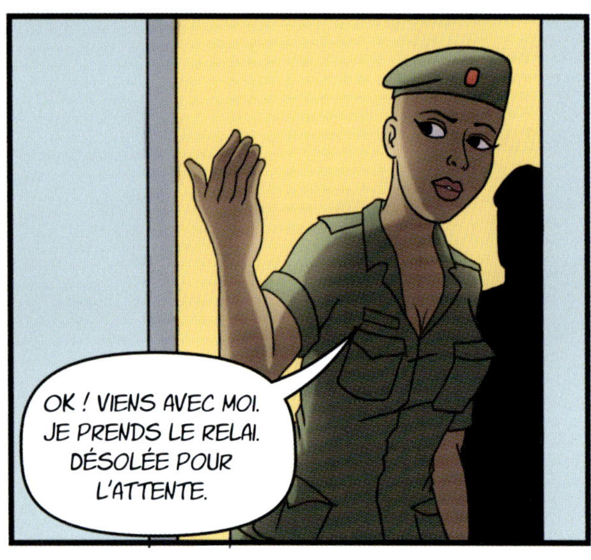
OK ! VIENS AVEC MOI. JE PRENDS LE RELAI. DÉSOLÉE POUR L'ATTENTE.

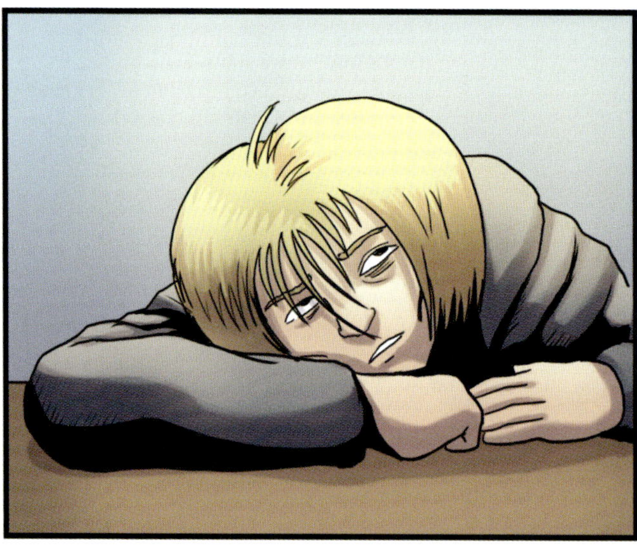

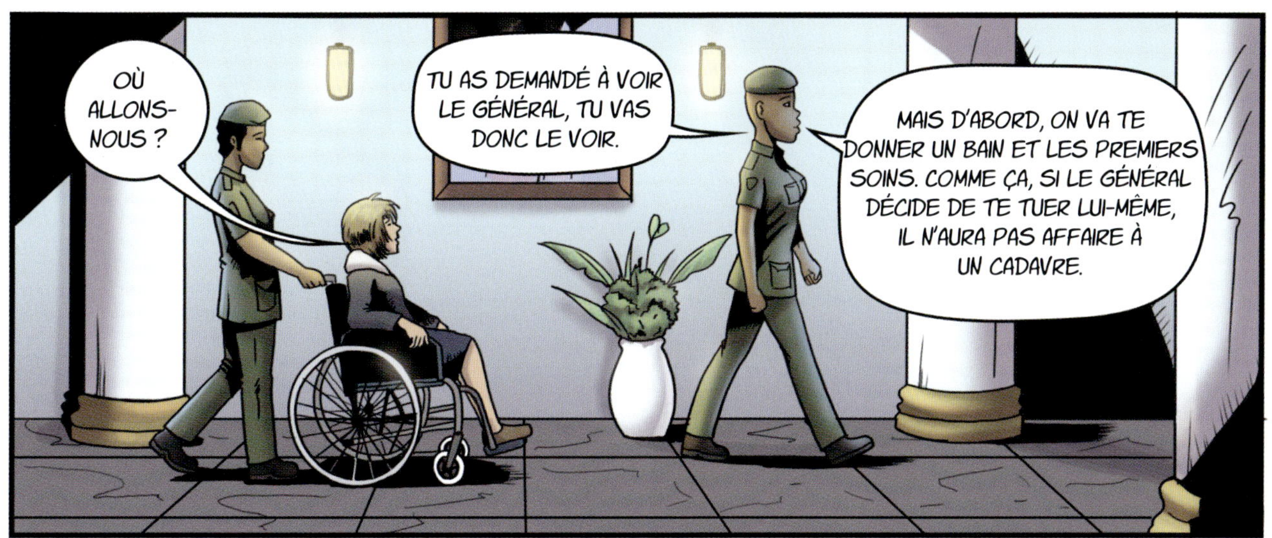
OÙ ALLONS-NOUS ?
TU AS DEMANDÉ À VOIR LE GÉNÉRAL, TU VAS DONC LE VOIR.
MAIS D'ABORD, ON VA TE DONNER UN BAIN ET LES PREMIERS SOINS. COMME ÇA, SI LE GÉNÉRAL DÉCIDE DE TE TUER LUI-MÊME, IL N'AURA PAS AFFAIRE À UN CADAVRE.

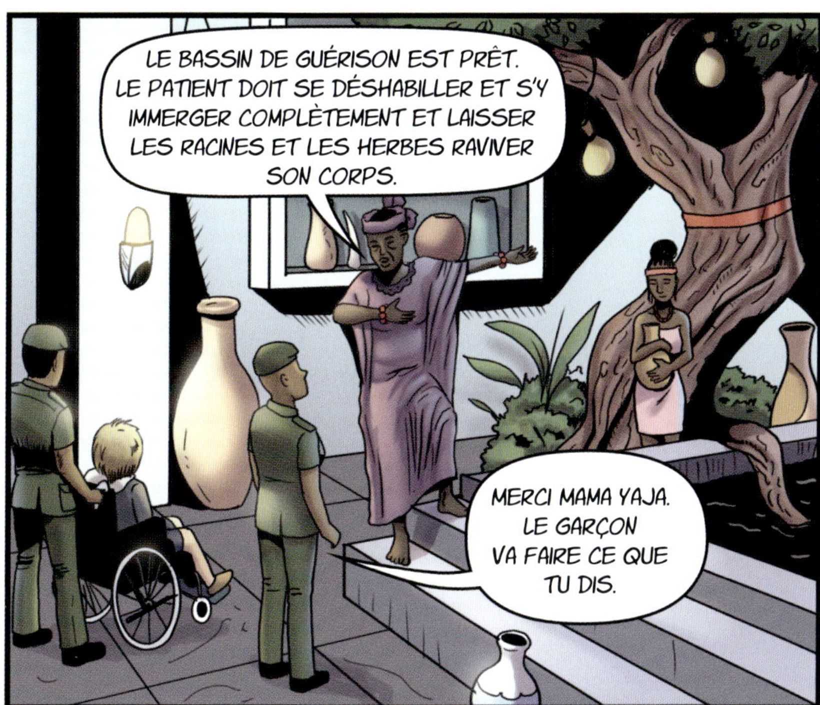
LE BASSIN DE GUÉRISON EST PRÊT. LE PATIENT DOIT SE DÉSHABILLER ET S'Y IMMERGER COMPLÈTEMENT ET LAISSER LES RACINES ET LES HERBES RAVIVER SON CORPS.
MERCI MAMA YAJA. LE GARÇON VA FAIRE CE QUE TU DIS.

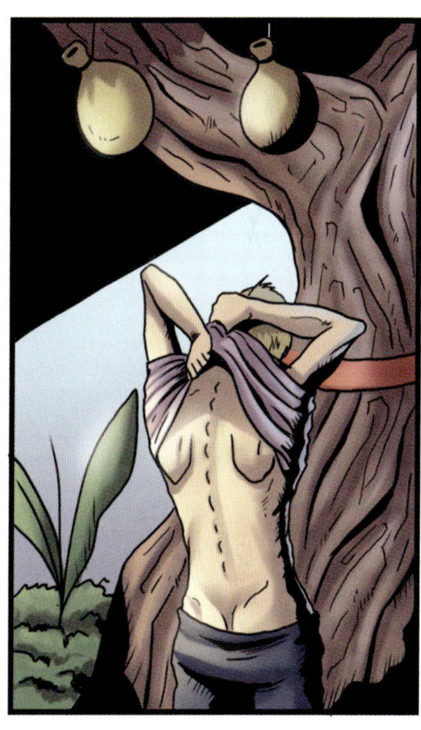

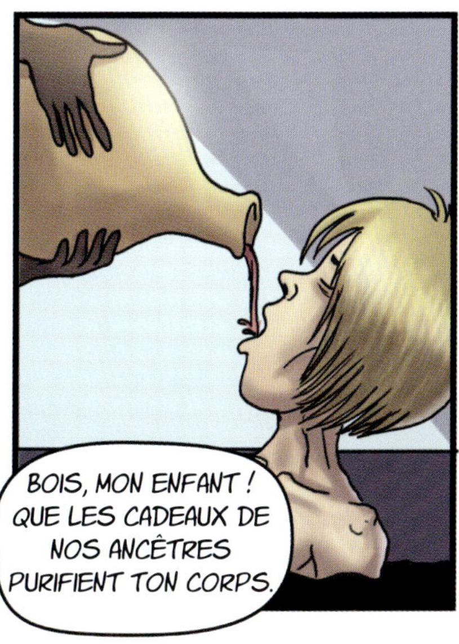
BOIS, MON ENFANT ! QUE LES CADEAUX DE NOS ANCÊTRES PURIFIENT TON CORPS.

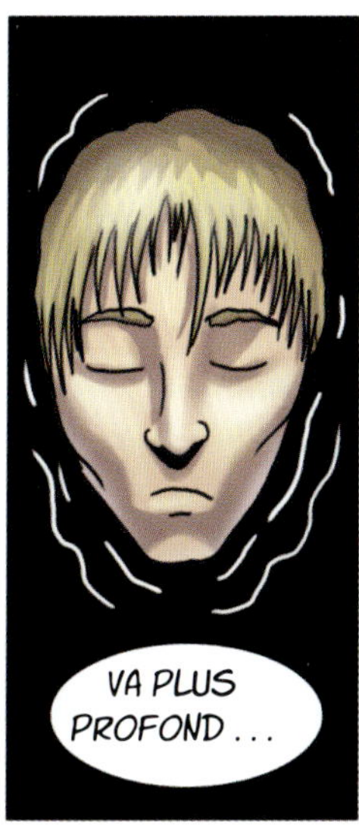
VA PLUS PROFOND . . .

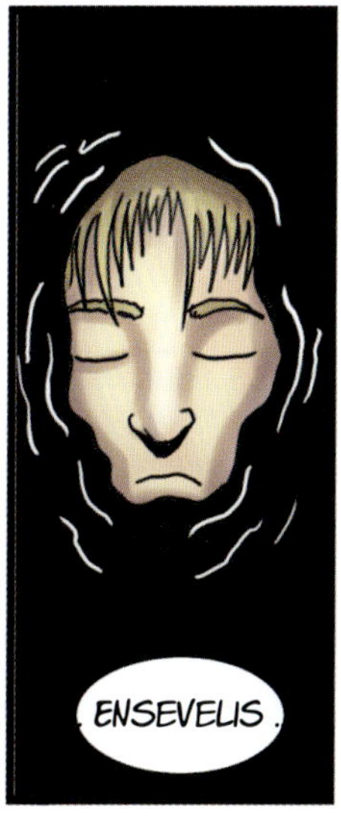
. ENSEVELIS .

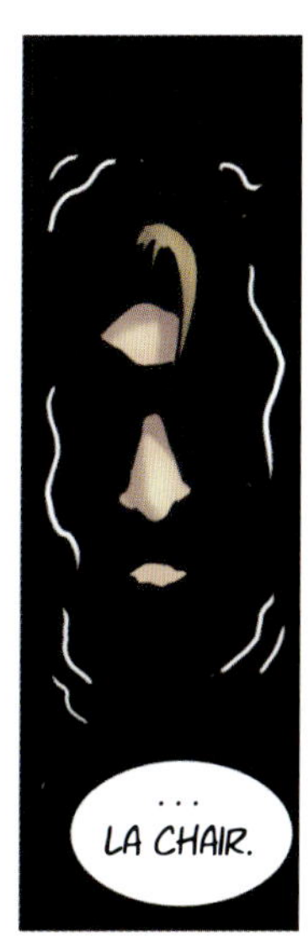
. . . LA CHAIR.

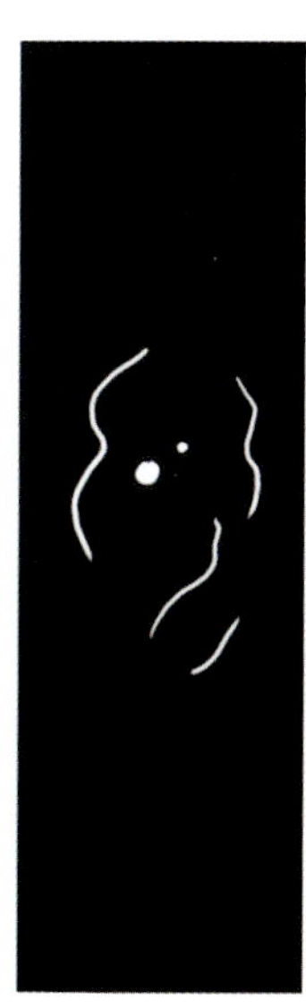

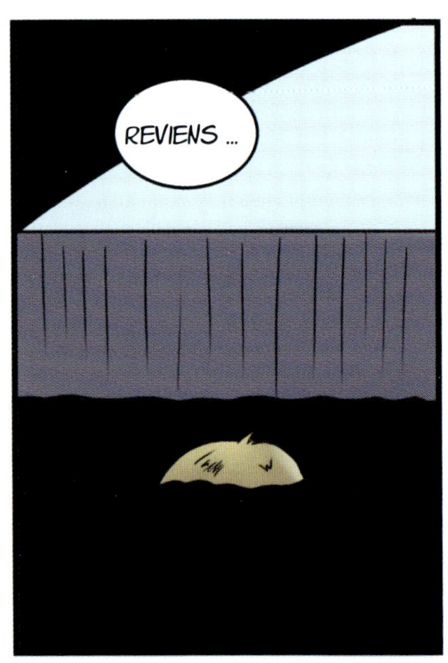
REVIENS ...

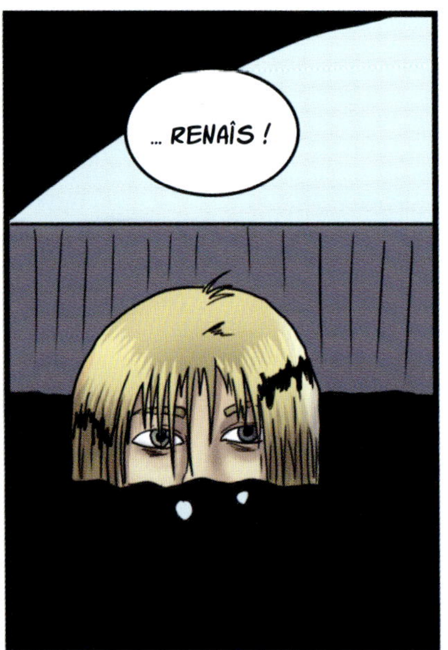
... RENAÎS !

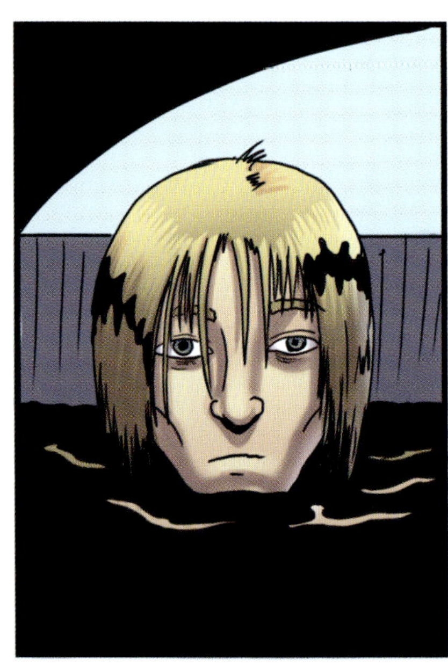

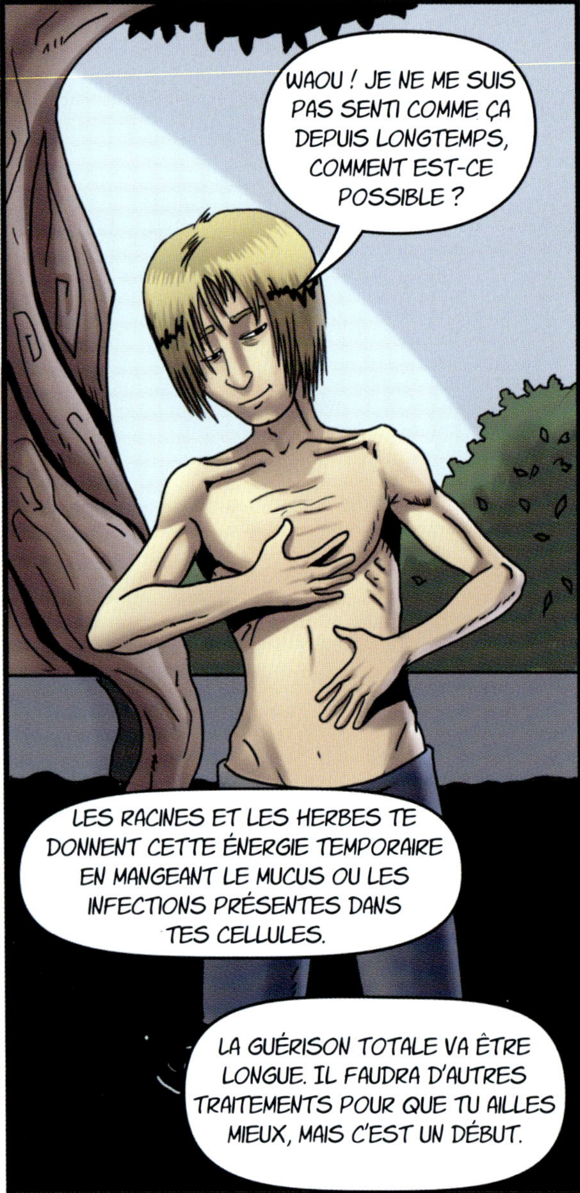
WAOU ! JE NE ME SUIS PAS SENTI COMME ÇA DEPUIS LONGTEMPS, COMMENT EST-CE POSSIBLE ?
LES RACINES ET LES HERBES TE DONNENT CETTE ÉNERGIE TEMPORAIRE EN MANGEANT LE MUCUS OU LES INFECTIONS PRÉSENTES DANS TES CELLULES.
LA GUÉRISON TOTALE VA ÊTRE LONGUE. IL FAUDRA D'AUTRES TRAITEMENTS POUR QUE TU AILLES MIEUX, MAIS C'EST UN DÉBUT.

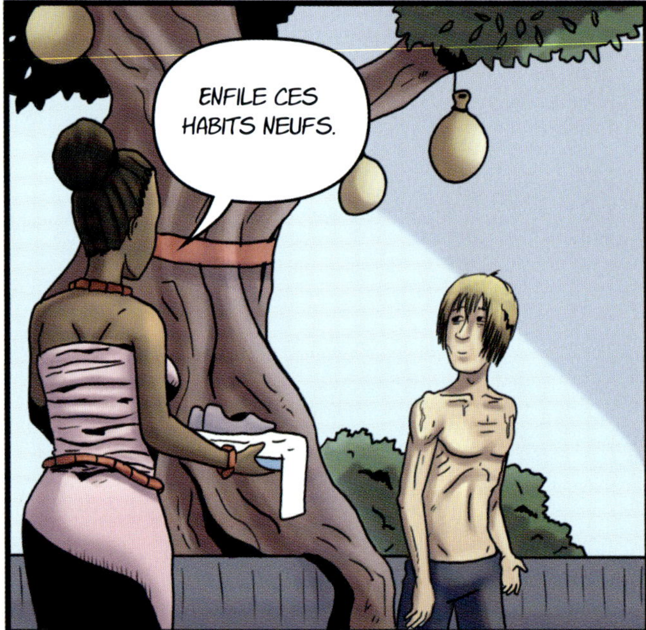
ENFILE CES HABITS NEUFS.

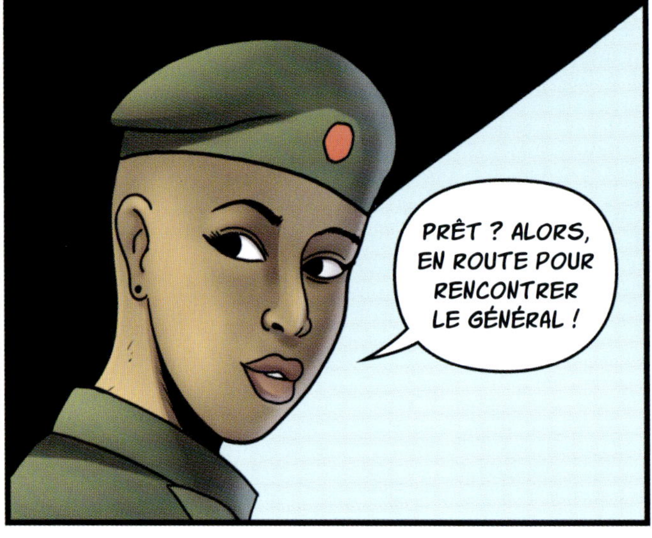
PRÊT ? ALORS, EN ROUTE POUR RENCONTRER LE GÉNÉRAL !

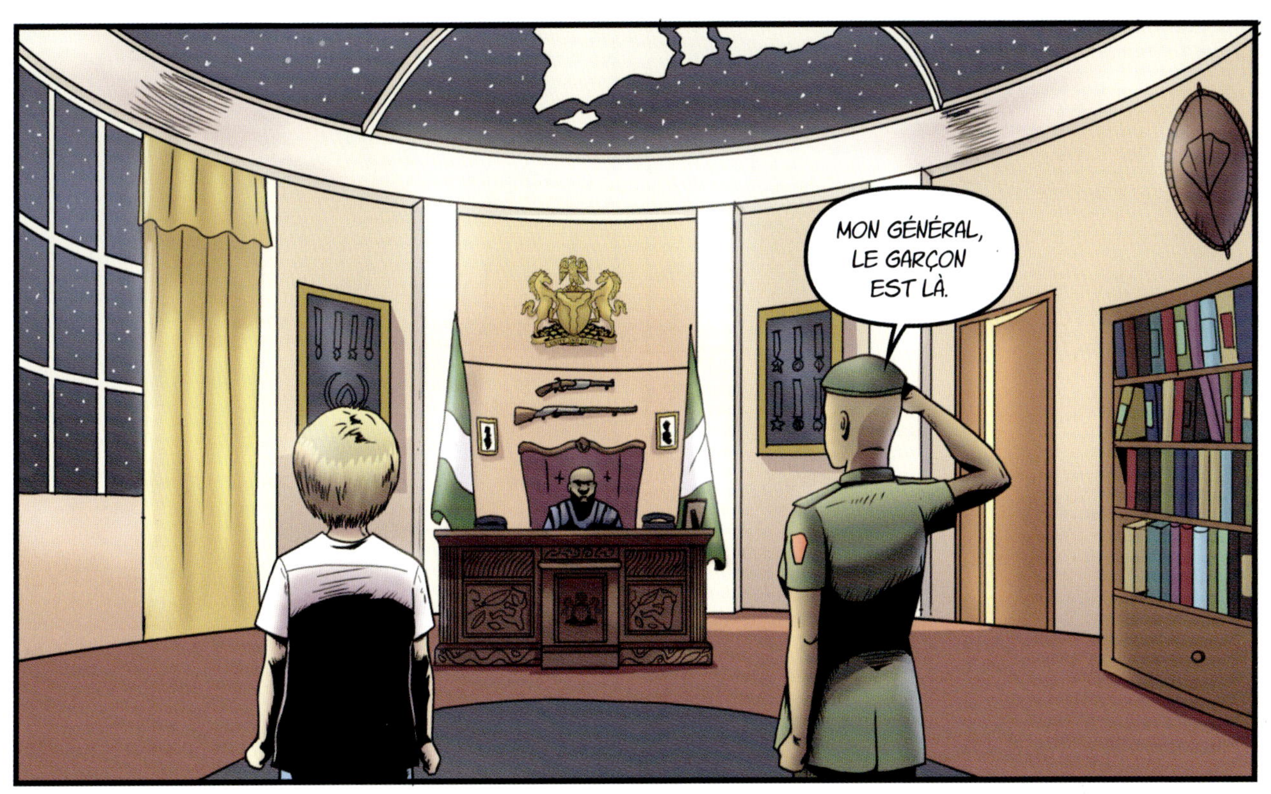
MON GÉNÉRAL,
LE GARÇON
EST LÀ.

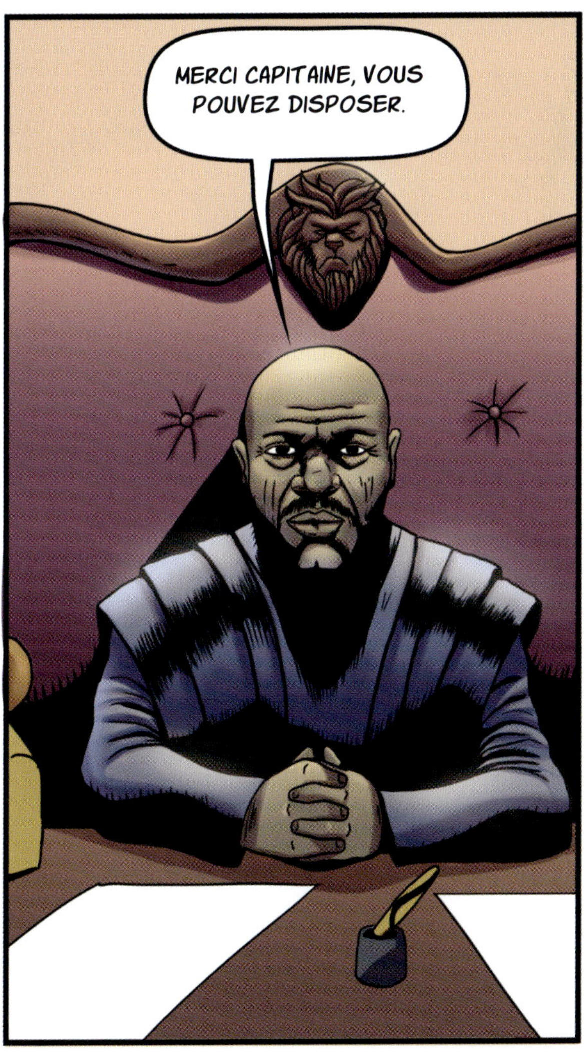
MERCI CAPITAINE, VOUS POUVEZ DISPOSER.

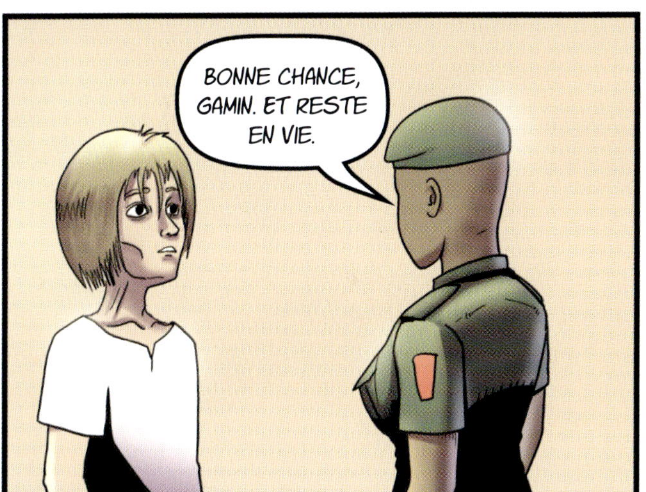
BONNE CHANCE, GAMIN. ET RESTE EN VIE.

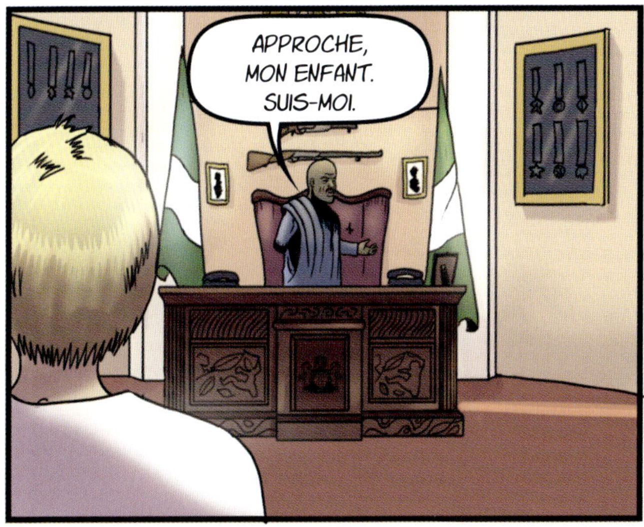
APPROCHE, MON ENFANT. SUIS-MOI.

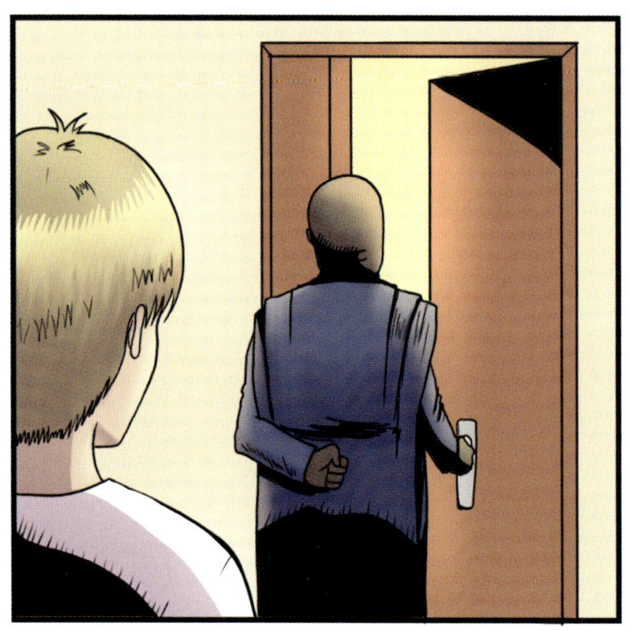

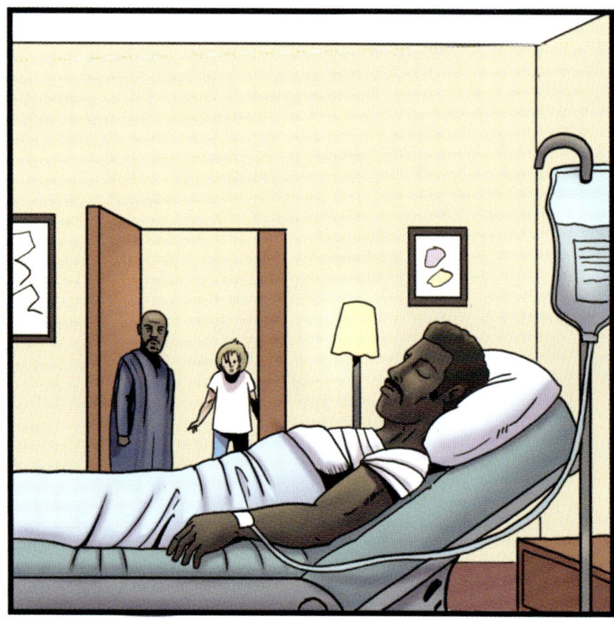

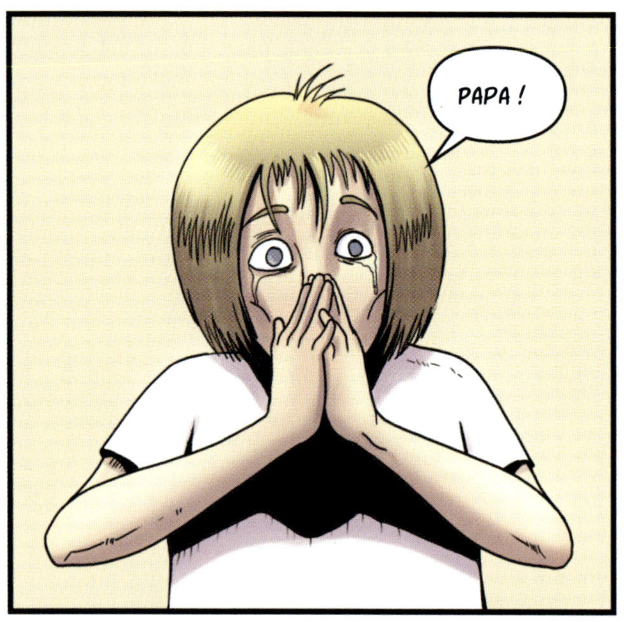
PAPA !

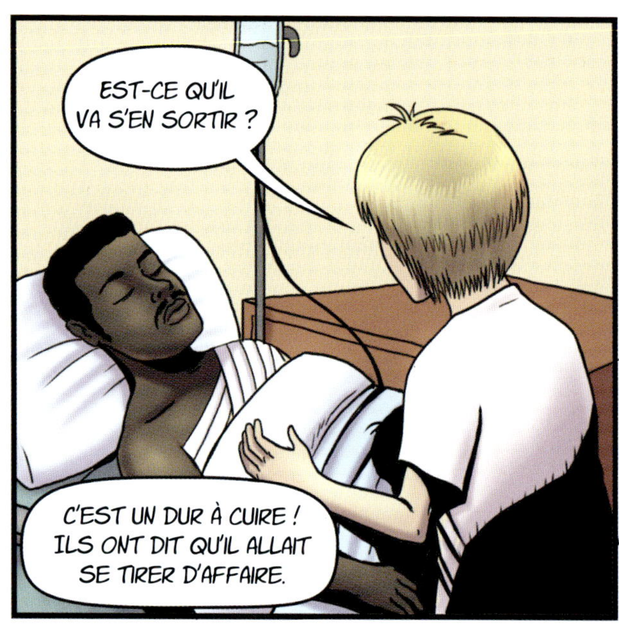
EST-CE QU'IL VA S'EN SORTIR ?
C'EST UN DUR À CUIRE ! ILS ONT DIT QU'IL ALLAIT SE TIRER D'AFFAIRE.

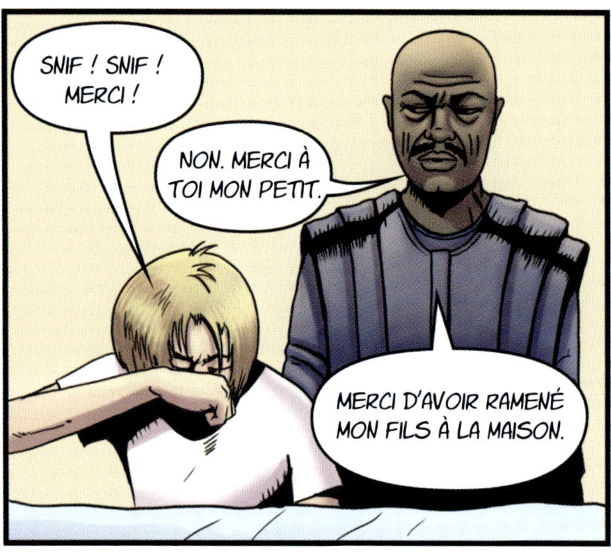
SNIF ! SNIF ! MERCI !
NON. MERCI À TOI MON PETIT.
MERCI D'AVOIR RAMENÉ MON FILS À LA MAISON.

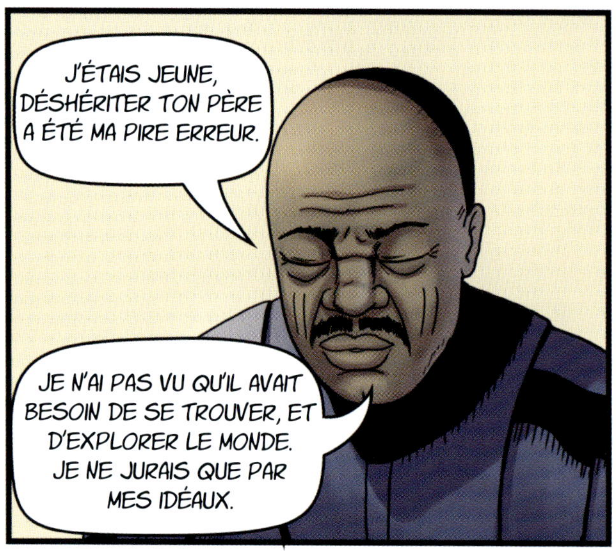
J'ÉTAIS JEUNE, DÉSHÉRITER TON PÈRE A ÉTÉ MA PIRE ERREUR.
JE N'AI PAS VU QU'IL AVAIT BESOIN DE SE TROUVER, ET D'EXPLORER LE MONDE. JE NE JURAIS QUE PAR MES IDÉAUX.

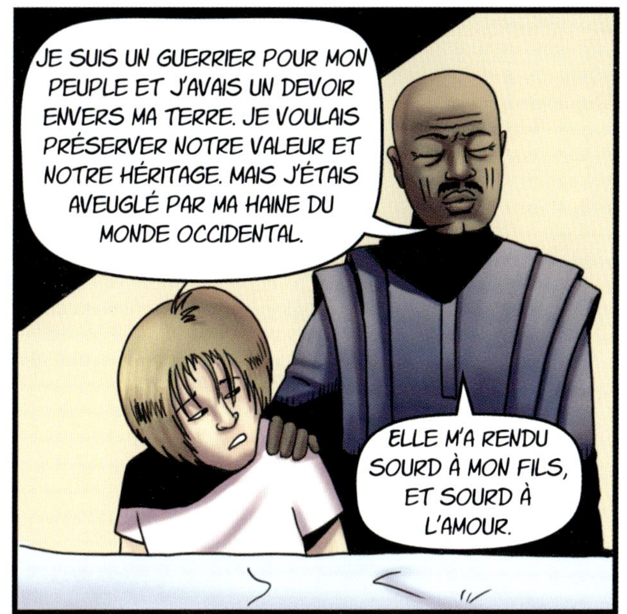
JE SUIS UN GUERRIER POUR MON PEUPLE ET J'AVAIS UN DEVOIR ENVERS MA TERRE. JE VOULAIS PRÉSERVER NOTRE VALEUR ET NOTRE HÉRITAGE. MAIS J'ÉTAIS AVEUGLÉ PAR MA HAINE DU MONDE OCCIDENTAL.
ELLE M'A RENDU SOURD À MON FILS, ET SOURD À L'AMOUR.

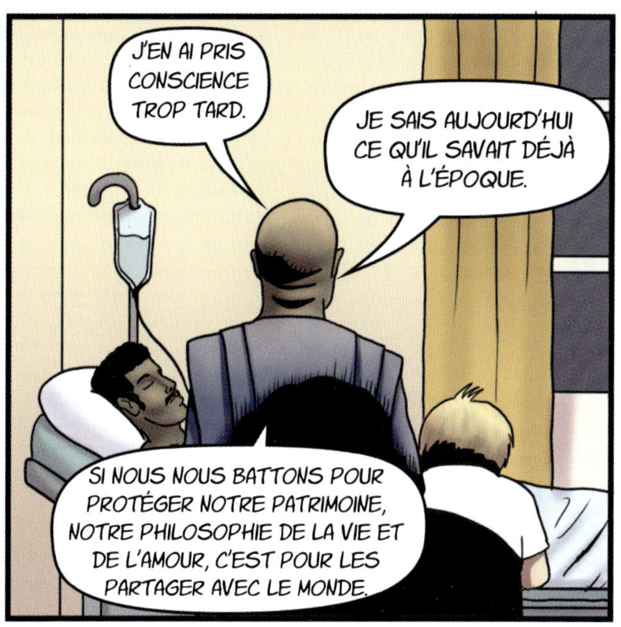
J'EN AI PRIS CONSCIENCE TROP TARD.
JE SAIS AUJOURD'HUI CE QU'IL SAVAIT DÉJÀ À L'ÉPOQUE.
SI NOUS NOUS BATTONS POUR PROTÉGER NOTRE PATRIMOINE, NOTRE PHILOSOPHIE DE LA VIE ET DE L'AMOUR, C'EST POUR LES PARTAGER AVEC LE MONDE.

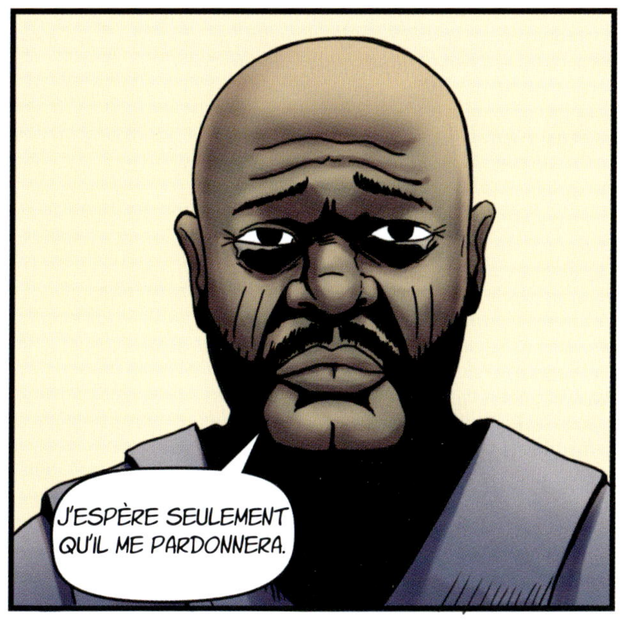
J'ESPÈRE SEULEMENT QU'IL ME PARDONNERA.

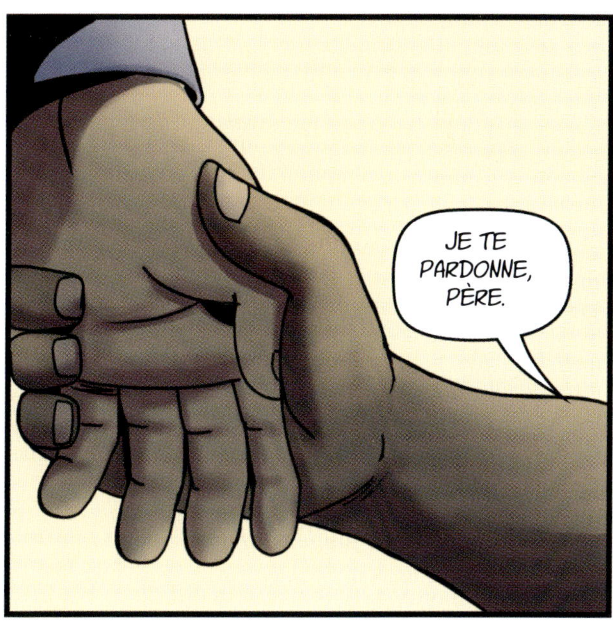
JE TE PARDONNE, PÈRE.

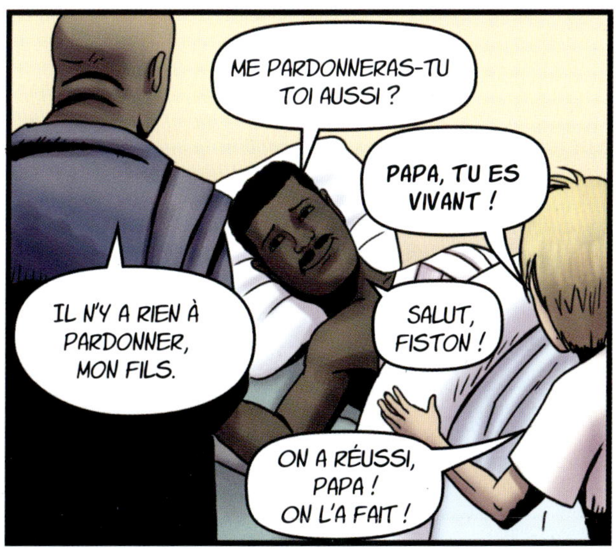
ME PARDONNERAS-TU TOI AUSSI ?
IL N'Y A RIEN À PARDONNER, MON FILS.
PAPA, TU ES VIVANT !
SALUT, FISTON !
ON A RÉUSSI, PAPA ! ON L'A FAIT !

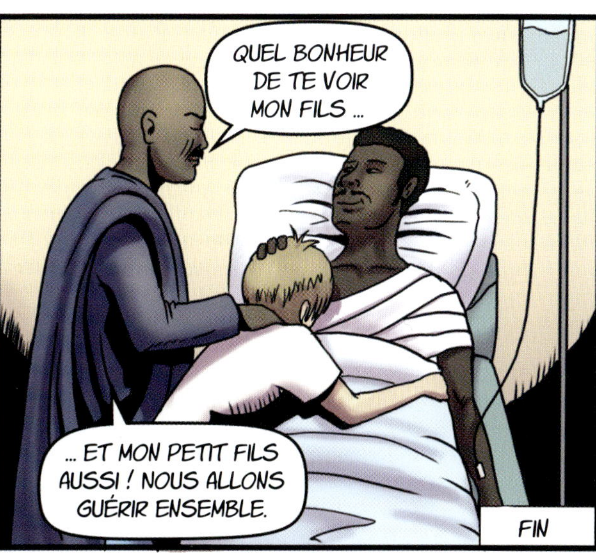
QUEL BONHEUR DE TE VOIR MON FILS ...
... ET MON PETIT FILS AUSSI ! NOUS ALLONS GUÉRIR ENSEMBLE.
FIN

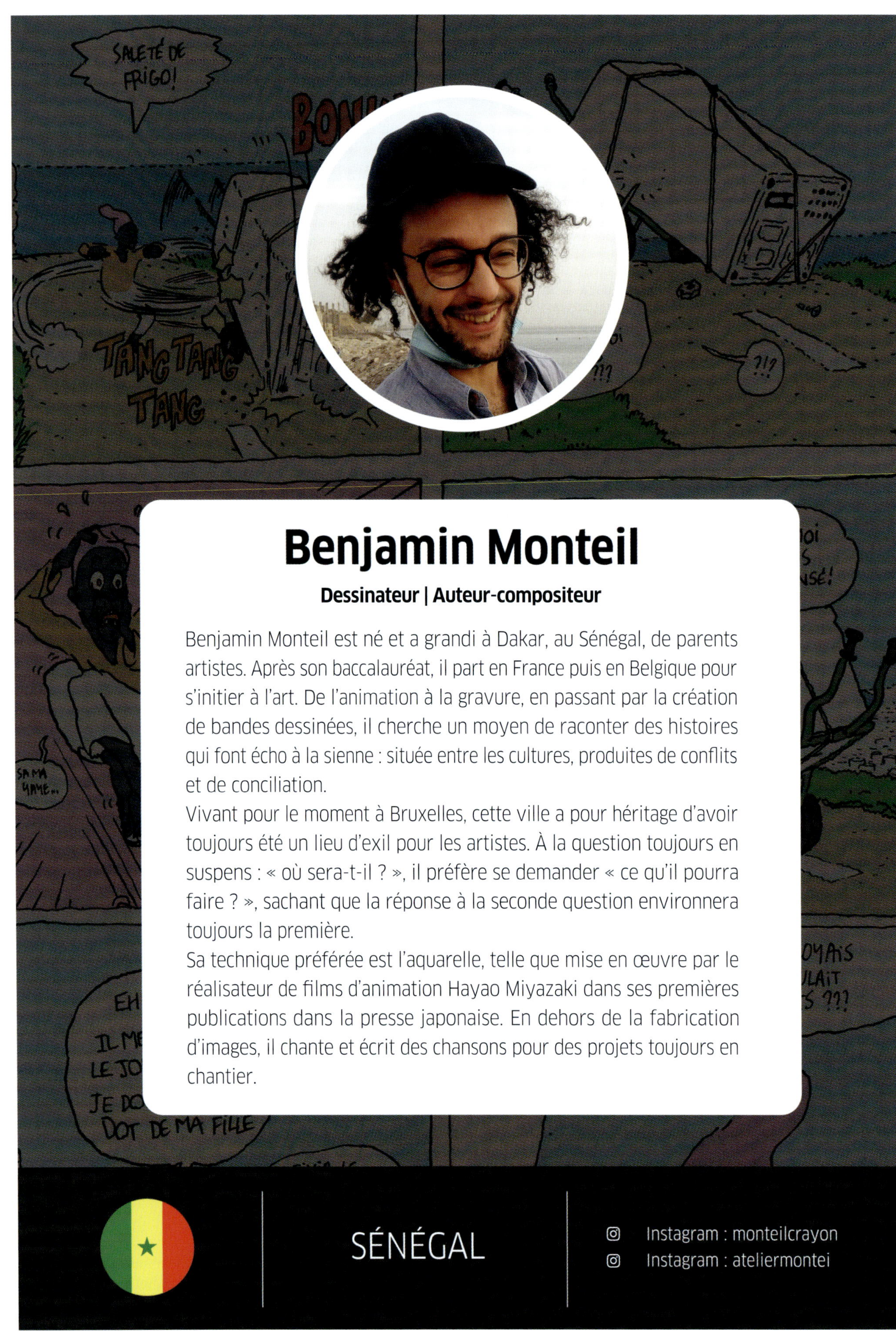

Benjamin Monteil

Dessinateur | Auteur-compositeur

Benjamin Monteil est né et a grandi à Dakar, au Sénégal, de parents artistes. Après son baccalauréat, il part en France puis en Belgique pour s'initier à l'art. De l'animation à la gravure, en passant par la création de bandes dessinées, il cherche un moyen de raconter des histoires qui font écho à la sienne : située entre les cultures, produites de conflits et de conciliation.

Vivant pour le moment à Bruxelles, cette ville a pour héritage d'avoir toujours été un lieu d'exil pour les artistes. À la question toujours en suspens : « où sera-t-il ? », il préfère se demander « ce qu'il pourra faire ? », sachant que la réponse à la seconde question environnera toujours la première.

Sa technique préférée est l'aquarelle, telle que mise en œuvre par le réalisateur de films d'animation Hayao Miyazaki dans ses premières publications dans la presse japonaise. En dehors de la fabrication d'images, il chante et écrit des chansons pour des projets toujours en chantier.

SÉNÉGAL

Instagram : monteilcrayon
Instagram : ateliermontei

LE CAOUTCHOUTIER

MONTEIL

=FLASHBACK / ▢ = TEMPS DU RÉCIT

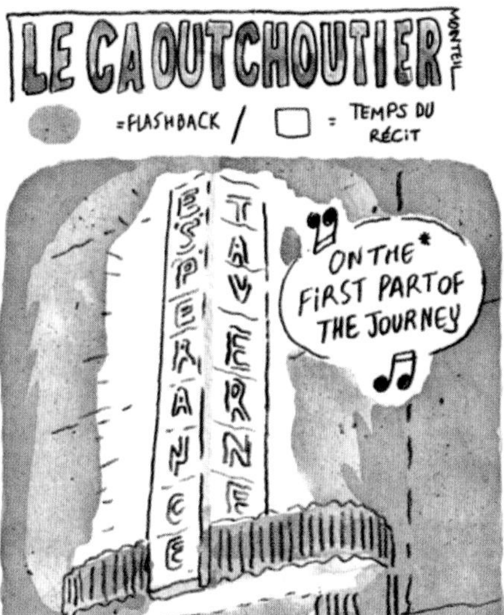

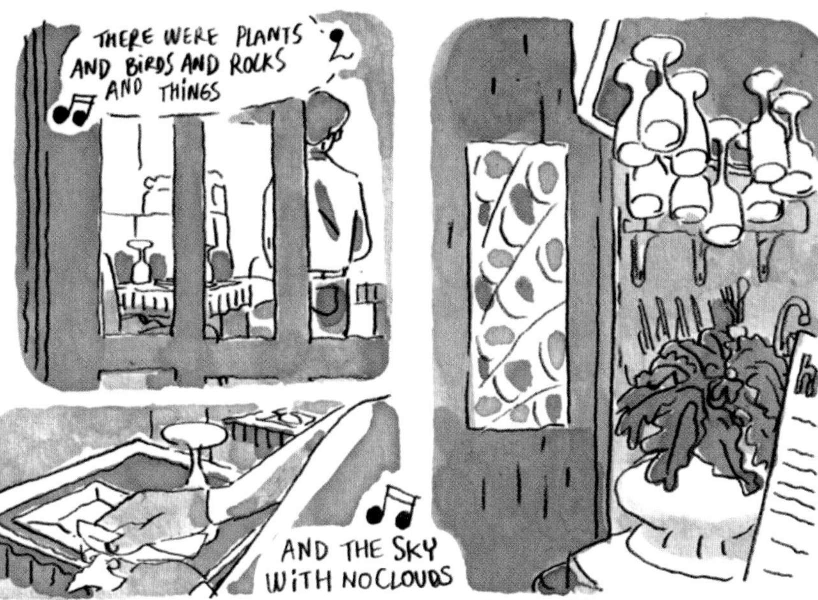

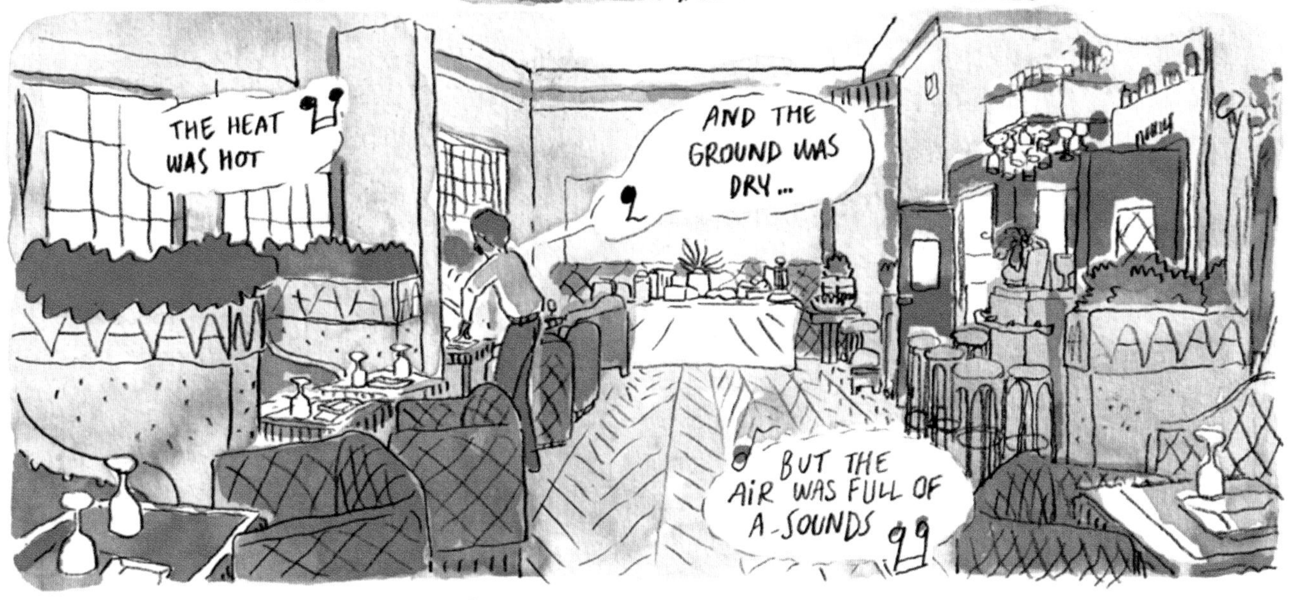

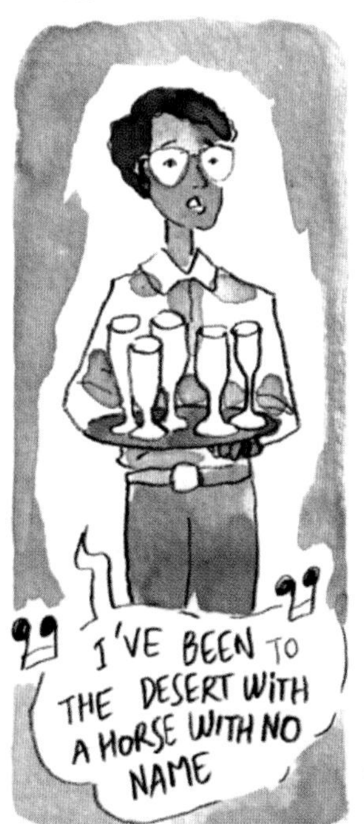

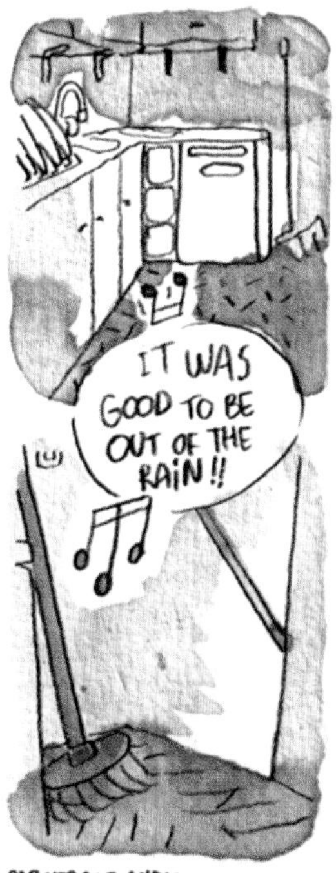

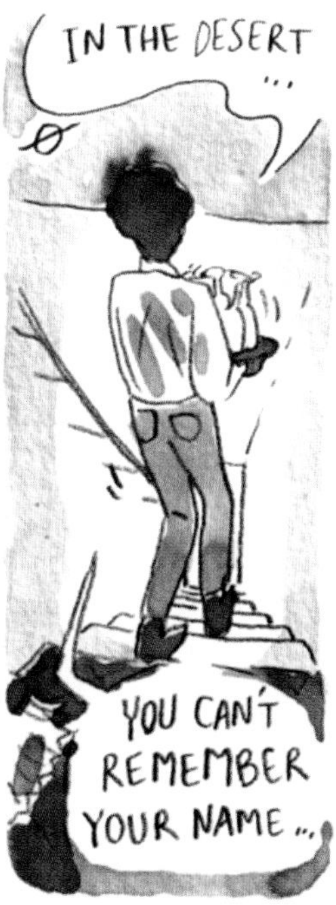

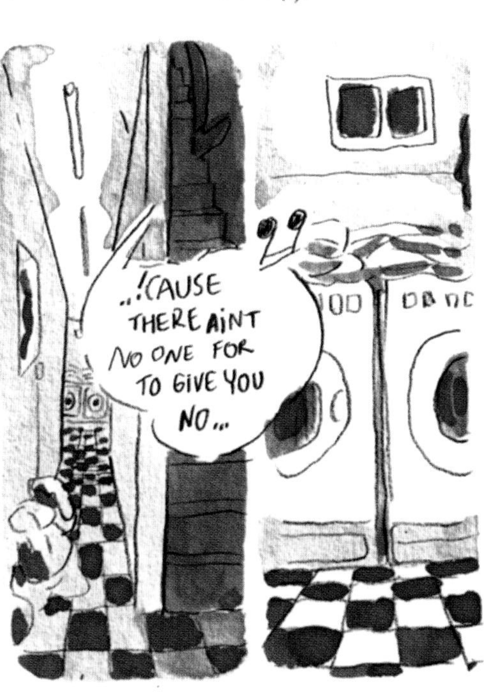

* "HORSE WITH NO NAME", REPRISE PAR HORACE ANDY.

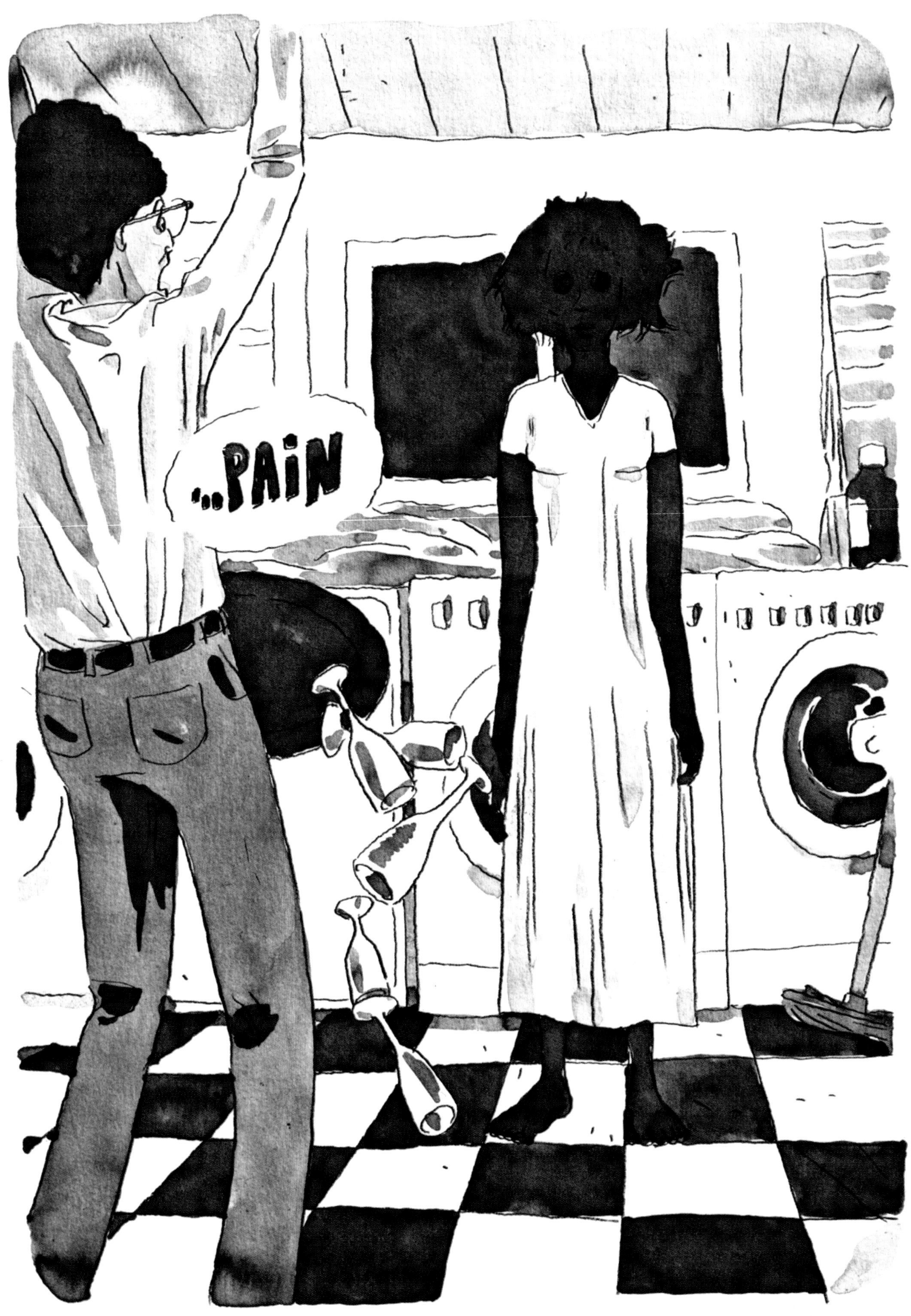
...PAIN

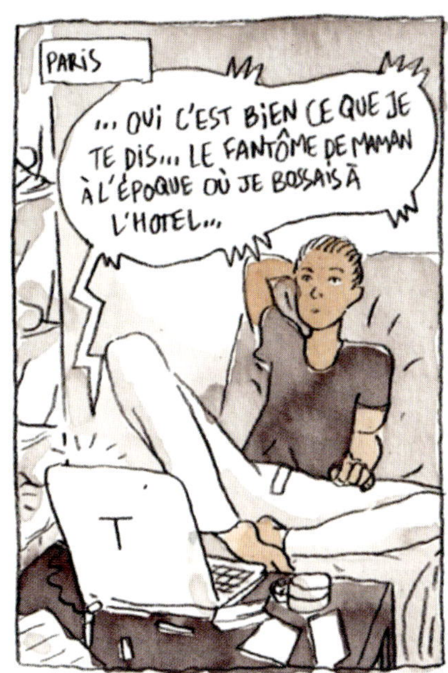
PARIS
... OUI C'EST BIEN CE QUE JE TE DIS... LE FANTÔME DE MAMAN À L'ÉPOQUE OÙ JE BOSSAIS À L'HOTEL...

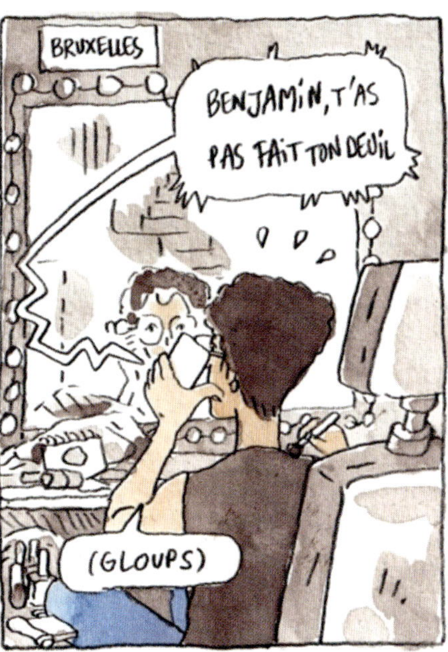
BRUXELLES
BENJAMIN, T'AS PAS FAIT TON DEUIL
(GLOUPS)

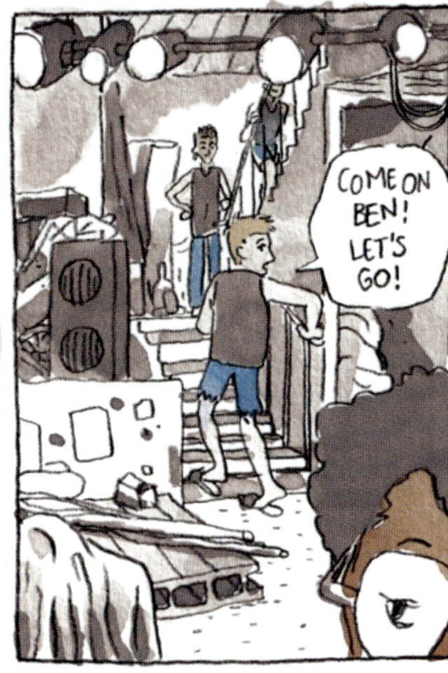
COME ON BEN! LET'S GO!

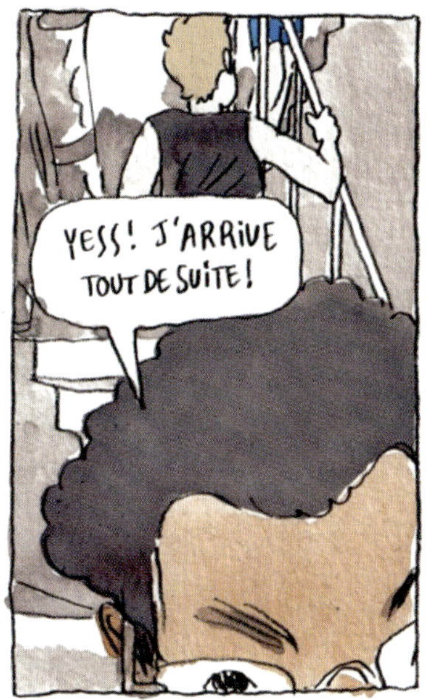
YESS! J'ARRIVE TOUT DE SUITE!

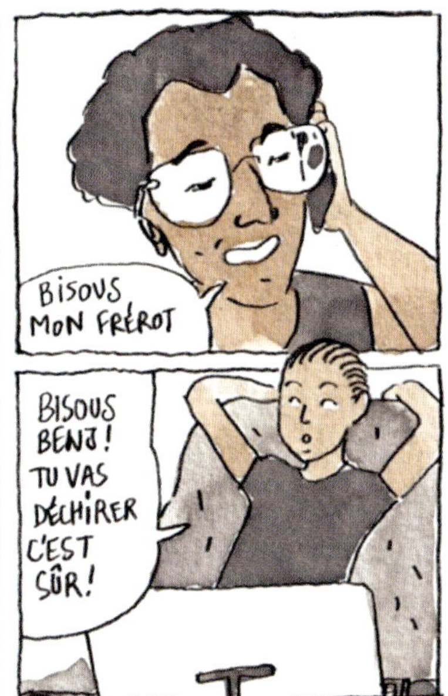
BISOUS MON FRÉROT
BISOUS BENJ! TU VAS DÉCHIRER C'EST SÛR!

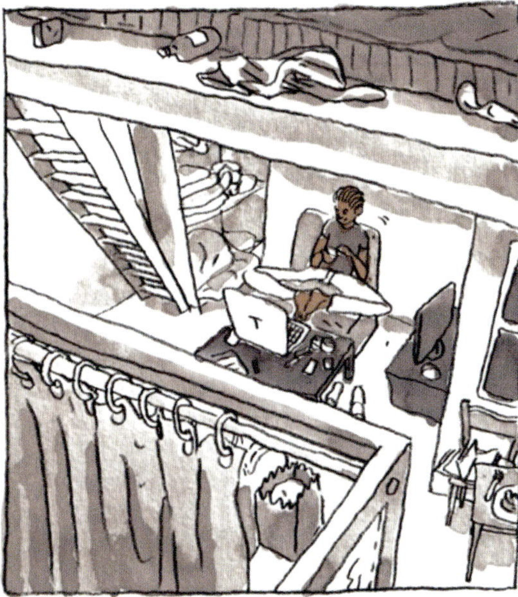

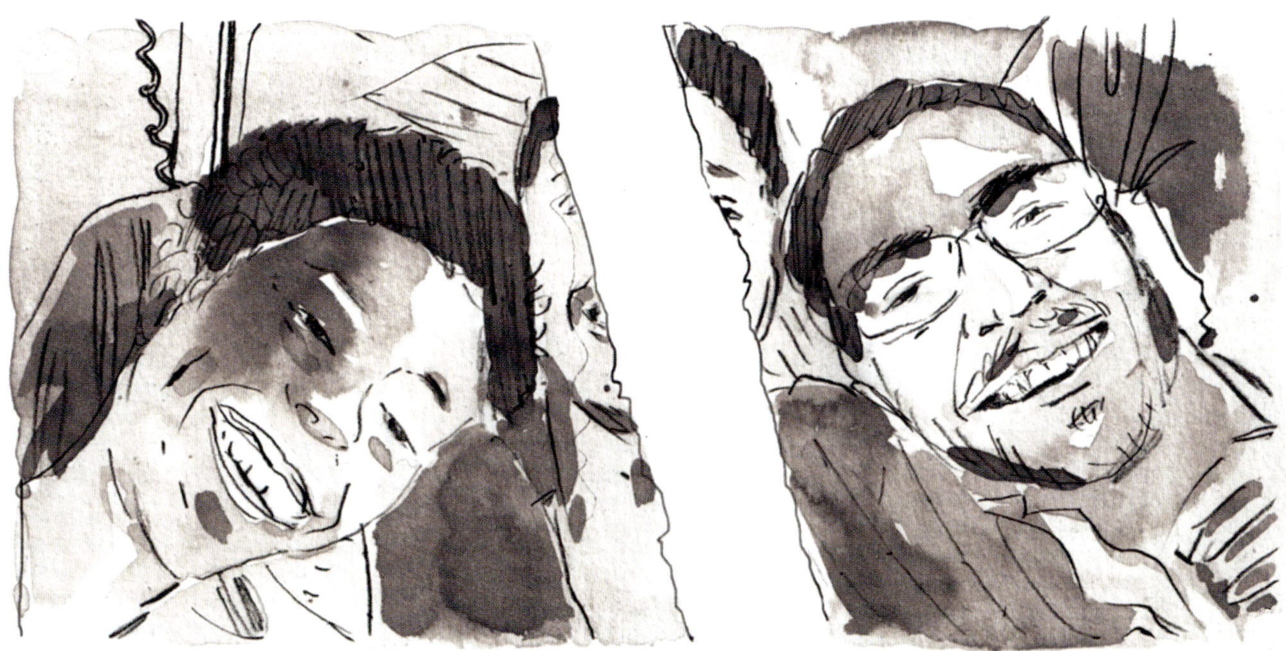

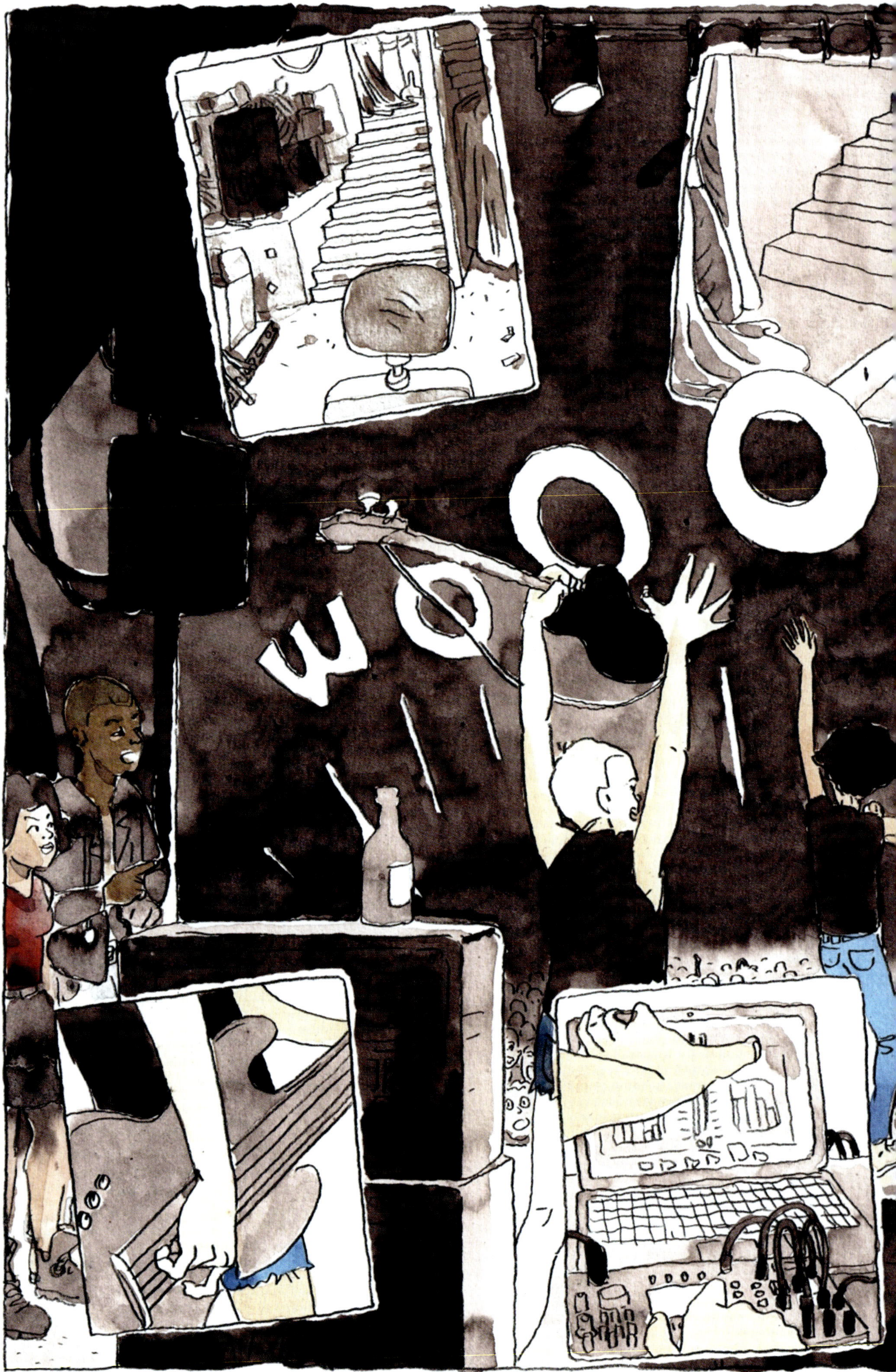
WOOO

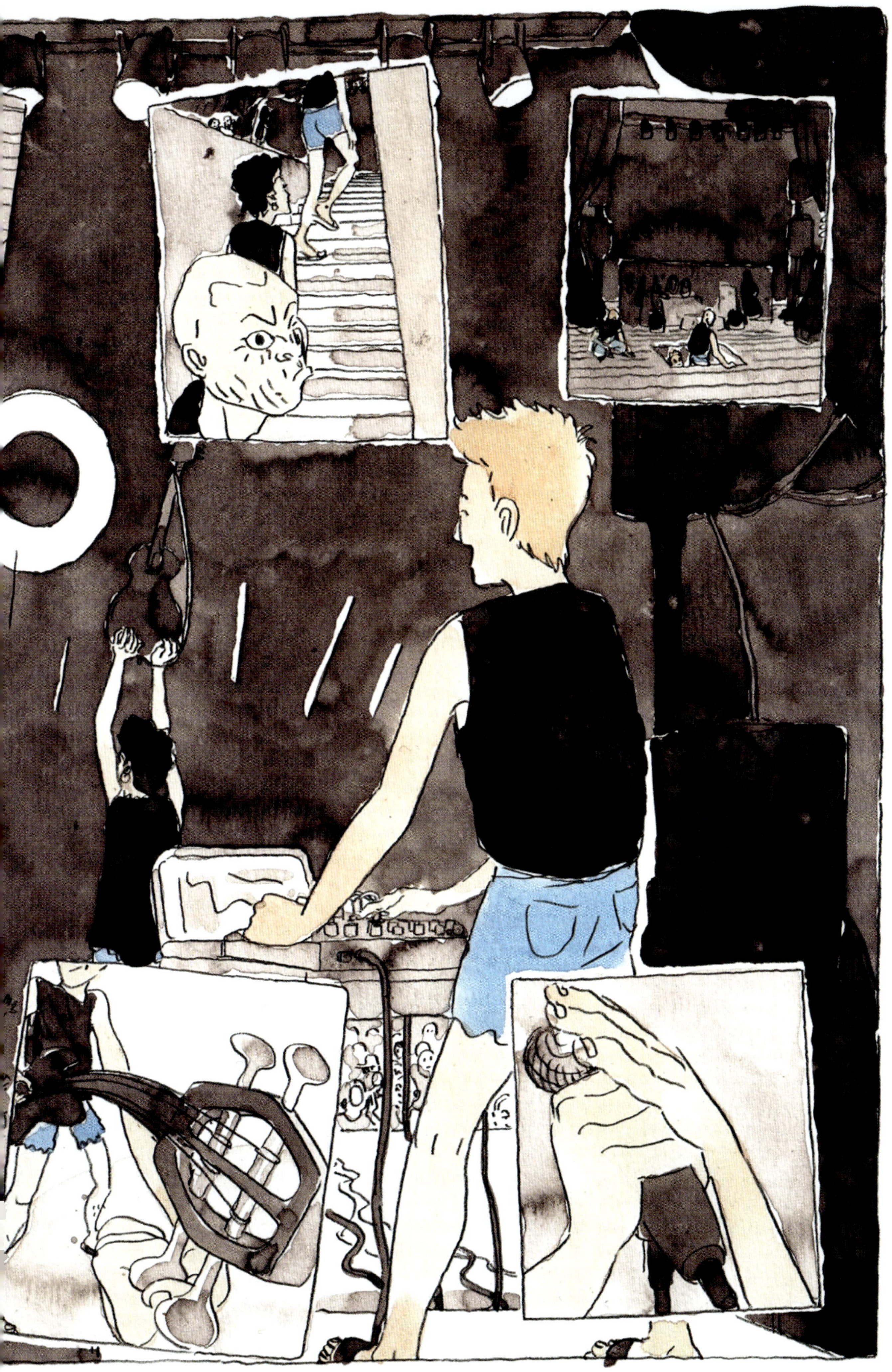

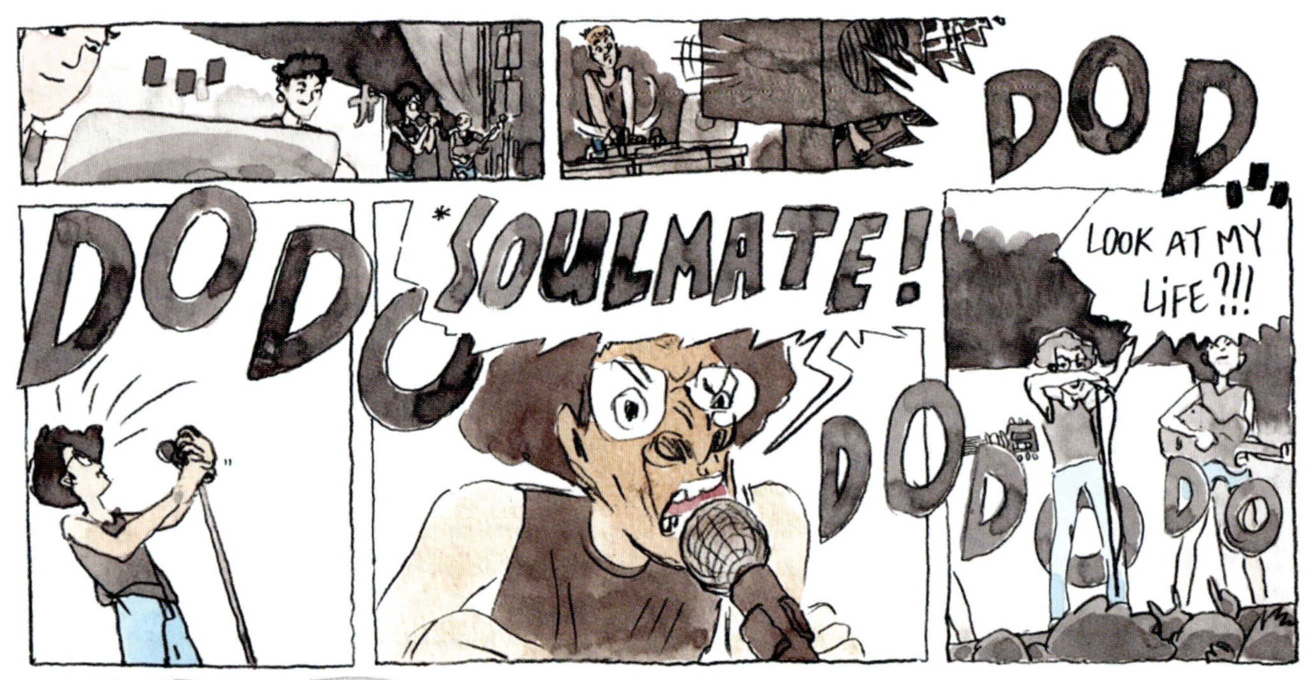

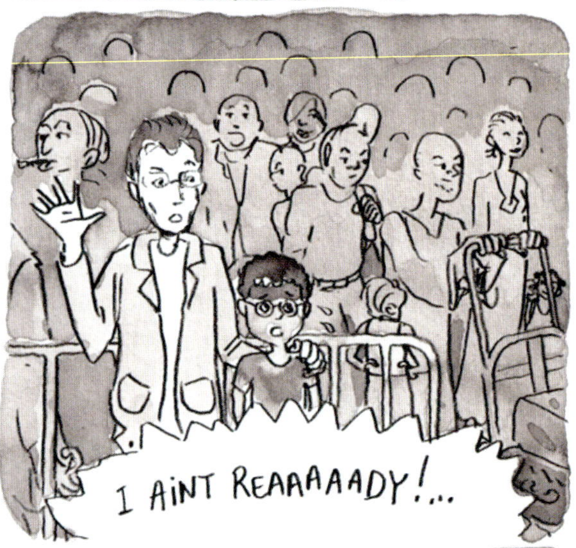

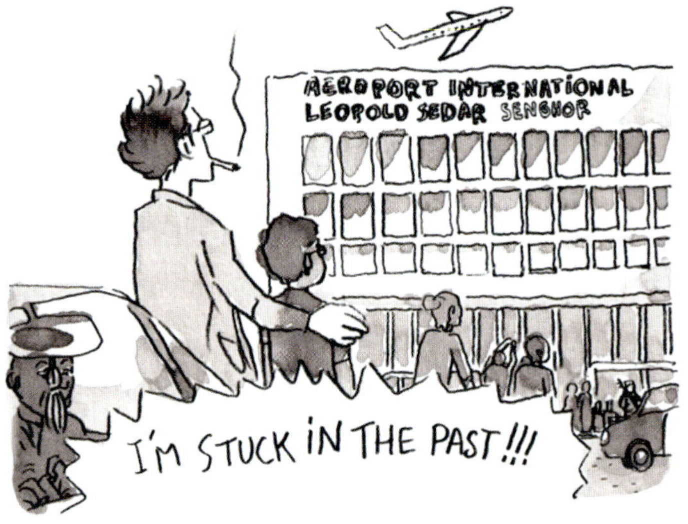

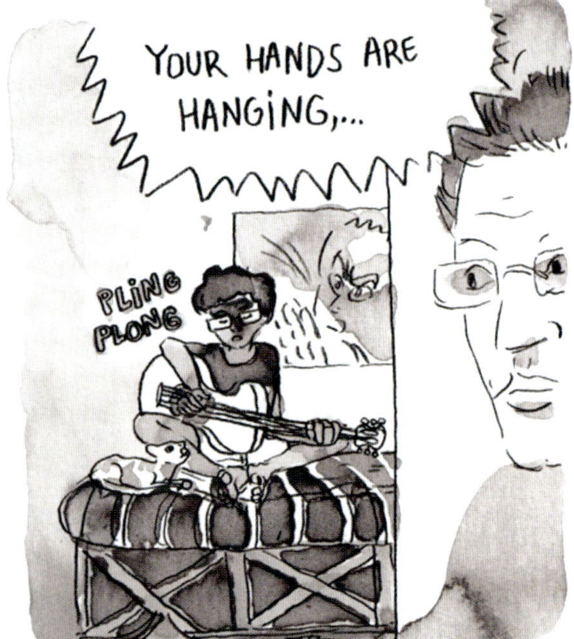

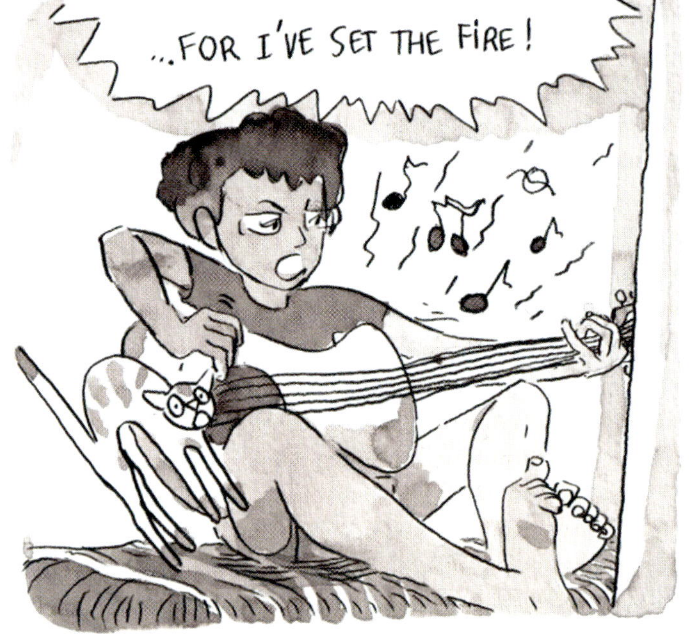

* MUSIQUE ROCK D'ADOLESCENT EN CRISE

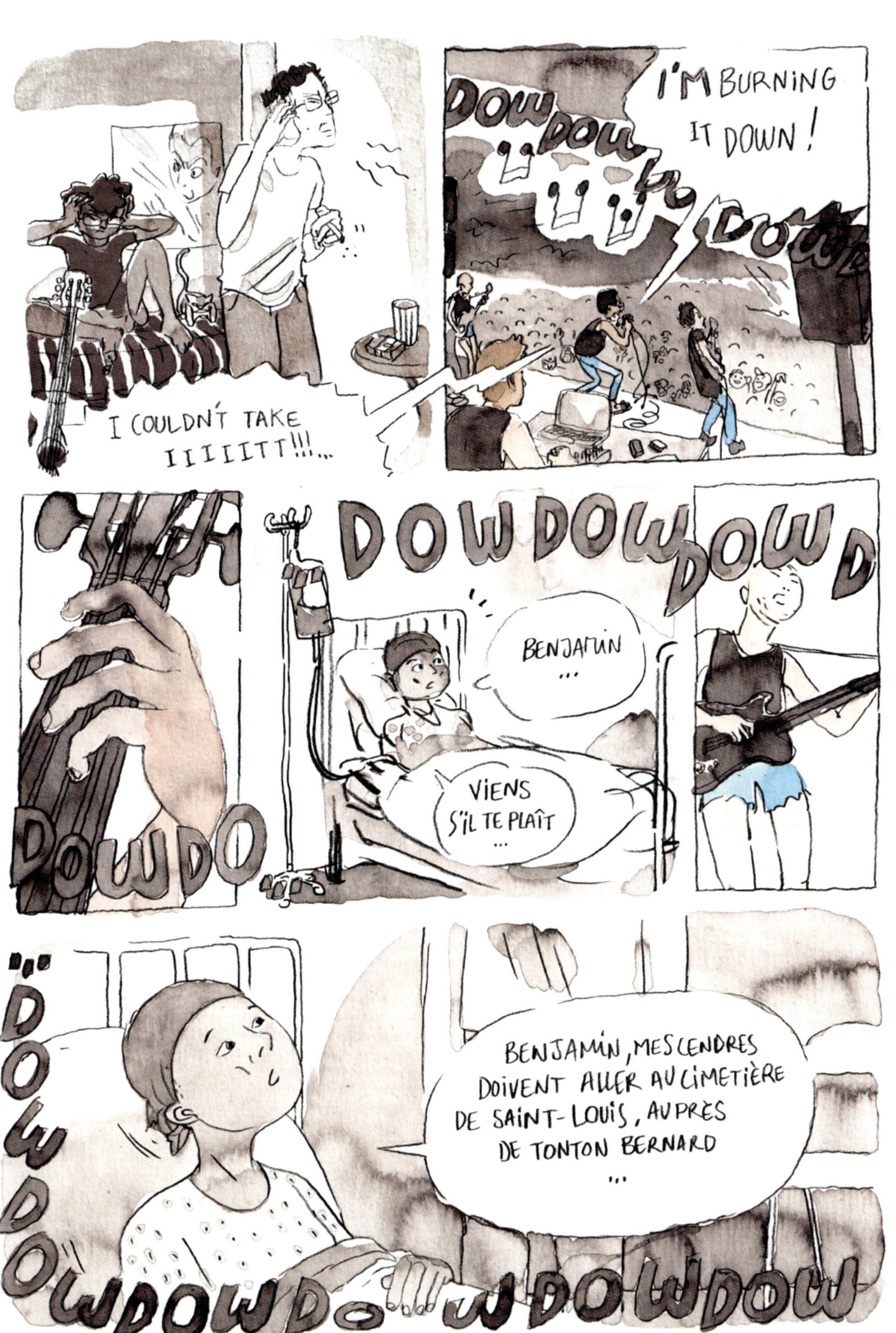
I COULDN'T TAKE IIIIITT!!!...
DOWDOWDOW
I'M BURNING IT DOWN!
DOWDOWDOWDOWD
DOWDO
BENJAMIN ...
VIENS S'IL TE PLAÎT ...
BENJAMIN, MES CENDRES DOIVENT ALLER AU CIMETIÈRE DE SAINT-LOUIS, AUPRÈS DE TONTON BERNARD ...
DOWDOWDOWDOWDOWDOWDOWDOW

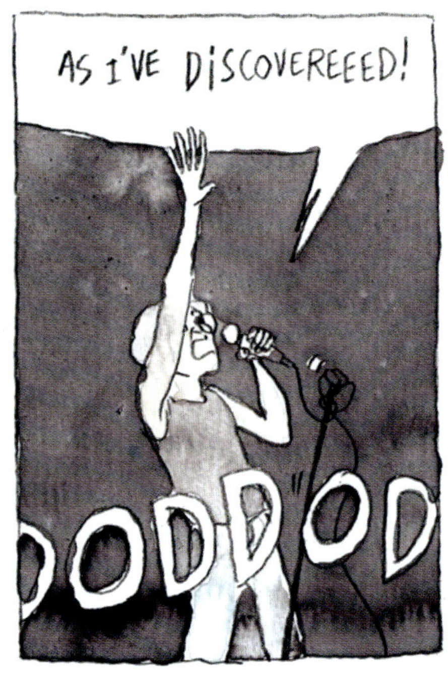

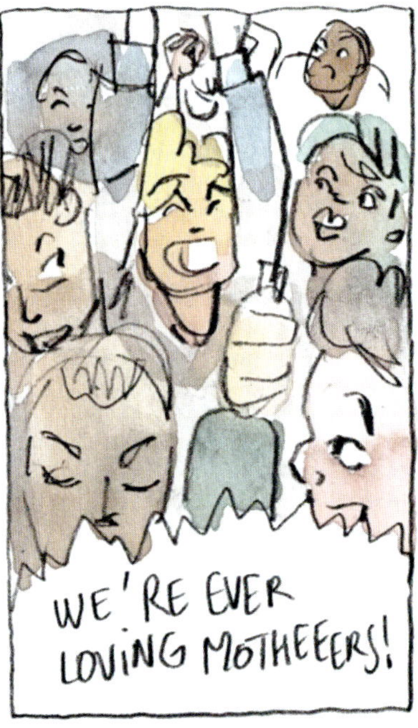

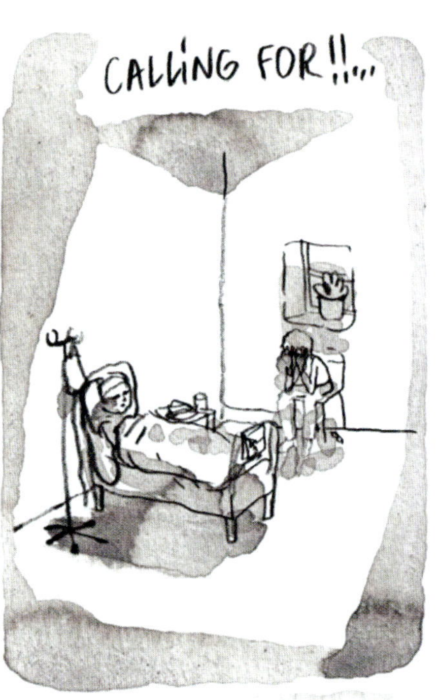

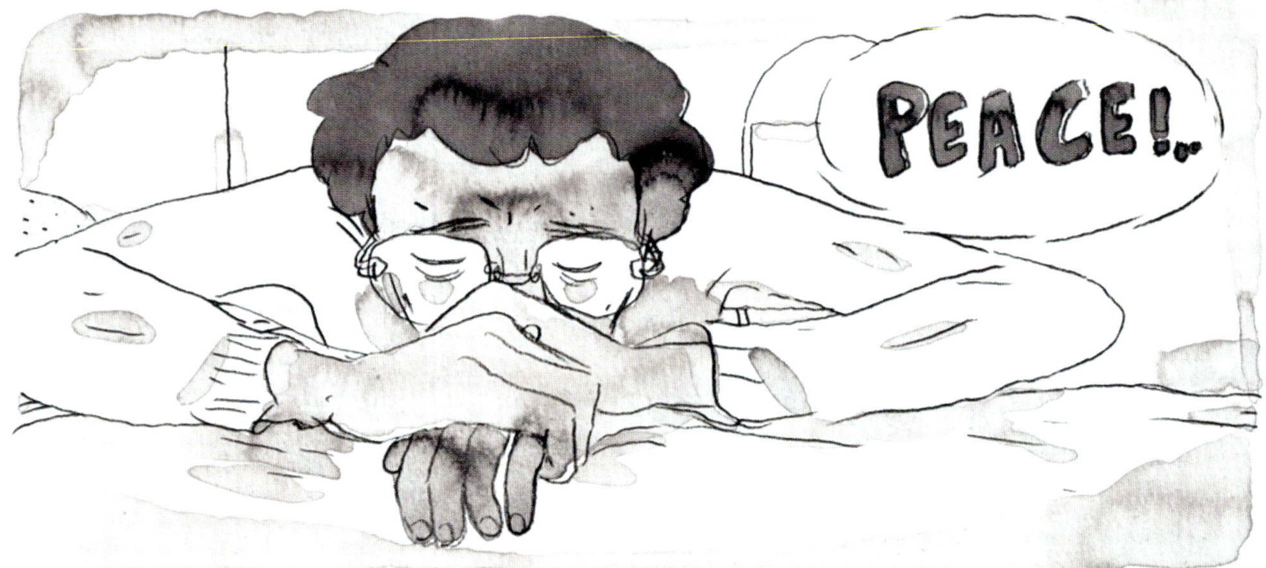

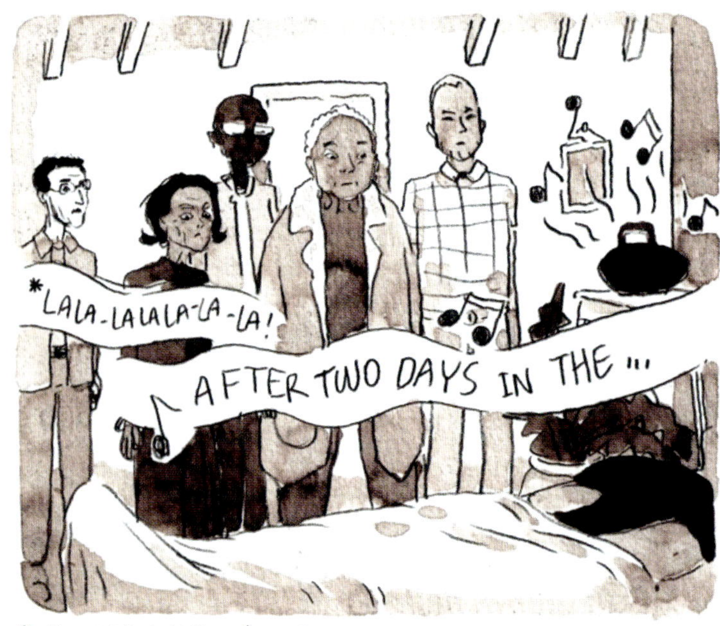

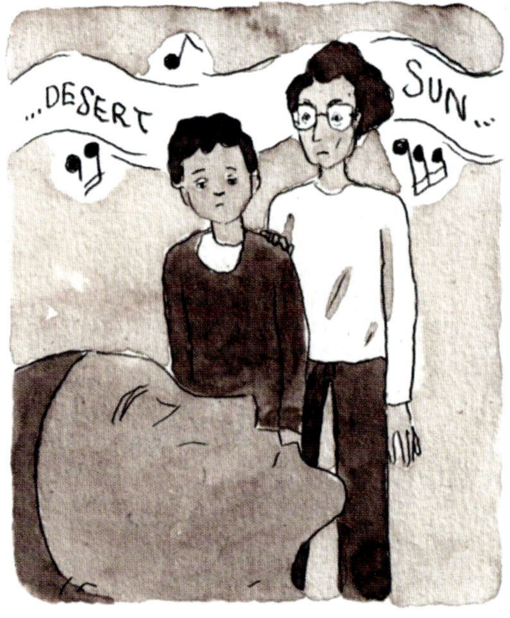

* HORACE ANDY, DE NOUVEAU

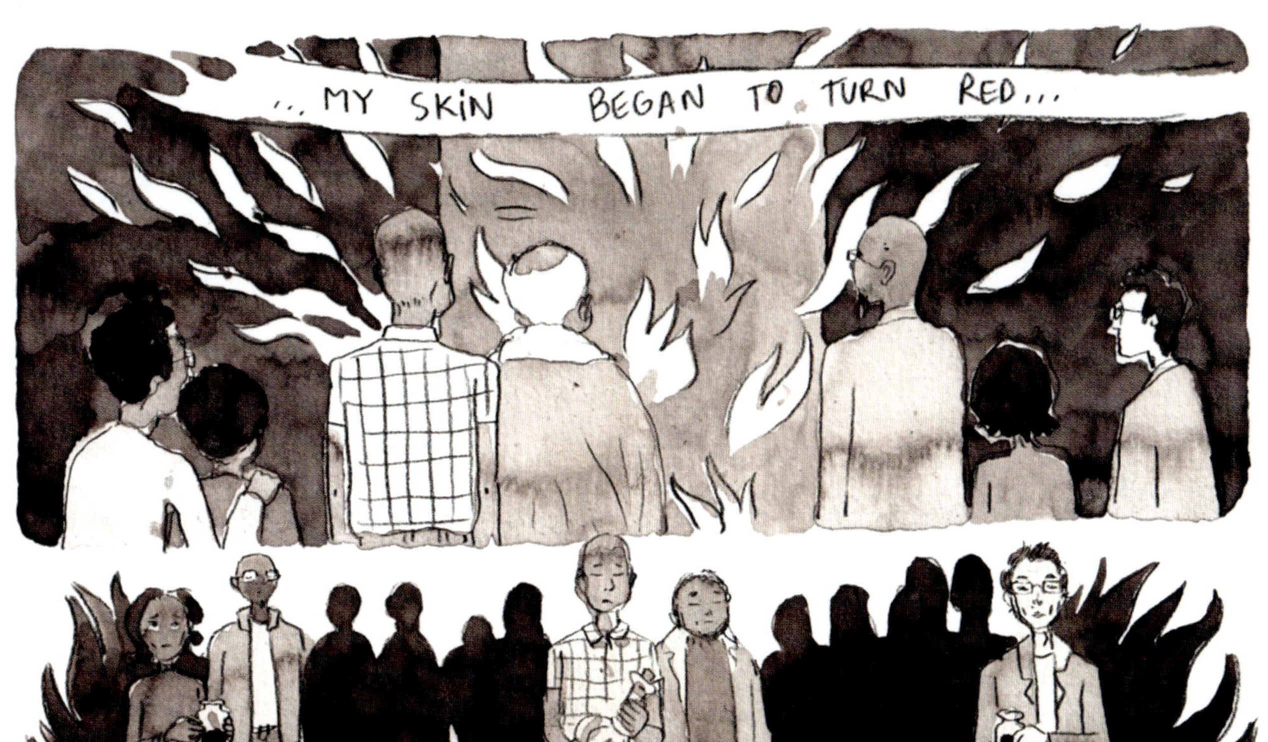
... MY SKIN BEGAN TO TURN RED...

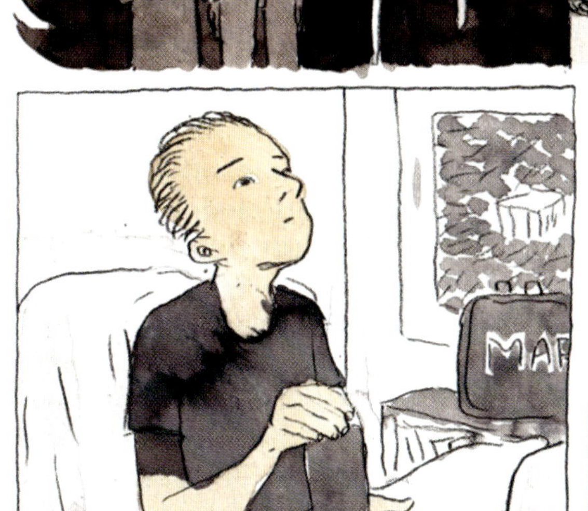

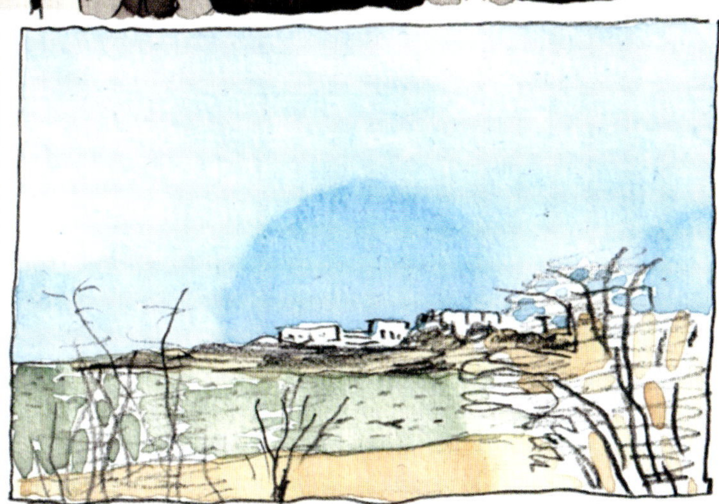

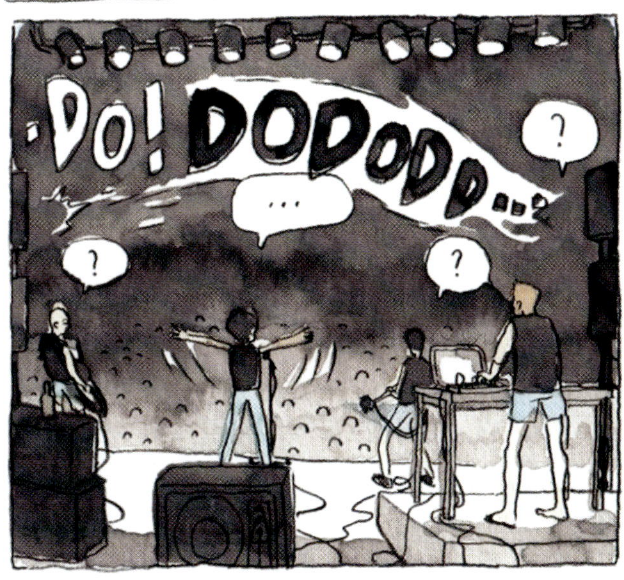
DO! DODODD...?
?
...
?
?

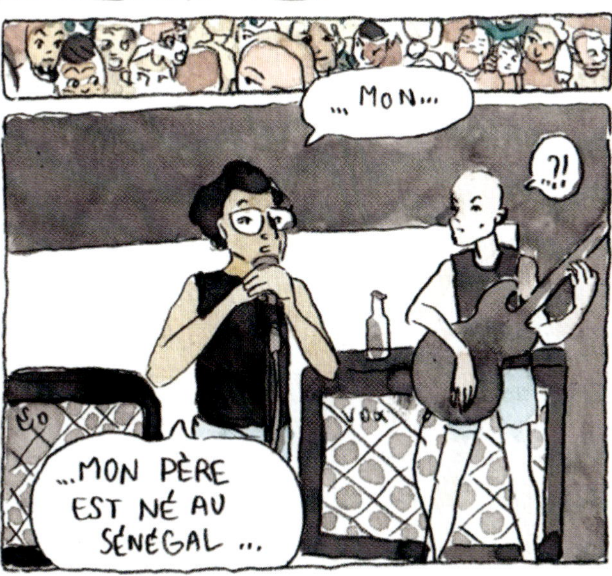
... MON...
?!
...MON PÈRE EST NÉ AU SÉNÉGAL ...

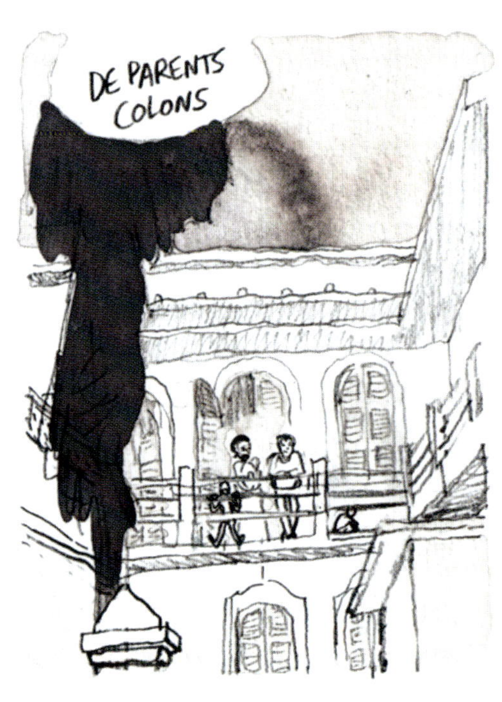
DE PARENTS COLONS

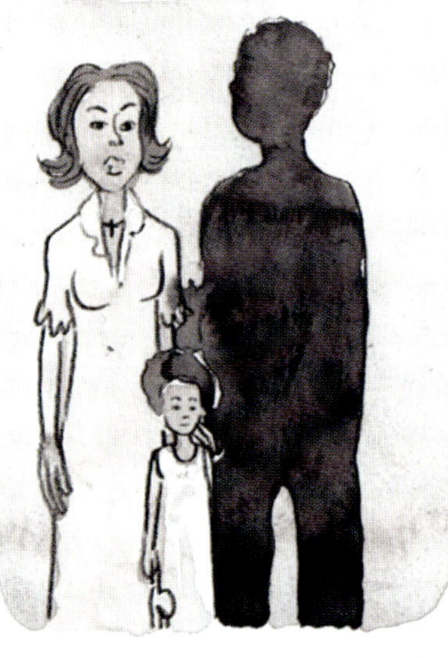
MA MÈRE AUSSI Y EST NÉE, D'ESSENCE INVERSE

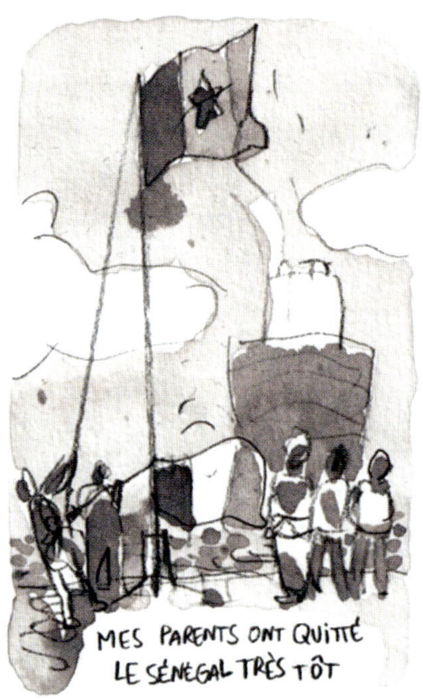
MES PARENTS ONT QUITTÉ LE SÉNÉGAL TRÈS TÔT

MON PÈRE, SUIVANT SA FAMILLE, CAR LA COLONISATION S'EST TERMINÉE.
PETIT PAPA

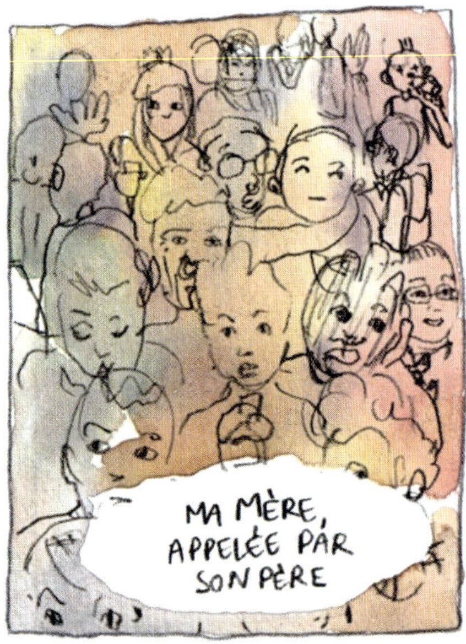
MA MÈRE, APPELÉE PAR SON PÈRE

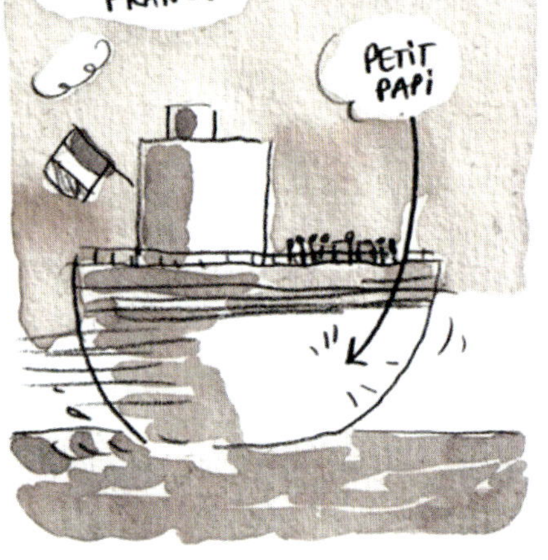
LUI QUI AVAIT QUITTÉ LE SÉNÉGAL À SA NAISSANCE (VOIR CASE 2) POUR TENTER SA CHANCE EN FRANCE
PETIT PAPI

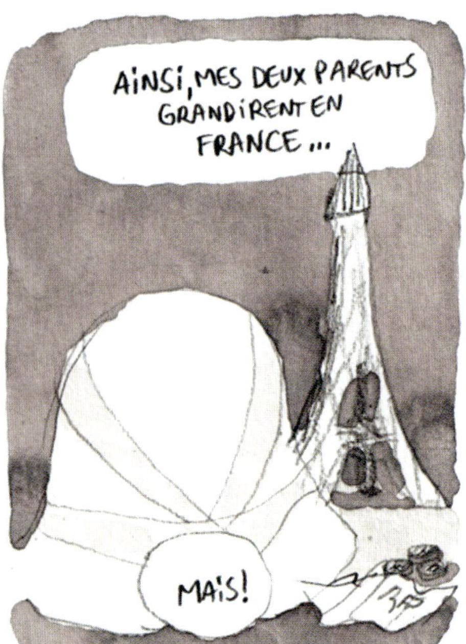
AINSI, MES DEUX PARENTS GRANDIRENT EN FRANCE...
MAIS!

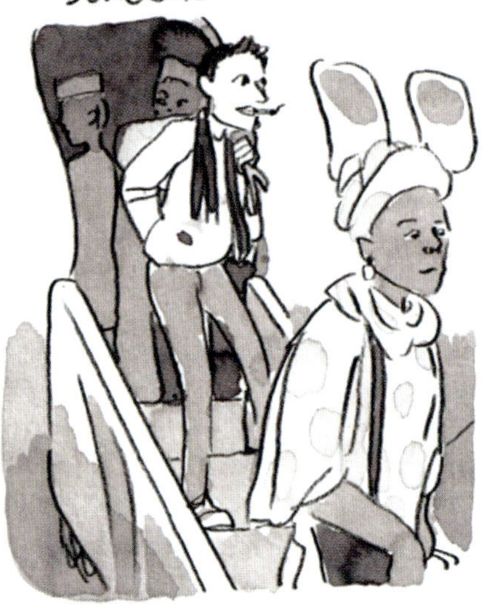
À L'ÂGE DE 33 ANS, MON PAPA REVINT AU SÉNÉGAL

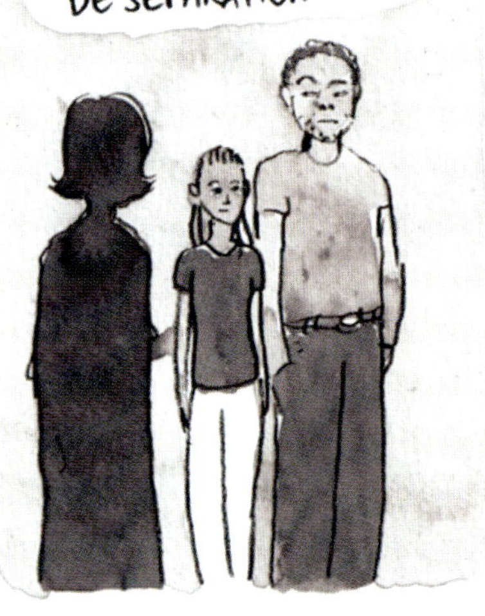
EN CES TEMPS, REVINT AUSSI MA MÈRE, VENUE RETROUVER LA SIENNE APRÈS DE LONGUES ANNÉES DE SÉPARATION

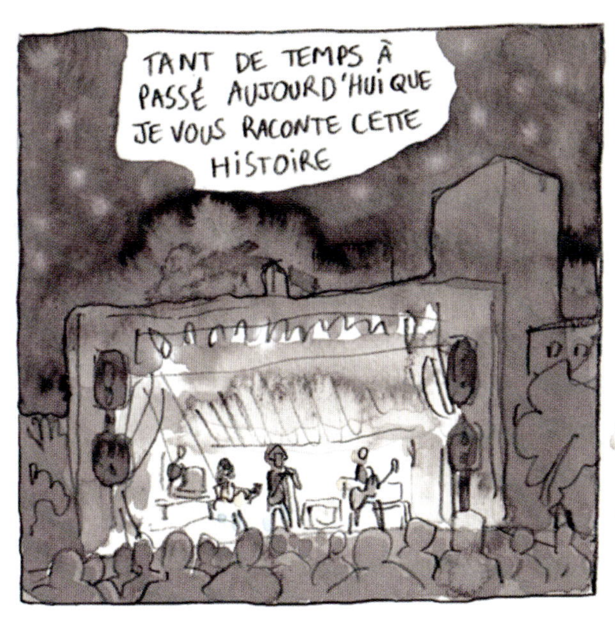
TANT DE TEMPS À PASSÉ AUJOURD'HUI QUE JE VOUS RACONTE CETTE HISTOIRE

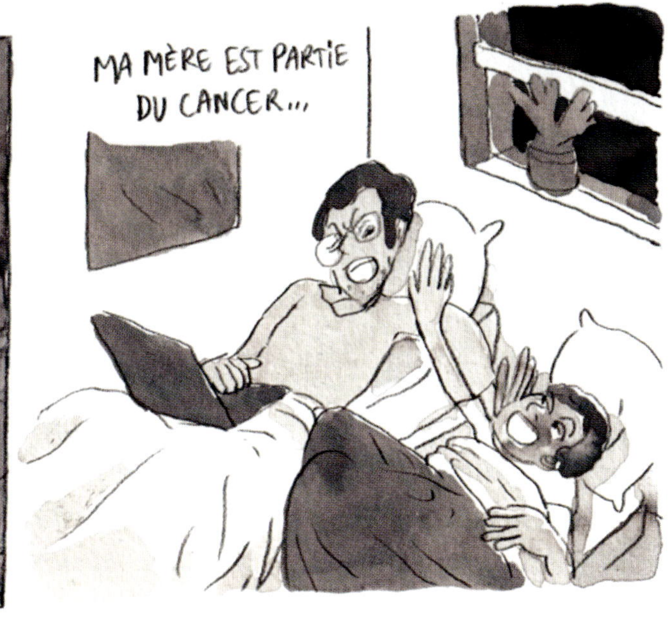
MA MÈRE EST PARTIE DU CANCER...

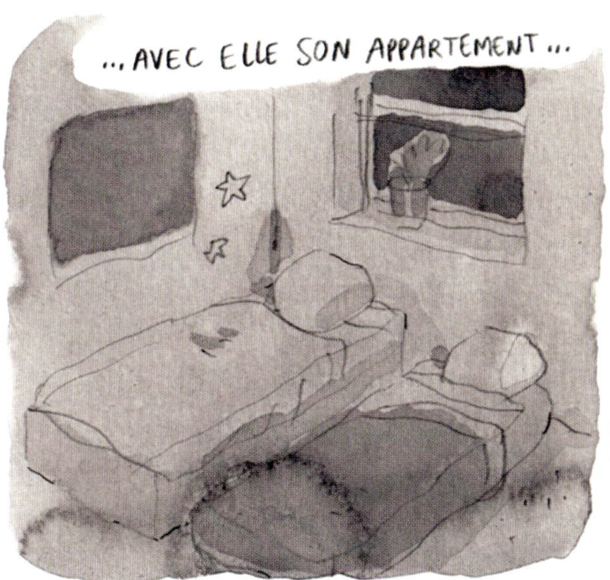
... AVEC ELLE SON APPARTEMENT...

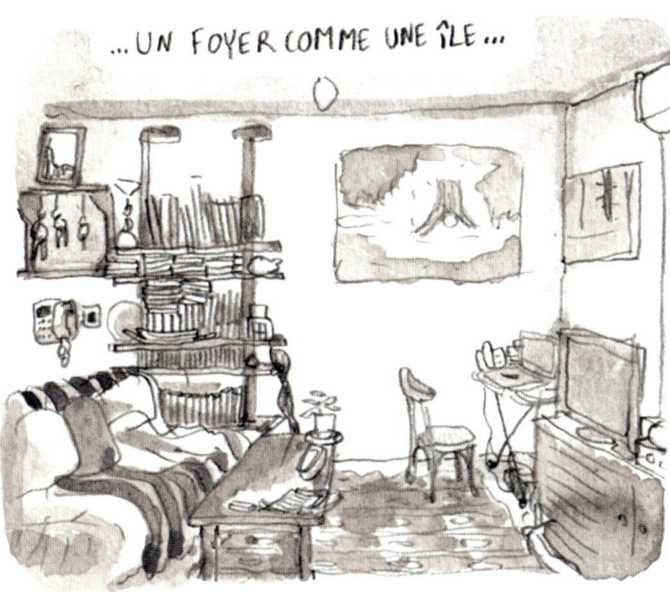
... UN FOYER COMME UNE ÎLE...

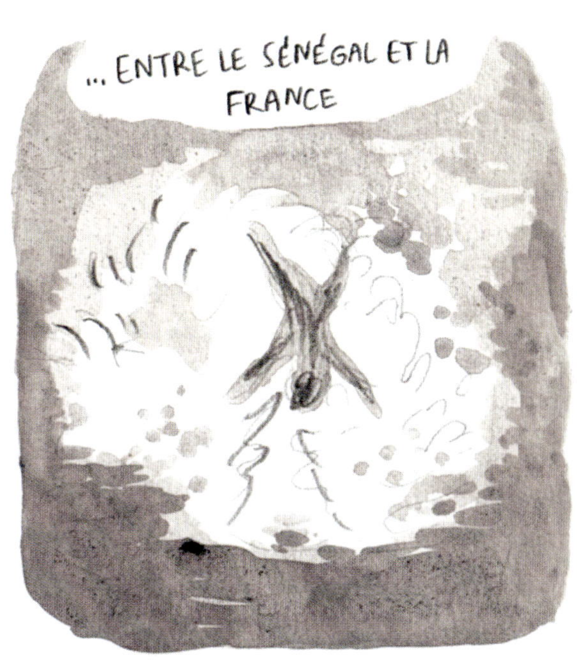
... ENTRE LE SÉNÉGAL ET LA FRANCE

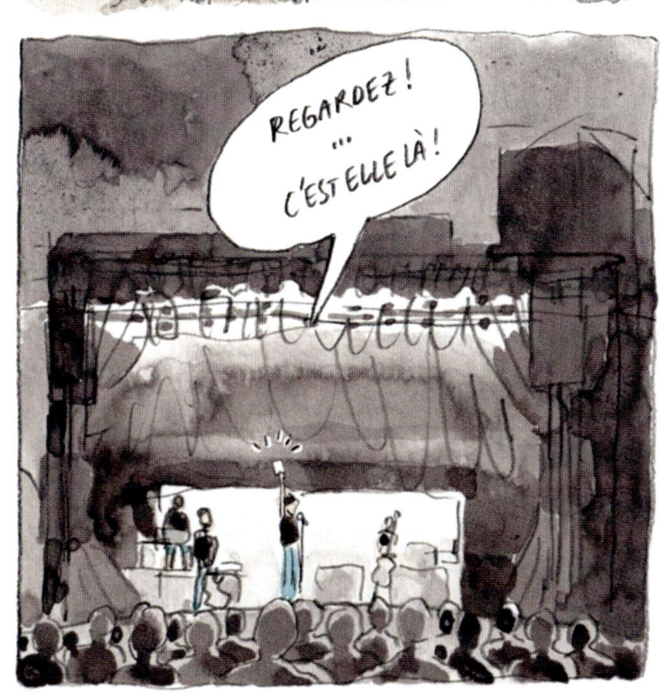
REGARDEZ ! ... C'EST ELLE LÀ !

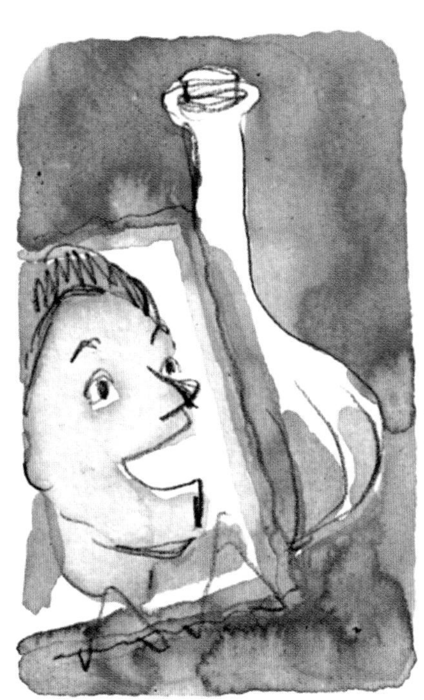

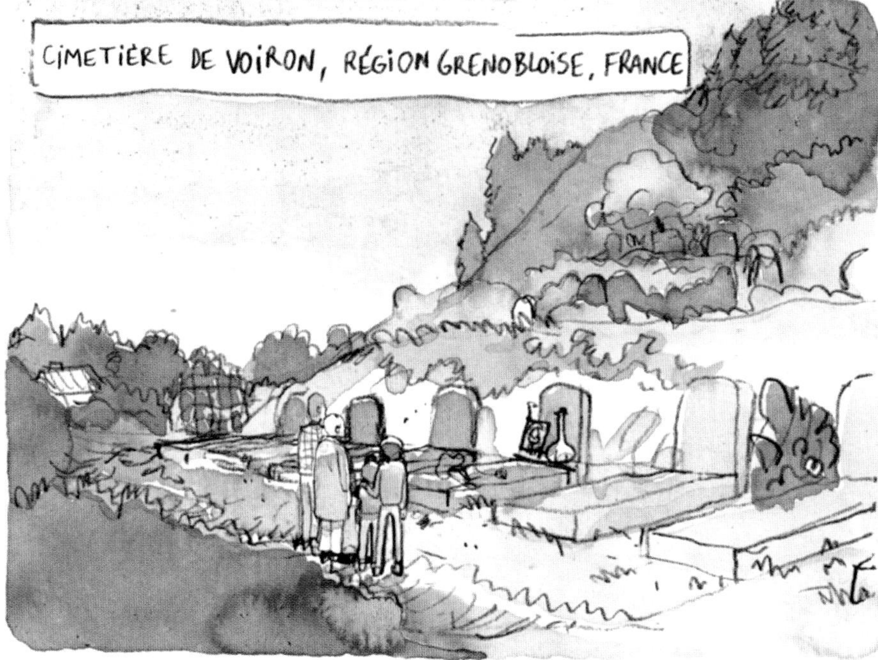
CIMETIÈRE DE VOIRON, RÉGION GRENOBLOISE, FRANCE

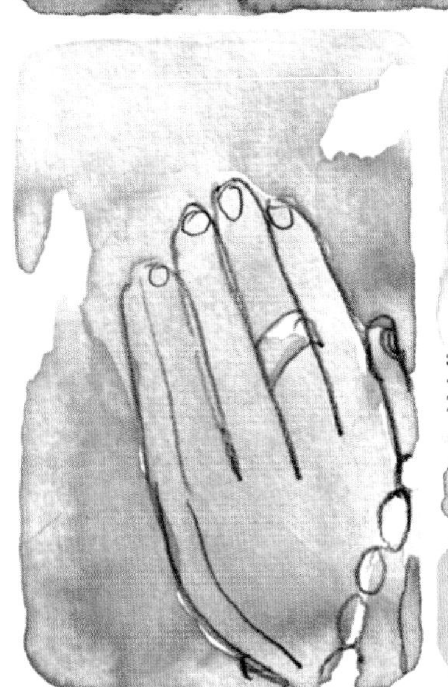

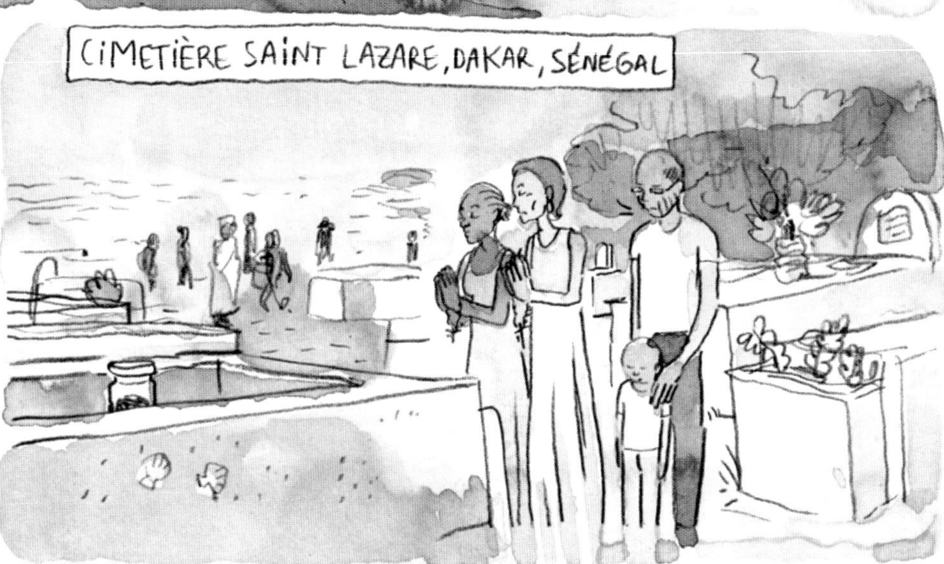
CIMETIÈRE SAINT LAZARE, DAKAR, SÉNÉGAL

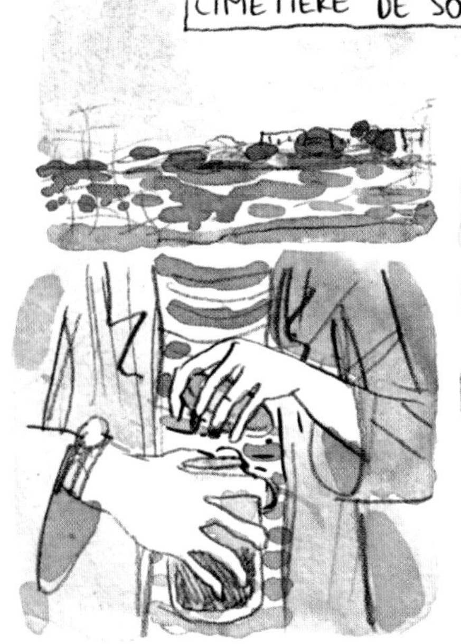
CIMETIÈRE DE SOR, SAINT-LOUIS, SÉNÉGAL

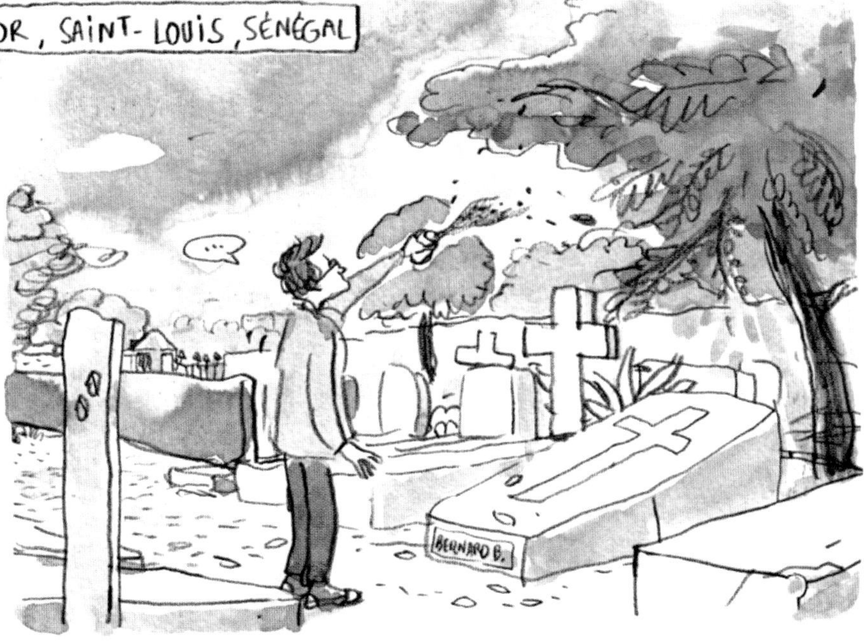
BERNARD B.

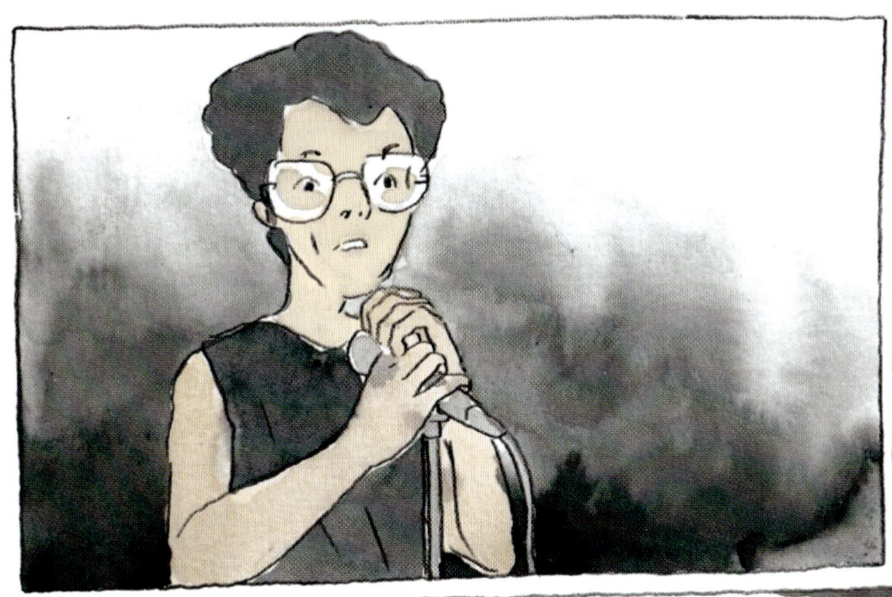

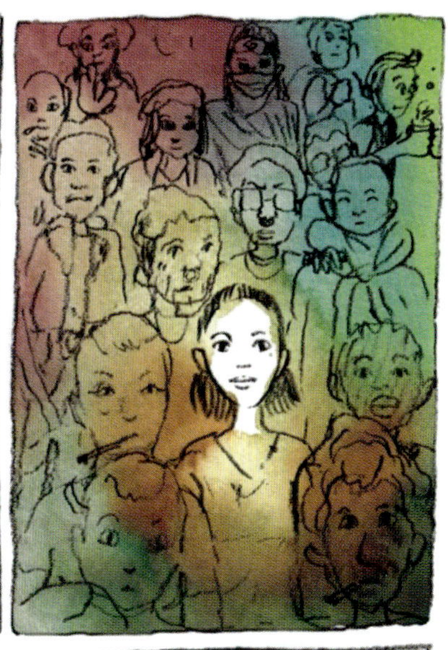

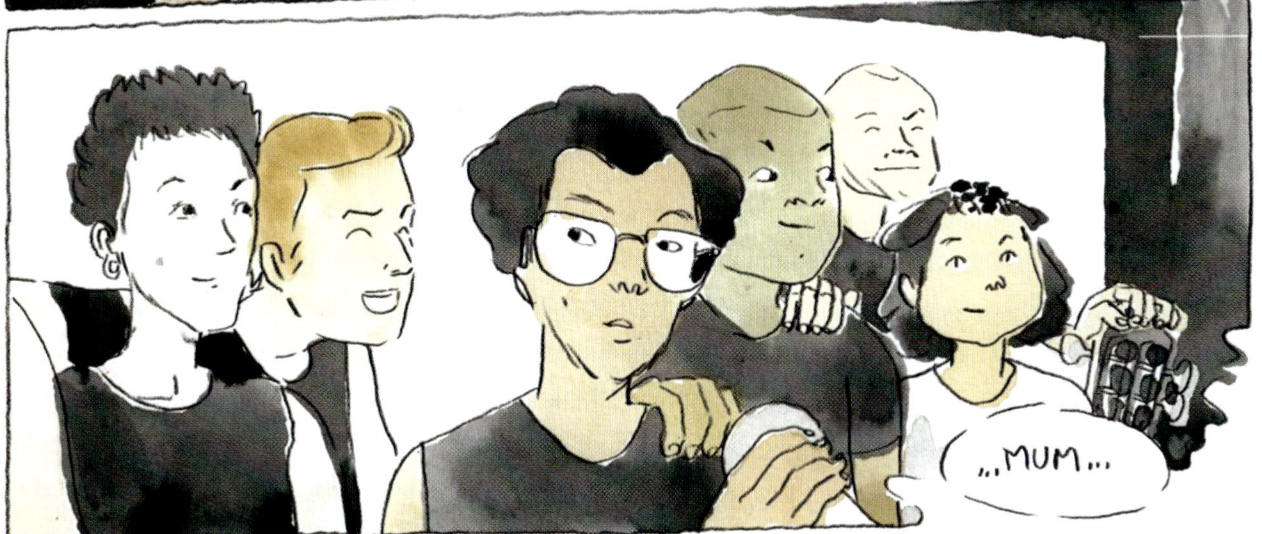

...MUM...

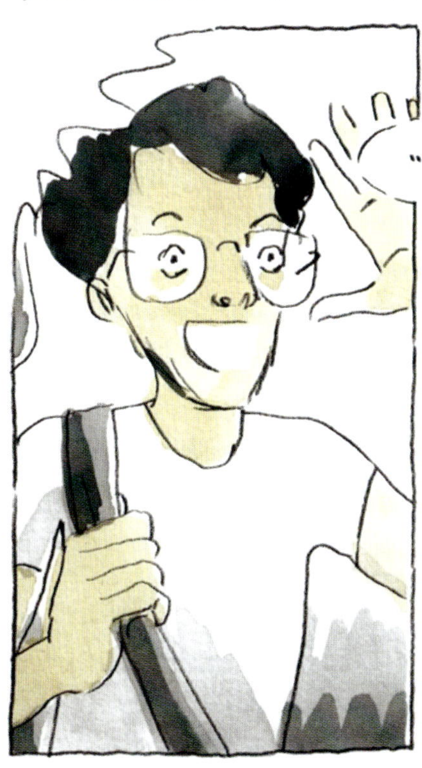

...IL Y A TANT DE QUESTIONS...

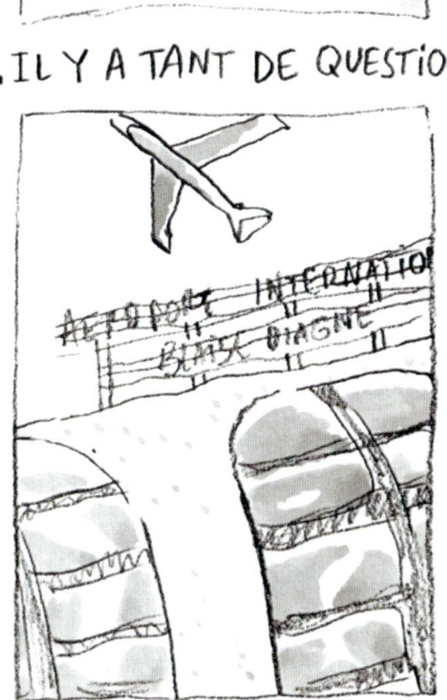

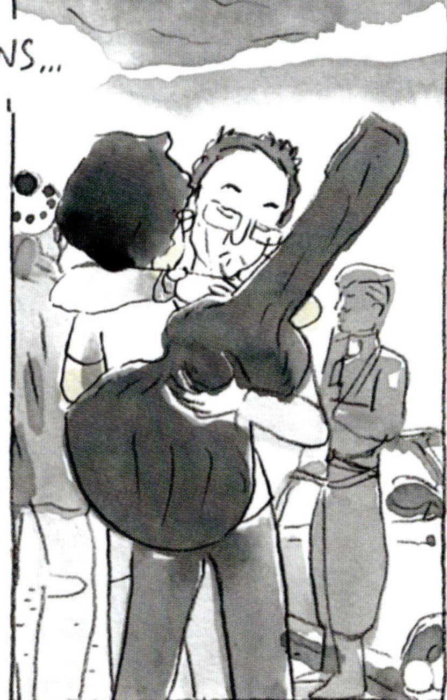

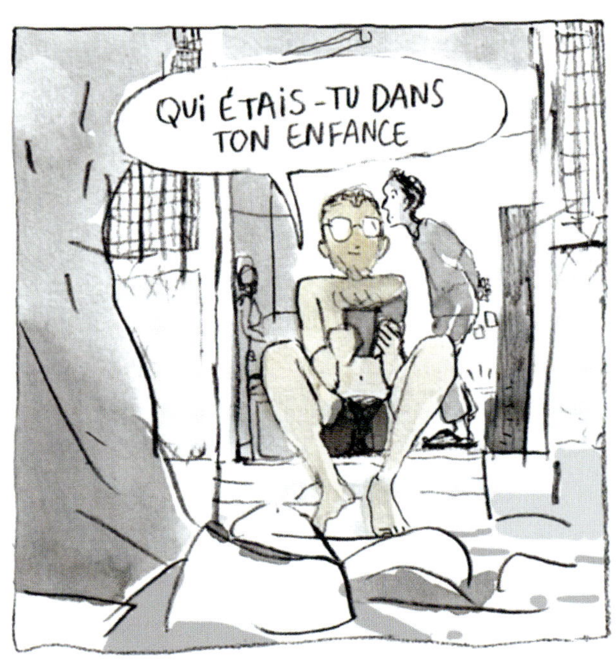
QUI ÉTAIS-TU DANS
TON ENFANCE

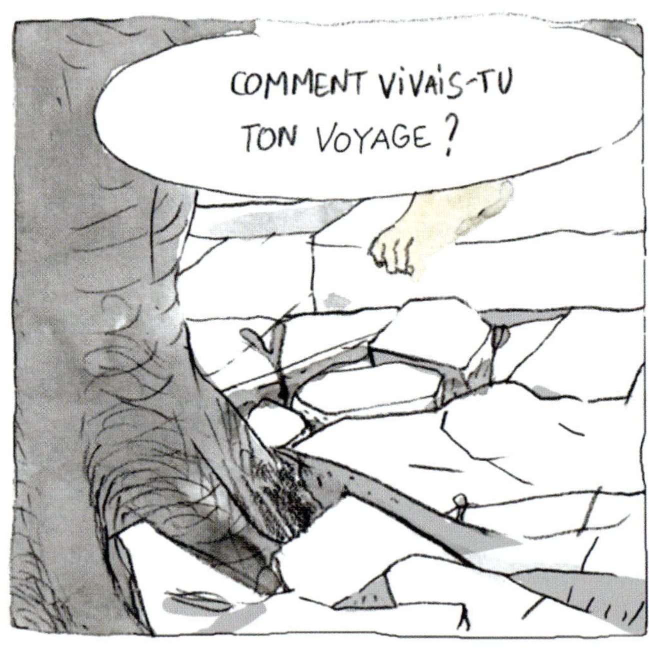
COMMENT VIVAIS-TU
TON VOYAGE ?

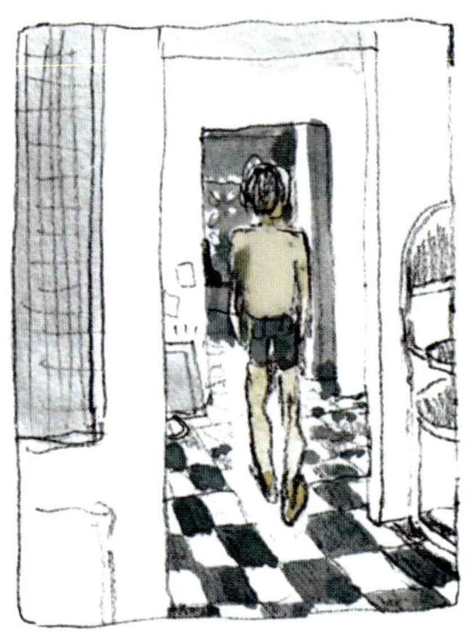

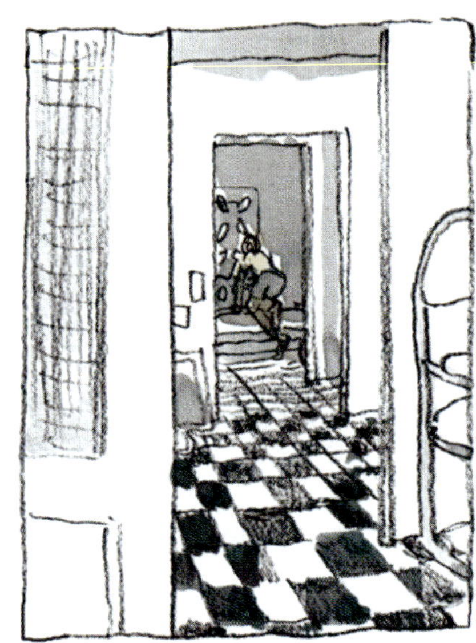

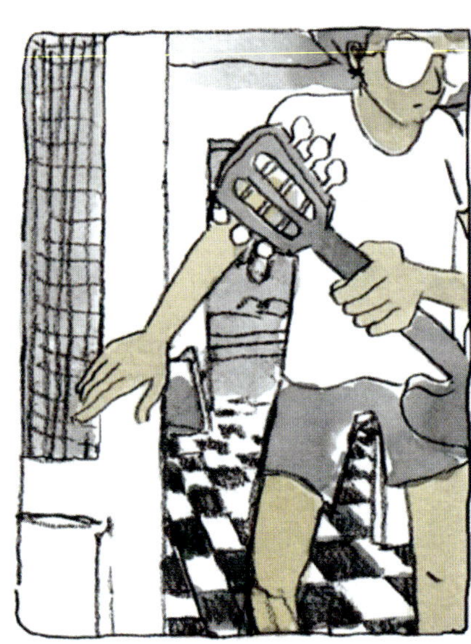

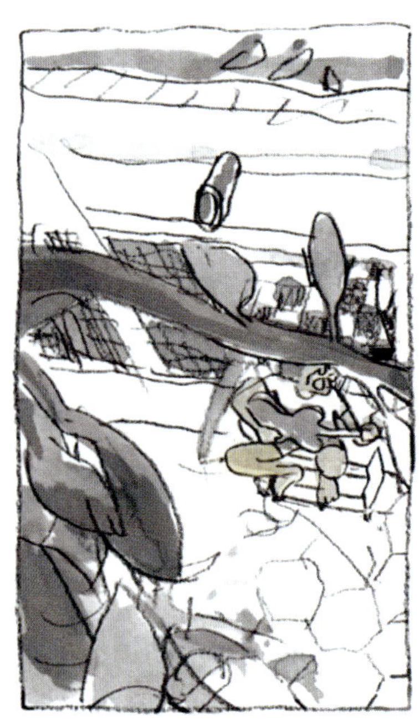

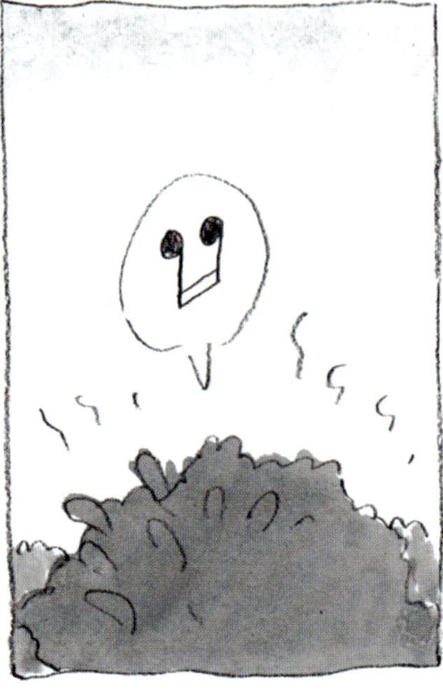

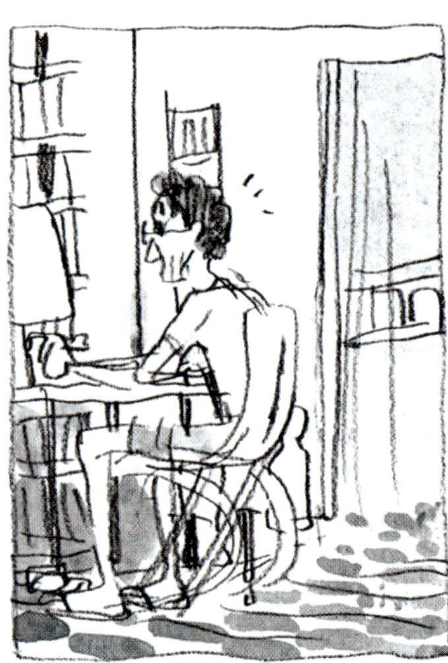

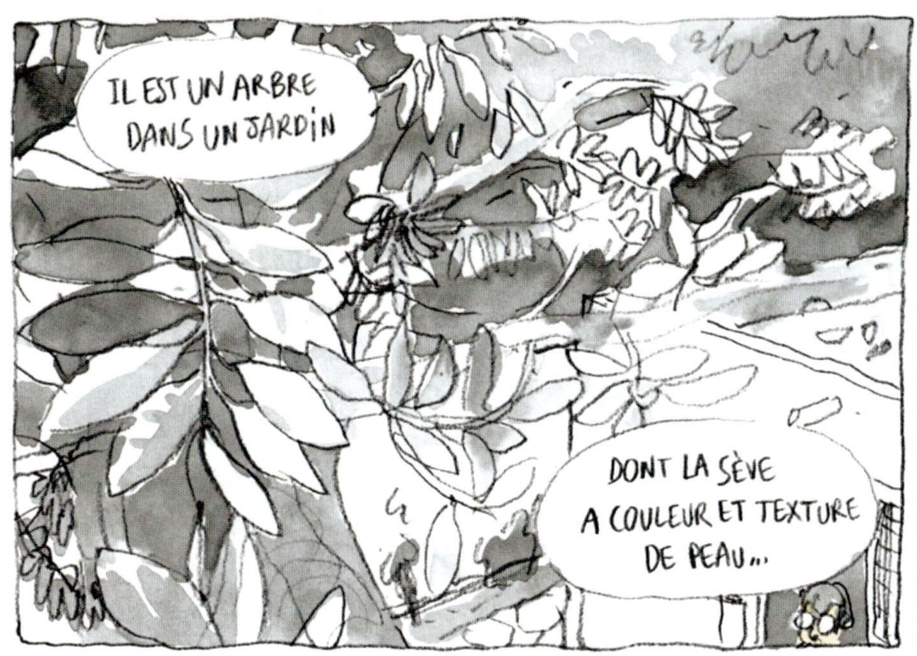
IL EST UN ARBRE
DANS UN JARDIN
DONT LA SÈVE
A COULEUR ET TEXTURE
DE PEAU...

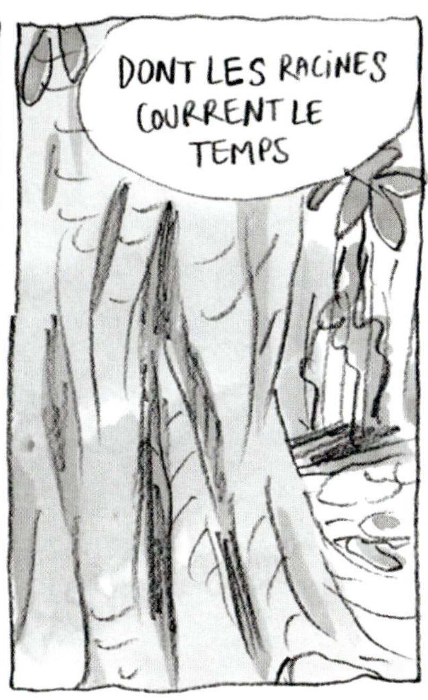
DONT LES RACINES
COURRENT LE
TEMPS

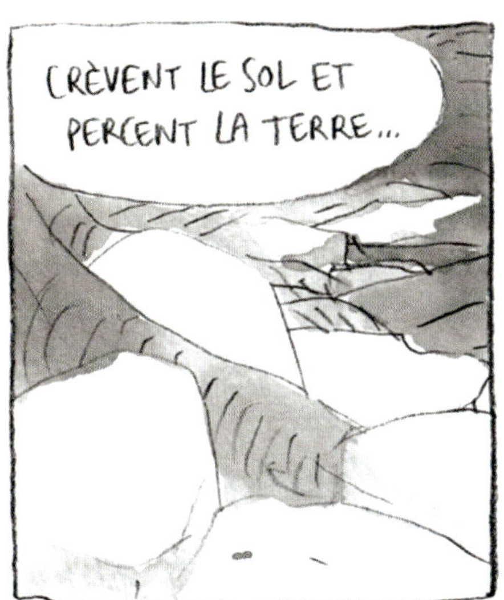
CRÈVENT LE SOL ET
PERCENT LA TERRE...

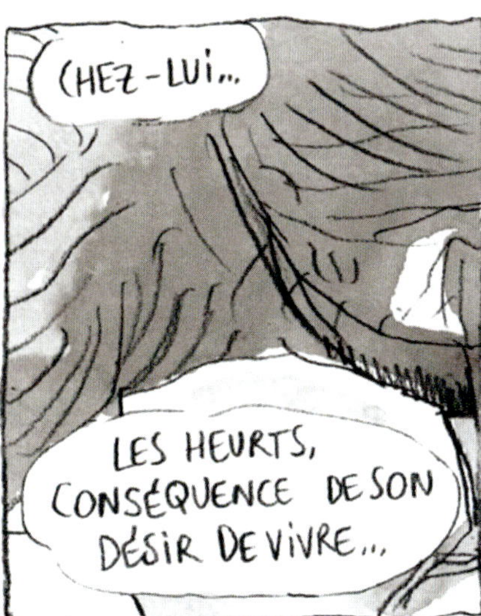
CHEZ-LUI...
LES HEURTS,
CONSÉQUENCE DE SON
DÉSIR DE VIVRE...

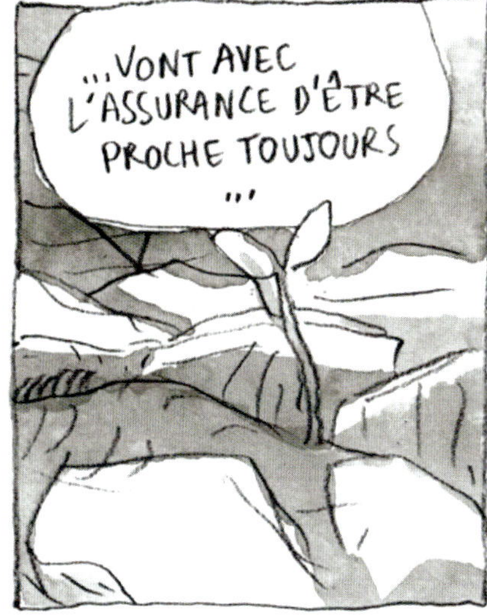
...VONT AVEC
L'ASSURANCE D'ÊTRE
PROCHE TOUJOURS
...

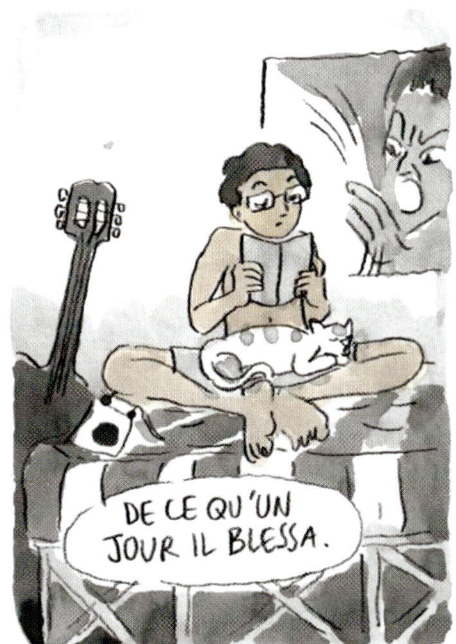
DE CE QU'UN
JOUR IL BLESSA.

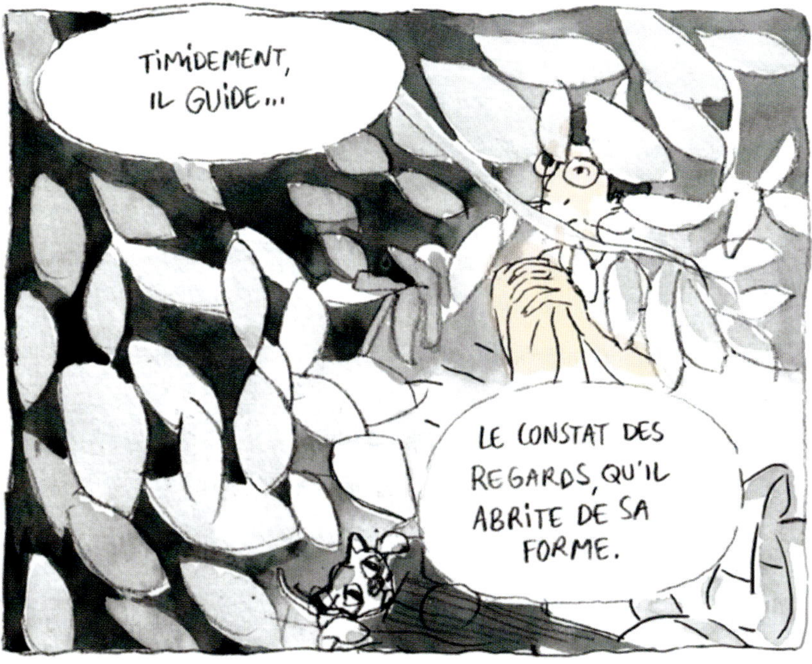
TIMIDEMENT,
IL GUIDE...
LE CONSTAT DES
REGARDS, QU'IL
ABRITE DE SA
FORME.

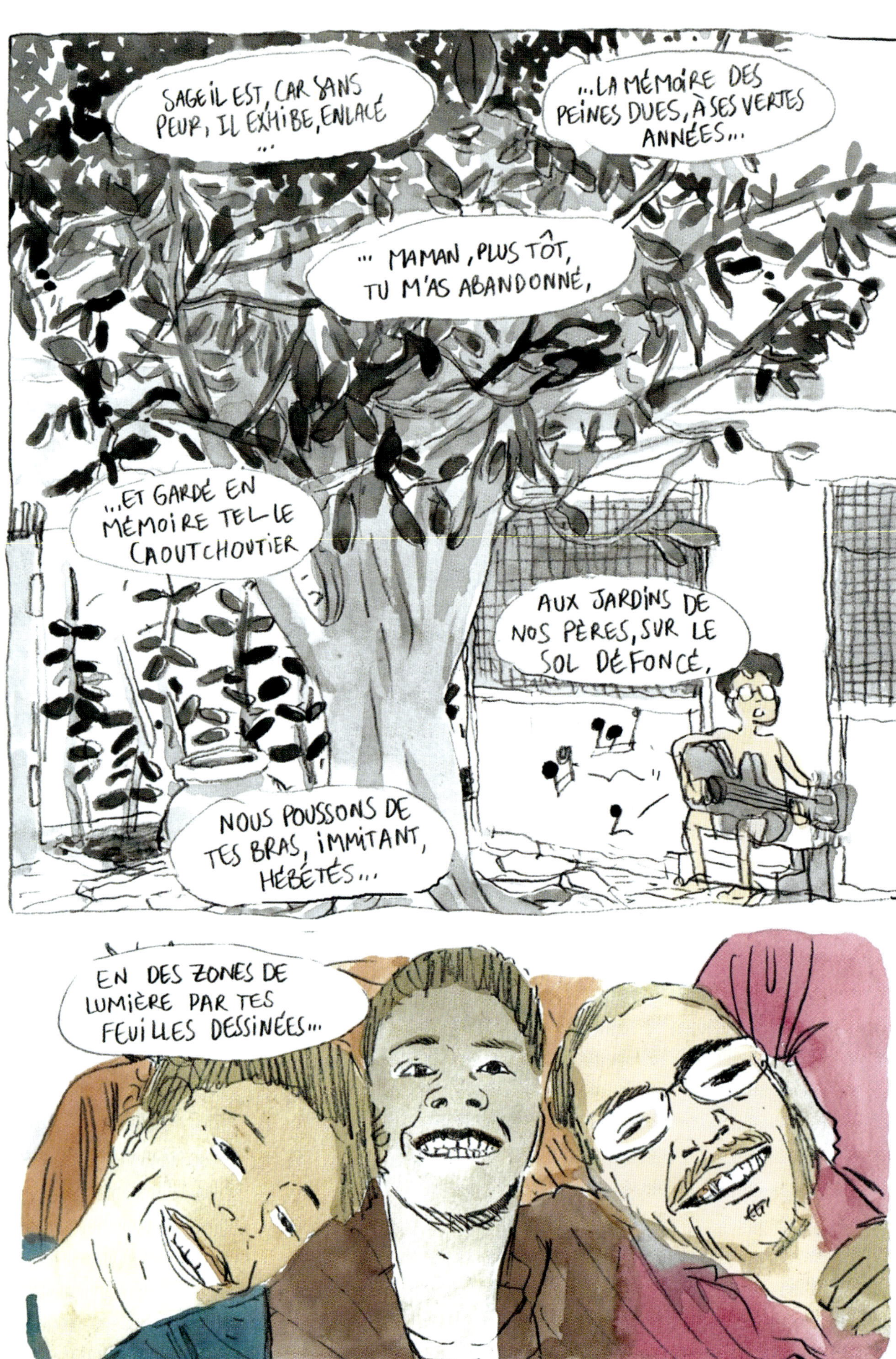
SAGE IL EST, CAR SANS PEUR, IL EXHIBE, ENLACÉ ...
...LA MÉMOIRE DES PEINES DUES, À SES VERTES ANNÉES...
... MAMAN, PLUS TÔT, TU M'AS ABANDONNÉ,
...ET GARDÉ EN MÉMOIRE TEL LE CAOUTCHOUTIER
AUX JARDINS DE NOS PÈRES, SUR LE SOL DÉFONCÉ,
NOUS POUSSONS DE TES BRAS, IMMITANT, HÉBÉTÉS...
EN DES ZONES DE LUMIÈRE PAR TES FEUILLES DESSINÉES...

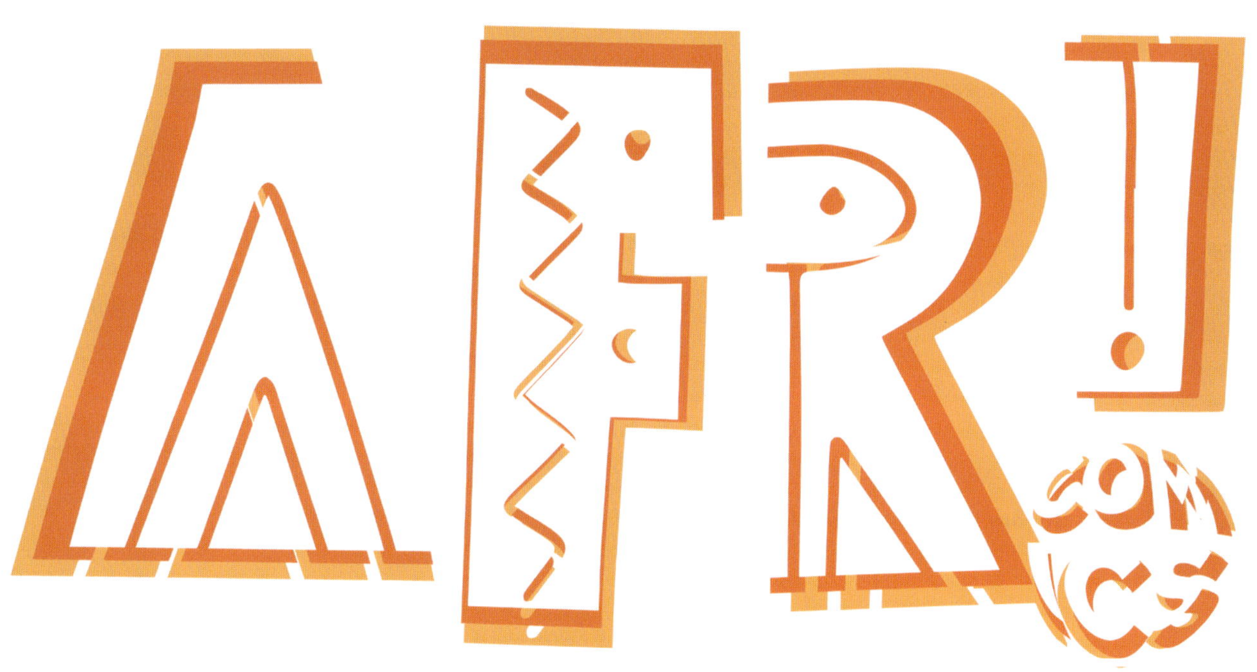
AFRI
COMICS

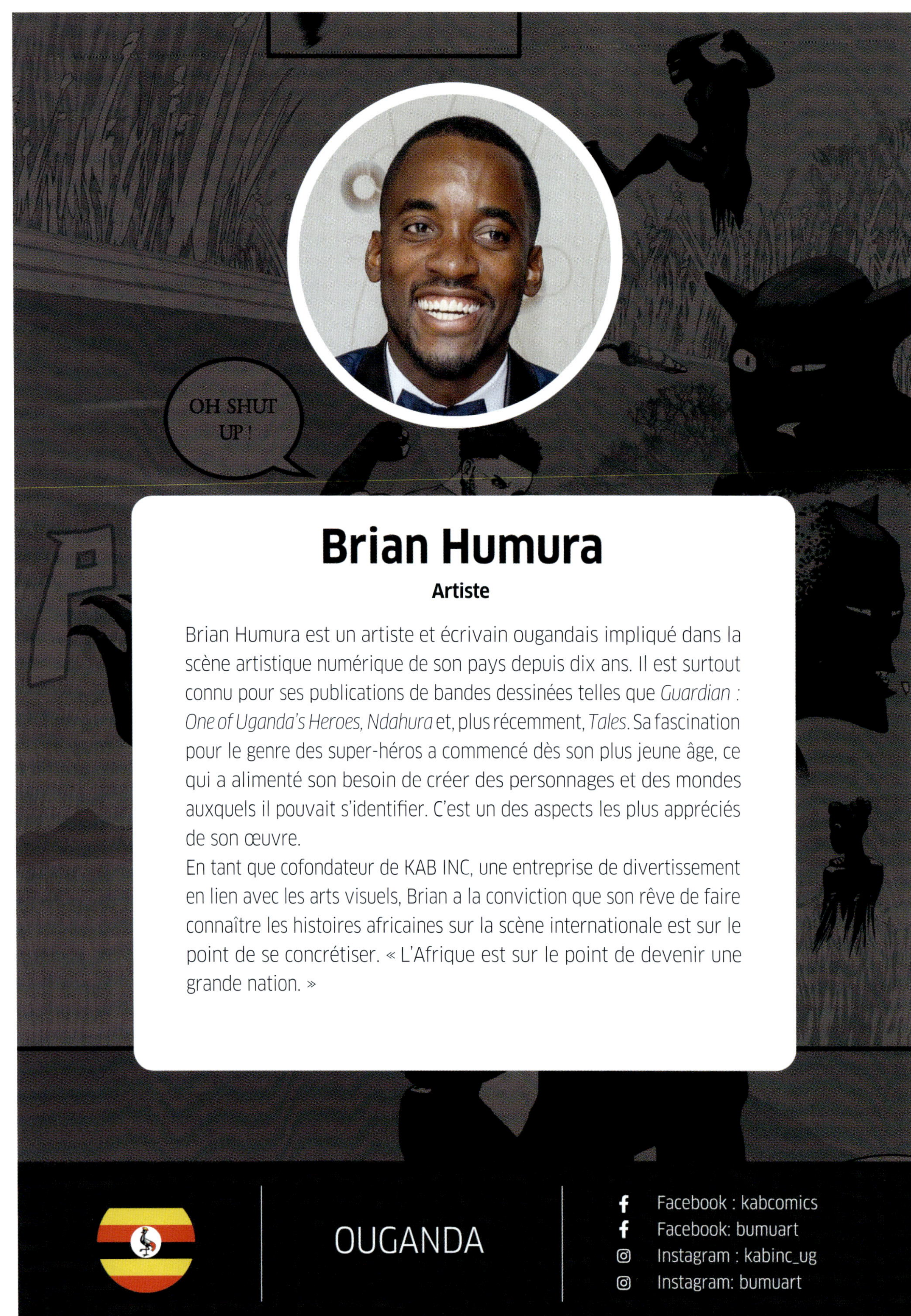

Brian Humura

Artiste

Brian Humura est un artiste et écrivain ougandais impliqué dans la scène artistique numérique de son pays depuis dix ans. Il est surtout connu pour ses publications de bandes dessinées telles que *Guardian : One of Uganda's Heroes*, *Ndahura* et, plus récemment, *Tales*. Sa fascination pour le genre des super-héros a commencé dès son plus jeune âge, ce qui a alimenté son besoin de créer des personnages et des mondes auxquels il pouvait s'identifier. C'est un des aspects les plus appréciés de son œuvre.

En tant que cofondateur de KAB INC, une entreprise de divertissement en lien avec les arts visuels, Brian a la conviction que son rêve de faire connaître les histoires africaines sur la scène internationale est sur le point de se concrétiser. « L'Afrique est sur le point de devenir une grande nation. »

OUGANDA

Facebook : kabcomics
Facebook: bumuart
Instagram : kabinc_ug
Instagram: bumuart

BRIAN HUMURA'S

THE COG

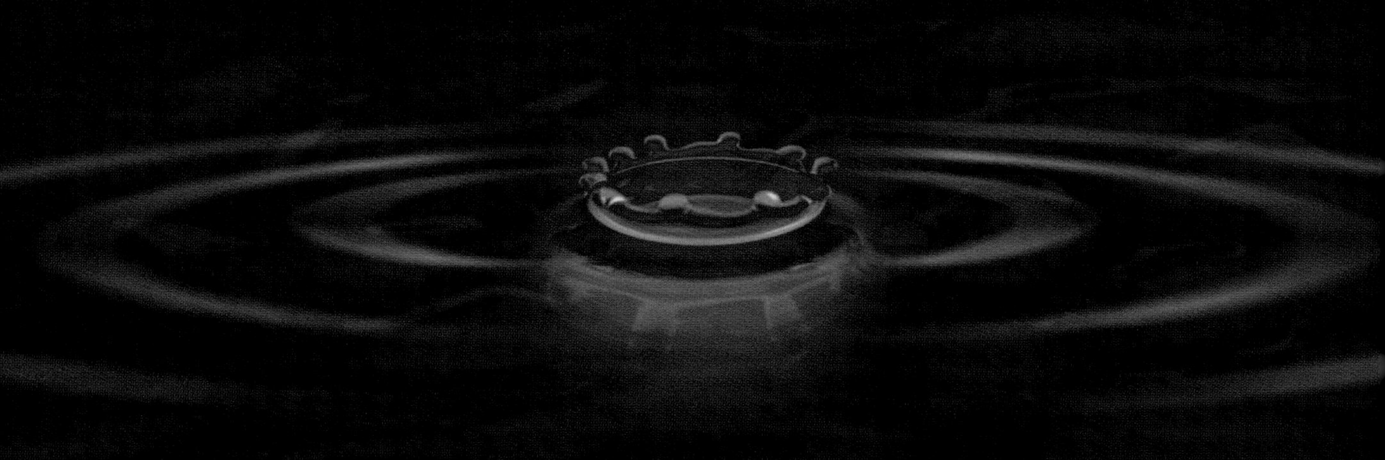

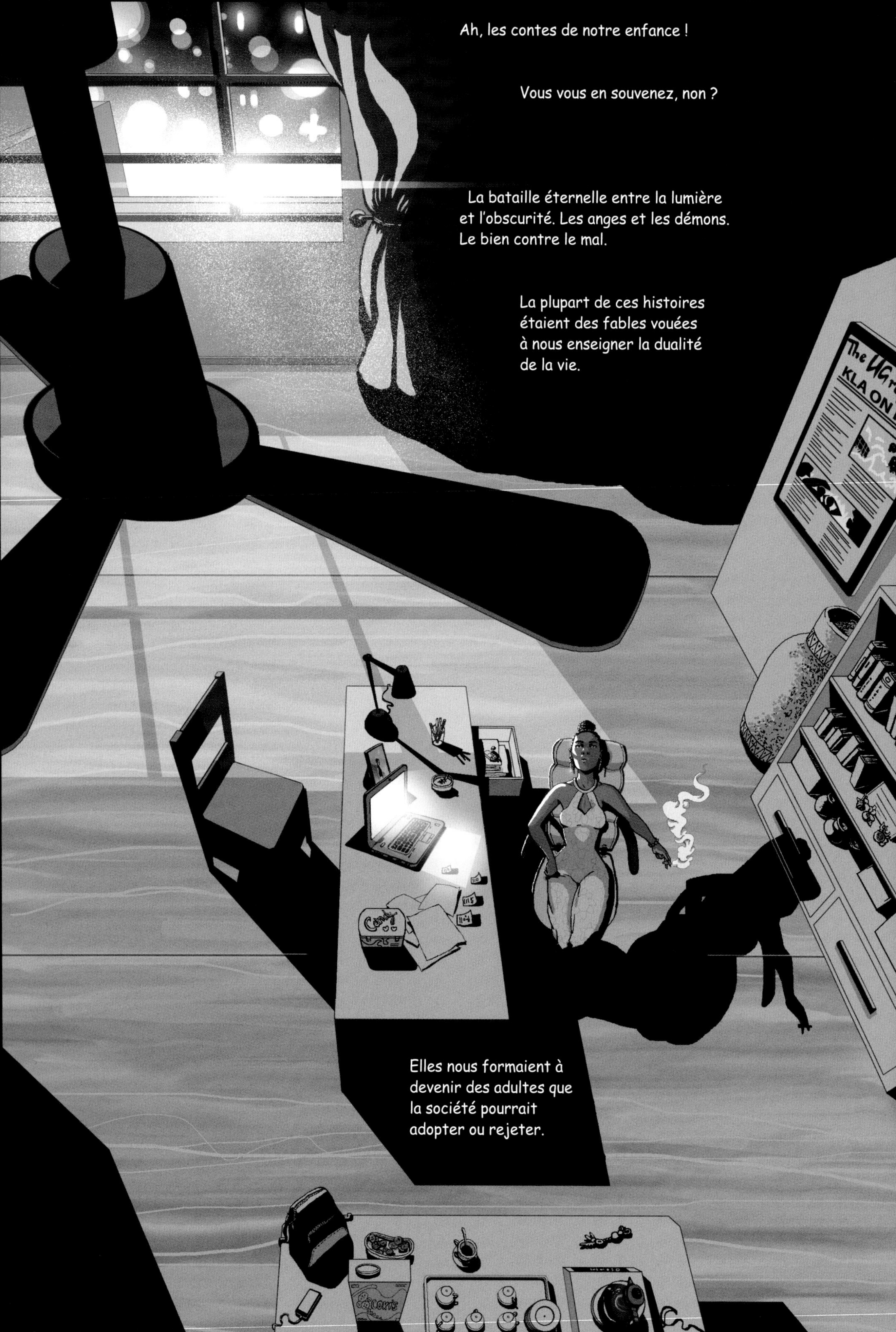
Ah, les contes de notre enfance !
Vous vous en souvenez, non ?
La bataille éternelle entre la lumière et l'obscurité. Les anges et les démons. Le bien contre le mal.
La plupart de ces histoires étaient des fables vouées à nous enseigner la dualité de la vie.
Elles nous formaient à devenir des adultes que la société pourrait adopter ou rejeter.

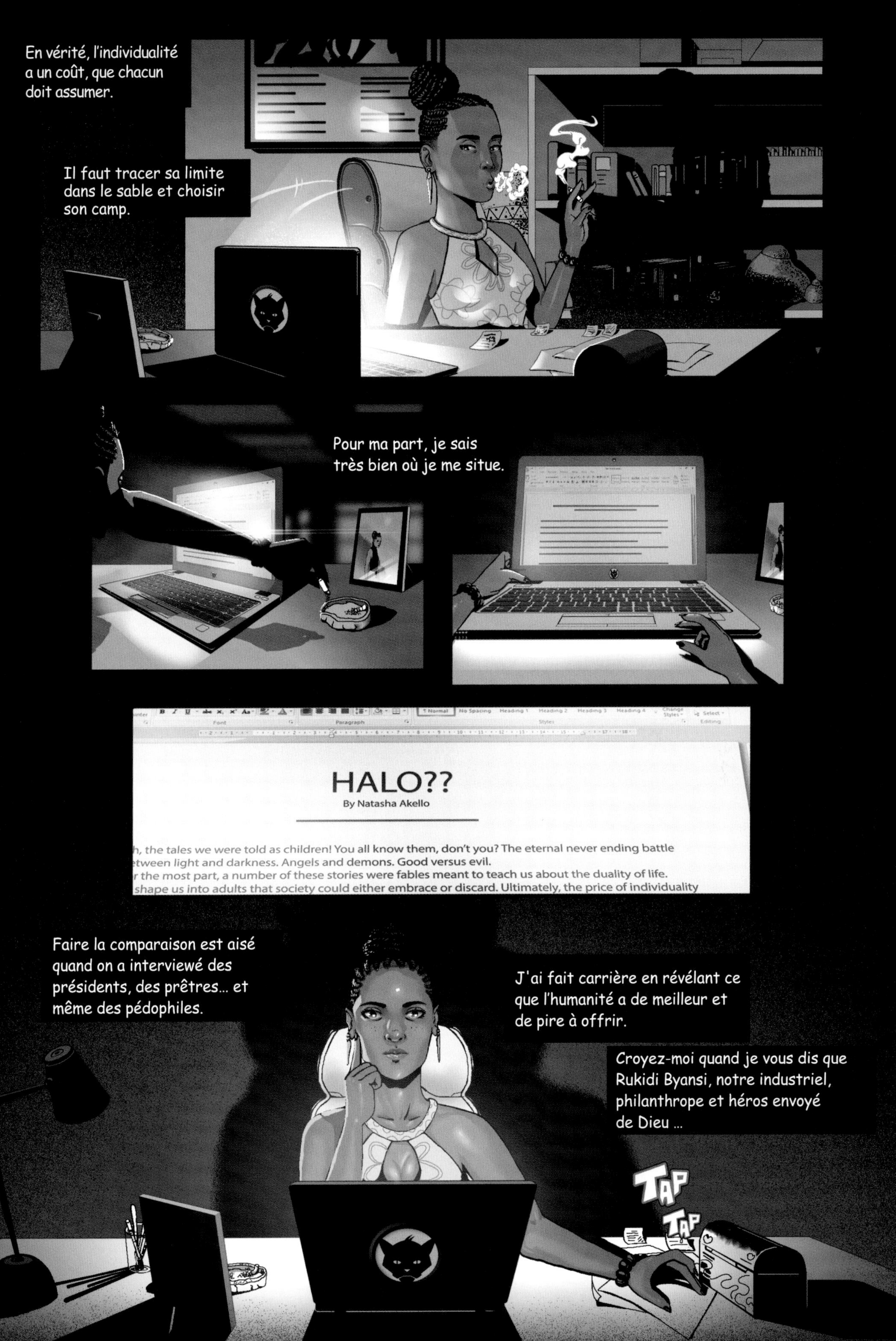
En vérité, l'individualité a un coût, que chacun doit assumer.
Il faut tracer sa limite dans le sable et choisir son camp.
Pour ma part, je sais très bien où je me situe.
HALO??
By Natasha Akello
h, the tales we were told as children! You all know them, don't you? The eternal never ending battle
etween light and darkness. Angels and demons. Good versus evil.
r the most part, a number of these stories were fables meant to teach us about the duality of life.
shape us into adults that society could either embrace or discard. Ultimately, the price of individuality
Faire la comparaison est aisé quand on a interviewé des présidents, des prêtres... et même des pédophiles.
J'ai fait carrière en révélant ce que l'humanité a de meilleur et de pire à offrir.
Croyez-moi quand je vous dis que Rukidi Byansi, notre industriel, philanthrope et héros envoyé de Dieu ...
TAP
TAP

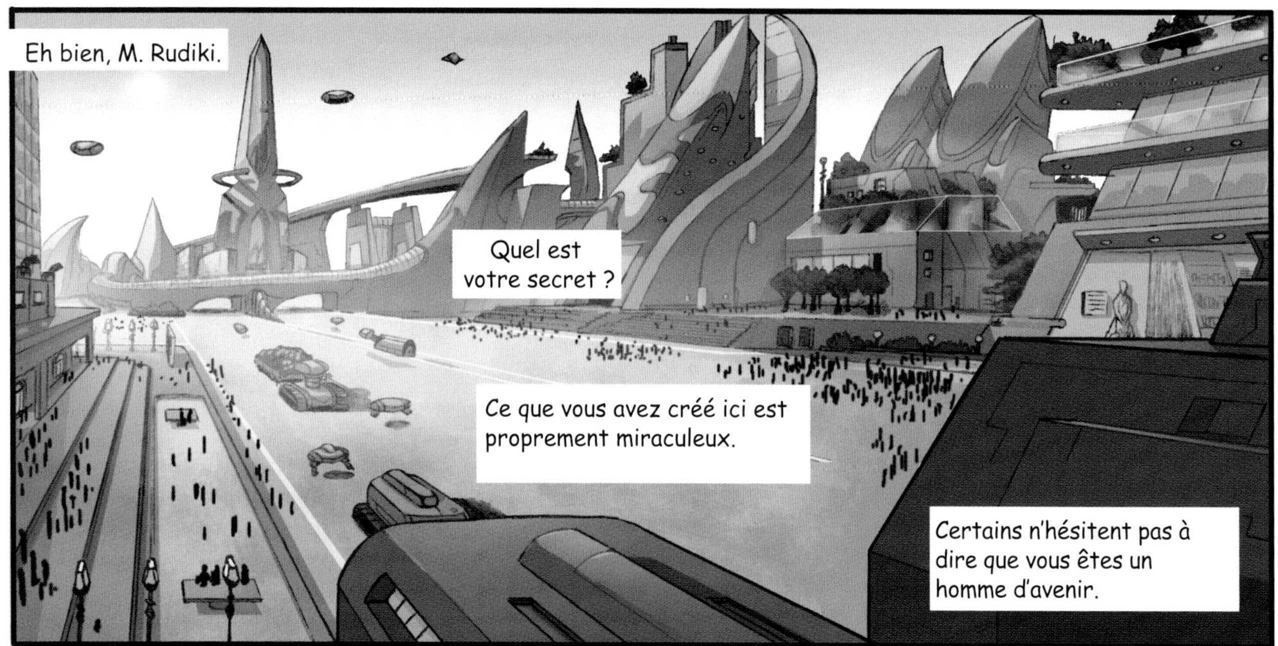
Eh bien, M. Rudiki.
Quel est votre secret ?
Ce que vous avez créé ici est proprement miraculeux.
Certains n'hésitent pas à dire que vous êtes un homme d'avenir.

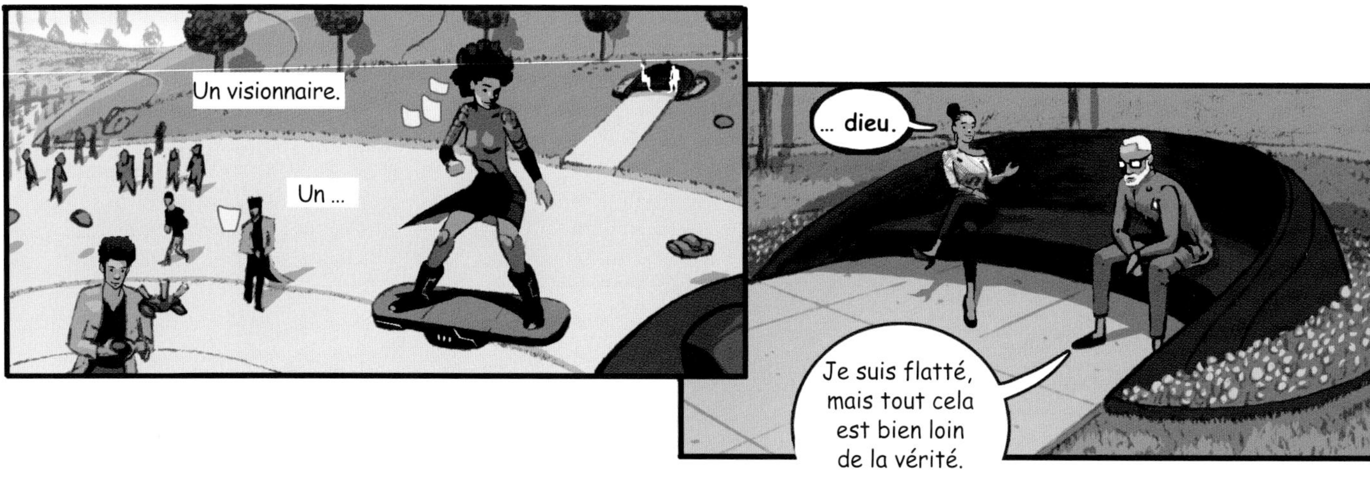
Un visionnaire.
Un ...
... dieu.
Je suis flatté, mais tout cela est bien loin de la vérité.

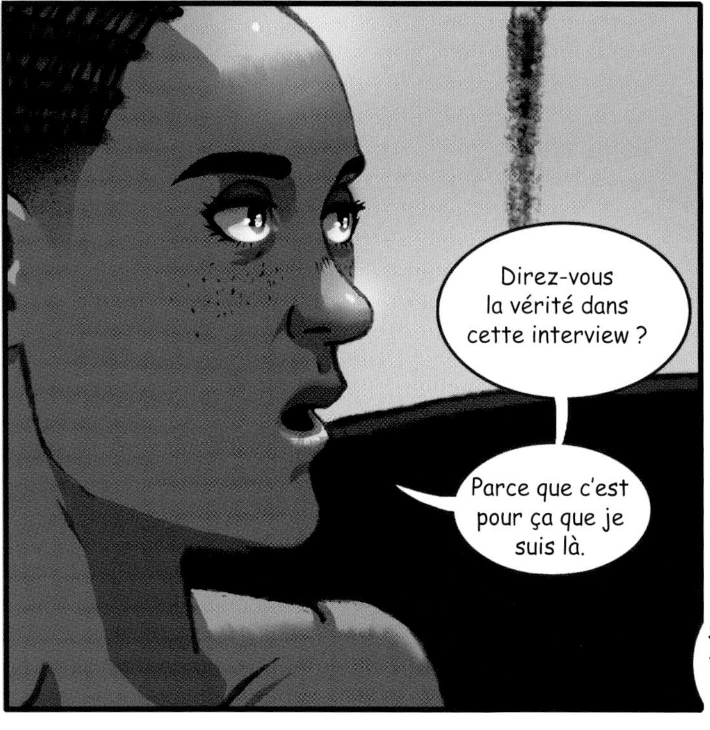
Direz-vous la vérité dans cette interview ?
Parce que c'est pour ça que je suis là.

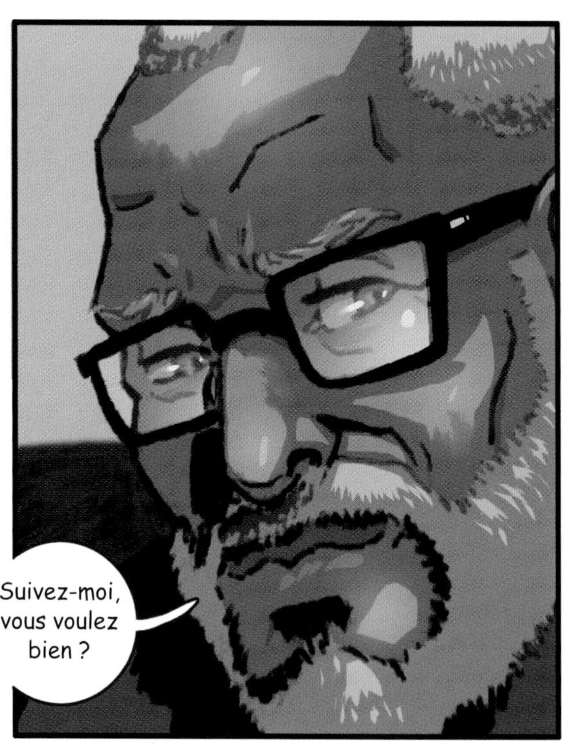
Suivez-moi, vous voulez bien ?

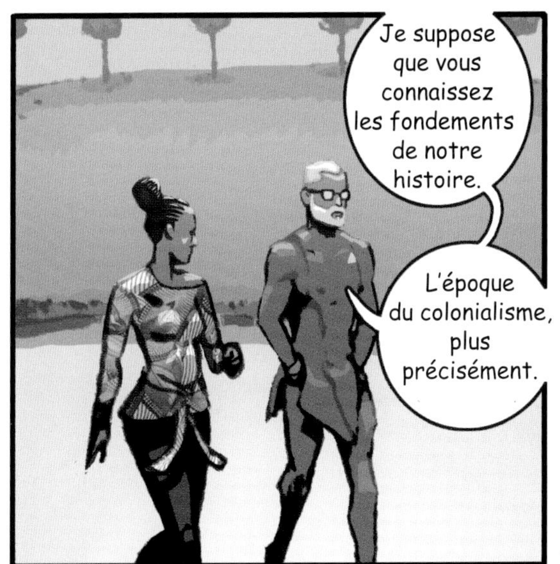
Je suppose que vous connaissez les fondements de notre histoire.
L'époque du colonialisme, plus précisément.

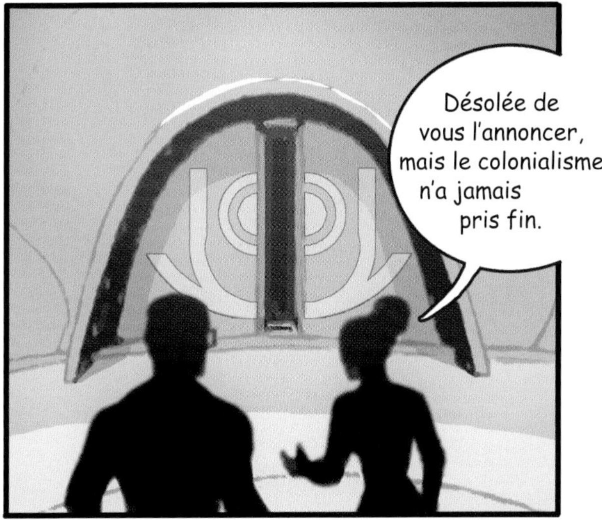
Désolée de vous l'annoncer, mais le colonialisme n'a jamais pris fin.

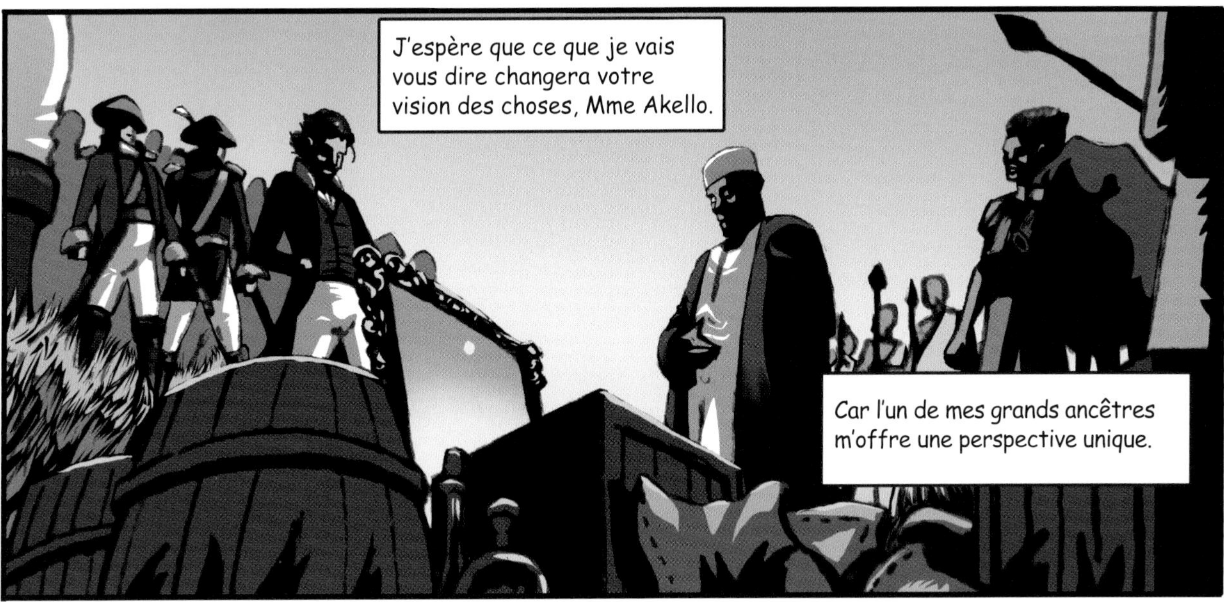
J'espère que ce que je vais vous dire changera votre vision des choses, Mme Akello.
Car l'un de mes grands ancêtres m'offre une perspective unique.

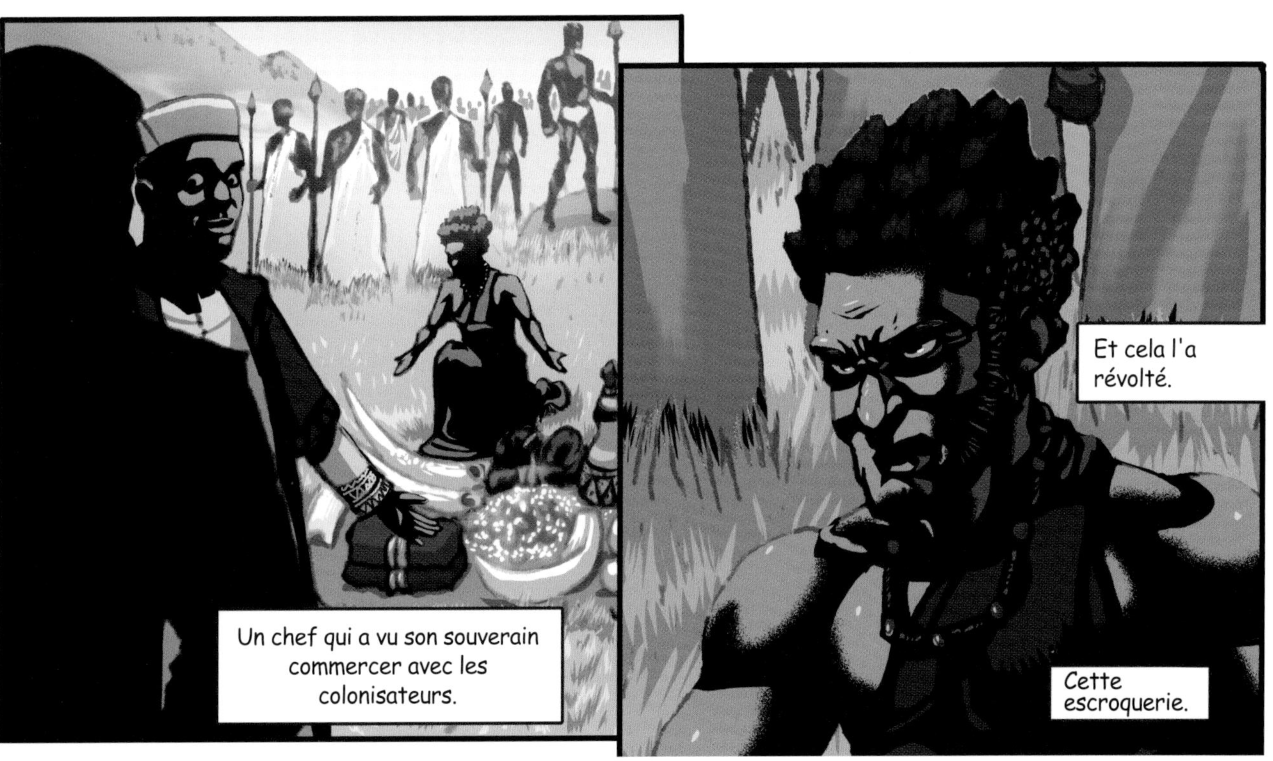
Un chef qui a vu son souverain commercer avec les colonisateurs.
Et cela l'a révolté.
Cette escroquerie.

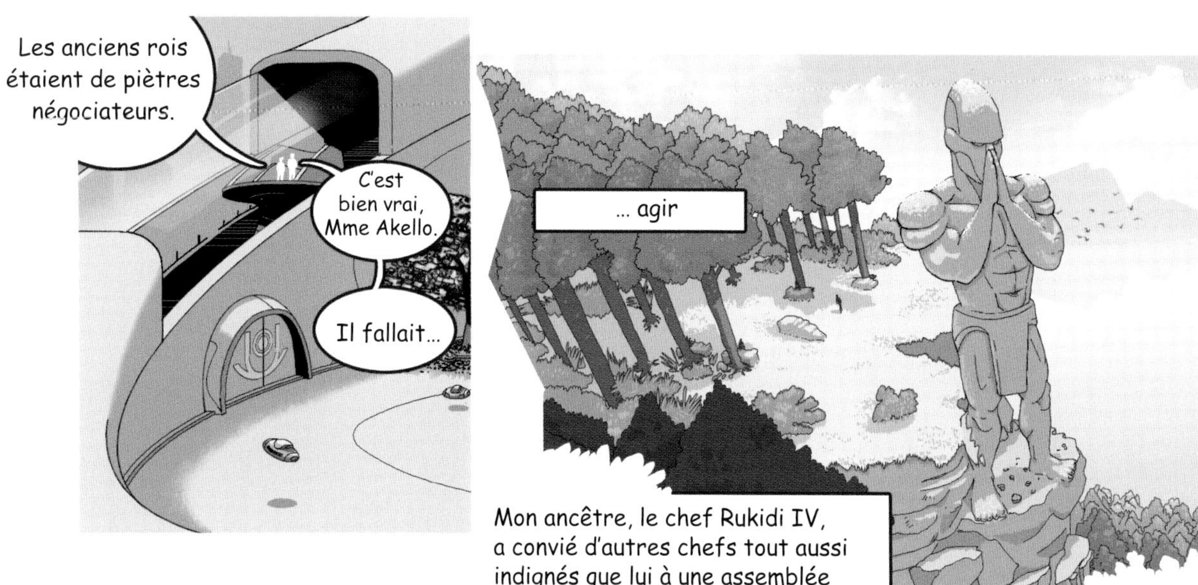
Les anciens rois étaient de piètres négociateurs.
C'est bien vrai, Mme Akello.
Il fallait...
... agir
Mon ancêtre, le chef Rukidi IV, a convié d'autres chefs tout aussi indignés que lui à une assemblée secrète.

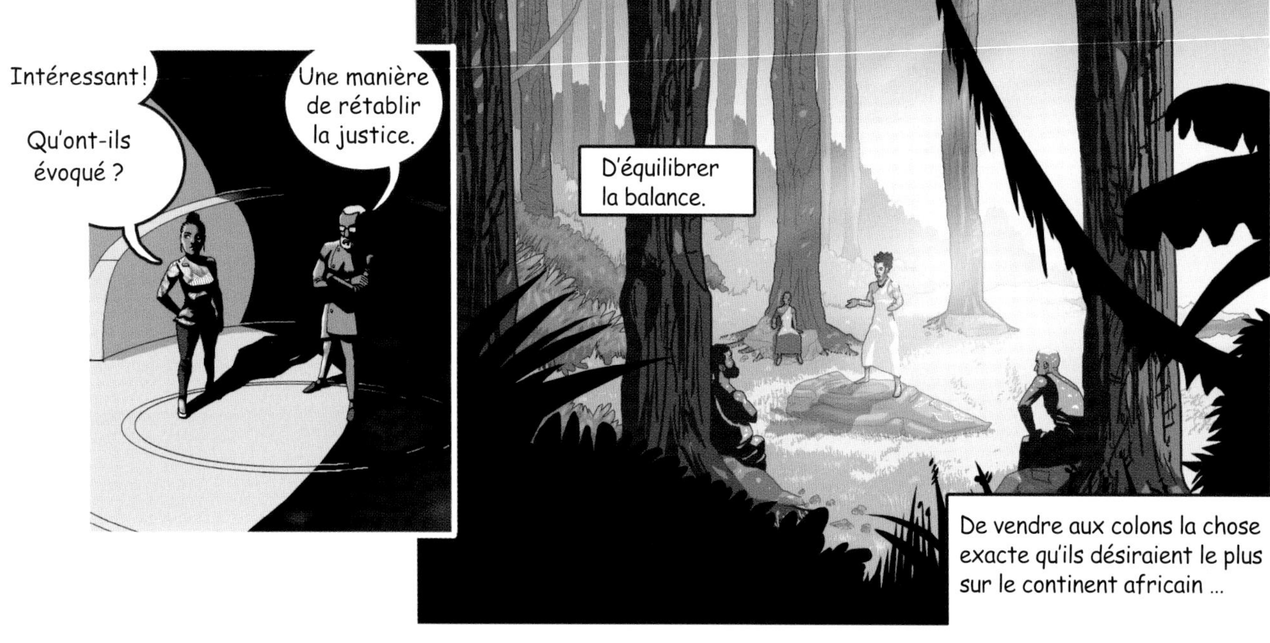
Intéressant!
Qu'ont-ils évoqué ?
Une manière de rétablir la justice.
D'équilibrer la balance.
De vendre aux colons la chose exacte qu'ils désiraient le plus sur le continent africain ...

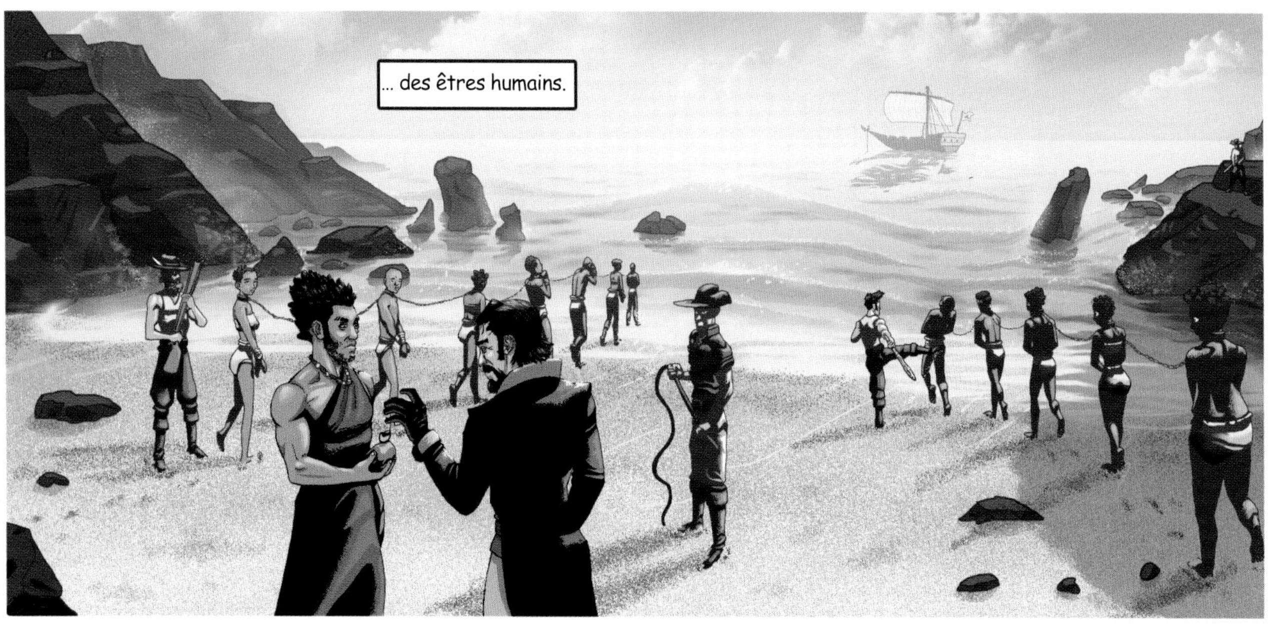
... des êtres humains.

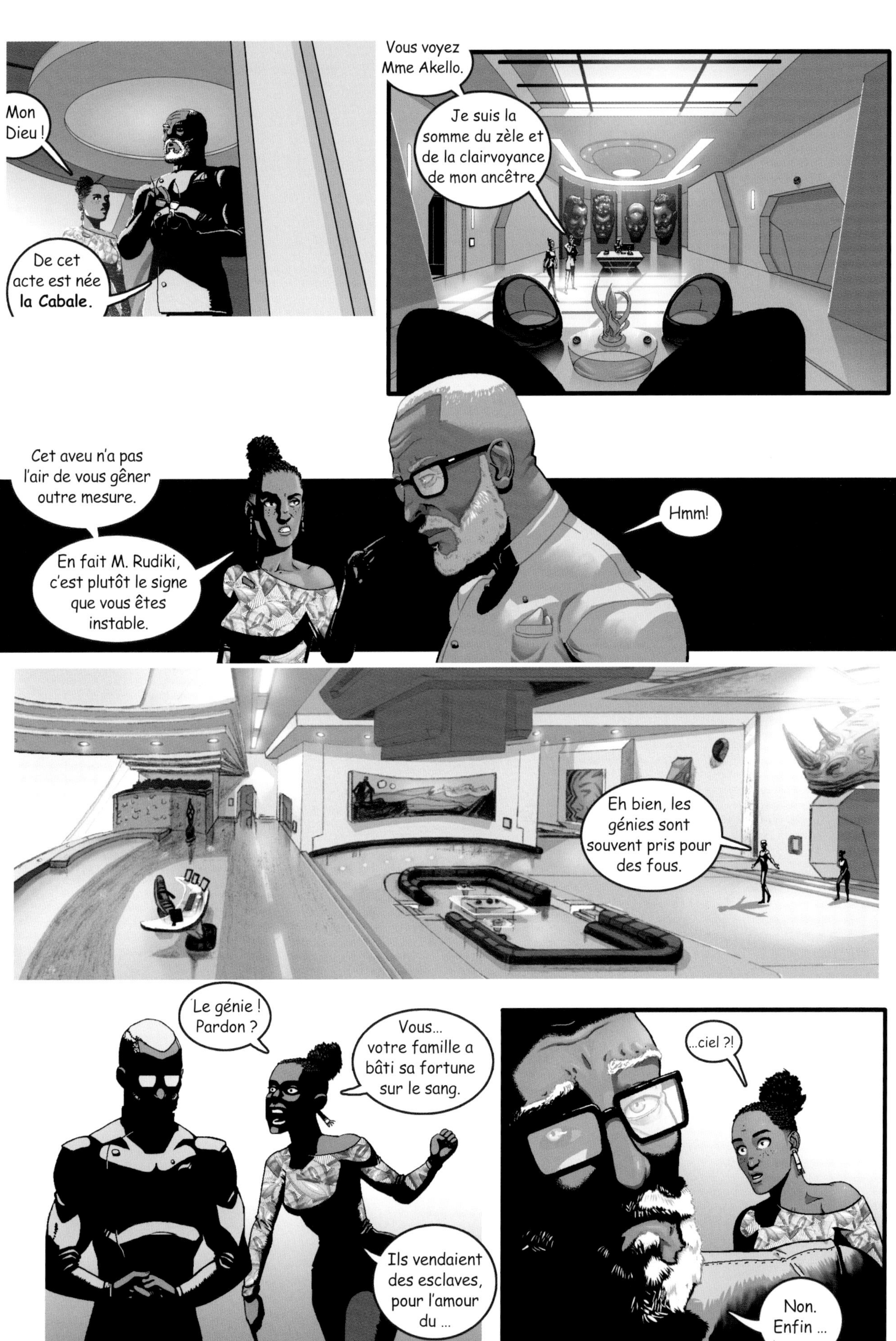
Mon Dieu !
De cet acte est née **la Cabale.**
Vous voyez Mme Akello.
Je suis la somme du zèle et de la clairvoyance de mon ancêtre.
Cet aveu n'a pas l'air de vous gêner outre mesure.
Hmm!
En fait M. Rudiki, c'est plutôt le signe que vous êtes instable.
Eh bien, les génies sont souvent pris pour des fous.
Le génie ! Pardon ?
Vous... votre famille a bâti sa fortune sur le sang.
Ils vendaient des esclaves, pour l'amour du ...
...ciel ?!
Non. Enfin ...

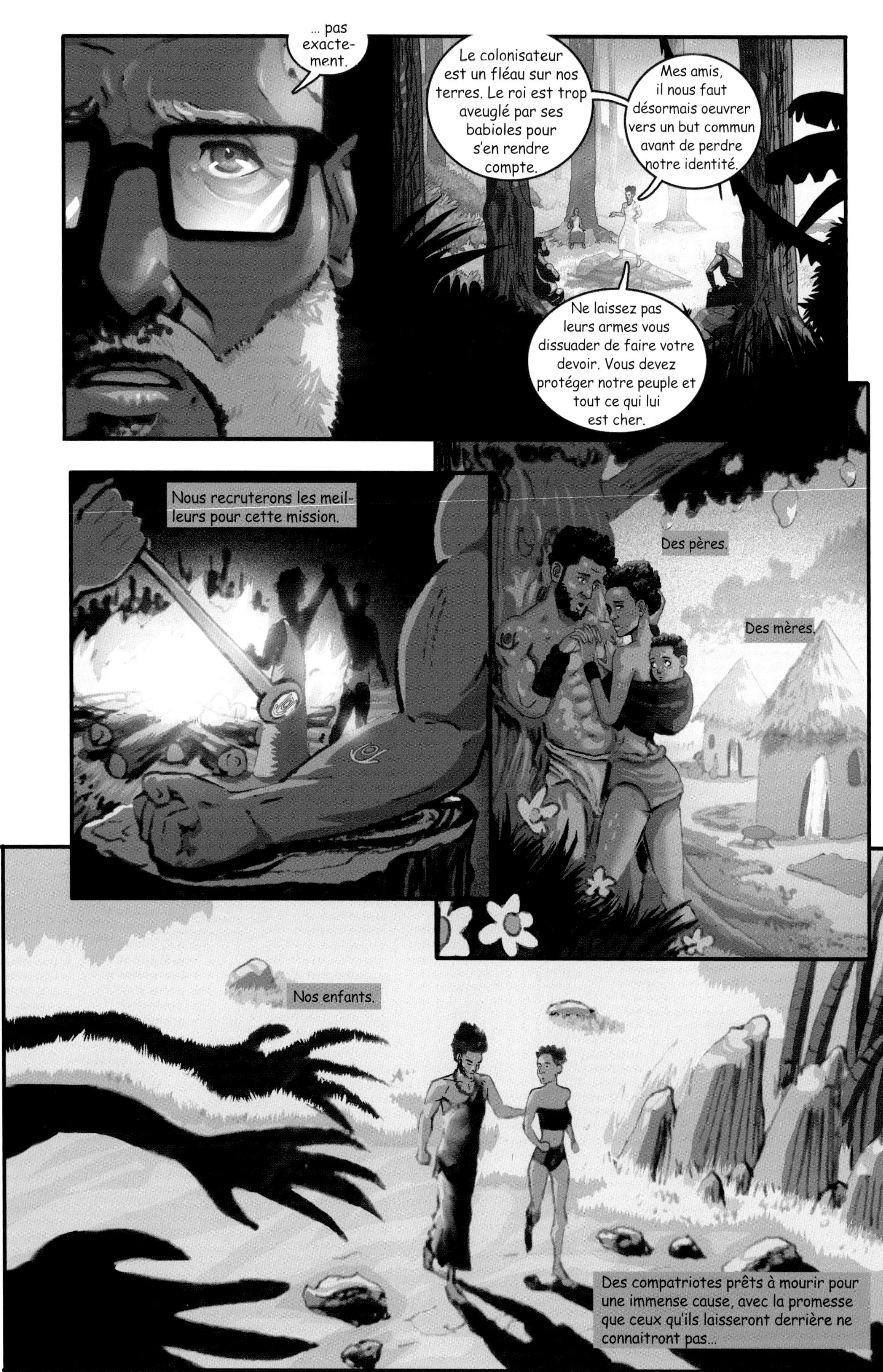

... pas exacte-ment.
Le colonisateur est un fléau sur nos terres. Le roi est trop aveuglé par ses babioles pour s'en rendre compte.
Mes amis, il nous faut désormais oeuvrer vers un but commun avant de perdre notre identité.
Ne laissez pas leurs armes vous dissuader de faire votre devoir. Vous devez protéger notre peuple et tout ce qui lui est cher.
Nous recruterons les meil-leurs pour cette mission.
Des pères.
Des mères.
Nos enfants.
Des compatriotes prêts à mourir pour une immense cause, avec la promesse que ceux qu'ils laisseront derrière ne connaitront pas...

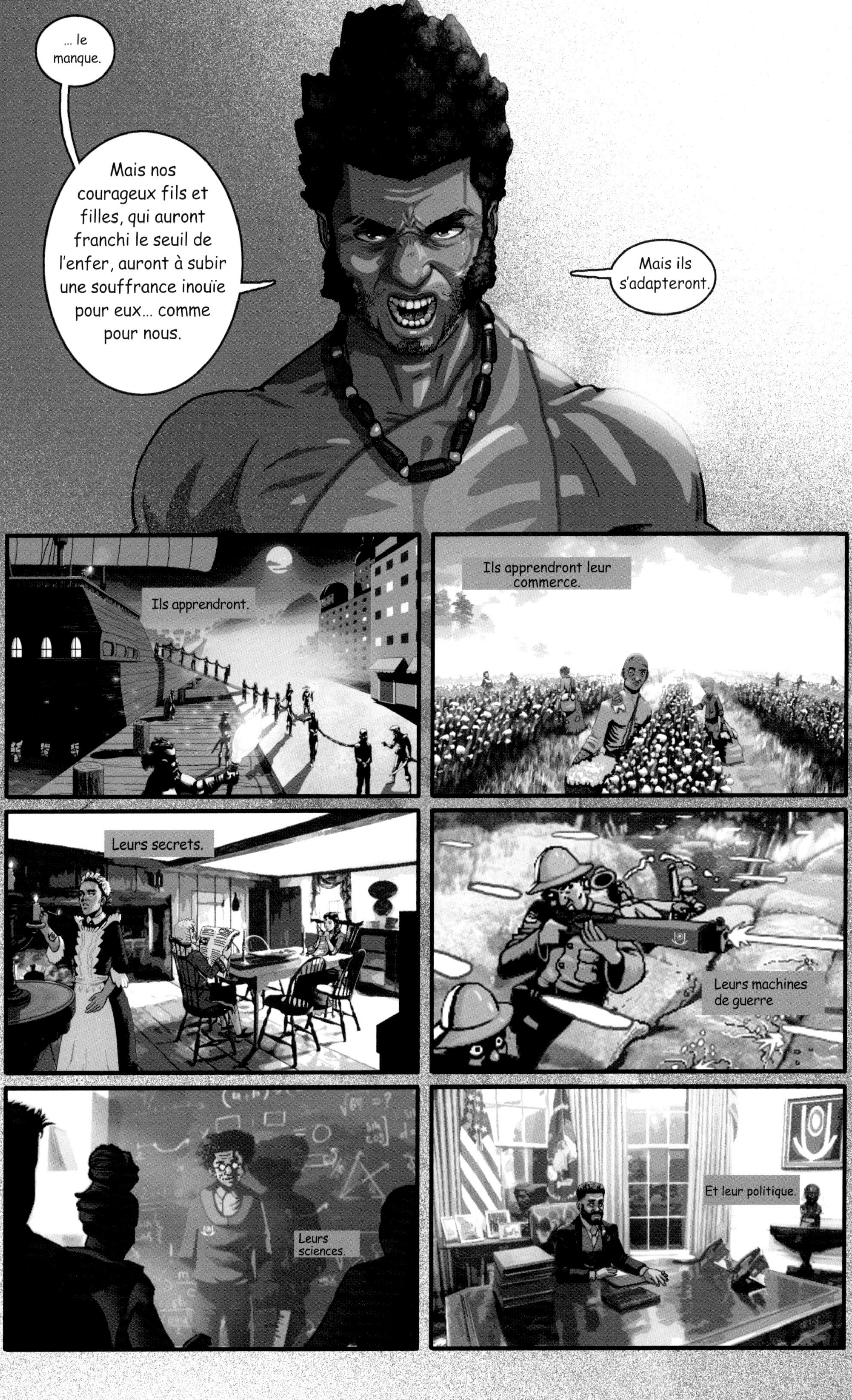

… le manque.
Mais nos courageux fils et filles, qui auront franchi le seuil de l'enfer, auront à subir une souffrance inouïe pour eux… comme pour nous.
Mais ils s'adapteront.

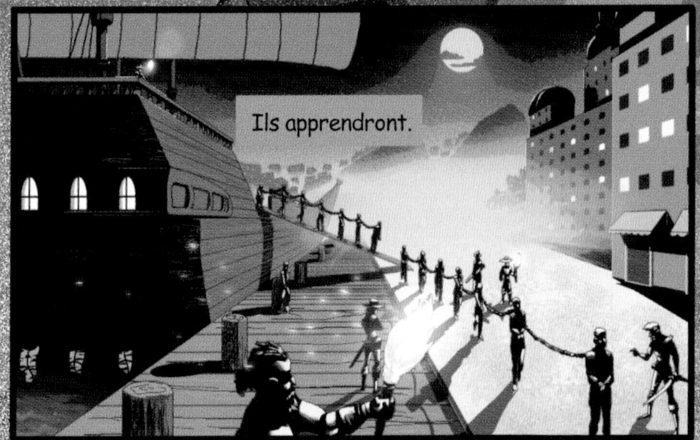

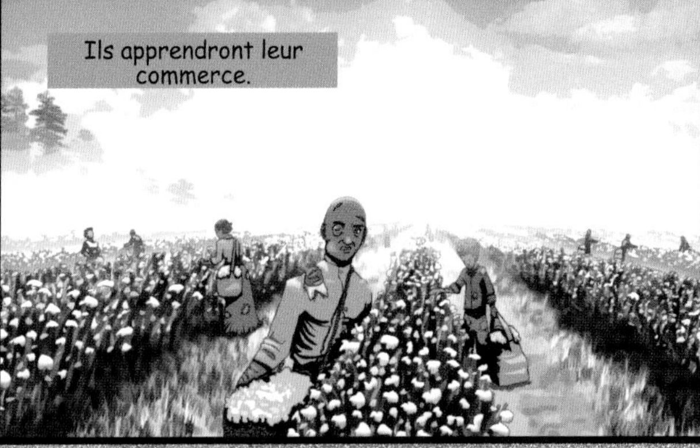

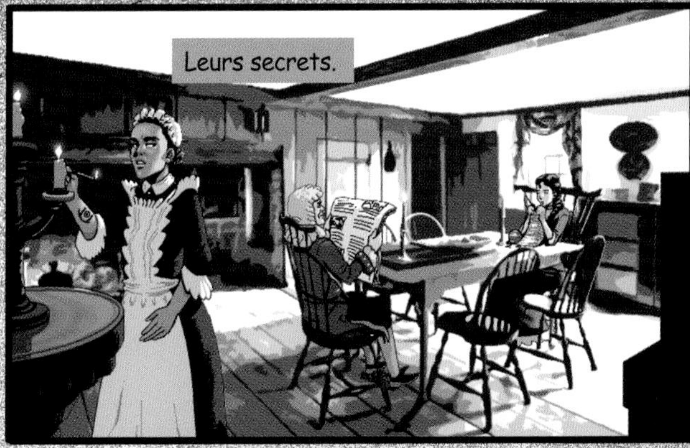

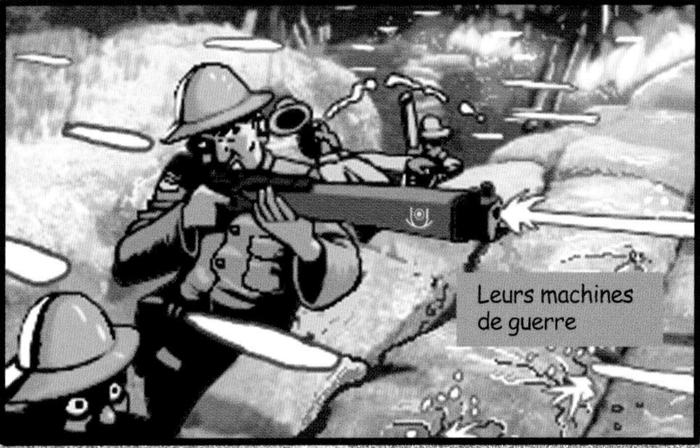

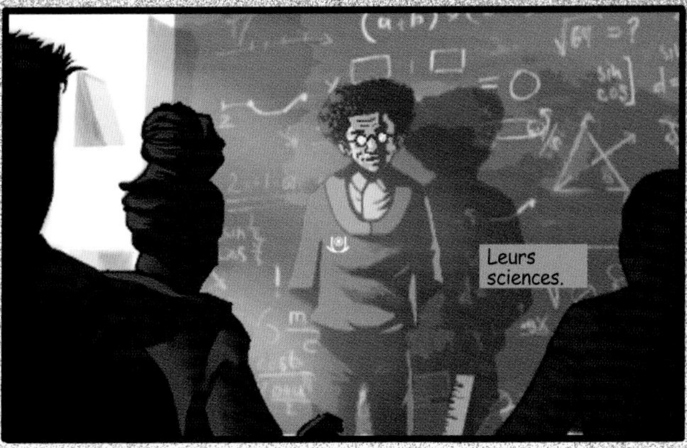

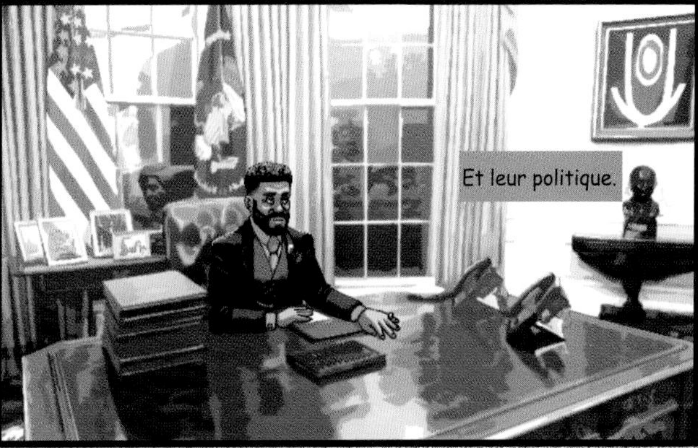

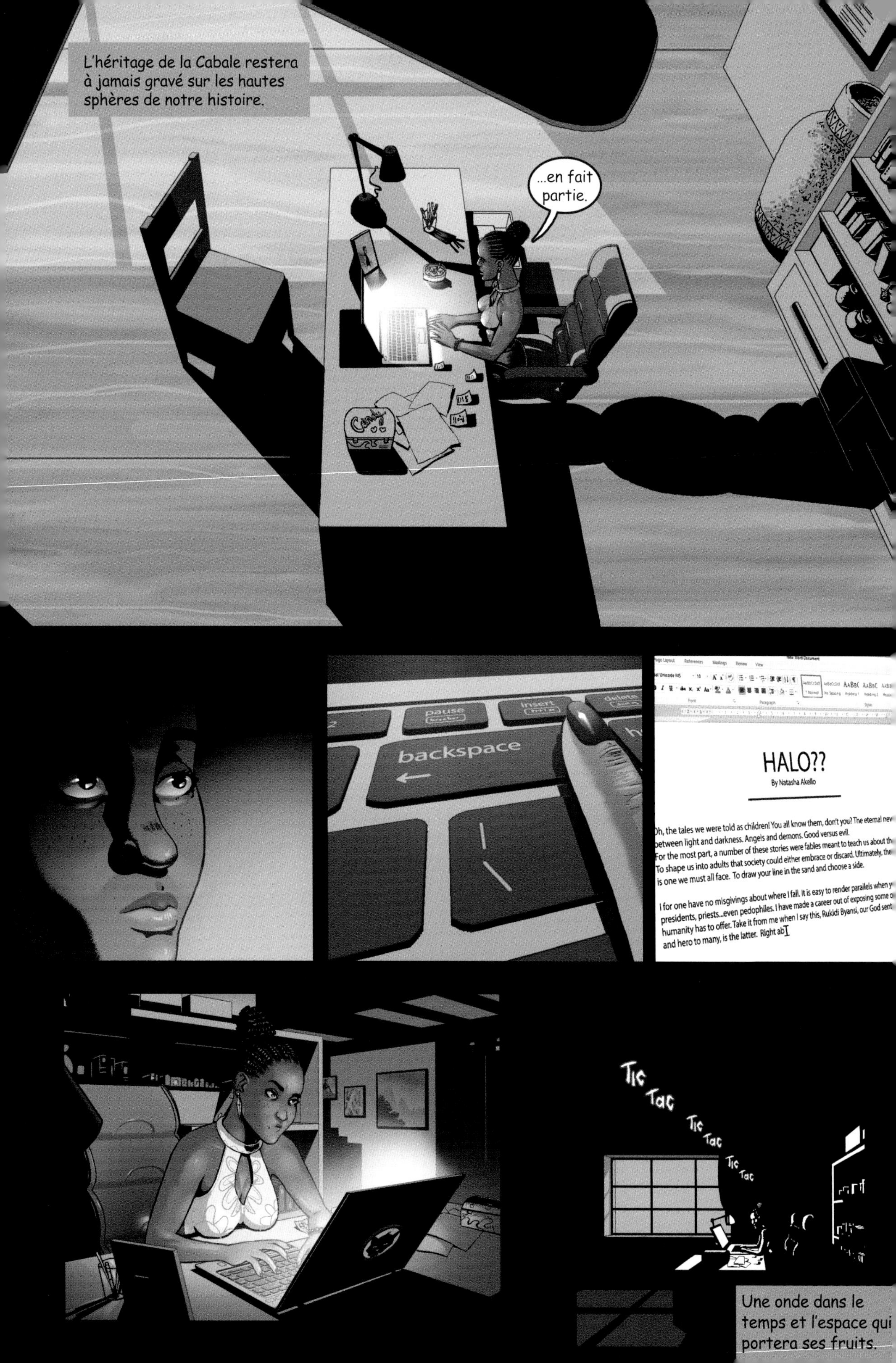

L'héritage de la Cabale restera
à jamais gravé sur les hautes
sphères de notre histoire.

...en fait
partie.

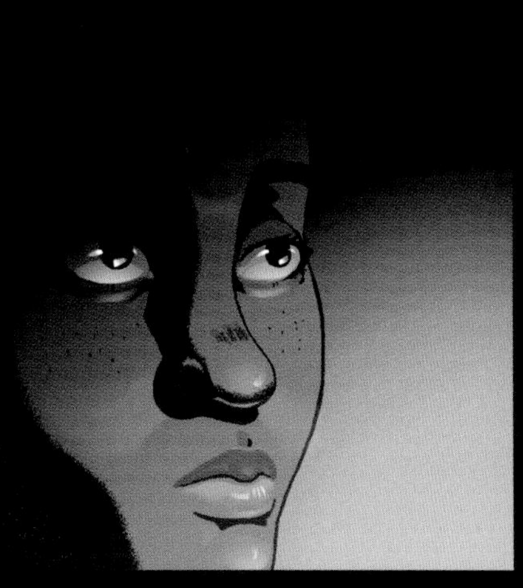

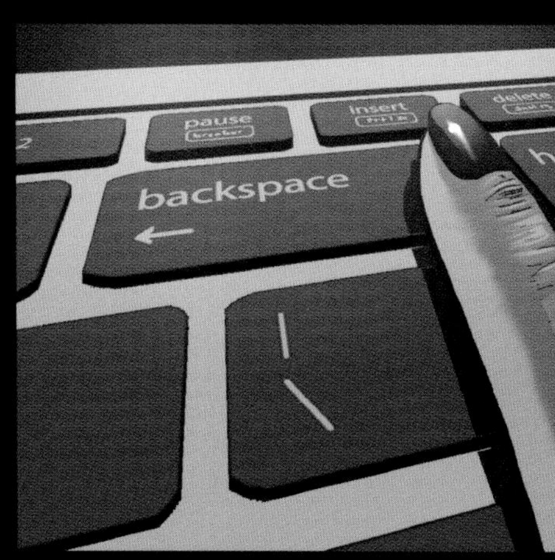

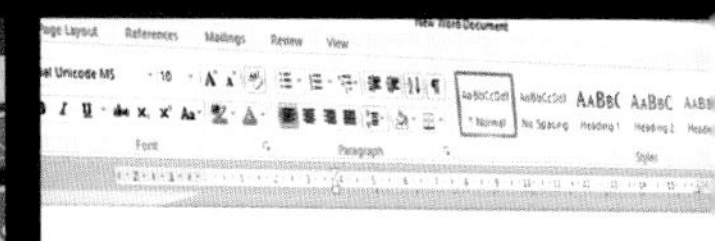

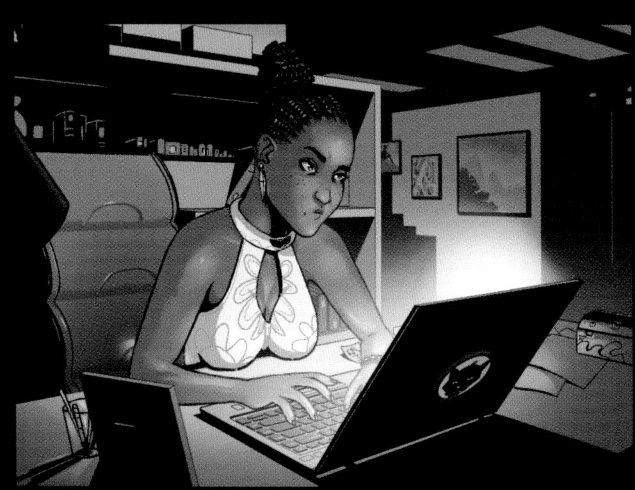

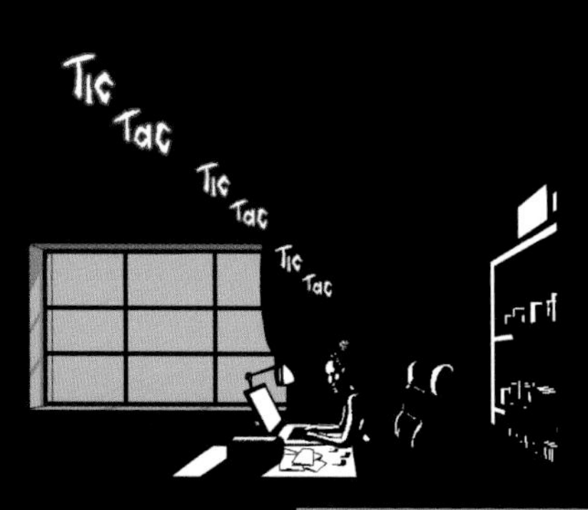

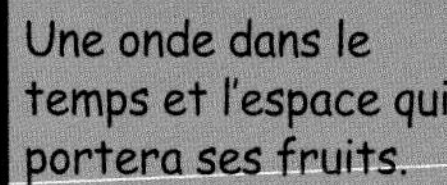

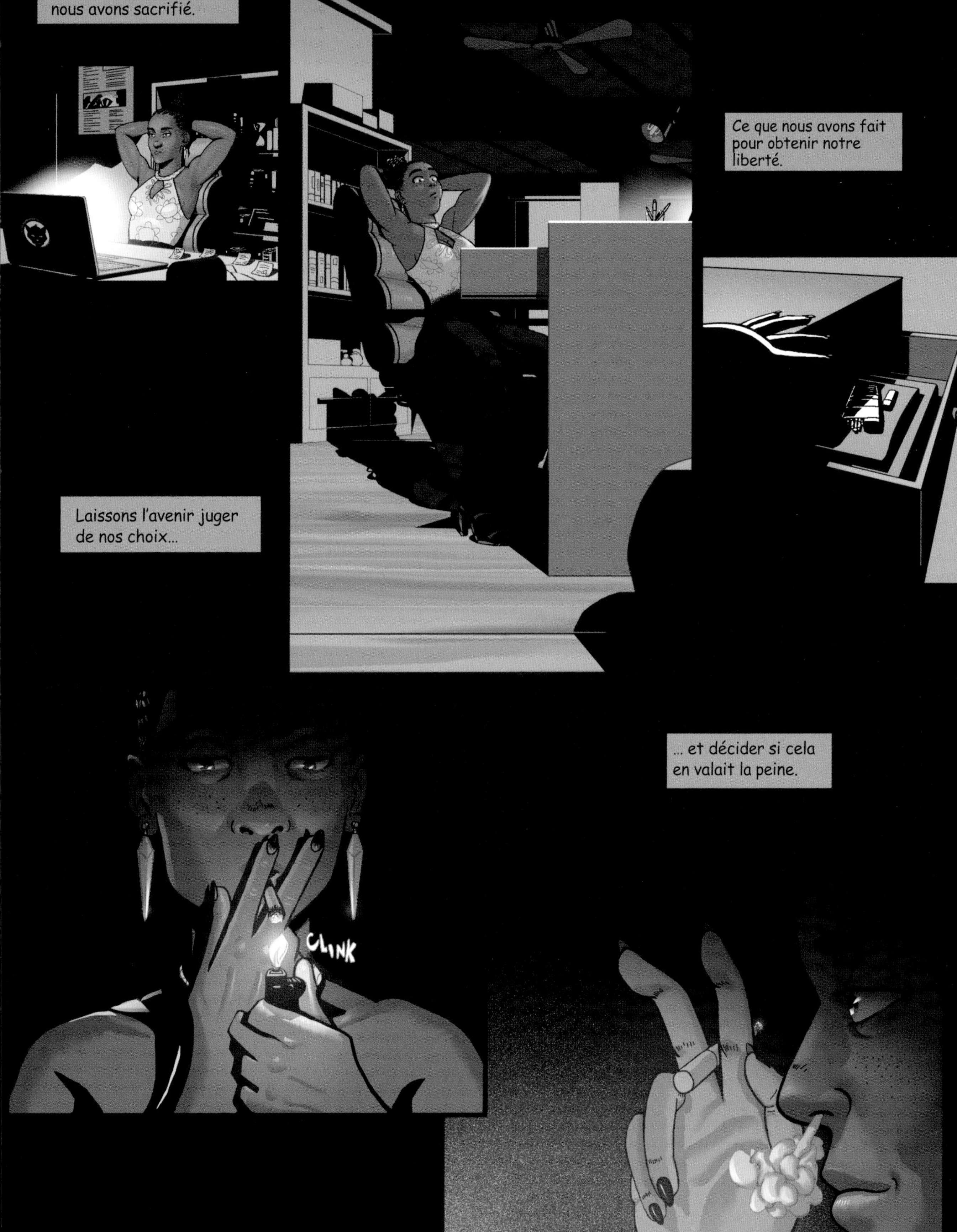
moment sera venu,
le monde saura ce que
nous avons sacrifié.
Ce que nous avons fait
pour obtenir notre
liberté.
Laissons l'avenir juger
de nos choix…
CLINK
… et décider si cela
en valait la peine.

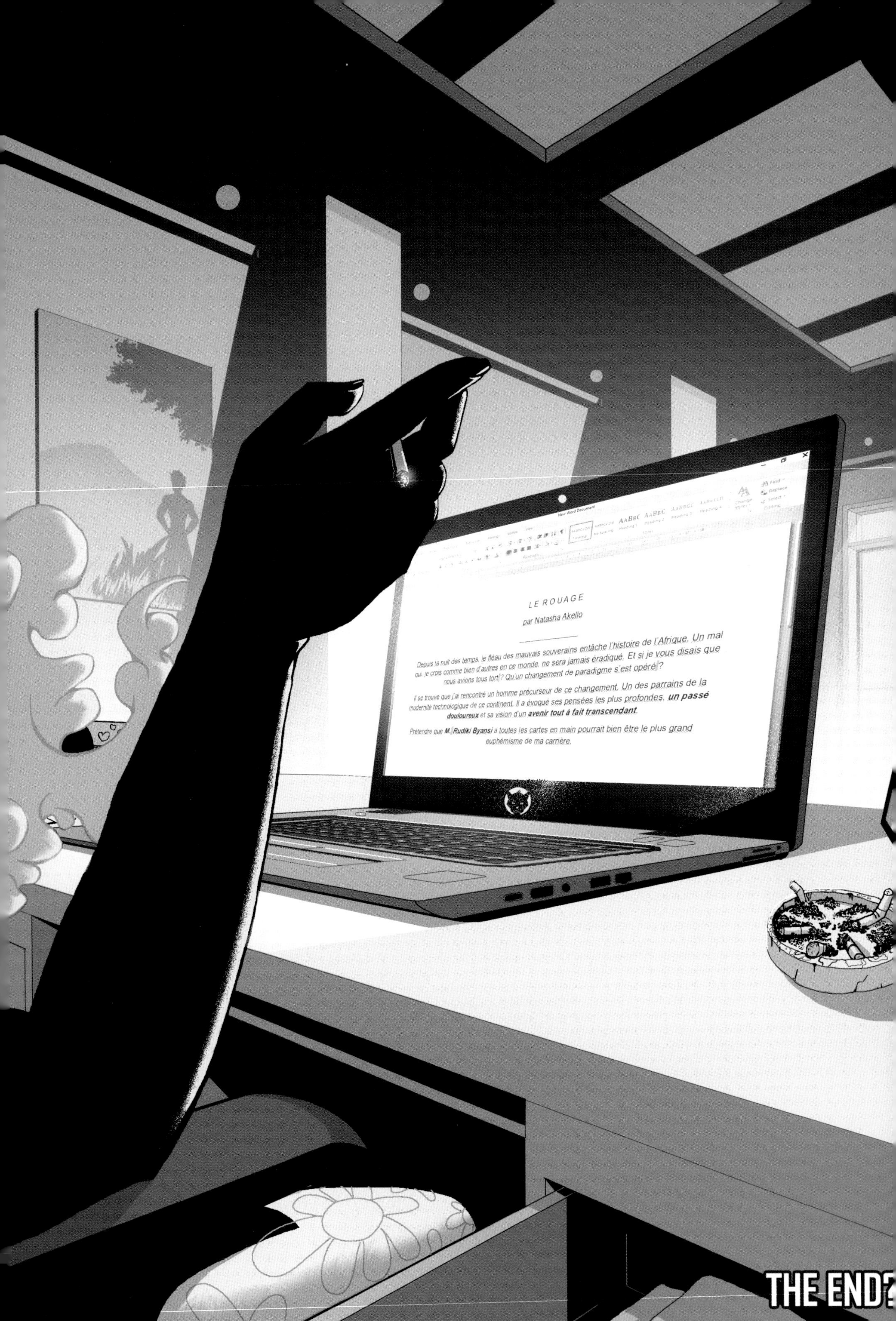
LE ROUAGE
par Natasha Akello
Depuis la nuit des temps, le fléau des mauvais souverains entâche l'histoire de l'Afrique. Un mal qui, je crois comme bien d'autres en ce monde, ne sera jamais éradiqué. Et si je vous disais que nous avions tous tort ? Qu'un changement de paradigme s'est opéré ?
Il se trouve que j'ai rencontré un homme précurseur de ce changement. Un des parrains de la modernité technologique de ce continent. Il a évoqué ses pensées les plus profondes, un passé douloureux et sa vision d'un avenir tout à fait transcendant.
Prétendre que M. Rudiki Byansi a toutes les cartes en main pourrait bien être le plus grand euphémisme de ma carrière.
THE END?

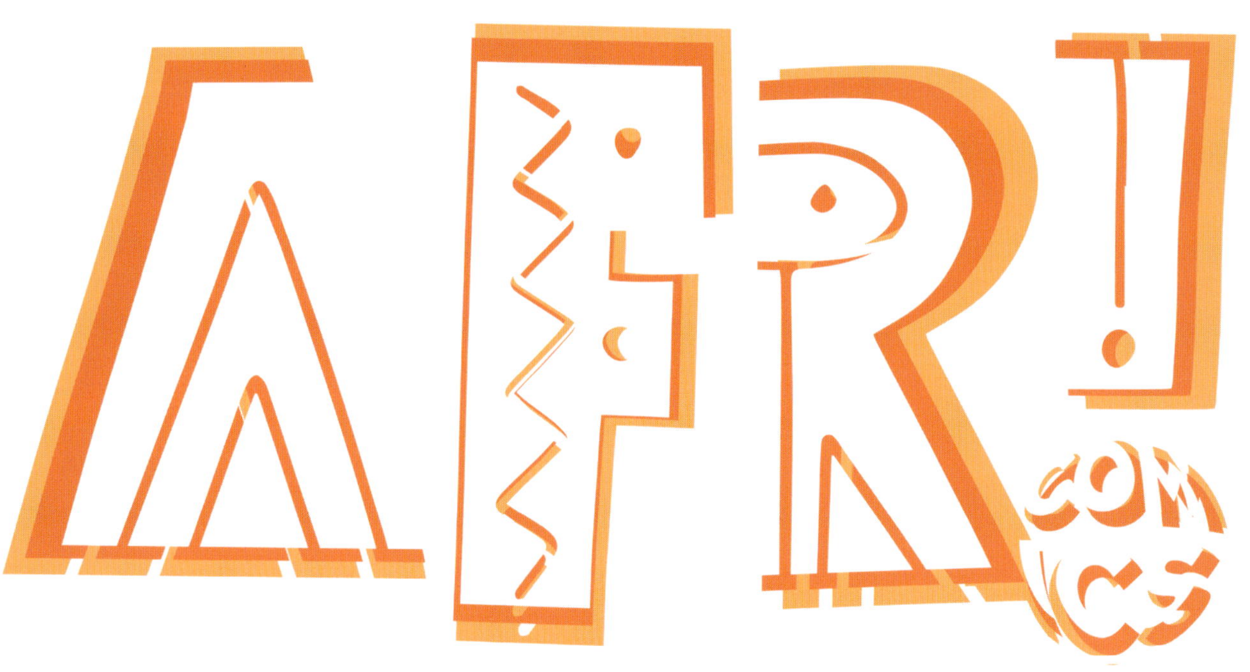
AFRI
COMICS

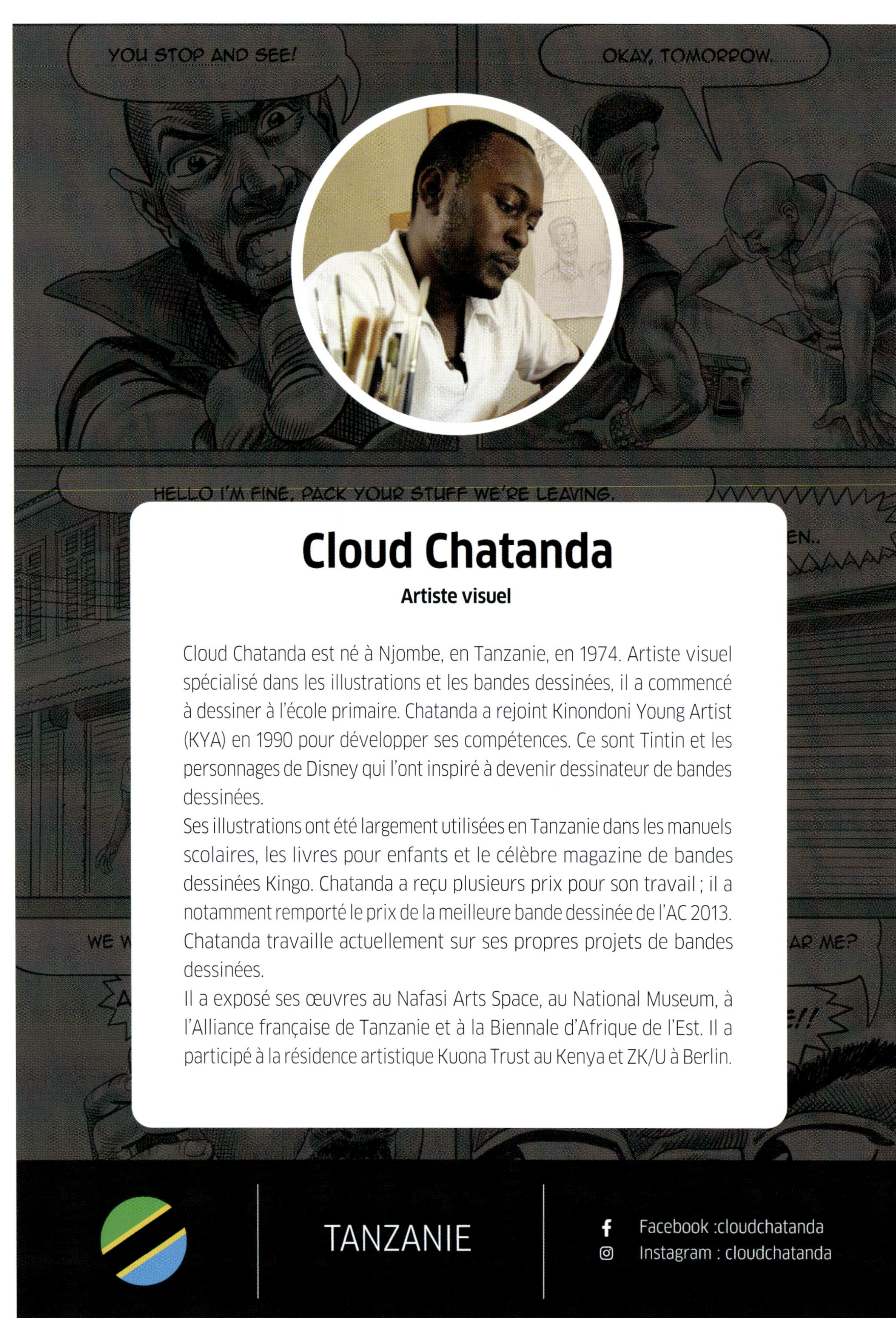

Cloud Chatanda

Artiste visuel

Cloud Chatanda est né à Njombe, en Tanzanie, en 1974. Artiste visuel spécialisé dans les illustrations et les bandes dessinées, il a commencé à dessiner à l'école primaire. Chatanda a rejoint Kinondoni Young Artist (KYA) en 1990 pour développer ses compétences. Ce sont Tintin et les personnages de Disney qui l'ont inspiré à devenir dessinateur de bandes dessinées.

Ses illustrations ont été largement utilisées en Tanzanie dans les manuels scolaires, les livres pour enfants et le célèbre magazine de bandes dessinées Kingo. Chatanda a reçu plusieurs prix pour son travail ; il a notamment remporté le prix de la meilleure bande dessinée de l'AC 2013. Chatanda travaille actuellement sur ses propres projets de bandes dessinées.

Il a exposé ses œuvres au Nafasi Arts Space, au National Museum, à l'Alliance française de Tanzanie et à la Biennale d'Afrique de l'Est. Il a participé à la résidence artistique Kuona Trust au Kenya et ZK/U à Berlin.

TANZANIE

Facebook :cloudchatanda

Instagram : cloudchatanda

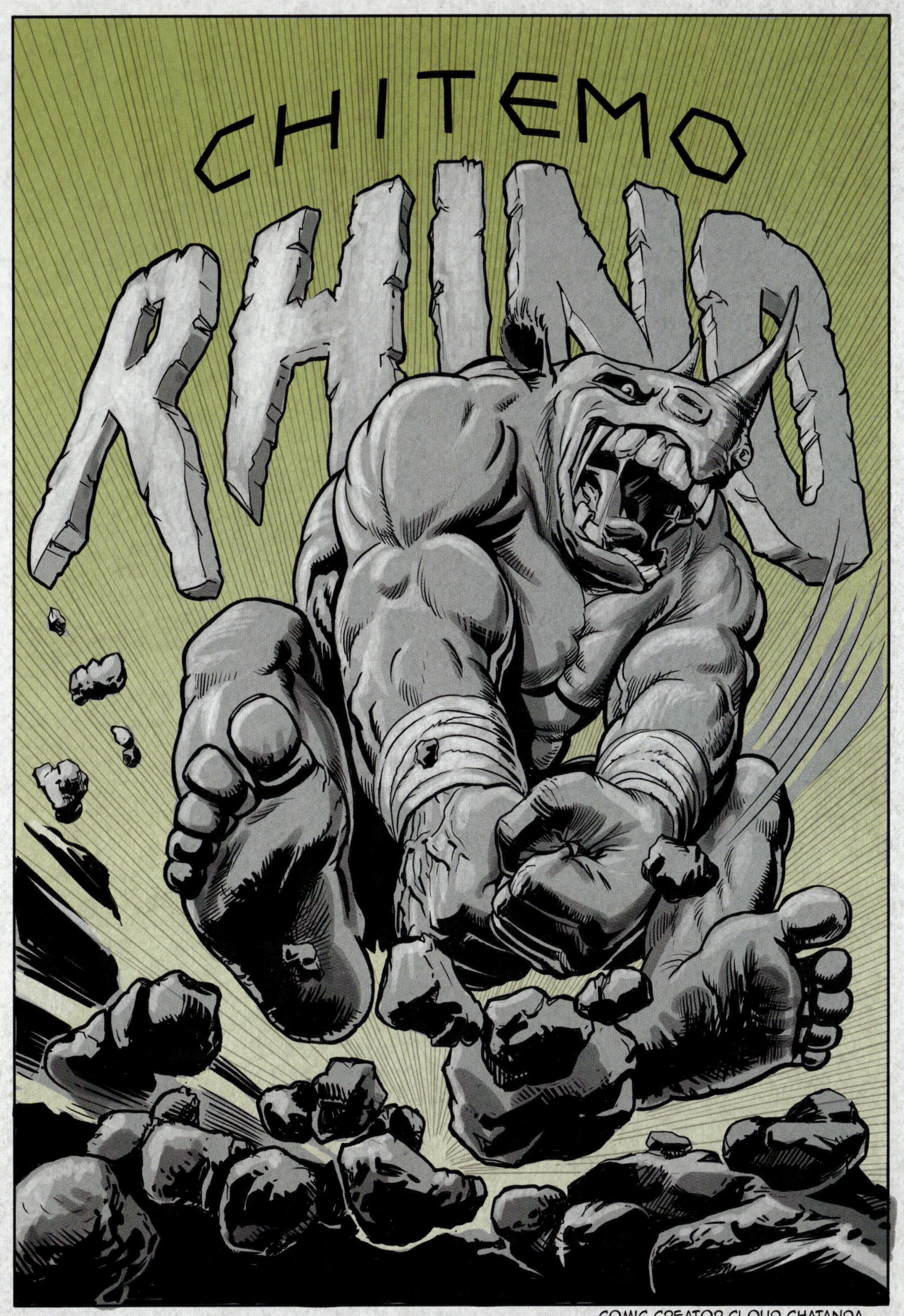

COMIC CREATOR CLOUD CHATANDA

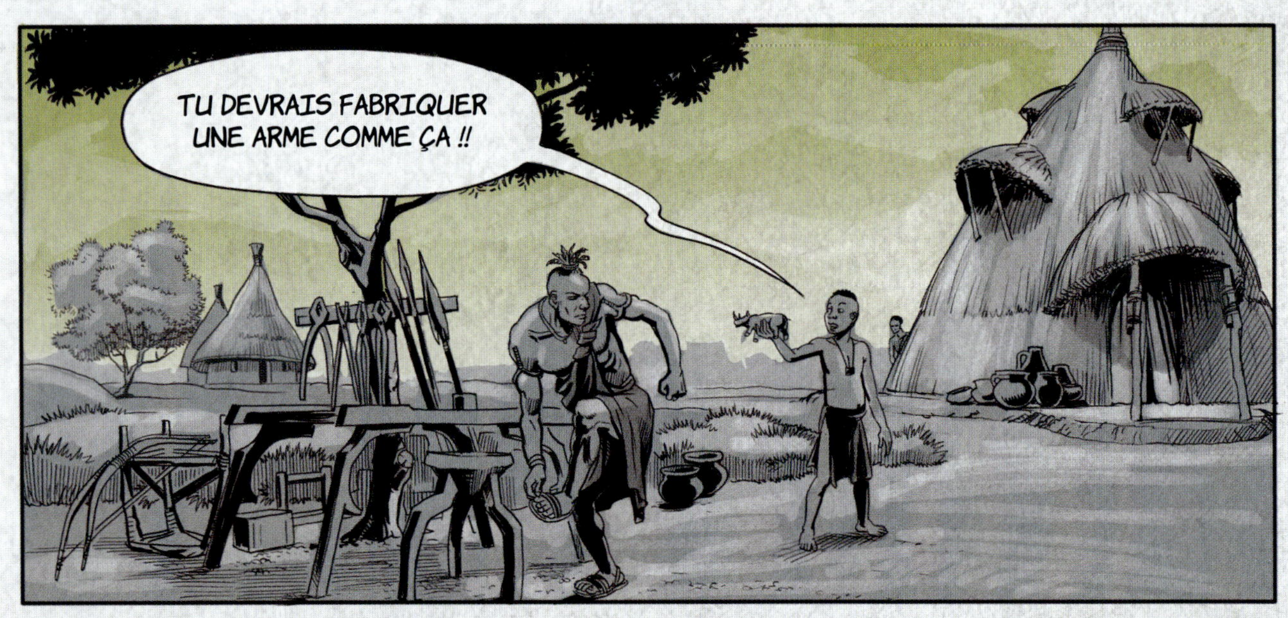
TU DEVRAIS FABRIQUER UNE ARME COMME ÇA !!

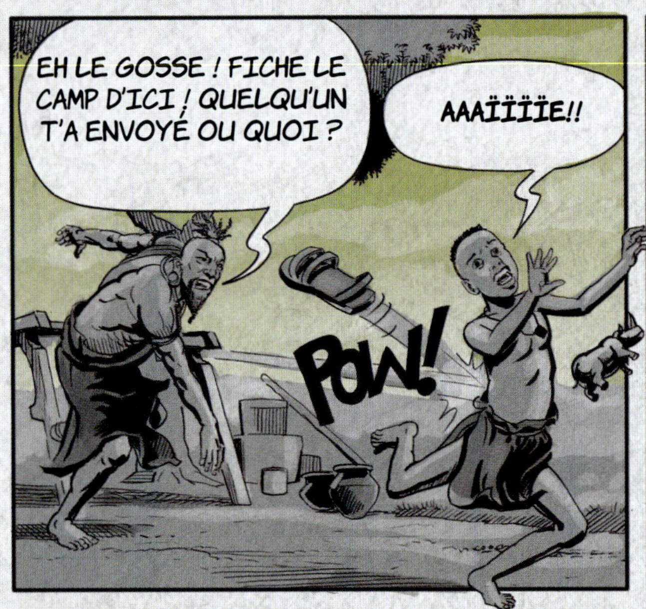
EH LE GOSSE ! FICHE LE CAMP D'ICI ! QUELQU'UN T'A ENVOYÉ OU QUOI ?
AAAÏÏÏÏE!!
POW!

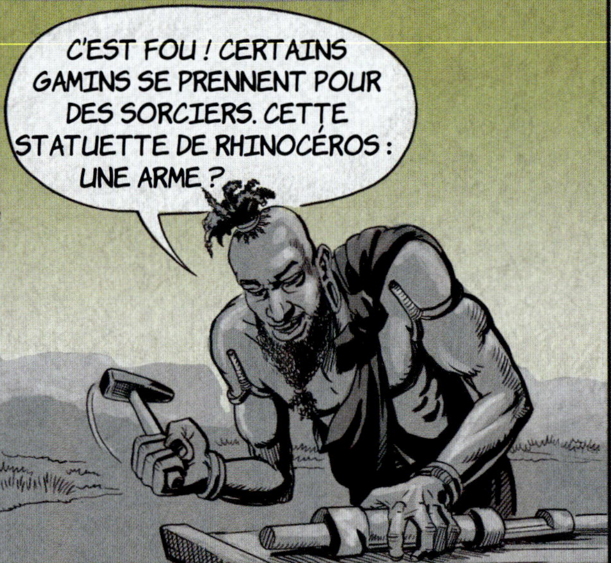
C'EST FOU ! CERTAINS GAMINS SE PRENNENT POUR DES SORCIERS. CETTE STATUETTE DE RHINOCÉROS : UNE ARME ?

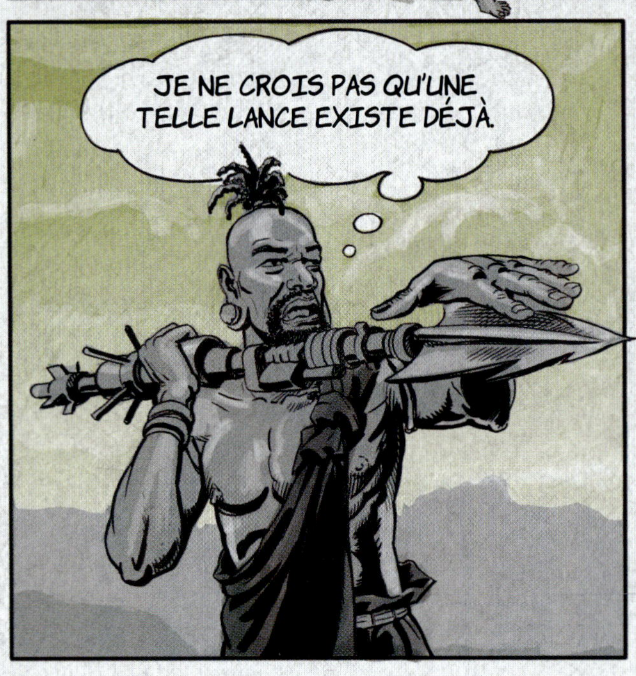
JE NE CROIS PAS QU'UNE TELLE LANCE EXISTE DÉJÀ.

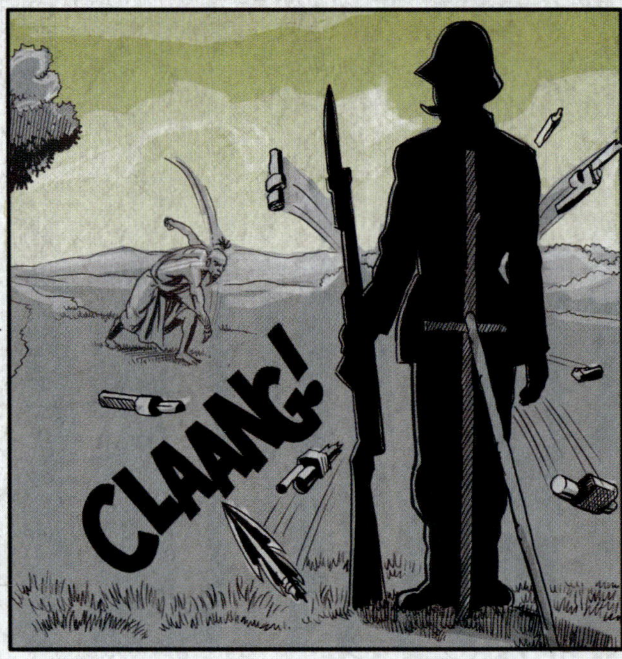
CLAANG!

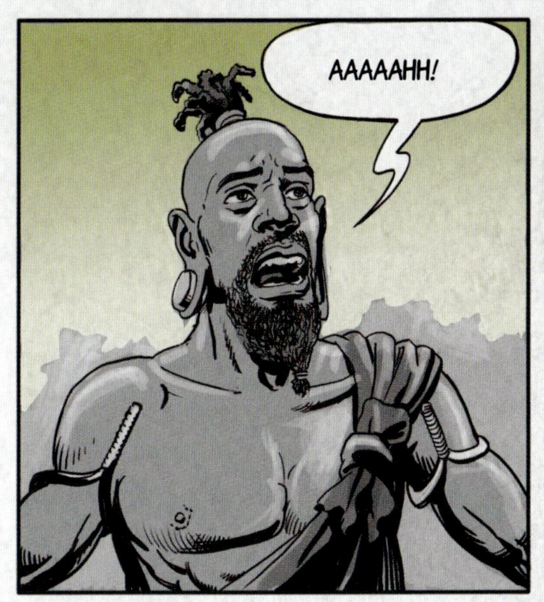
AAAAAHH!

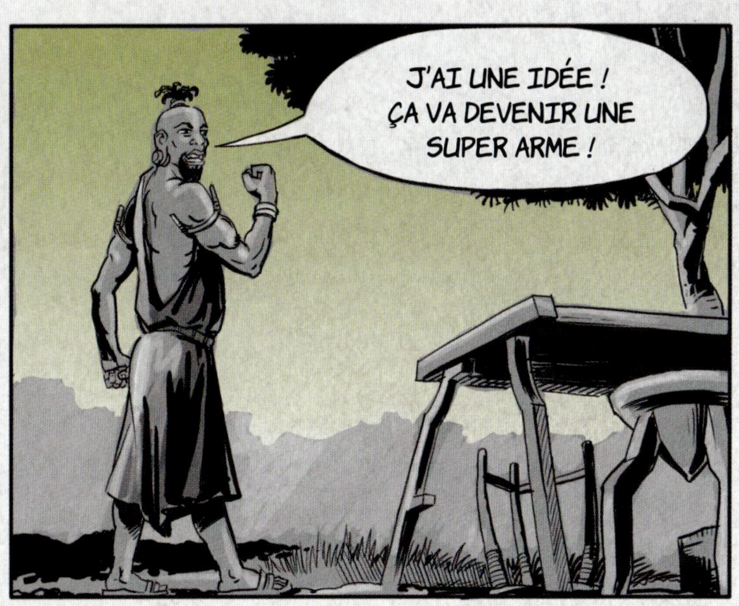
J'AI UNE IDÉE !
ÇA VA DEVENIR UNE
SUPER ARME !

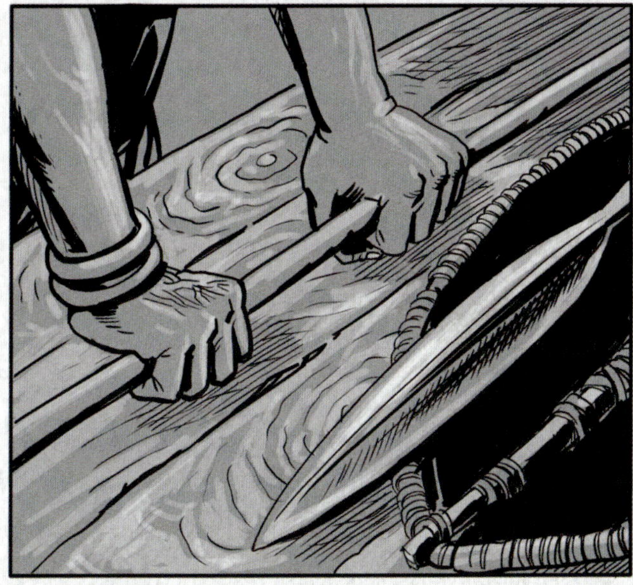

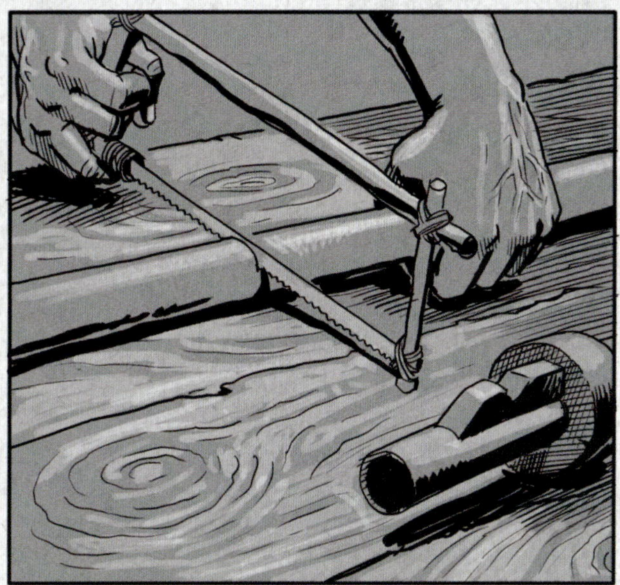

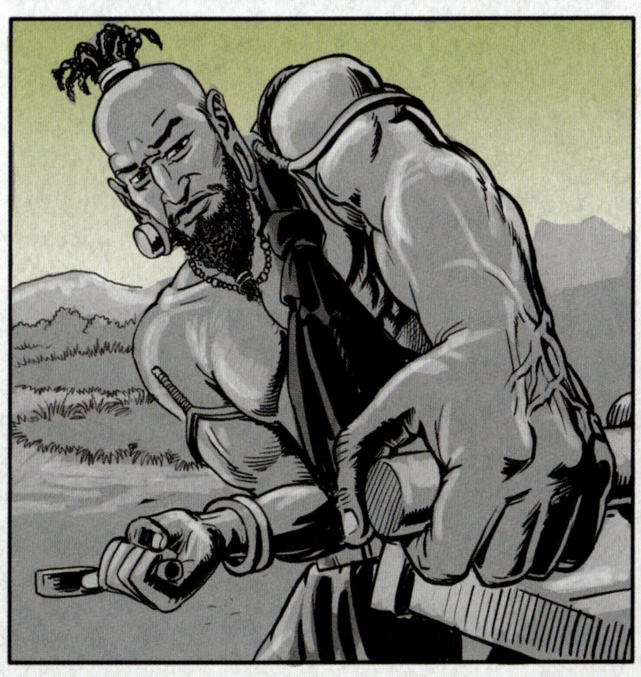

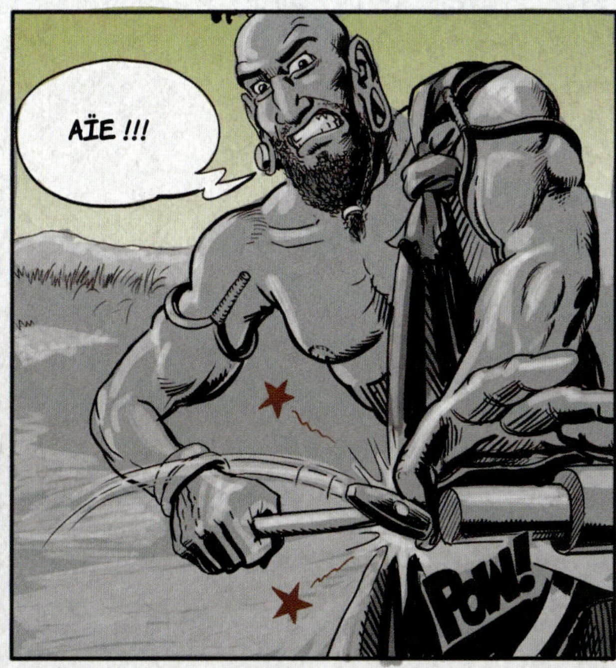
AÏE !!!
POW!

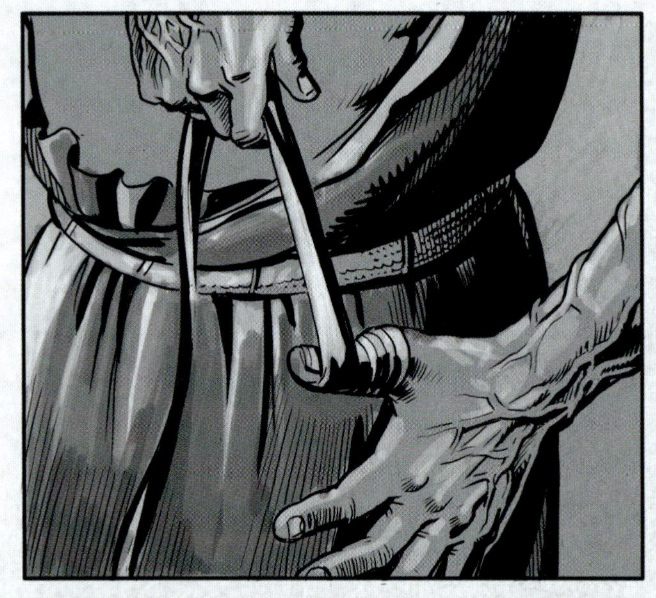
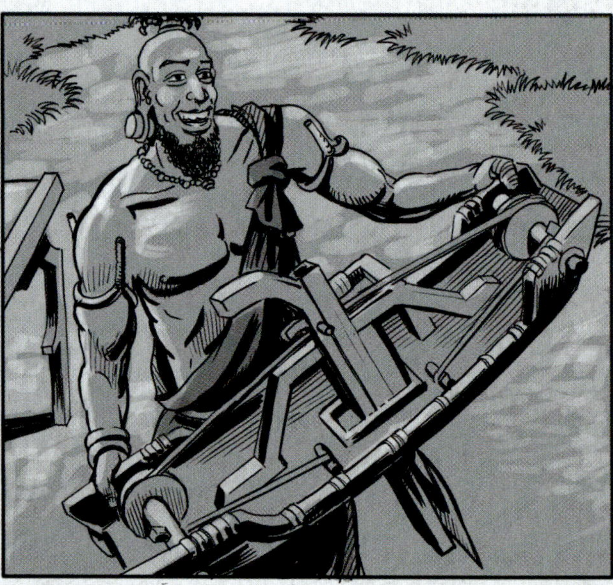
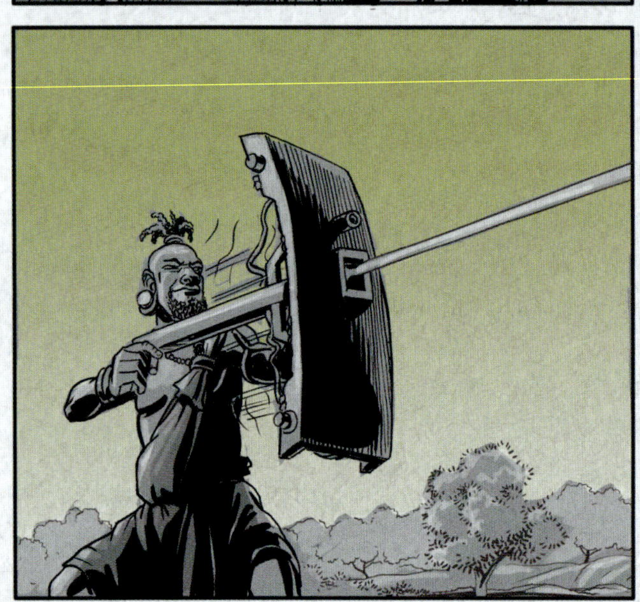
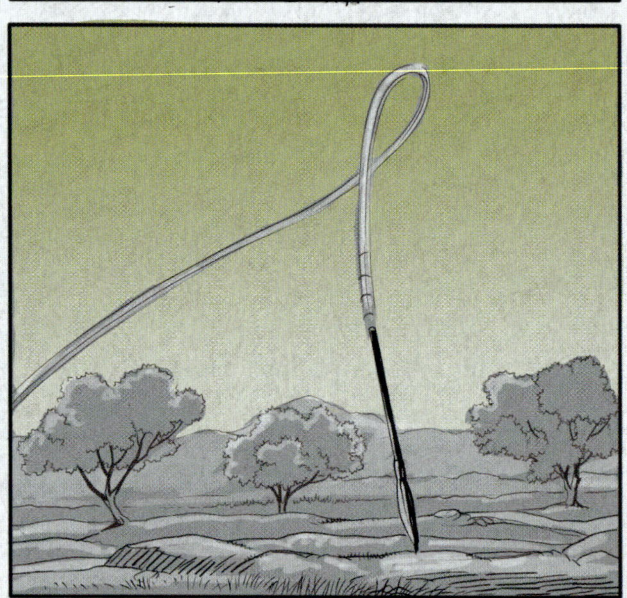
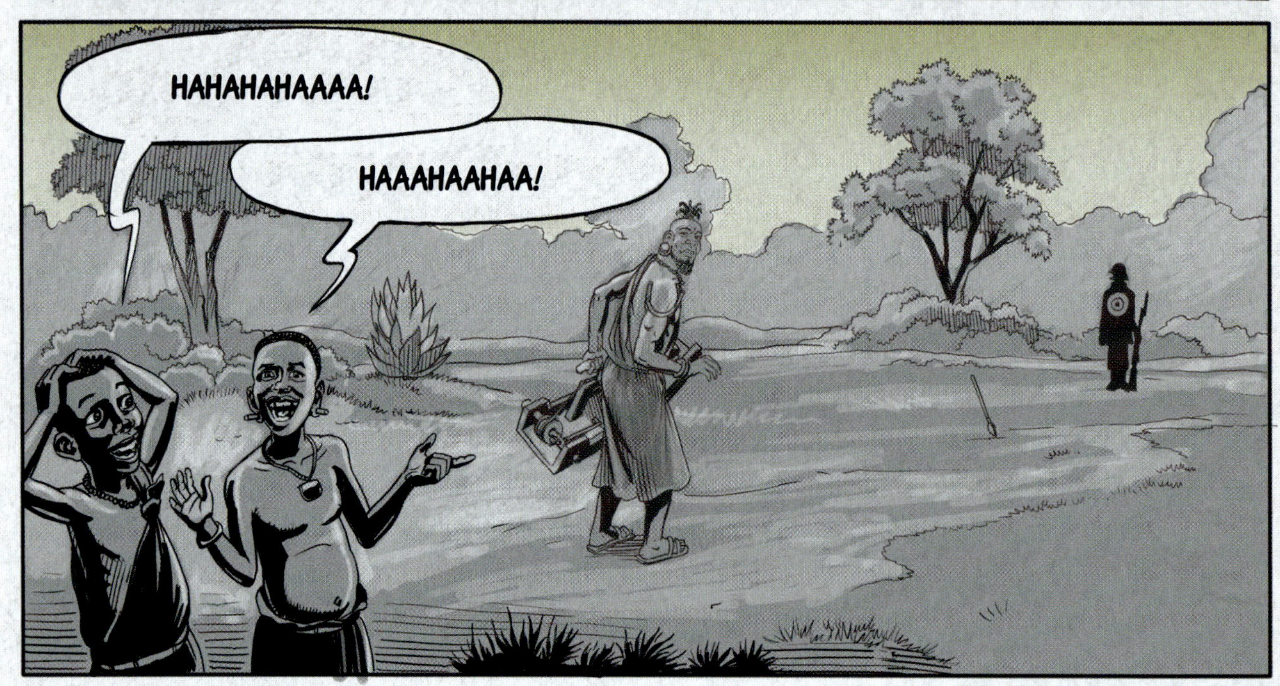
HAHAHAHAAAA!
HAAAHAAHAA!

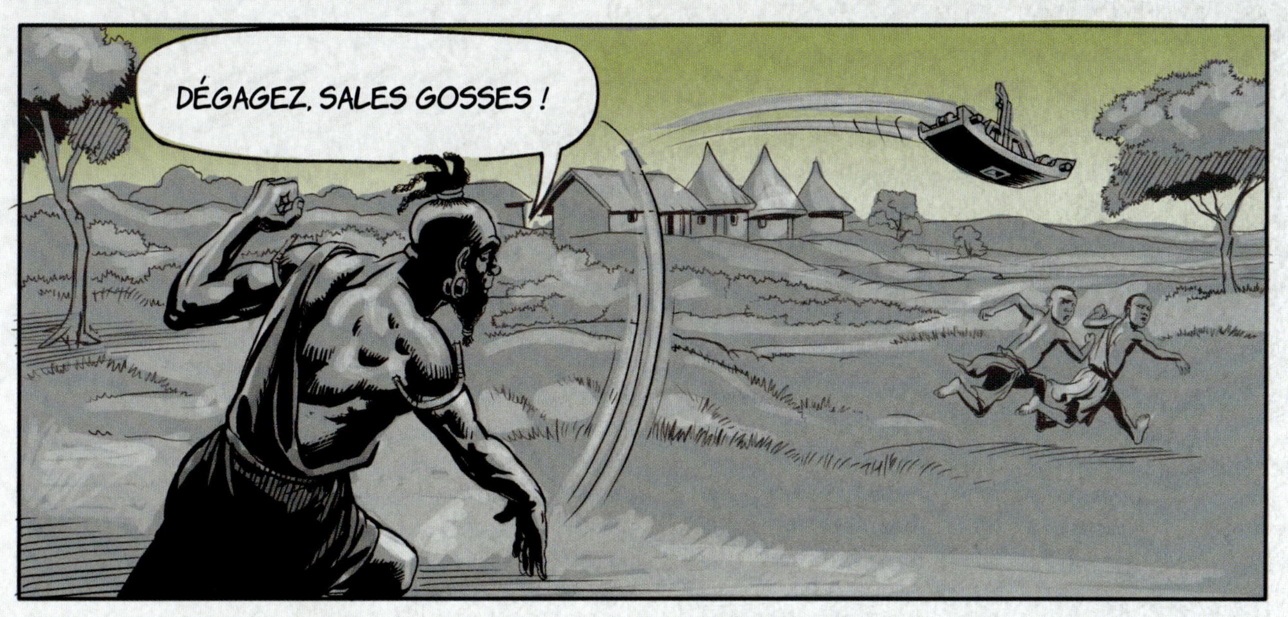
DÉGAGEZ, SALES GOSSES !

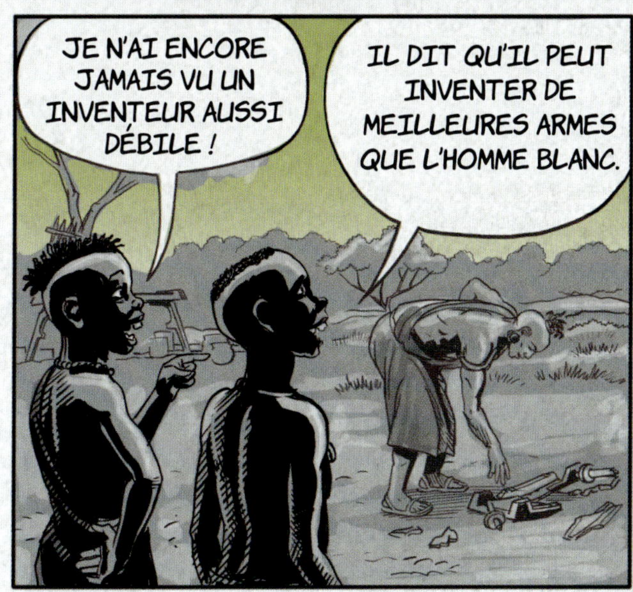
JE N'AI ENCORE JAMAIS VU UN INVENTEUR AUSSI DÉBILE !
IL DIT QU'IL PEUT INVENTER DE MEILLEURES ARMES QUE L'HOMME BLANC.

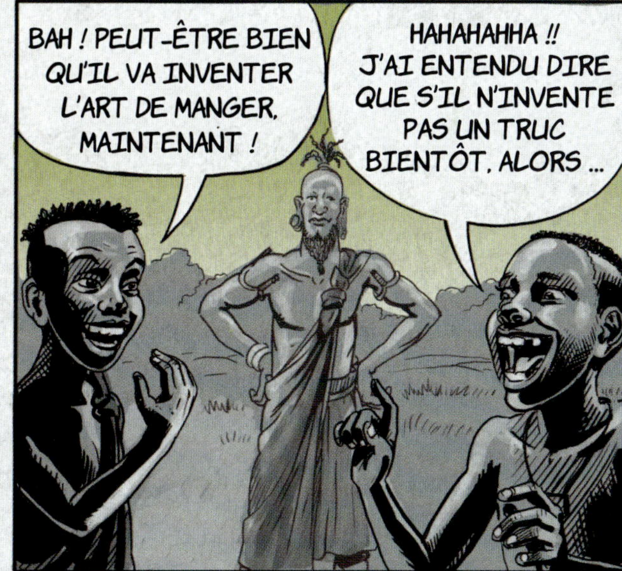
BAH ! PEUT-ÊTRE BIEN QU'IL VA INVENTER L'ART DE MANGER, MAINTENANT !
HAHAHAHHA !! J'AI ENTENDU DIRE QUE S'IL N'INVENTE PAS UN TRUC BIENTÔT, ALORS ...

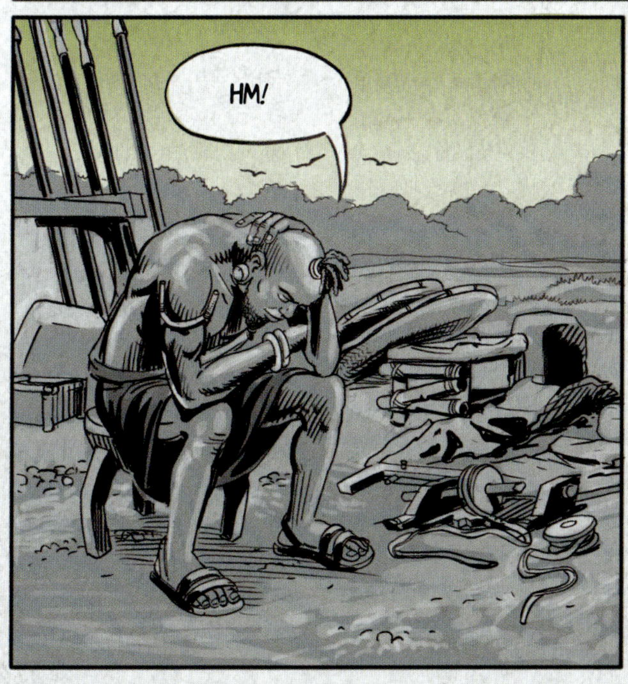
HM!

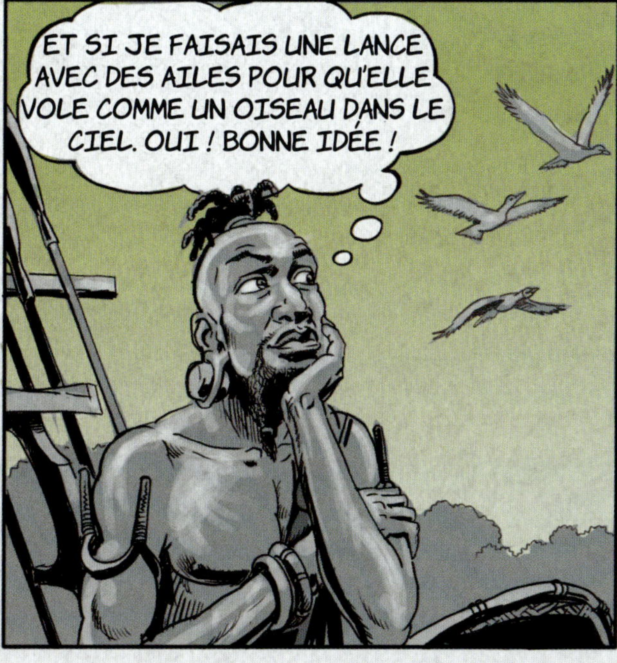
ET SI JE FAISAIS UNE LANCE AVEC DES AILES POUR QU'ELLE VOLE COMME UN OISEAU DANS LE CIEL. OUI ! BONNE IDÉE !

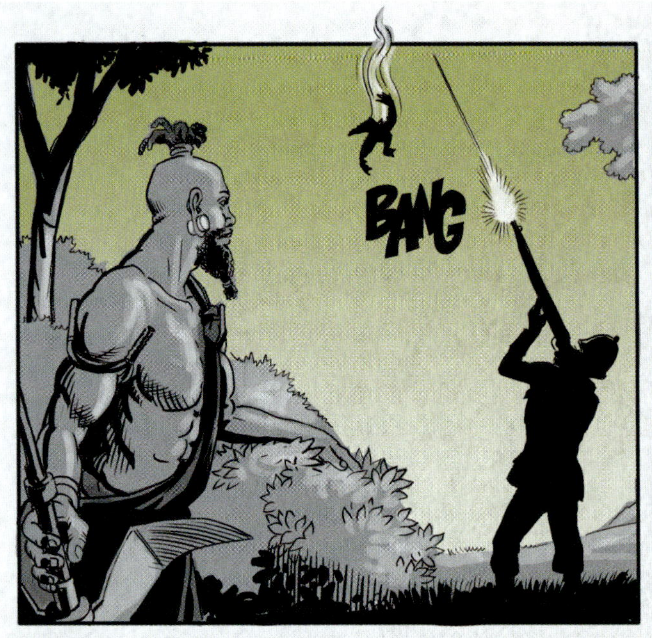
BANG

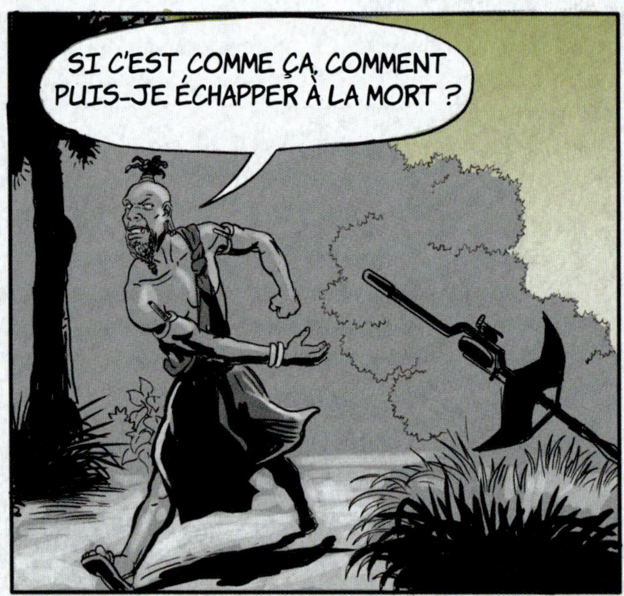
SI C'EST COMME ÇA, COMMENT PUIS-JE ÉCHAPPER À LA MORT ?

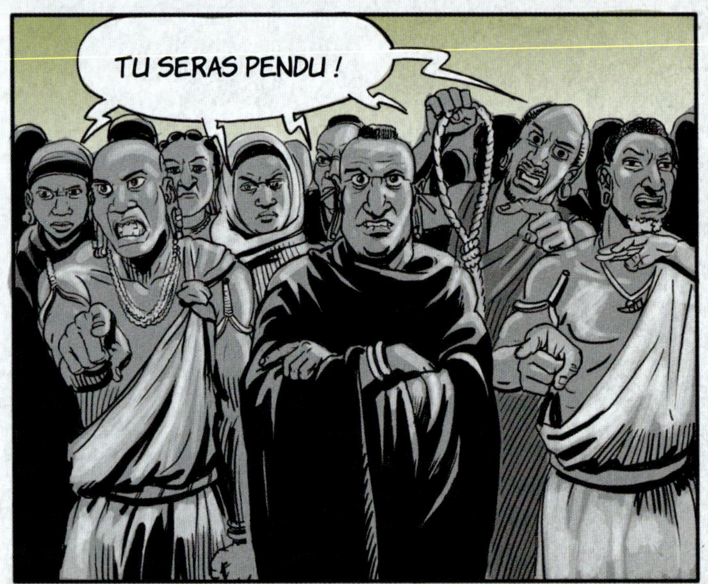
TU SERAS PENDU !

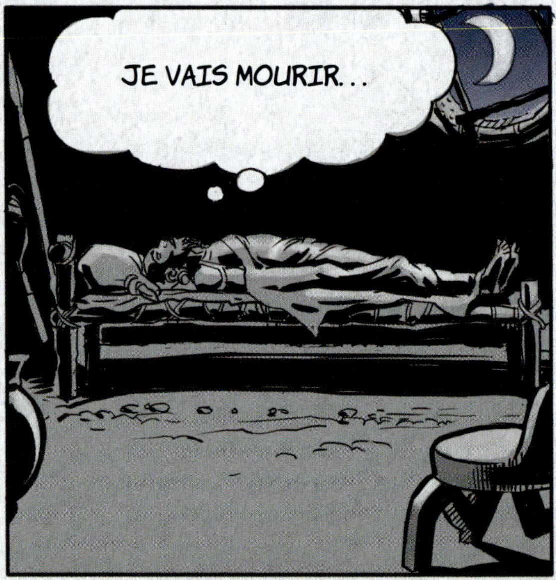
JE VAIS MOURIR...

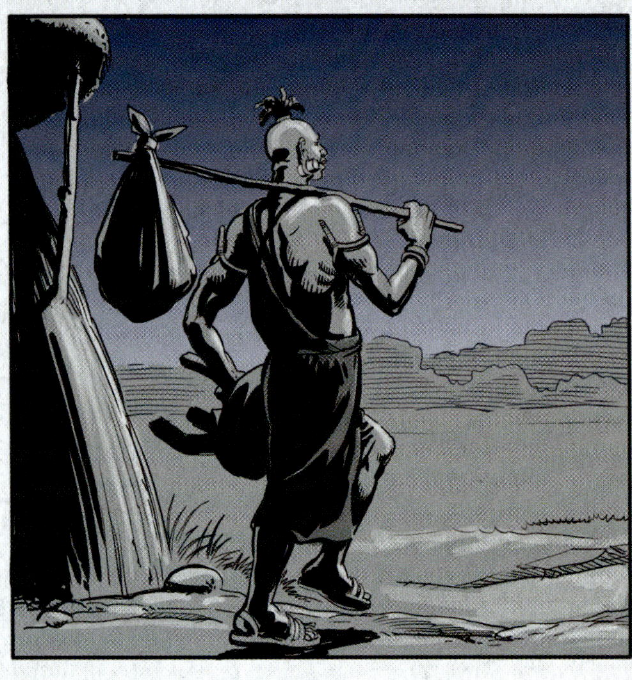

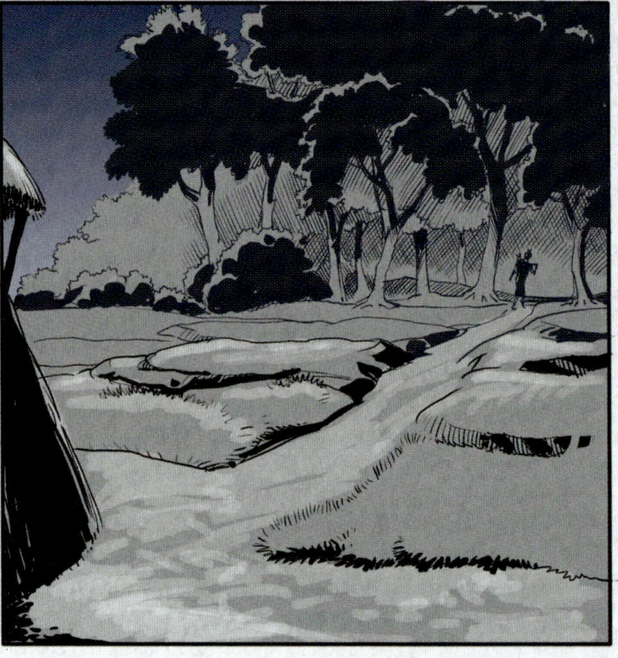

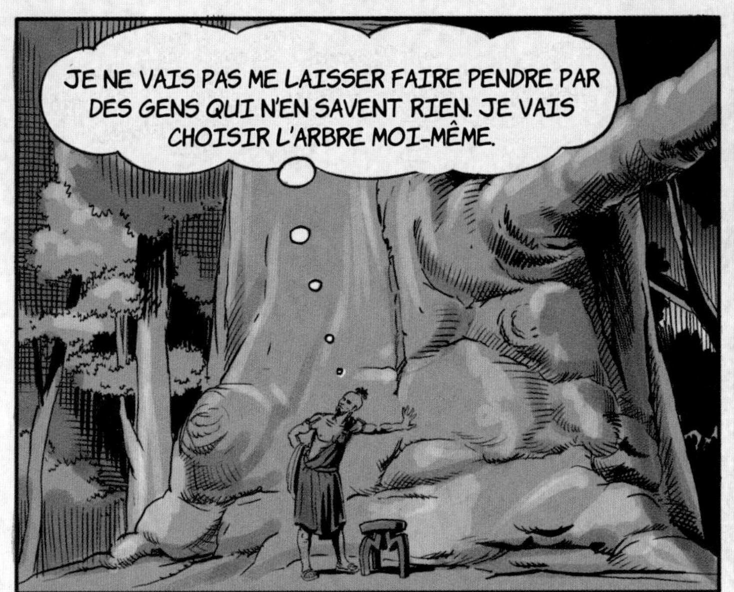
JE NE VAIS PAS ME LAISSER FAIRE PENDRE PAR DES GENS QUI N'EN SAVENT RIEN. JE VAIS CHOISIR L'ARBRE MOI-MÊME.

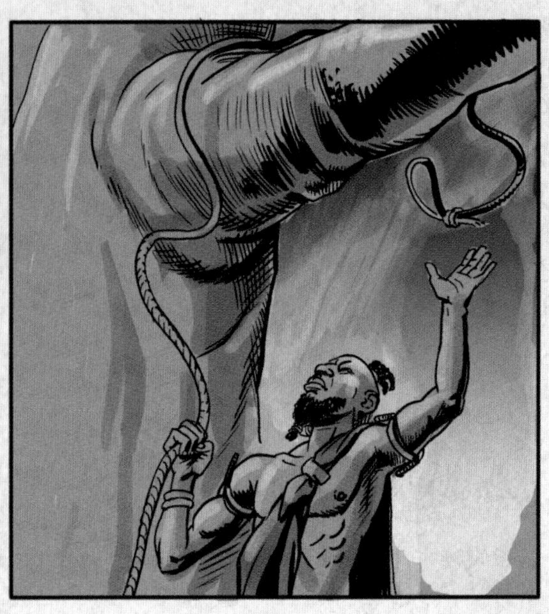

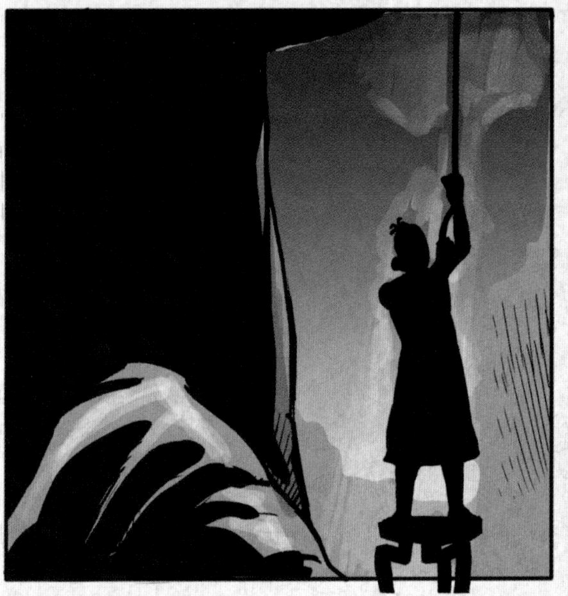

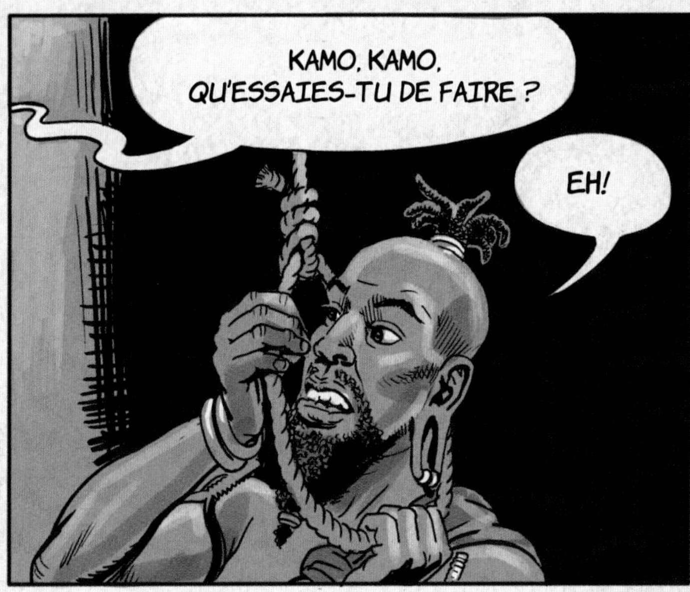
KAMO, KAMO, QU'ESSAIES-TU DE FAIRE ?
EH!

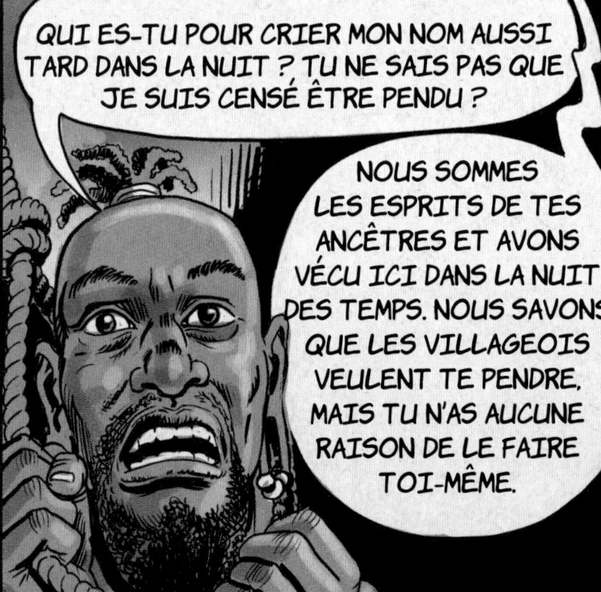
QUI ES-TU POUR CRIER MON NOM AUSSI TARD DANS LA NUIT ? TU NE SAIS PAS QUE JE SUIS CENSÉ ÊTRE PENDU ?
NOUS SOMMES LES ESPRITS DE TES ANCÊTRES ET AVONS VÉCU ICI DANS LA NUIT DES TEMPS. NOUS SAVONS QUE LES VILLAGEOIS VEULENT TE PENDRE, MAIS TU N'AS AUCUNE RAISON DE LE FAIRE TOI-MÊME.

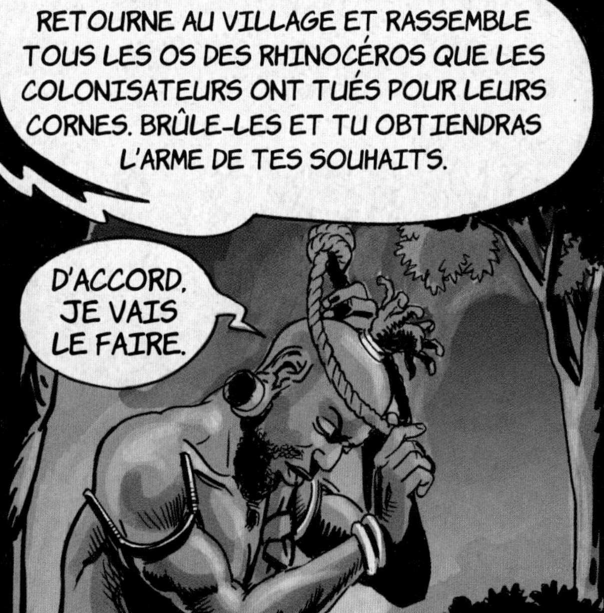
RETOURNE AU VILLAGE ET RASSEMBLE TOUS LES OS DES RHINOCÉROS QUE LES COLONISATEURS ONT TUÉS POUR LEURS CORNES. BRÛLE-LES ET TU OBTIENDRAS L'ARME DE TES SOUHAITS.
D'ACCORD, JE VAIS LE FAIRE.

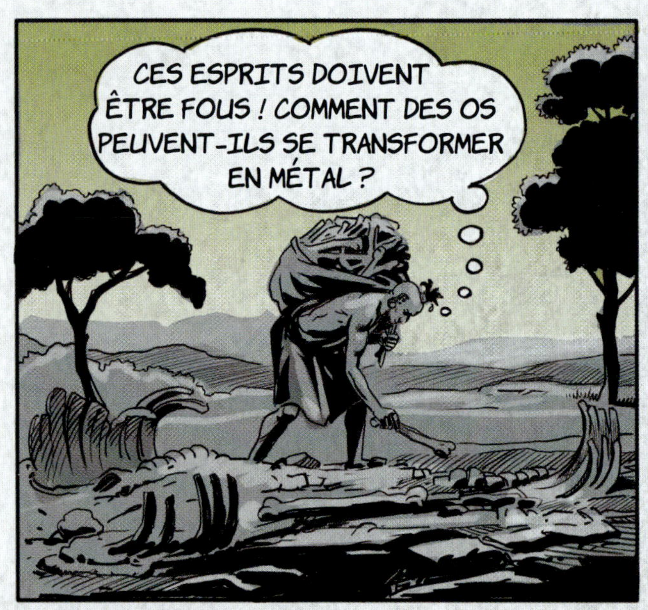
CES ESPRITS DOIVENT ÊTRE FOUS ! COMMENT DES OS PEUVENT-ILS SE TRANSFORMER EN MÉTAL ?

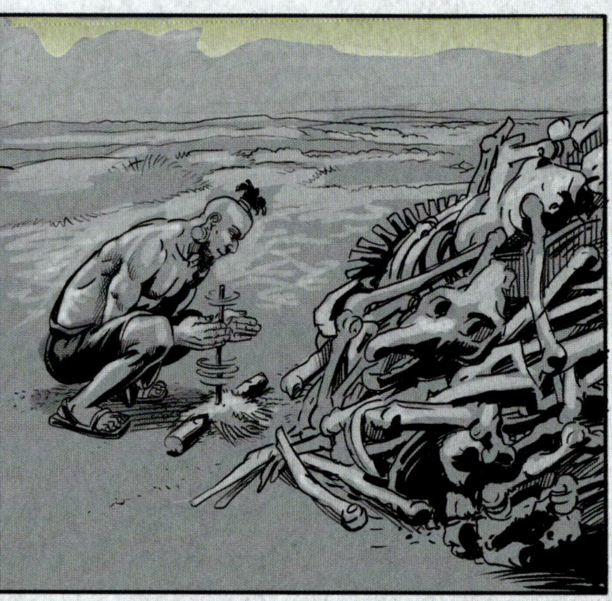

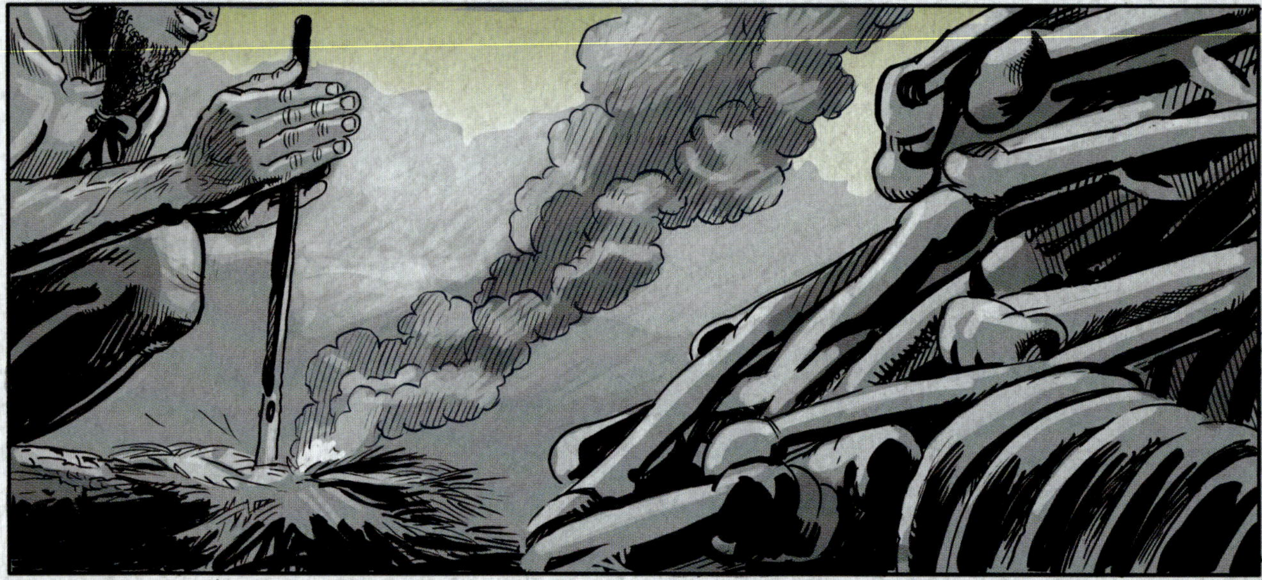

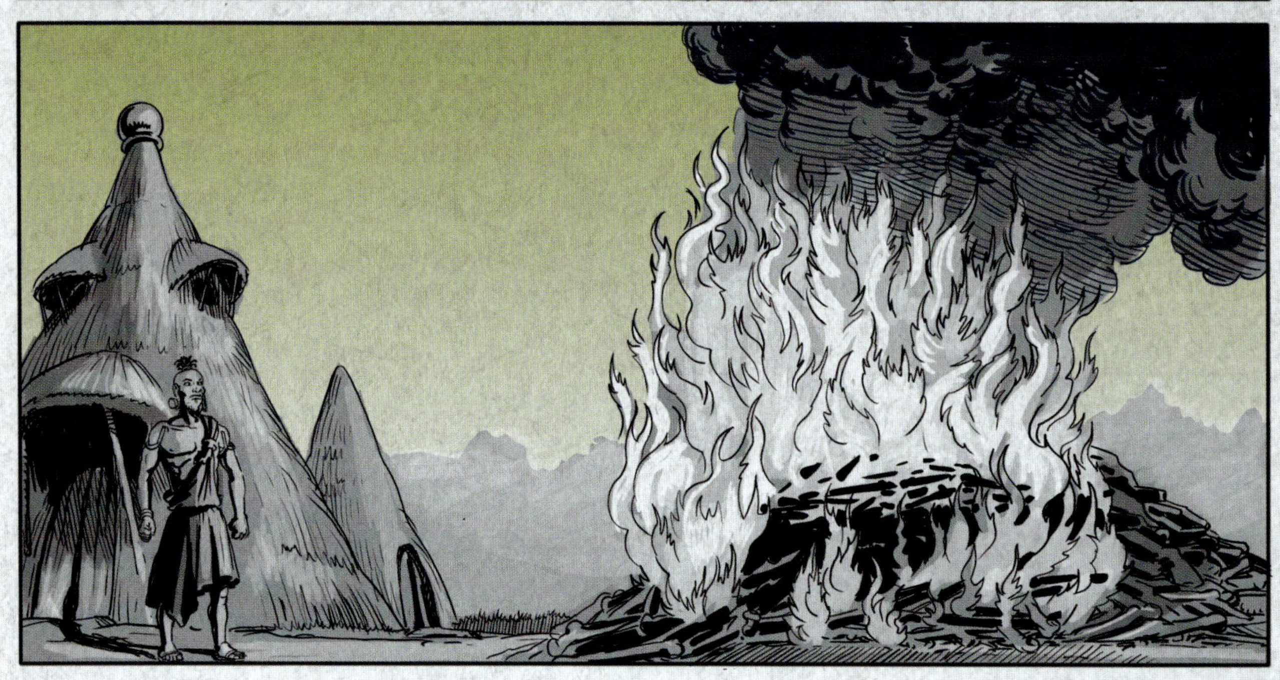

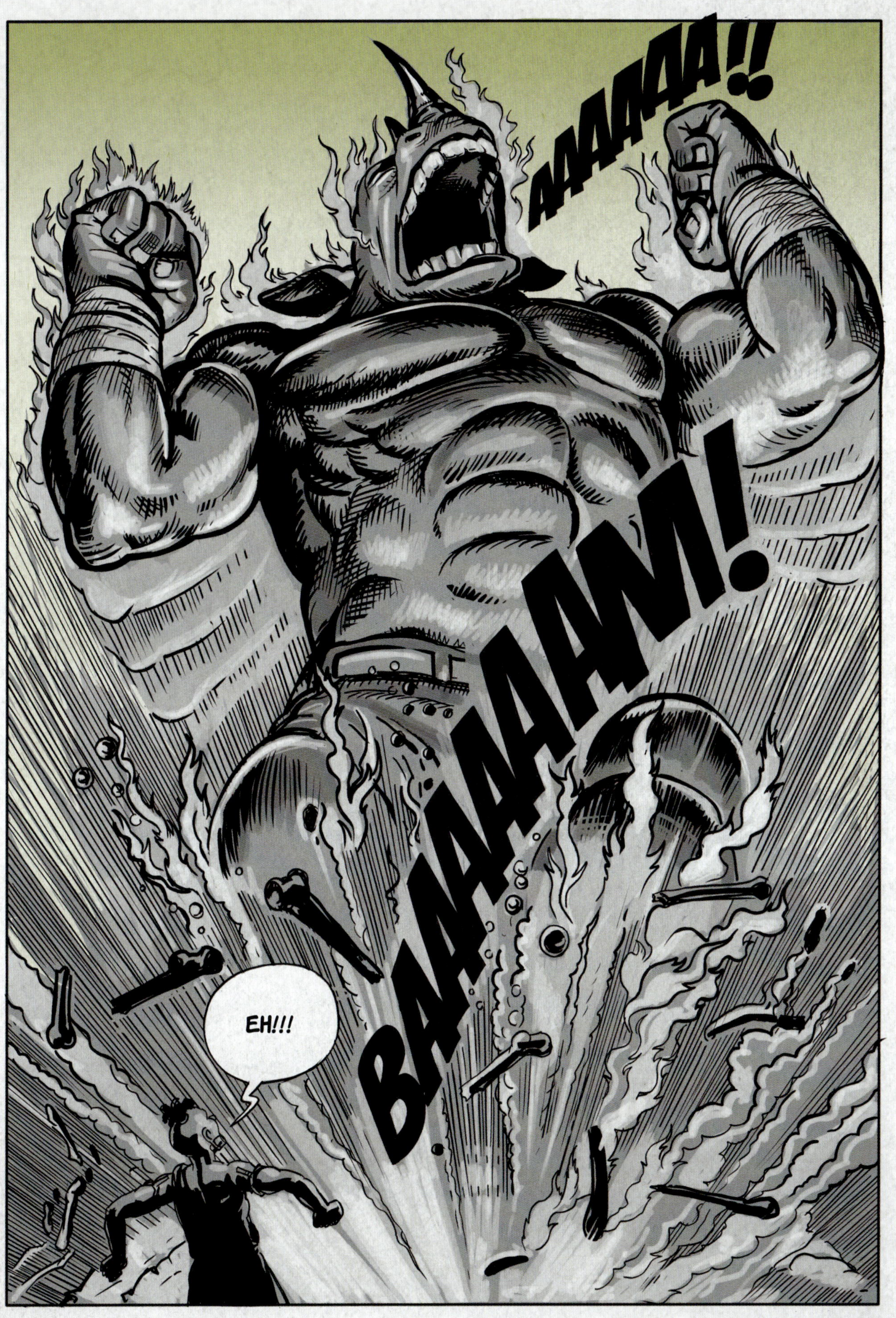
AAAAAA!!
BAAAAAM!
EH!!!

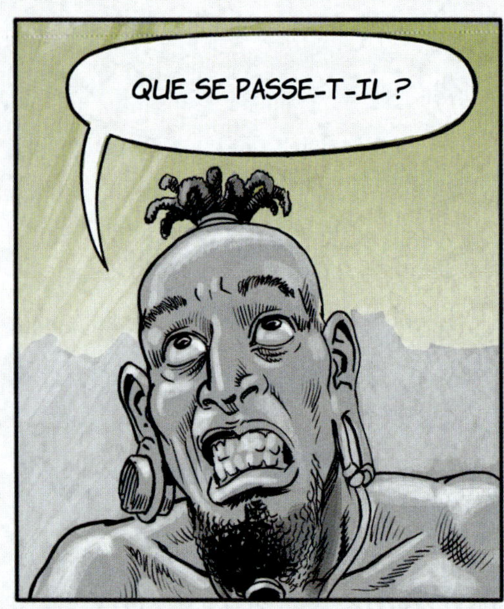
QUE SE PASSE-T-IL ?

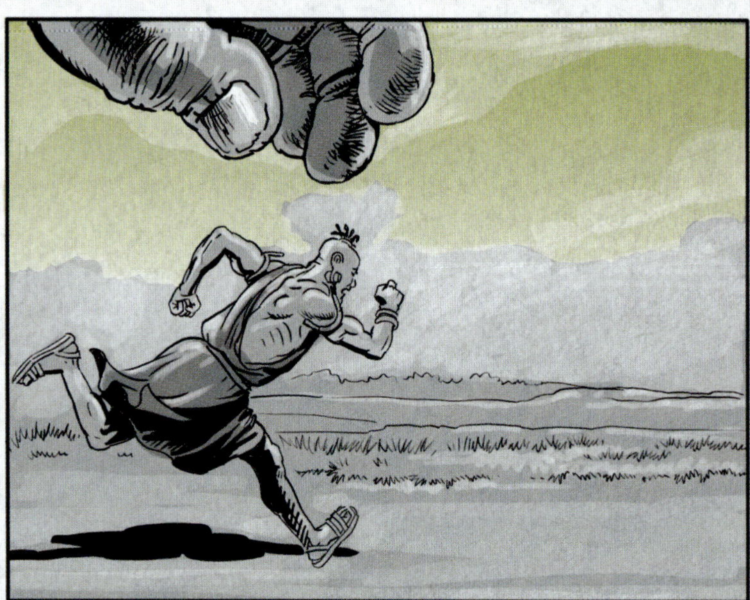

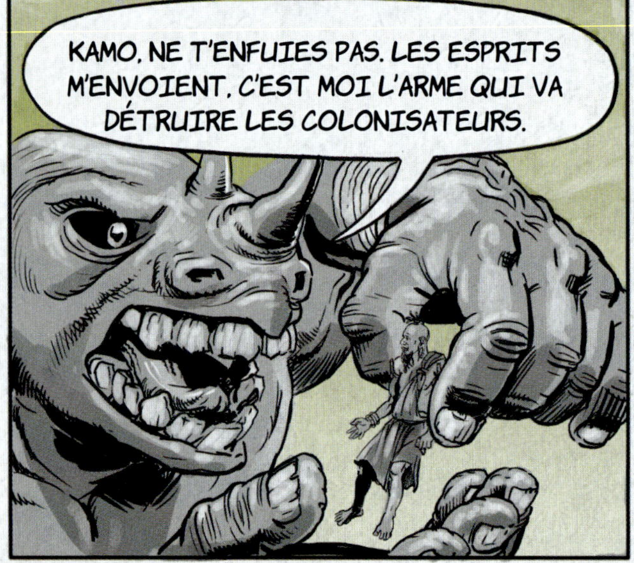
KAMO, NE T'ENFUIES PAS. LES ESPRITS M'ENVOIENT. C'EST MOI L'ARME QUI VA DÉTRUIRE LES COLONISATEURS.

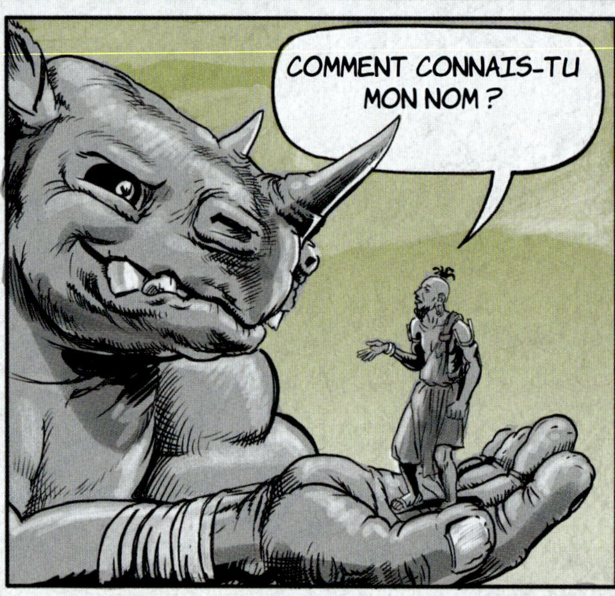
COMMENT CONNAIS-TU MON NOM ?

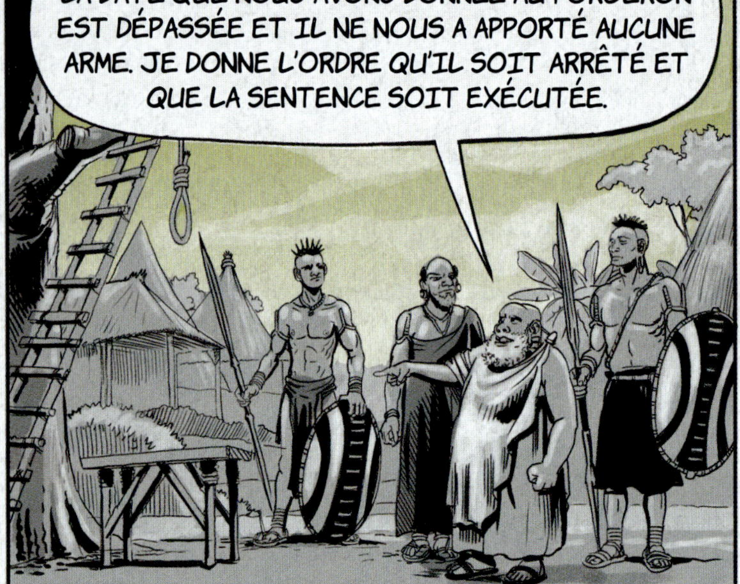
LA DATE QUE NOUS AVONS DONNÉE AU FORGERON EST DÉPASSÉE ET IL NE NOUS A APPORTÉ AUCUNE ARME. JE DONNE L'ORDRE QU'IL SOIT ARRÊTÉ ET QUE LA SENTENCE SOIT EXÉCUTÉE.

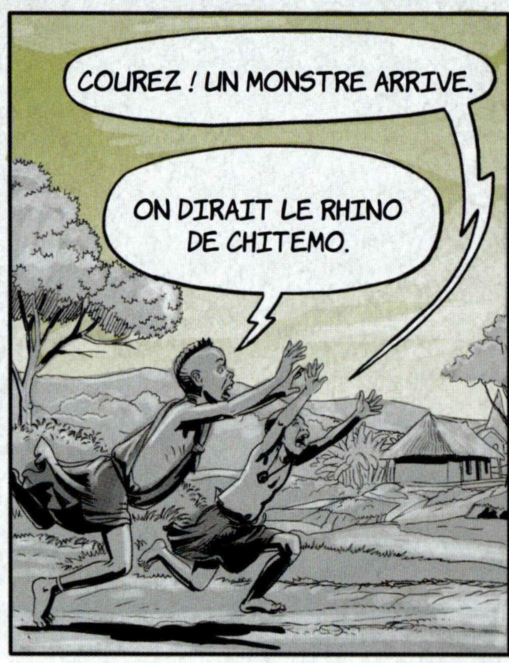
COUREZ ! UN MONSTRE ARRIVE.
ON DIRAIT LE RHINO DE CHITEMO.

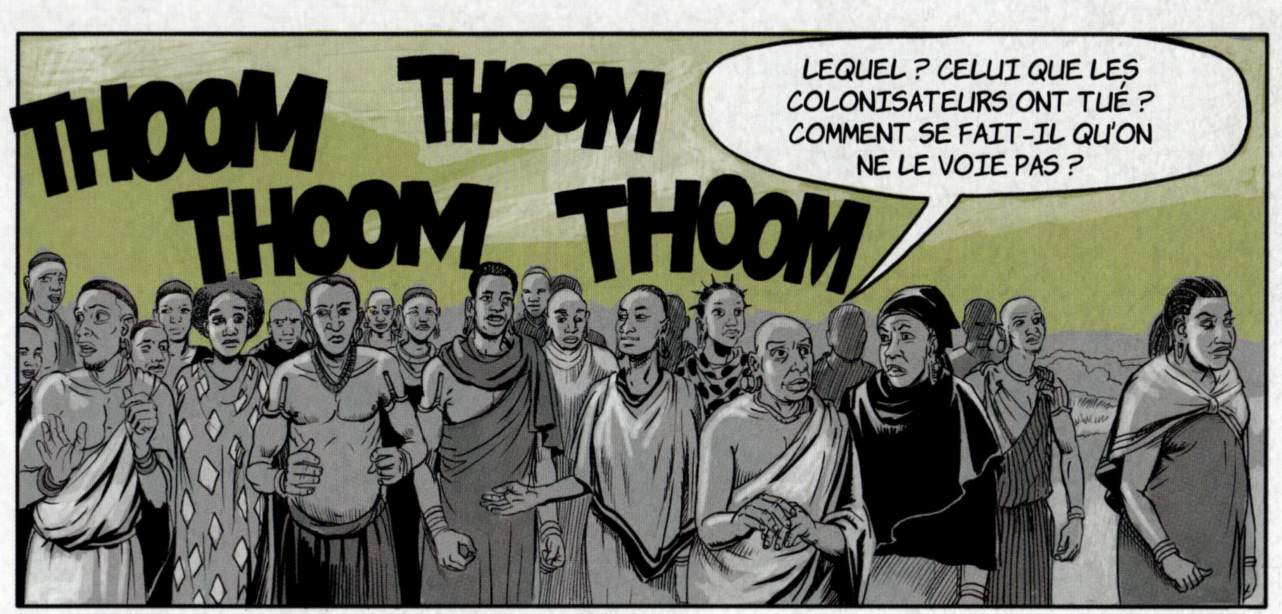
THOOM THOOM
THOOM THOOM
LEQUEL ? CELUI QUE LES COLONISATEURS ONT TUÉ ? COMMENT SE FAIT-IL QU'ON NE LE VOIE PAS ?

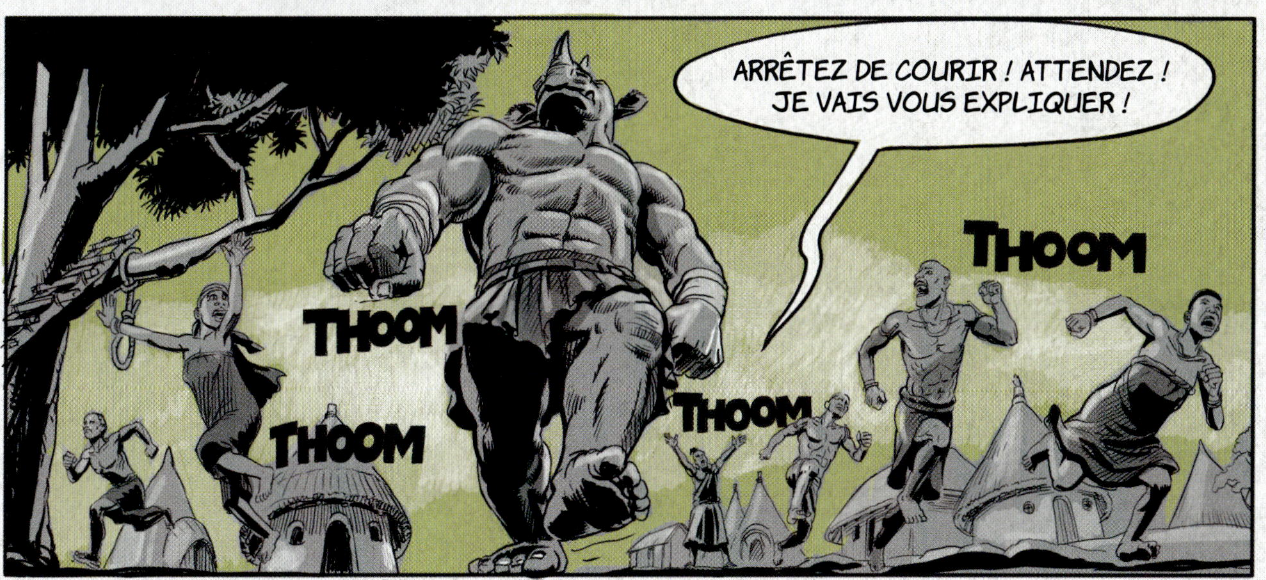
ARRÊTEZ DE COURIR ! ATTENDEZ ! JE VAIS VOUS EXPLIQUER !
THOOM
THOOM
THOOM
THOOM

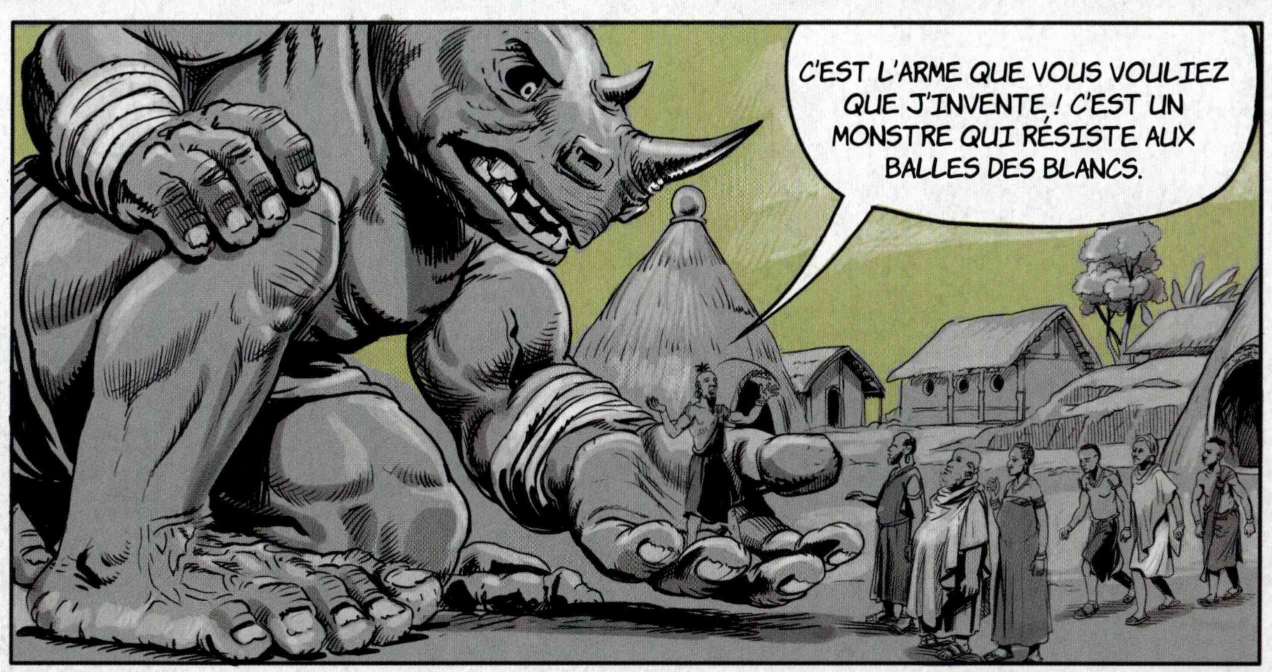
C'EST L'ARME QUE VOUS VOULIEZ QUE J'INVENTE ! C'EST UN MONSTRE QUI RÉSISTE AUX BALLES DES BLANCS.

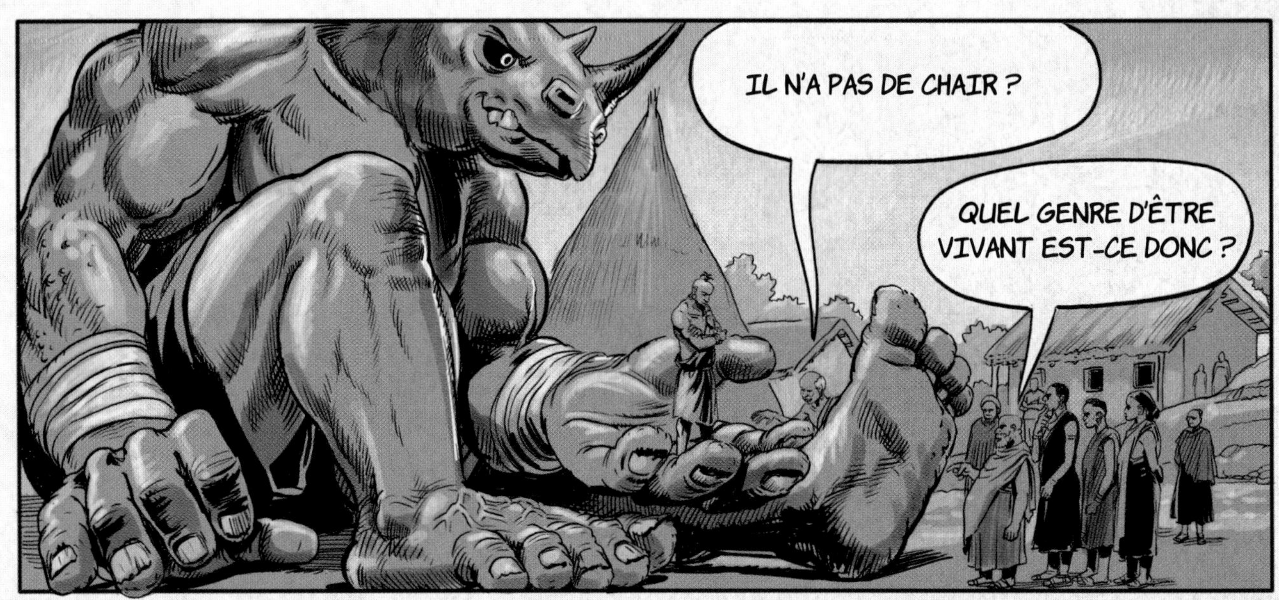
IL N'A PAS DE CHAIR ?
QUEL GENRE D'ÊTRE VIVANT EST-CE DONC ?

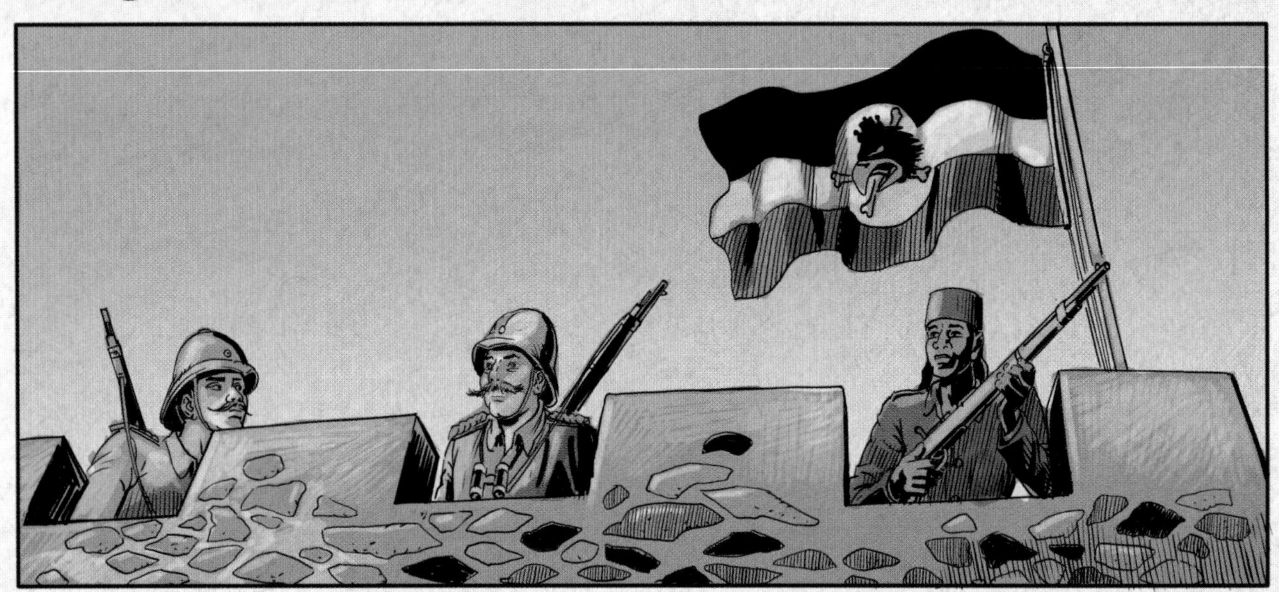

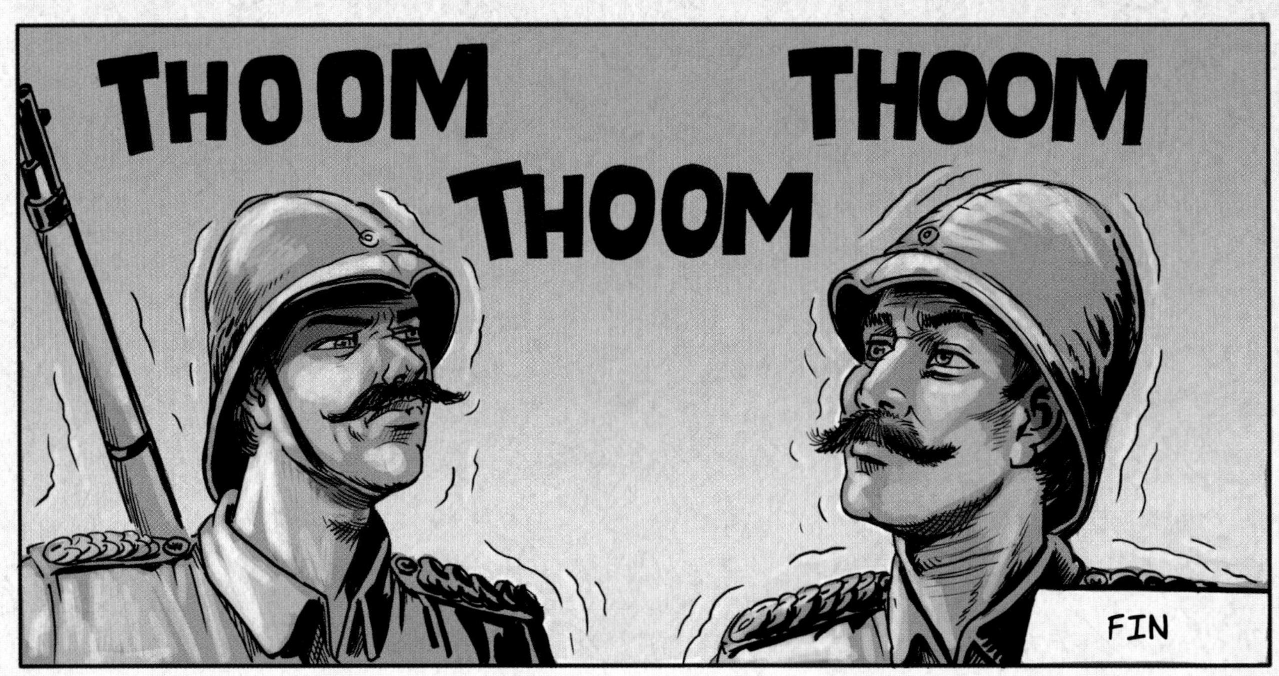
THOOM
THOOM
THOOM
FIN

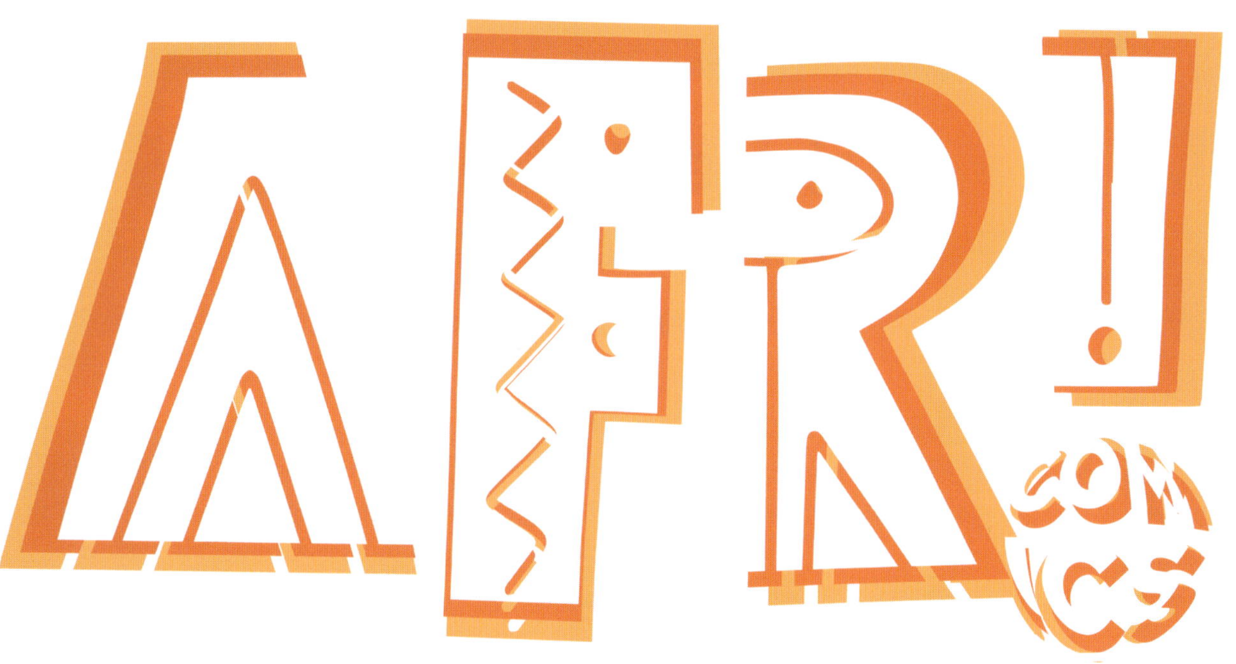
AFRI
COMICS

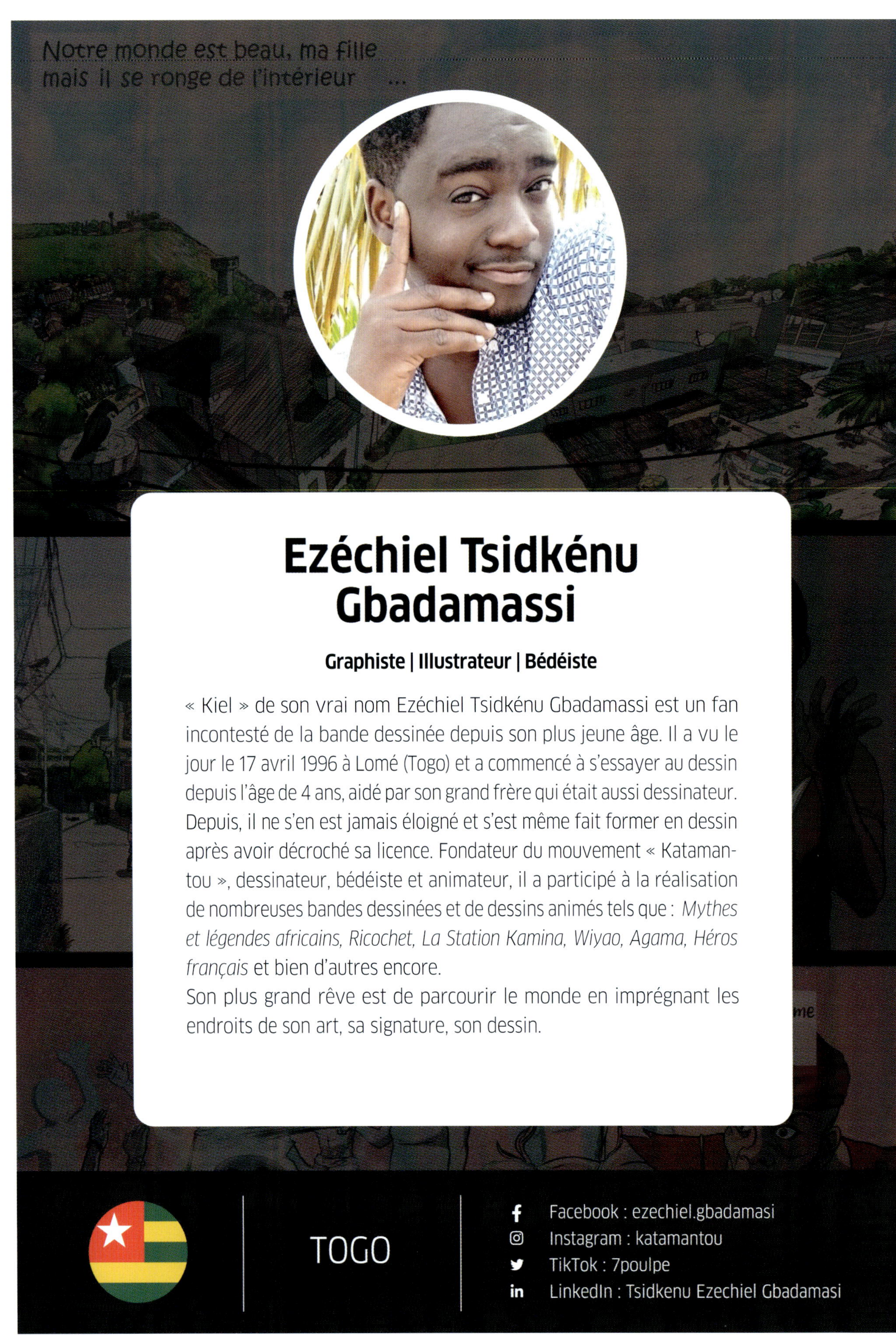

Ezéchiel Tsidkénu Gbadamassi

Graphiste | Illustrateur | Bédéiste

« Kiel » de son vrai nom Ezéchiel Tsidkénu Gbadamassi est un fan incontesté de la bande dessinée depuis son plus jeune âge. Il a vu le jour le 17 avril 1996 à Lomé (Togo) et a commencé à s'essayer au dessin depuis l'âge de 4 ans, aidé par son grand frère qui était aussi dessinateur. Depuis, il ne s'en est jamais éloigné et s'est même fait former en dessin après avoir décroché sa licence. Fondateur du mouvement « Katamantou », dessinateur, bédéiste et animateur, il a participé à la réalisation de nombreuses bandes dessinées et de dessins animés tels que : *Mythes et légendes africains, Ricochet, La Station Kamina, Wiyao, Agama, Héros français* et bien d'autres encore.
Son plus grand rêve est de parcourir le monde en imprégnant les endroits de son art, sa signature, son dessin.

TOGO

Facebook : ezechiel.gbadamasi
Instagram : katamantou
TikTok : 7poulpe
LinkedIn : Tsidkenu Ezechiel Gbadamasi

KIEL

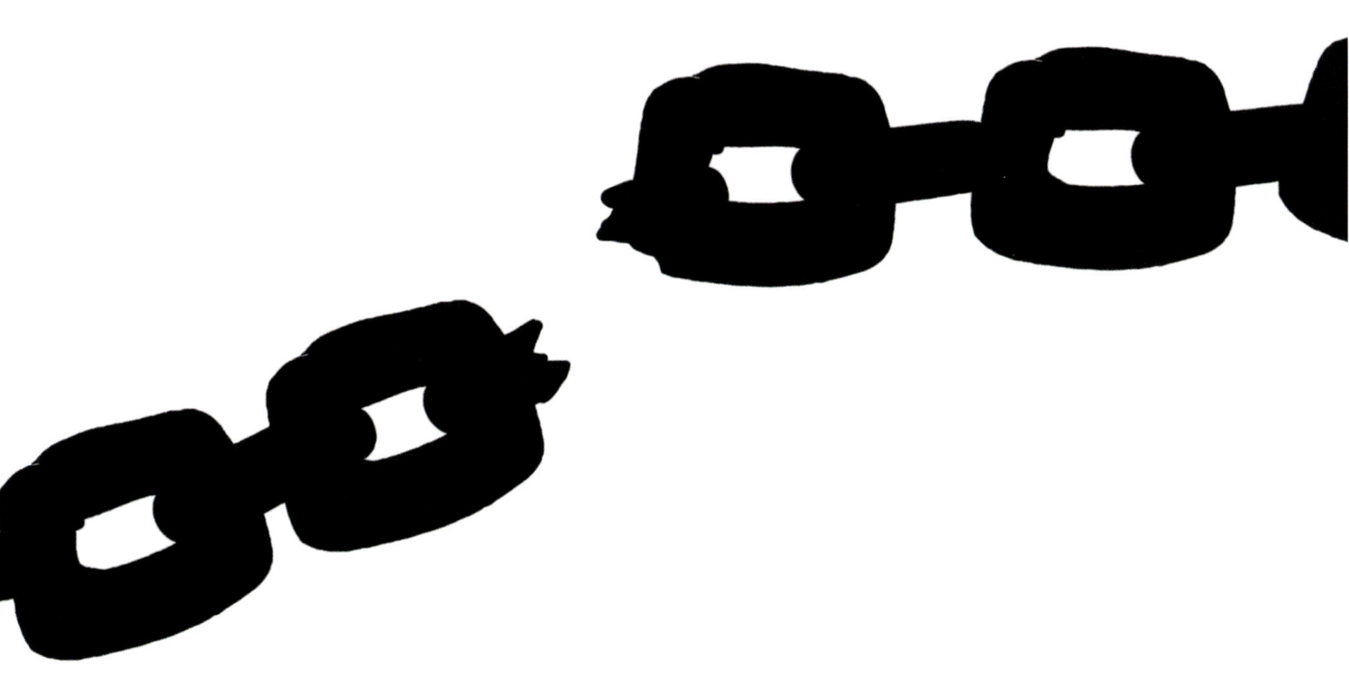

DECOLONIZER

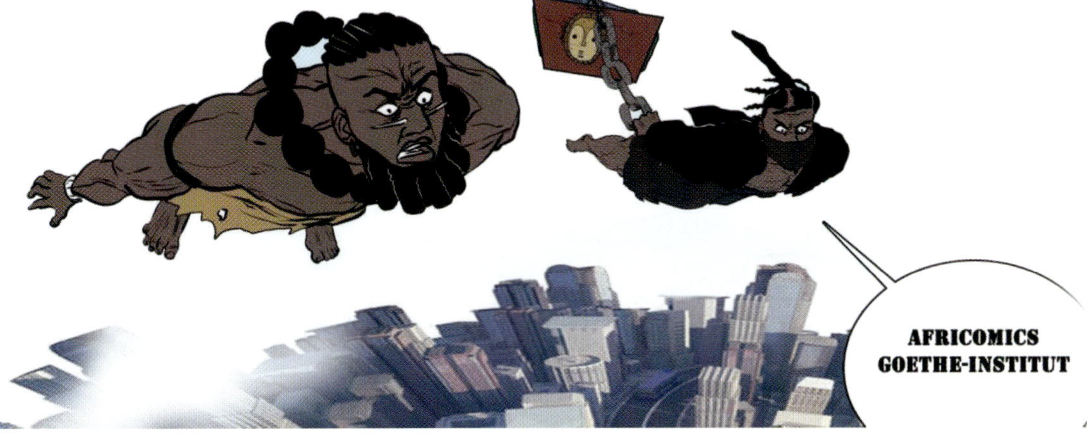

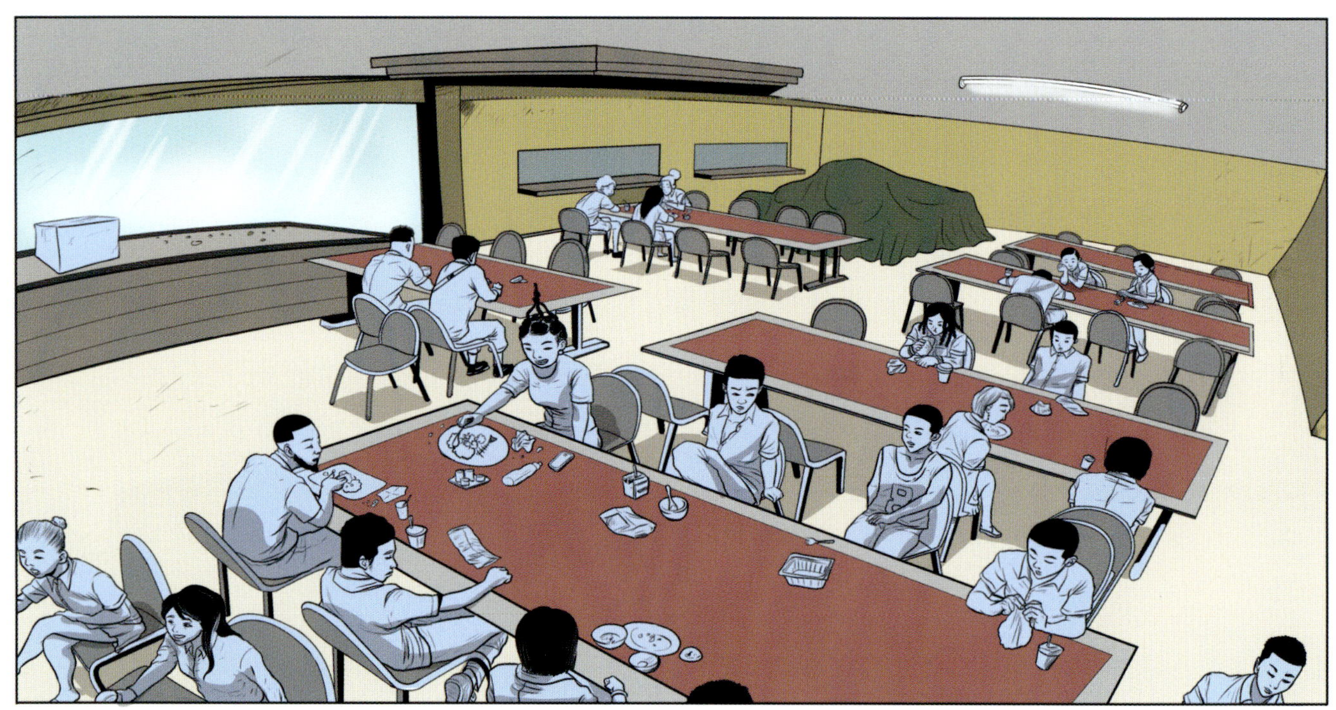

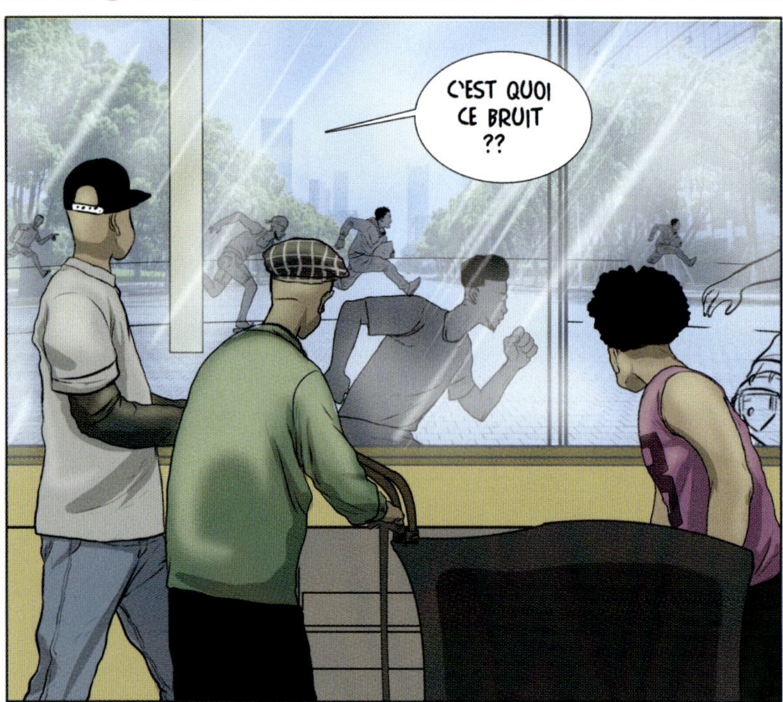
C'EST QUOI CE BRUIT ??

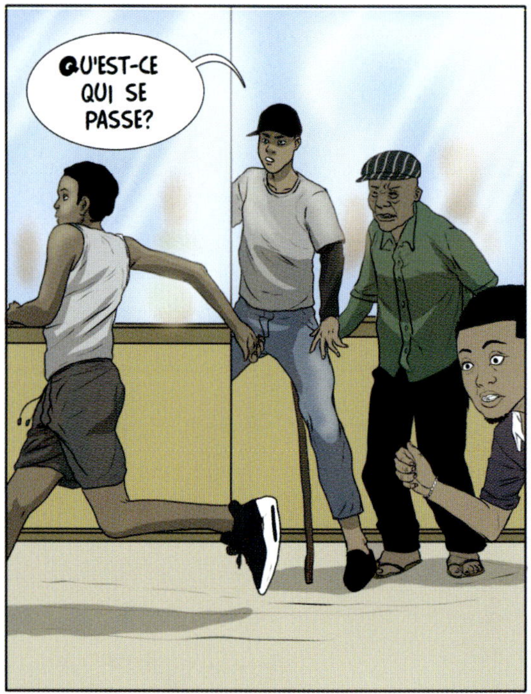
QU'EST-CE QUI SE PASSE?

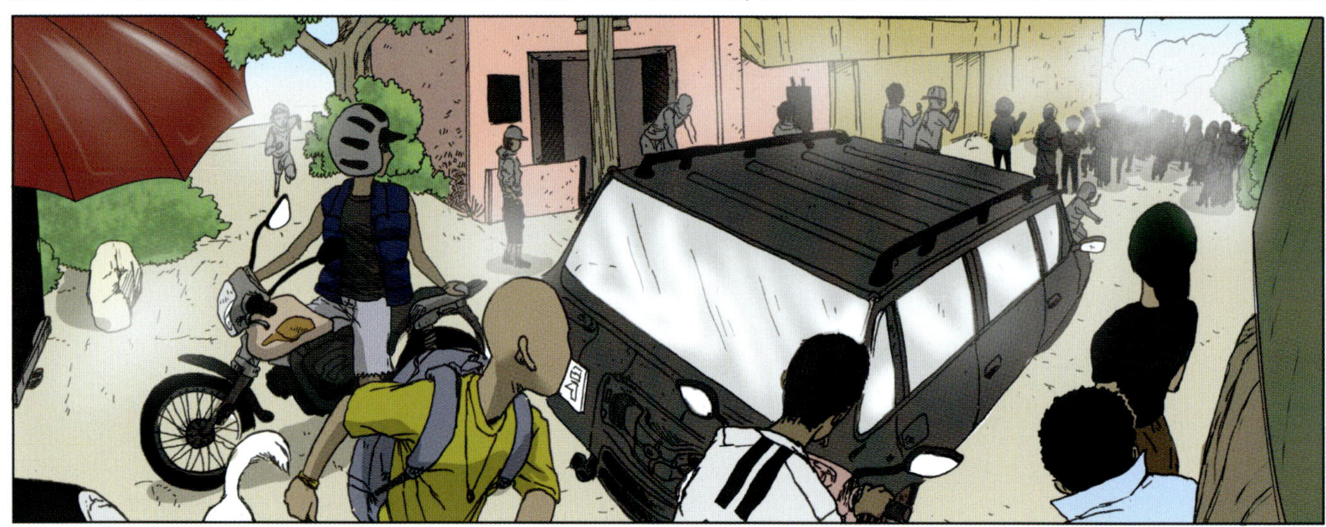

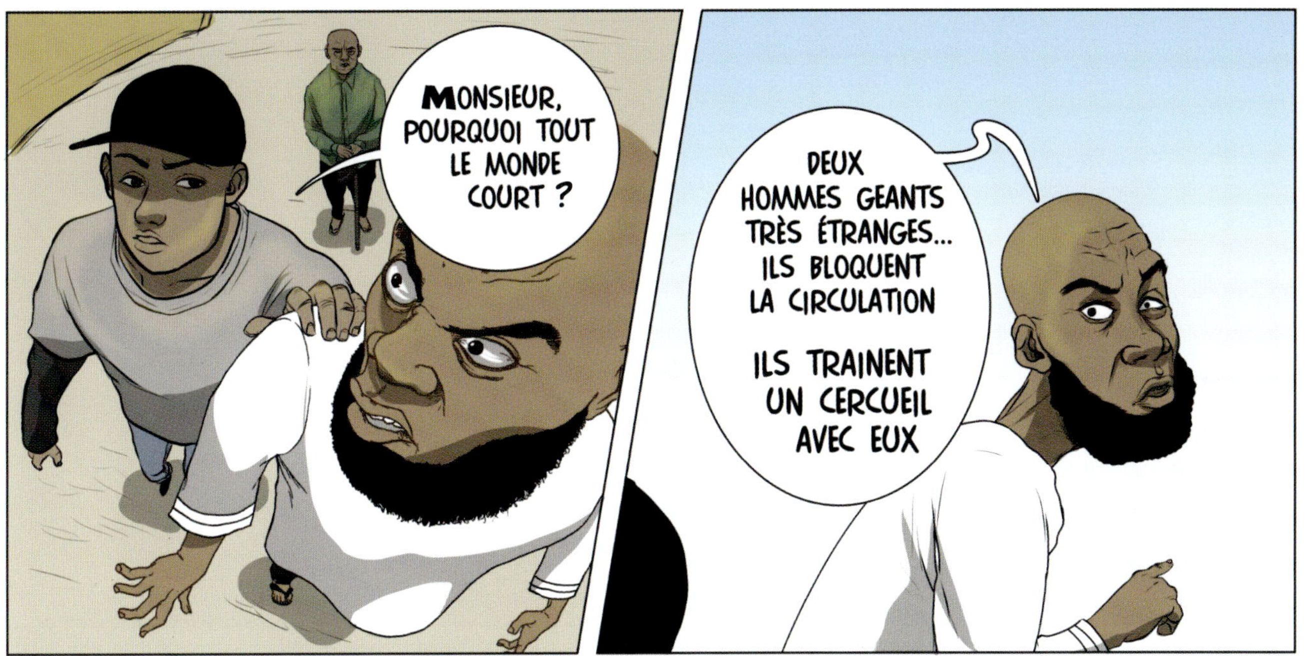
MONSIEUR, POURQUOI TOUT LE MONDE COURT ?
DEUX HOMMES GEANTS TRÈS ÉTRANGES... ILS BLOQUENT LA CIRCULATION
ILS TRAINENT UN CERCUEIL AVEC EUX

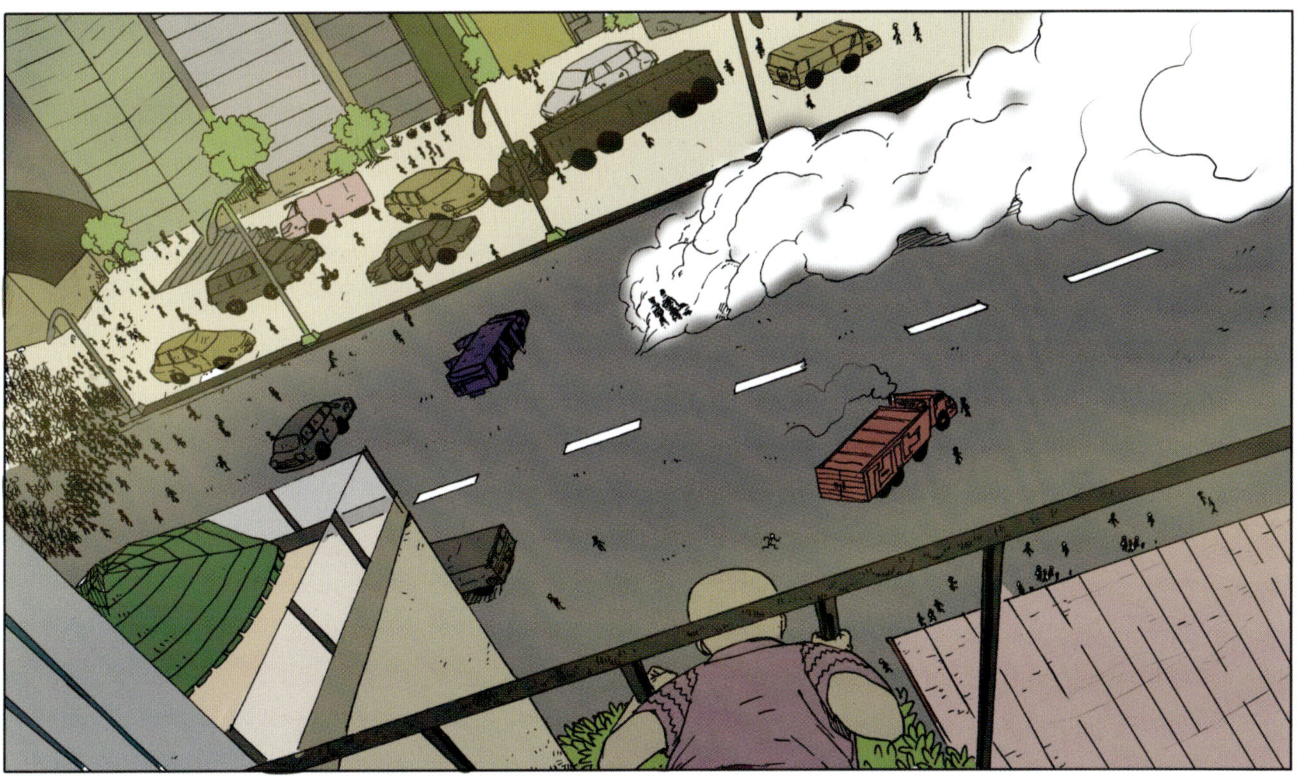

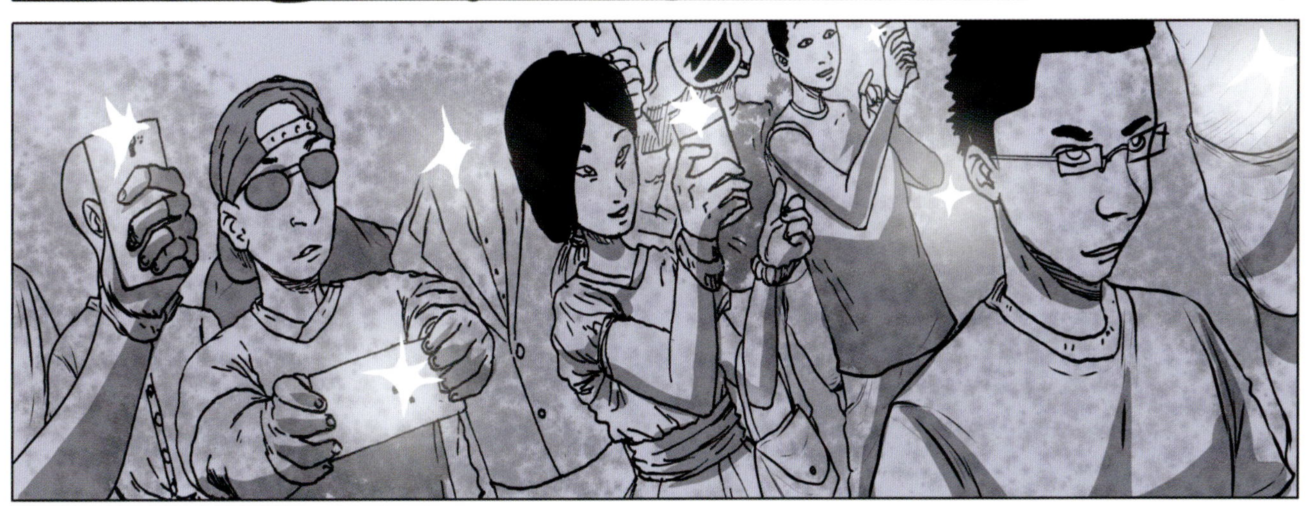

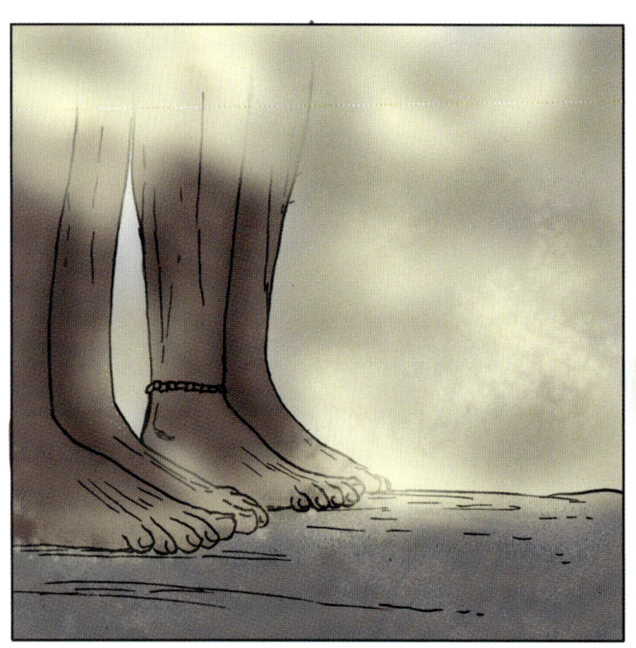

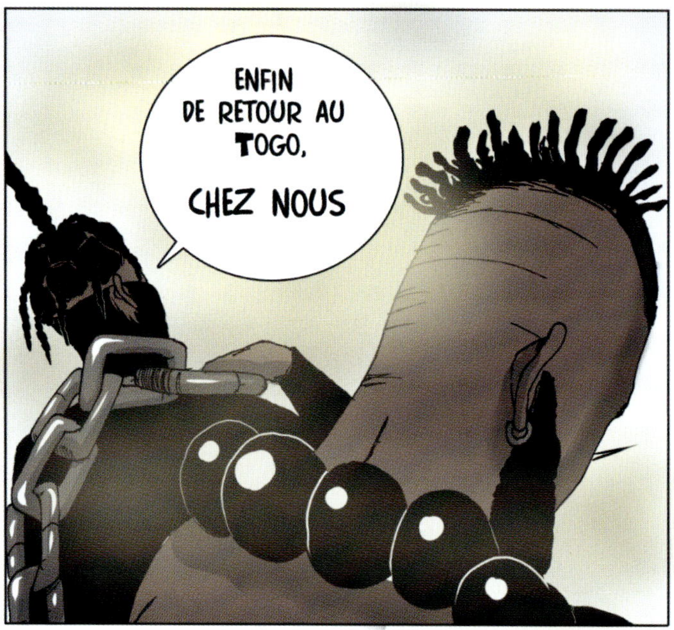
ENFIN DE RETOUR AU TOGO,
CHEZ NOUS

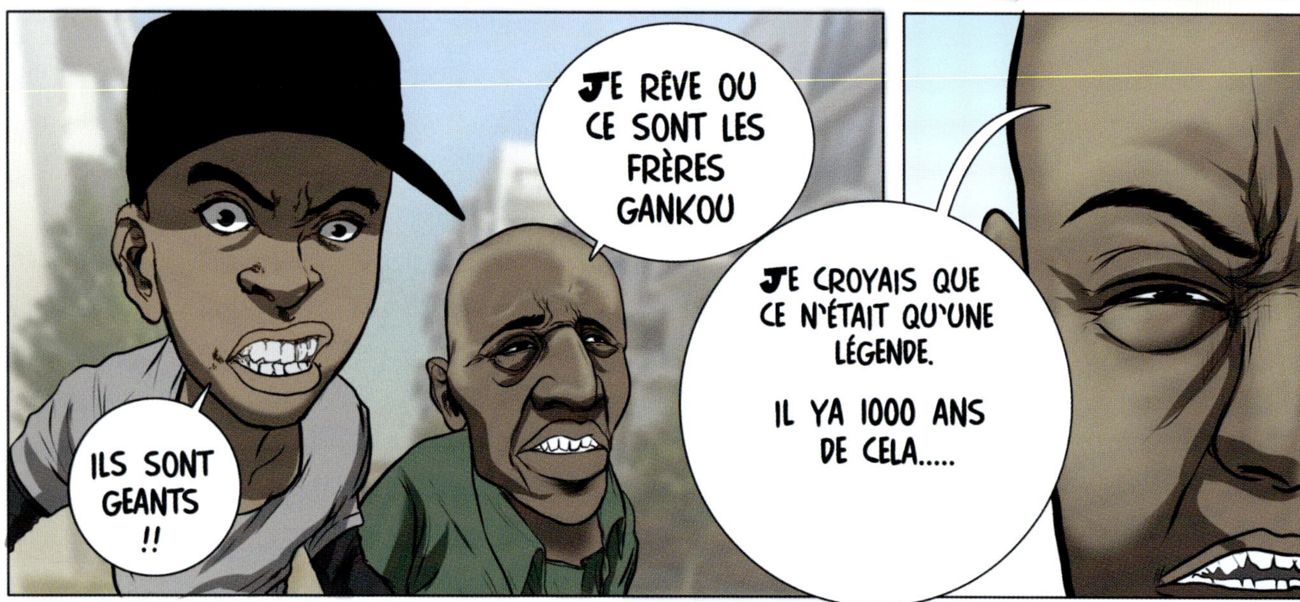
JE RÊVE OU CE SONT LES FRÈRES GANKOU
ILS SONT GEANTS !!
JE CROYAIS QUE CE N'ÉTAIT QU'UNE LÉGENDE.
IL YA 1000 ANS DE CELA.....

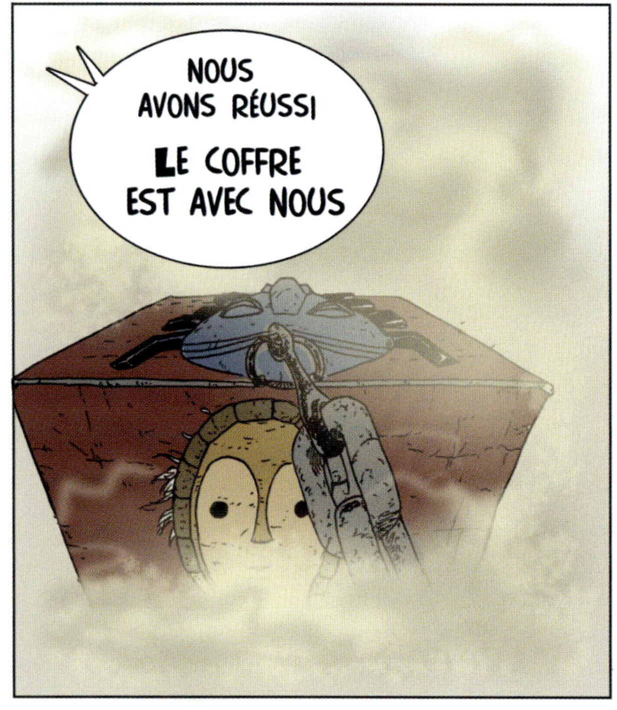
NOUS AVONS RÉUSSI
LE COFFRE EST AVEC NOUS

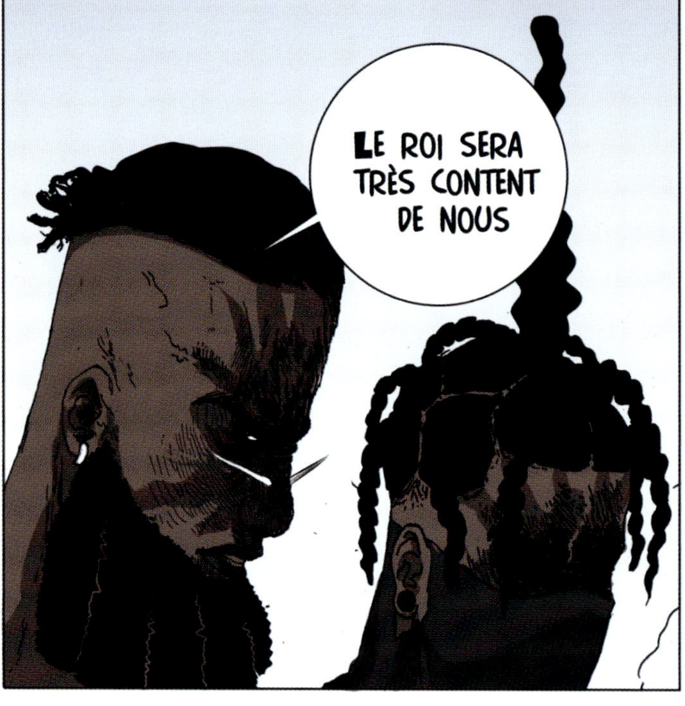
LE ROI SERA TRÈS CONTENT DE NOUS

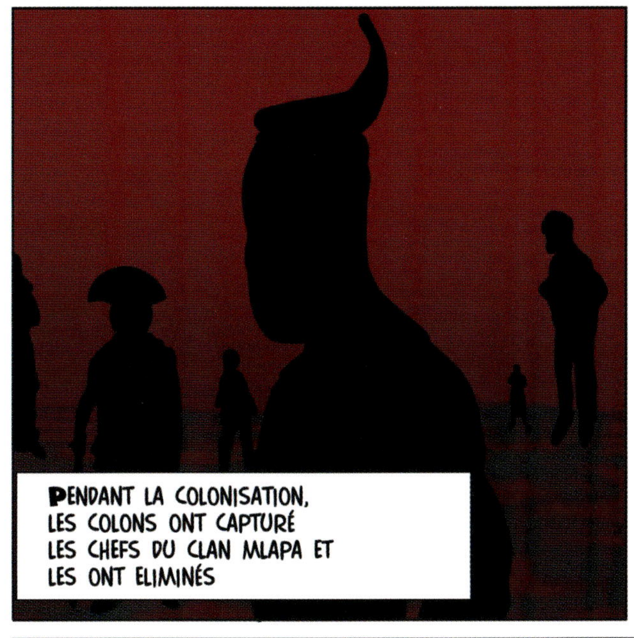
PENDANT LA COLONISATION,
LES COLONS ONT CAPTURÉ
LES CHEFS DU CLAN MLAPA ET
LES ONT ELIMINÉS

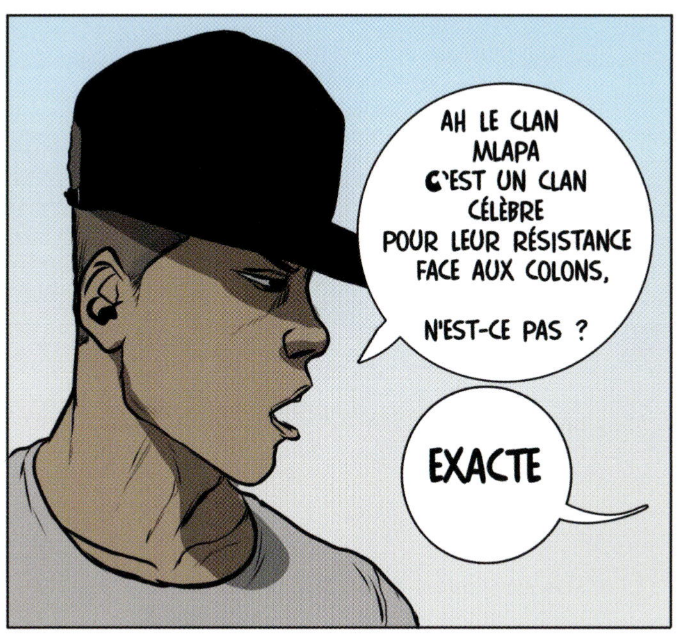
AH LE CLAN MLAPA C'EST UN CLAN CÉLÈBRE POUR LEUR RÉSISTANCE FACE AUX COLONS,
N'EST-CE PAS ?
EXACTE

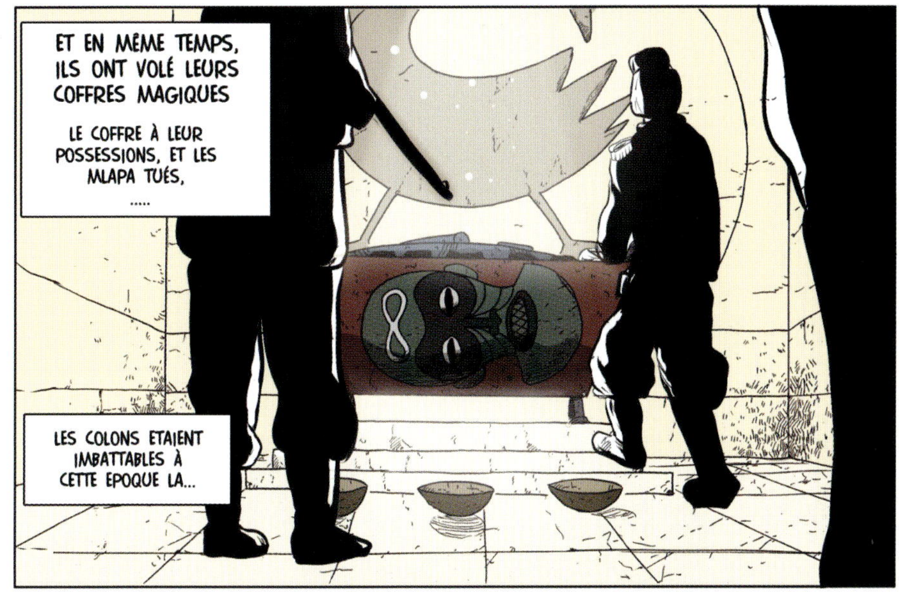
ET EN MÊME TEMPS, ILS ONT VOLÉ LEURS COFFRES MAGIQUES
LE COFFRE À LEUR POSSESSIONS, ET LES MLAPA TUÉS,
.....
LES COLONS ETAIENT IMBATTABLES À CETTE EPOQUE LA...

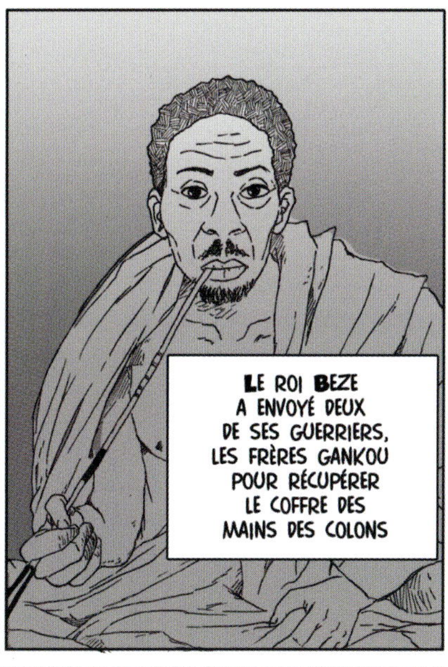
LE ROI BEZE A ENVOYÉ DEUX DE SES GUERRIERS, LES FRÈRES GANKOU POUR RÉCUPÉRER LE COFFRE DES MAINS DES COLONS

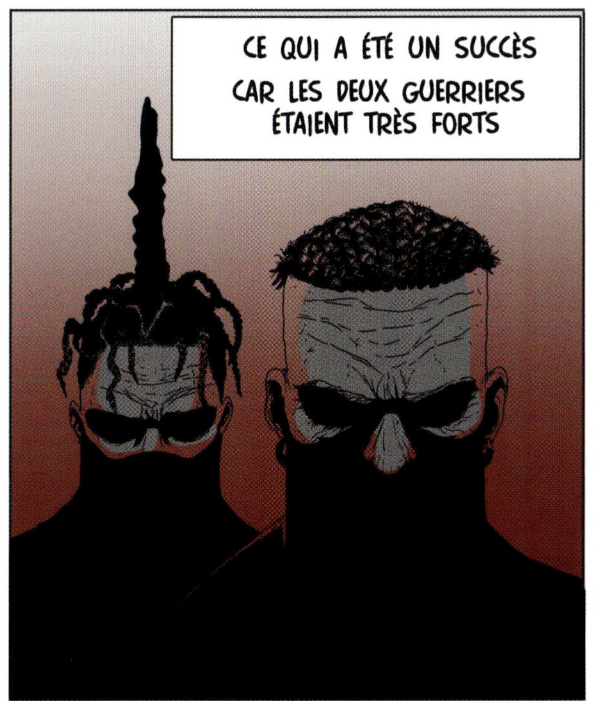
CE QUI A ÉTÉ UN SUCCÈS
CAR LES DEUX GUERRIERS ÉTAIENT TRÈS FORTS

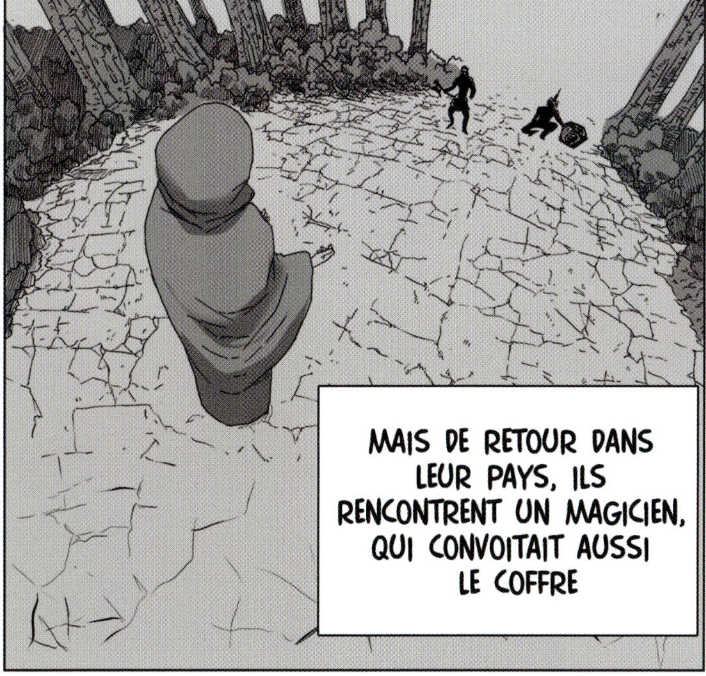
MAIS DE RETOUR DANS LEUR PAYS, ILS RENCONTRENT UN MAGICIEN, QUI CONVOITAIT AUSSI LE COFFRE

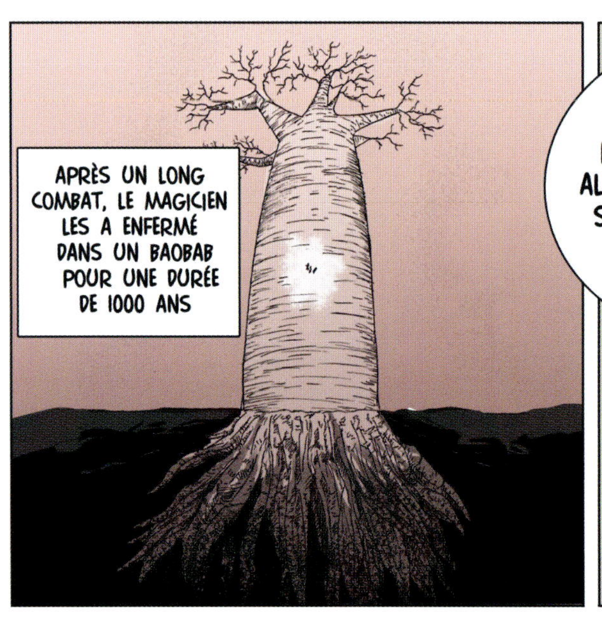
APRÈS UN LONG COMBAT, LE MAGICIEN LES A ENFERMÉ DANS UN BAOBAB POUR UNE DURÉE DE 1000 ANS

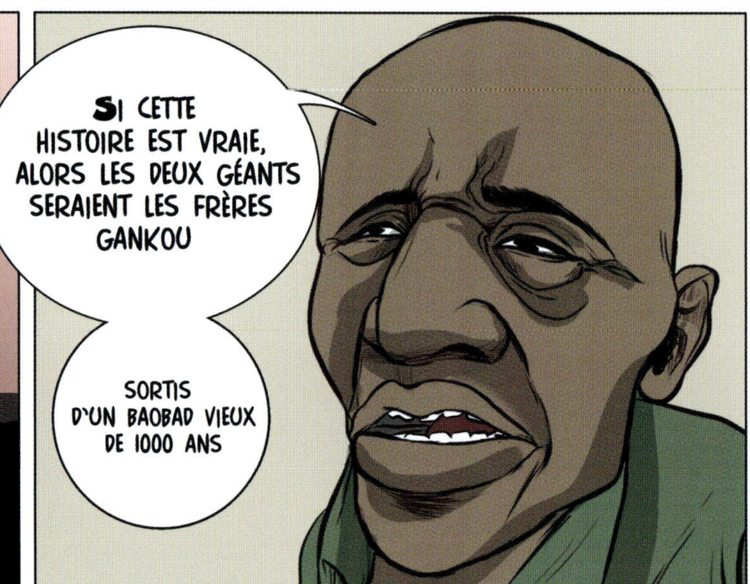
SI CETTE HISTOIRE EST VRAIE, ALORS LES DEUX GÉANTS SERAIENT LES FRÈRES GANKOU
SORTIS D'UN BAOBAD VIEUX DE 1000 ANS

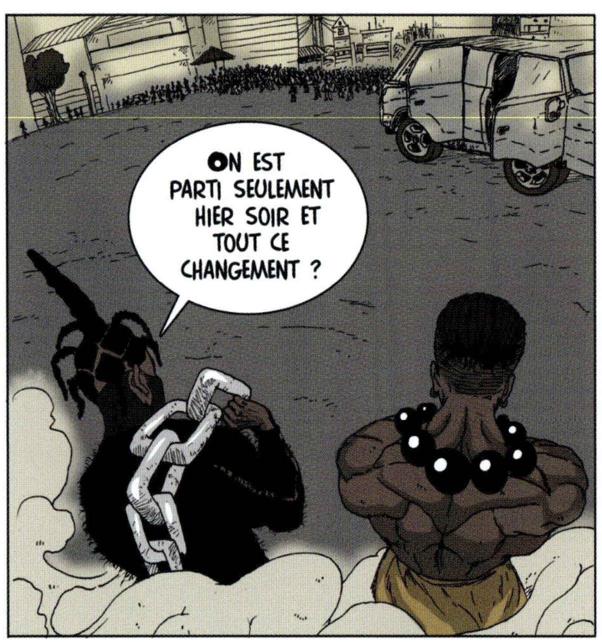
ON EST PARTI SEULEMENT HIER SOIR ET TOUT CE CHANGEMENT ?

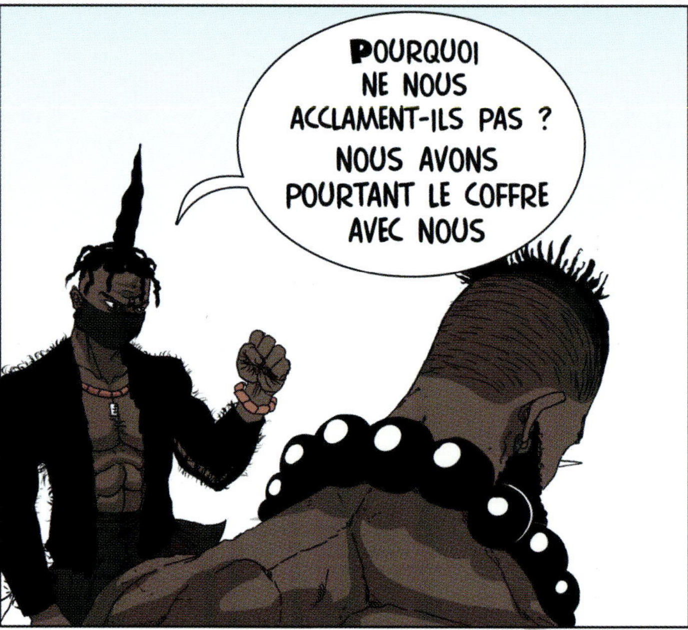
POURQUOI NE NOUS ACCLAMENT-ILS PAS ? NOUS AVONS POURTANT LE COFFRE AVEC NOUS

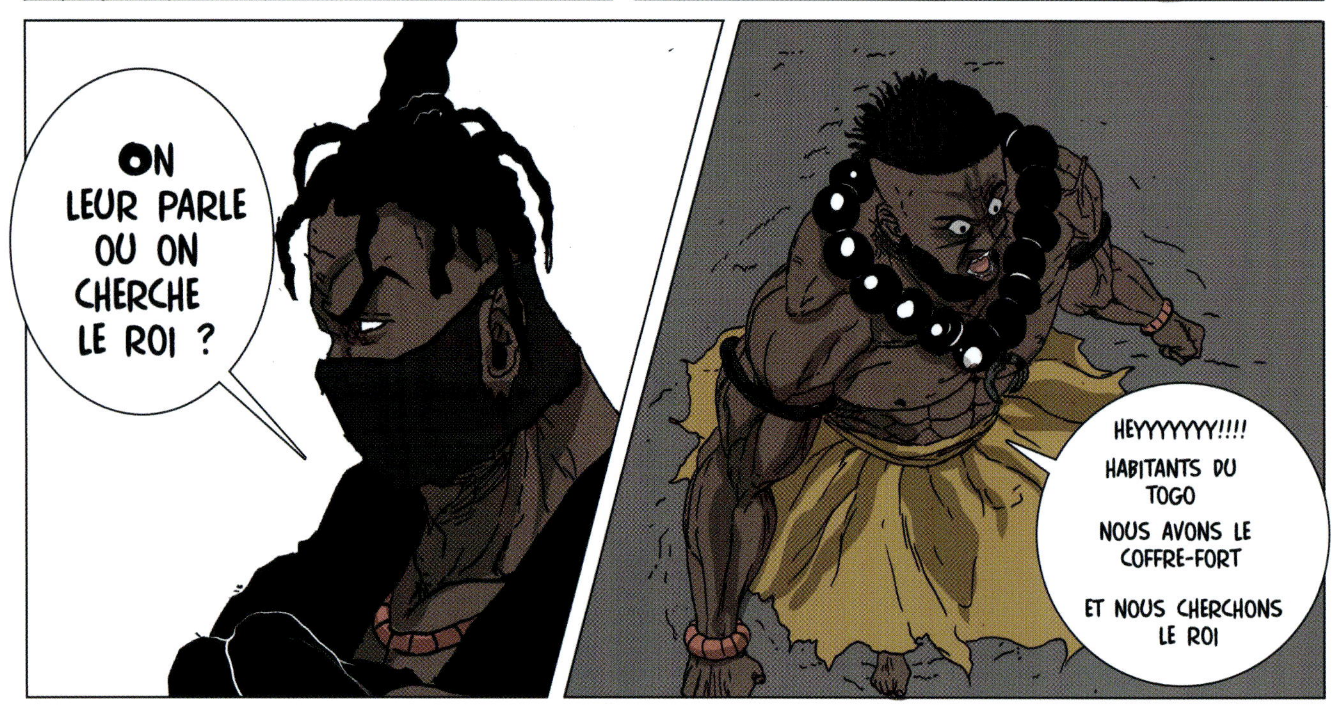
ON LEUR PARLE OU ON CHERCHE LE ROI ?
HEYYYYYYY!!!! HABITANTS DU TOGO NOUS AVONS LE COFFRE-FORT ET NOUS CHERCHONS LE ROI

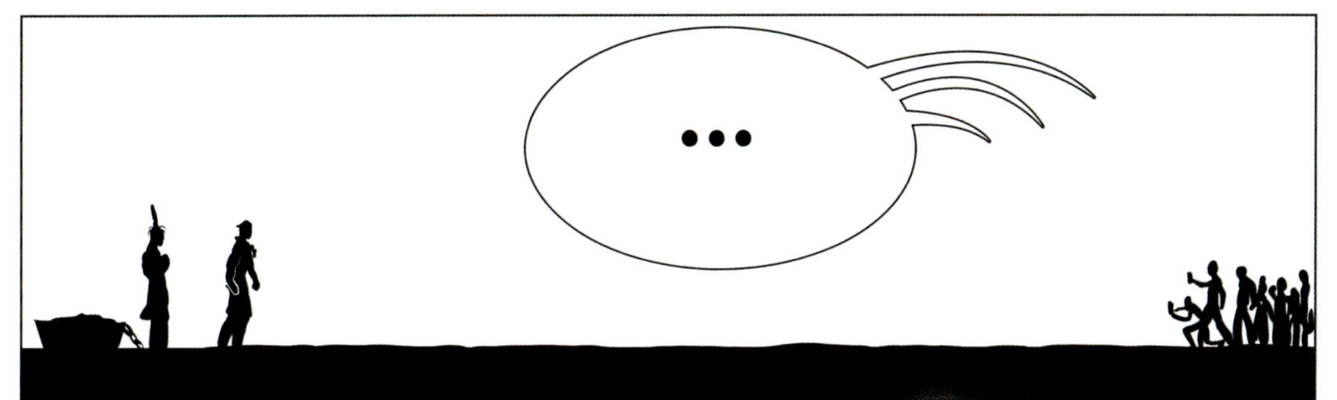
...
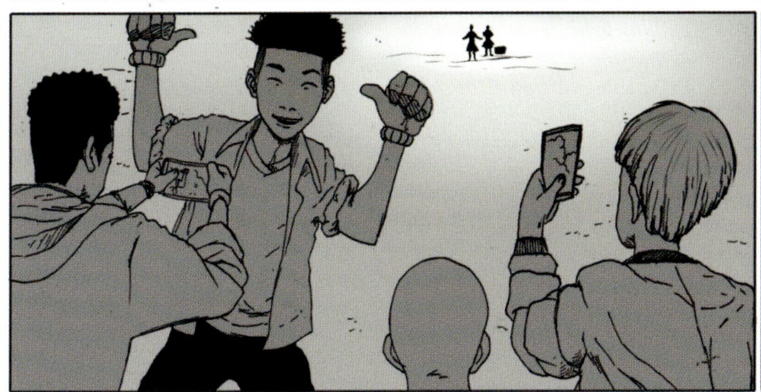
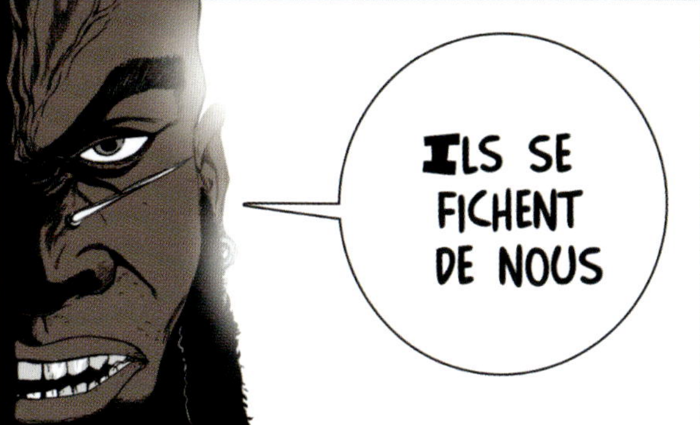
ILS SE FICHENT DE NOUS
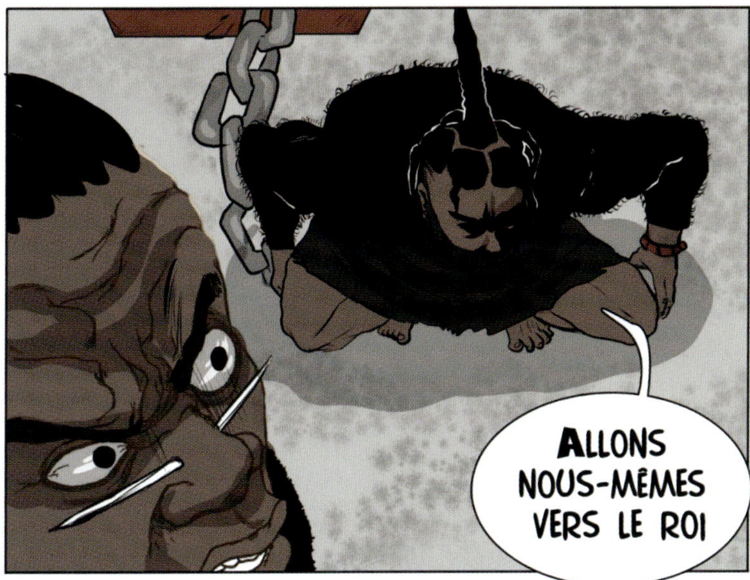
ALLONS NOUS-MÊMES VERS LE ROI
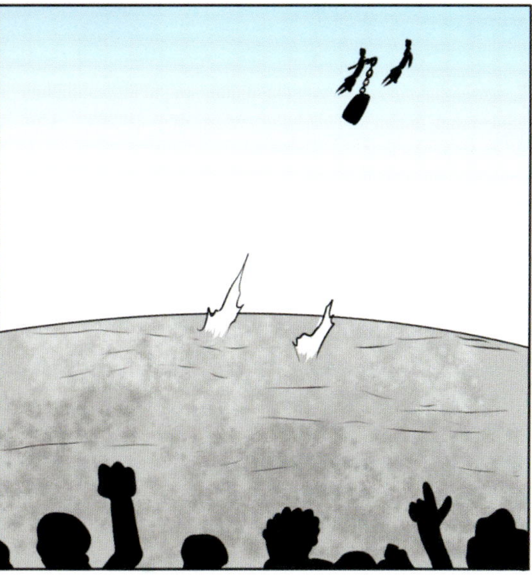
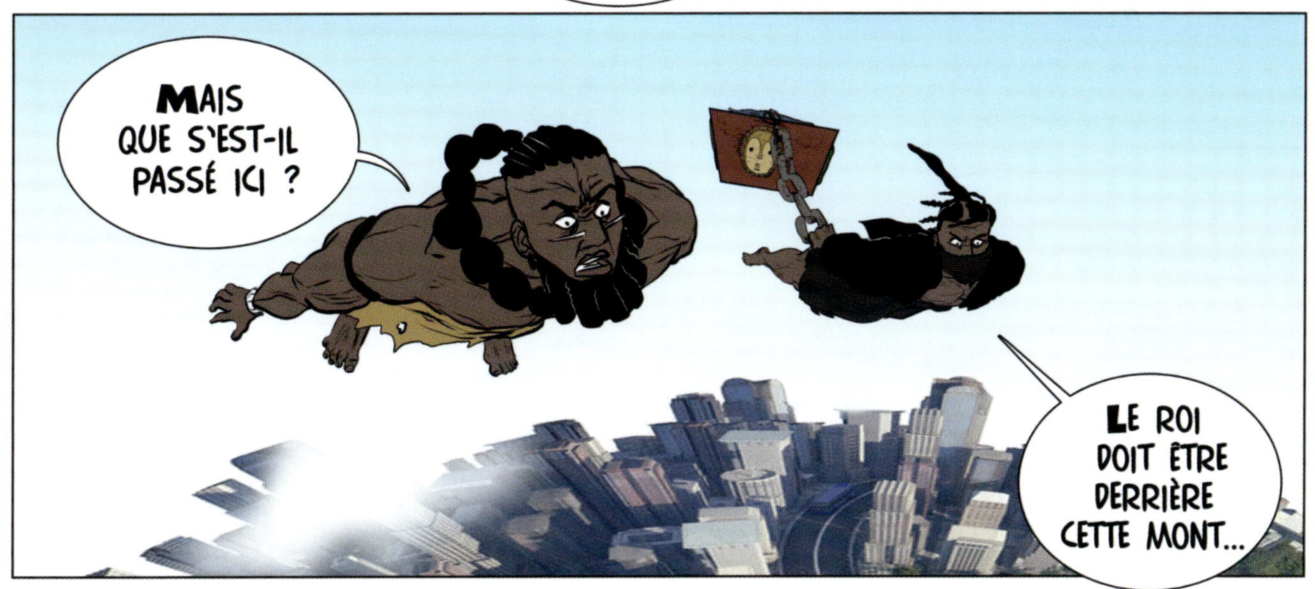
MAIS QUE S'EST-IL PASSÉ ICI ?
LE ROI DOIT ÊTRE DERRIÈRE CETTE MONT...

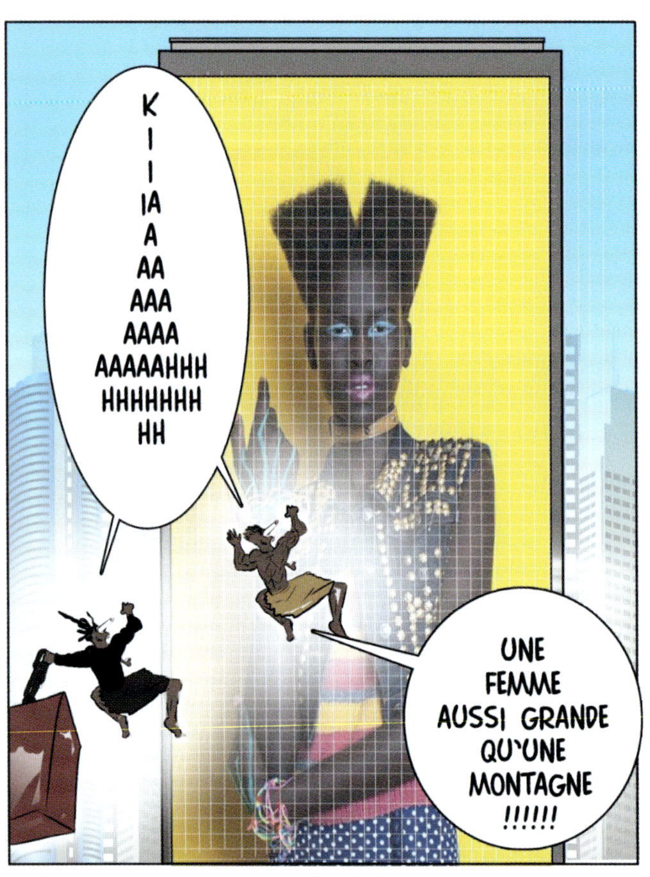
K
I
I
IA
A
AA
AAA
AAAA
AAAAAHHH
HHHHHHH
HH
UNE FEMME AUSSI GRANDE QU'UNE MONTAGNE !!!!!!

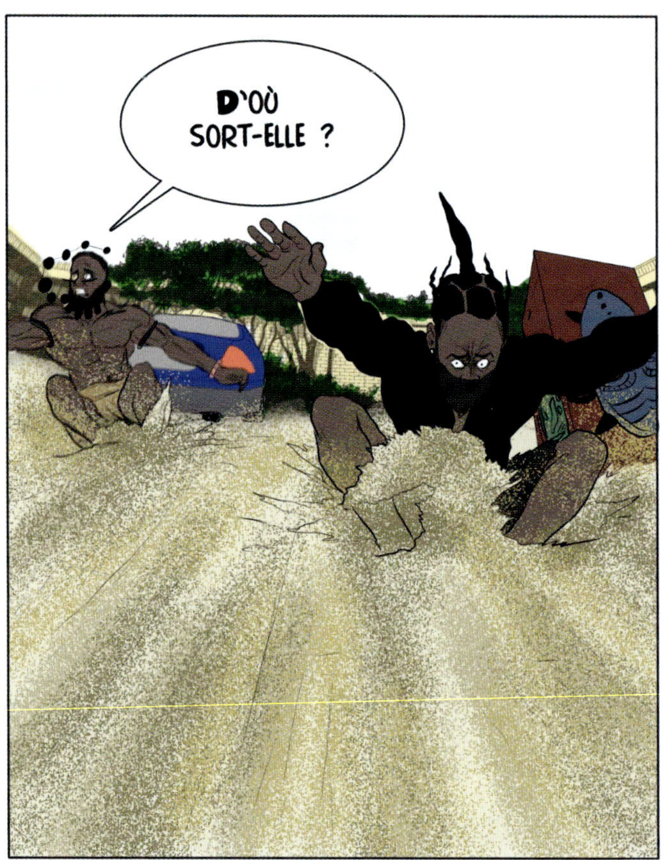
D'OÙ SORT-ELLE ?

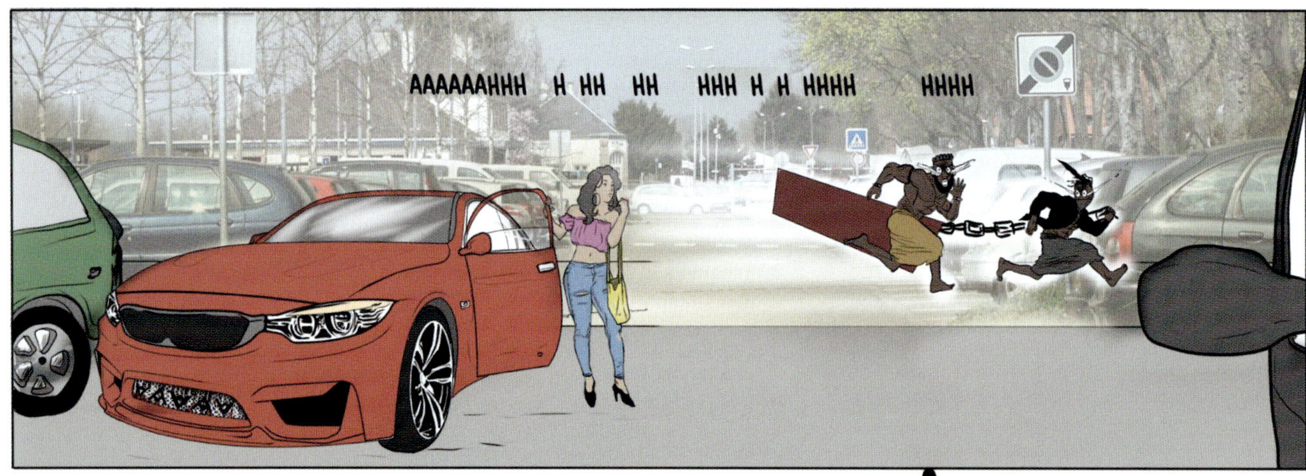
AAAAAAHHH H HH HH HHH H H HHHH HHHH

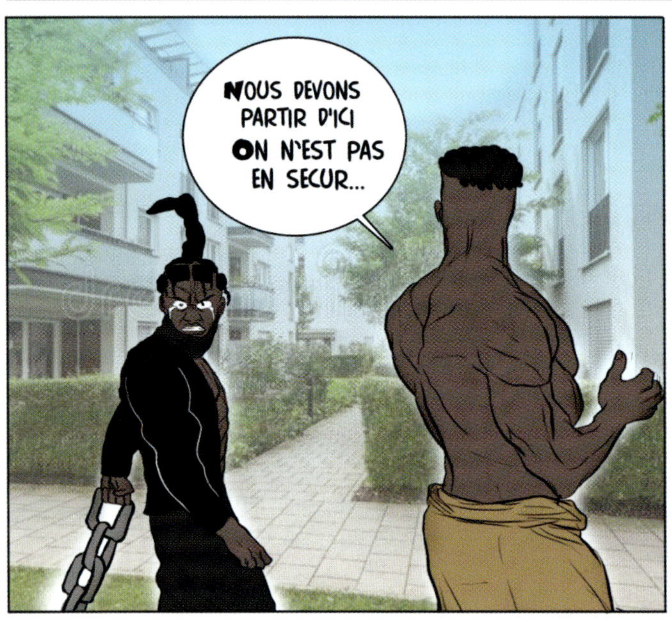
NOUS DEVONS PARTIR D'ICI ON N'EST PAS EN SECUR...

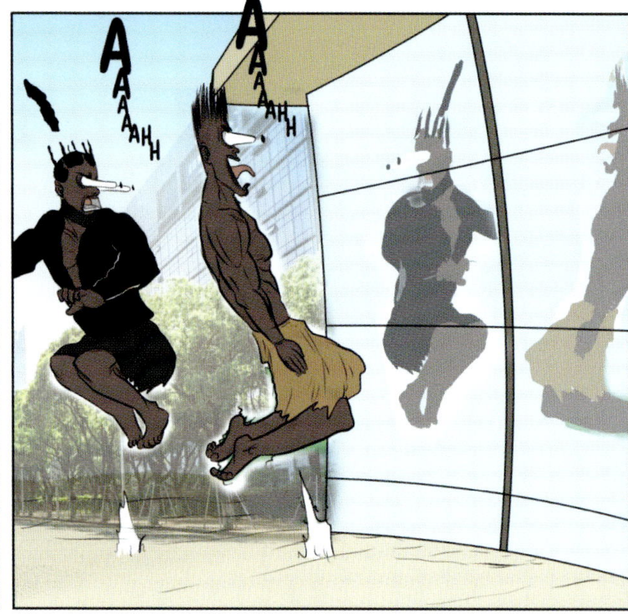
AAAAHH
AAAAHH

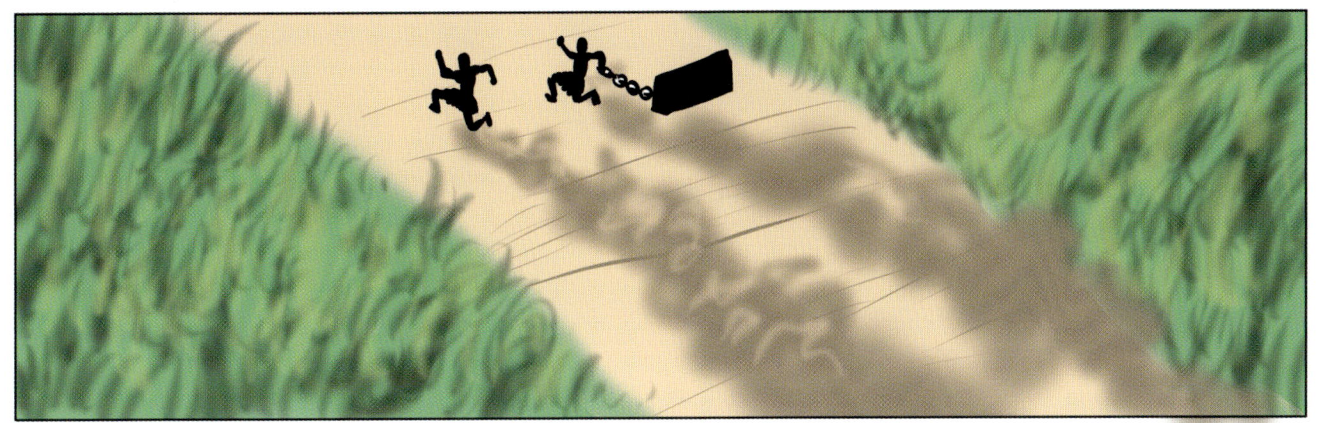

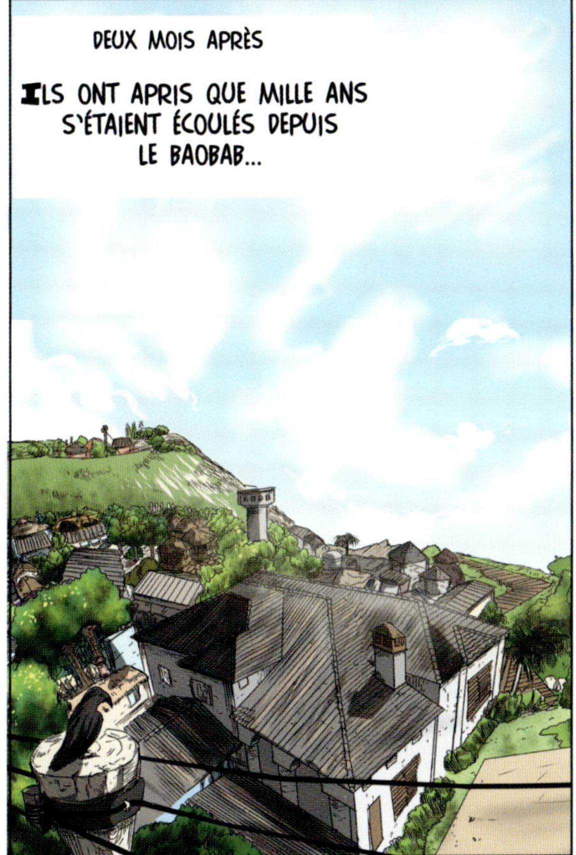
DEUX MOIS APRÈS
ILS ONT APRIS QUE MILLE ANS S'ÉTAIENT ÉCOULÉS DEPUIS LE BAOBAB...

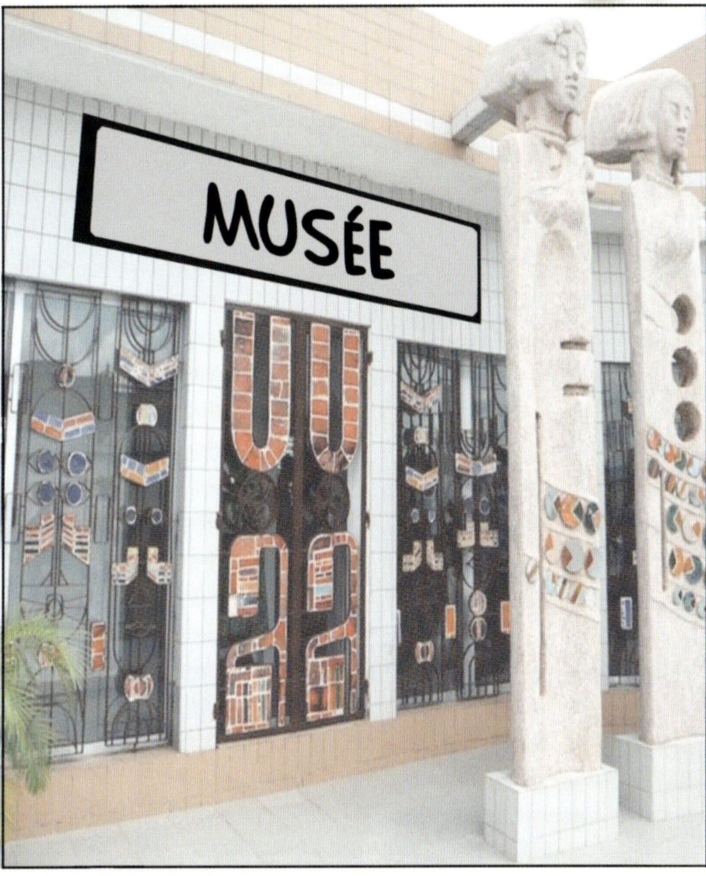
MUSÉE

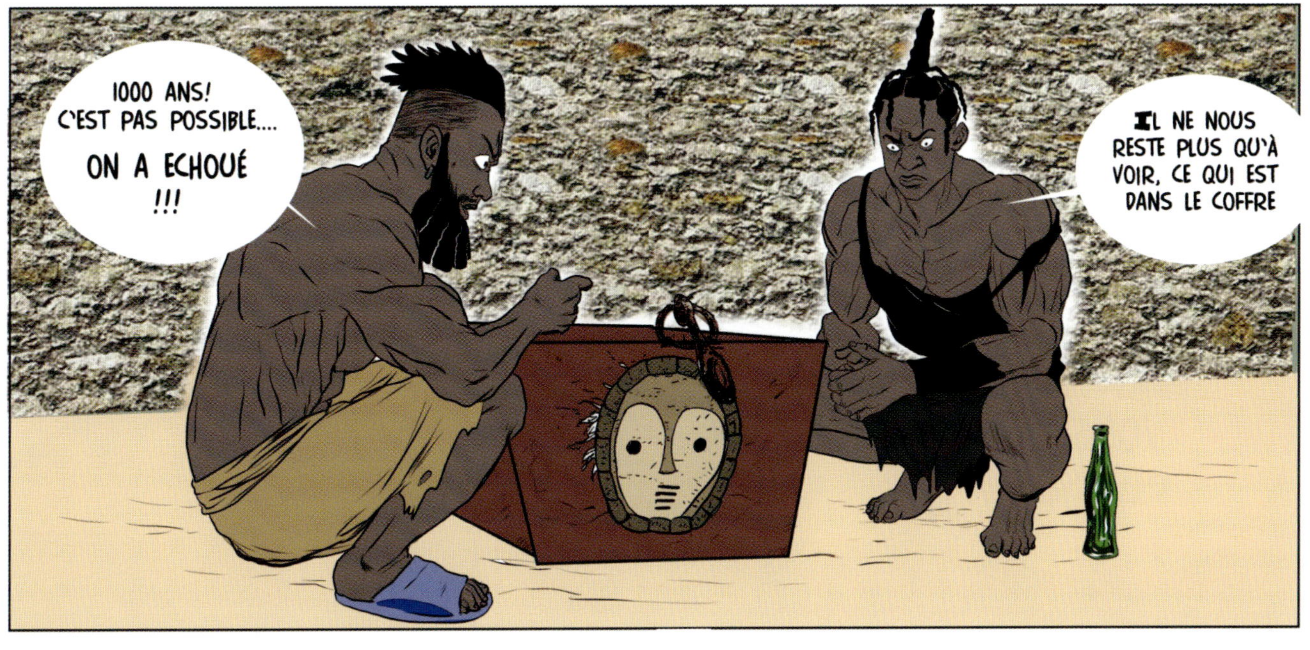
1000 ANS! C'EST PAS POSSIBLE.... ON A ECHOUÉ !!!
IL NE NOUS RESTE PLUS QU'À VOIR, CE QUI EST DANS LE COFFRE

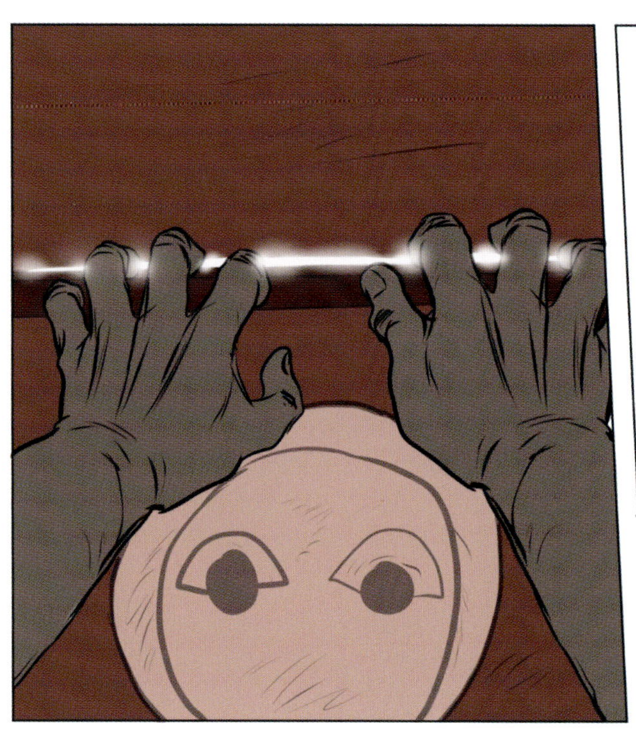

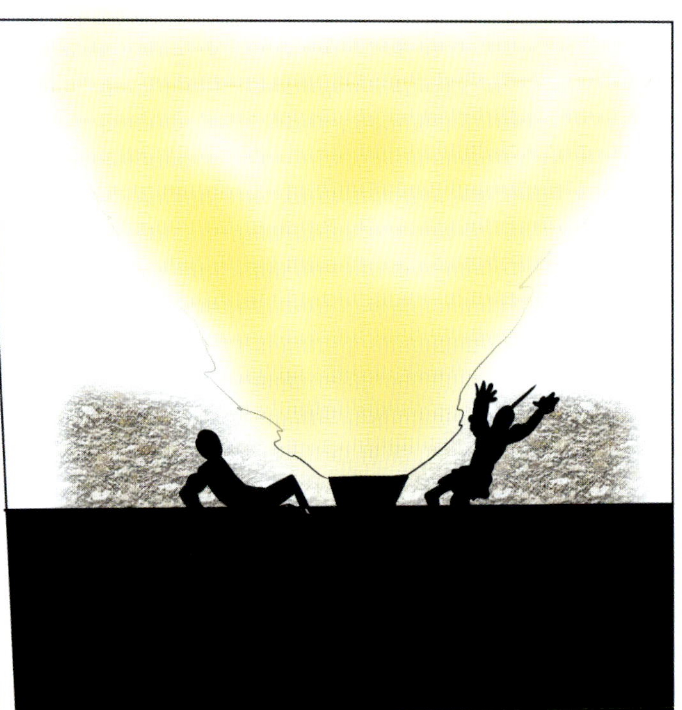

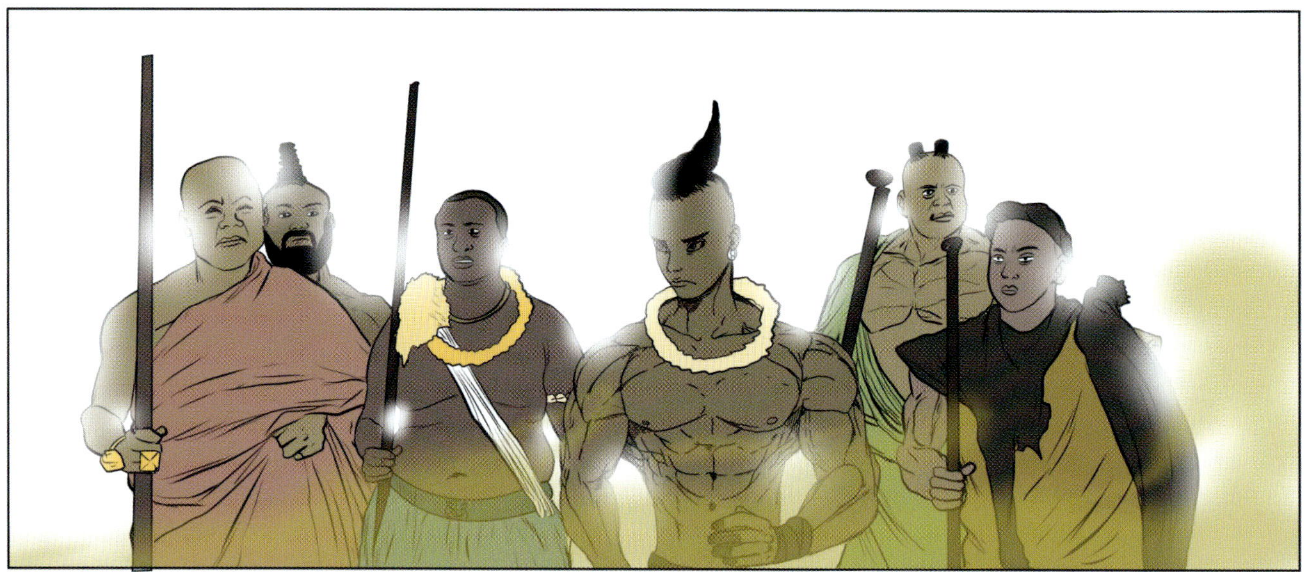

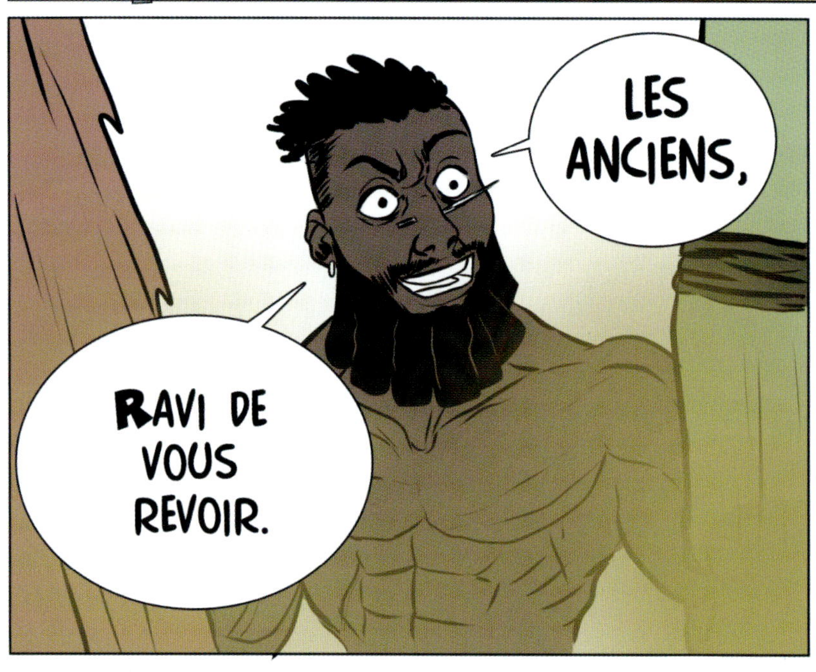
LES ANCIENS,
RAVI DE VOUS REVOIR.

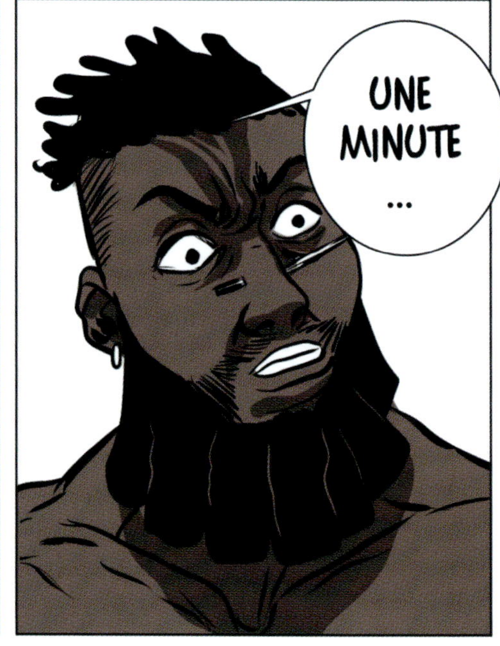
UNE MINUTE ...

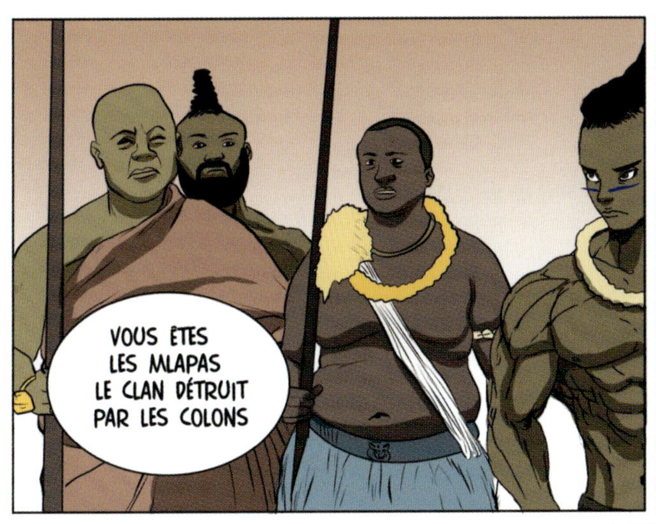
VOUS ÊTES LES MLAPAS LE CLAN DÉTRUIT PAR LES COLONS

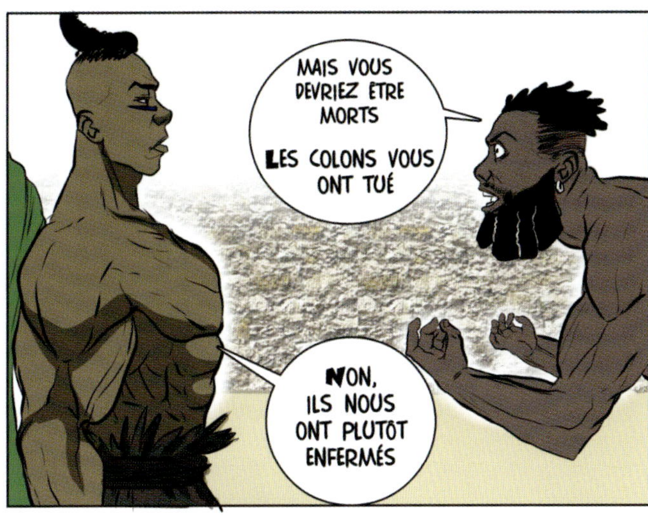
MAIS VOUS DEVRIEZ ÊTRE MORTS
LES COLONS VOUS ONT TUÉ
NON, ILS NOUS ONT PLUTOT ENFERMÉS

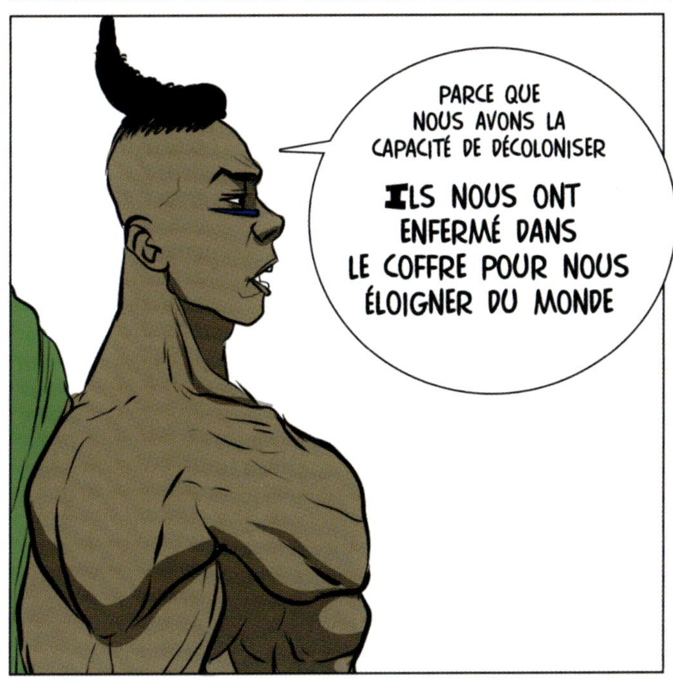
PARCE QUE NOUS AVONS LA CAPACITÉ DE DÉCOLONISER
ILS NOUS ONT ENFERMÉ DANS LE COFFRE POUR NOUS ÉLOIGNER DU MONDE

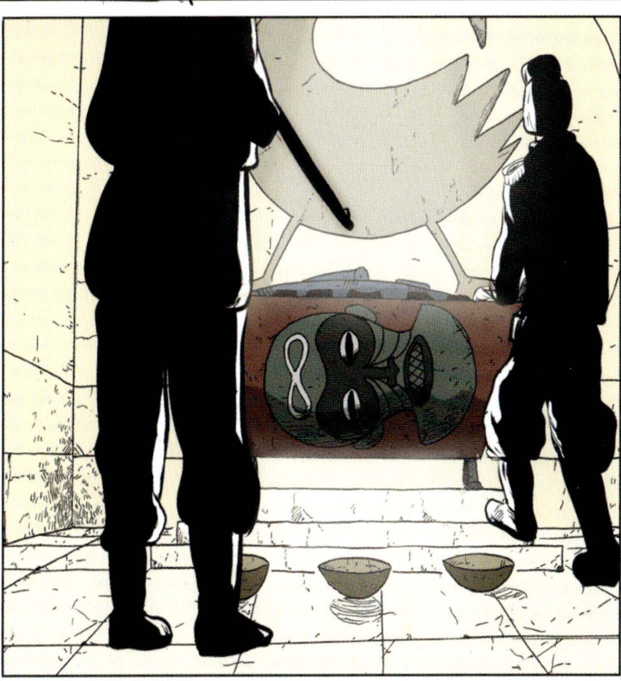

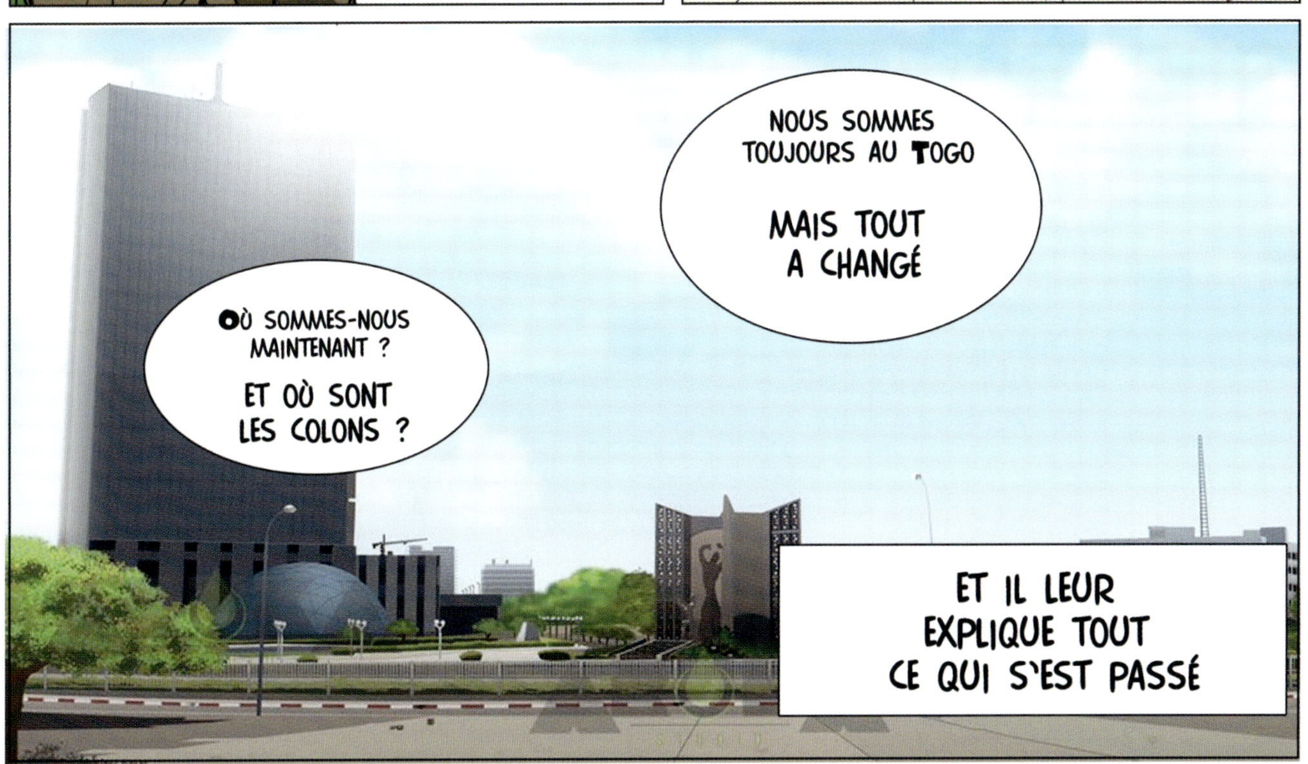
OÙ SOMMES-NOUS MAINTENANT ?
ET OÙ SONT LES COLONS ?
NOUS SOMMES TOUJOURS AU TOGO
MAIS TOUT A CHANGÉ
ET IL LEUR EXPLIQUE TOUT CE QUI S'EST PASSÉ

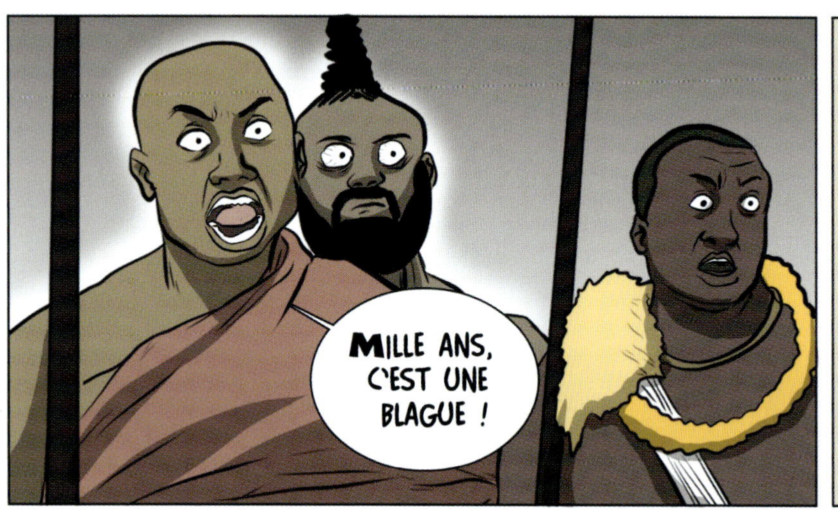
MILLE ANS, C'EST UNE BLAGUE !

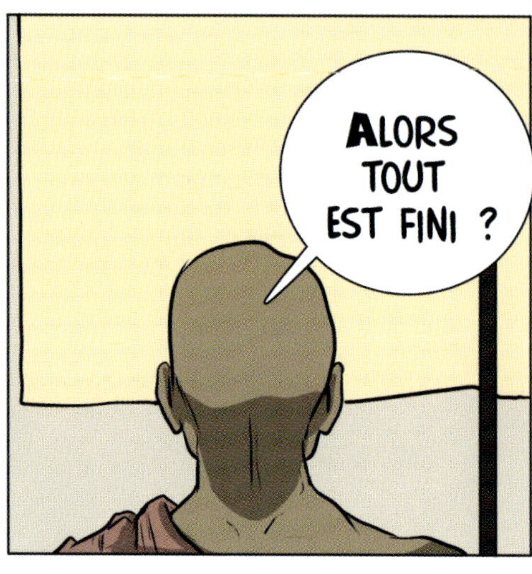
ALORS TOUT EST FINI ?

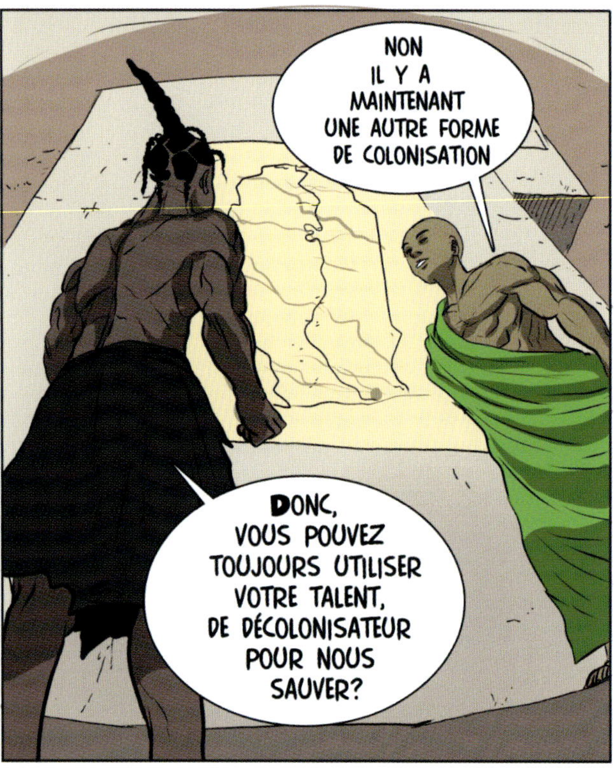
NON IL Y A MAINTENANT UNE AUTRE FORME DE COLONISATION
DONC, VOUS POUVEZ TOUJOURS UTILISER VOTRE TALENT, DE DÉCOLONISATEUR POUR NOUS SAUVER?

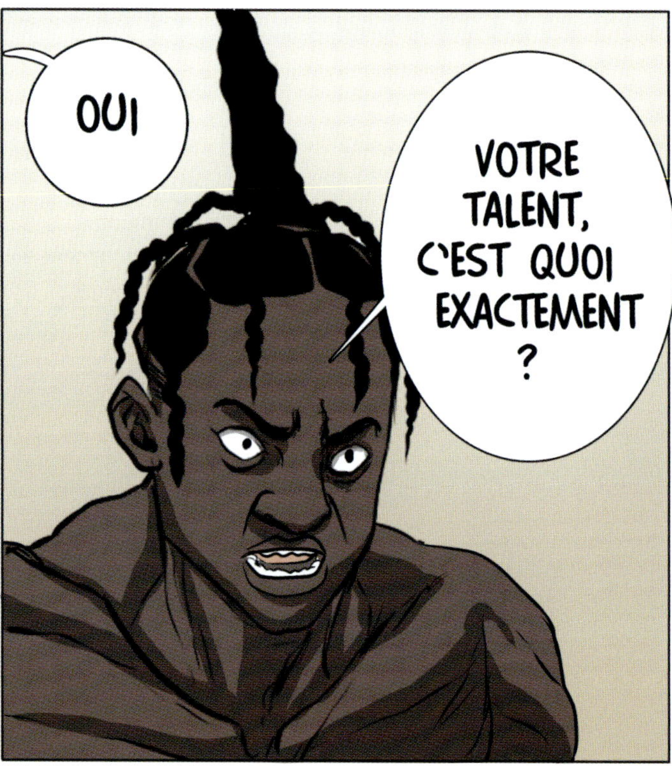
OUI
VOTRE TALENT, C'EST QUOI EXACTEMENT ?

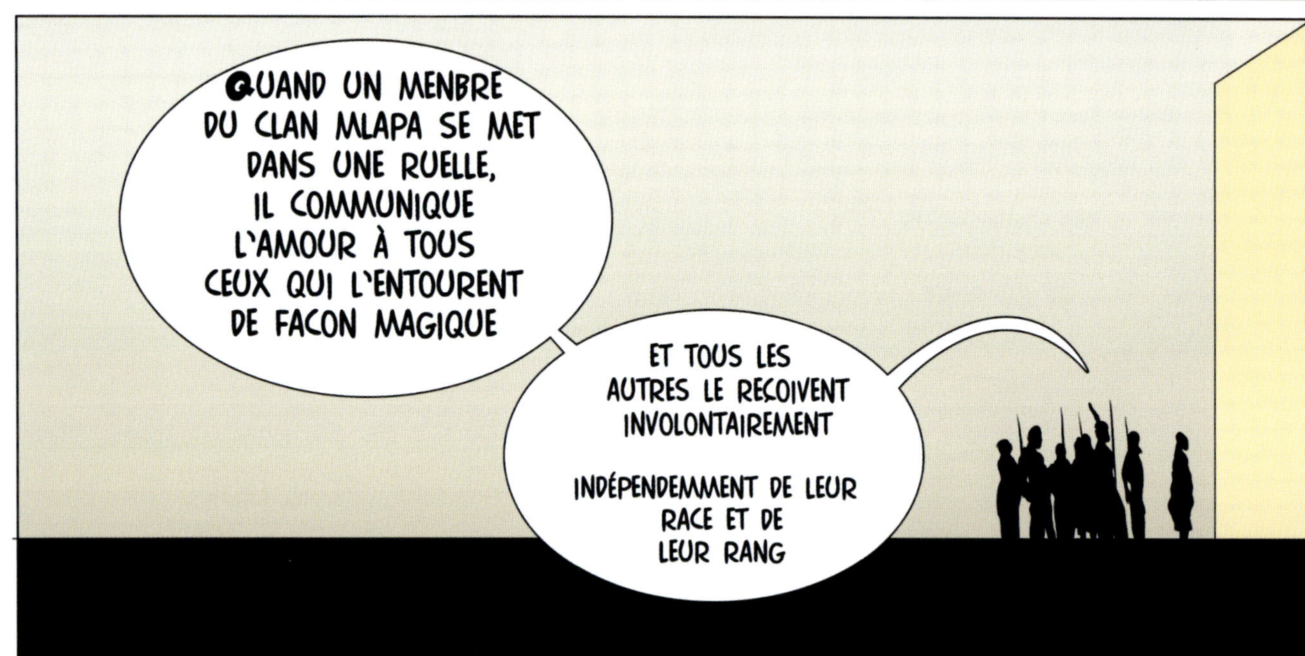
QUAND UN MENBRE DU CLAN MLAPA SE MET DANS UNE RUELLE, IL COMMUNIQUE L'AMOUR À TOUS CEUX QUI L'ENTOURENT DE FACON MAGIQUE
ET TOUS LES AUTRES LE REÇOIVENT INVOLONTAIREMENT
INDÉPENDEMMENT DE LEUR RACE ET DE LEUR RANG

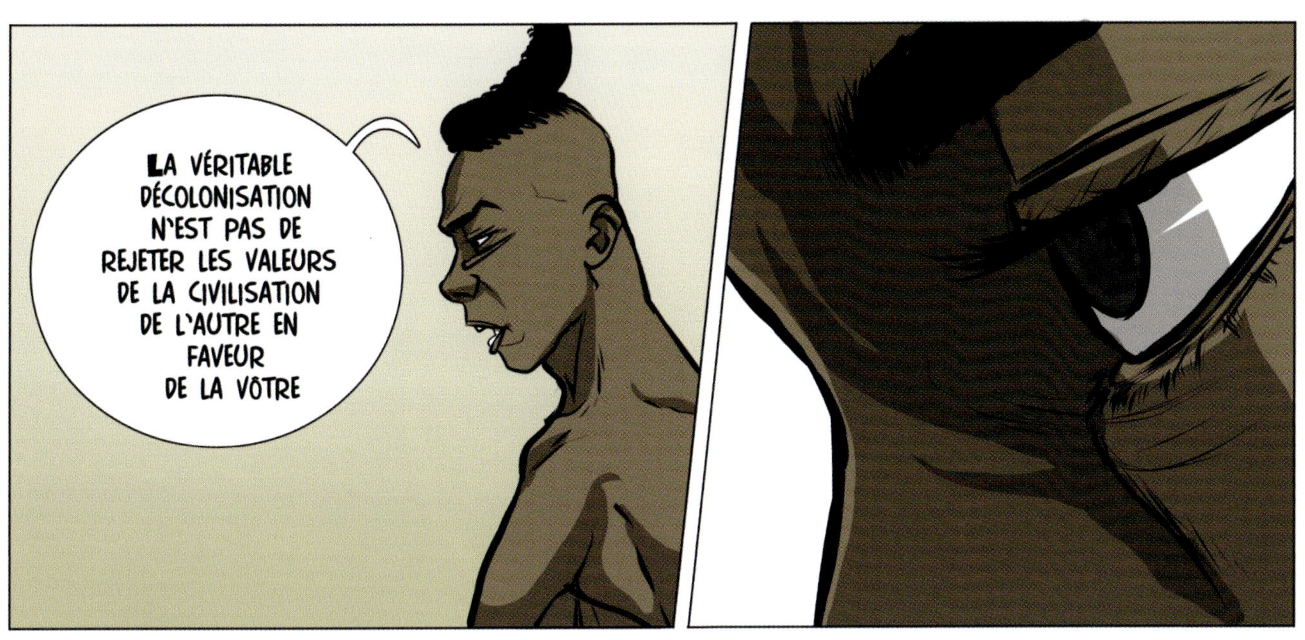

MAIS DE L'AIMER COMME IL EST

CAR L'AMOUR DONNE,

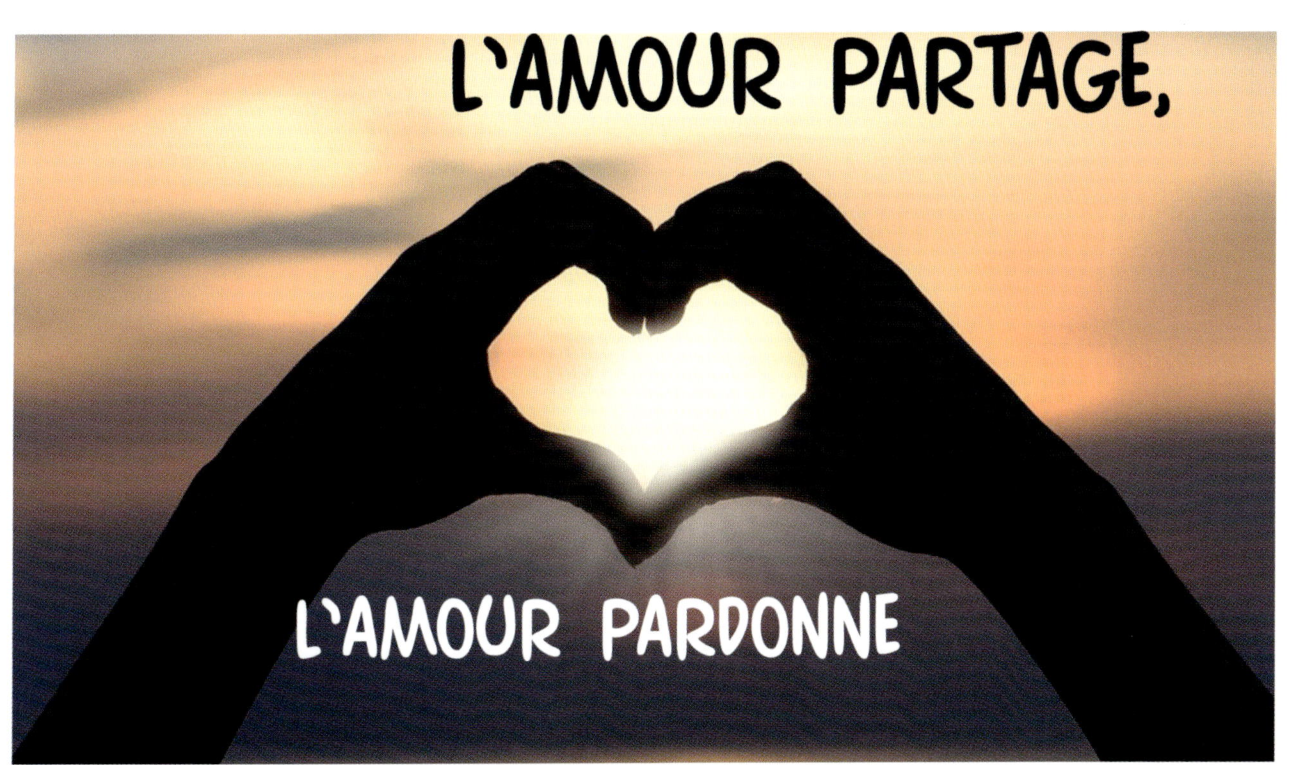

FIN

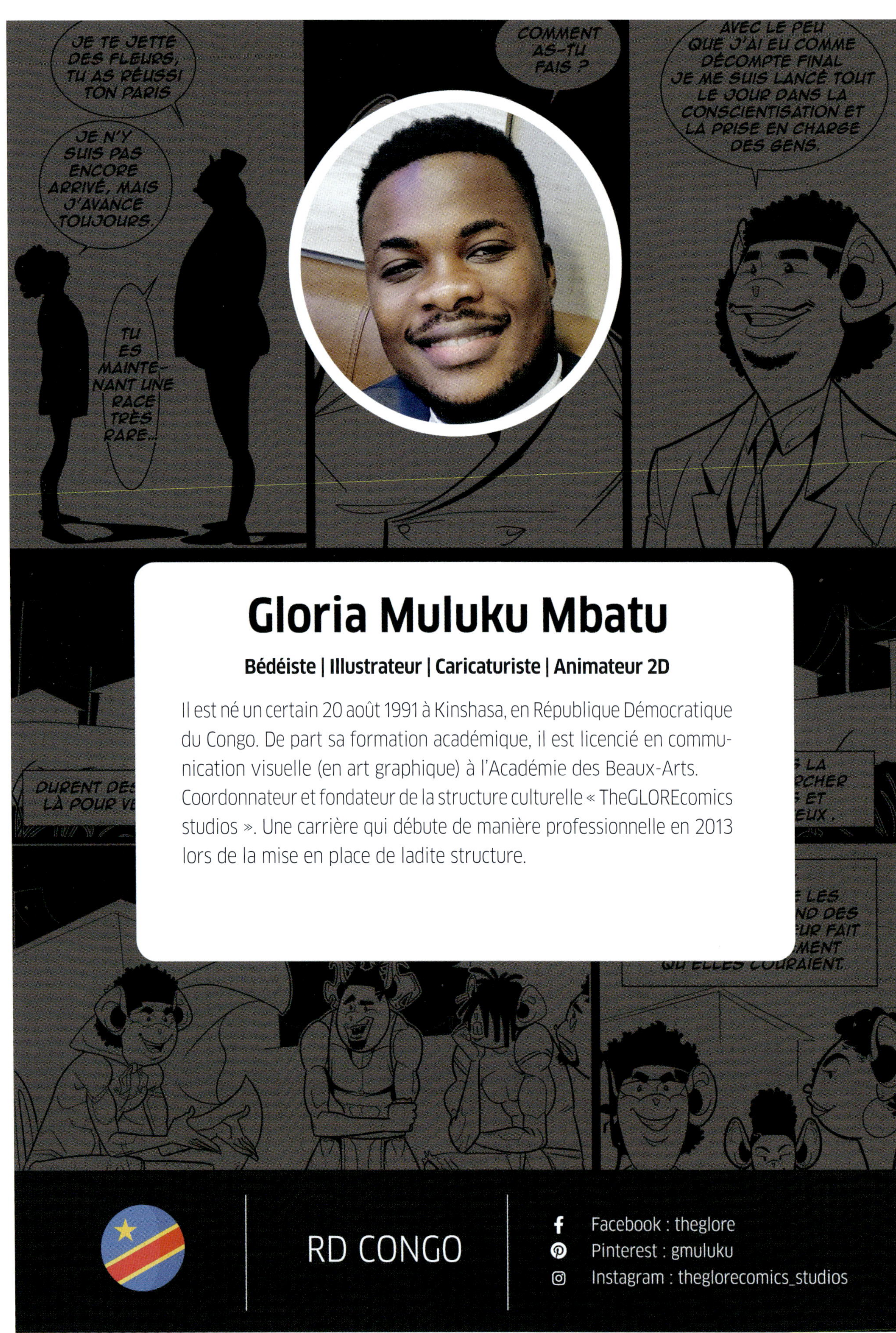

Gloria Muluku Mbatu

Bédéiste | Illustrateur | Caricaturiste | Animateur 2D

Il est né un certain 20 août 1991 à Kinshasa, en République Démocratique du Congo. De part sa formation académique, il est licencié en communication visuelle (en art graphique) à l'Académie des Beaux-Arts. Coordonnateur et fondateur de la structure culturelle « TheGLOREcomics studios ». Une carrière qui débute de manière professionnelle en 2013 lors de la mise en place de ladite structure.

RD CONGO

Facebook : theglore
Pinterest : gmuluku
Instagram : theglorecomics_studios

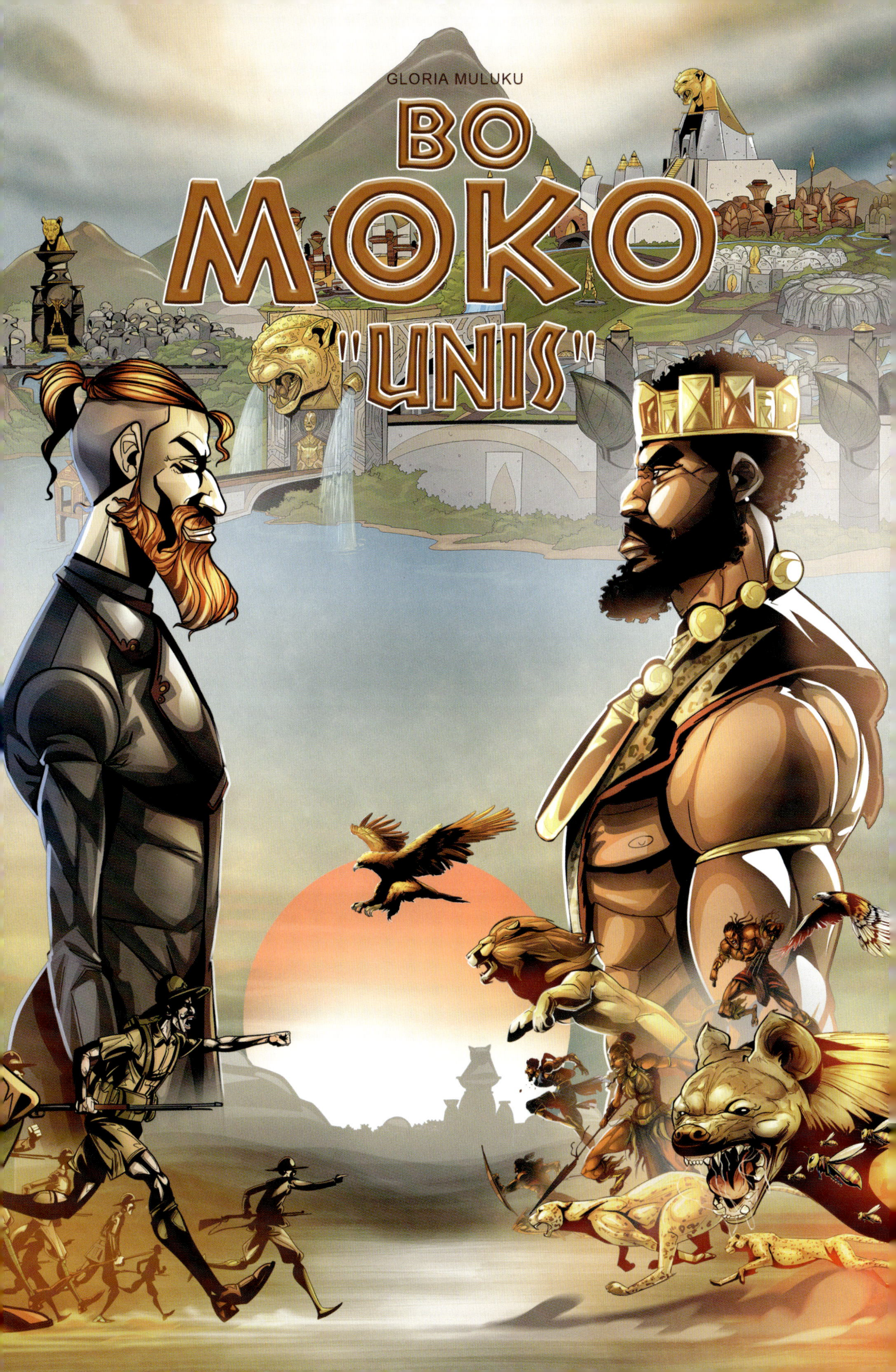
GLORIA MULUKU
BO
MOKO
"UNIS"

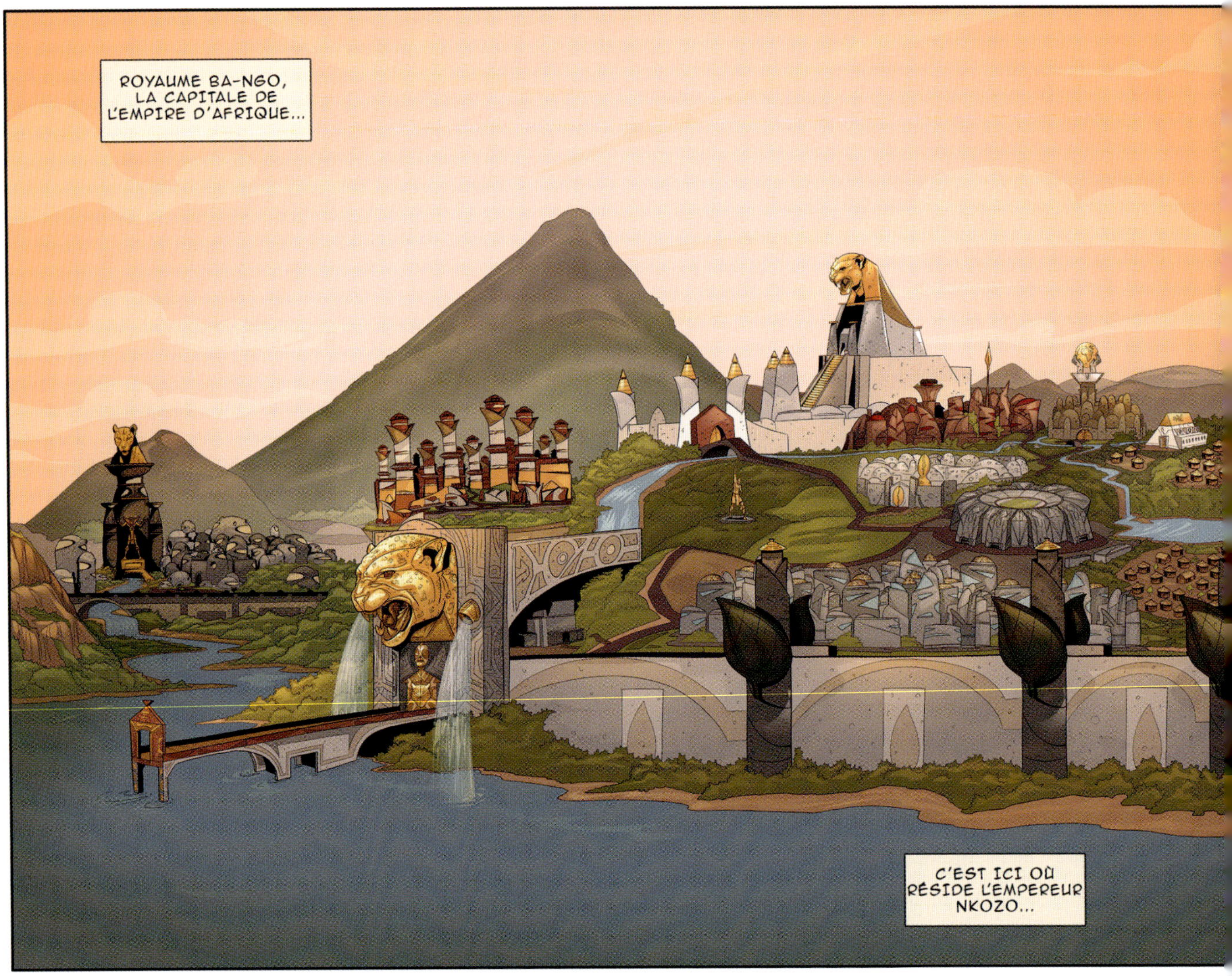

ROYAUME BA-NGO, LA CAPITALE DE L'EMPIRE D'AFRIQUE...

C'EST ICI OÙ RÉSIDE L'EMPEREUR NKOZO...

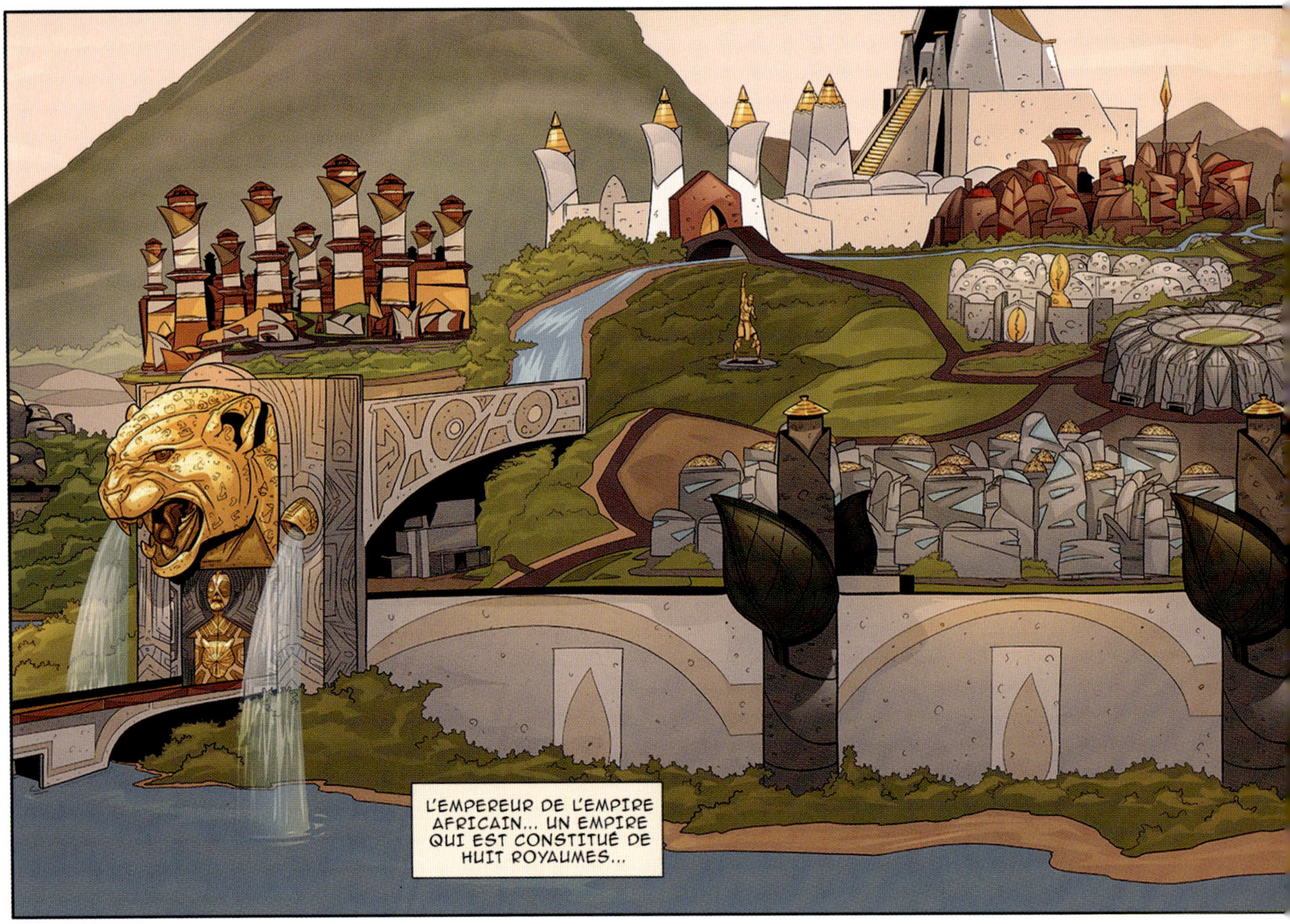

L'EMPEREUR DE L'EMPIRE AFRICAIN... UN EMPIRE QUI EST CONSTITUÉ DE HUIT ROYAUMES...

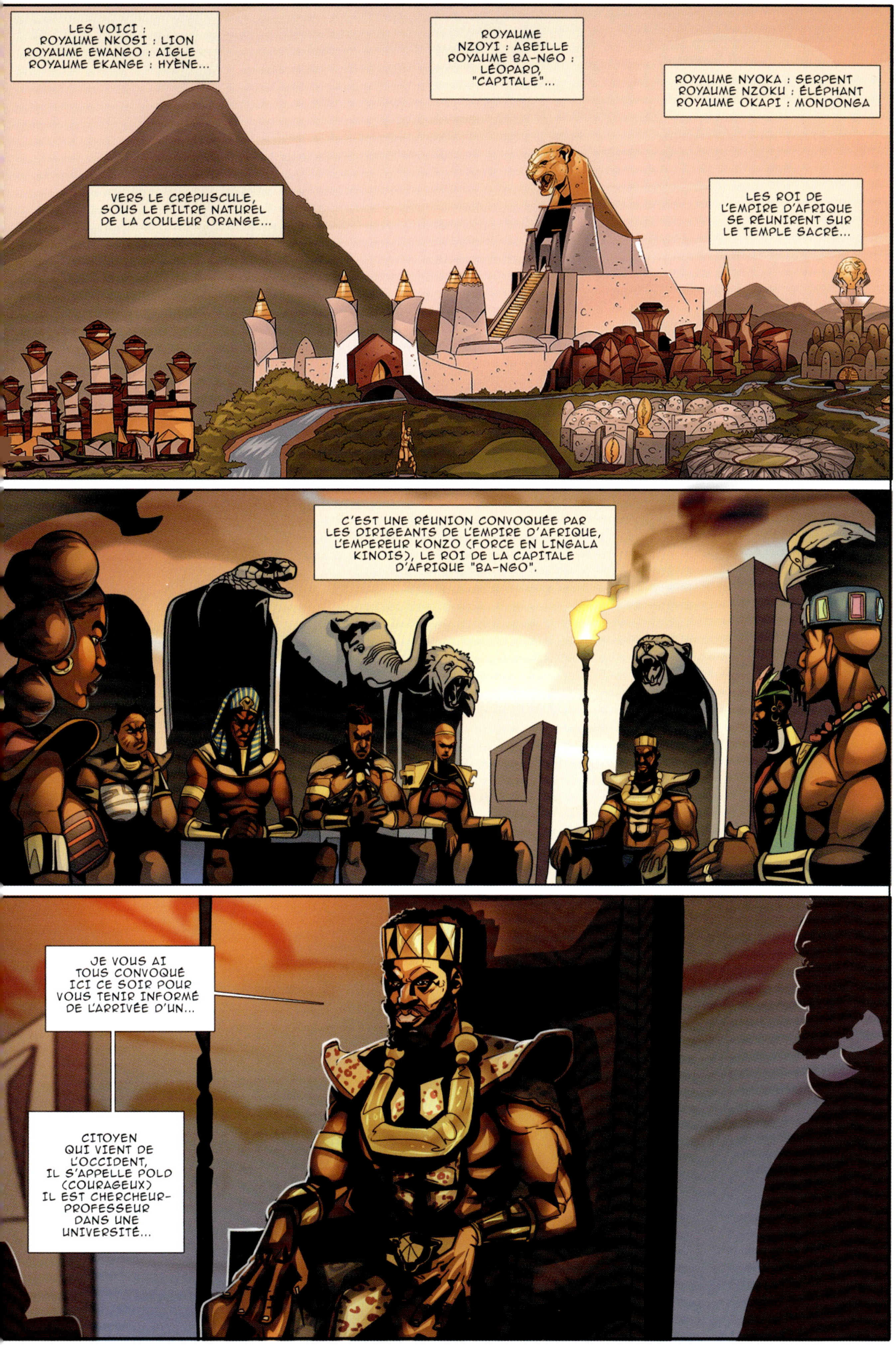

LES VOICI :
ROYAUME NKOSI : LION
ROYAUME EWANGO : AIGLE
ROYAUME EKANGE : HYÈNE...

ROYAUME
NZOYI : ABEILLE
ROYAUME BA-NGO :
LÉOPARD,
"CAPITALE"...

ROYAUME NYOKA : SERPENT
ROYAUME NZOKU : ÉLÉPHANT
ROYAUME OKAPI : MONDONGA

VERS LE CRÉPUSCULE,
SOUS LE FILTRE NATUREL
DE LA COULEUR ORANGE...

LES ROI DE
L'EMPIRE D'AFRIQUE
SE RÉUNIRENT SUR
LE TEMPLE SACRÉ...

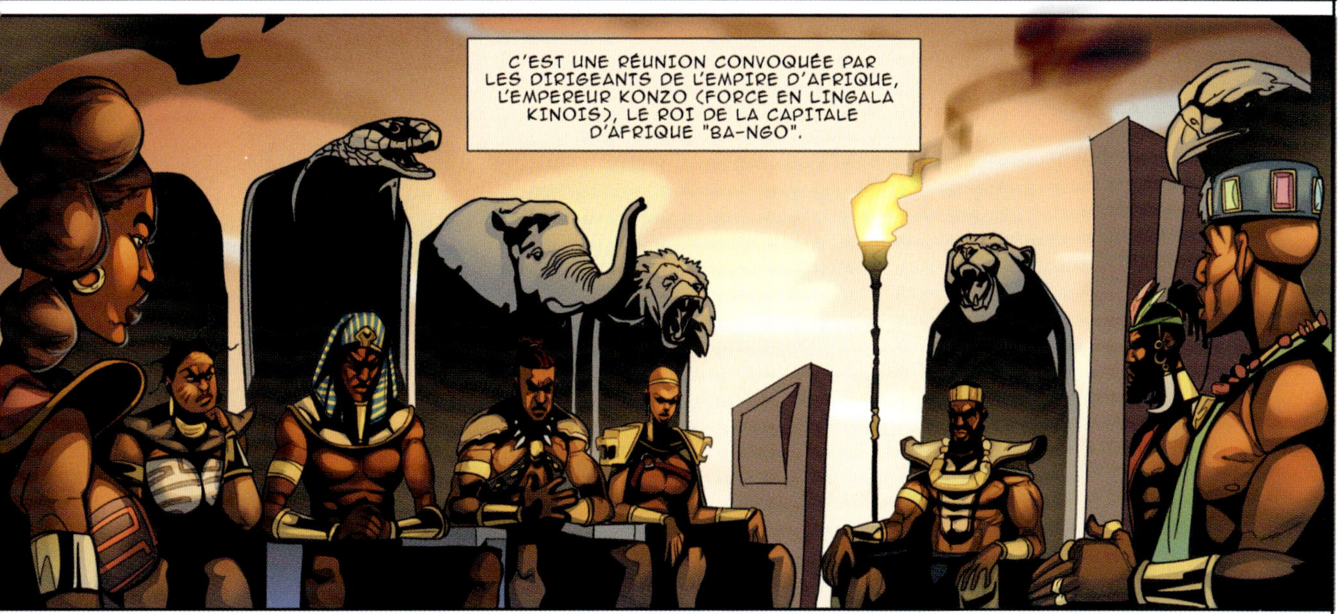

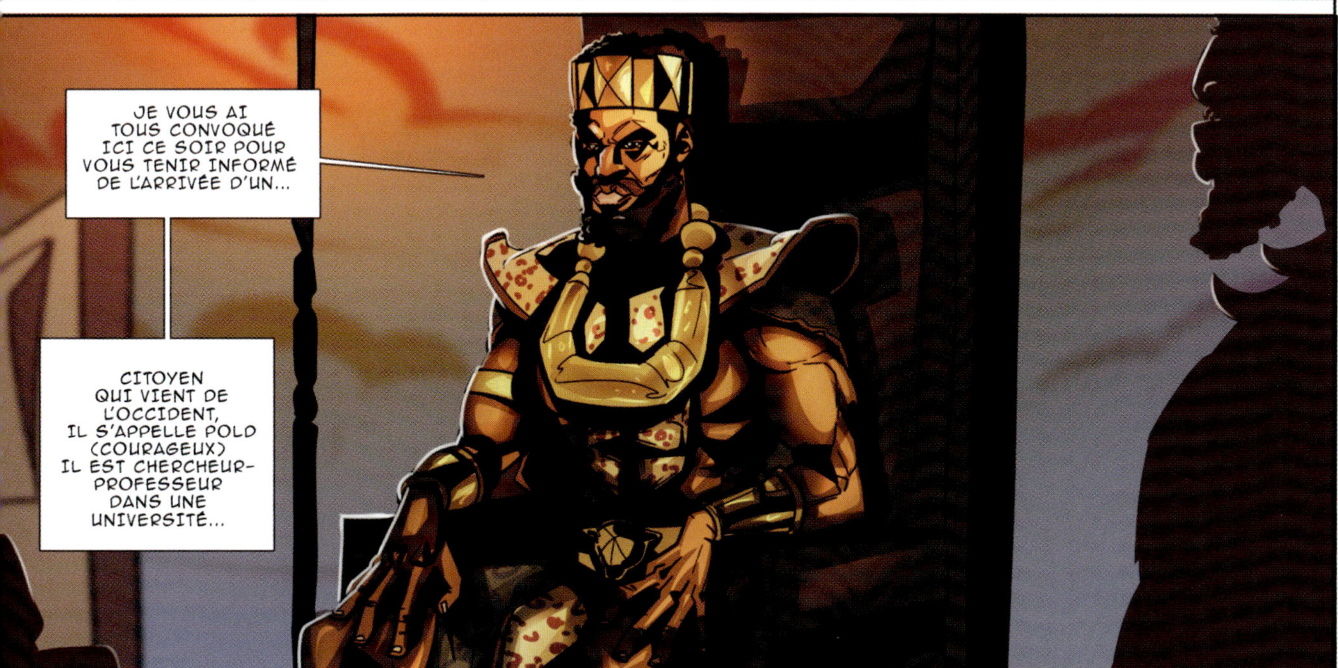

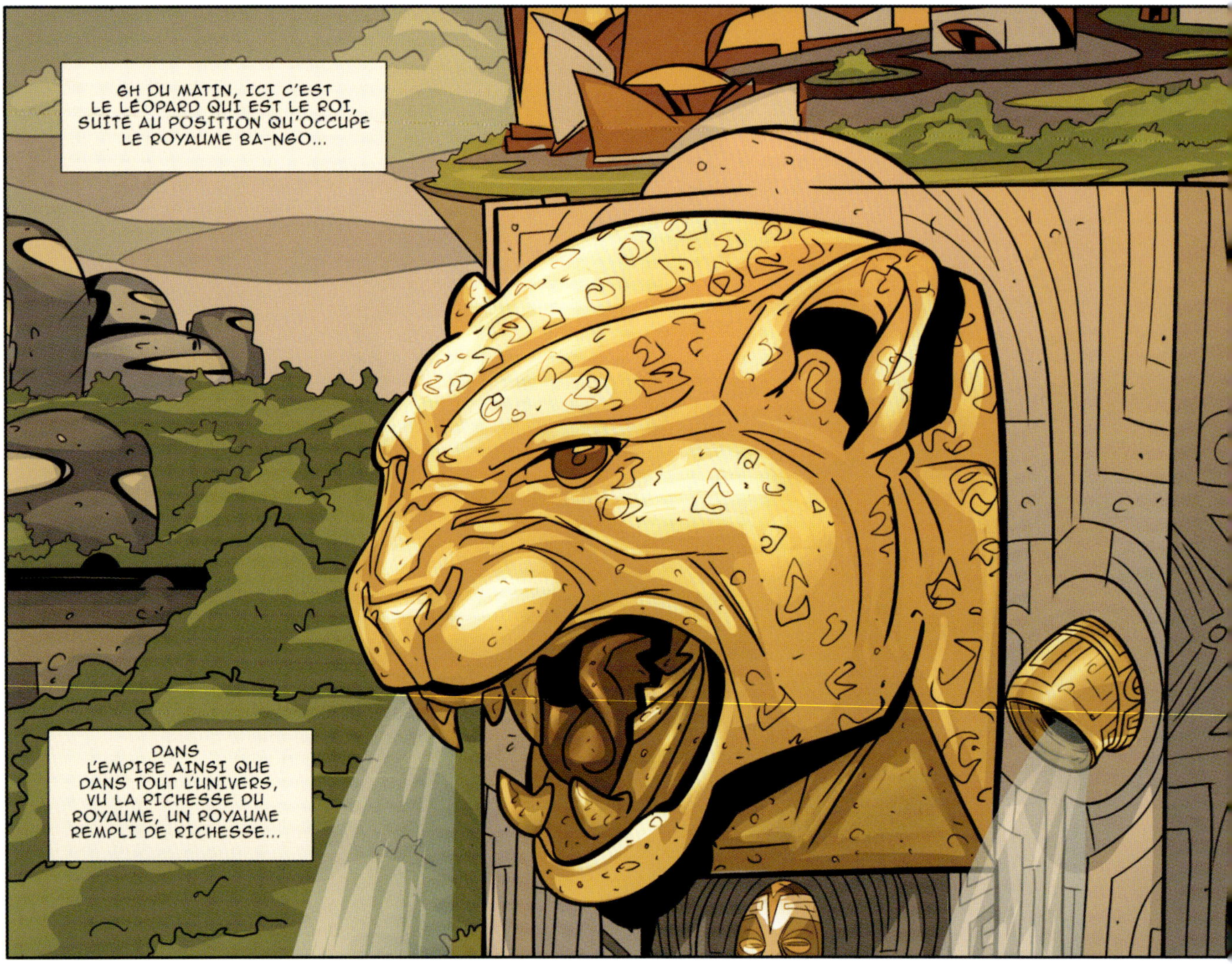

6H DU MATIN, ICI C'EST
LE LÉOPARD QUI EST LE ROI,
SUITE AU POSITION QU'OCCUPE
LE ROYAUME BA-NGO...
DANS
L'EMPIRE AINSI QUE
DANS TOUT L'UNIVERS,
VU LA RICHESSE DU
ROYAUME, UN ROYAUME
REMPLI DE RICHESSE...
L'ENTRÉE 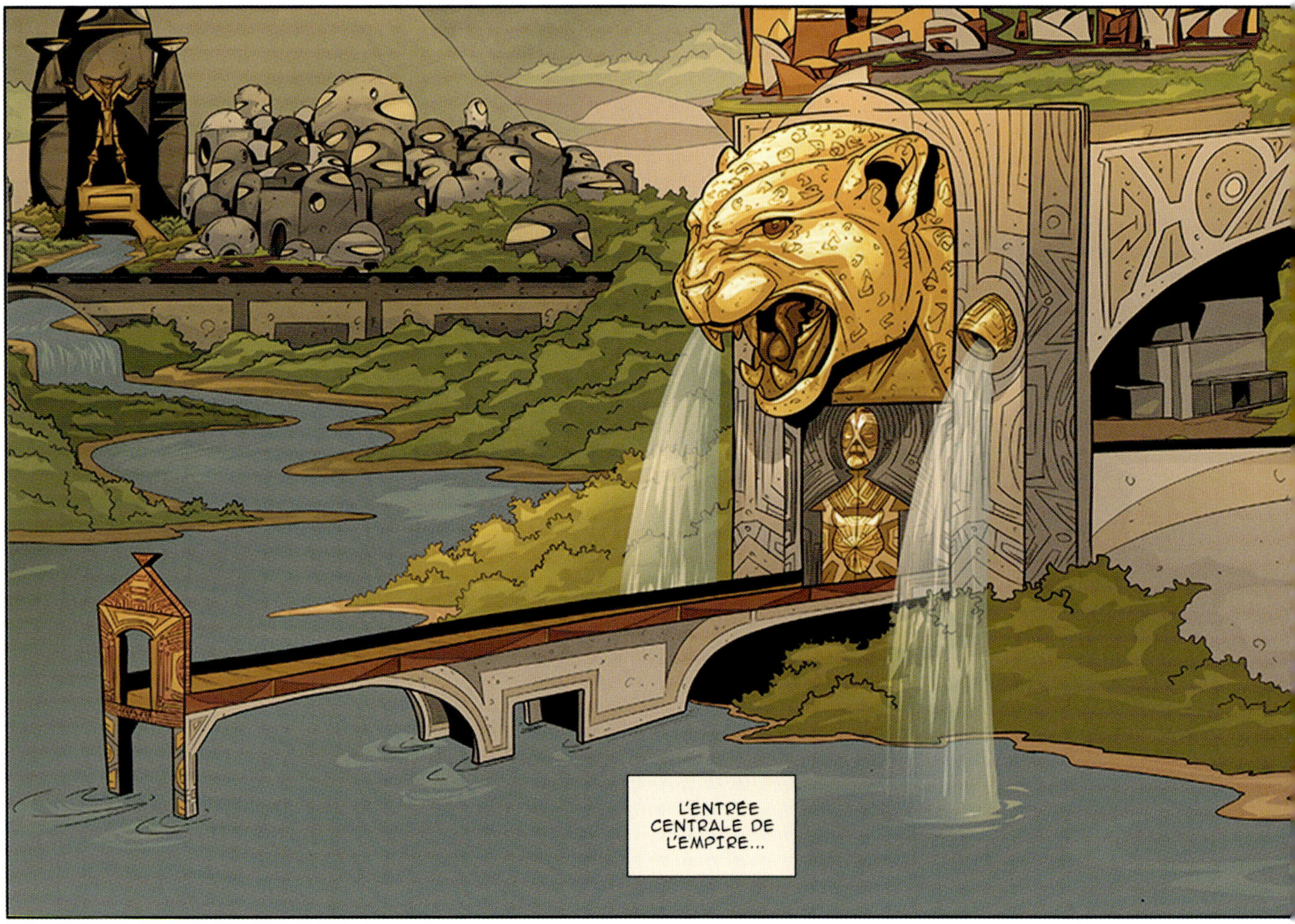
CENTRALE DE
L'EMPIRE...

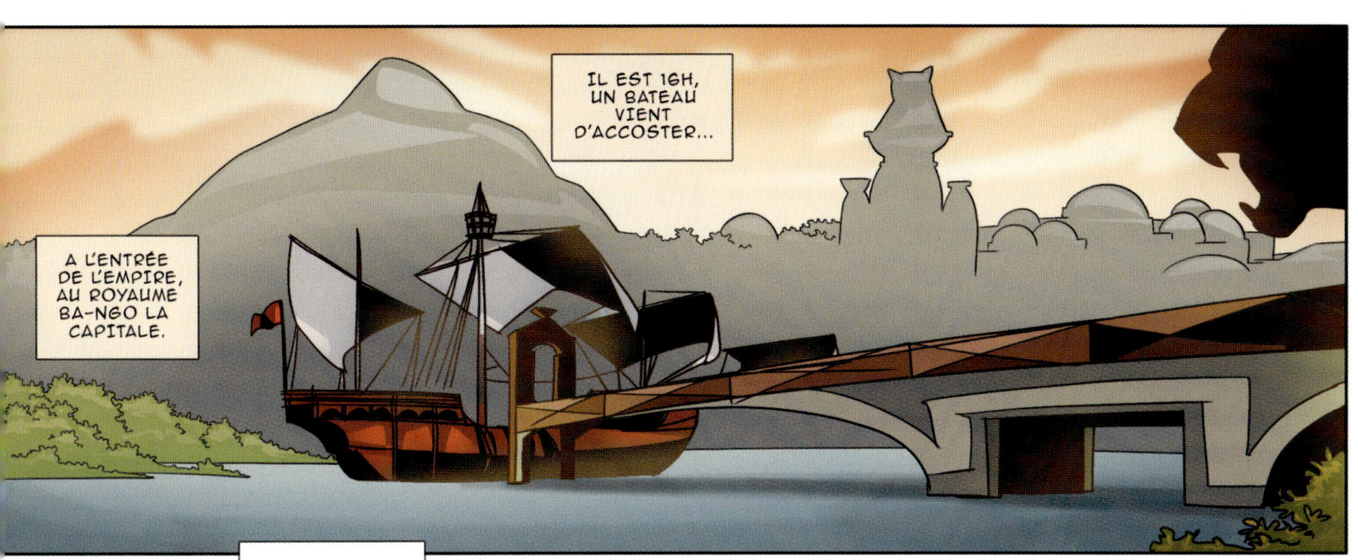

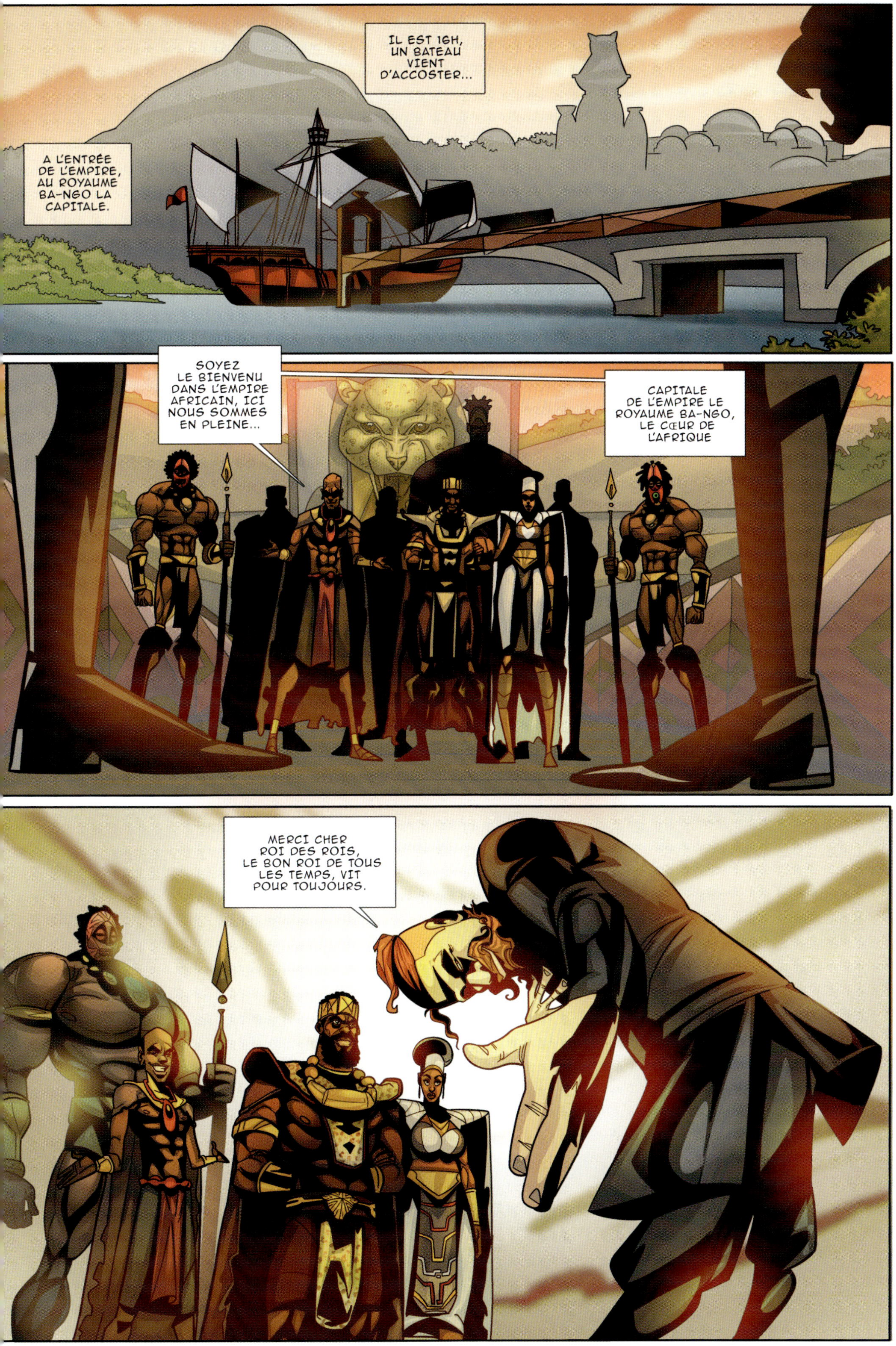

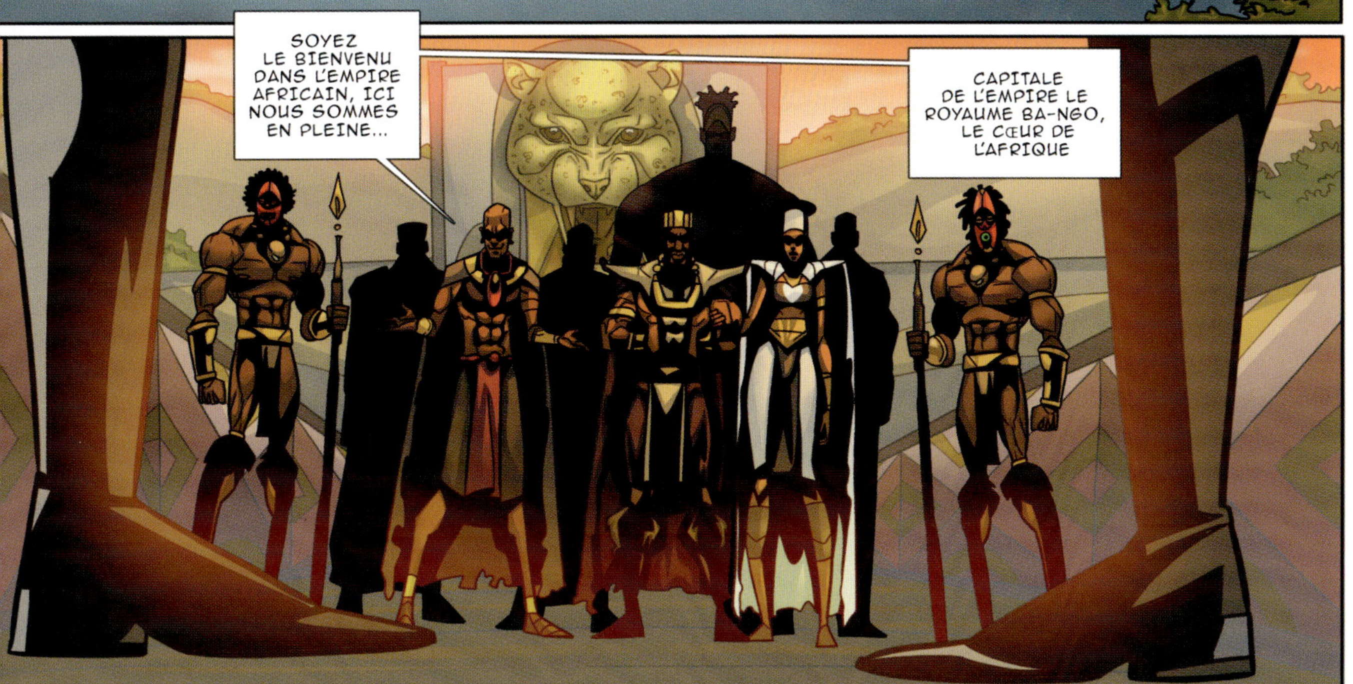

MERCI CHER ROI DES ROIS, LE BON ROI DE TOUS LES TEMPS, VIT POUR TOUJOURS.

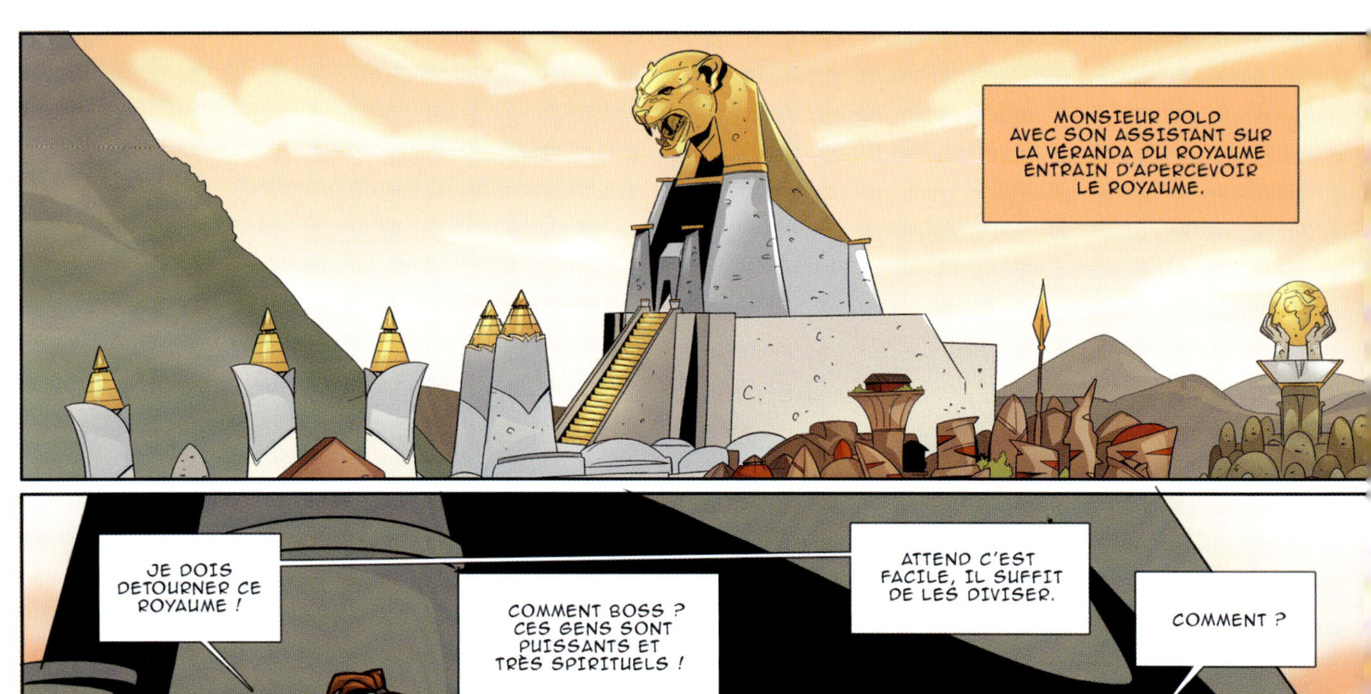
MONSIEUR POLD AVEC SON ASSISTANT SUR LA VÉRANDA DU ROYAUME ENTRAIN D'APERCEVOIR LE ROYAUME.
JE DOIS DETOURNER CE ROYAUME !
COMMENT BOSS ? CES GENS SONT PUISSANTS ET TRÈS SPIRITUELS !
ATTEND C'EST FACILE, IL SUFFIT DE LES DIVISER.
COMMENT ?

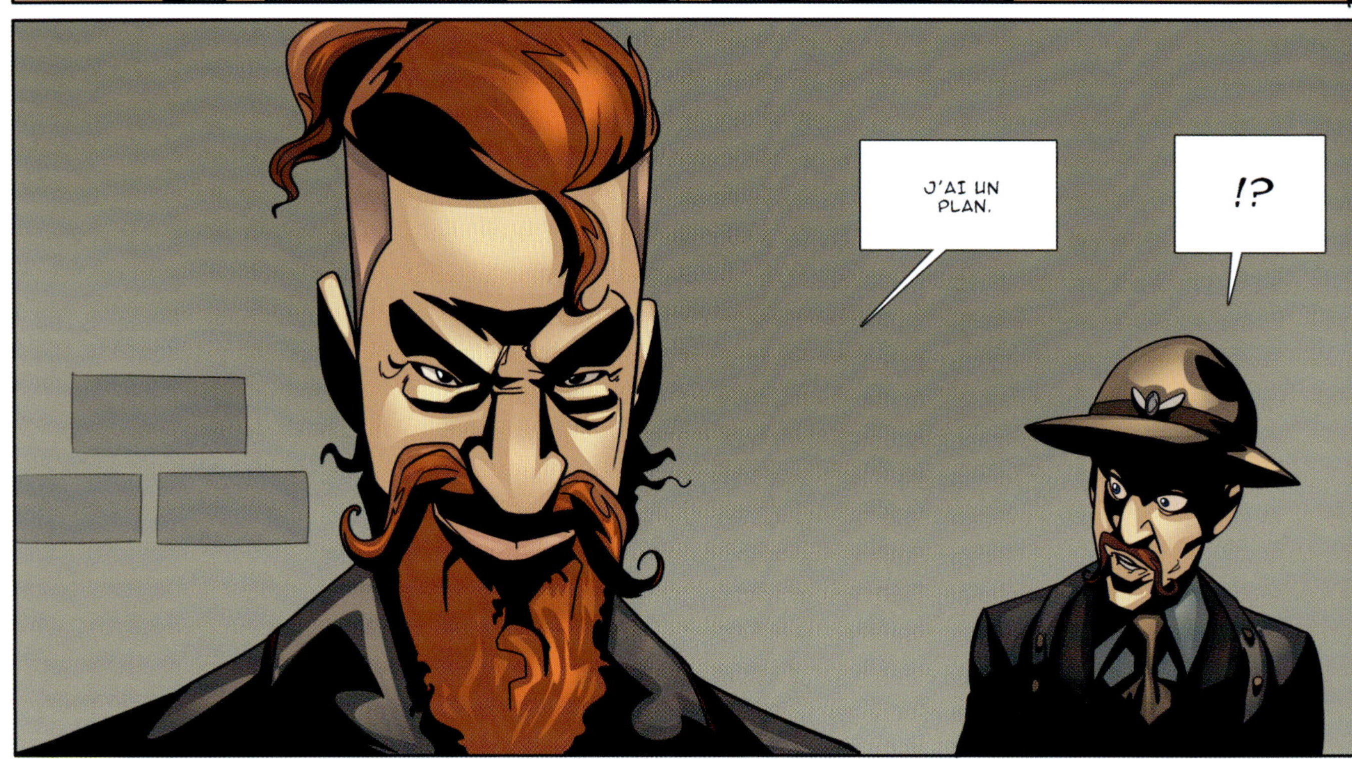
J'AI UN PLAN.
!?

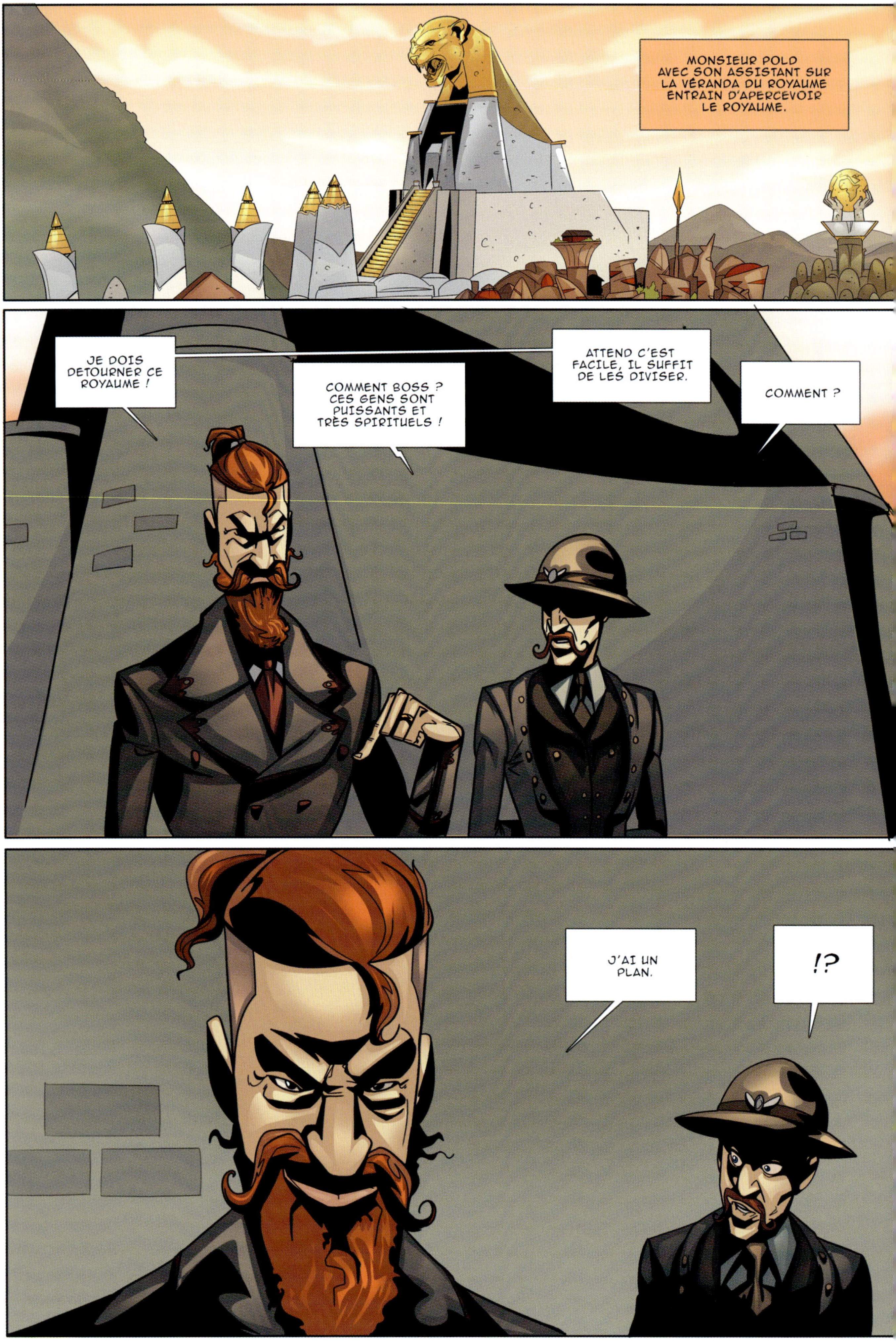

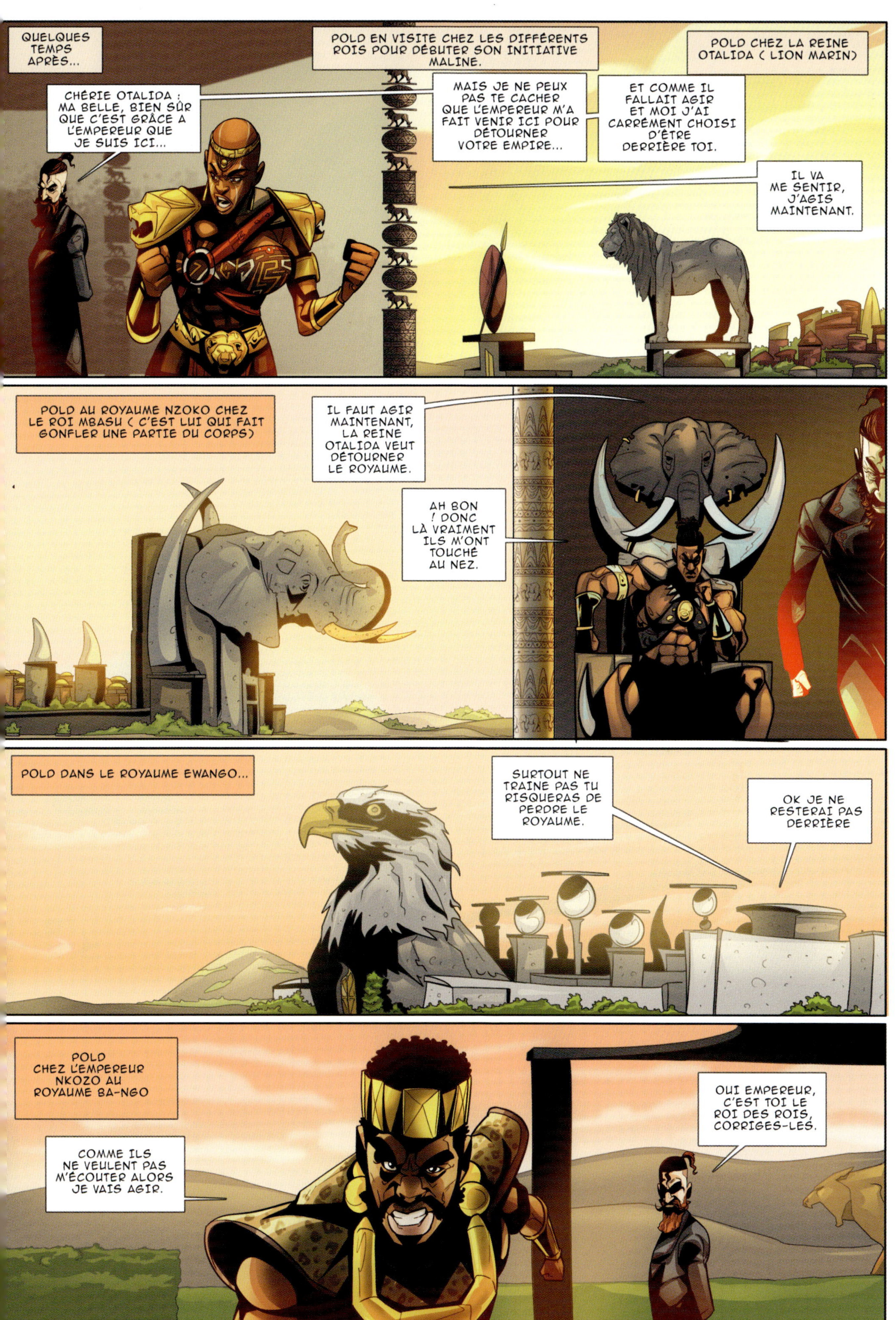
QUELQUES TEMPS APRÈS...
POLD EN VISITE CHEZ LES DIFFÉRENTS ROIS POUR DÉBUTER SON INITIATIVE MALINE.
POLD CHEZ LA REINE OTALIDA (LION MARIN)
CHÉRIE OTALIDA : MA BELLE, BIEN SÛR QUE C'EST GRÂCE A L'EMPEREUR QUE JE SUIS ICI...
MAIS JE NE PEUX PAS TE CACHER QUE L'EMPEREUR M'A FAIT VENIR ICI POUR DÉTOURNER VOTRE EMPIRE...
ET COMME IL FALLAIT AGIR ET MOI J'AI CARRÉMENT CHOISI D'ÊTRE DERRIÈRE TOI.
IL VA ME SENTIR, J'AGIS MAINTENANT.
POLD AU ROYAUME NZOKO CHEZ LE ROI MBASU (C'EST LUI QUI FAIT GONFLER UNE PARTIE DU CORPS)
IL FAUT AGIR MAINTENANT, LA REINE OTALIDA VEUT DÉTOURNER LE ROYAUME.
AH BON ! DONC LÀ VRAIMENT ILS M'ONT TOUCHÉ AU NEZ.
POLD DANS LE ROYAUME EWANGO...
SURTOUT NE TRAINE PAS TU RISQUERAS DE PERDRE LE ROYAUME.
OK JE NE RESTERAI PAS DERRIÈRE
POLD CHEZ L'EMPEREUR NKOZO AU ROYAUME BA-NGO
COMME ILS NE VEULENT PAS M'ÉCOUTER ALORS JE VAIS AGIR.
OUI EMPEREUR, C'EST TOI LE ROI DES ROIS, CORRIGES-LES.

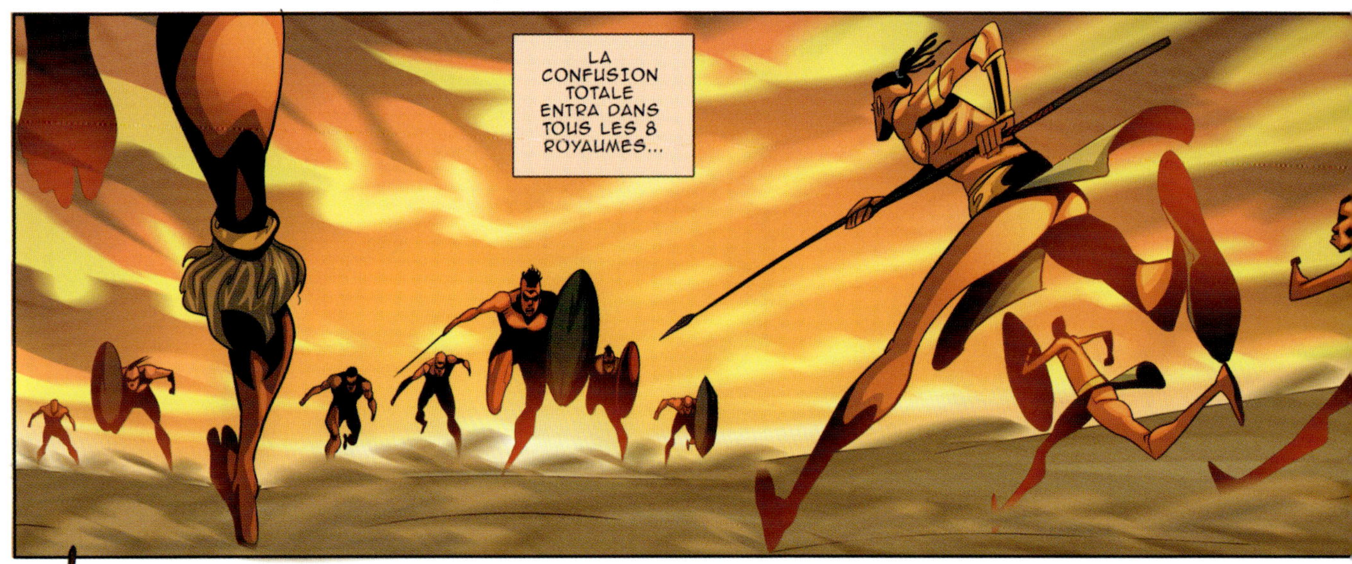
LA CONFUSION TOTALE ENTRA DANS TOUS LES 8 ROYAUMES...

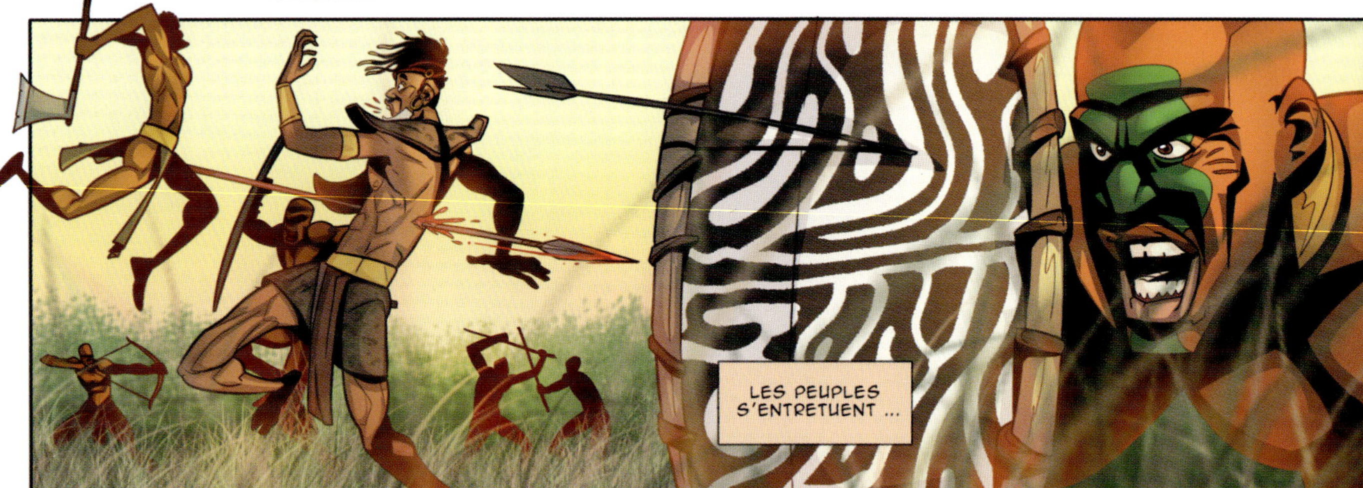
LES PEUPLES S'ENTRETUENT ...

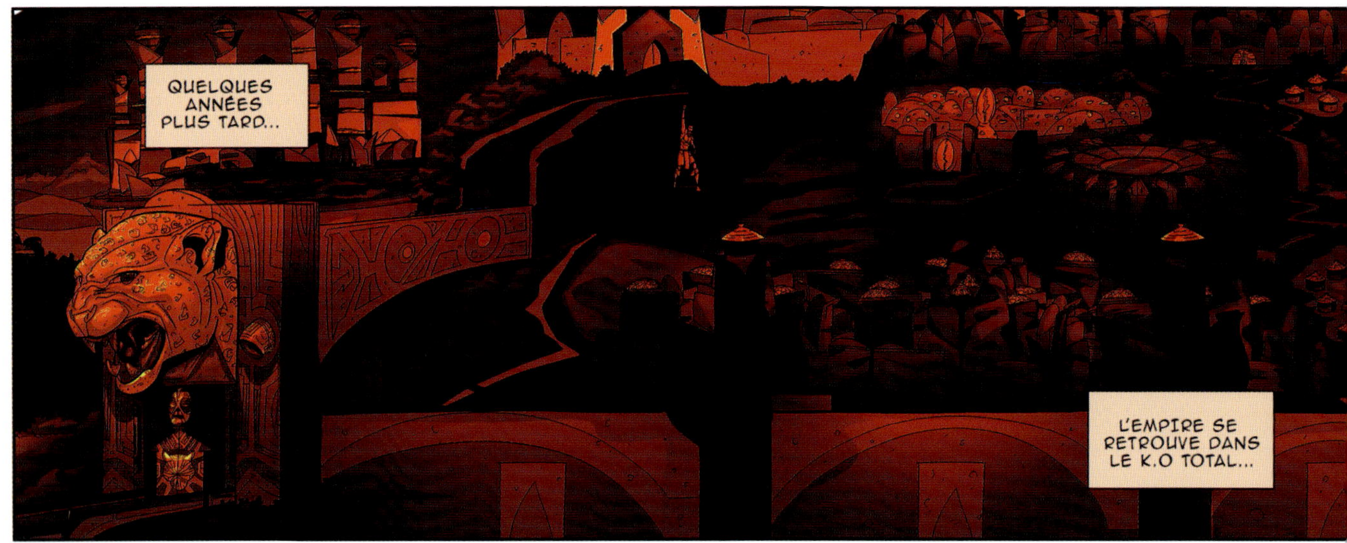
QUELQUES ANNÉES PLUS TARD...
L'EMPIRE SE RETROUVE DANS LE K.O TOTAL...

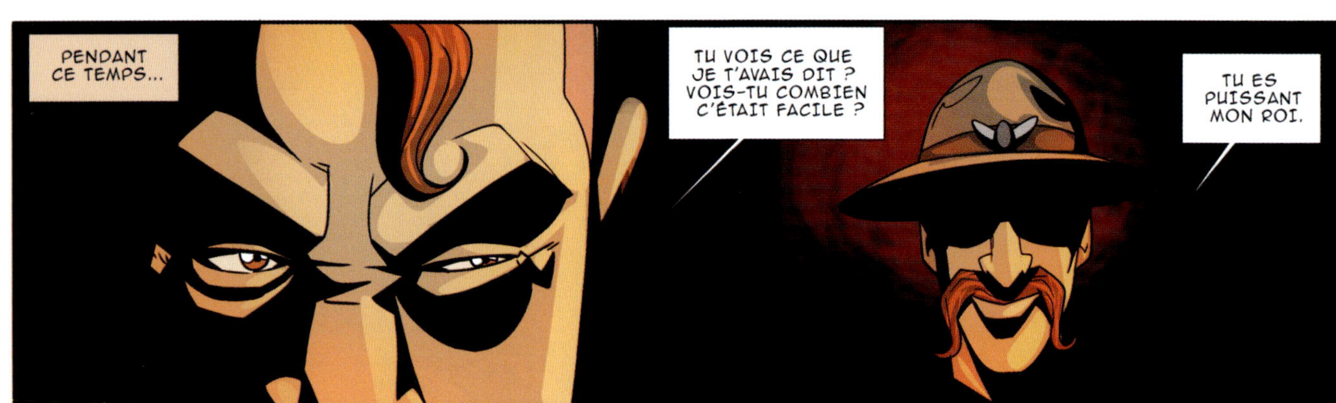
PENDANT CE TEMPS...
TU VOIS CE QUE JE T'AVAIS DIT ? VOIS-TU COMBIEN C'ÉTAIT FACILE ?
TU ES PUISSANT MON ROI.

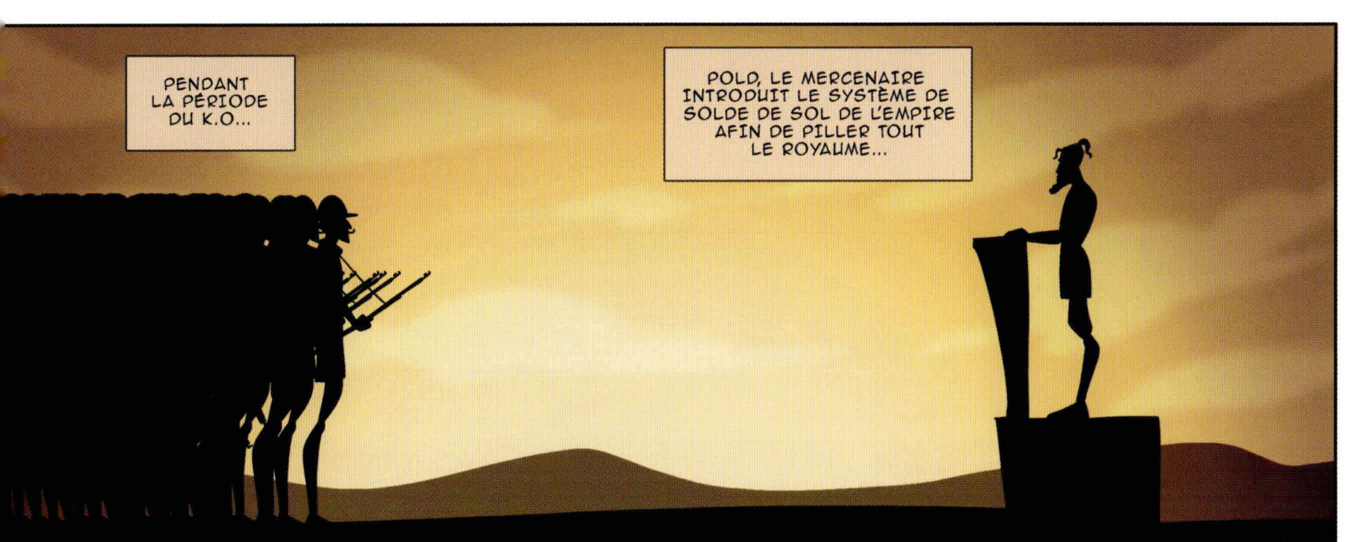

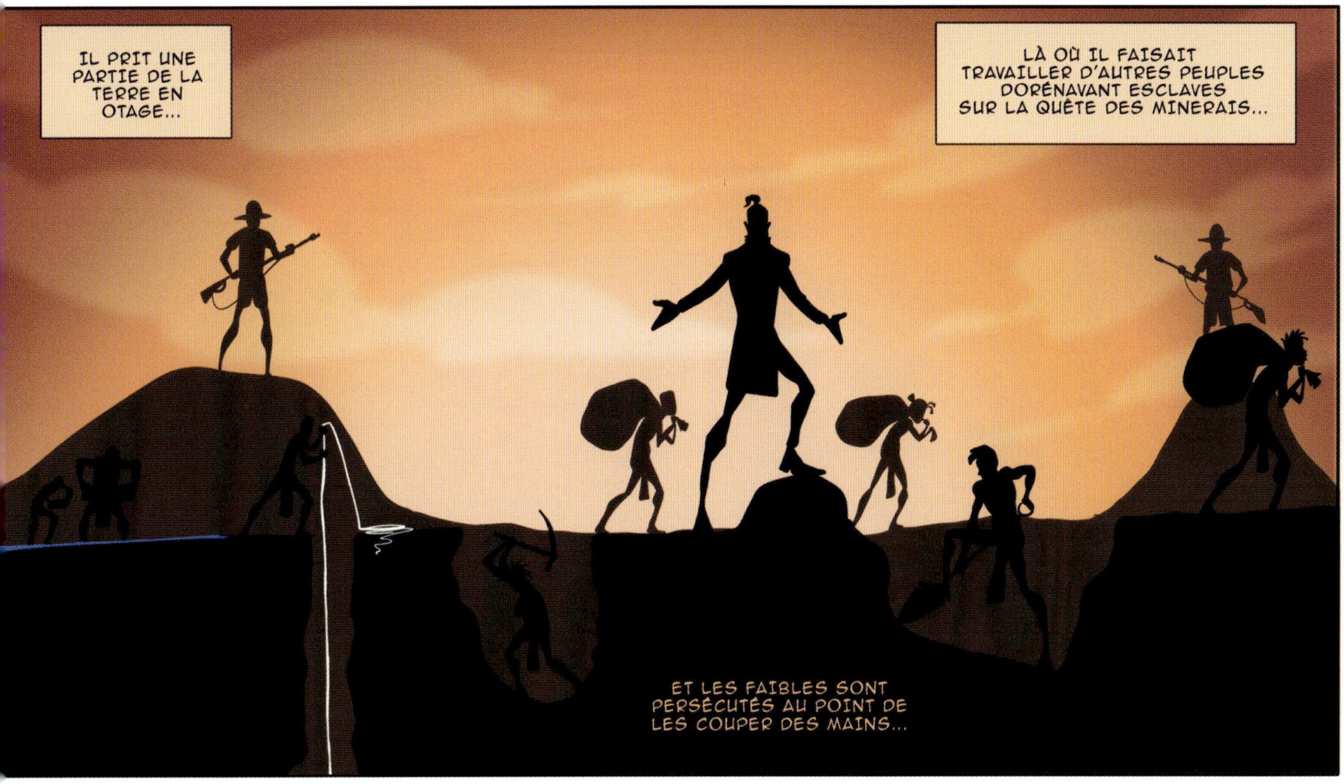

IL PRIT UNE PARTIE DE LA TERRE EN OTAGE...

LÀ OÙ IL FAISAIT TRAVAILLER D'AUTRES PEUPLES DORÉNAVANT ESCLAVES SUR LA QUÊTE DES MINERAIS...

ET LES FAIBLES SONT PERSÉCUTÉS AU POINT DE LES COUPER DES MAINS...

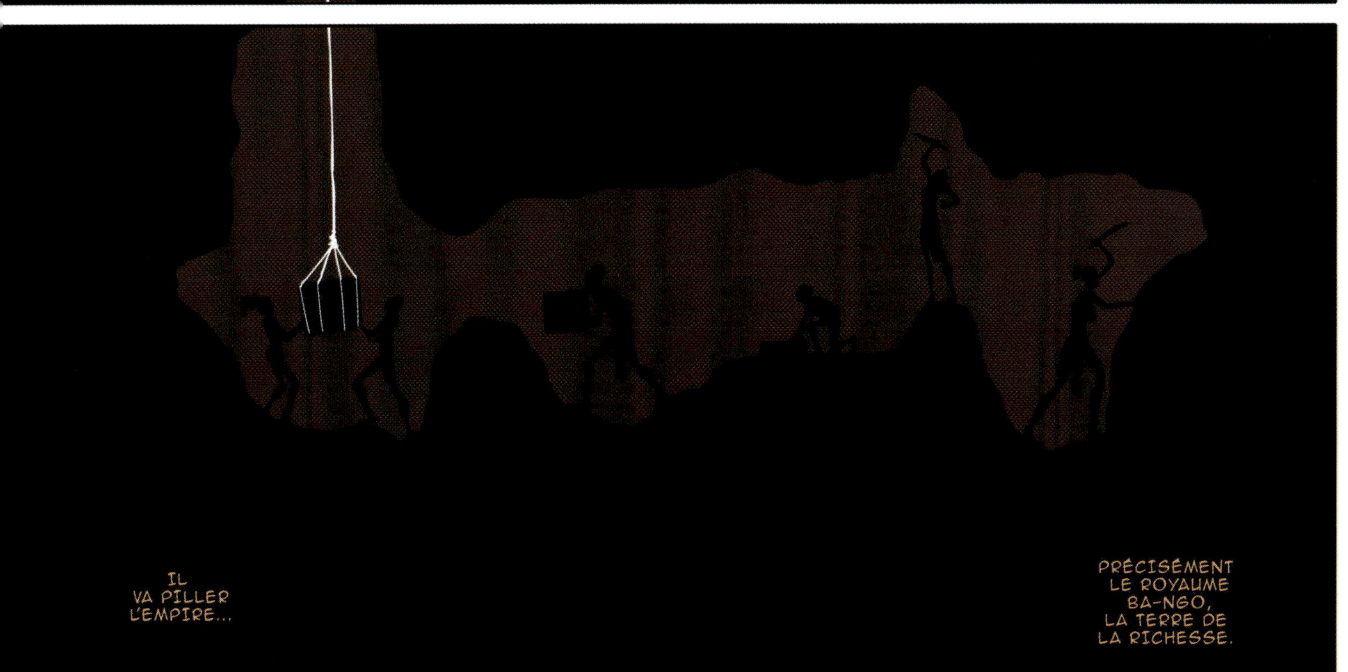

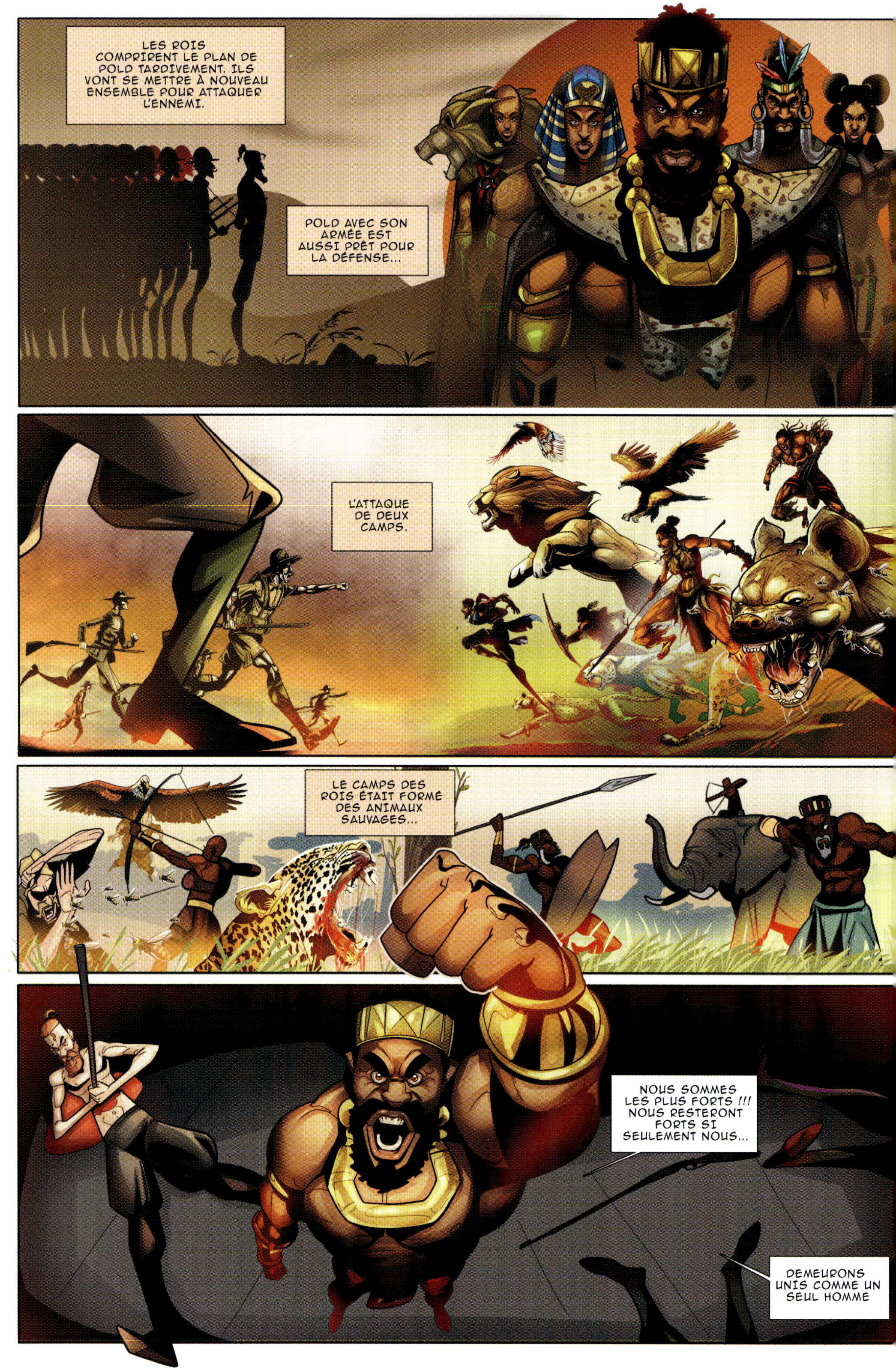
LES ROIS COMPRIRENT LE PLAN DE POLD TARDIVEMENT. ILS VONT SE METTRE À NOUVEAU ENSEMBLE POUR ATTAQUER L'ENNEMI.
POLD AVEC SON ARMÉE EST AUSSI PRÊT POUR LA DÉFENSE...
L'ATTAQUE DE DEUX CAMPS.
LE CAMPS DES ROIS ÉTAIT FORMÉ DES ANIMAUX SAUVAGES...
NOUS SOMMES LES PLUS FORTS !!! NOUS RESTERONT FORTS SI SEULEMENT NOUS...
DEMEURONS UNIS COMME UN SEUL HOMME

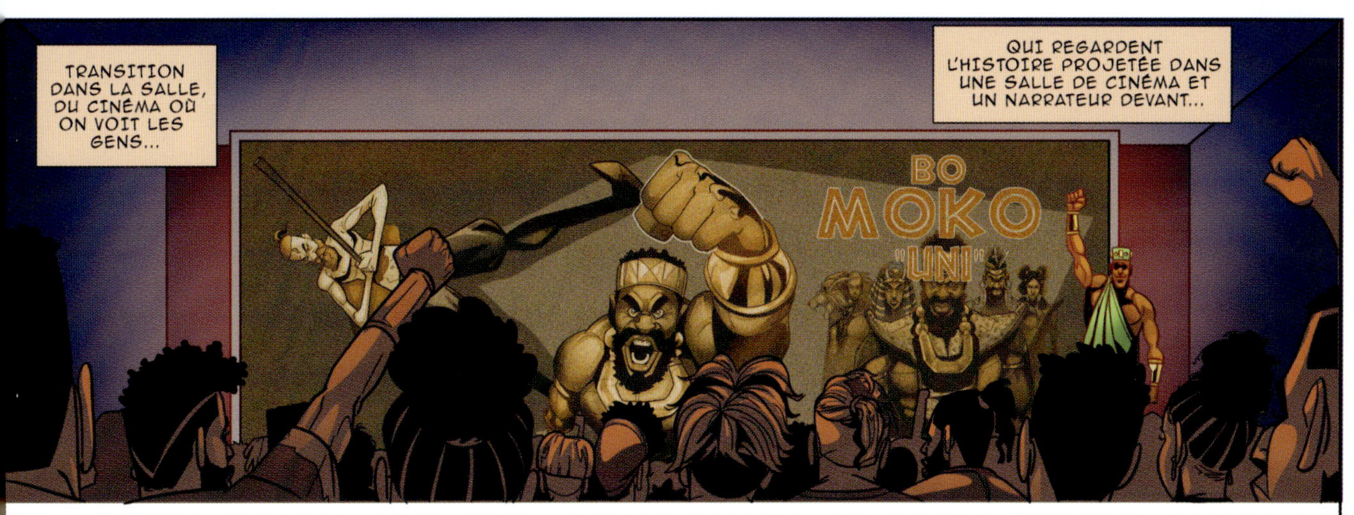

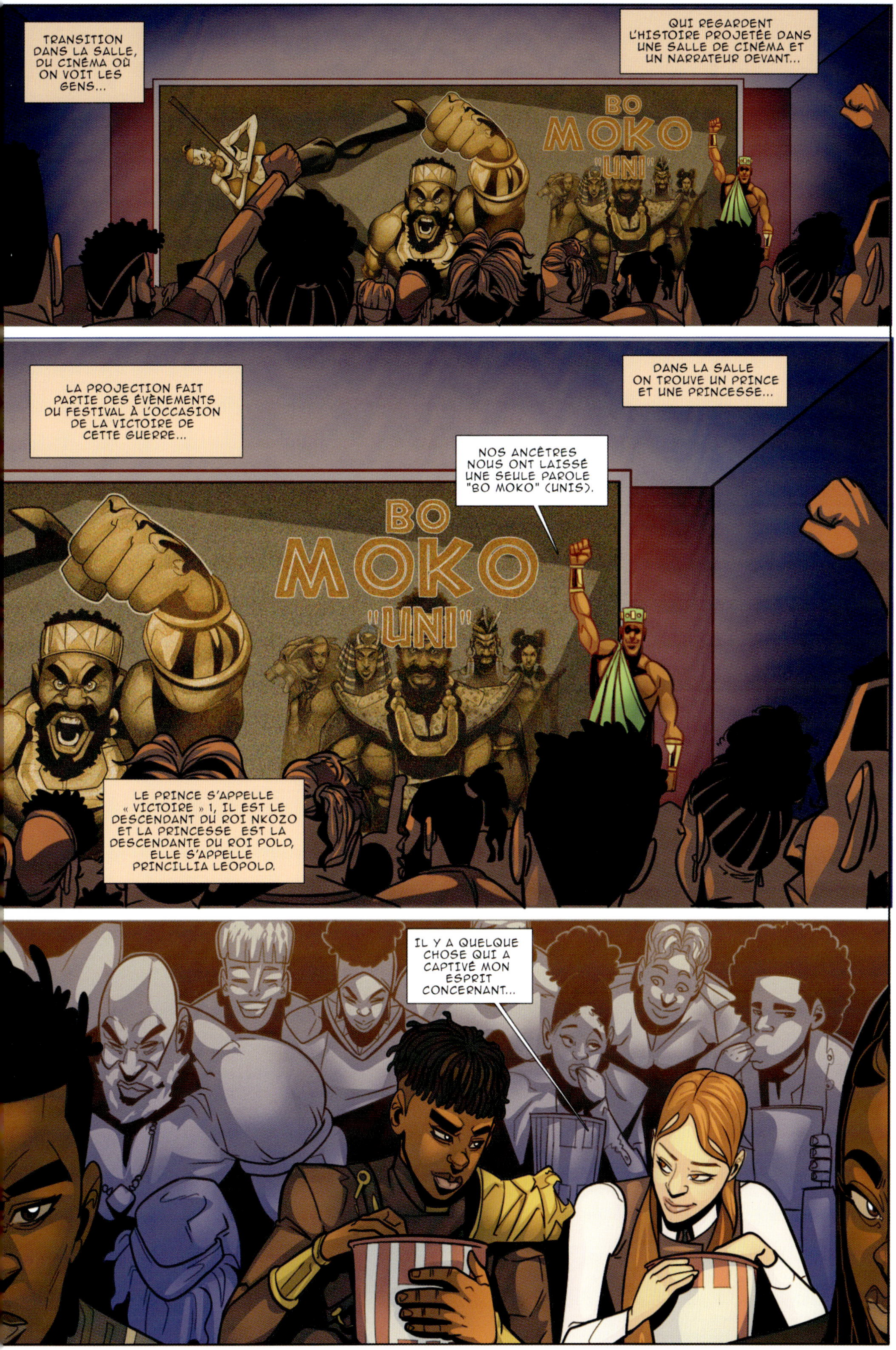

LA PROJECTION FAIT PARTIE DES ÈVÈNEMENTS DU FESTIVAL À L'OCCASION DE LA VICTOIRE DE CETTE GUERRE...

DANS LA SALLE ON TROUVE UN PRINCE ET UNE PRINCESSE...

NOS ANCÊTRES NOUS ONT LAISSÉ UNE SEULE PAROLE "BO MOKO" (UNIS).

BO MOKO "UNI"

LE PRINCE S'APPELLE « VICTOIRE » 1, IL EST LE DESCENDANT DU ROI NKOZO ET LA PRINCESSE EST LA DESCENDANTE DU ROI POLD, ELLE S'APPELLE PRINCILLIA LEOPOLD.

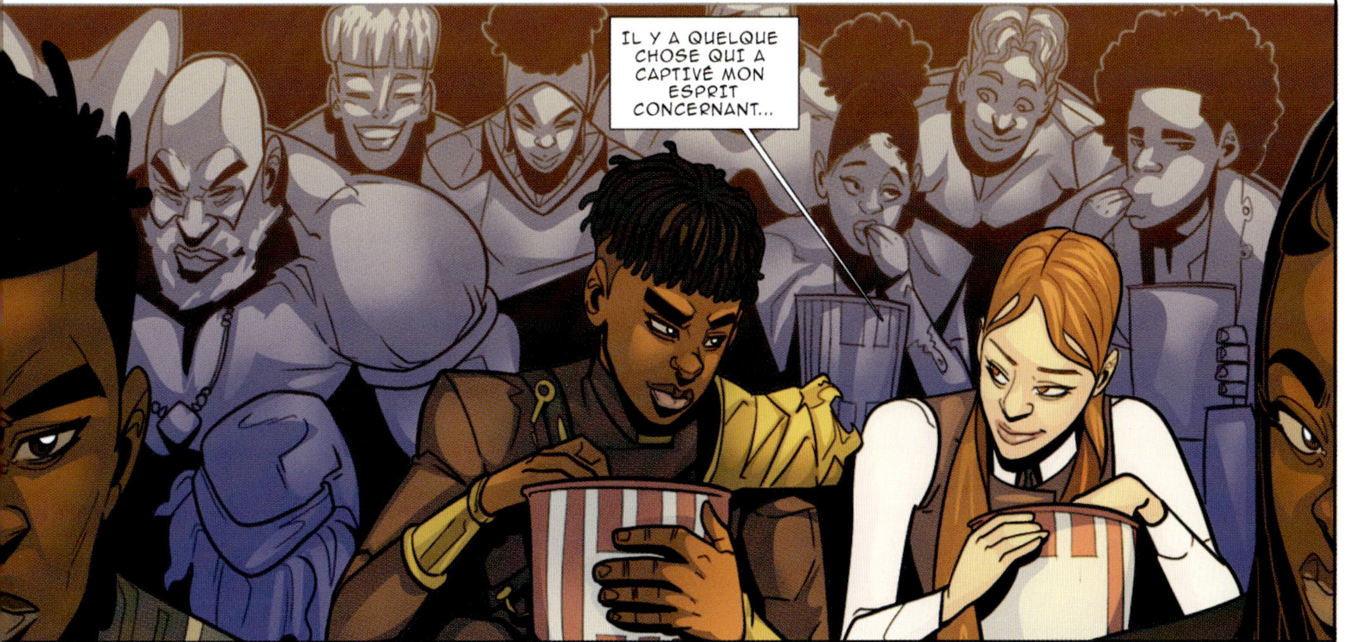

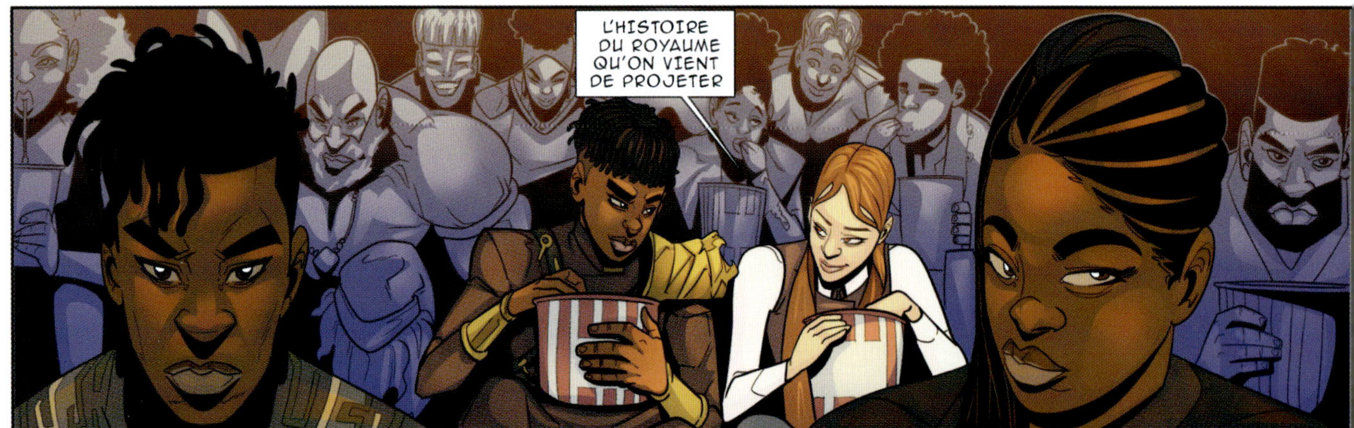

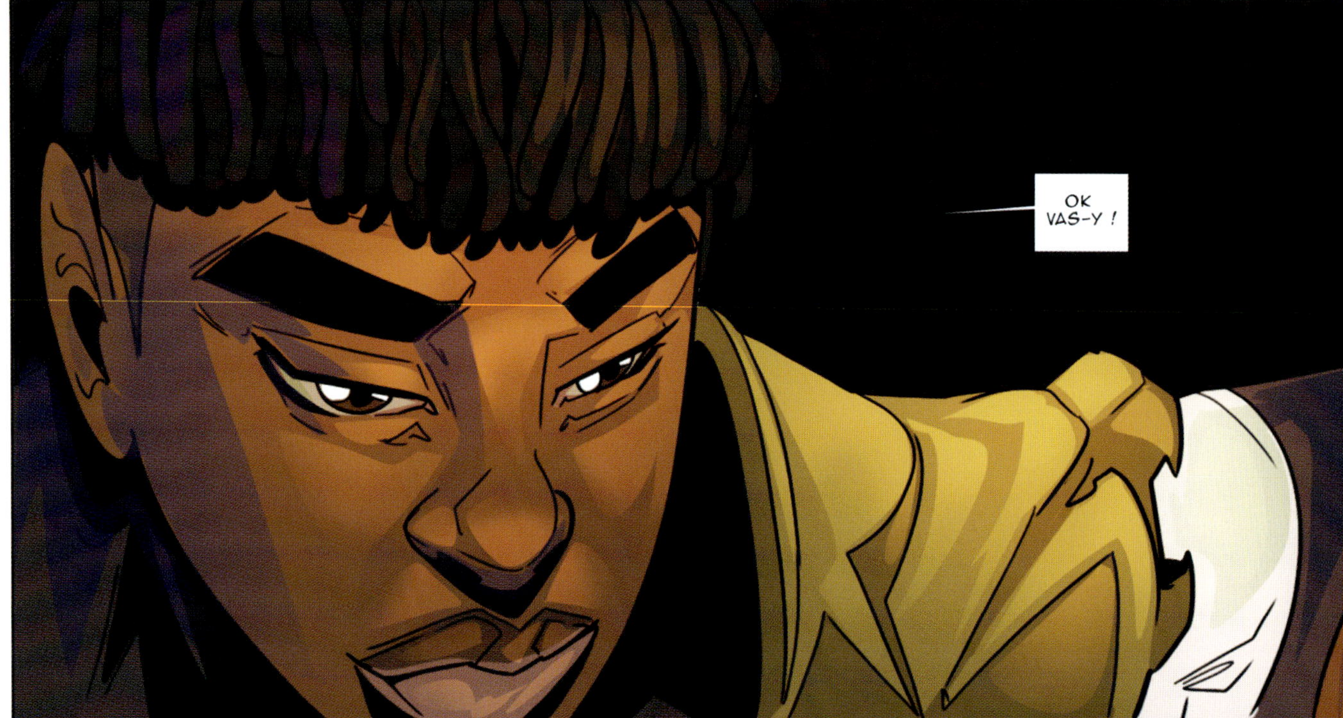

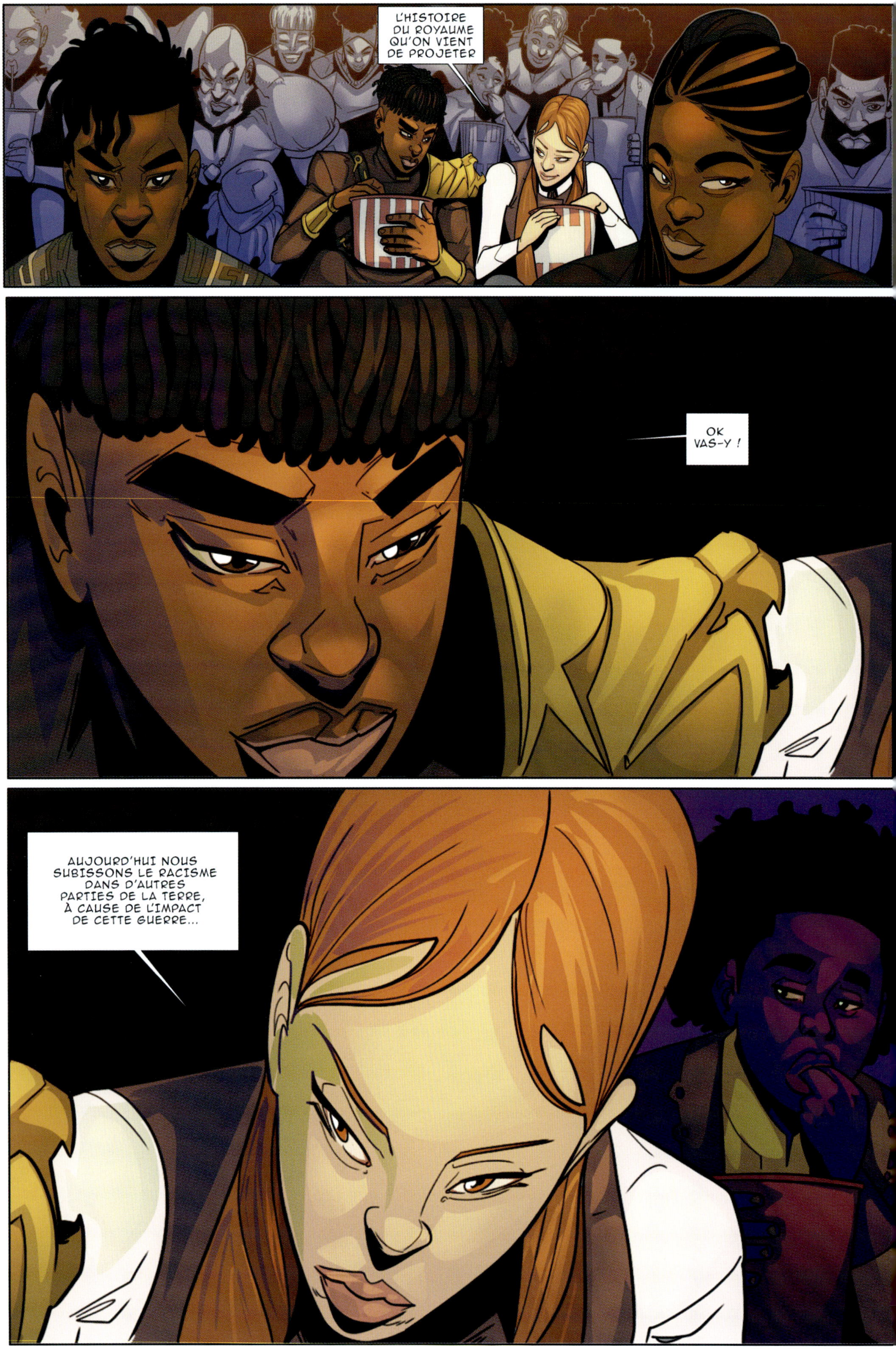

AUJOURD'HUI NOUS SUBISSONS LE RACISME DANS D'AUTRES PARTIES DE LA TERRE, À CAUSE DE L'IMPACT DE CETTE GUERRE...

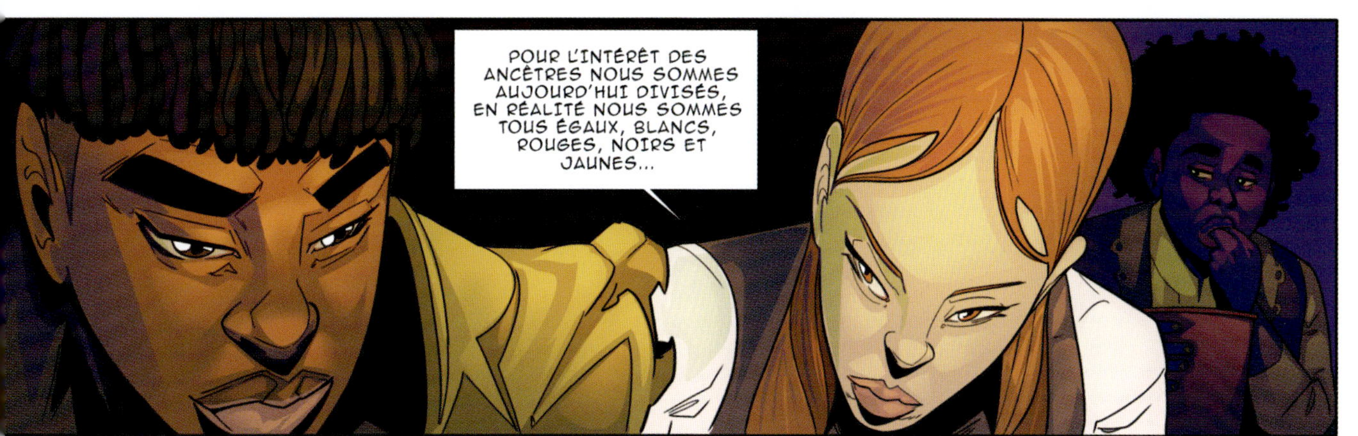
POUR L'INTÉRÊT DES ANCÊTRES NOUS SOMMES AUJOURD'HUI DIVISÉS, EN RÉALITÉ NOUS SOMMES TOUS ÉGAUX, BLANCS, ROUGES, NOIRS ET JAUNES...

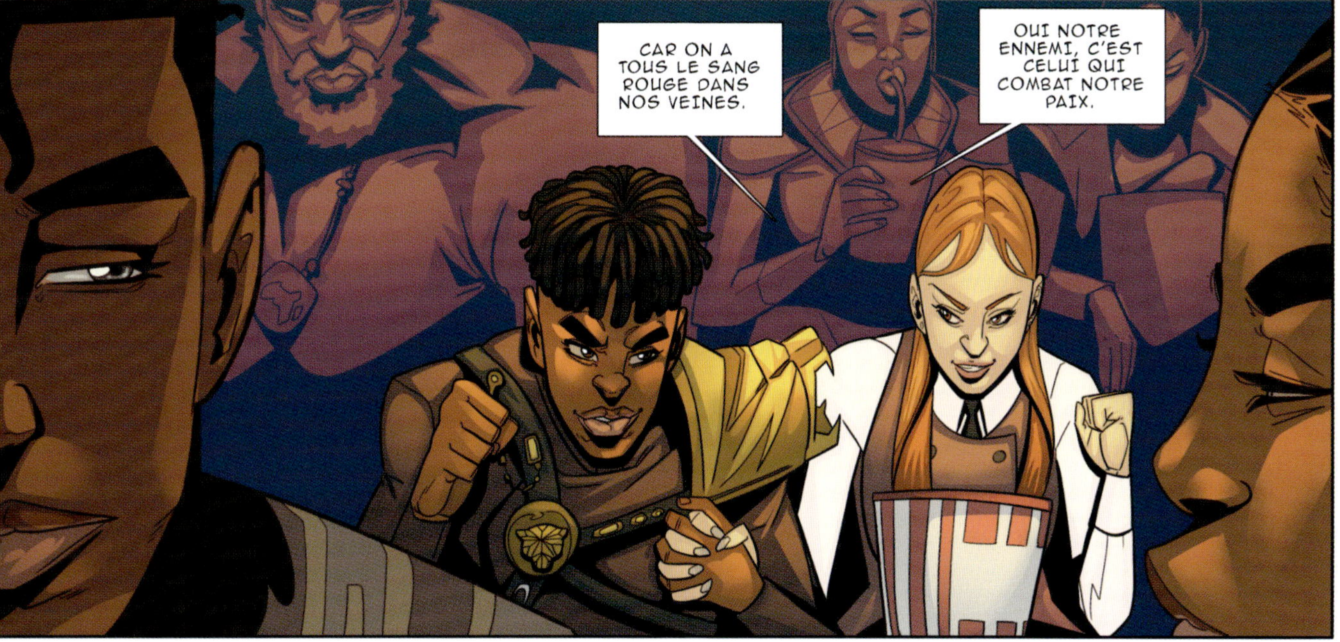
CAR ON A TOUS LE SANG ROUGE DANS NOS VEINES.
OUI NOTRE ENNEMI, C'EST CELUI QUI COMBAT NOTRE PAIX.

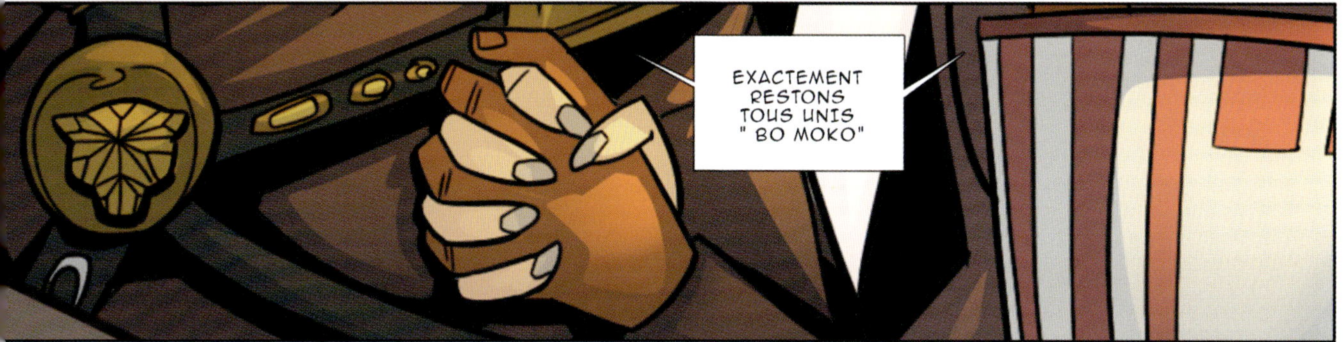
EXACTEMENT RESTONS TOUS UNIS " BO MOKO"

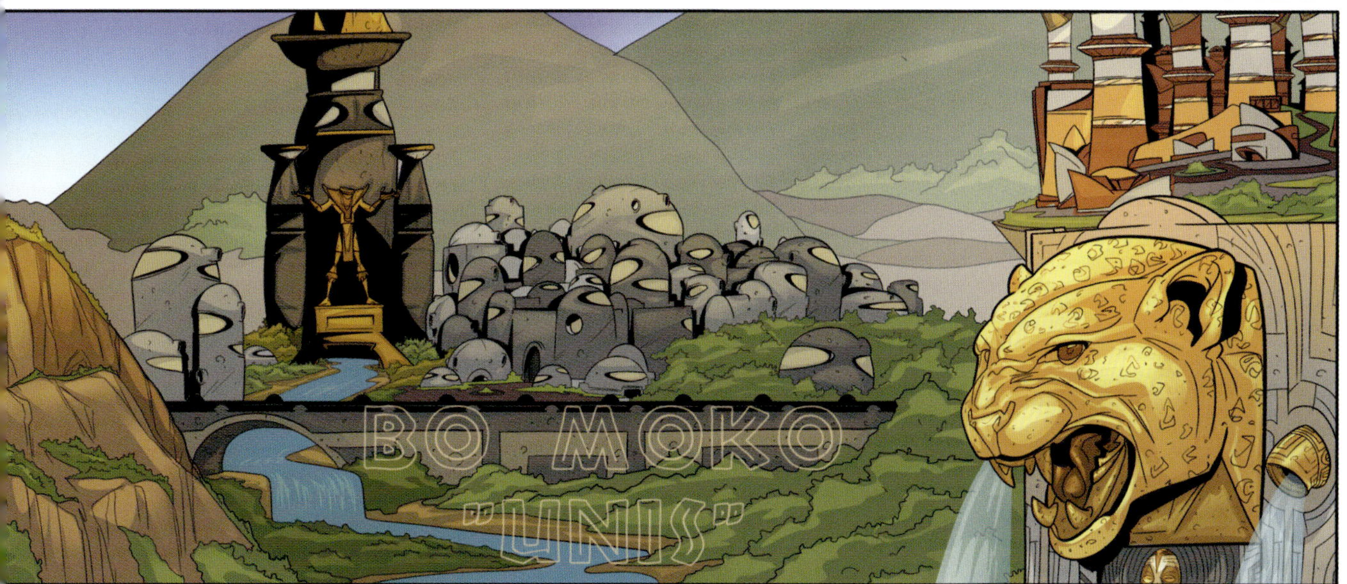
BO MOKO
"UNIS"

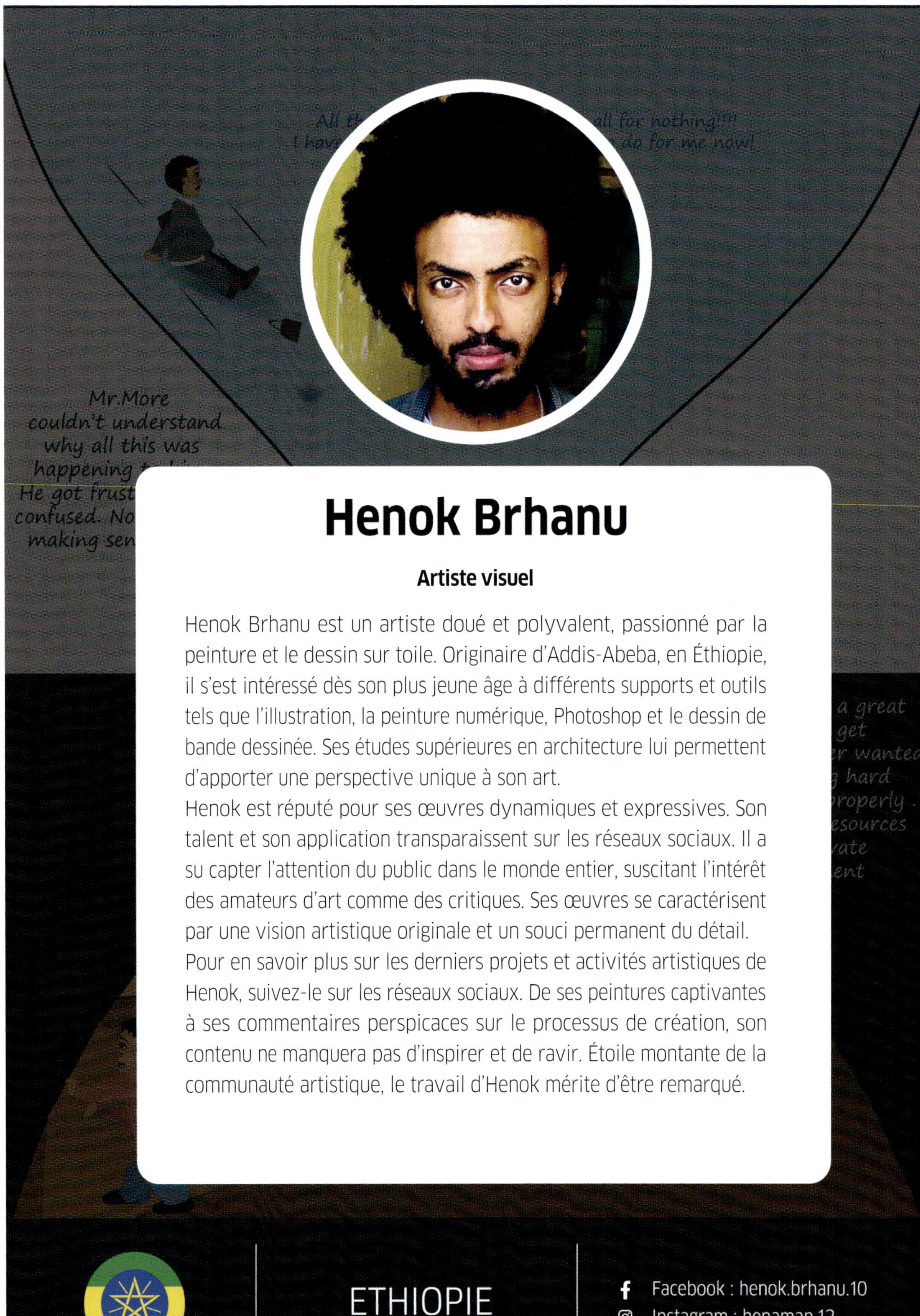

Henok Brhanu

Artiste visuel

Henok Brhanu est un artiste doué et polyvalent, passionné par la peinture et le dessin sur toile. Originaire d'Addis-Abeba, en Éthiopie, il s'est intéressé dès son plus jeune âge à différents supports et outils tels que l'illustration, la peinture numérique, Photoshop et le dessin de bande dessinée. Ses études supérieures en architecture lui permettent d'apporter une perspective unique à son art.

Henok est réputé pour ses œuvres dynamiques et expressives. Son talent et son application transparaissent sur les réseaux sociaux. Il a su capter l'attention du public dans le monde entier, suscitant l'intérêt des amateurs d'art comme des critiques. Ses œuvres se caractérisent par une vision artistique originale et un souci permanent du détail.

Pour en savoir plus sur les derniers projets et activités artistiques de Henok, suivez-le sur les réseaux sociaux. De ses peintures captivantes à ses commentaires perspicaces sur le processus de création, son contenu ne manquera pas d'inspirer et de ravir. Étoile montante de la communauté artistique, le travail d'Henok mérite d'être remarqué.

ETHIOPIE

Facebook : henok.brhanu.10
Instagram : henaman.12

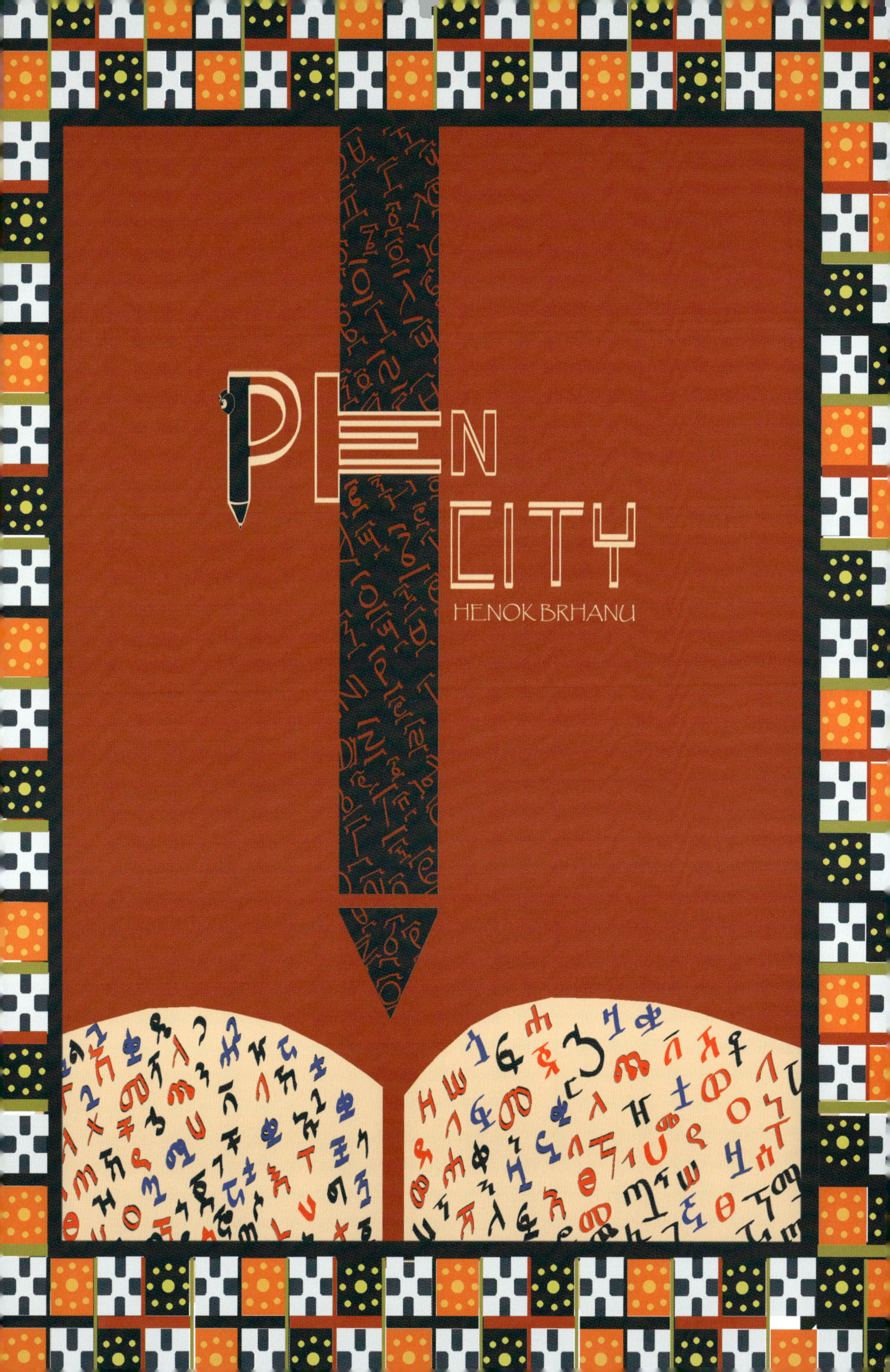
PEN CITY
HENOK BRHANU

Personnages de Pen City

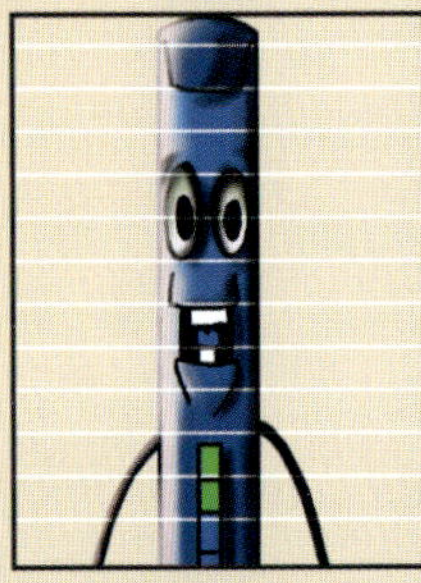

LES STYLOS BLEUS

Les stylos bleus sont des citoyens ordinaires, sans pouvoirs. Ils ne peuvent rien remettre en question, même pas leurs propres droits. À Pen City ils mènent une vie pénible et triste jusqu'à leur mort.

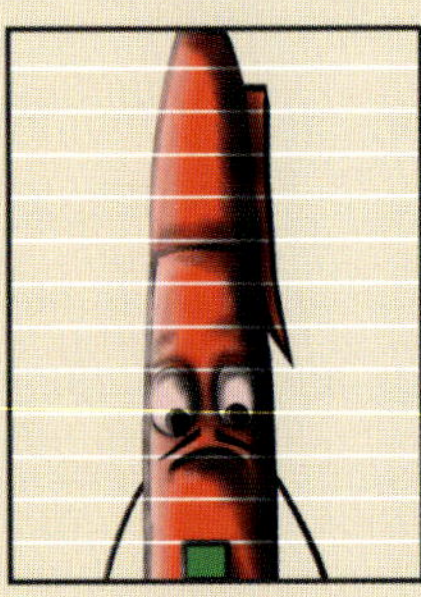

LES STYLOS ROUGES

Les stylos rouges sont des soldats au service du stylo chic.
Ils peuvent contrôler les stylos bleus et les emmener où ils veulent.

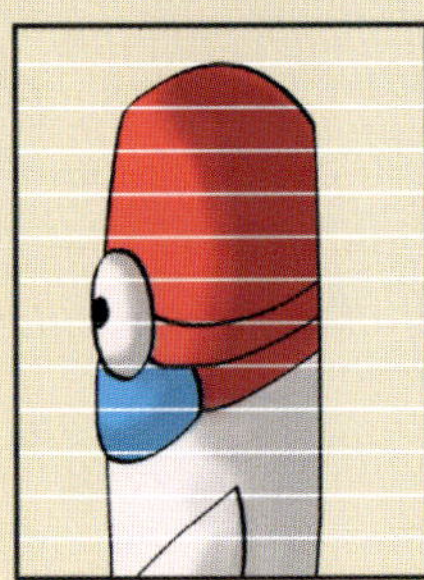

LE STYLO DOC

Le stylo doc travaille au laboratoire, un lieu secret de Pen City que seuls les stylos docs et le stylo chic connaissent. Divers processus d'encrage et de remplissage ont lieu à l'intérieur du laboratoire.

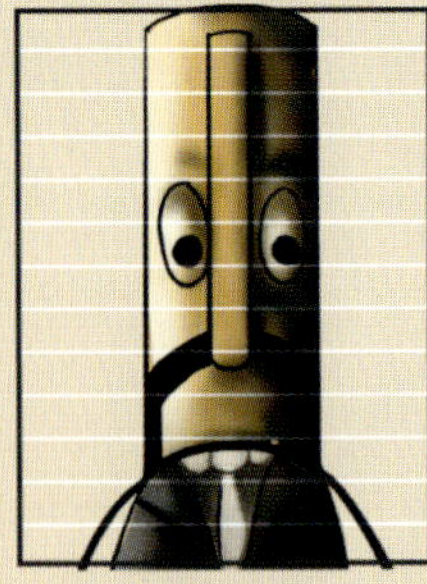

LE STYLO CHIC

C'est le stylo le plus puissant. Il prend toutes les décisions et a le contrôle total de la ville. Les stylos rouges et les stylos docs sont à son service. Personne ne questionne jamais son pouvoir, car tout le monde a peur des représailles. Le stylo chic est le seul à ne pas être transparent. Nul ne peut voir combien d'encre il lui reste.

La clé de cette histoire, c'est l'encre. Sa consommation est la source du conflit, car elle est vitale pour les stylos. En manquer signifie être inutile ou mort. Les besoins en encre du stylo chic sont plus grands, car son trait est épais et gras. Pour s'assurer une vie éternelle, il prend de force l'encre des stylos bleus afin de remplir son réservoir. Voilà ce qui se trame dans le laboratoire. Ils extraient l'encre des stylos bleus et la stockent dans de grands réservoirs jusqu'à ce que le stylo chic vienne se recharger.

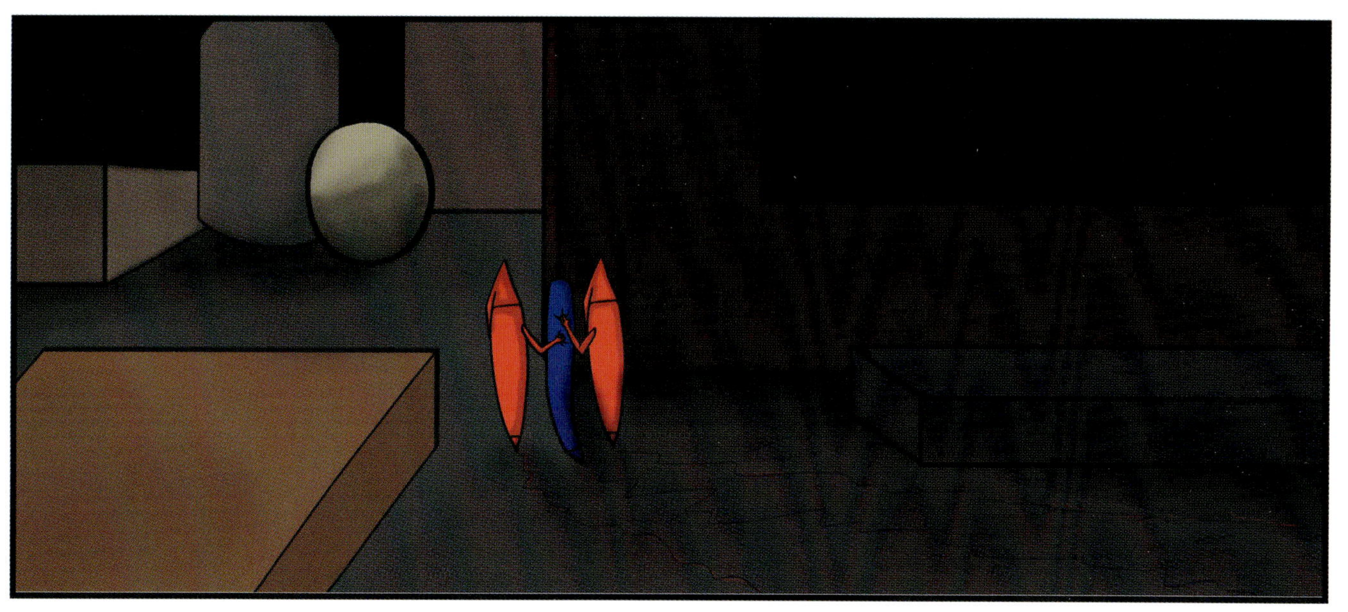

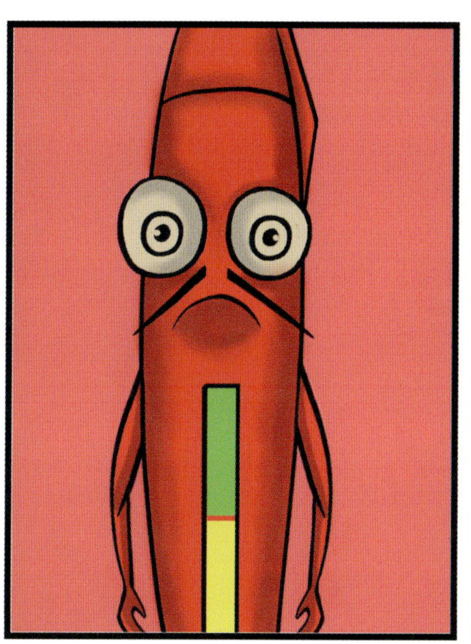

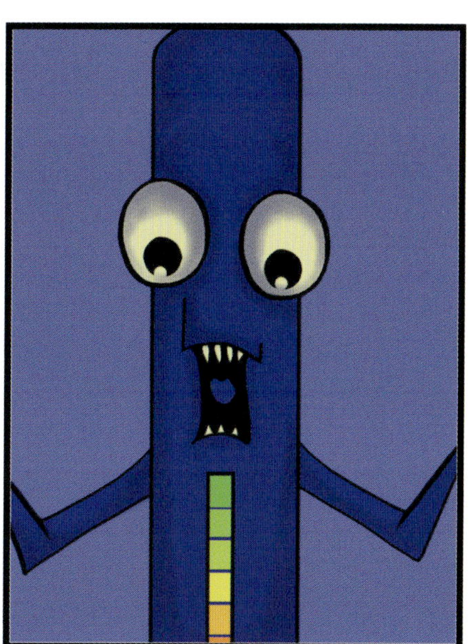

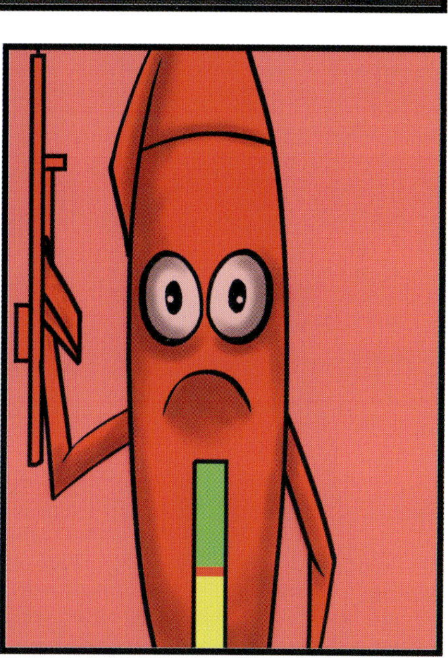

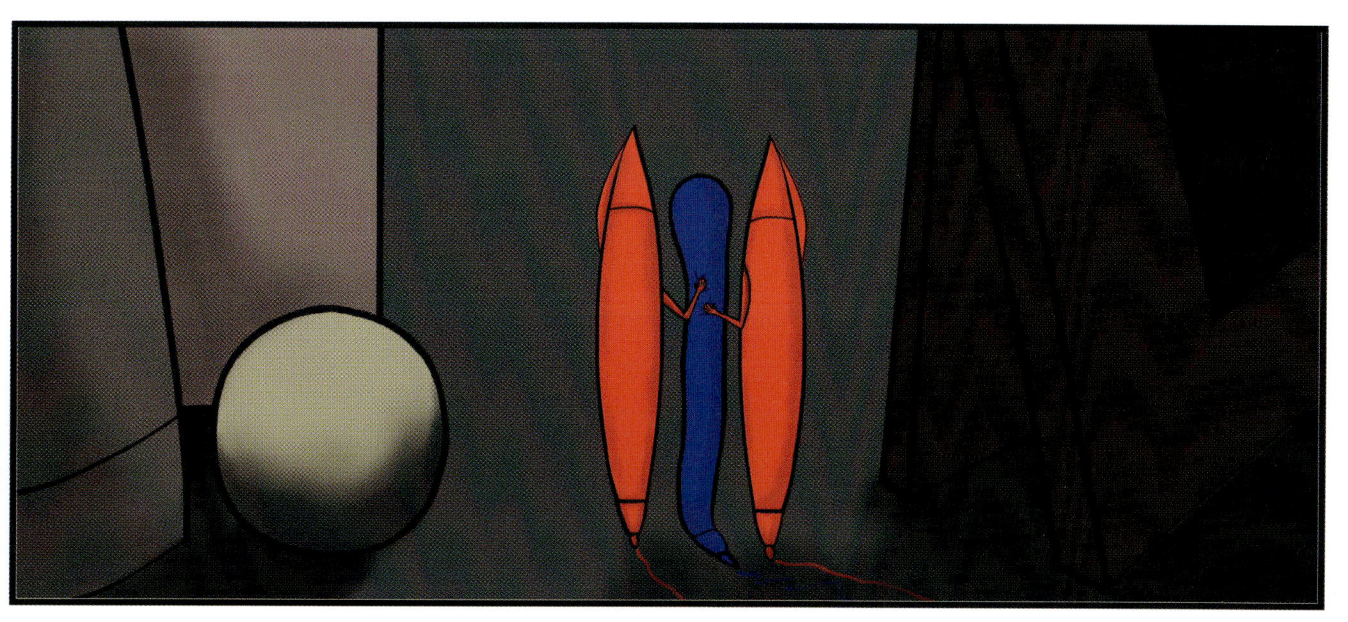

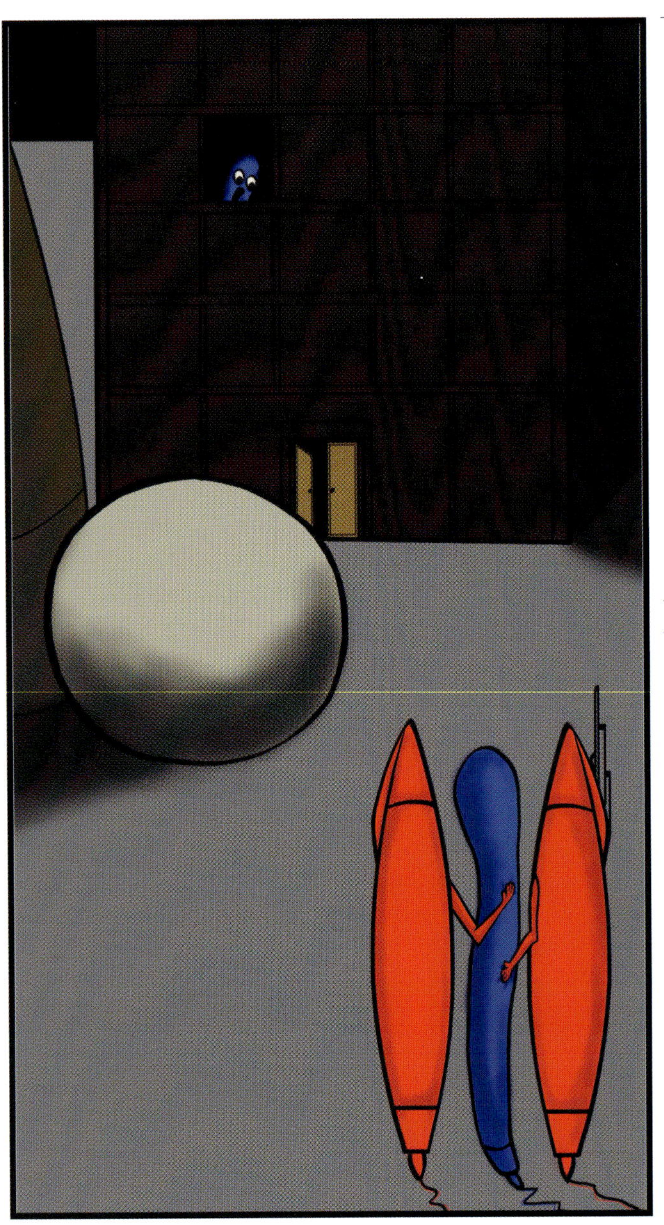

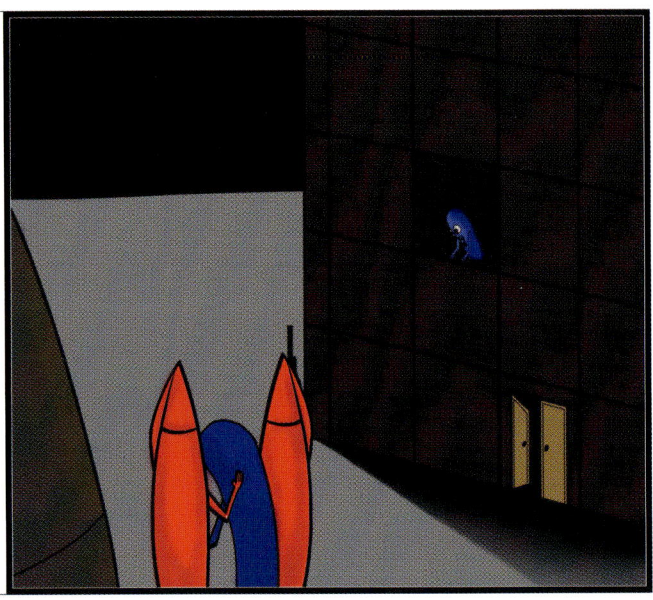

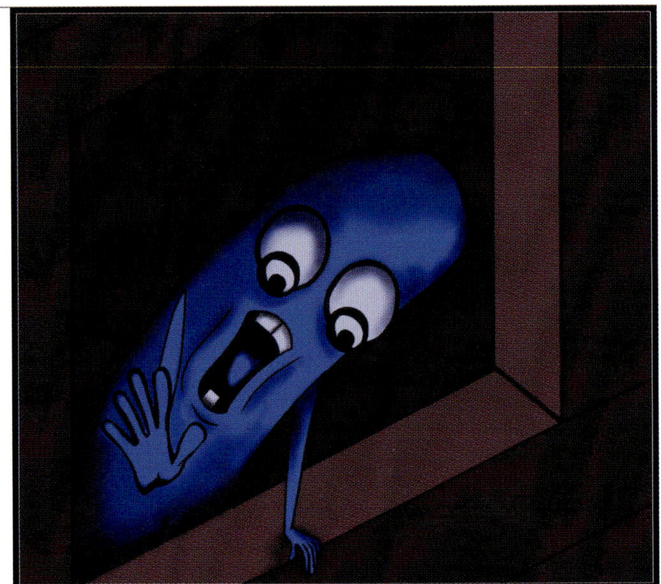

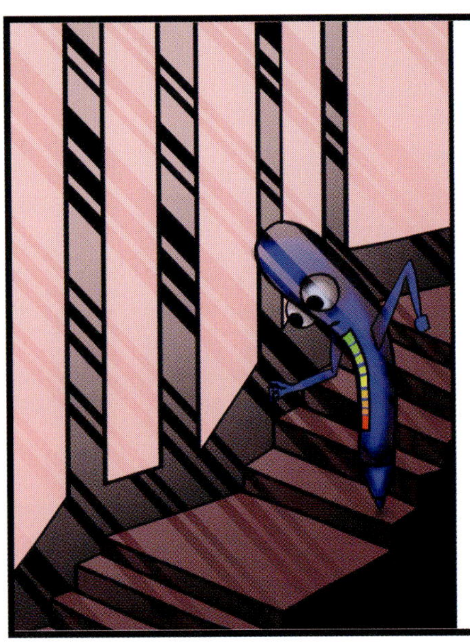

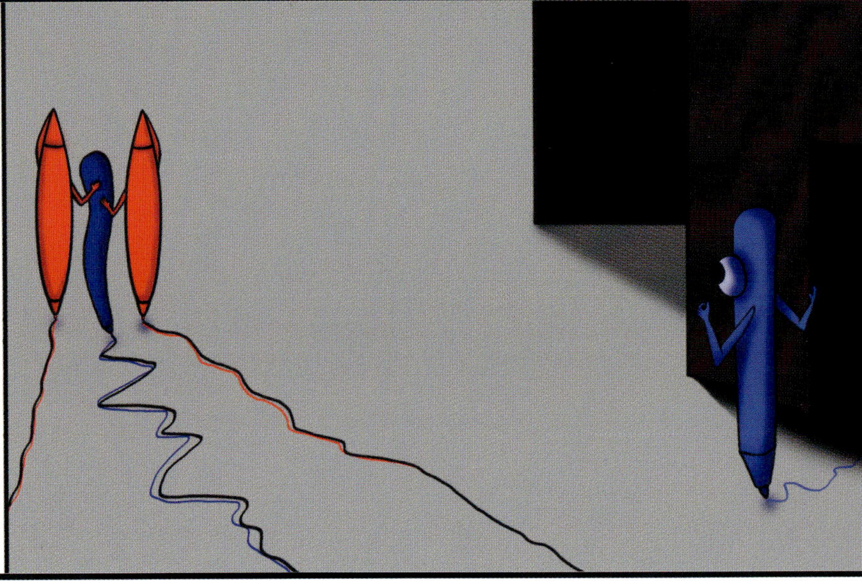

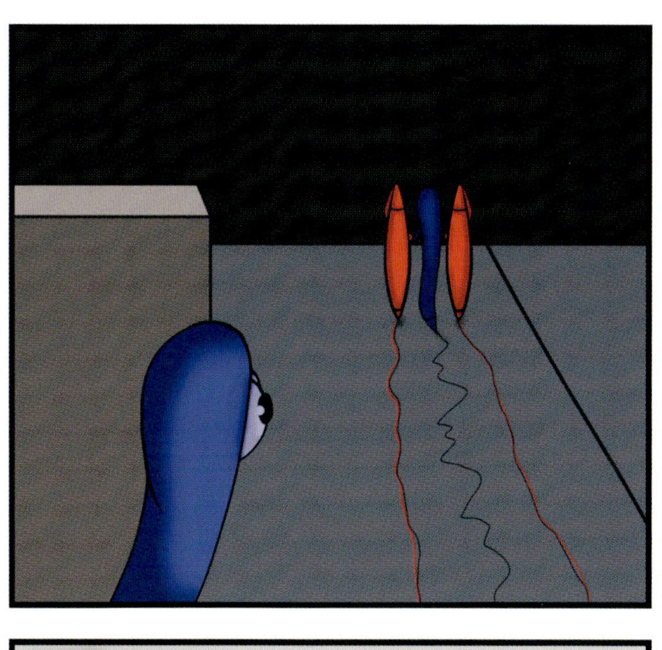
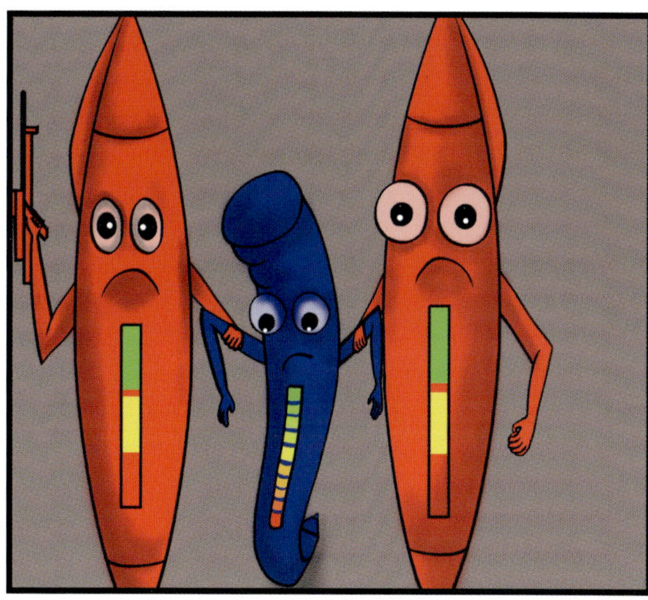
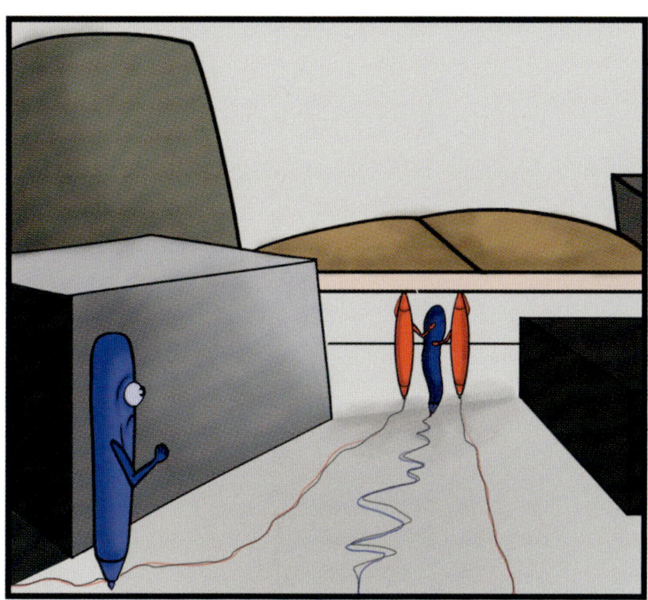
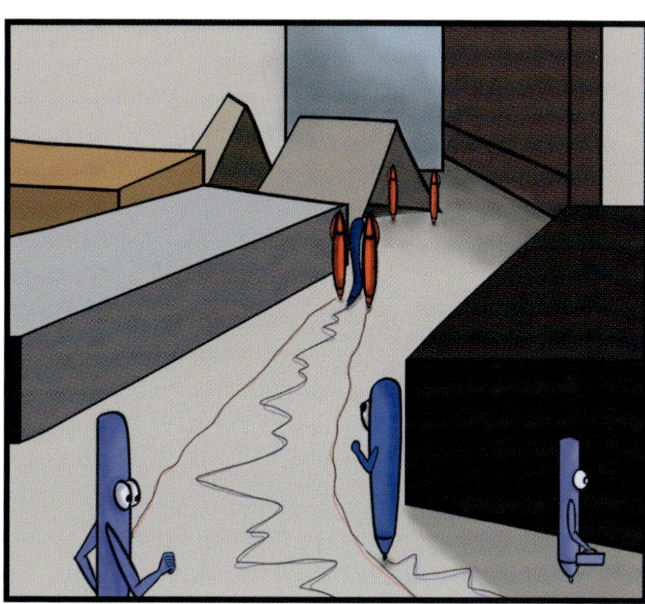
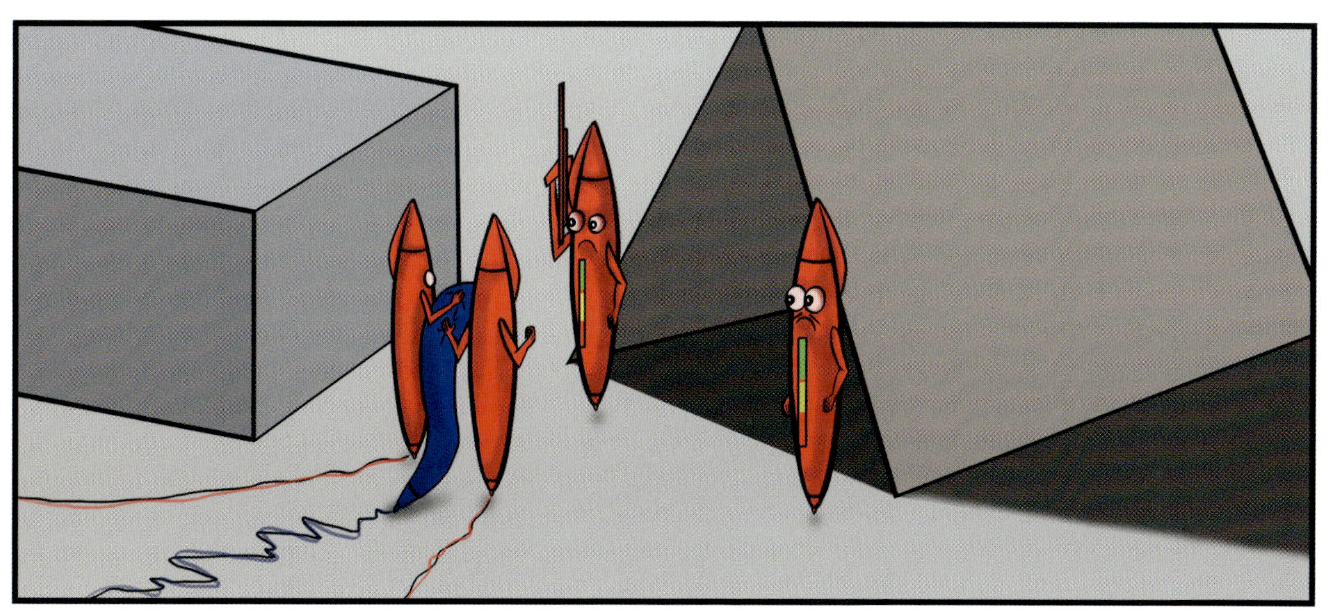

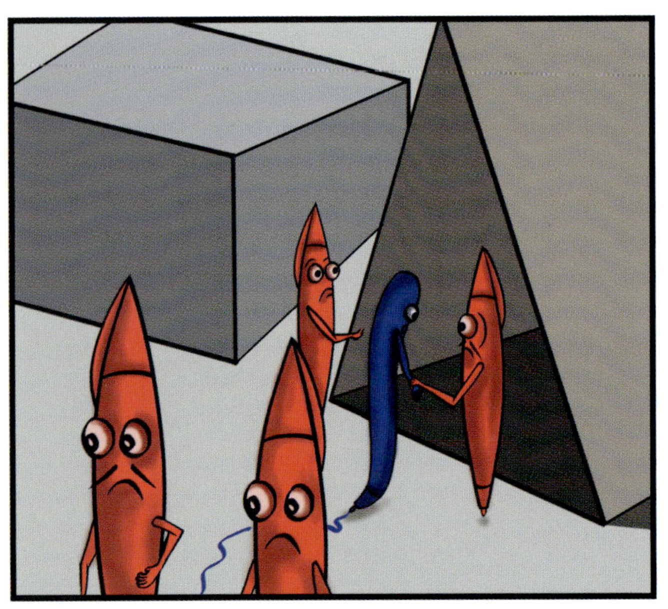
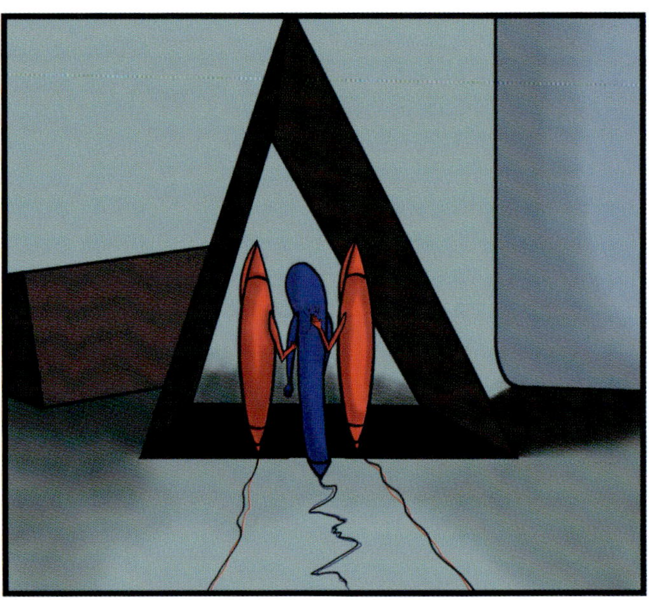
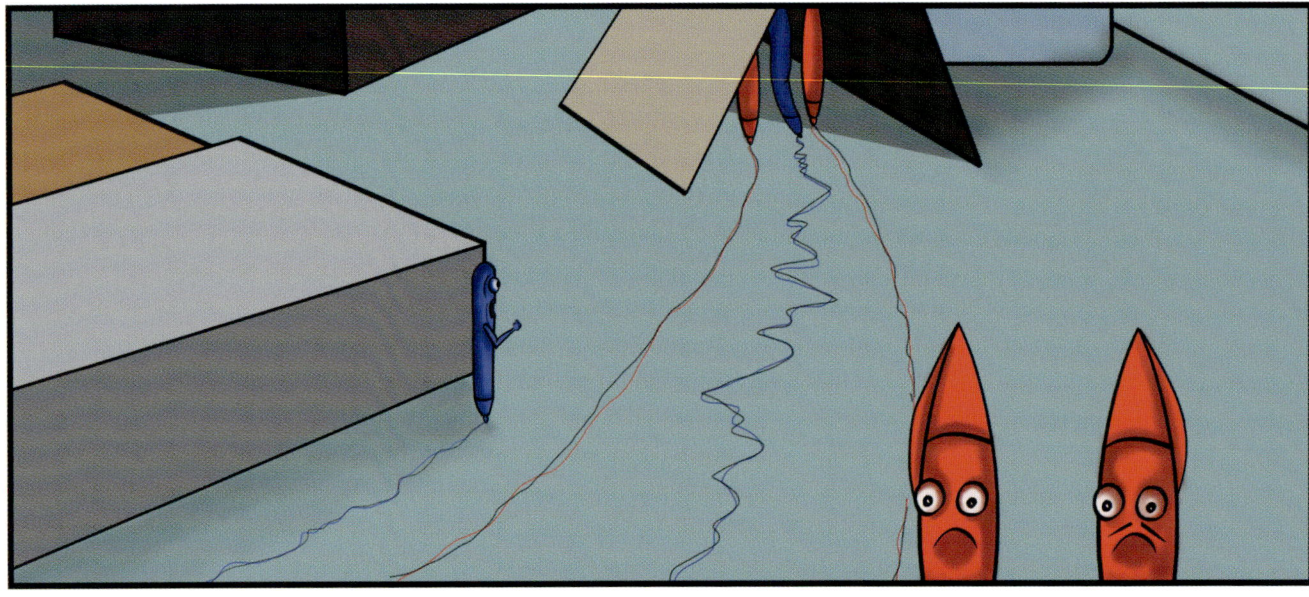
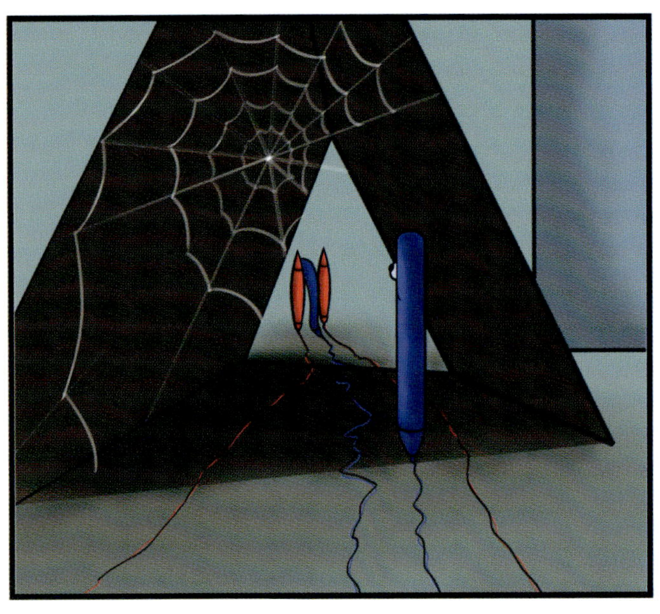
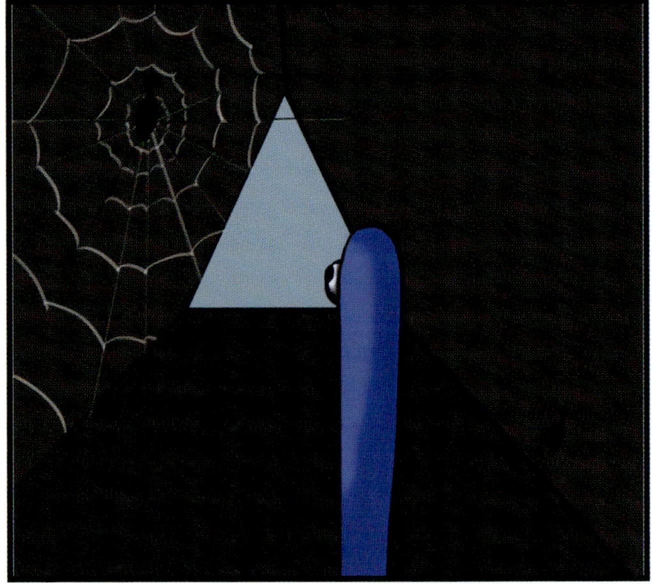

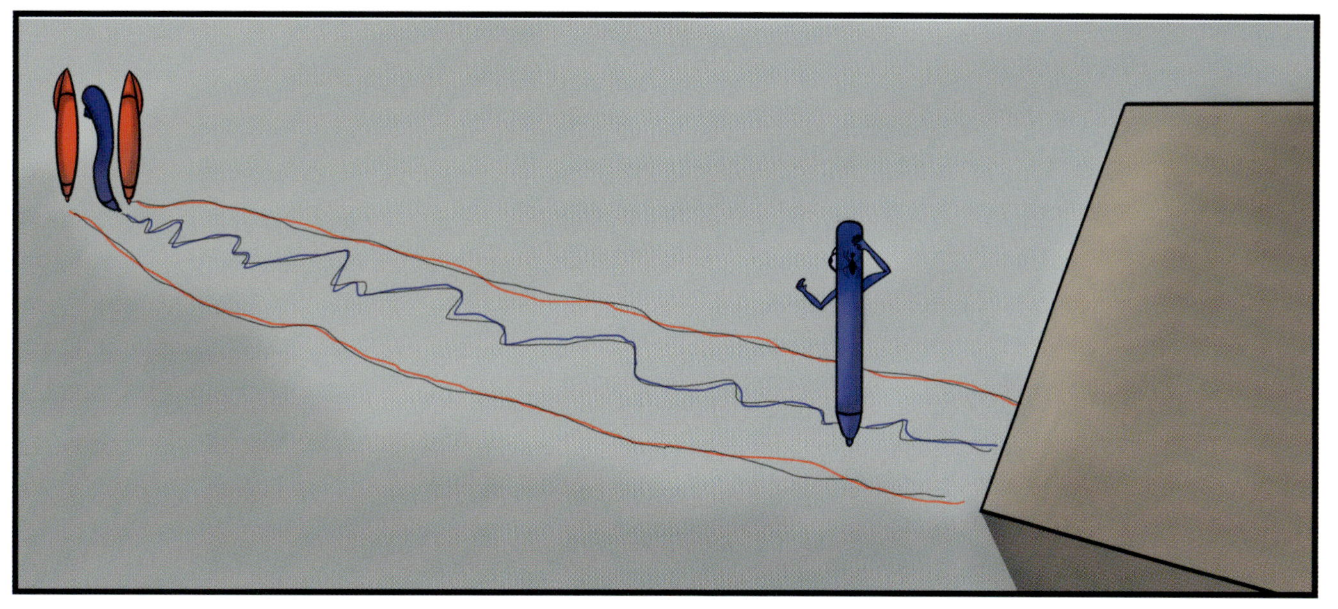

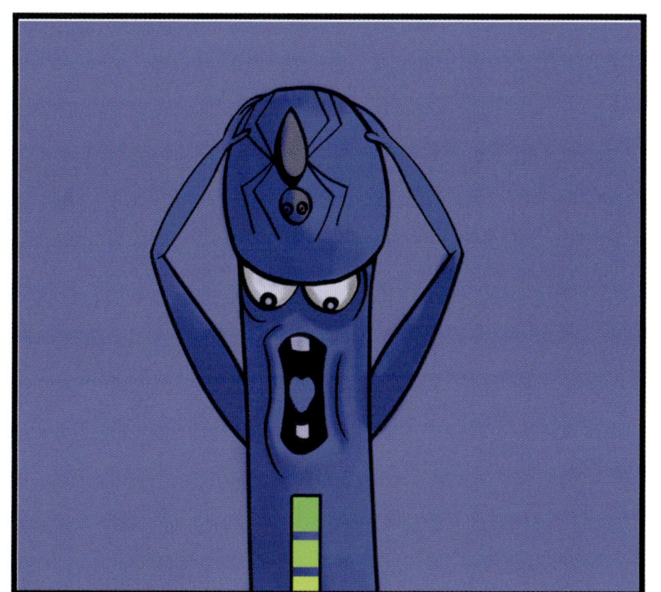

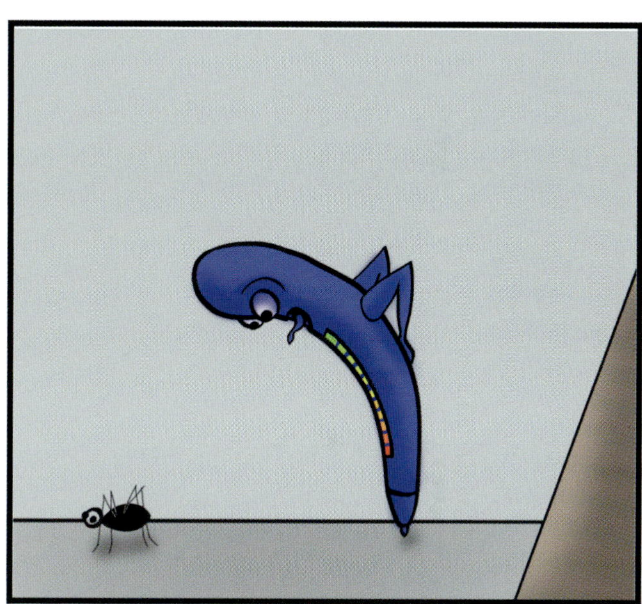

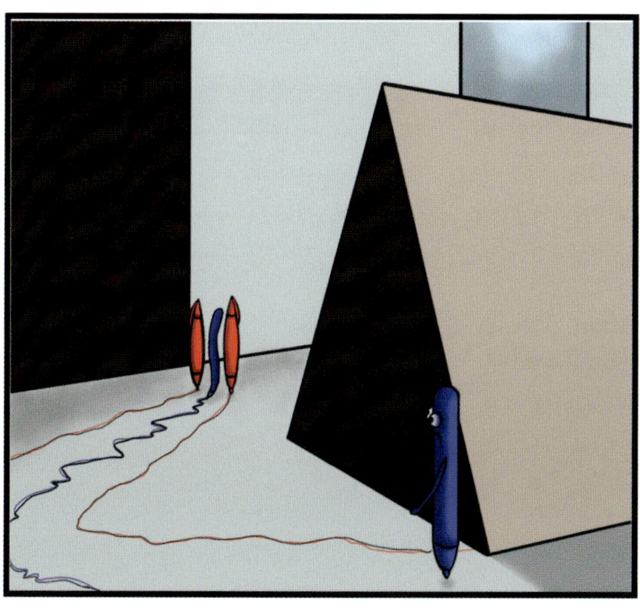

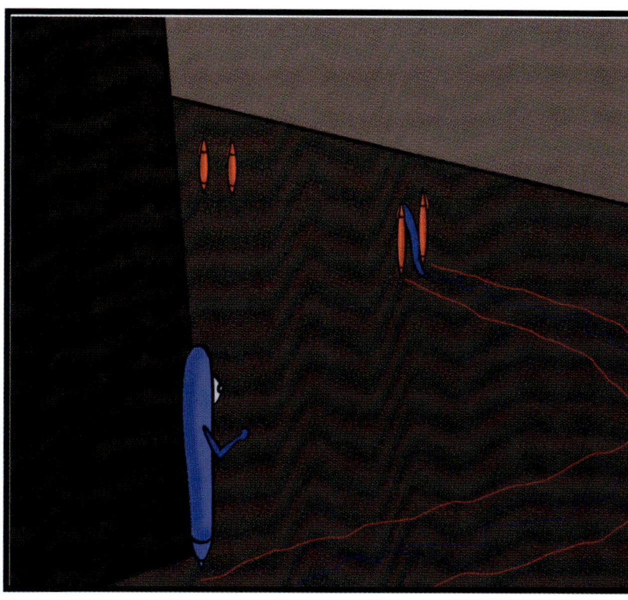

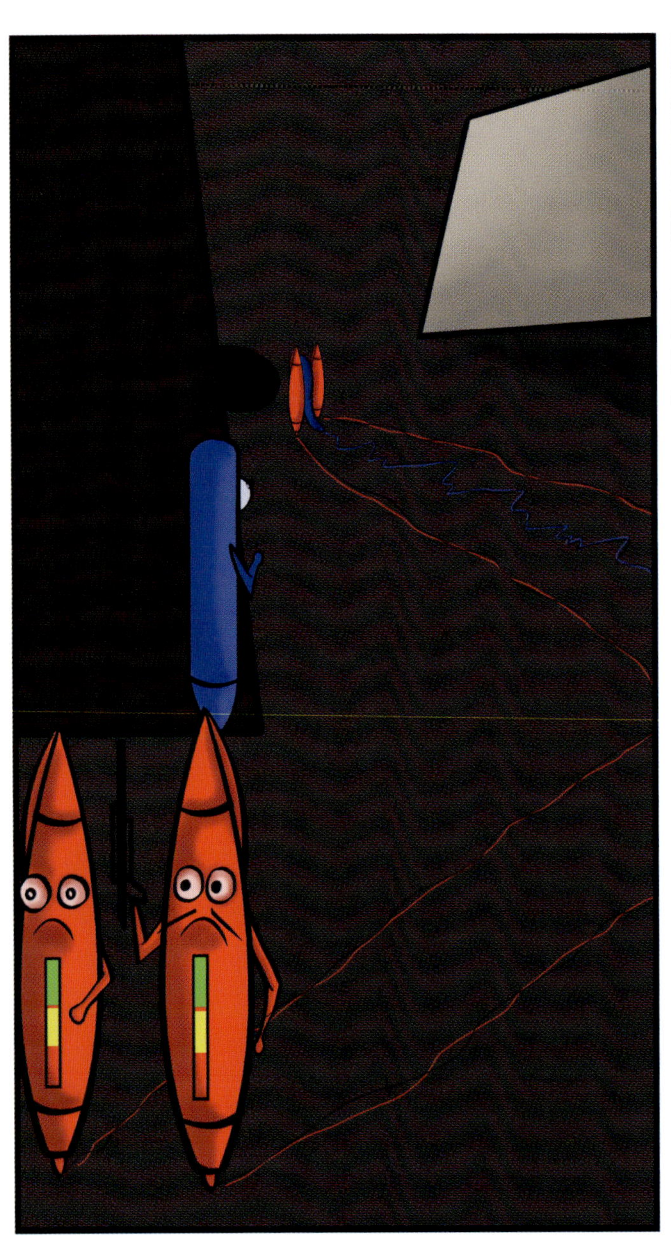
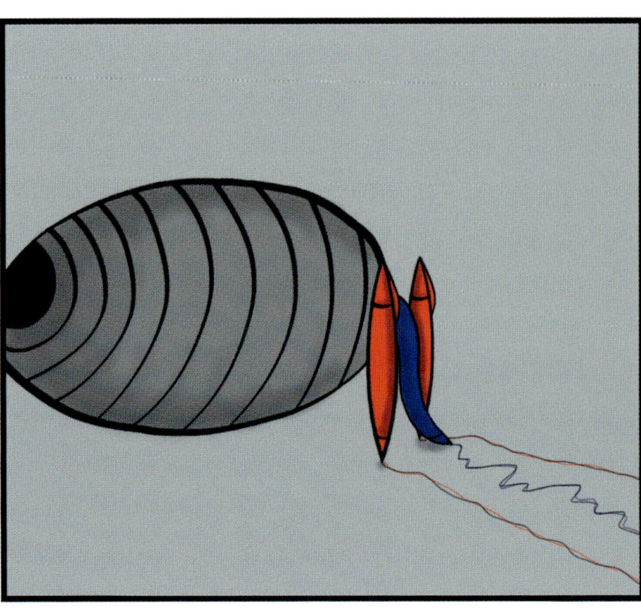
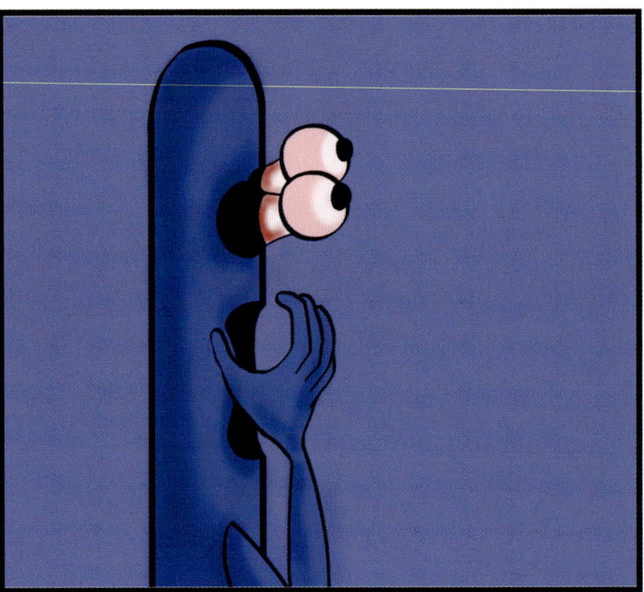
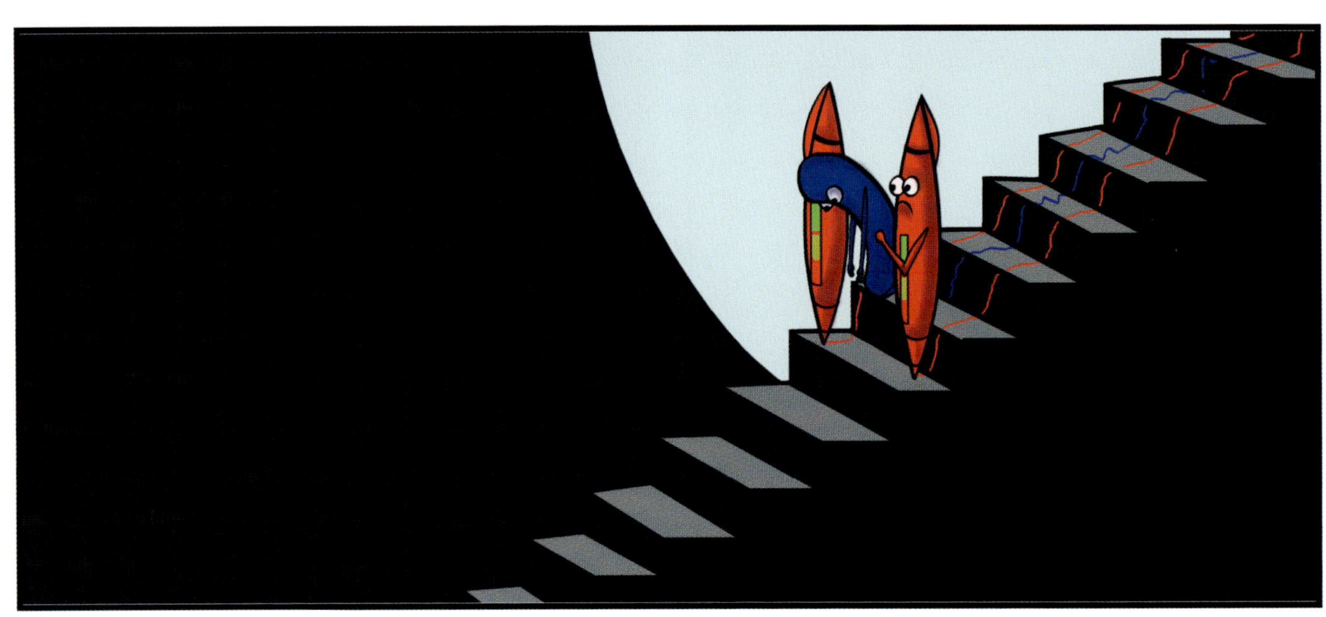

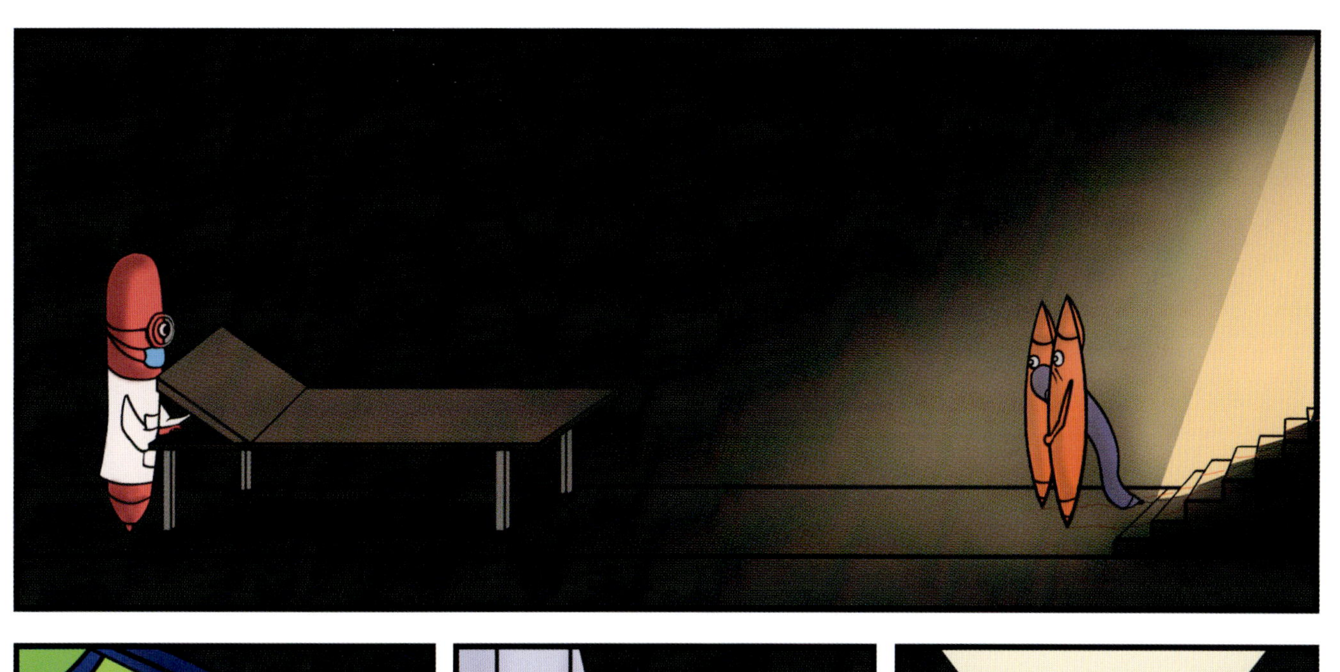
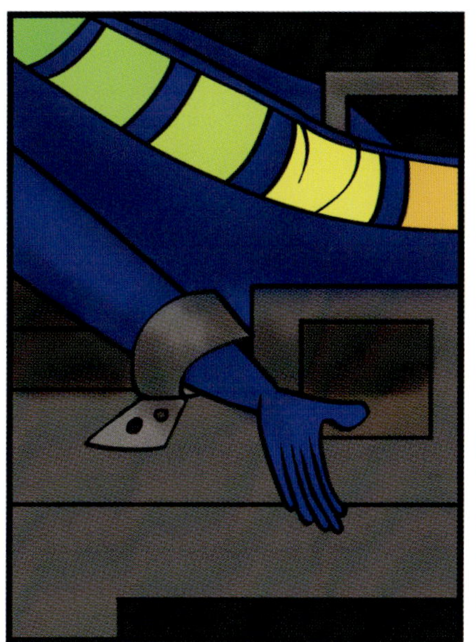
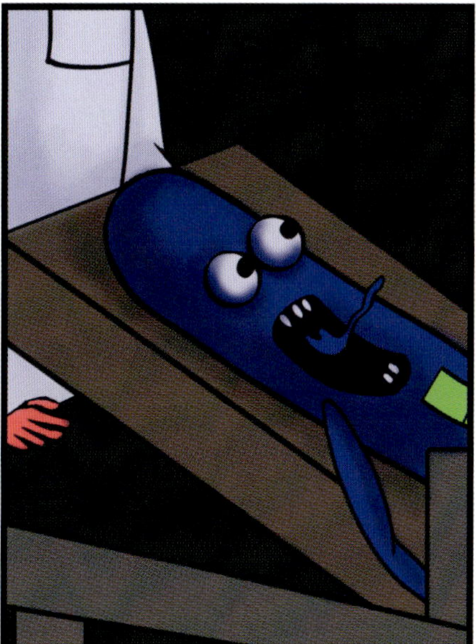
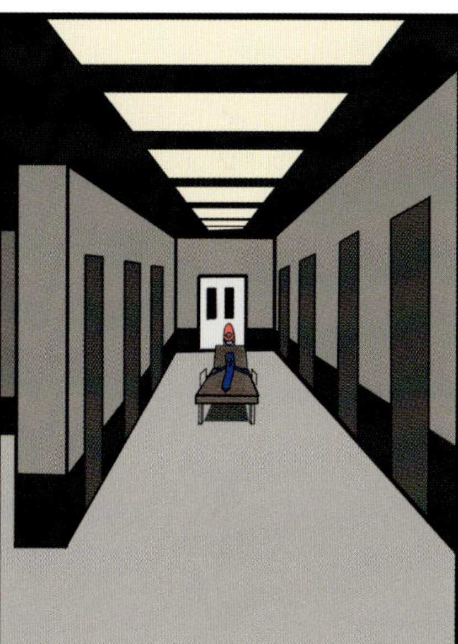
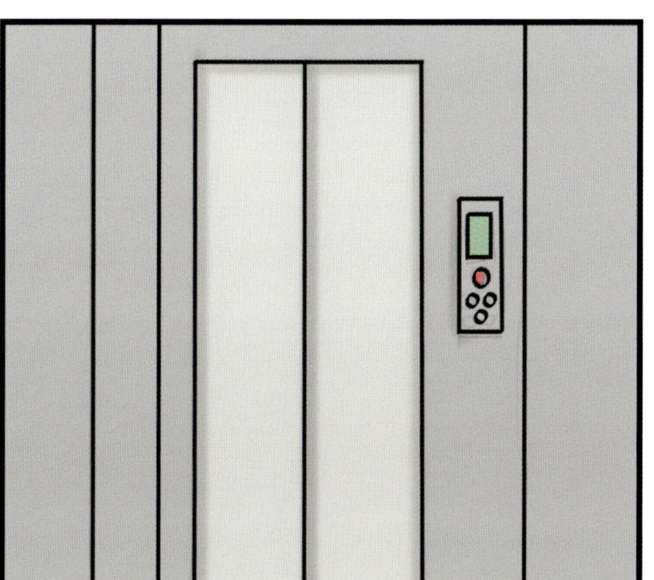
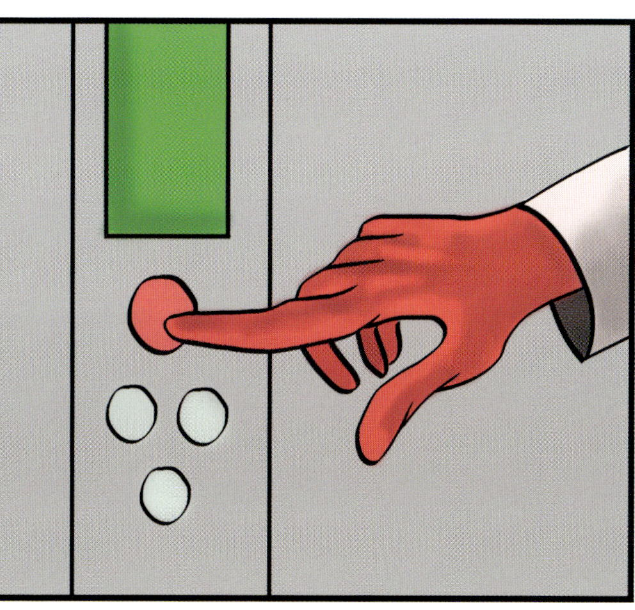

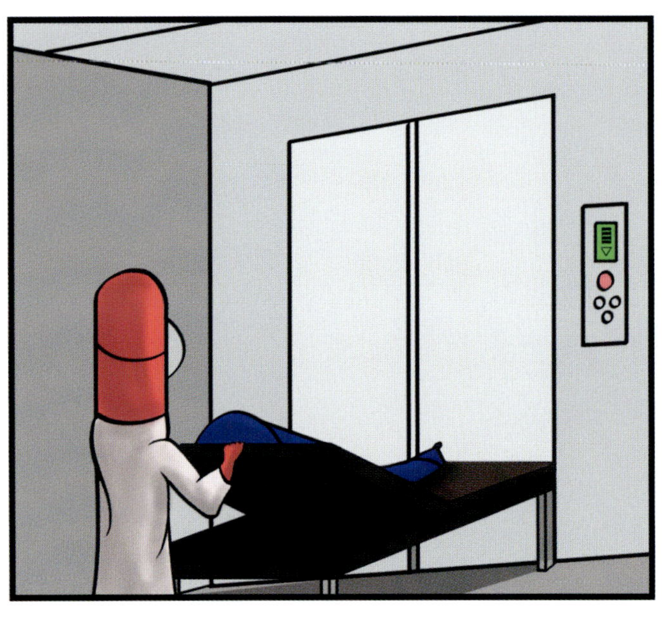
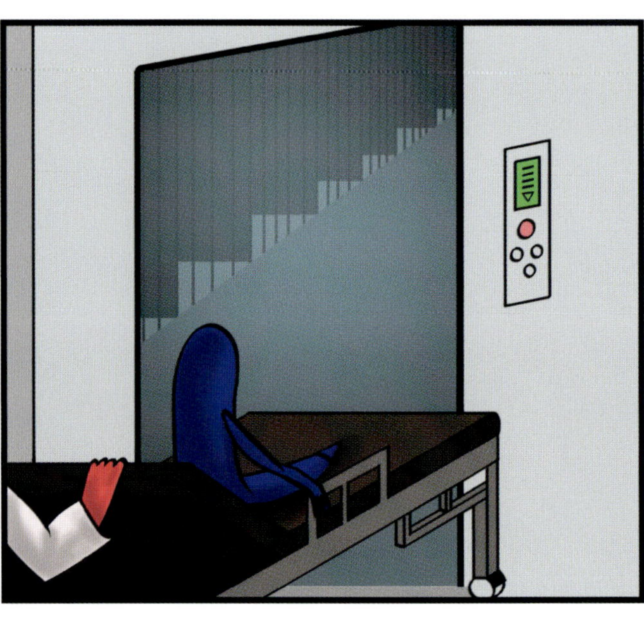
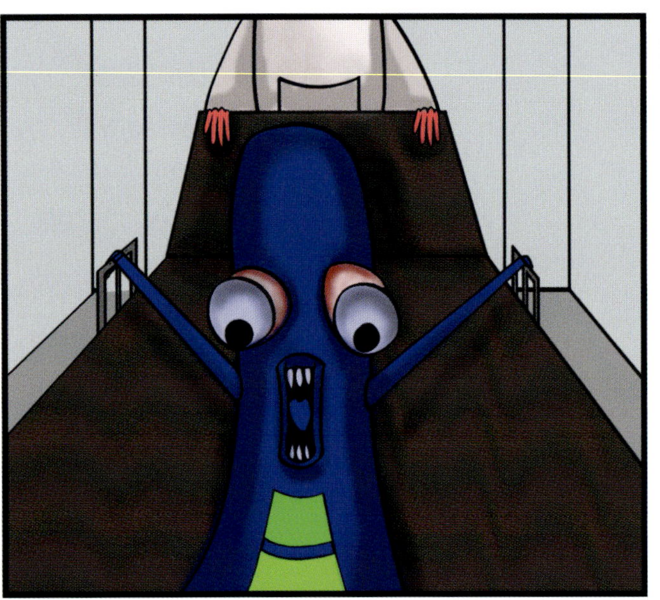
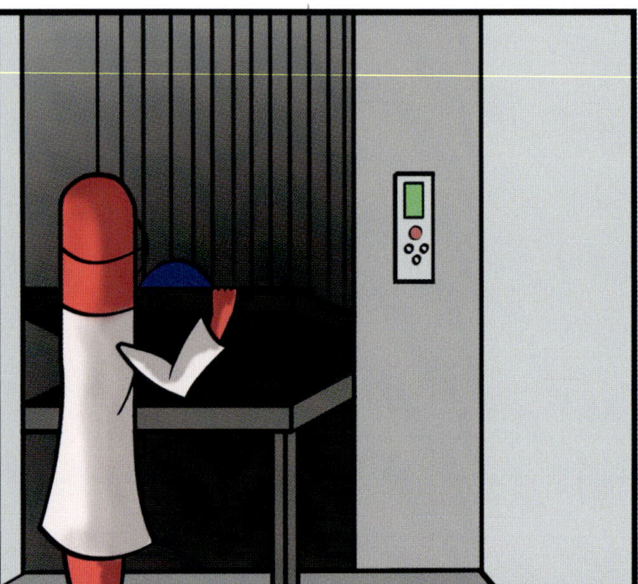
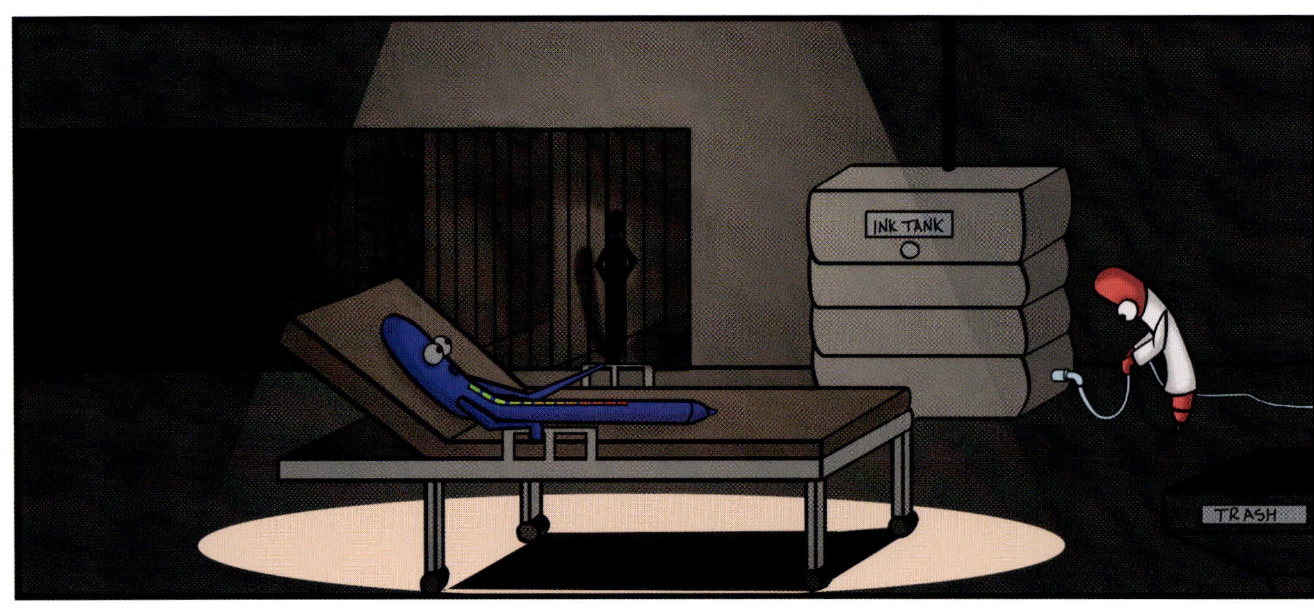
INK TANK
TRASH

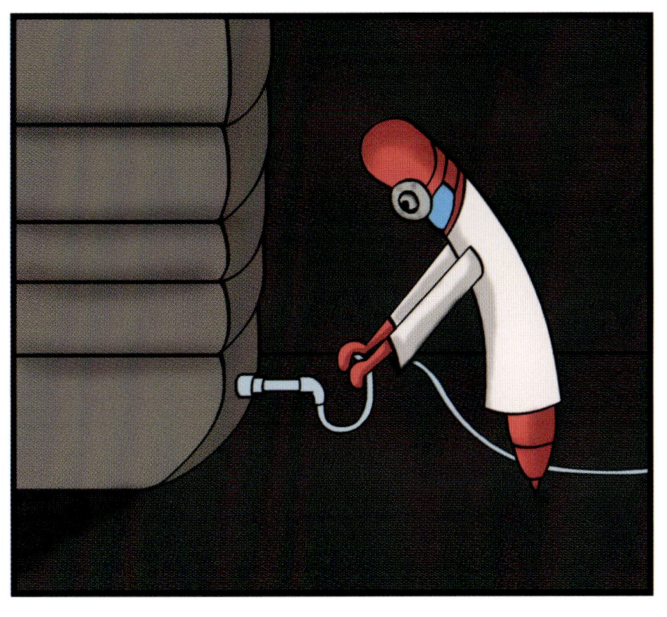
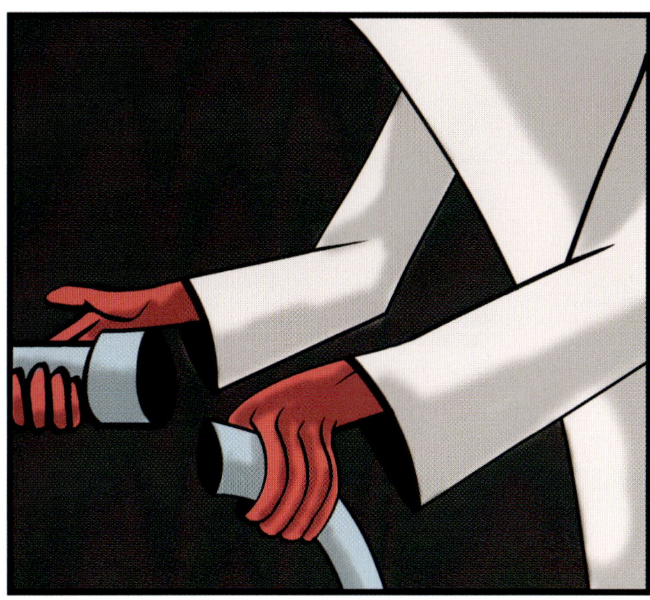
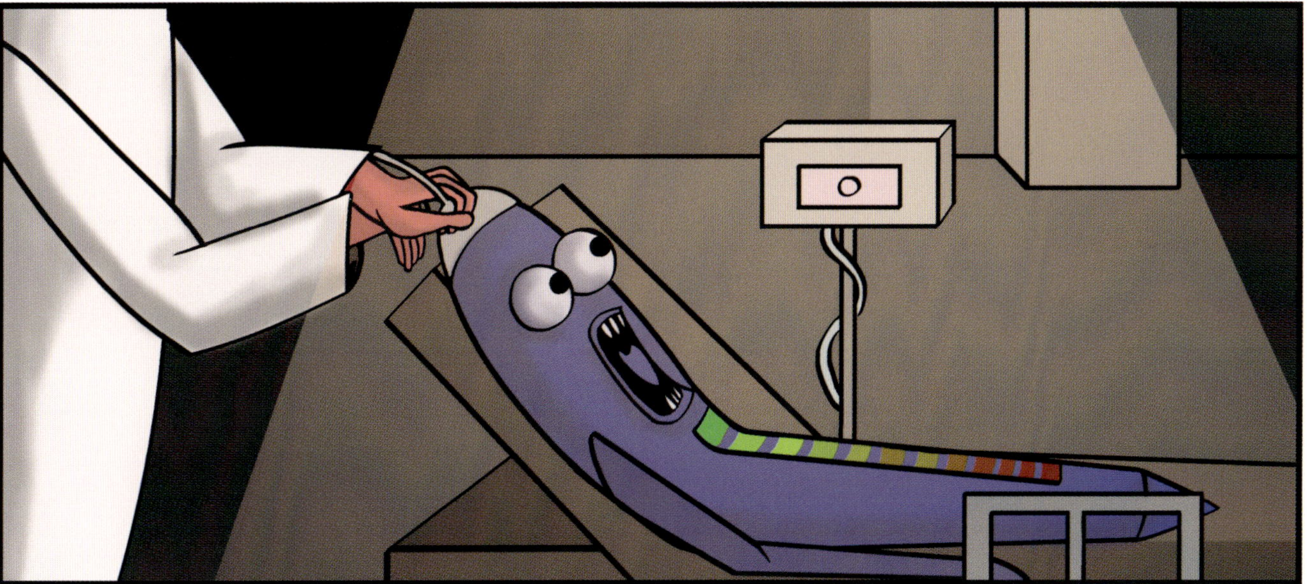
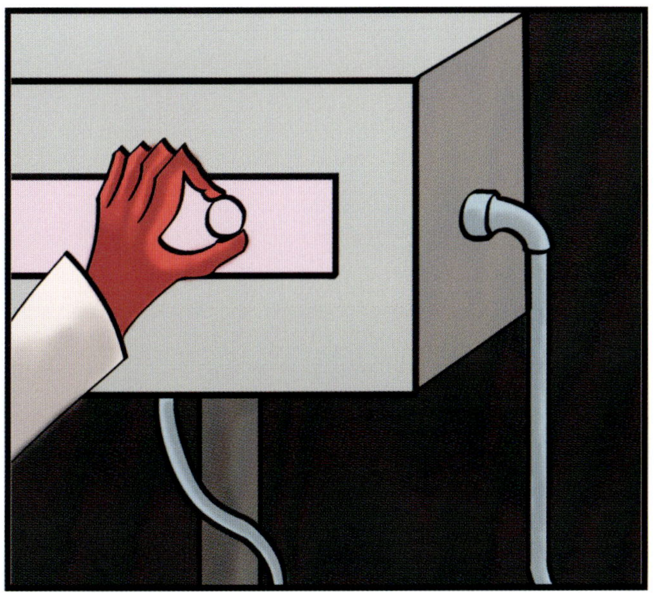
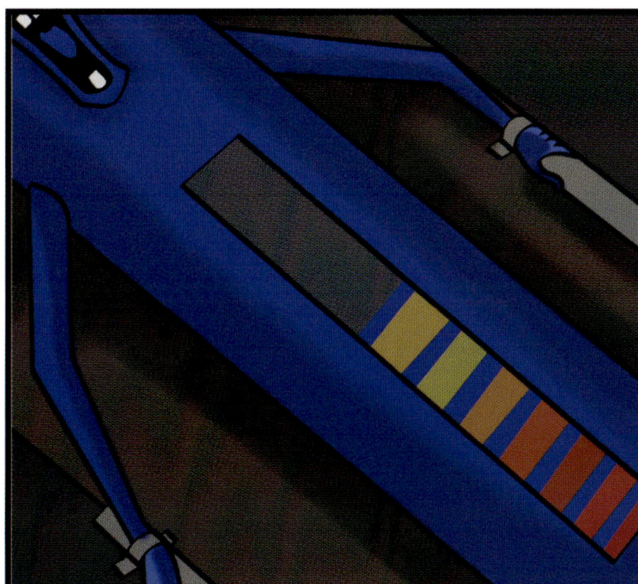

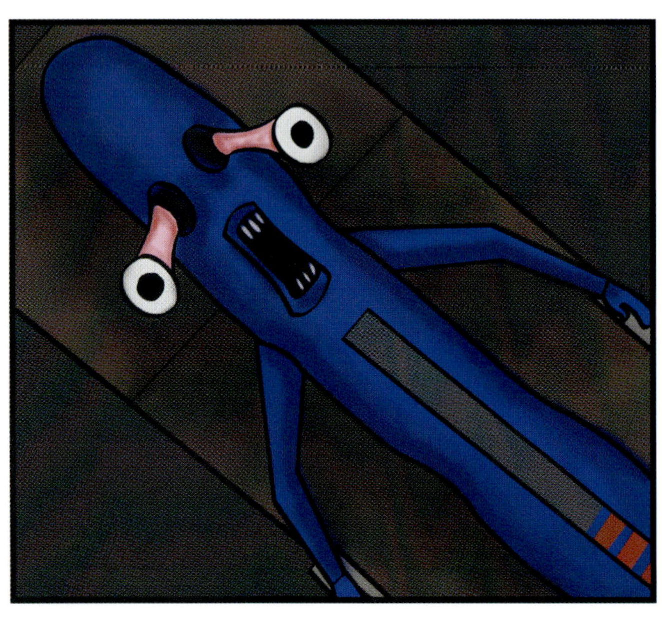
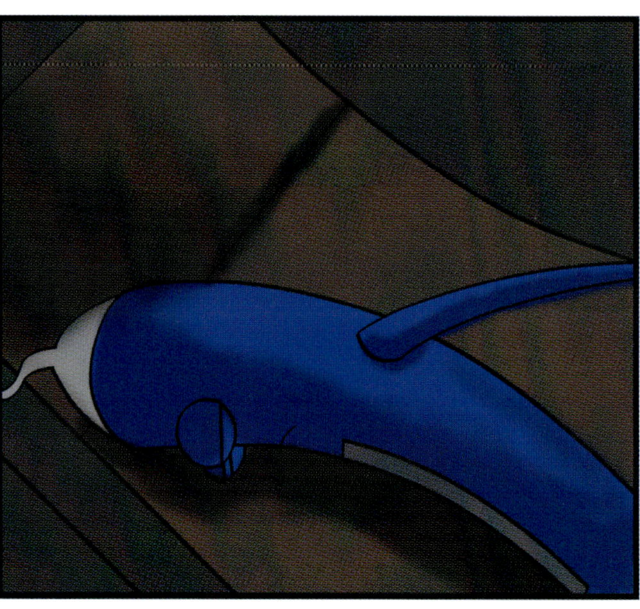
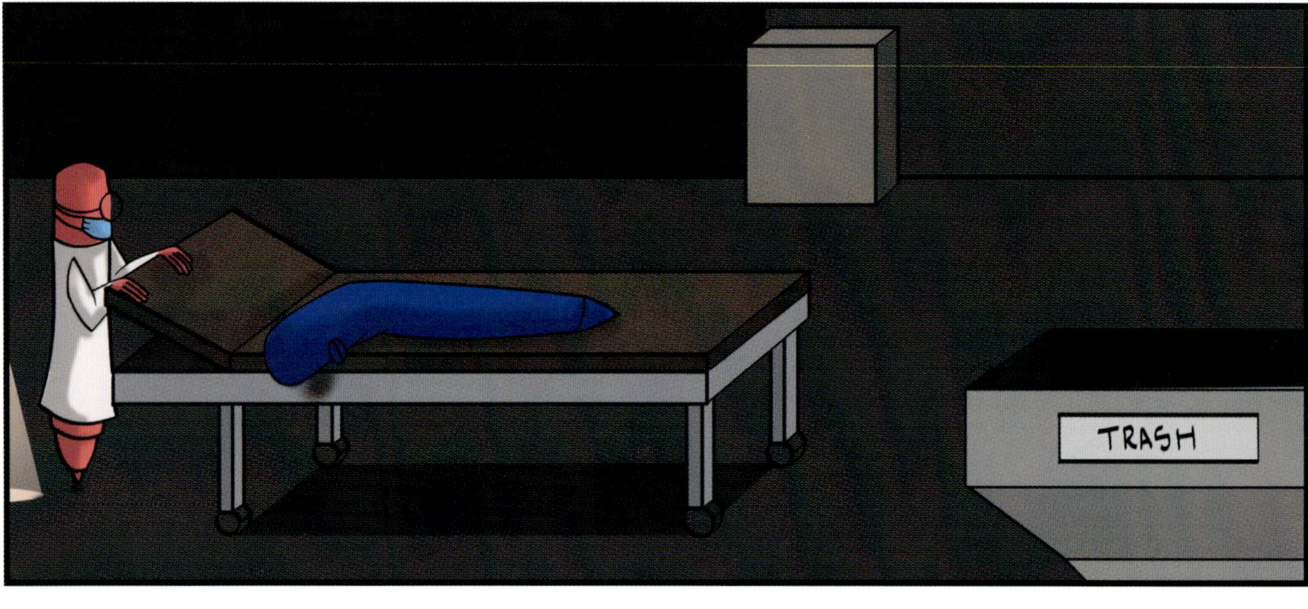
TRASH
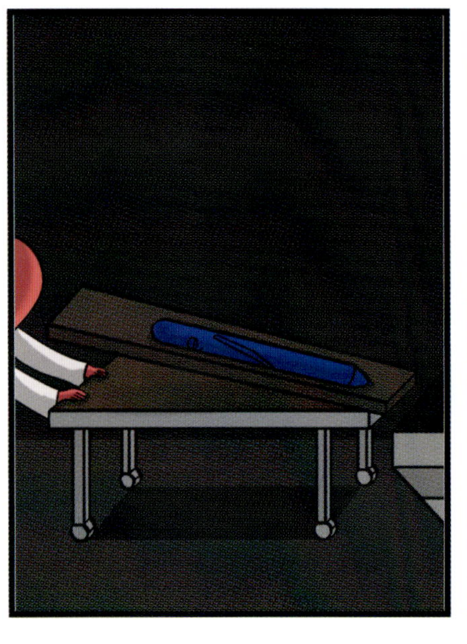
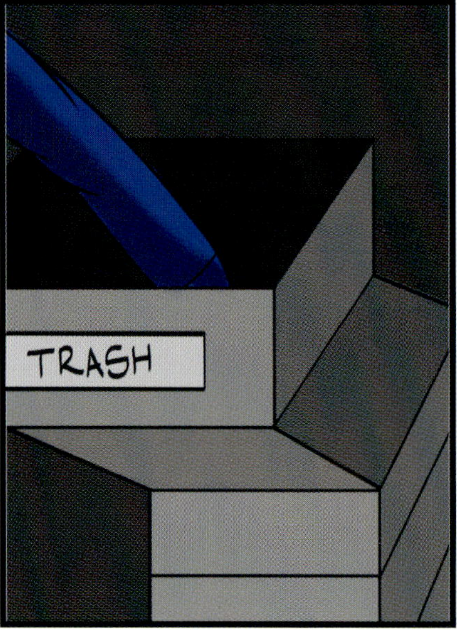
TRASH
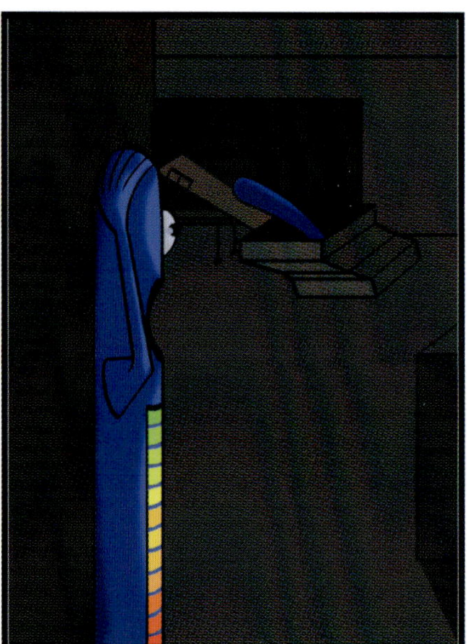

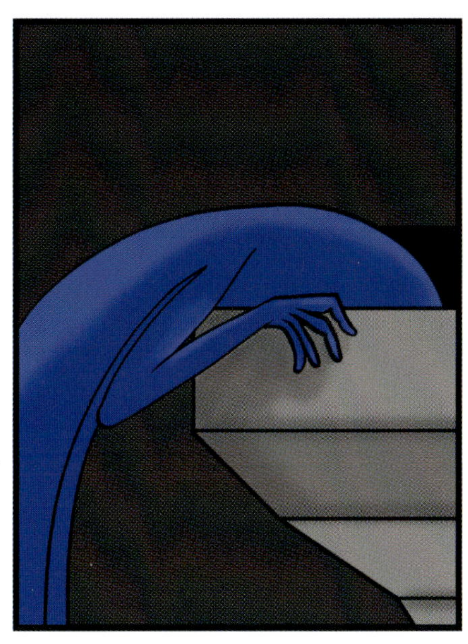
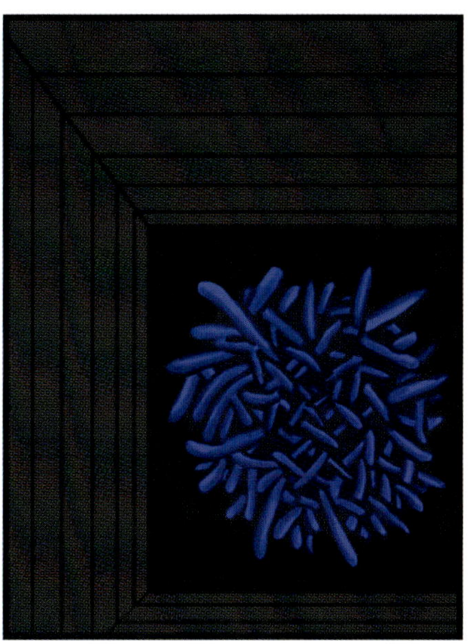
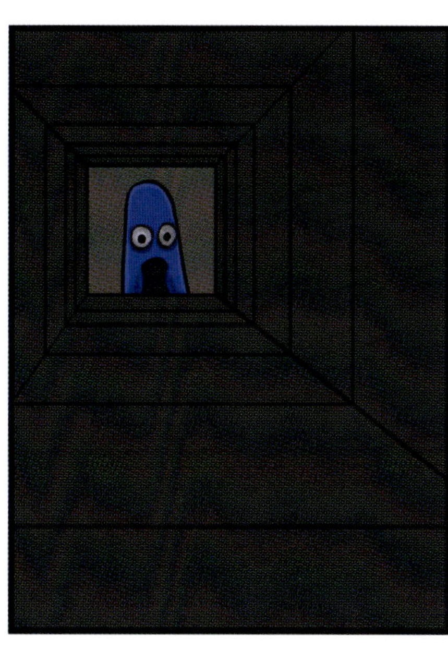
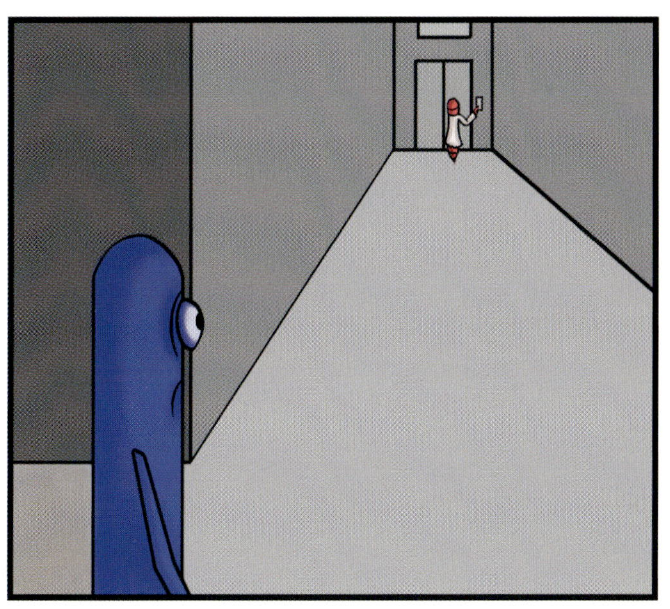
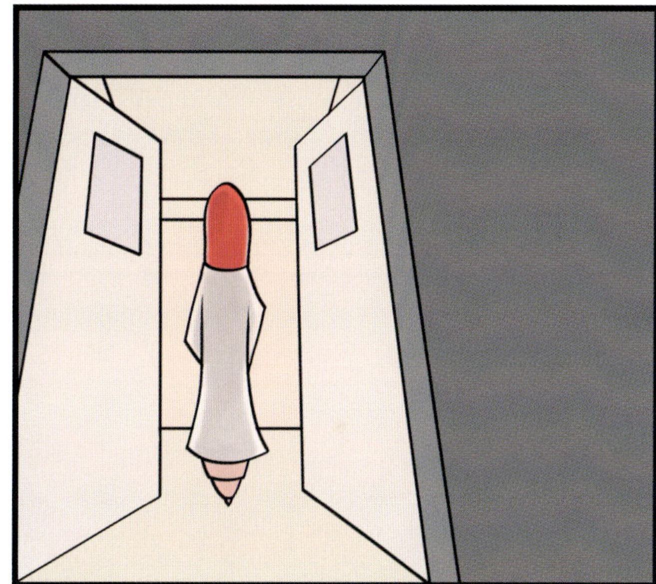
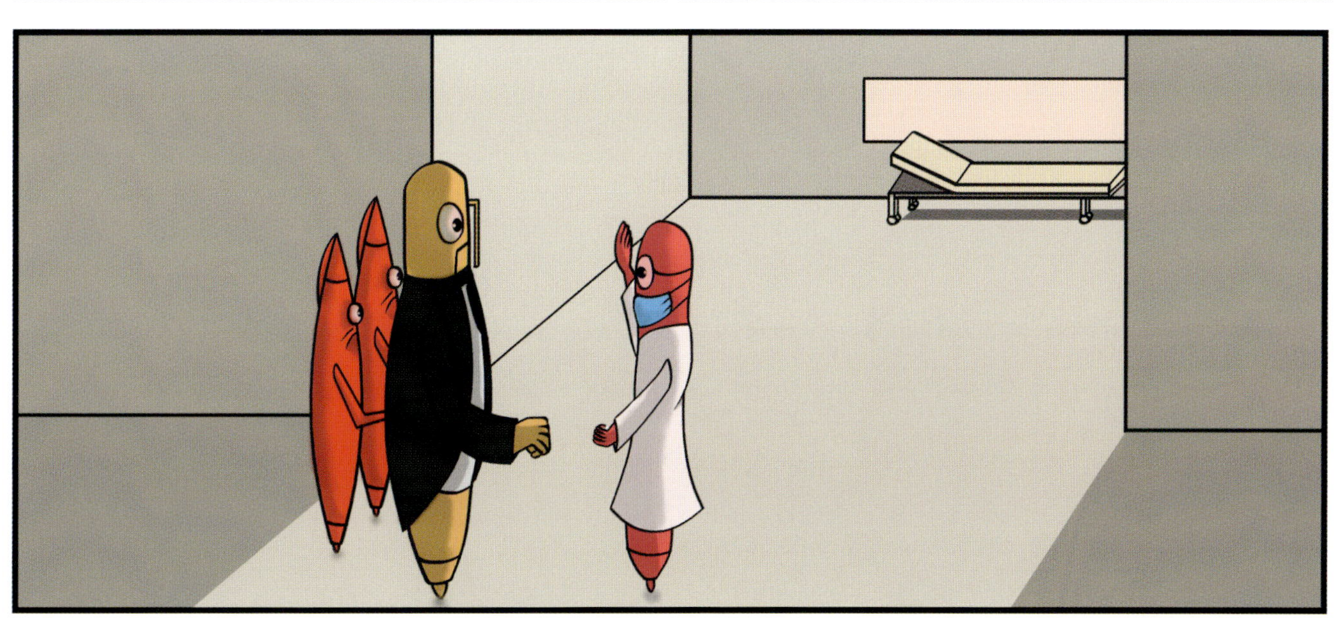

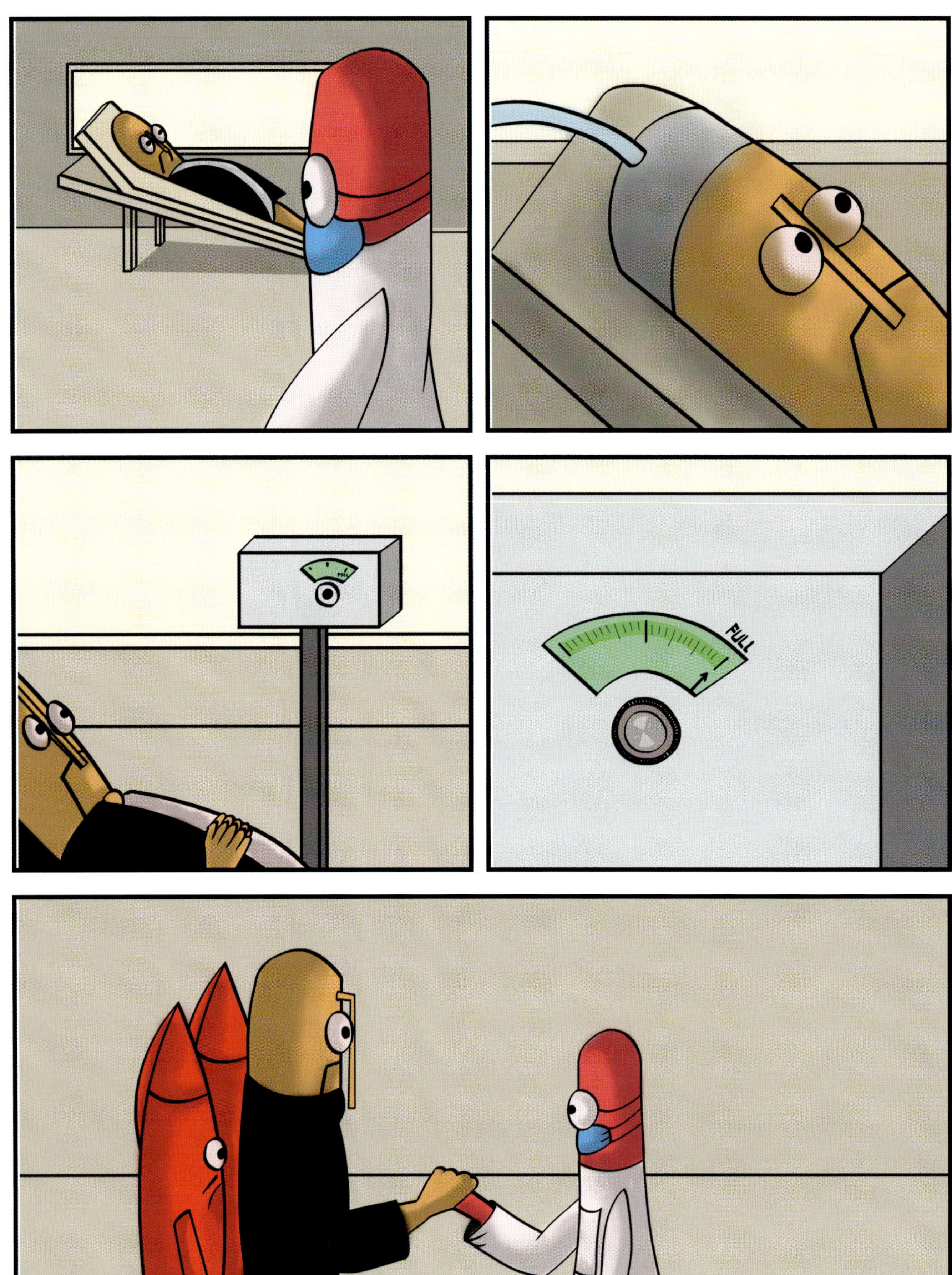
FULL
FULL

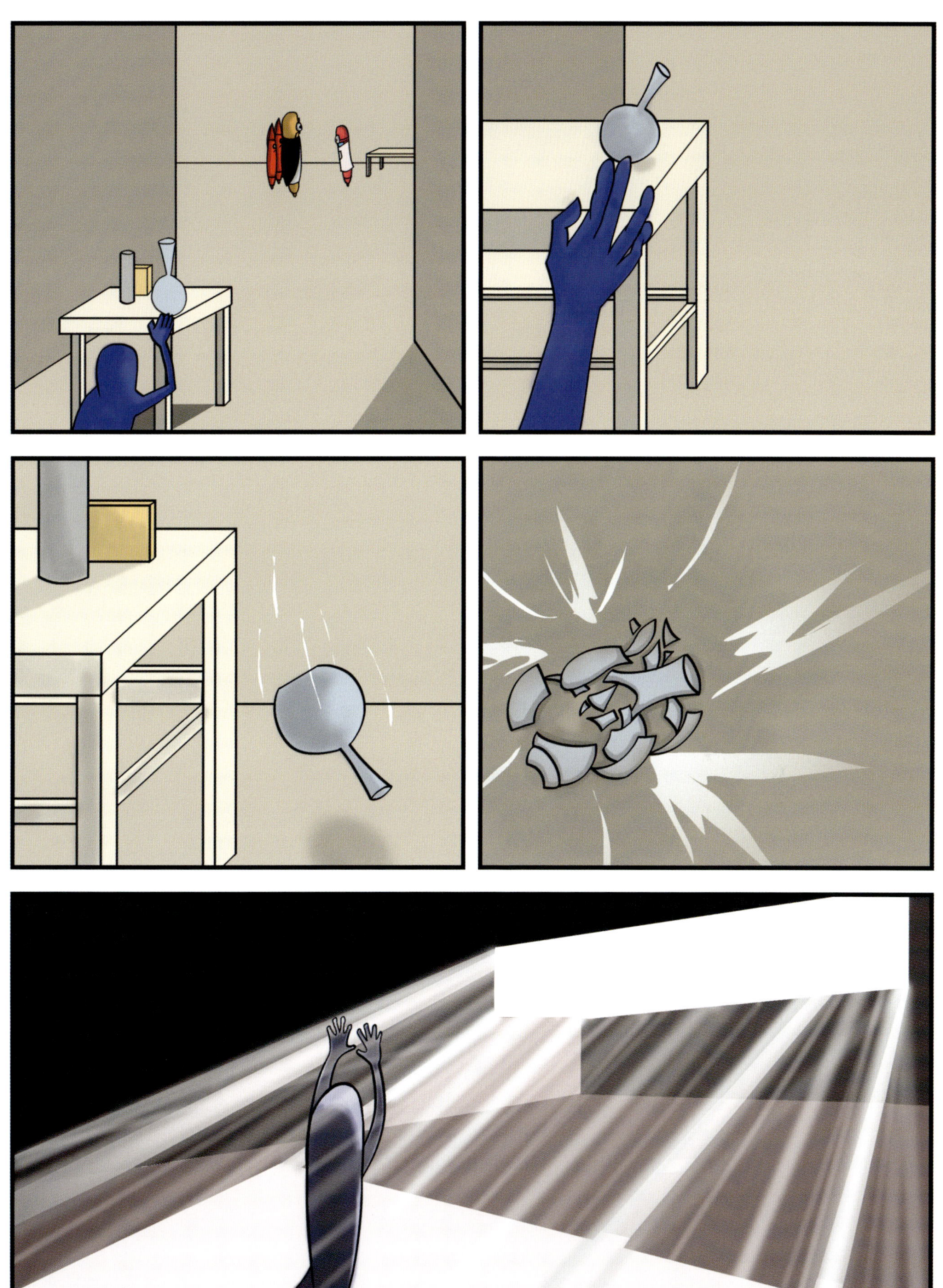

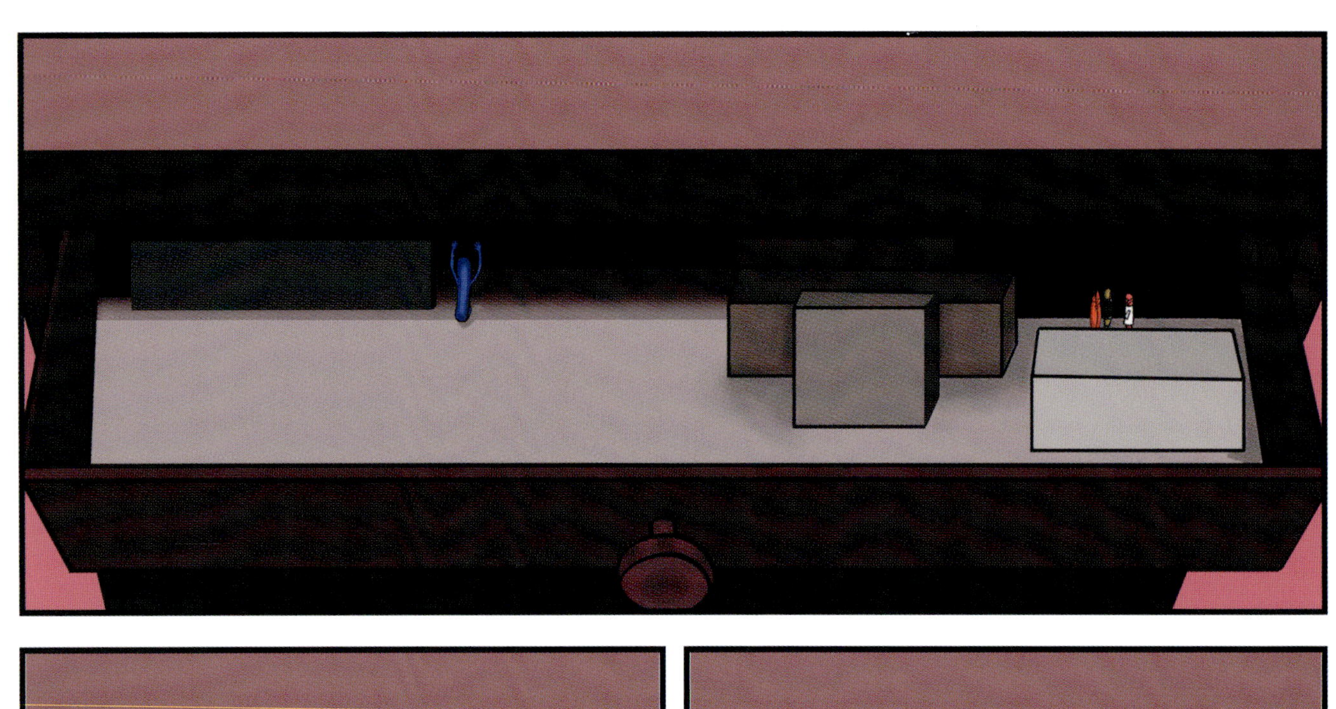

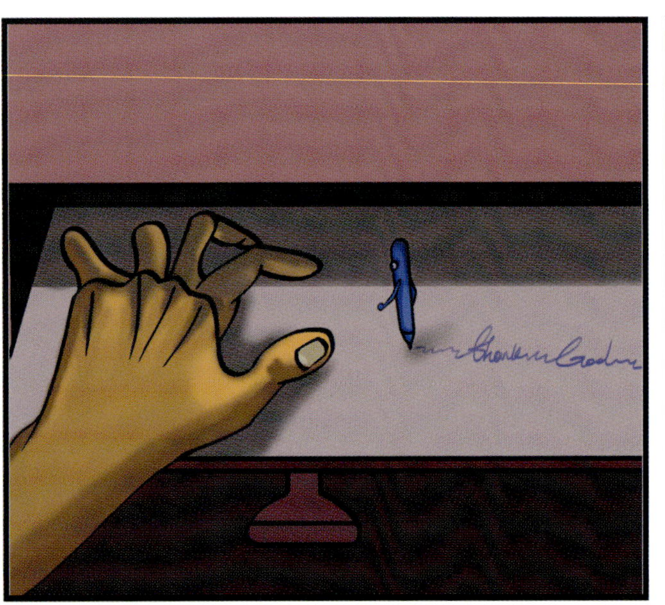

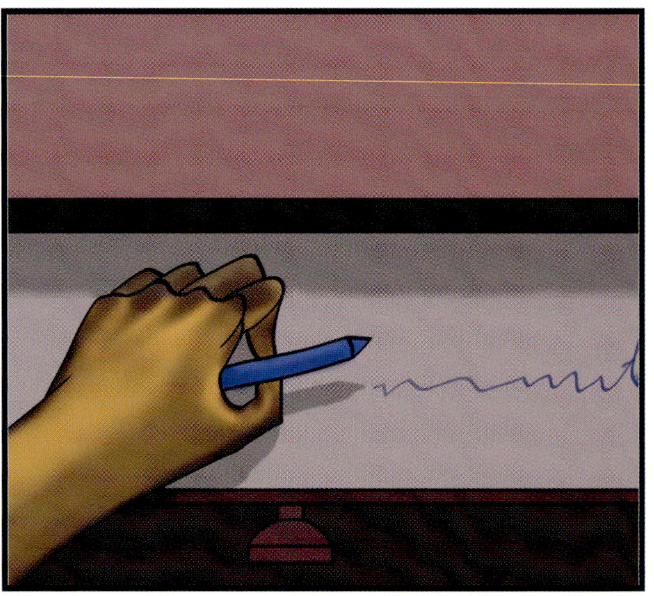

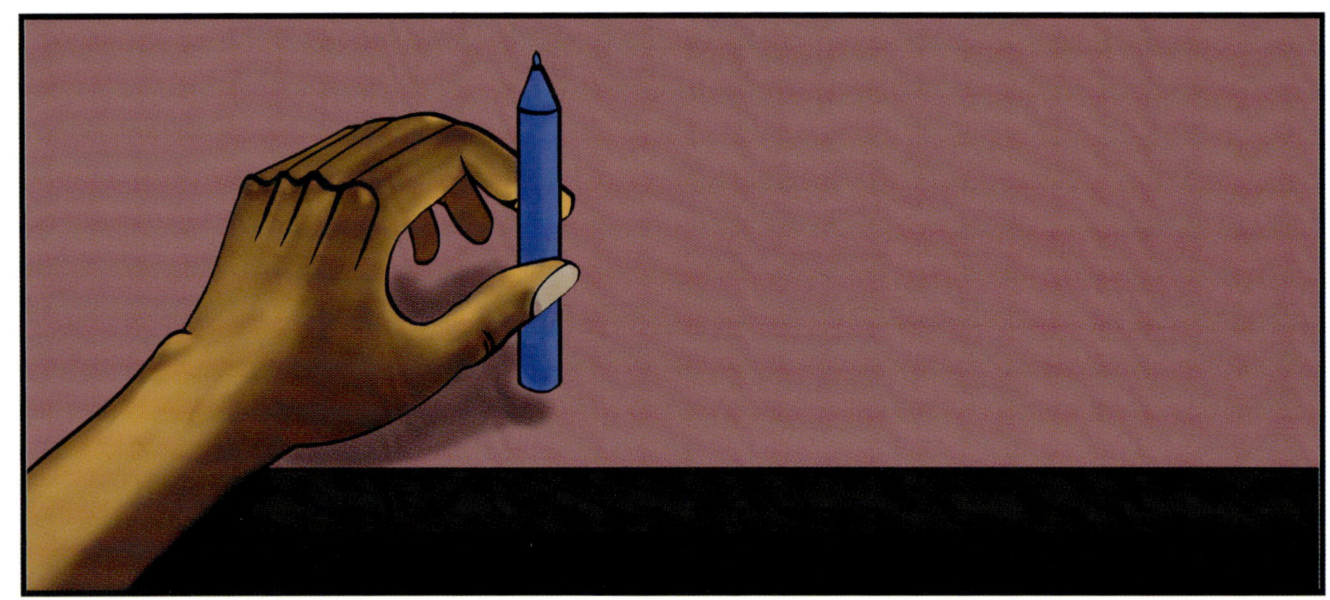

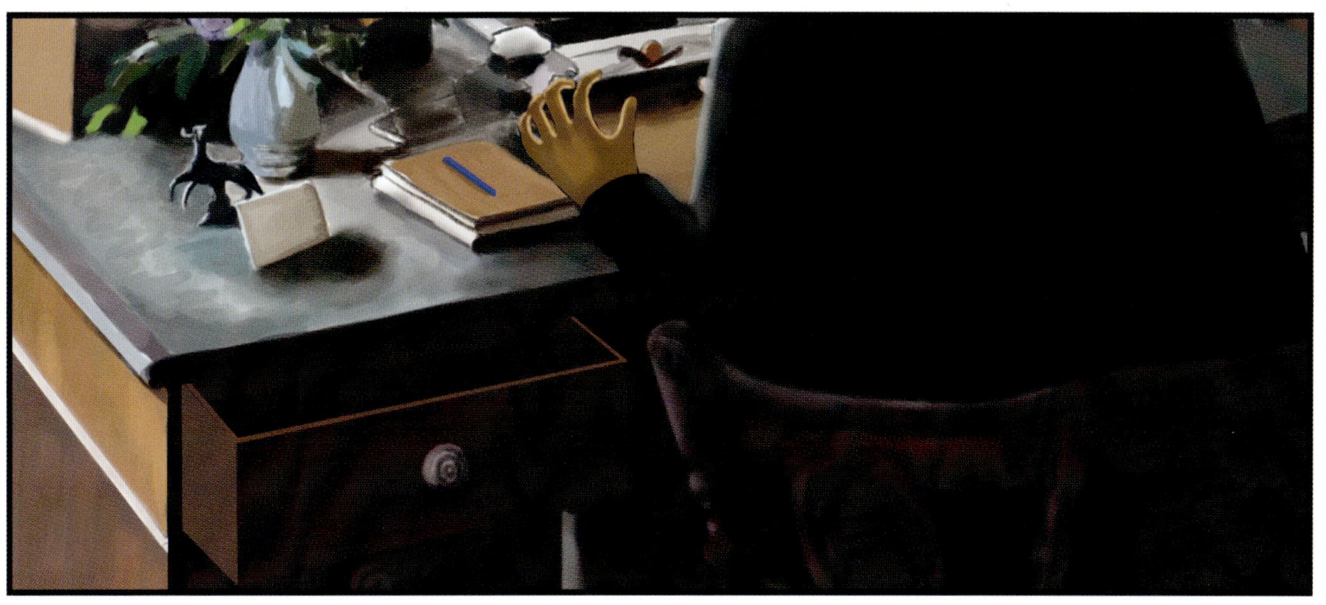

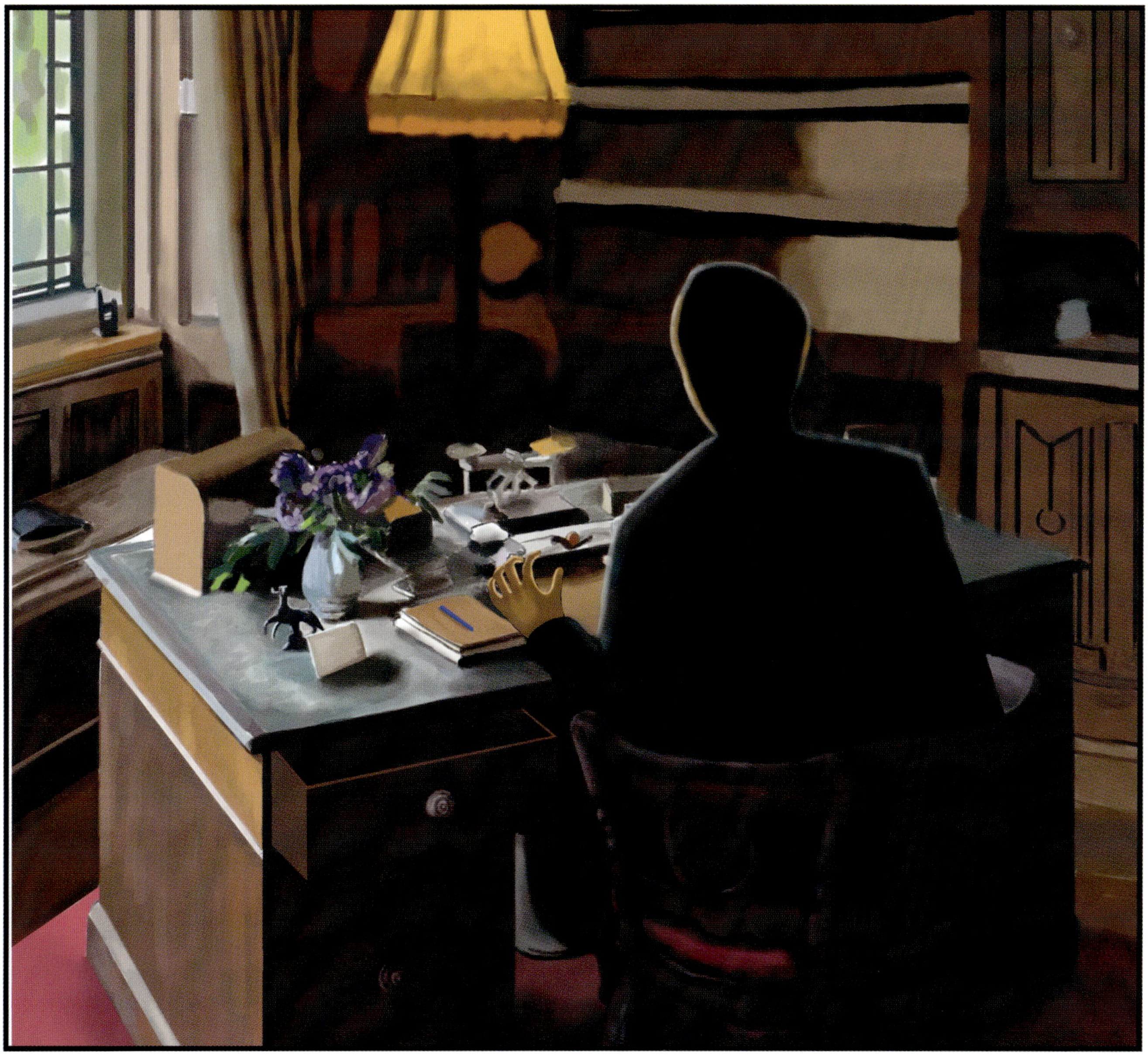

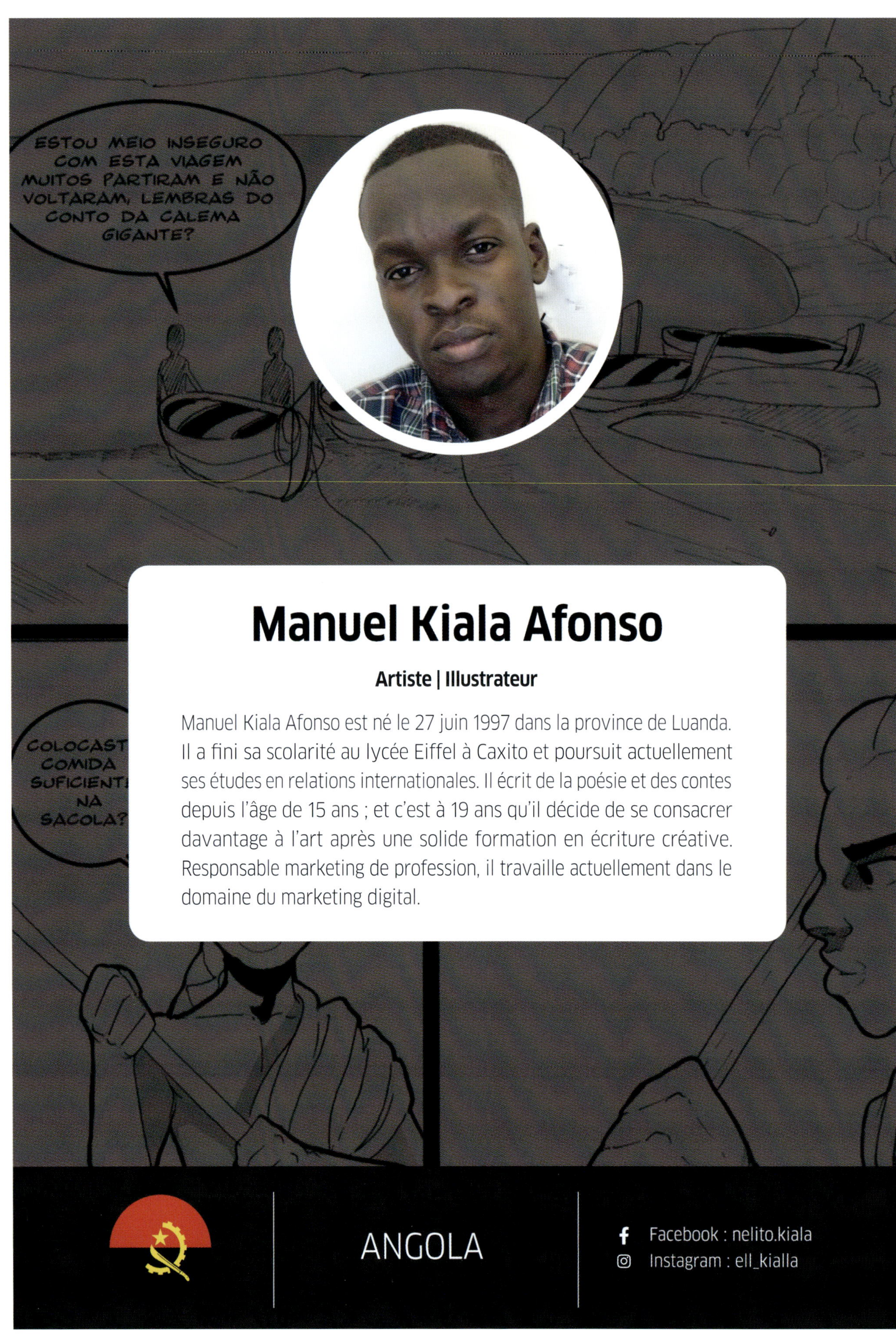

Manuel Kiala Afonso

Artiste | Illustrateur

Manuel Kiala Afonso est né le 27 juin 1997 dans la province de Luanda. Il a fini sa scolarité au lycée Eiffel à Caxito et poursuit actuellement ses études en relations internationales. Il écrit de la poésie et des contes depuis l'âge de 15 ans ; et c'est à 19 ans qu'il décide de se consacrer davantage à l'art après une solide formation en écriture créative. Responsable marketing de profession, il travaille actuellement dans le domaine du marketing digital.

ANGOLA

Facebook : nelito.kiala
Instagram : ell_kialla

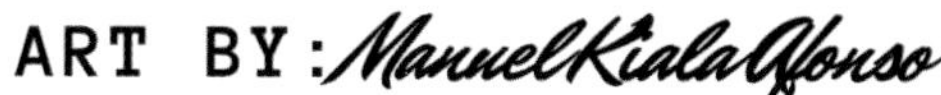

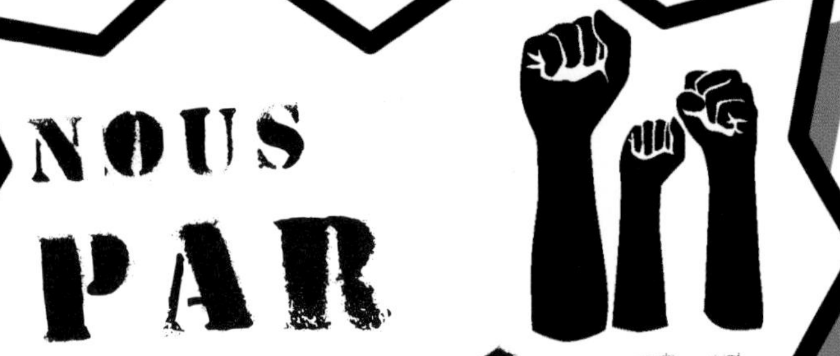

AUCUN HÉROS NE VIENDRA DE LOIN POUR SAUVER
NOTRE CONTINENT SINON NOUS-MÊMES.

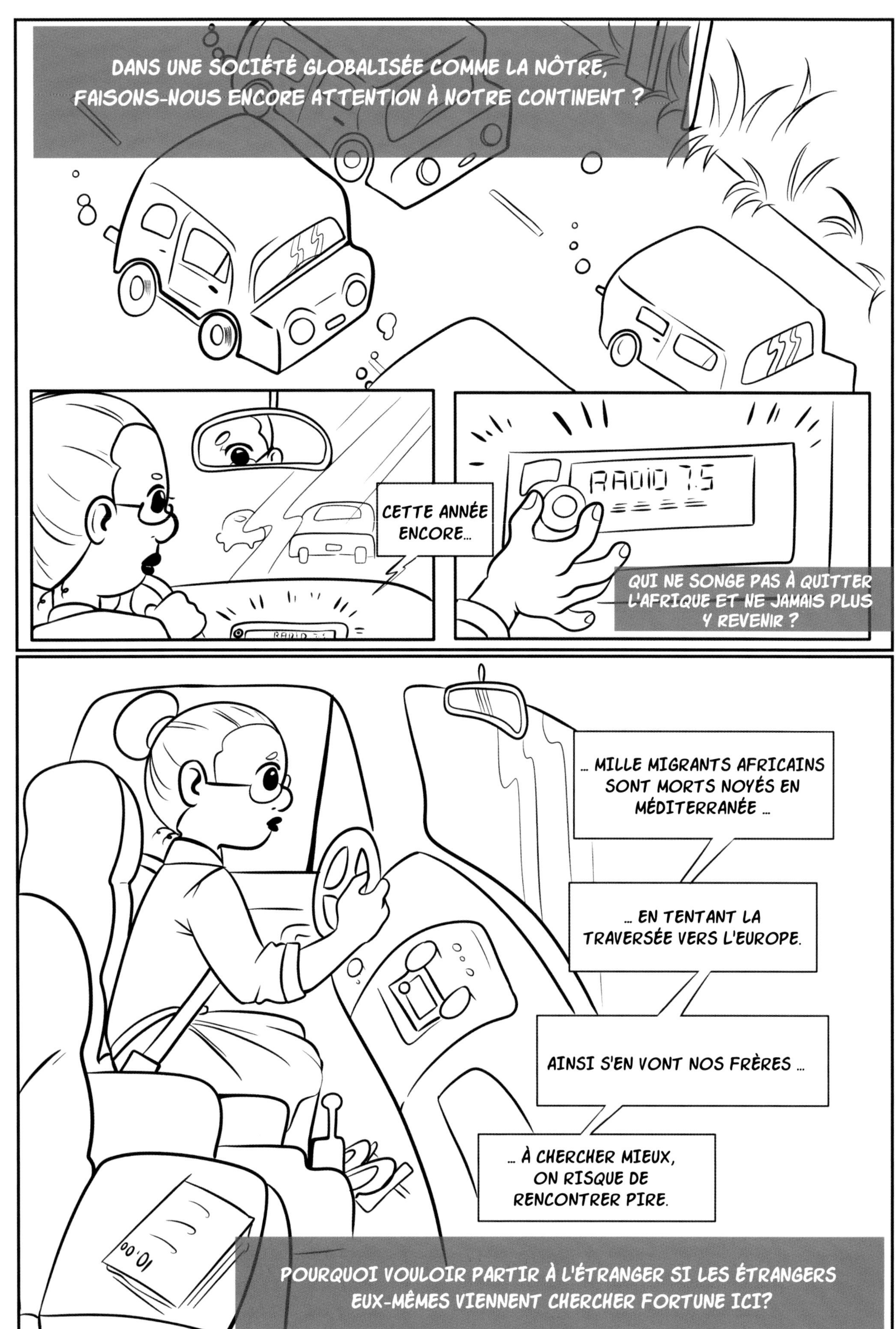
DANS UNE SOCIÉTÉ GLOBALISÉE COMME LA NÔTRE, FAISONS-NOUS ENCORE ATTENTION À NOTRE CONTINENT ?
CETTE ANNÉE ENCORE...
RADIO 7.5
QUI NE SONGE PAS À QUITTER L'AFRIQUE ET NE JAMAIS PLUS Y REVENIR ?
... MILLE MIGRANTS AFRICAINS SONT MORTS NOYÉS EN MÉDITERRANÉE ...
... EN TENTANT LA TRAVERSÉE VERS L'EUROPE.
AINSI S'EN VONT NOS FRÈRES ...
... À CHERCHER MIEUX, ON RISQUE DE RENCONTRER PIRE.
10.00
POURQUOI VOULOIR PARTIR À L'ÉTRANGER SI LES ÉTRANGERS EUX-MÊMES VIENNENT CHERCHER FORTUNE ICI?

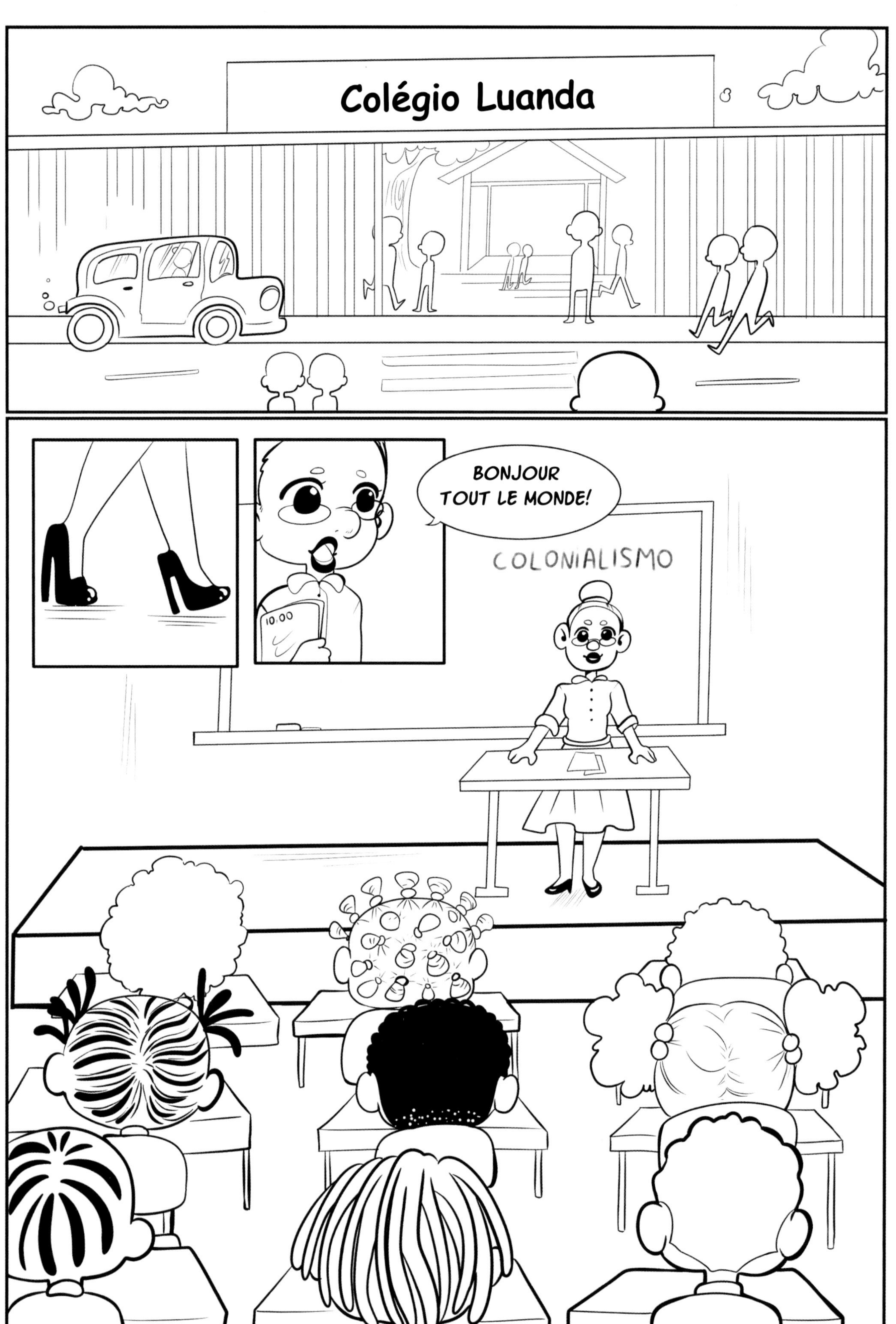
Colégio Luanda
BONJOUR TOUT LE MONDE!
COLONIALISMO
10:00

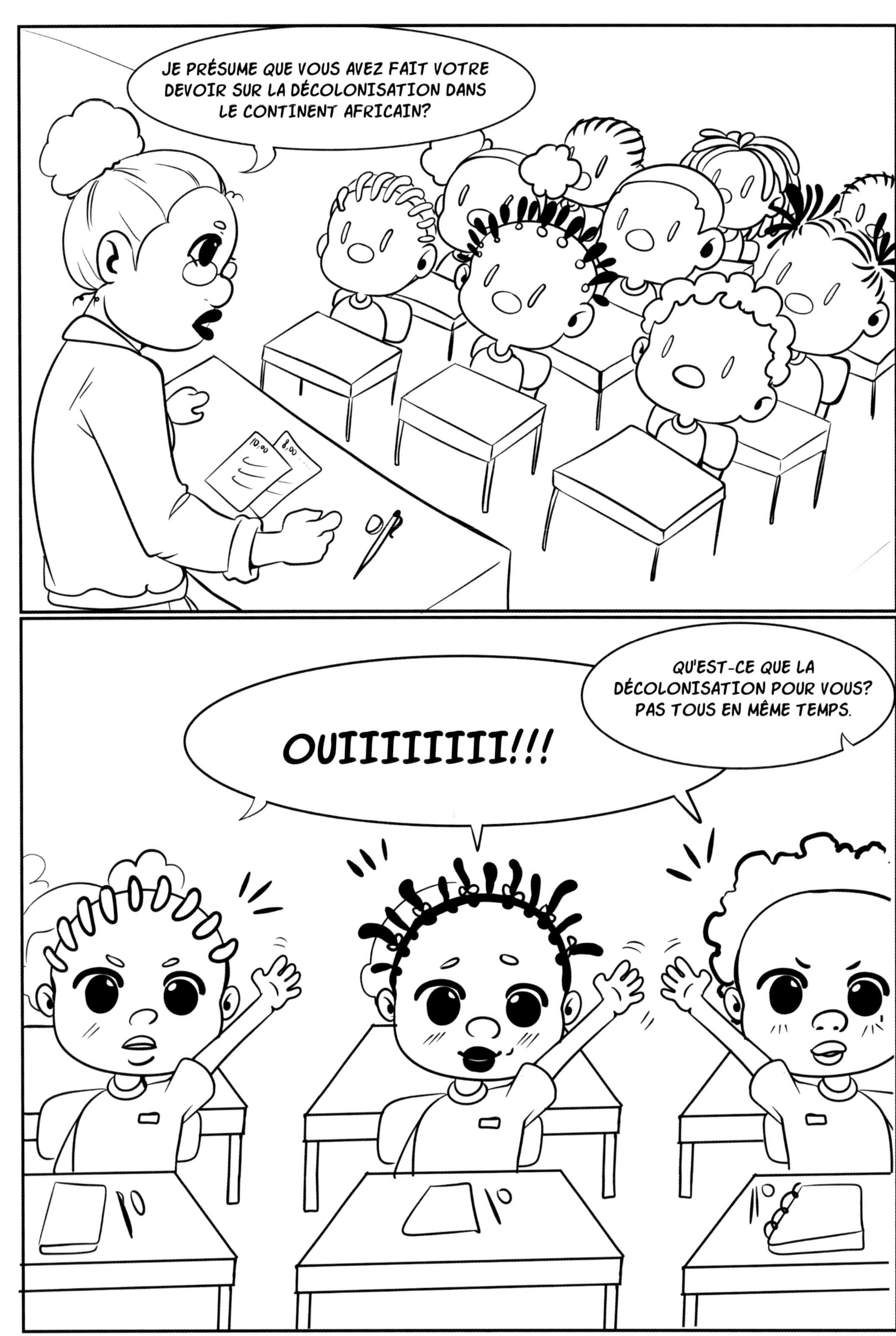
JE PRÉSUME QUE VOUS AVEZ FAIT VOTRE DEVOIR SUR LA DÉCOLONISATION DANS LE CONTINENT AFRICAIN?
10,00
8,00
OUIIIIIIII!!!
QU'EST-CE QUE LA DÉCOLONISATION POUR VOUS? PAS TOUS EN MÊME TEMPS.

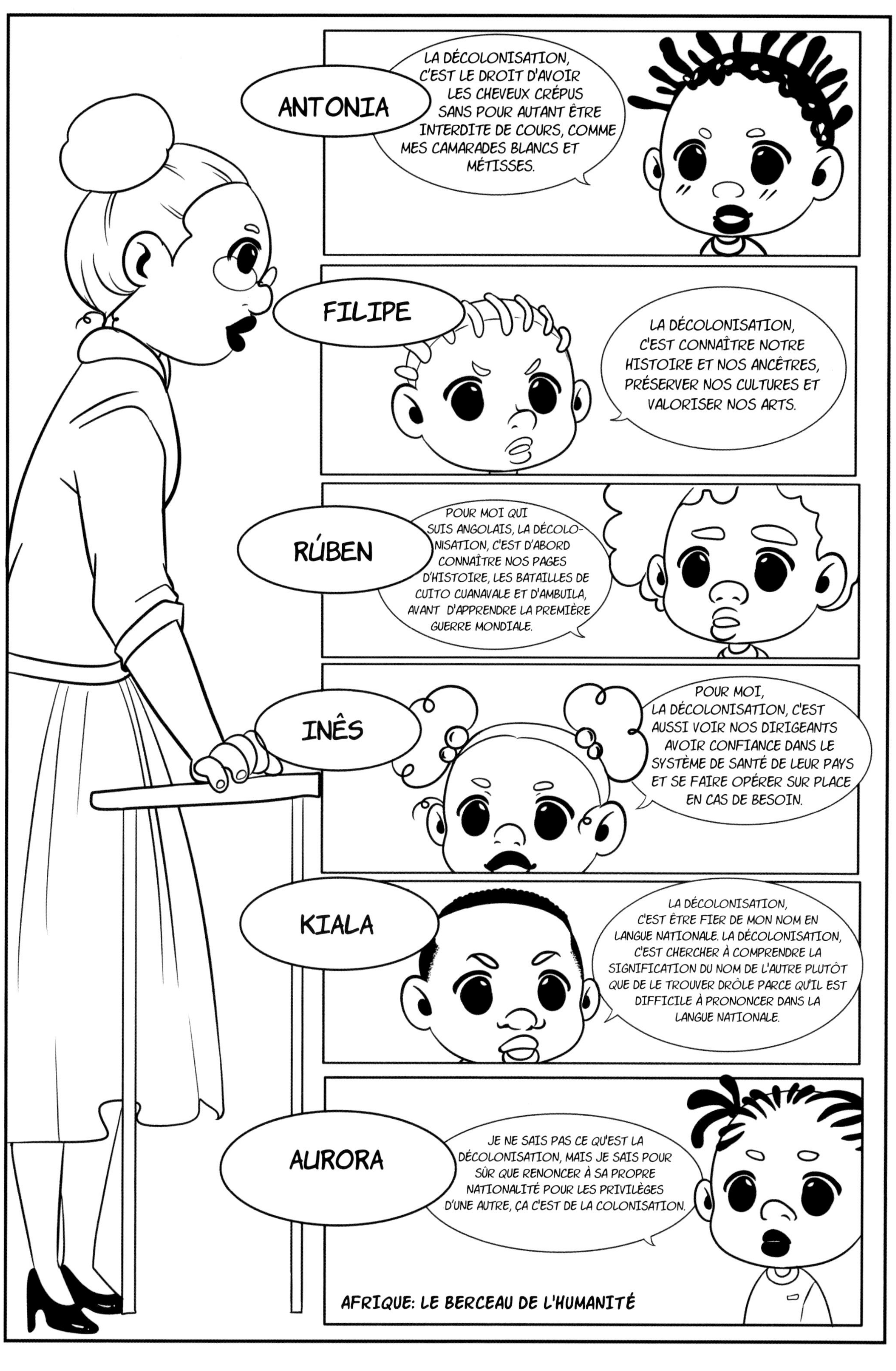
ANTONIA
LA DÉCOLONISATION, C'EST LE DROIT D'AVOIR LES CHEVEUX CRÉPUS SANS POUR AUTANT ÊTRE INTERDITE DE COURS, COMME MES CAMARADES BLANCS ET MÉTISSES.
FILIPE
LA DÉCOLONISATION, C'EST CONNAÎTRE NOTRE HISTOIRE ET NOS ANCÊTRES, PRÉSERVER NOS CULTURES ET VALORISER NOS ARTS.
RÚBEN
POUR MOI QUI SUIS ANGOLAIS, LA DÉCOLONISATION, C'EST D'ABORD CONNAÎTRE NOS PAGES D'HISTOIRE, LES BATAILLES DE CUITO CUANAVALE ET D'AMBUILA, AVANT D'APPRENDRE LA PREMIÈRE GUERRE MONDIALE.
INÊS
POUR MOI, LA DÉCOLONISATION, C'EST AUSSI VOIR NOS DIRIGEANTS AVOIR CONFIANCE DANS LE SYSTÈME DE SANTÉ DE LEUR PAYS ET SE FAIRE OPÉRER SUR PLACE EN CAS DE BESOIN.
KIALA
LA DÉCOLONISATION, C'EST ÊTRE FIER DE MON NOM EN LANGUE NATIONALE. LA DÉCOLONISATION, C'EST CHERCHER À COMPRENDRE LA SIGNIFICATION DU NOM DE L'AUTRE PLUTÔT QUE DE LE TROUVER DRÔLE PARCE QU'IL EST DIFFICILE À PRONONCER DANS LA LANGUE NATIONALE.
AURORA
JE NE SAIS PAS CE QU'EST LA DÉCOLONISATION, MAIS JE SAIS POUR SÛR QUE RENONCER À SA PROPRE NATIONALITÉ POUR LES PRIVILÈGES D'UNE AUTRE, ÇA C'EST DE LA COLONISATION.
AFRIQUE: LE BERCEAU DE L'HUMANITÉ

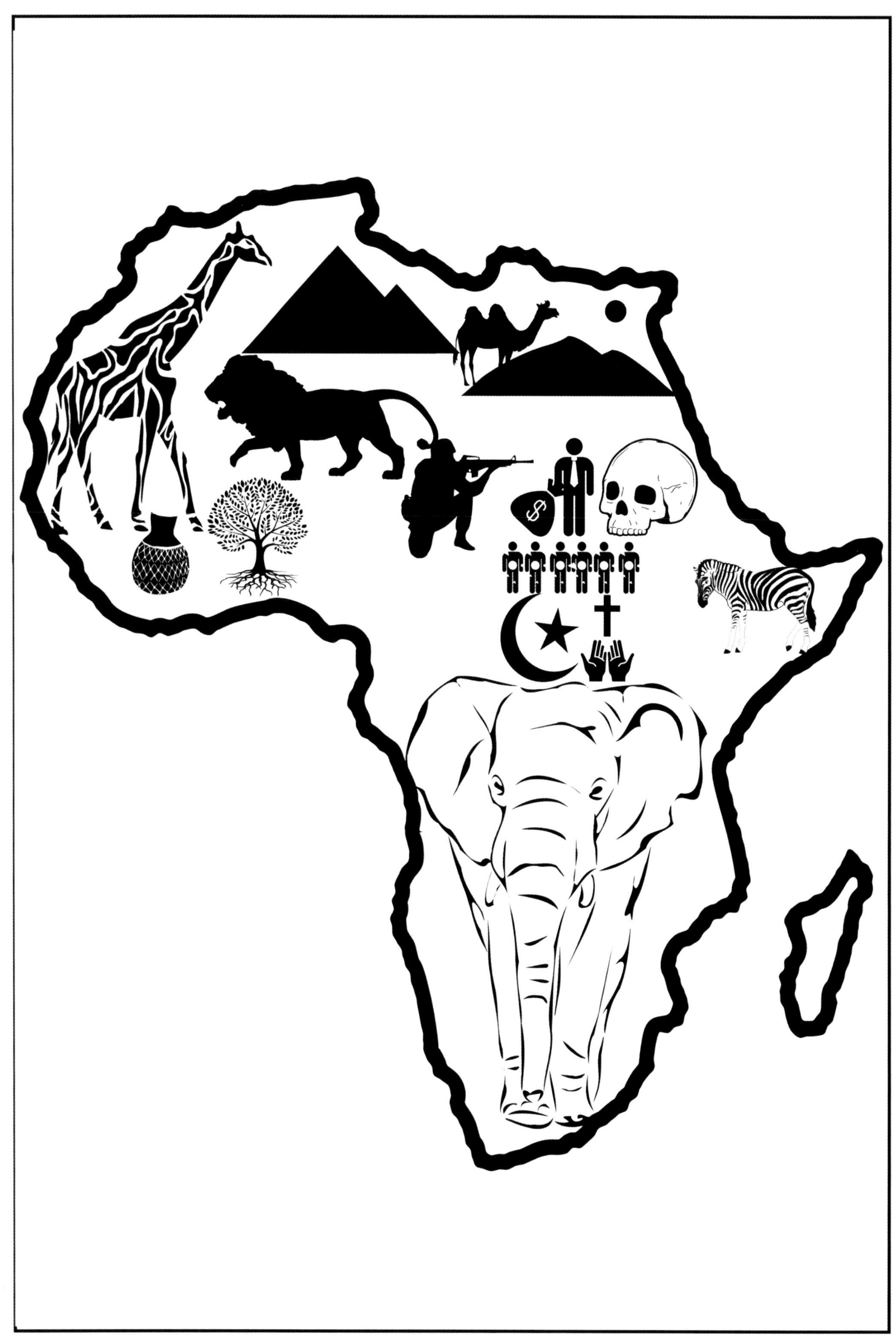

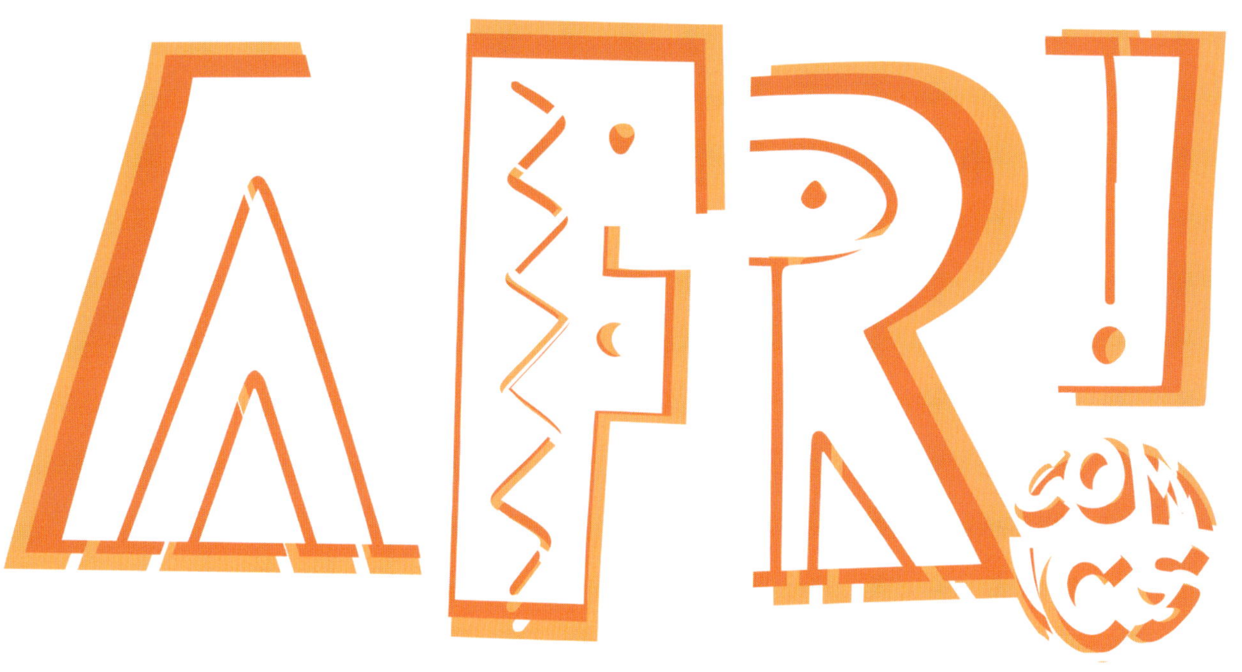
AFRI
COMICS

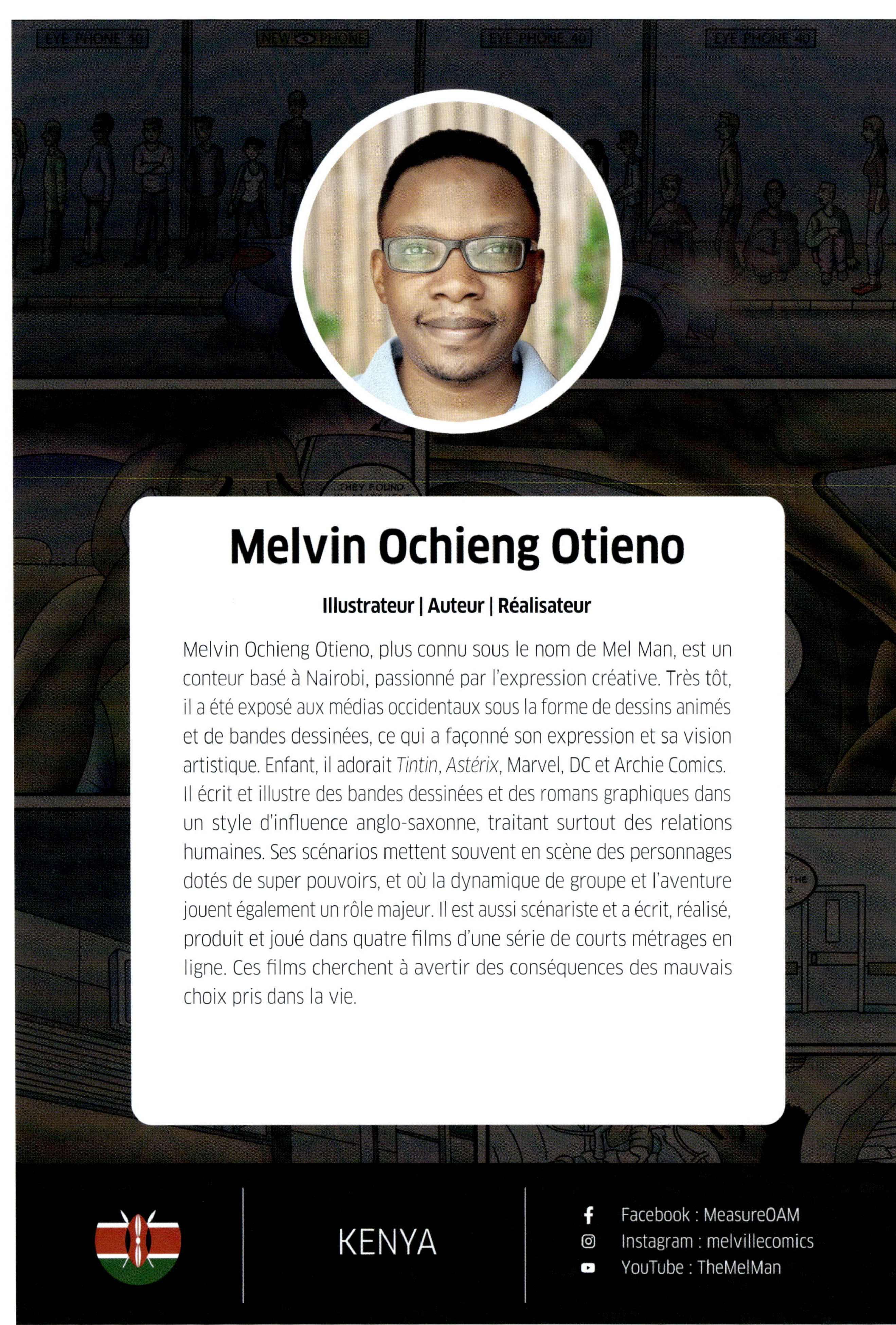

Melvin Ochieng Otieno

Illustrateur | Auteur | Réalisateur

Melvin Ochieng Otieno, plus connu sous le nom de Mel Man, est un conteur basé à Nairobi, passionné par l'expression créative. Très tôt, il a été exposé aux médias occidentaux sous la forme de dessins animés et de bandes dessinées, ce qui a façonné son expression et sa vision artistique. Enfant, il adorait *Tintin*, *Astérix*, Marvel, DC et Archie Comics. Il écrit et illustre des bandes dessinées et des romans graphiques dans un style d'influence anglo-saxonne, traitant surtout des relations humaines. Ses scénarios mettent souvent en scène des personnages dotés de super pouvoirs, et où la dynamique de groupe et l'aventure jouent également un rôle majeur. Il est aussi scénariste et a écrit, réalisé, produit et joué dans quatre films d'une série de courts métrages en ligne. Ces films cherchent à avertir des conséquences des mauvais choix pris dans la vie.

KENYA

Facebook : MeasureOAM
Instagram : melvillecomics
YouTube : TheMelMan

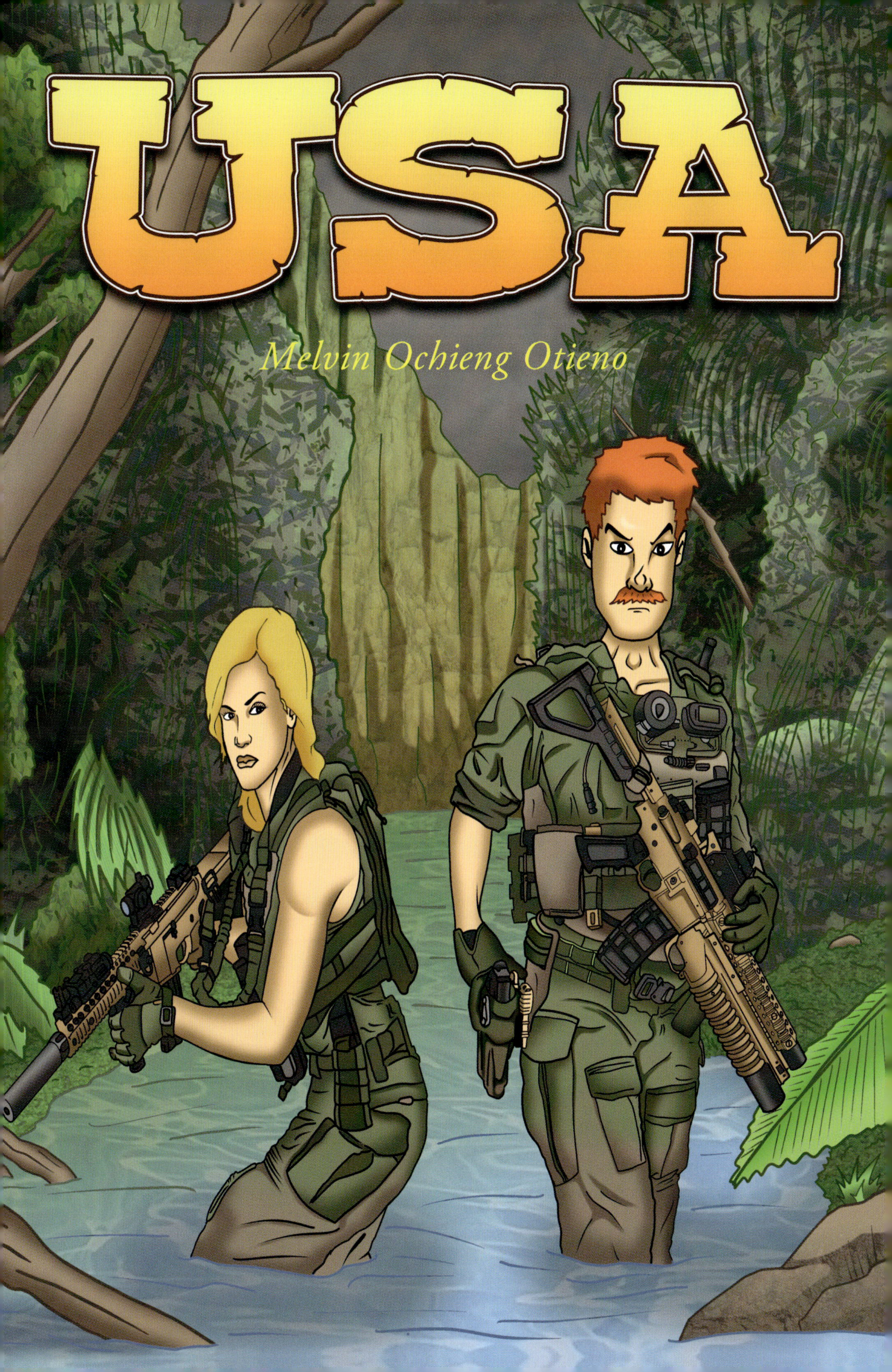
USA
Melvin Ochieng Otieno

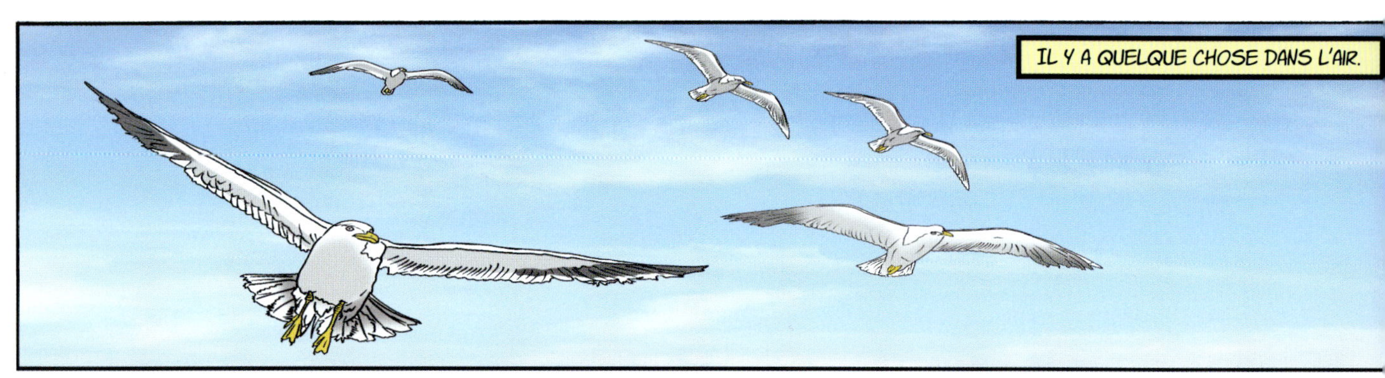
IL Y A QUELQUE CHOSE DANS L'AIR.

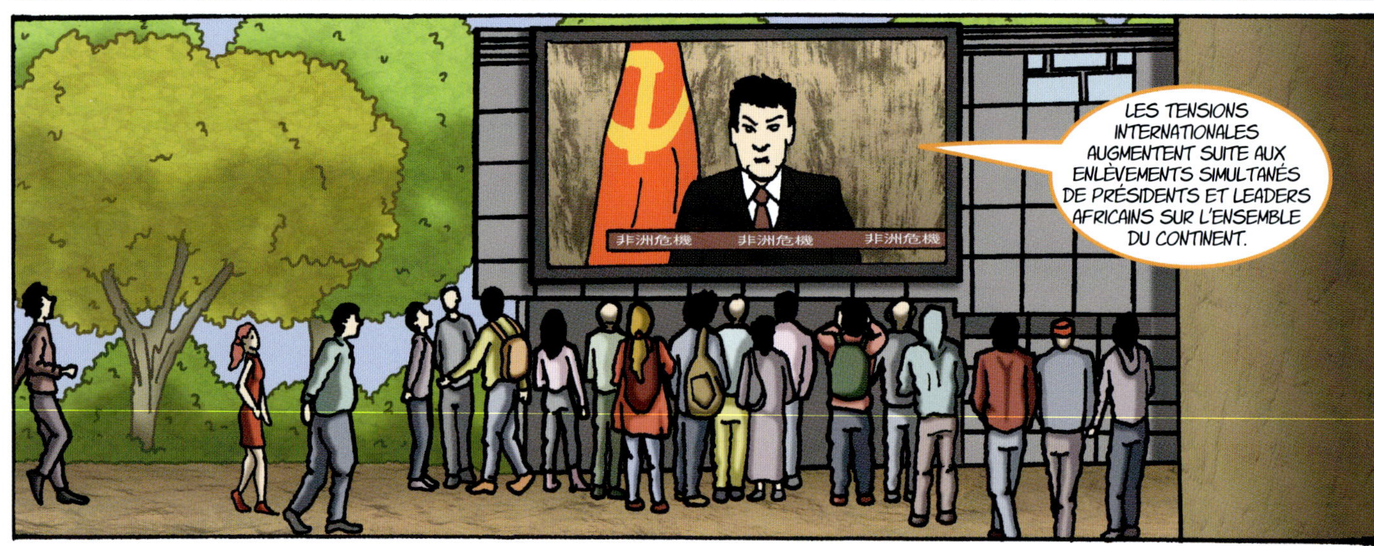
非洲危機 非洲危機 非洲危機
LES TENSIONS INTERNATIONALES AUGMENTENT SUITE AUX ENLÈVEMENTS SIMULTANÉS DE PRÉSIDENTS ET LEADERS AFRICAINS SUR L'ENSEMBLE DU CONTINENT.

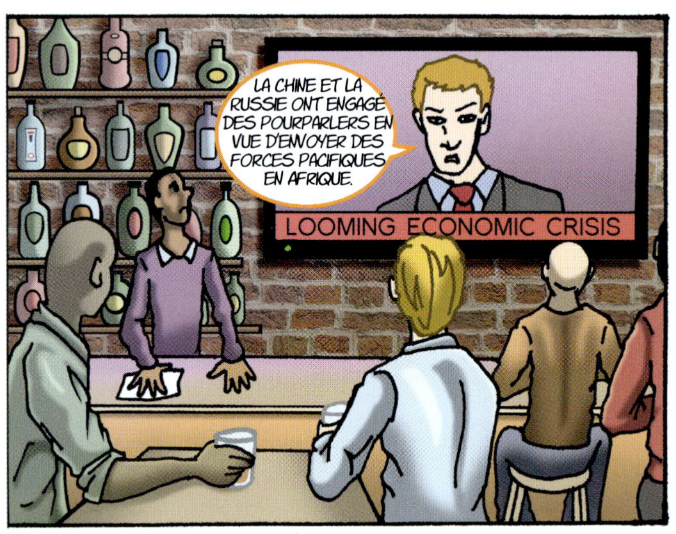
LA CHINE ET LA RUSSIE ONT ENGAGÉ DES POURPARLERS EN VUE D'ENVOYER DES FORCES PACIFIQUES EN AFRIQUE.
LOOMING ECONOMIC CRISIS

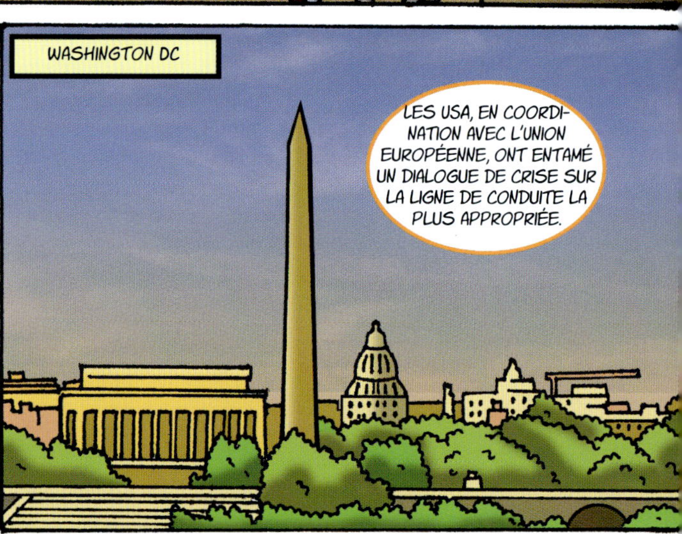
WASHINGTON DC
LES USA, EN COORDINATION AVEC L'UNION EUROPÉENNE, ONT ENTAMÉ UN DIALOGUE DE CRISE SUR LA LIGNE DE CONDUITE LA PLUS APPROPRIÉE.

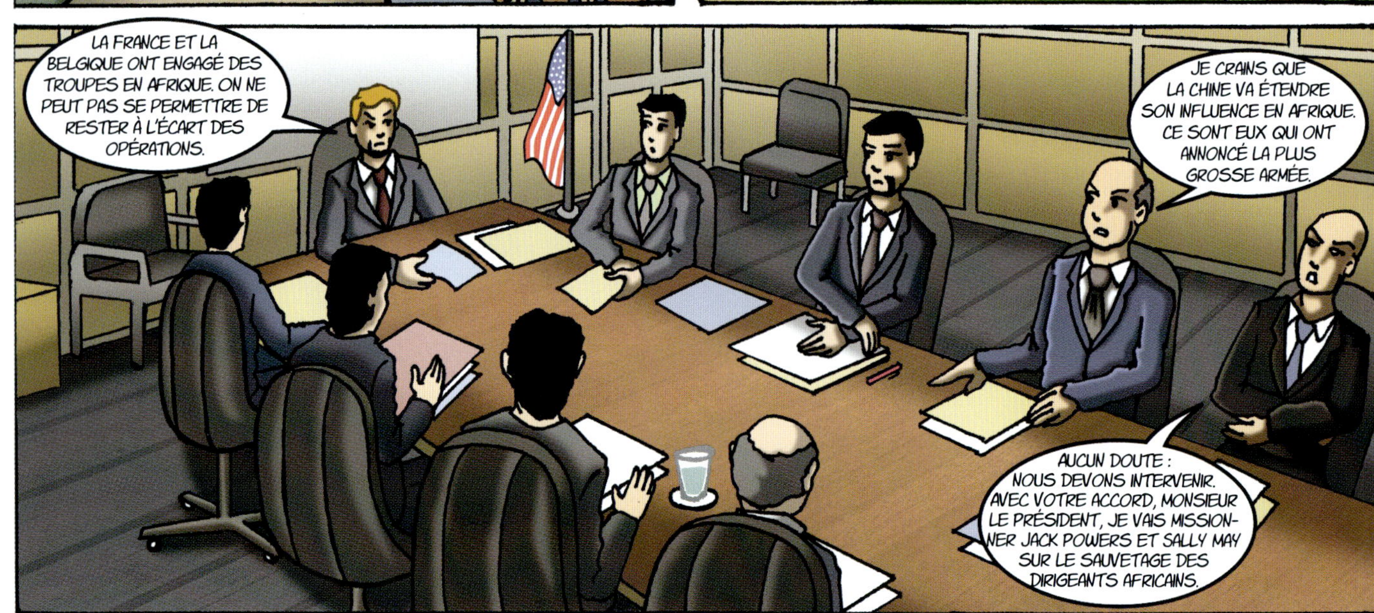
LA FRANCE ET LA BELGIQUE ONT ENGAGÉ DES TROUPES EN AFRIQUE. ON NE PEUT PAS SE PERMETTRE DE RESTER À L'ÉCART DES OPÉRATIONS.
JE CRAINS QUE LA CHINE VA ÉTENDRE SON INFLUENCE EN AFRIQUE. CE SONT EUX QUI ONT ANNONCÉ LA PLUS GROSSE ARMÉE.
AUCUN DOUTE : NOUS DEVONS INTERVENIR. AVEC VOTRE ACCORD, MONSIEUR LE PRÉSIDENT, JE VAIS MISSIONNER JACK POWERS ET SALLY MAY SUR LE SAUVETAGE DES DIRIGEANTS AFRICAINS.

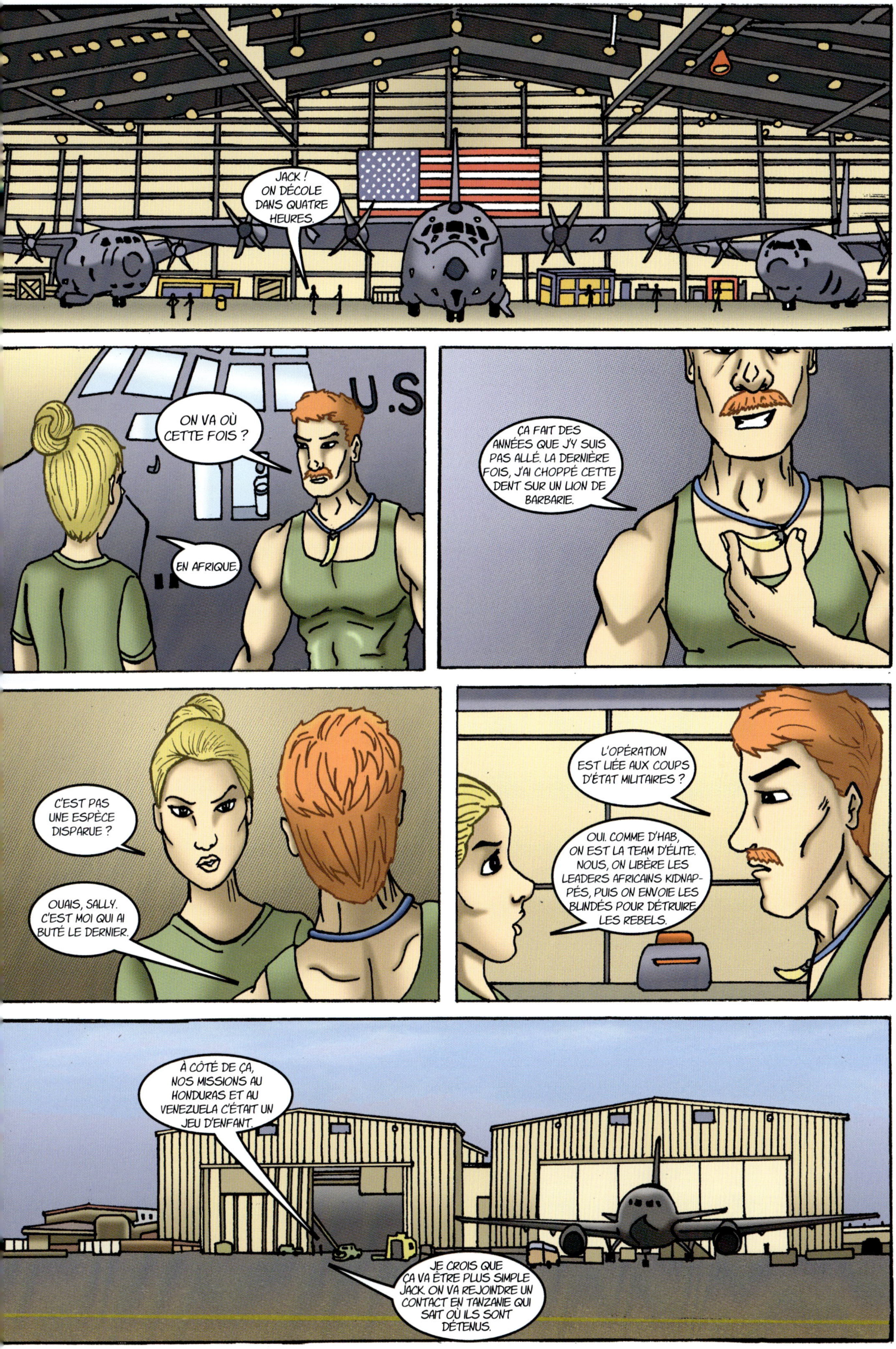

JACK ! ON DÉCOLE DANS QUATRE HEURES.
ON VA OÙ CETTE FOIS ?
EN AFRIQUE.
ÇA FAIT DES ANNÉES QUE J'Y SUIS PAS ALLÉ. LA DERNIÈRE FOIS, J'AI CHOPPÉ CETTE DENT SUR UN LION DE BARBARIE.
C'EST PAS UNE ESPÈCE DISPARUE ?
OUAIS, SALLY. C'EST MOI QUI AI BUTÉ LE DERNIER.
L'OPÉRATION EST LIÉE AUX COUPS D'ÉTAT MILITAIRES ?
OUI. COMME D'HAB, ON EST LA TEAM D'ÉLITE. NOUS, ON LIBÈRE LES LEADERS AFRICAINS KIDNAPPÉS, PUIS ON ENVOIE LES BLINDÉS POUR DÉTRUIRE LES REBELS.

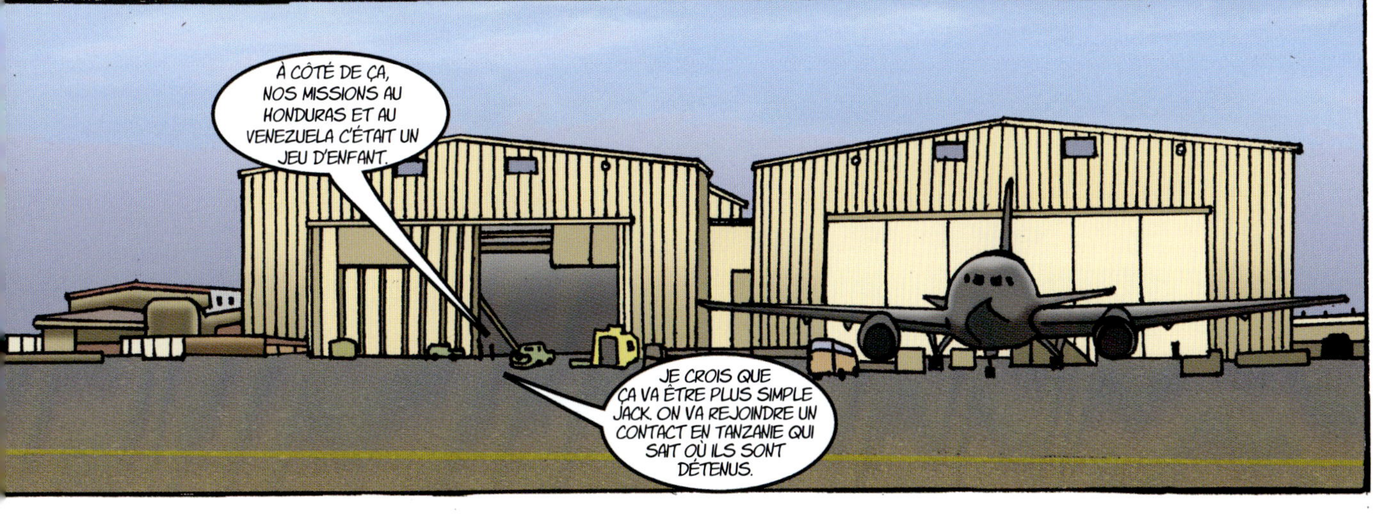
À CÔTÉ DE ÇA, NOS MISSIONS AU HONDURAS ET AU VENEZUELA C'ÉTAIT UN JEU D'ENFANT.
JE CROIS QUE ÇA VA ÊTRE PLUS SIMPLE JACK. ON VA REJOINDRE UN CONTACT EN TANZANIE QUI SAIT OÙ ILS SONT DÉTENUS.

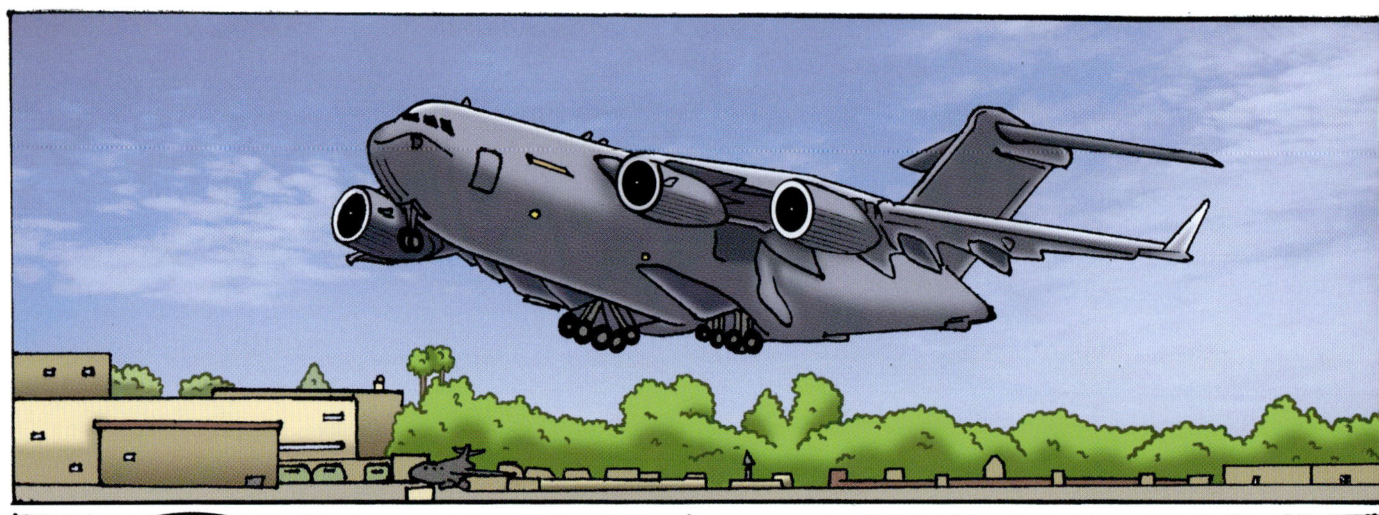

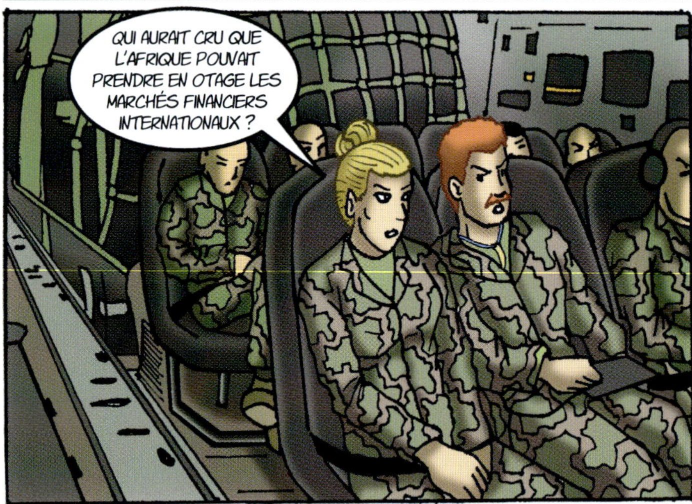

QUI AURAIT CRU QUE L'AFRIQUE POUVAIT PRENDRE EN OTAGE LES MARCHÉS FINANCIERS INTERNATIONAUX ?

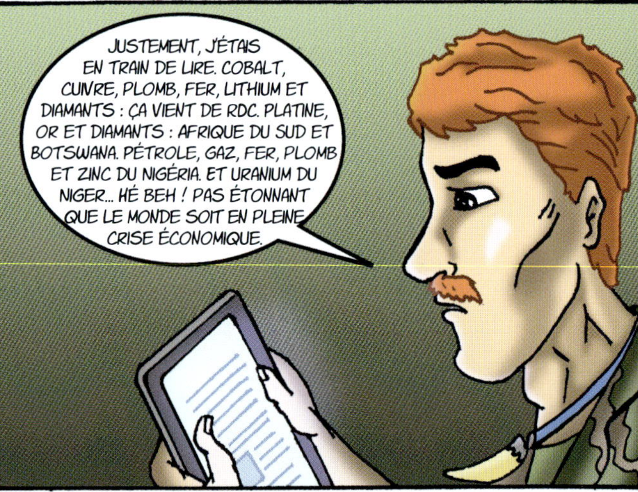

JUSTEMENT, J'ÉTAIS EN TRAIN DE LIRE. COBALT, CUIVRE, PLOMB, FER, LITHIUM ET DIAMANTS : ÇA VIENT DE RDC. PLATINE, OR ET DIAMANTS : AFRIQUE DU SUD ET BOTSWANA. PÉTROLE, GAZ, FER, PLOMB ET ZINC DU NIGÉRIA. ET URANIUM DU NIGER... HÉ BEH ! PAS ÉTONNANT QUE LE MONDE SOIT EN PLEINE CRISE ÉCONOMIQUE.

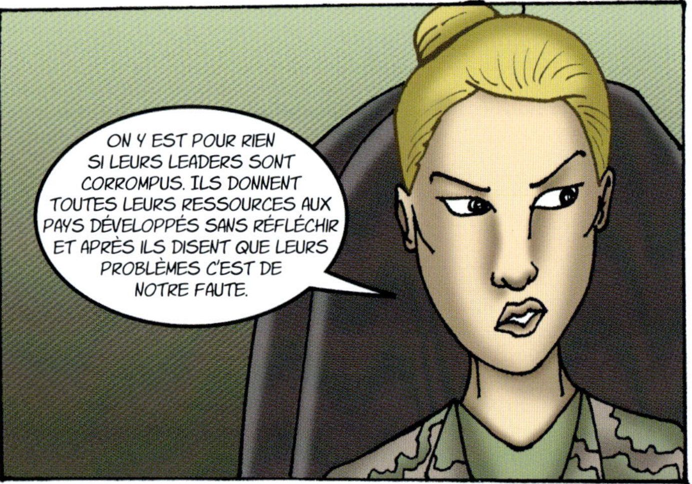

ON Y EST POUR RIEN SI LEURS LEADERS SONT CORROMPUS. ILS DONNENT TOUTES LEURS RESSOURCES AUX PAYS DÉVELOPPÉS SANS RÉFLÉCHIR ET APRÈS ILS DISENT QUE LEURS PROBLÈMES C'EST DE NOTRE FAUTE.

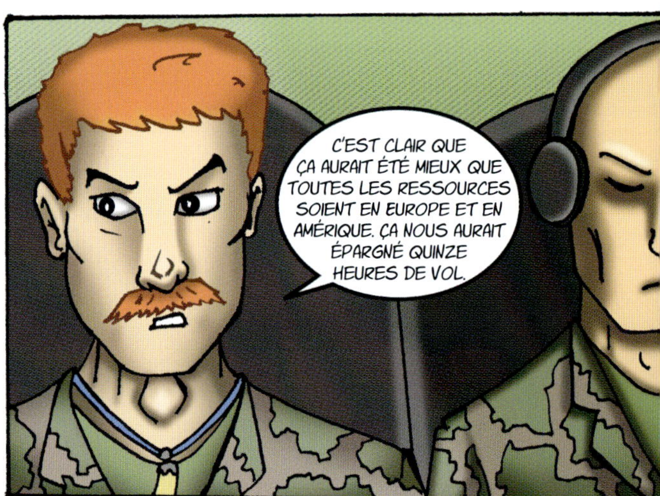

C'EST CLAIR QUE ÇA AURAIT ÉTÉ MIEUX QUE TOUTES LES RESSOURCES SOIENT EN EUROPE ET EN AMÉRIQUE. ÇA NOUS AURAIT ÉPARGNÉ QUINZE HEURES DE VOL.

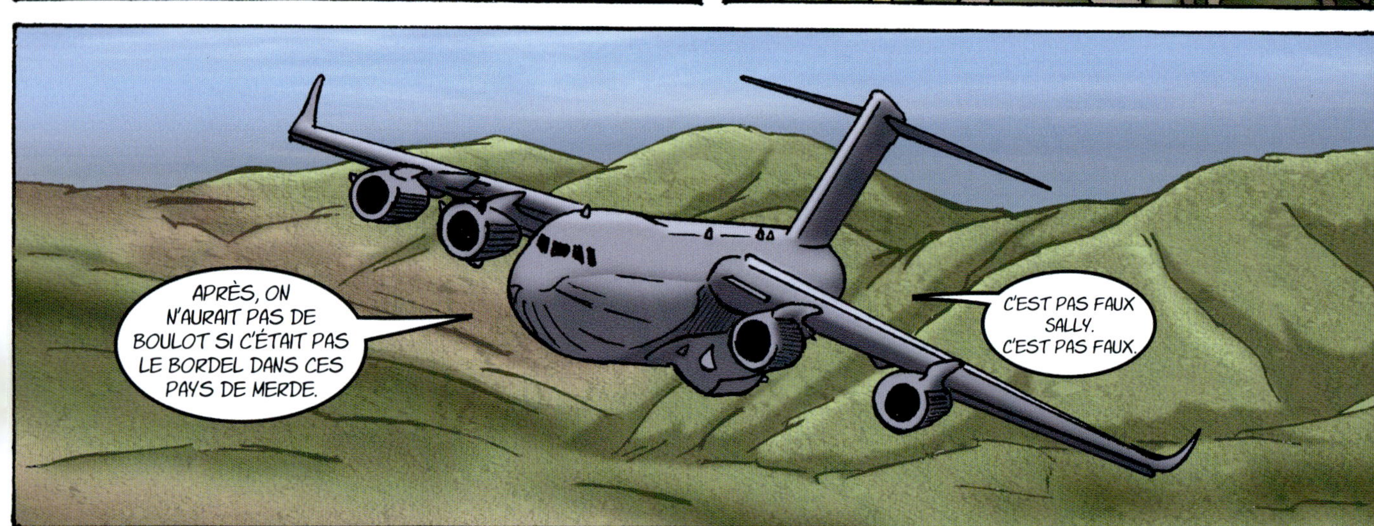

APRÈS, ON N'AURAIT PAS DE BOULOT SI C'ÉTAIT PAS LE BORDEL DANS CES PAYS DE MERDE.
C'EST PAS FAUX SALLY. C'EST PAS FAUX.

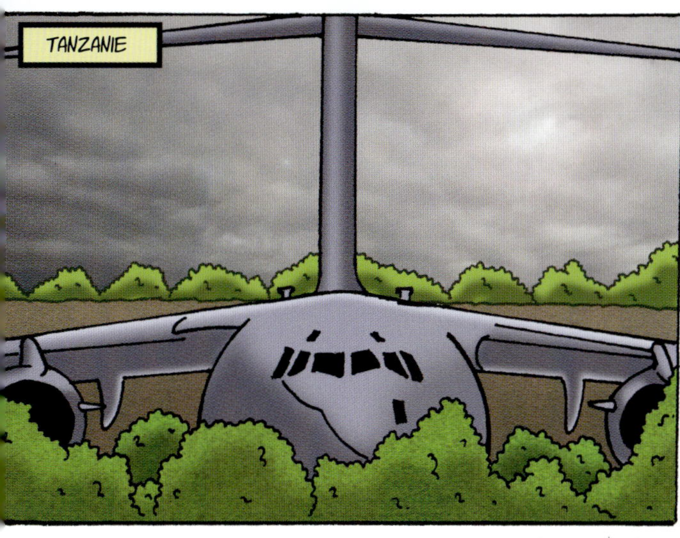
TANZANIE

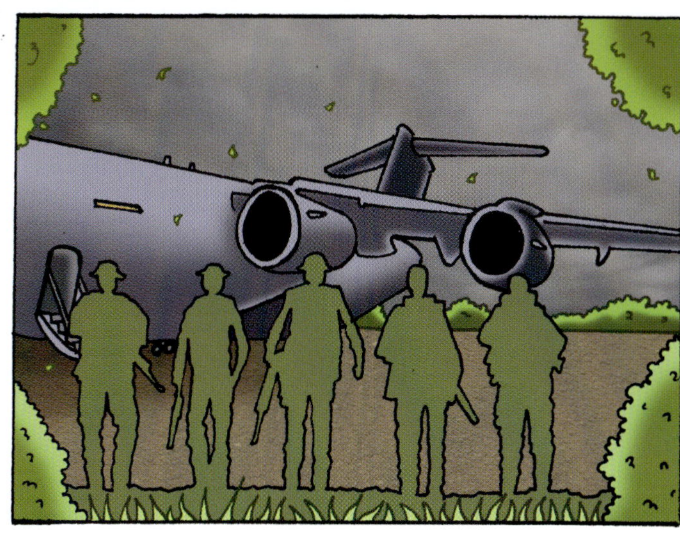

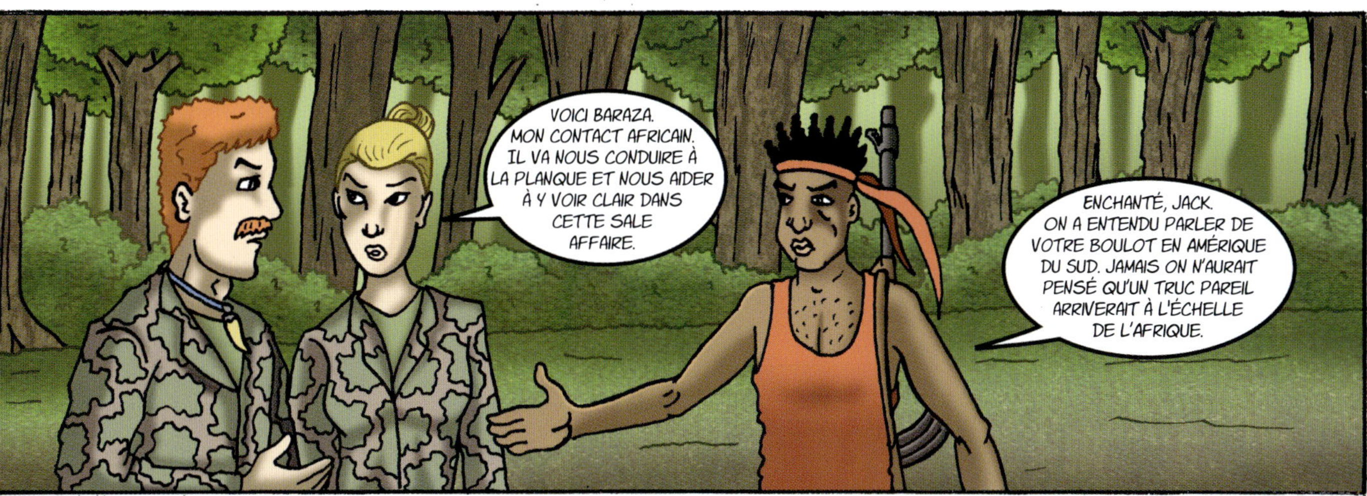
VOICI BARAZA. MON CONTACT AFRICAIN. IL VA NOUS CONDUIRE À LA PLANQUE ET NOUS AIDER À Y VOIR CLAIR DANS CETTE SALE AFFAIRE.
ENCHANTÉ, JACK. ON A ENTENDU PARLER DE VOTRE BOULOT EN AMÉRIQUE DU SUD. JAMAIS ON N'AURAIT PENSÉ QU'UN TRUC PAREIL ARRIVERAIT À L'ÉCHELLE DE L'AFRIQUE.

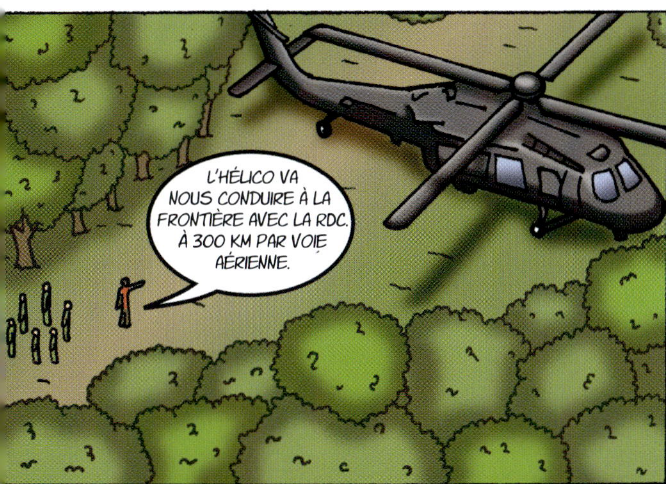
L'HÉLICO VA NOUS CONDUIRE À LA FRONTIÈRE AVEC LA RDC. À 300 KM PAR VOIE AÉRIENNE.

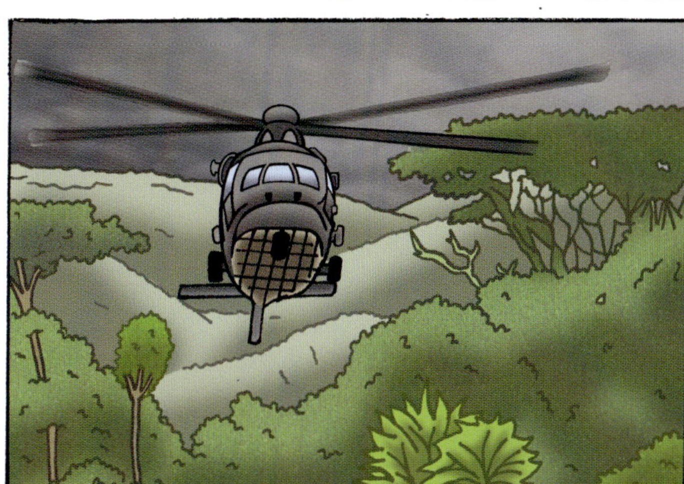

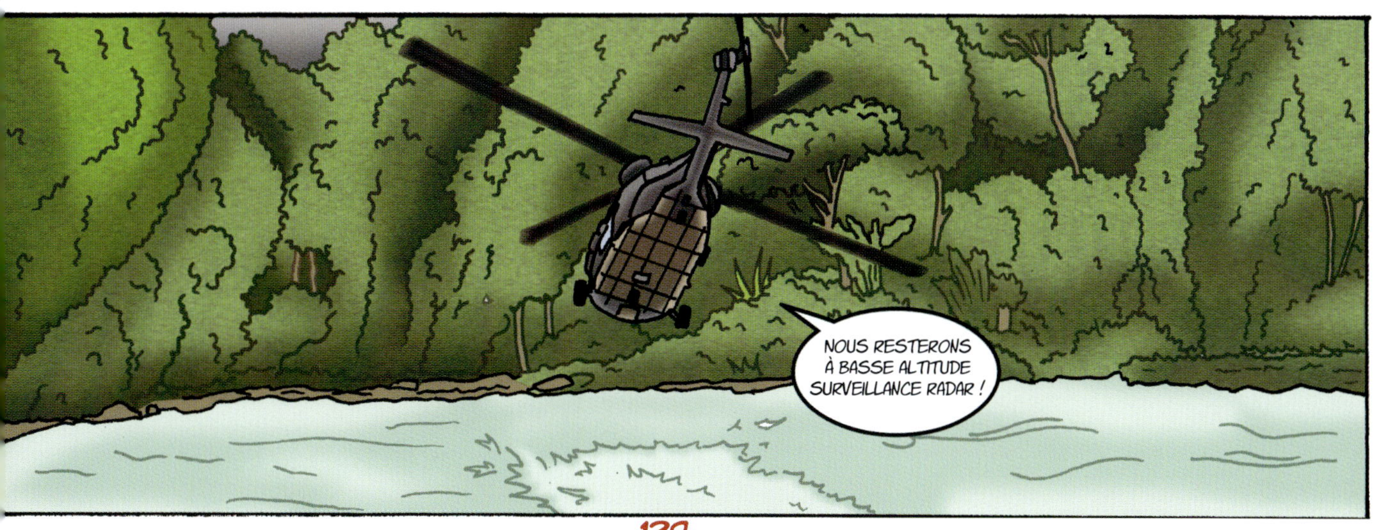
NOUS RESTERONS À BASSE ALTITUDE SURVEILLANCE RADAR !

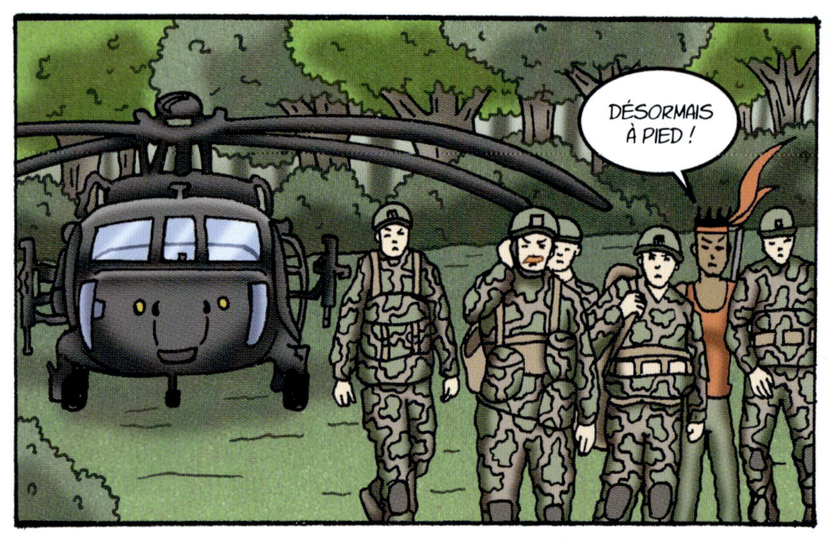
DÉSORMAIS
À PIED !

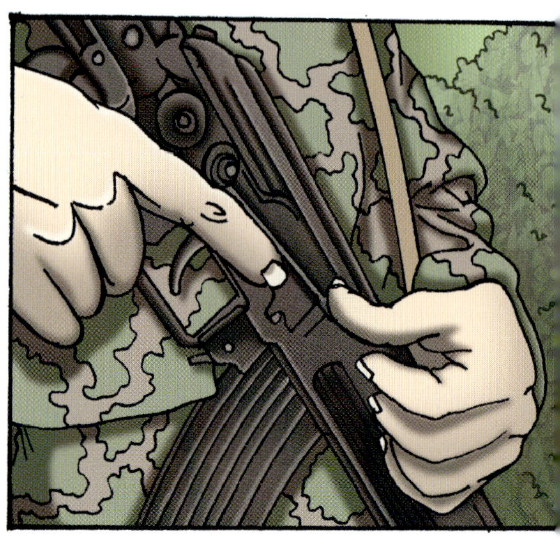

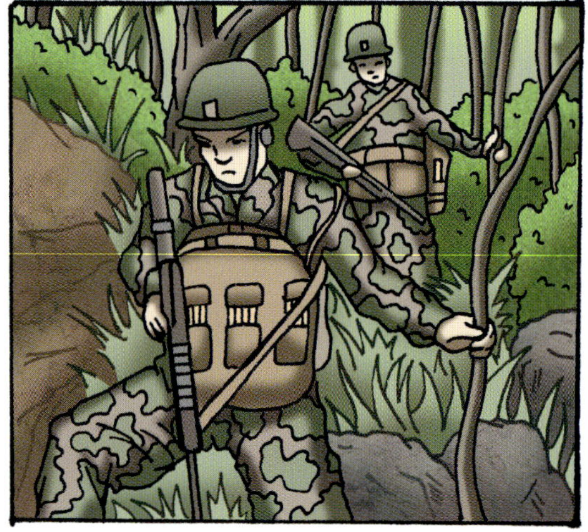

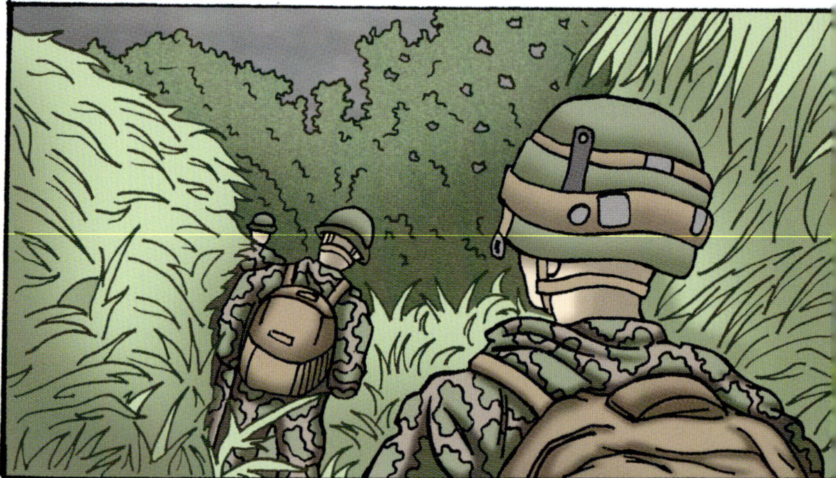

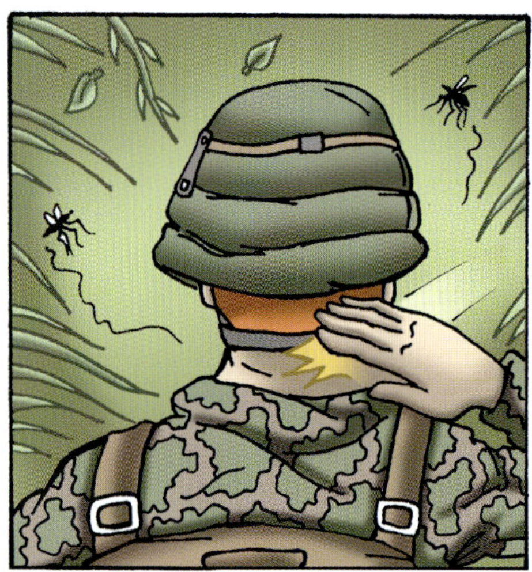

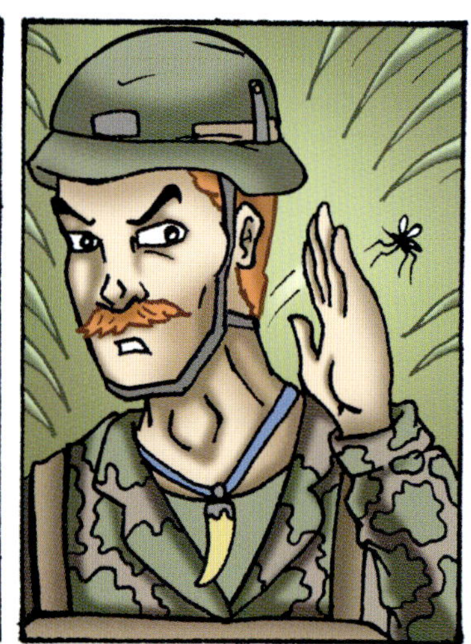

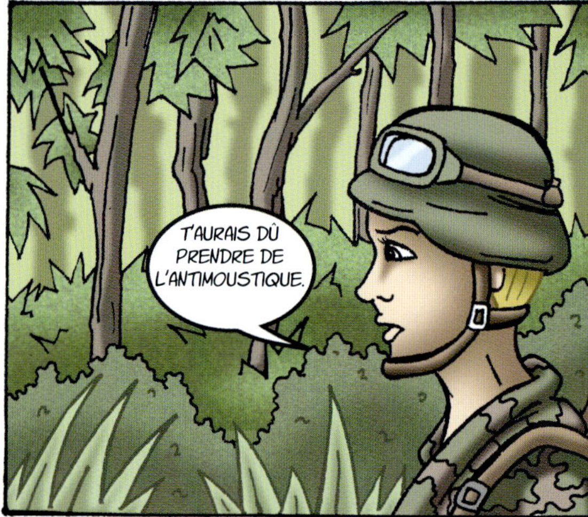
T'AURAIS DÛ PRENDRE DE L'ANTIMOUSTIQUE.

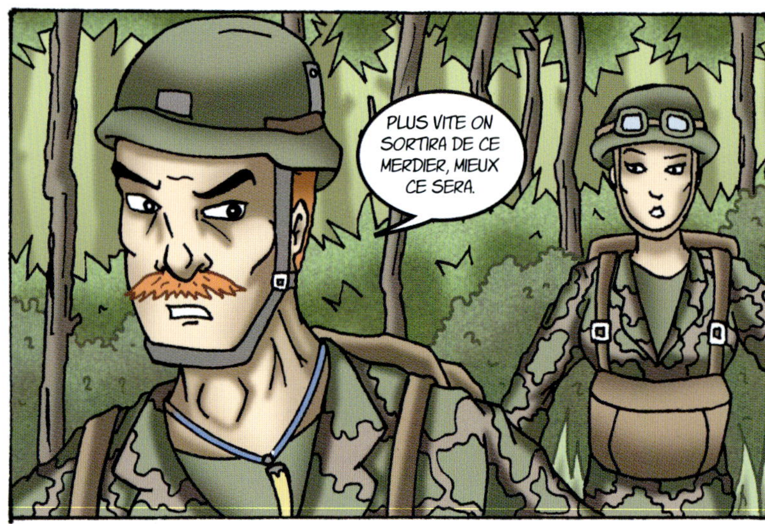
PLUS VITE ON SORTIRA DE CE MERDIER, MIEUX CE SERA.

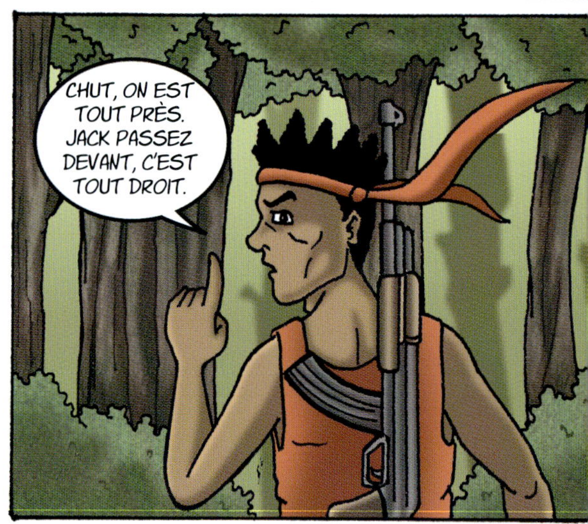
CHUT, ON EST TOUT PRÈS. JACK PASSEZ DEVANT, C'EST TOUT DROIT.

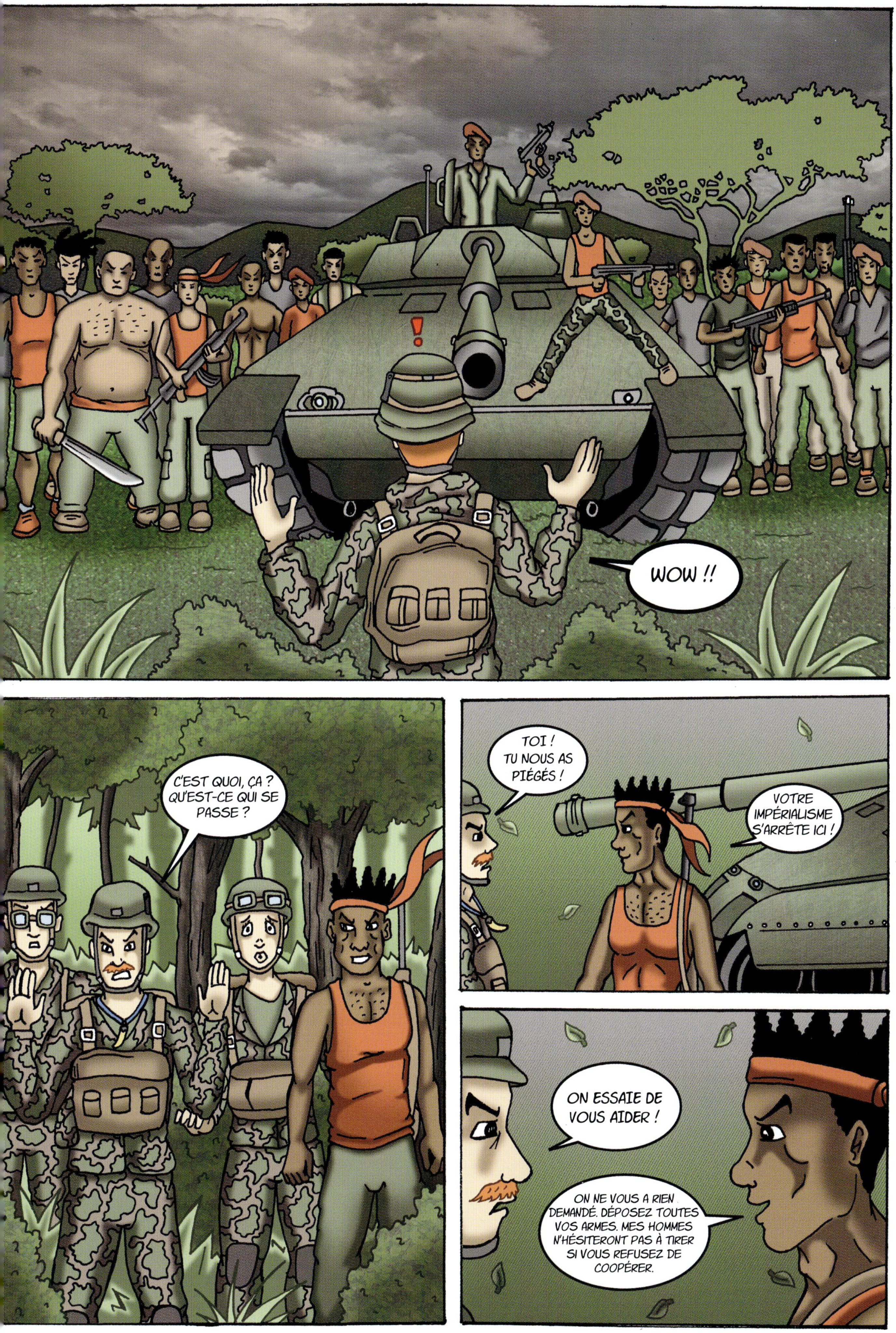

WOW !!

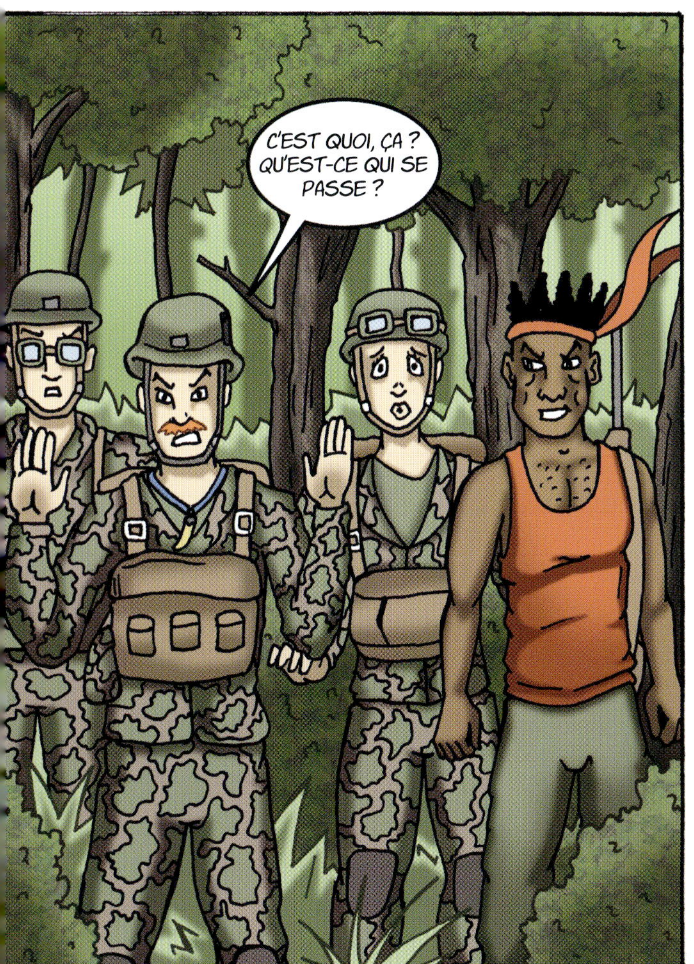
C'EST QUOI, ÇA ? QU'EST-CE QUI SE PASSE ?

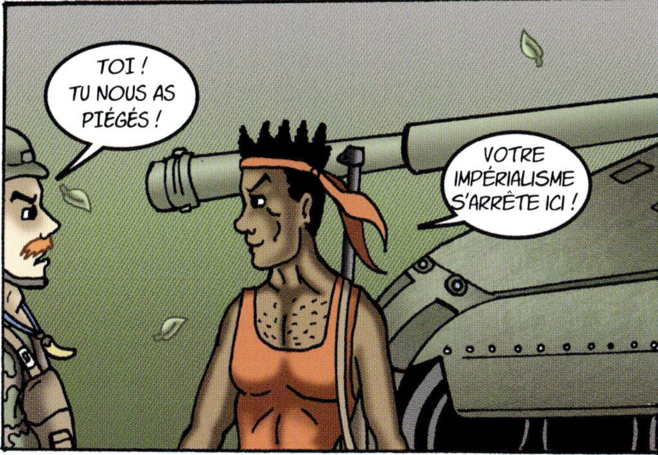
TOI ! TU NOUS AS PIÉGÉS !
VOTRE IMPÉRIALISME S'ARRÊTE ICI !

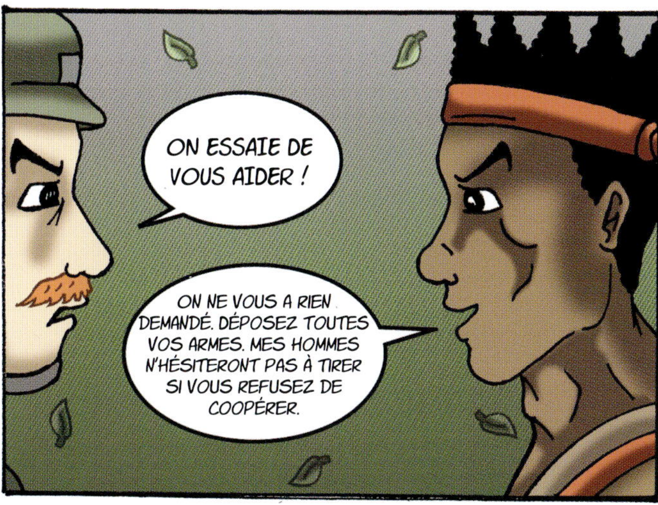
ON ESSAIE DE VOUS AIDER !
ON NE VOUS A RIEN DEMANDÉ. DÉPOSEZ TOUTES VOS ARMES. MES HOMMES N'HÉSITERONT PAS À TIRER SI VOUS REFUSEZ DE COOPÉRER.

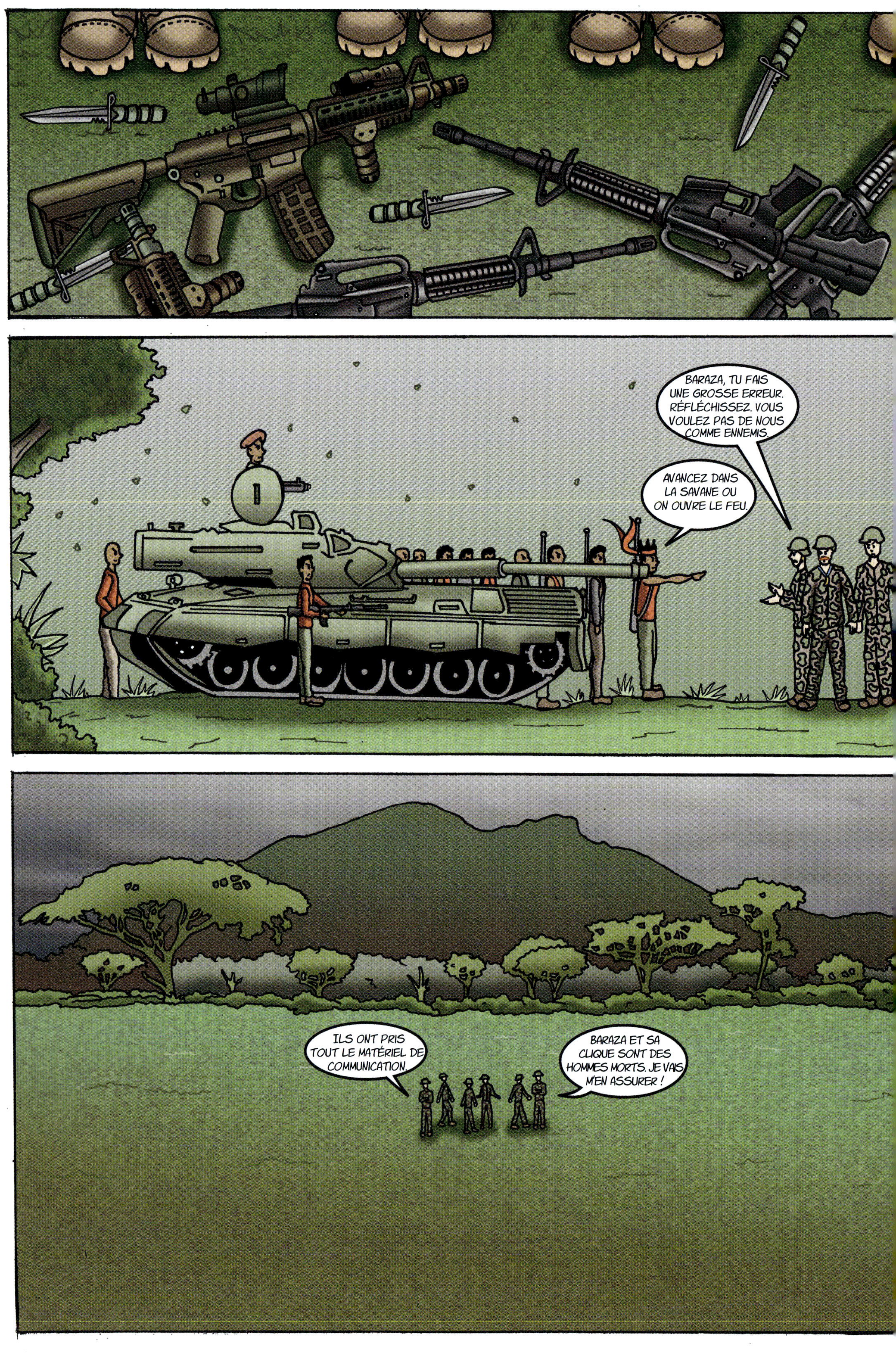
BARAZA, TU FAIS UNE GROSSE ERREUR. RÉFLÉCHISSEZ. VOUS VOULEZ PAS DE NOUS COMME ENNEMIS.
AVANCEZ DANS LA SAVANE OU ON OUVRE LE FEU.
ILS ONT PRIS TOUT LE MATÉRIEL DE COMMUNICATION.
BARAZA ET SA CLIQUE SONT DES HOMMES MORTS. JE VAIS M'EN ASSURER !

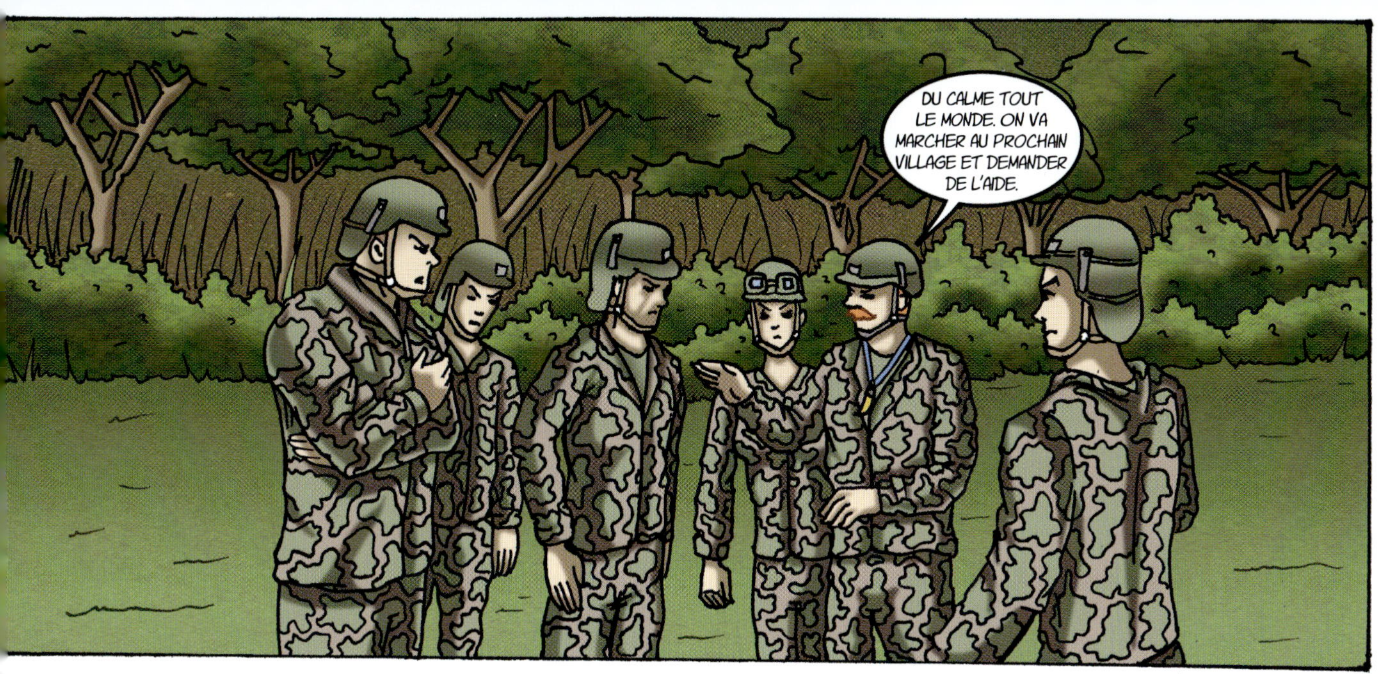
DU CALME TOUT LE MONDE. ON VA MARCHER AU PROCHAIN VILLAGE ET DEMANDER DE L'AIDE.

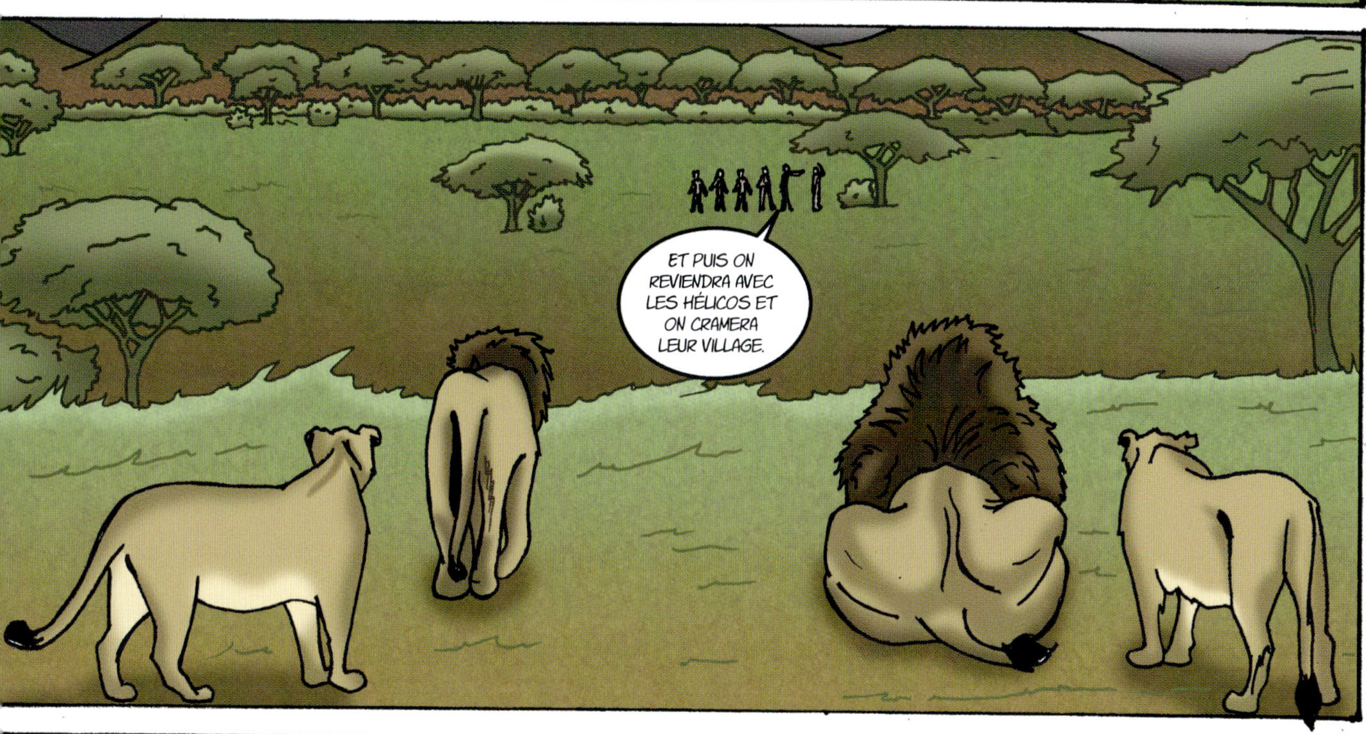
ET PUIS ON REVIENDRA AVEC LES HÉLICOS ET ON CRAMERA LEUR VILLAGE.

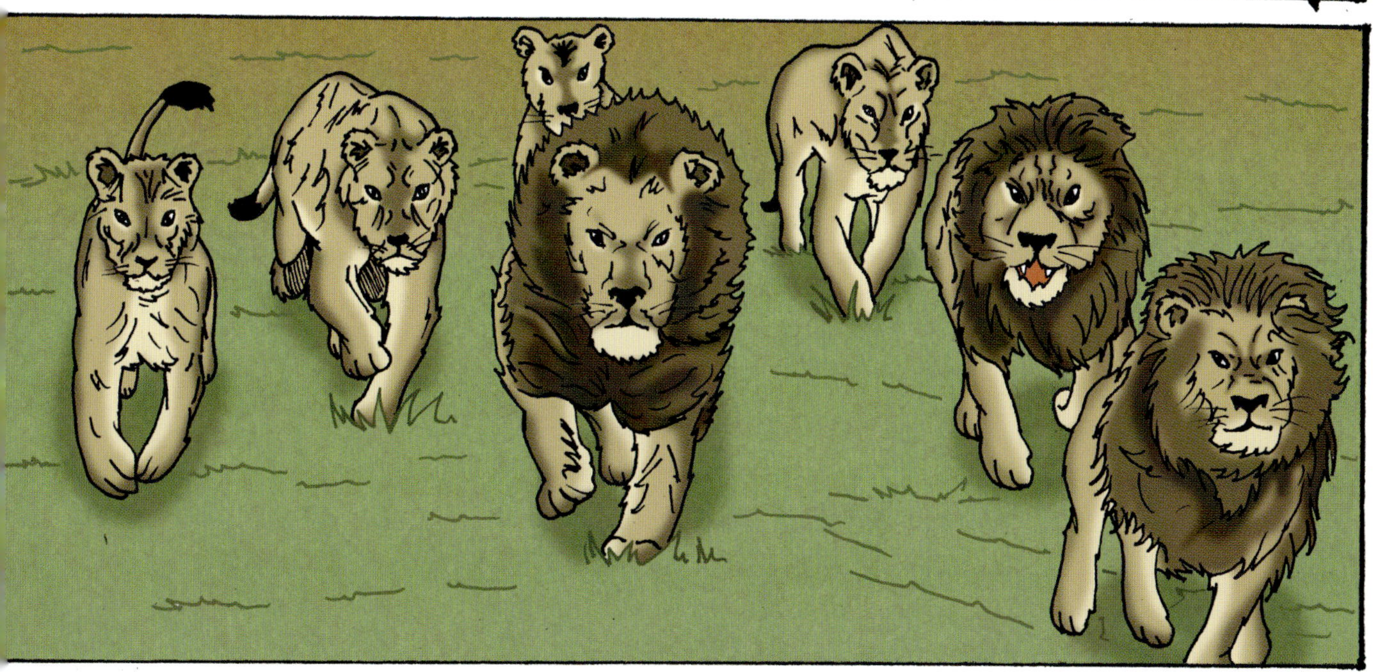

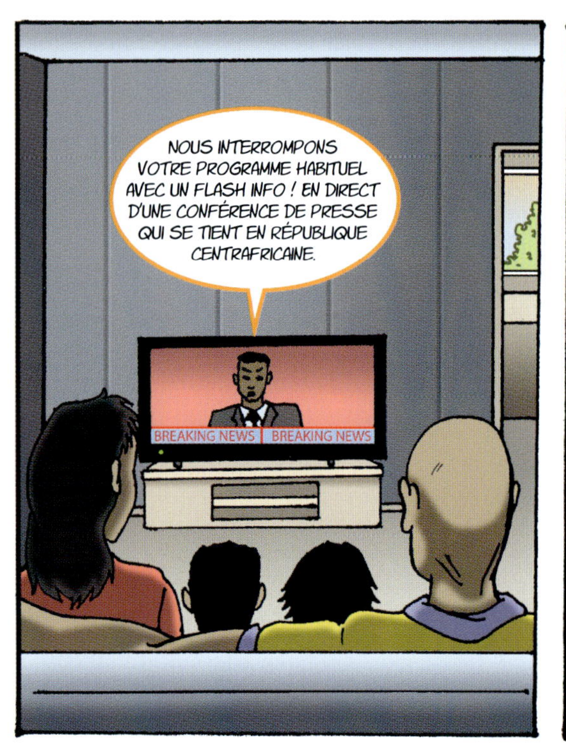
NOUS INTERROMPONS VOTRE PROGRAMME HABITUEL AVEC UN FLASH INFO ! EN DIRECT D'UNE CONFÉRENCE DE PRESSE QUI SE TIENT EN RÉPUBLIQUE CENTRAFRICAINE.
BREAKING NEWS BREAKING NEWS

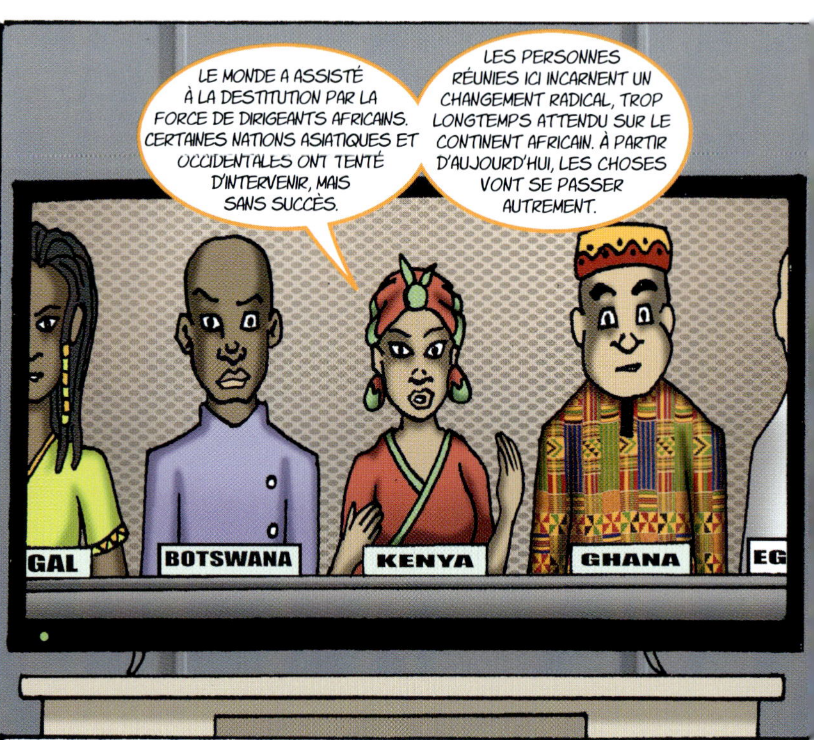
LE MONDE A ASSISTÉ À LA DESTITUTION PAR LA FORCE DE DIRIGEANTS AFRICAINS. CERTAINES NATIONS ASIATIQUES ET OCCIDENTALES ONT TENTÉ D'INTERVENIR, MAIS SANS SUCCÈS.
LES PERSONNES RÉUNIES ICI INCARNENT UN CHANGEMENT RADICAL, TROP LONGTEMPS ATTENDU SUR LE CONTINENT AFRICAIN. À PARTIR D'AUJOURD'HUI, LES CHOSES VONT SE PASSER AUTREMENT.
GAL
BOTSWANA
KENYA
GHANA
EG

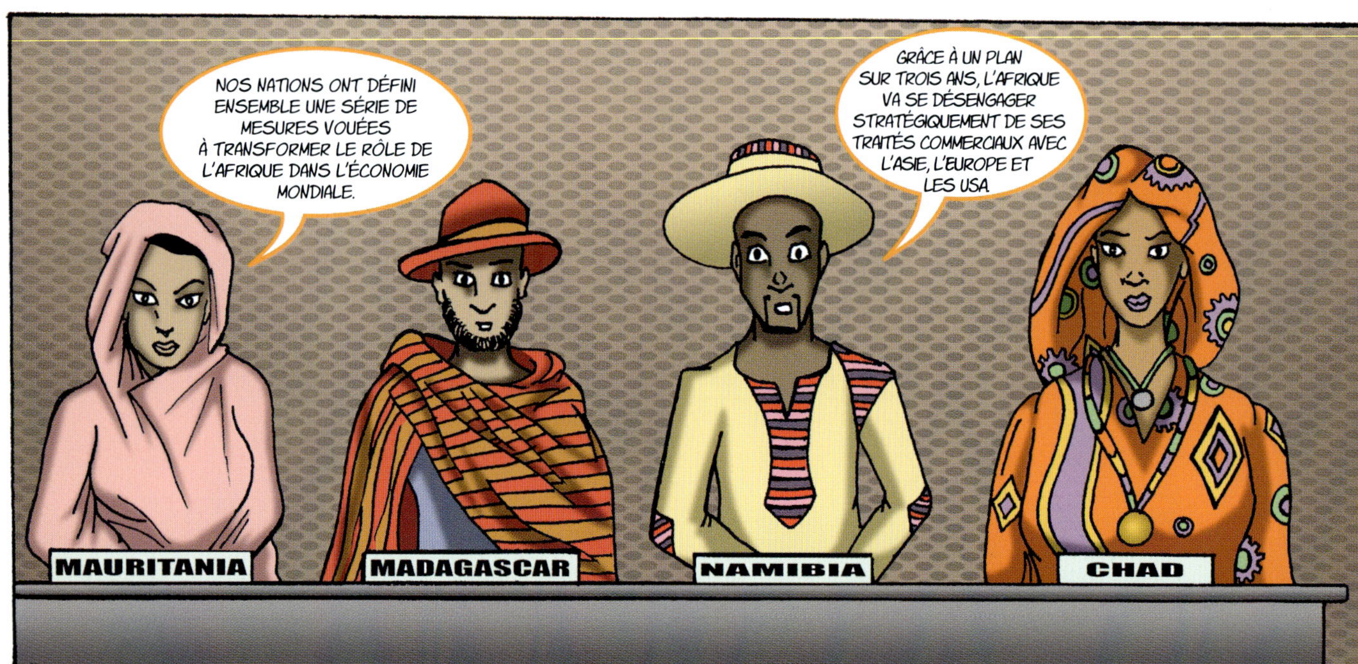
NOS NATIONS ONT DÉFINI ENSEMBLE UNE SÉRIE DE MESURES VOUÉES À TRANSFORMER LE RÔLE DE L'AFRIQUE DANS L'ÉCONOMIE MONDIALE.
GRÂCE À UN PLAN SUR TROIS ANS, L'AFRIQUE VA SE DÉSENGAGER STRATÉGIQUEMENT DE SES TRAITÉS COMMERCIAUX AVEC L'ASIE, L'EUROPE ET LES USA.
MAURITANIA
MADAGASCAR
NAMIBIA
CHAD

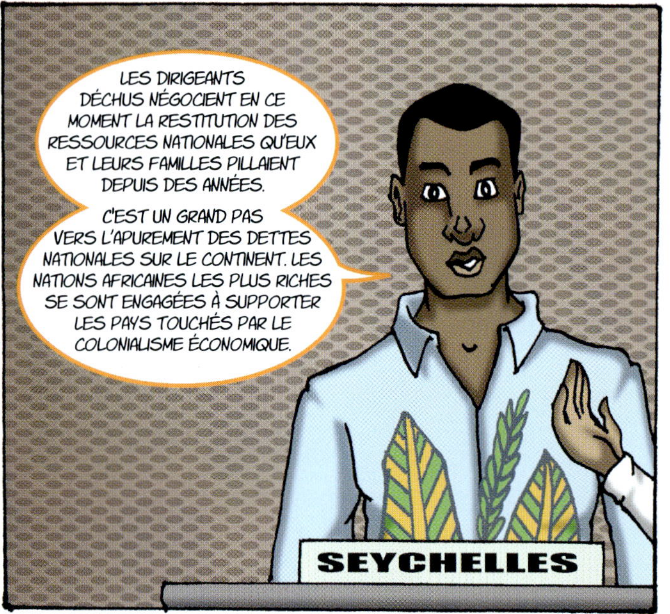
LES DIRIGEANTS DÉCHUS NÉGOCIENT EN CE MOMENT LA RESTITUTION DES RESSOURCES NATIONALES QU'EUX ET LEURS FAMILLES PILLAIENT DEPUIS DES ANNÉES.
C'EST UN GRAND PAS VERS L'APUREMENT DES DETTES NATIONALES SUR LE CONTINENT. LES NATIONS AFRICAINES LES PLUS RICHES SE SONT ENGAGÉES À SUPPORTER LES PAYS TOUCHÉS PAR LE COLONIALISME ÉCONOMIQUE.
SEYCHELLES

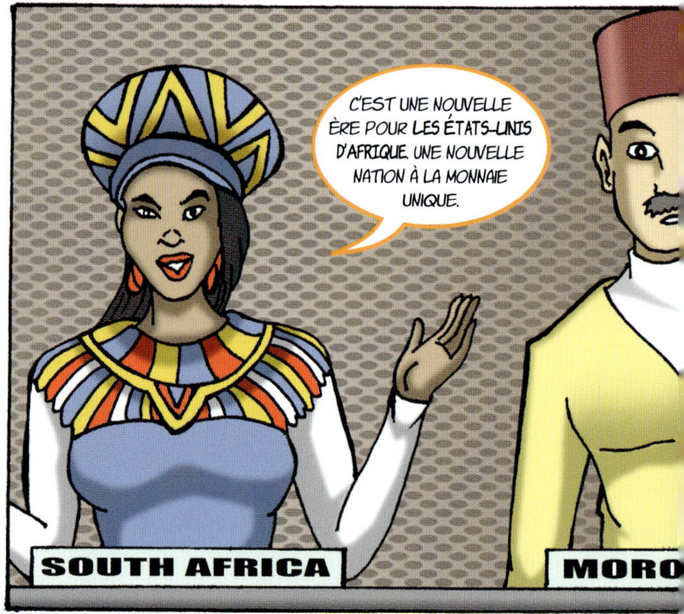
C'EST UNE NOUVELLE ÈRE POUR LES ÉTATS-UNIS D'AFRIQUE. UNE NOUVELLE NATION À LA MONNAIE UNIQUE.
SOUTH AFRICA
MORO

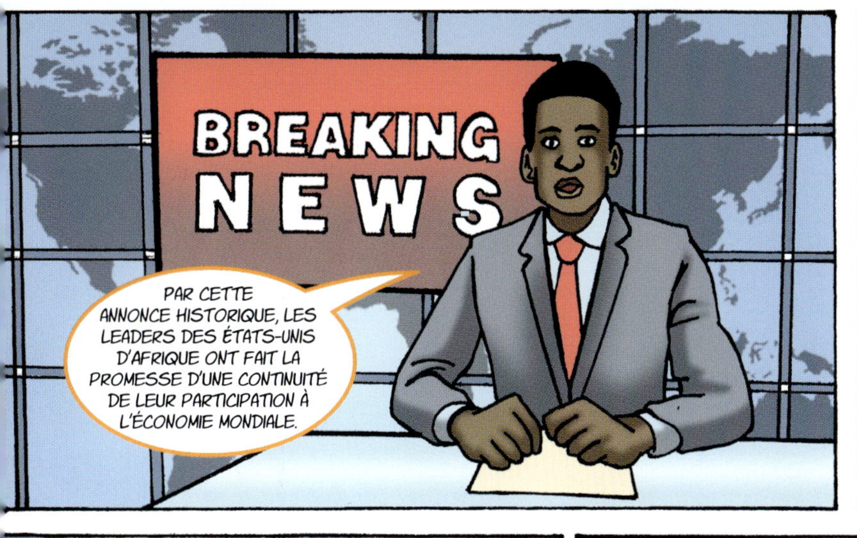
BREAKING NEWS
PAR CETTE ANNONCE HISTORIQUE, LES LEADERS DES ÉTATS-UNIS D'AFRIQUE ONT FAIT LA PROMESSE D'UNE CONTINUITÉ DE LEUR PARTICIPATION À L'ÉCONOMIE MONDIALE.

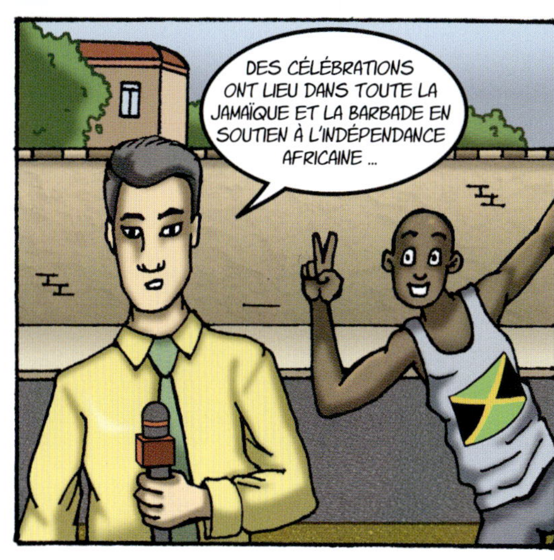
DES CÉLÉBRATIONS ONT LIEU DANS TOUTE LA JAMAÏQUE ET LA BARBADE EN SOUTIEN À L'INDÉPENDANCE AFRICAINE ...

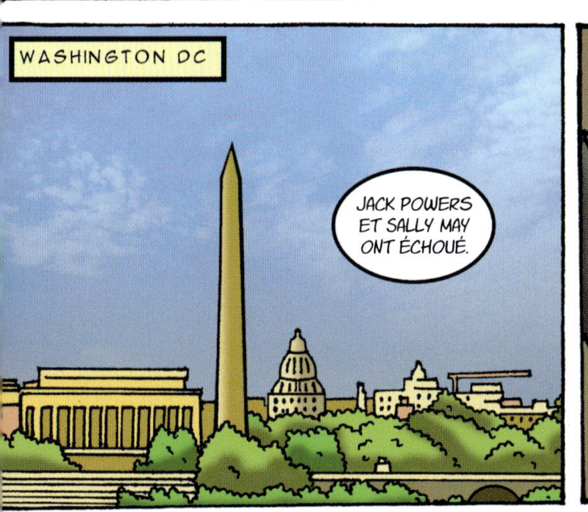
WASHINGTON DC
JACK POWERS ET SALLY MAY ONT ÉCHOUÉ.

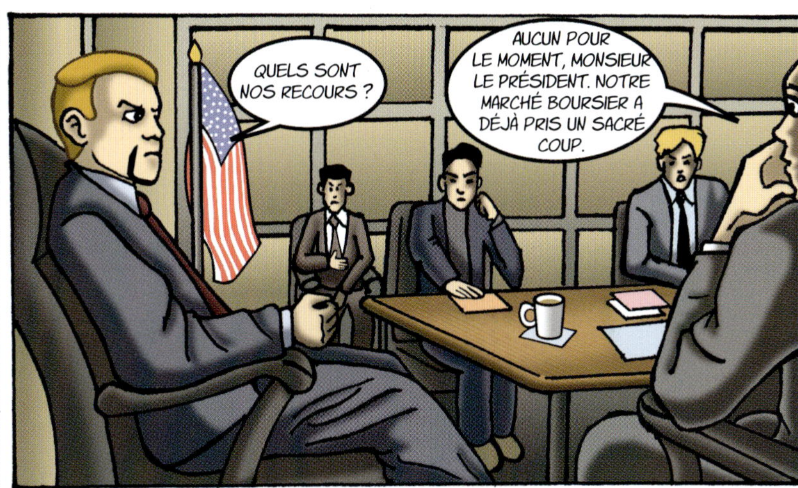
QUELS SONT NOS RECOURS ?
AUCUN POUR LE MOMENT, MONSIEUR LE PRÉSIDENT. NOTRE MARCHÉ BOURSIER A DÉJÀ PRIS UN SACRÉ COUP.

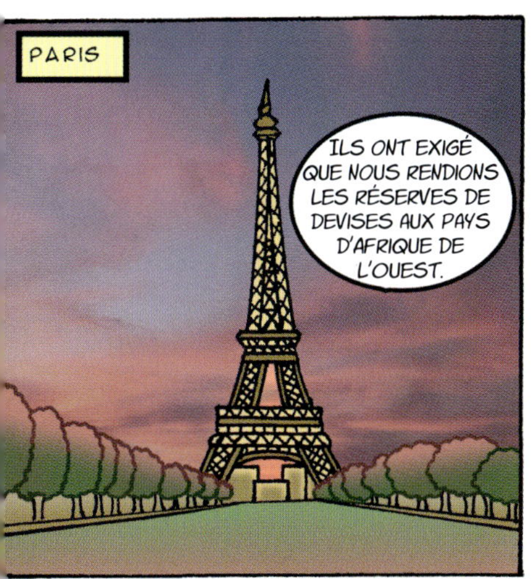
PARIS
ILS ONT EXIGÉ QUE NOUS RENDIONS LES RÉSERVES DE DEVISES AUX PAYS D'AFRIQUE DE L'OUEST.

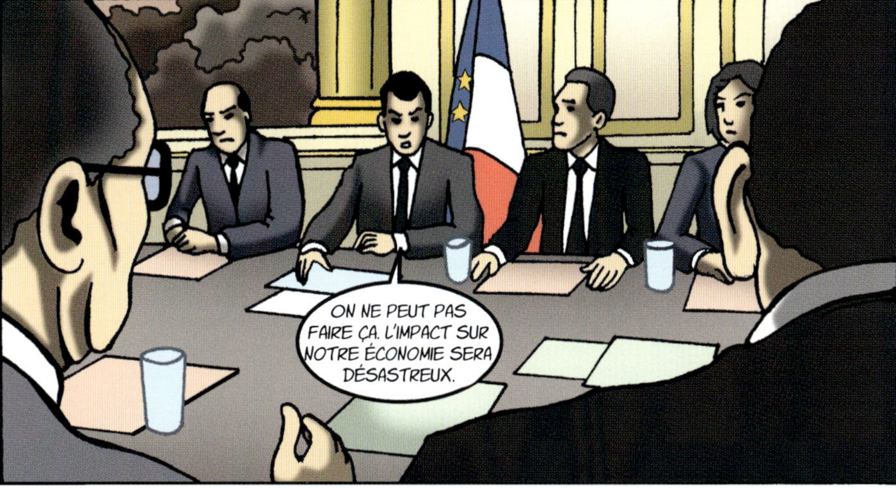
ON NE PEUT PAS FAIRE ÇA. L'IMPACT SUR NOTRE ÉCONOMIE SERA DÉSASTREUX.

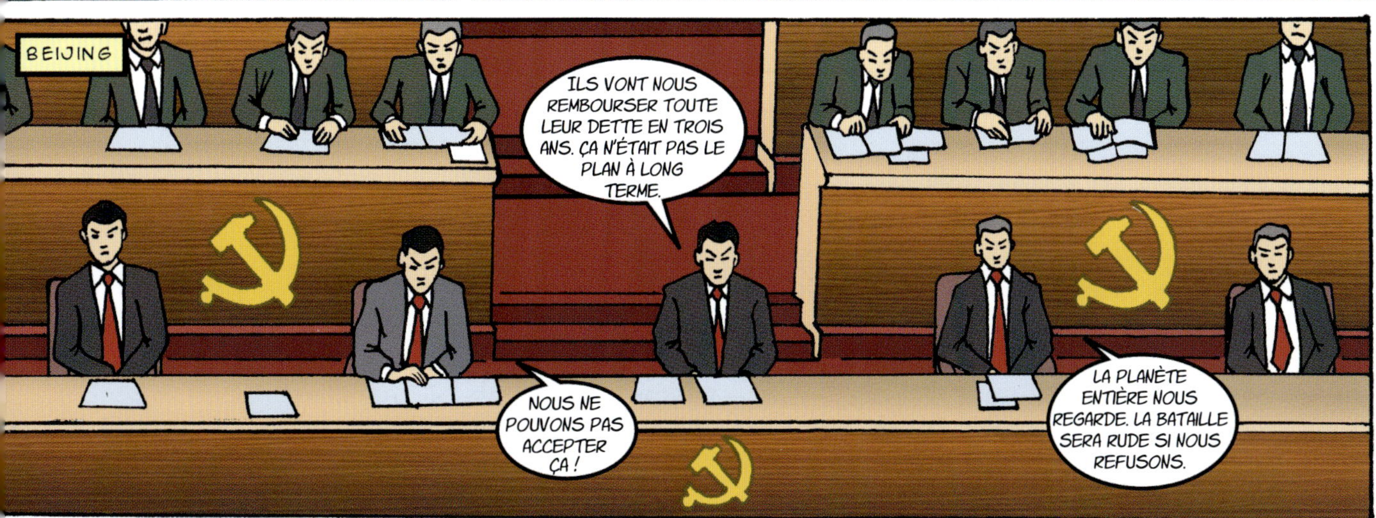
BEIJING
ILS VONT NOUS REMBOURSER TOUTE LEUR DETTE EN TROIS ANS. ÇA N'ÉTAIT PAS LE PLAN À LONG TERME.
NOUS NE POUVONS PAS ACCEPTER ÇA !
LA PLANÈTE ENTIÈRE NOUS REGARDE. LA BATAILLE SERA RUDE SI NOUS REFUSONS.

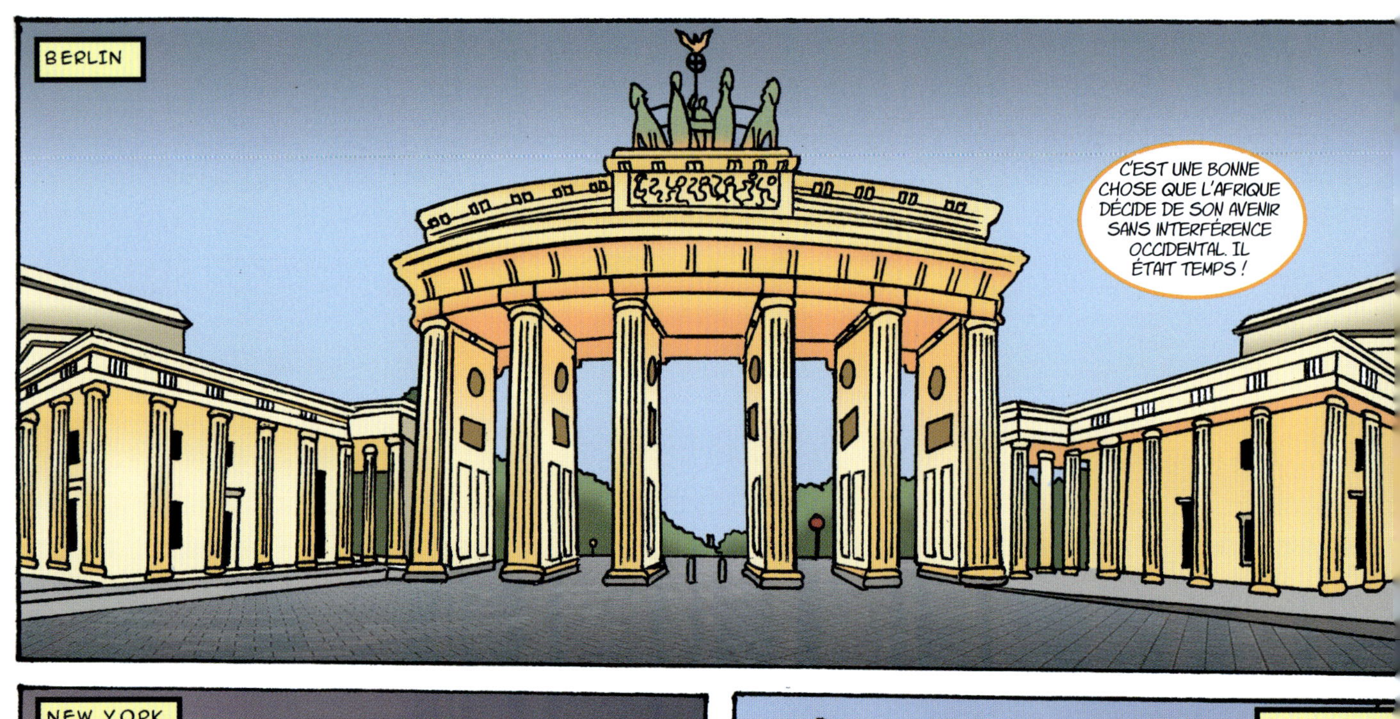
BERLIN
C'EST UNE BONNE CHOSE QUE L'AFRIQUE DÉCIDE DE SON AVENIR SANS INTERFÉRENCE OCCIDENTAL. IL ÉTAIT TEMPS !

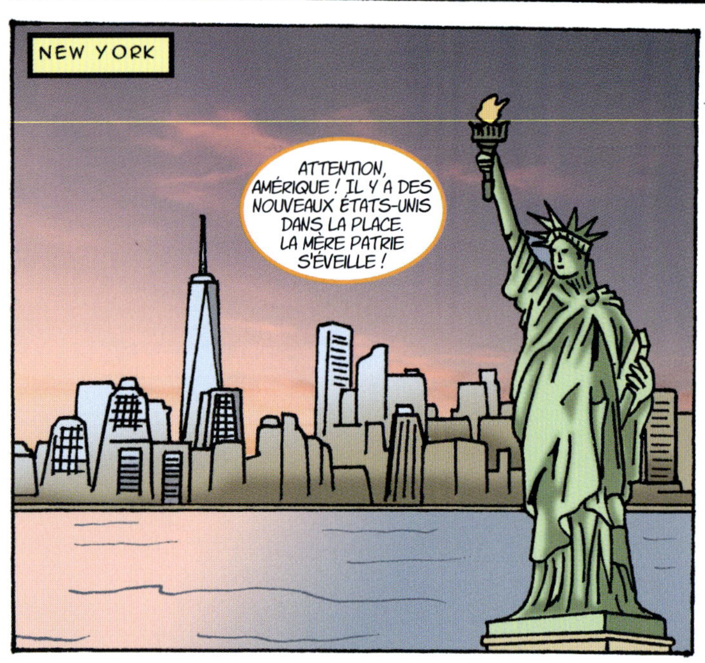
NEW YORK
ATTENTION, AMÉRIQUE ! IL Y A DES NOUVEAUX ÉTATS-UNIS DANS LA PLACE. LA MÈRE PATRIE S'ÉVEILLE !

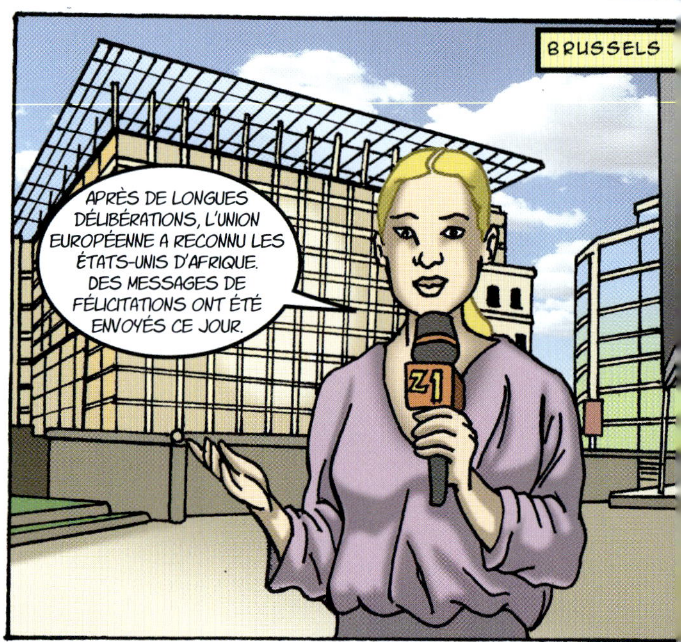
BRUSSELS
APRÈS DE LONGUES DÉLIBÉRATIONS, L'UNION EUROPÉENNE A RECONNU LES ÉTATS-UNIS D'AFRIQUE. DES MESSAGES DE FÉLICITATIONS ONT ÉTÉ ENVOYÉS CE JOUR.
Z1

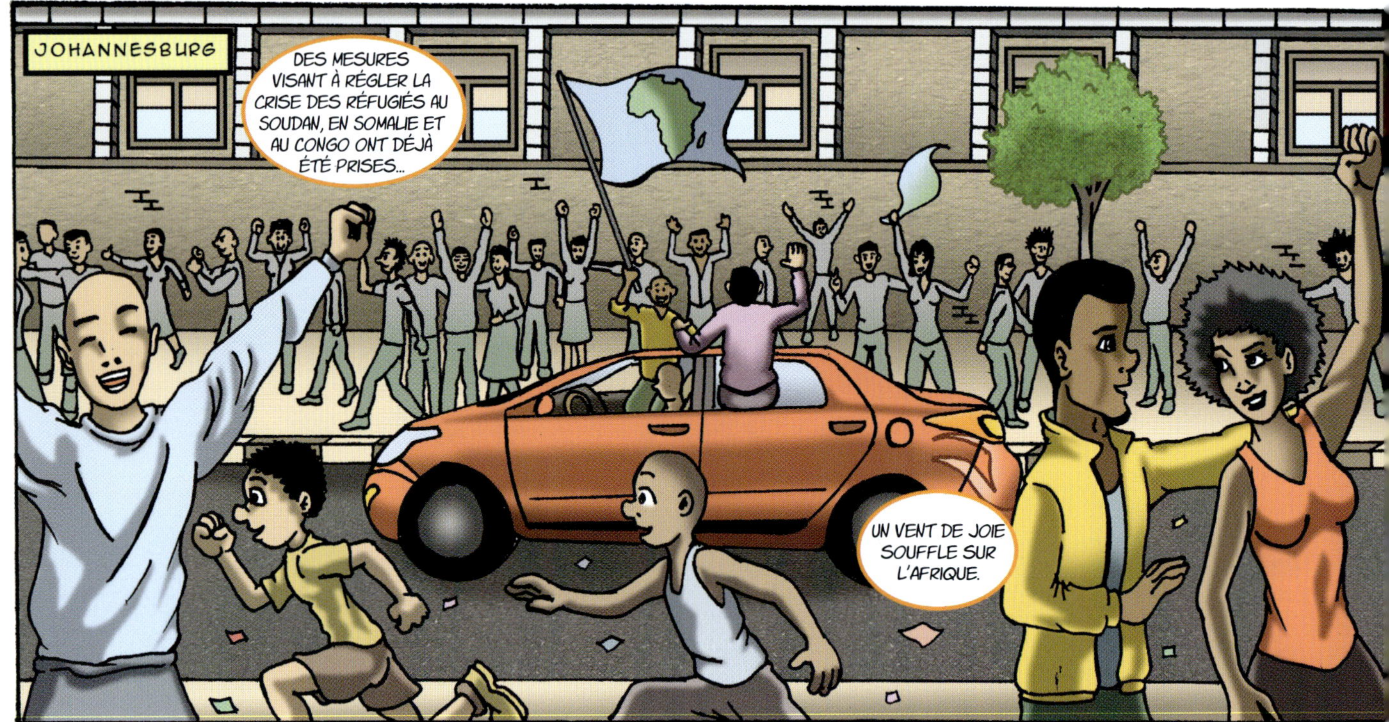
JOHANNESBURG
DES MESURES VISANT À RÉGLER LA CRISE DES RÉFUGIÉS AU SOUDAN, EN SOMALIE ET AU CONGO ONT DÉJÀ ÉTÉ PRISES...
UN VENT DE JOIE SOUFFLE SUR L'AFRIQUE.

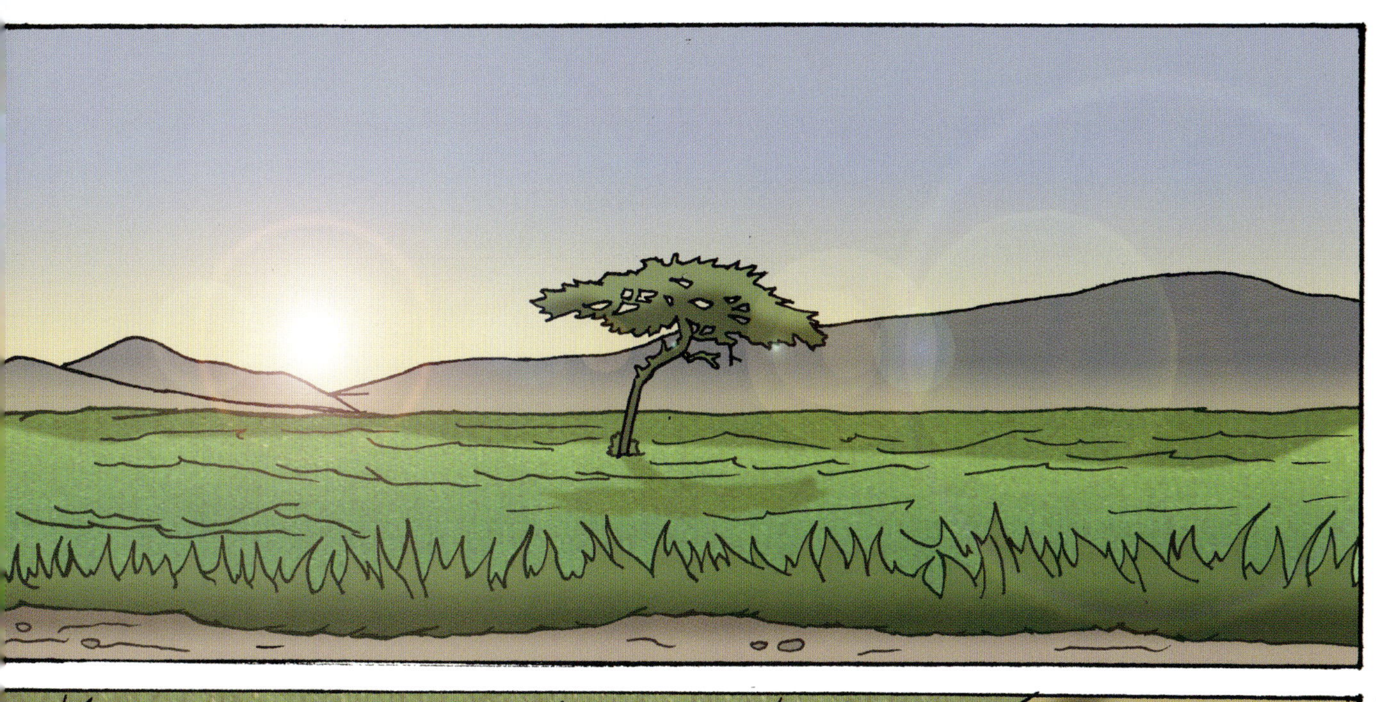
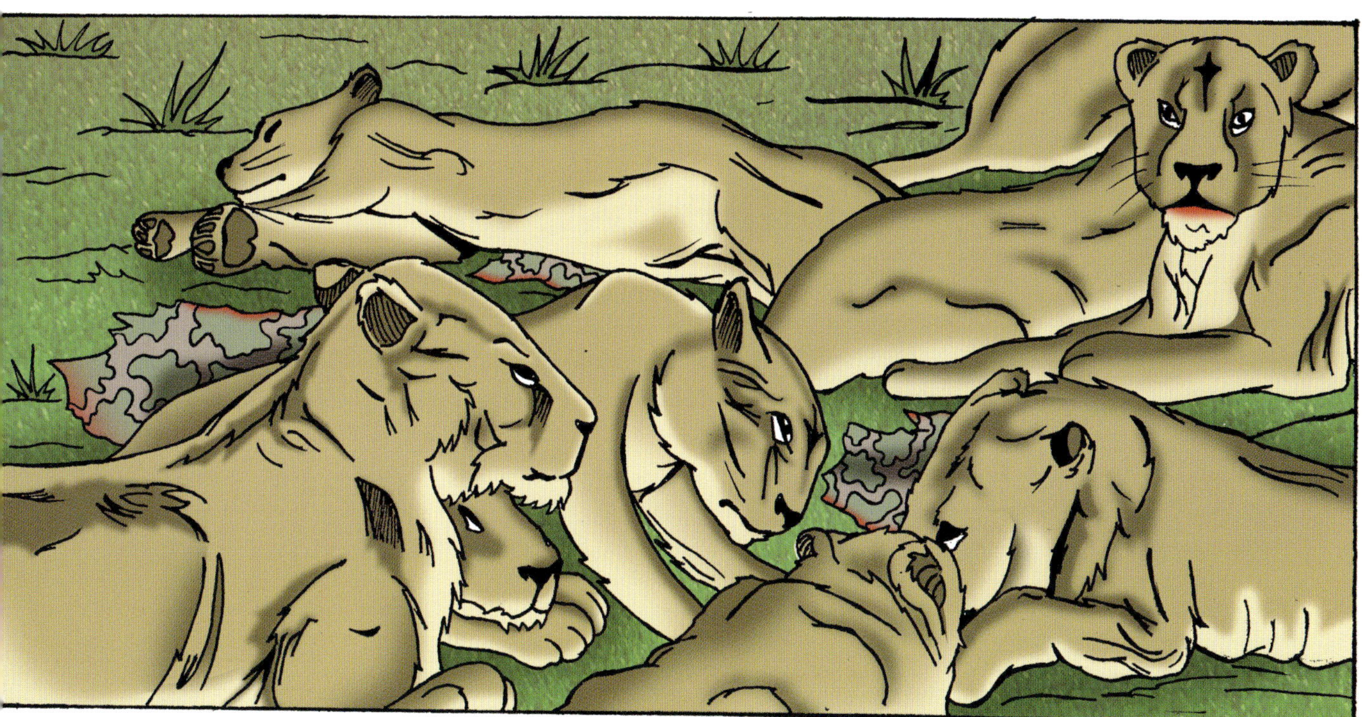
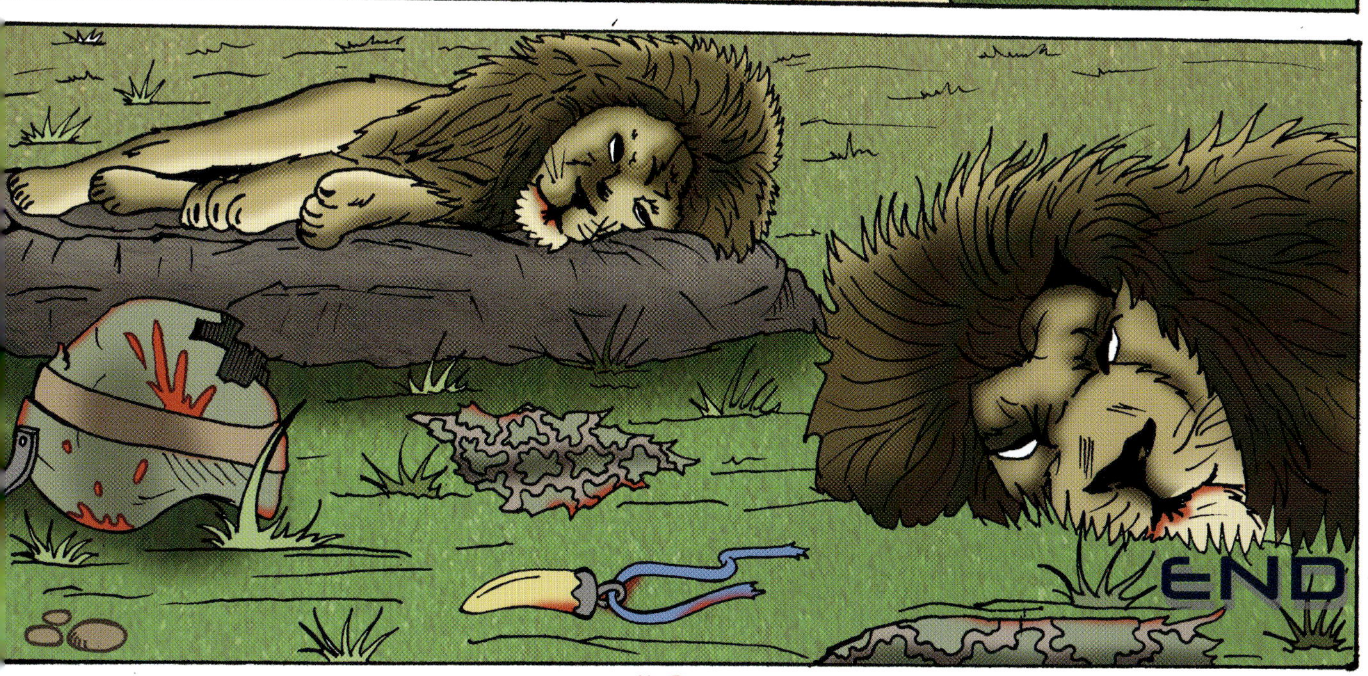
END

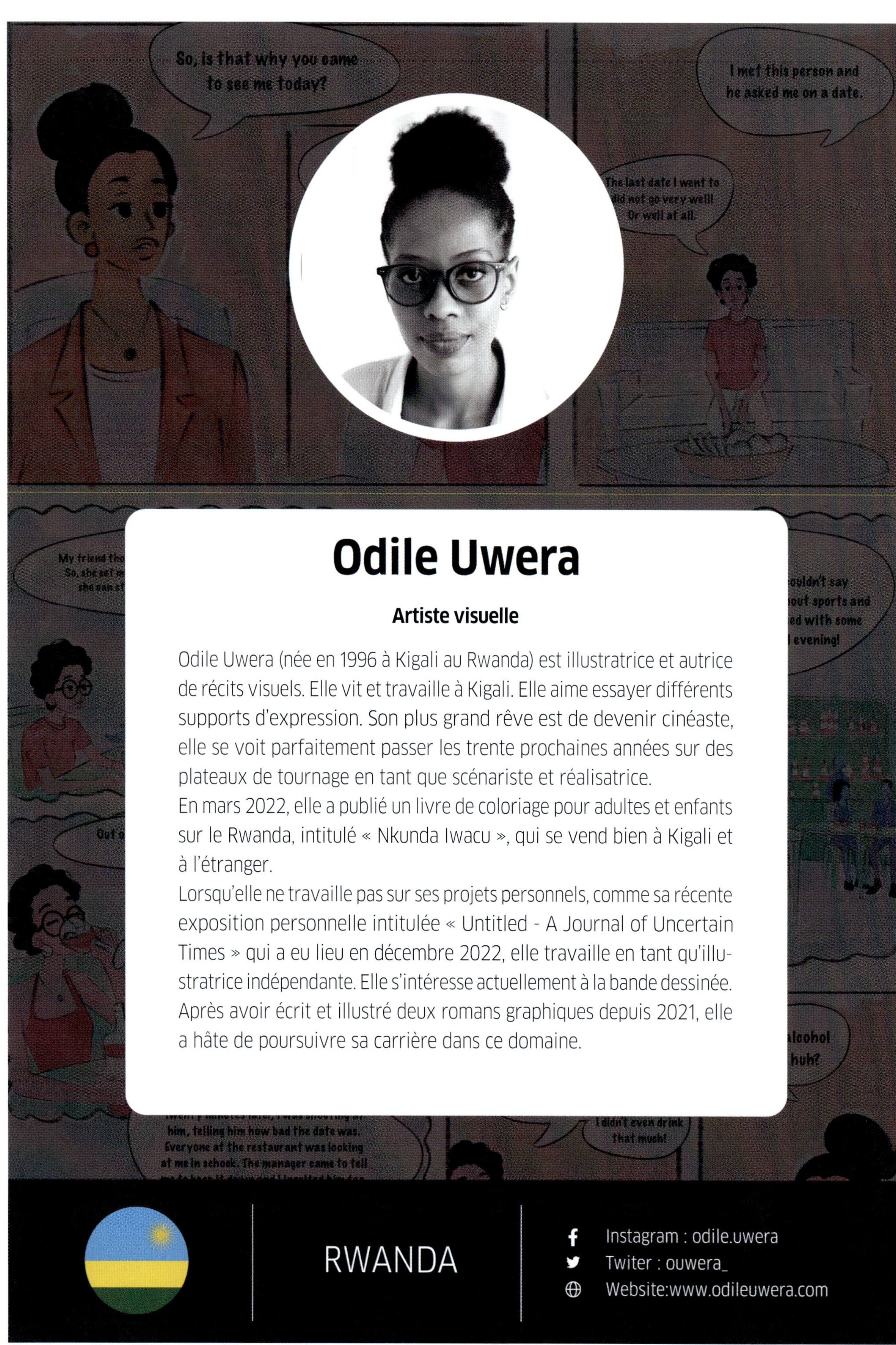

Odile Uwera

Artiste visuelle

Odile Uwera (née en 1996 à Kigali au Rwanda) est illustratrice et autrice de récits visuels. Elle vit et travaille à Kigali. Elle aime essayer différents supports d'expression. Son plus grand rêve est de devenir cinéaste, elle se voit parfaitement passer les trente prochaines années sur des plateaux de tournage en tant que scénariste et réalisatrice.

En mars 2022, elle a publié un livre de coloriage pour adultes et enfants sur le Rwanda, intitulé « Nkunda Iwacu », qui se vend bien à Kigali et à l'étranger.

Lorsqu'elle ne travaille pas sur ses projets personnels, comme sa récente exposition personnelle intitulée « Untitled - A Journal of Uncertain Times » qui a eu lieu en décembre 2022, elle travaille en tant qu'illustratrice indépendante. Elle s'intéresse actuellement à la bande dessinée. Après avoir écrit et illustré deux romans graphiques depuis 2021, elle a hâte de poursuivre sa carrière dans ce domaine.

RWANDA

Instagram : odile.uwera
Twiter : ouwera_
Website:www.odileuwera.com

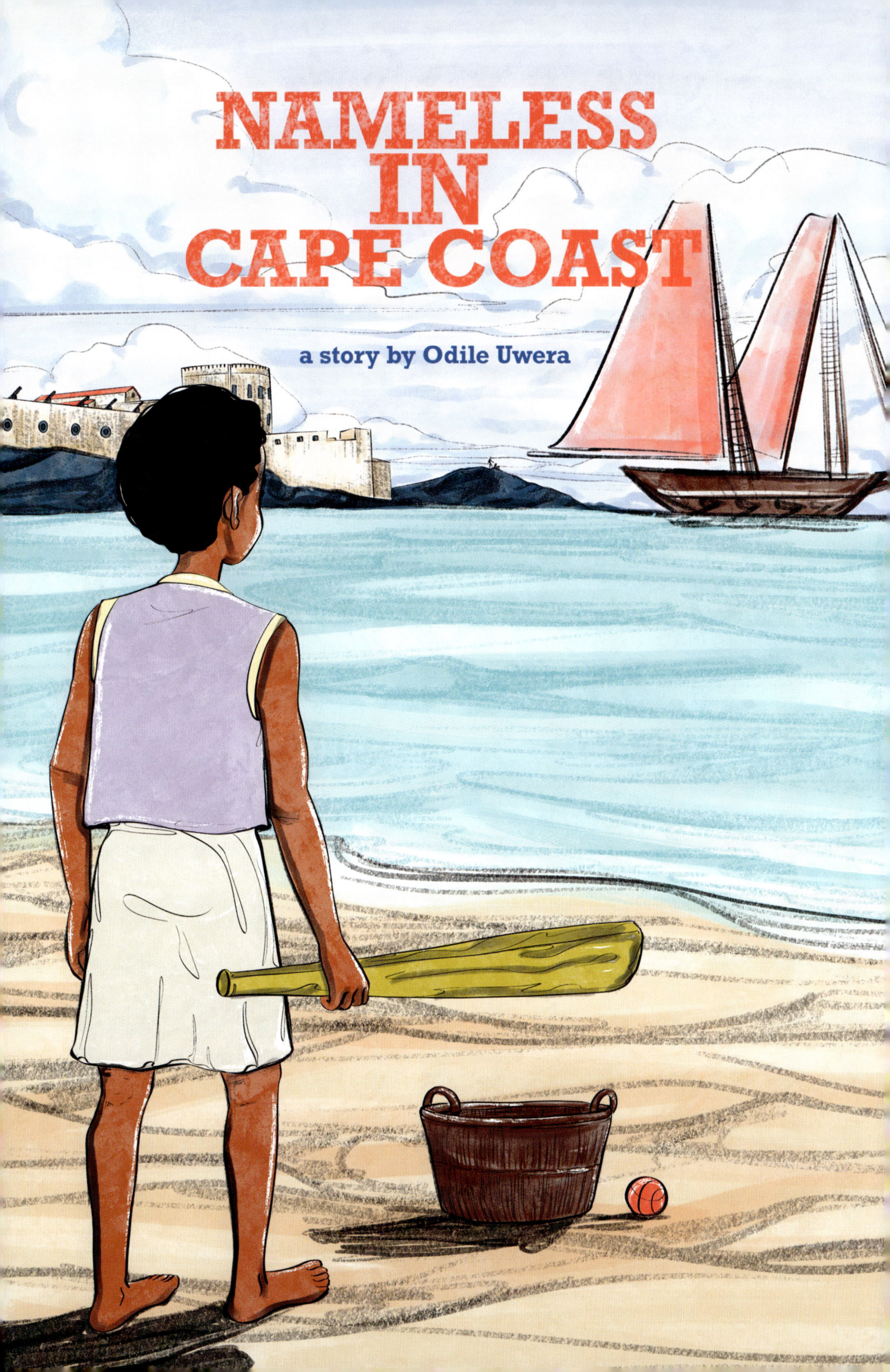
NAMELESS
IN
CAPE COAST
a story by Odile Uwera

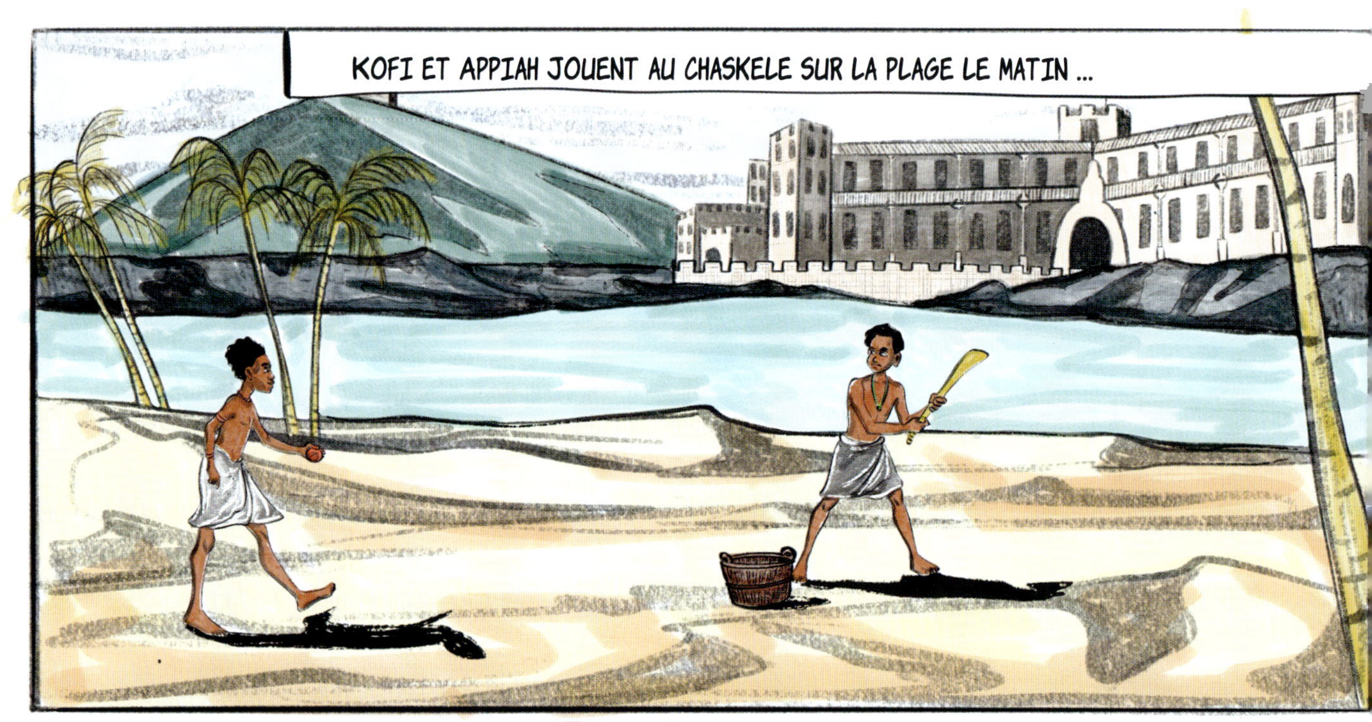
KOFI ET APPIAH JOUENT AU CHASKELE SUR LA PLAGE LE MATIN ...

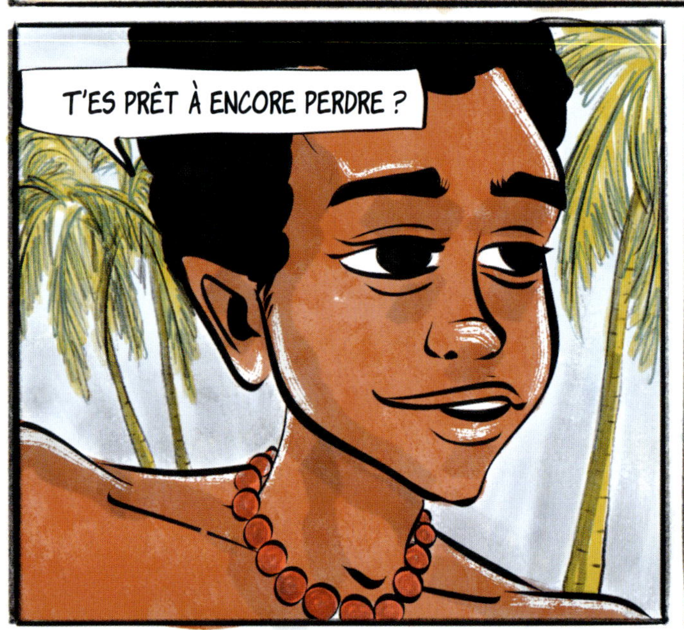
T'ES PRÊT À ENCORE PERDRE ?

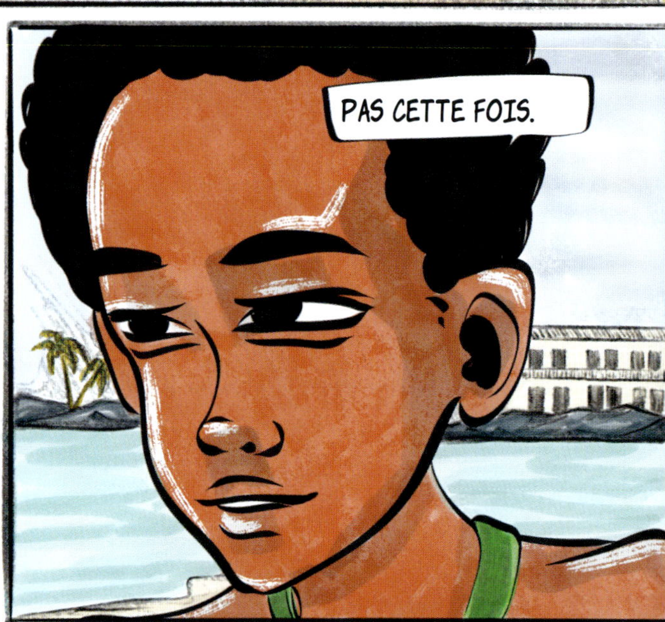
PAS CETTE FOIS.

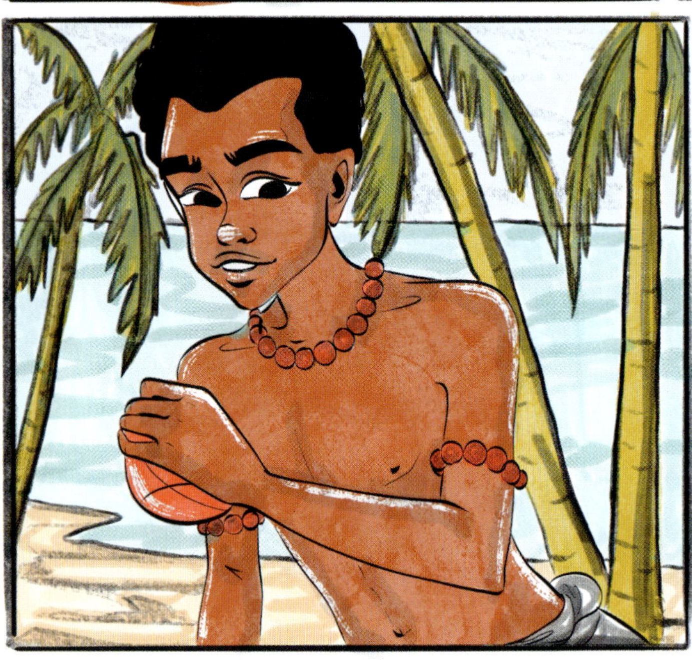

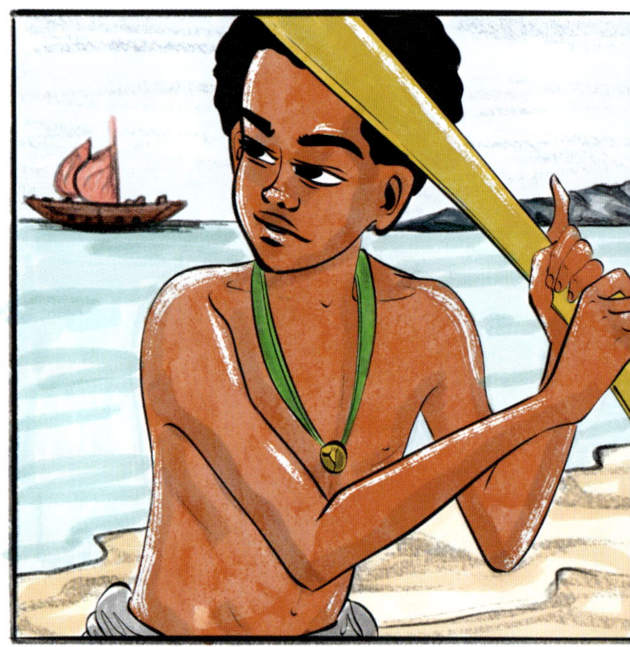

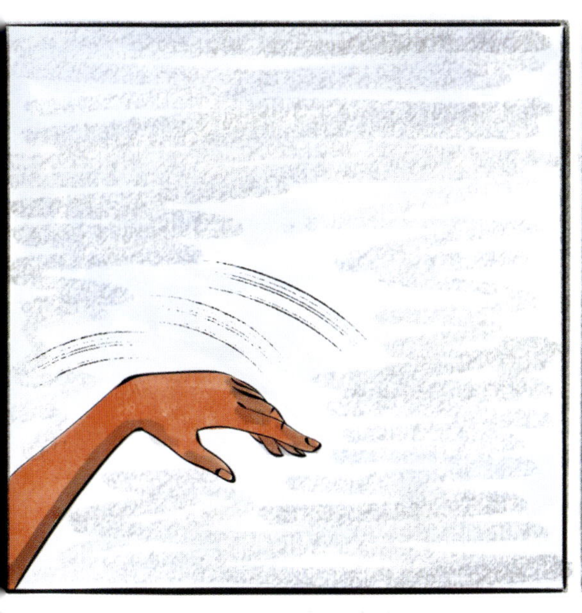
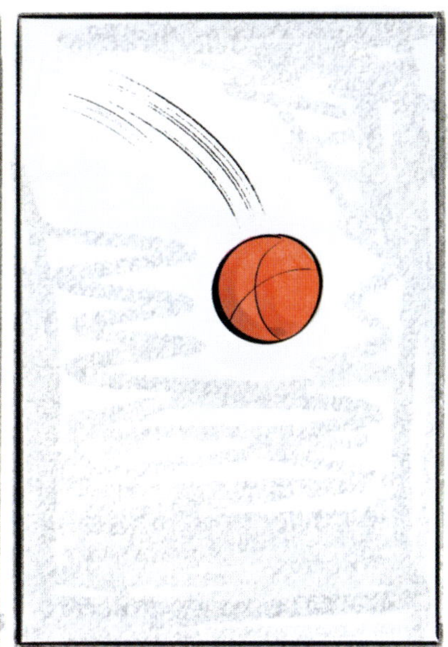
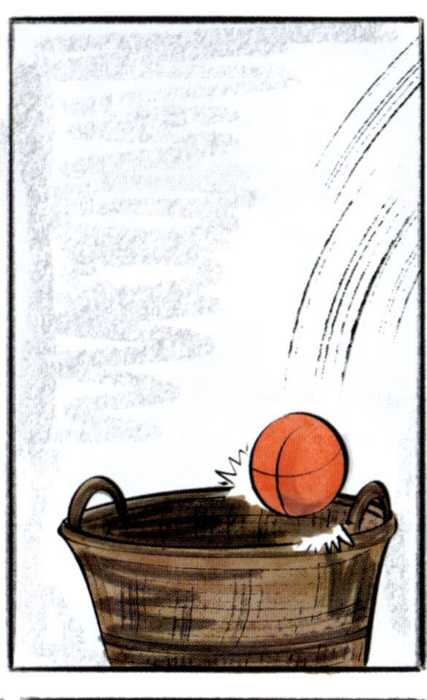
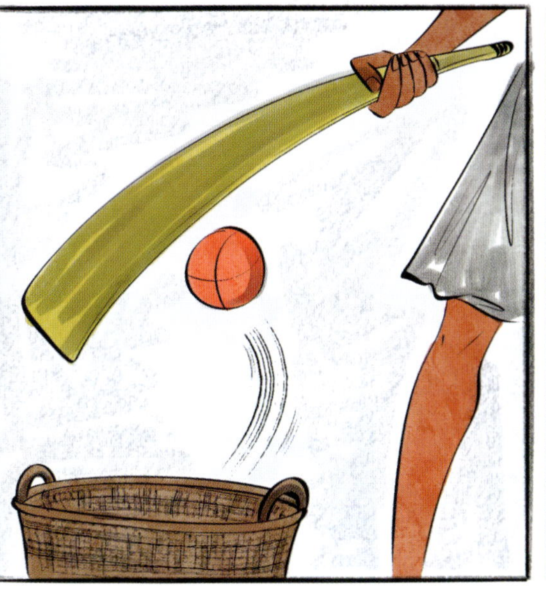
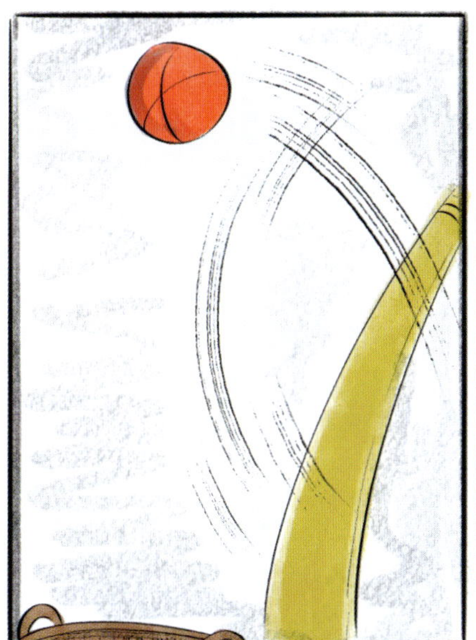
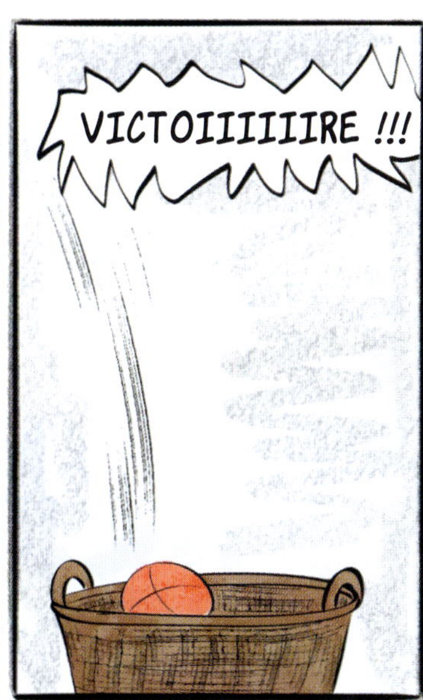
VICTOIIIIIIRE !!!
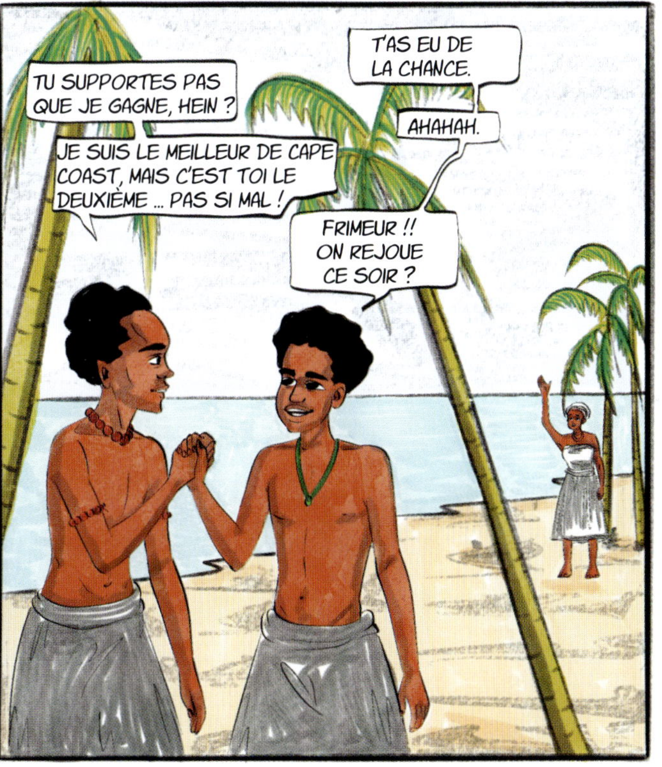
TU SUPPORTES PAS QUE JE GAGNE, HEIN ?
T'AS EU DE LA CHANCE.
AHAHAH.
JE SUIS LE MEILLEUR DE CAPE COAST, MAIS C'EST TOI LE DEUXIÈME ... PAS SI MAL !
FRIMEUR !! ON REJOUE CE SOIR ?
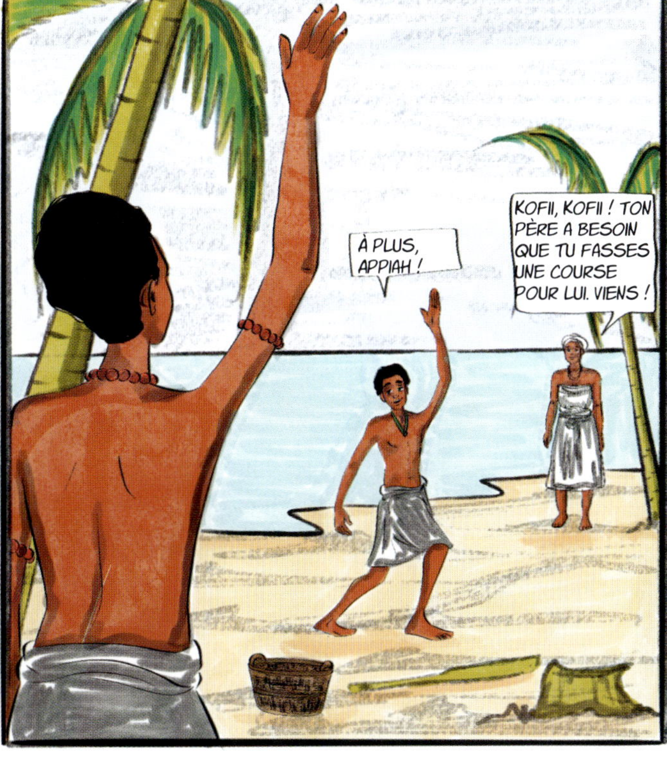
À PLUS, APPIAH !
KOFII, KOFII ! TON PÈRE A BESOIN QUE TU FASSES UNE COURSE POUR LUI. VIENS !

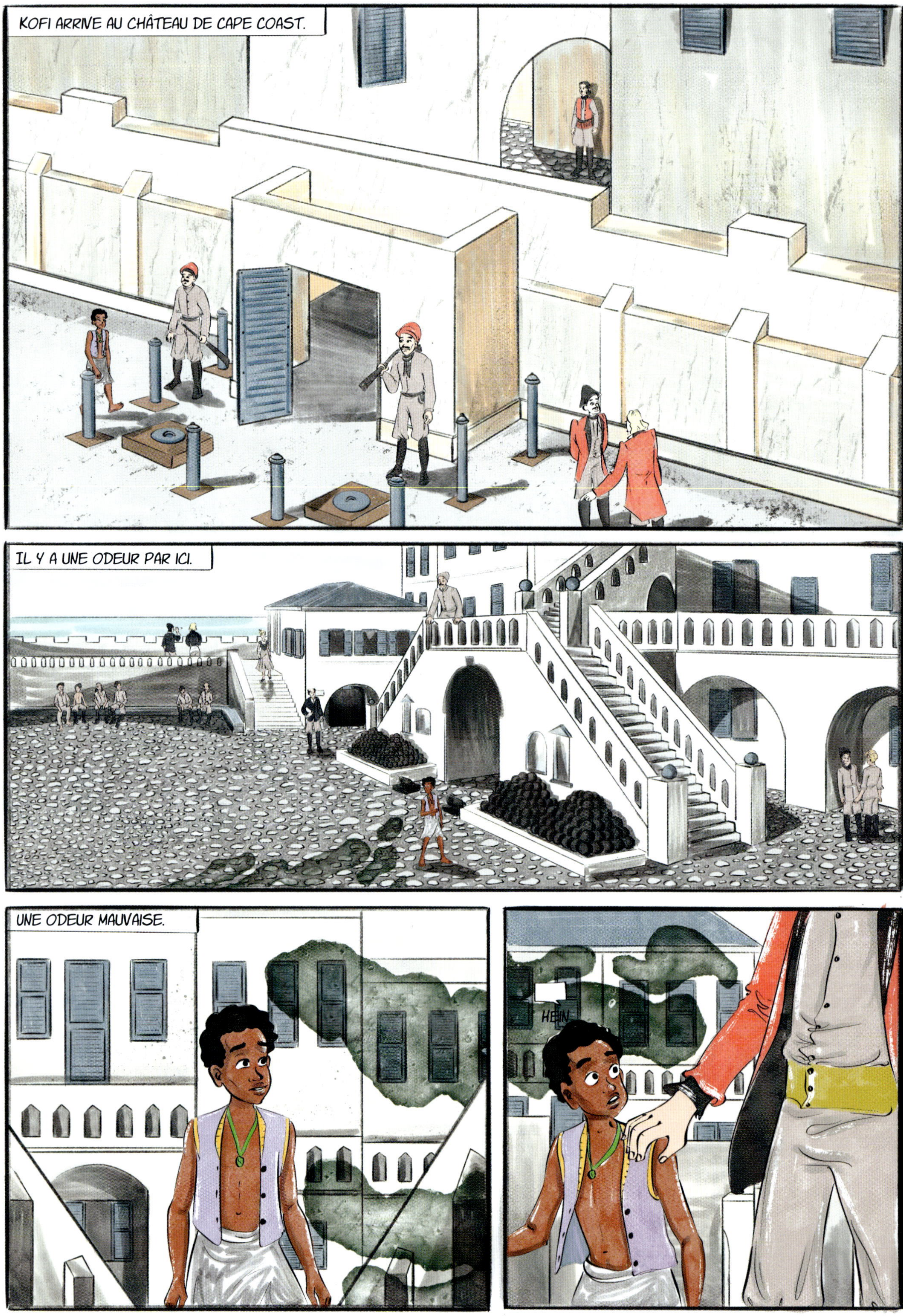

KOFI ARRIVE AU CHÂTEAU DE CAPE COAST.

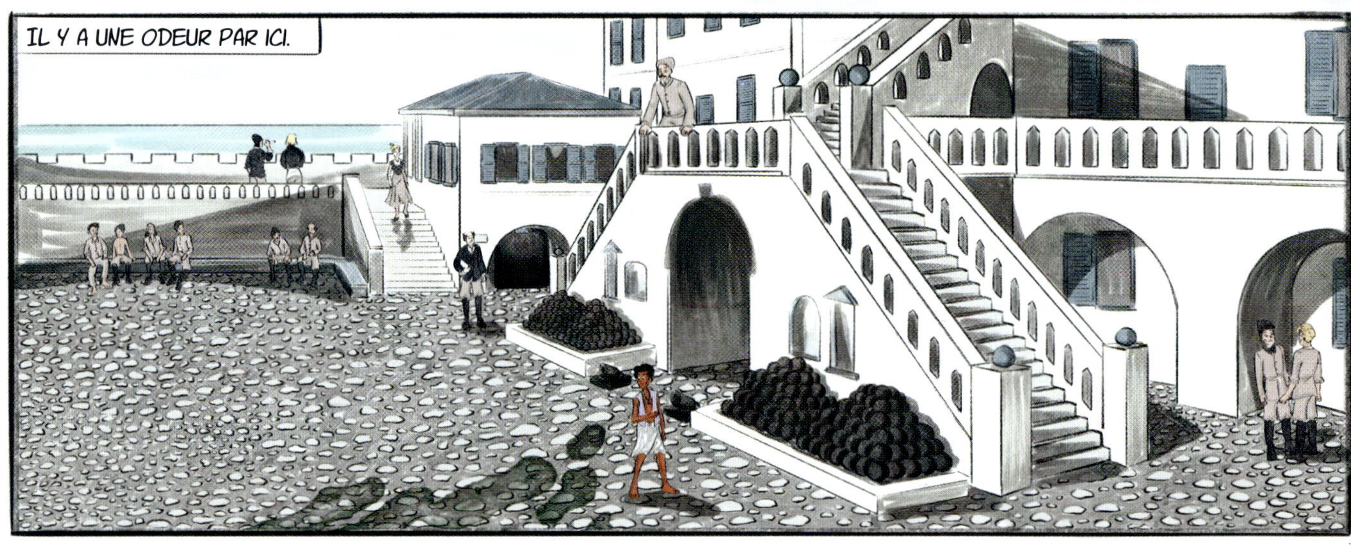

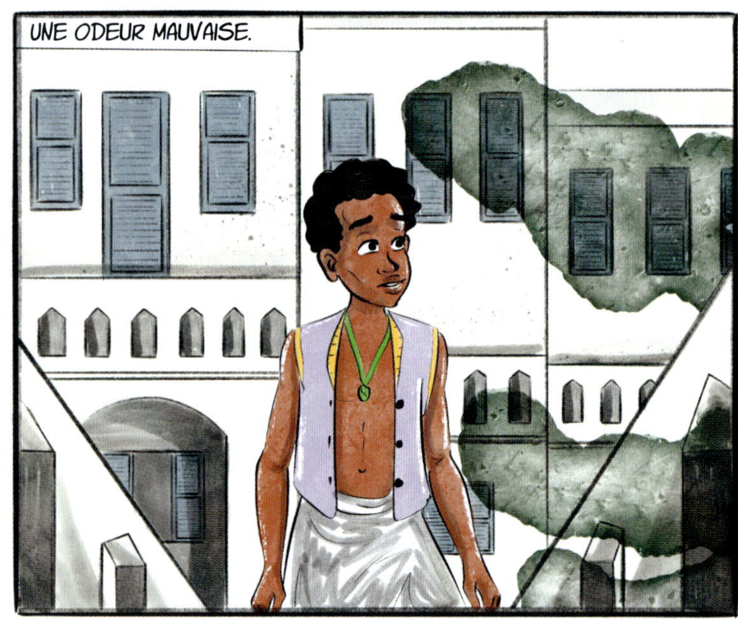

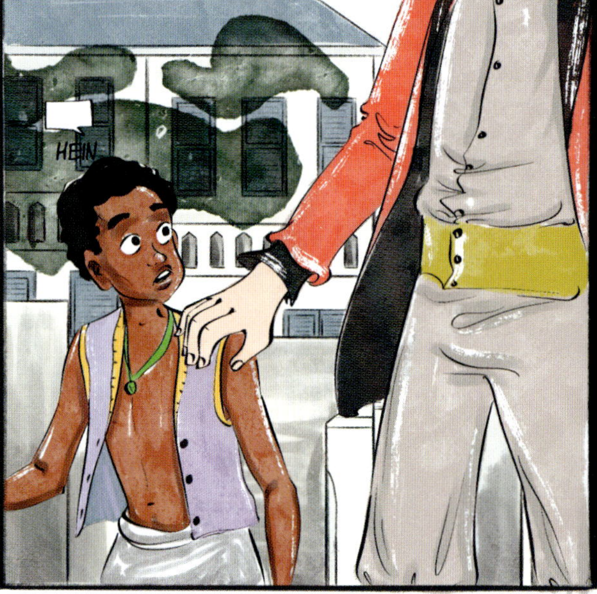

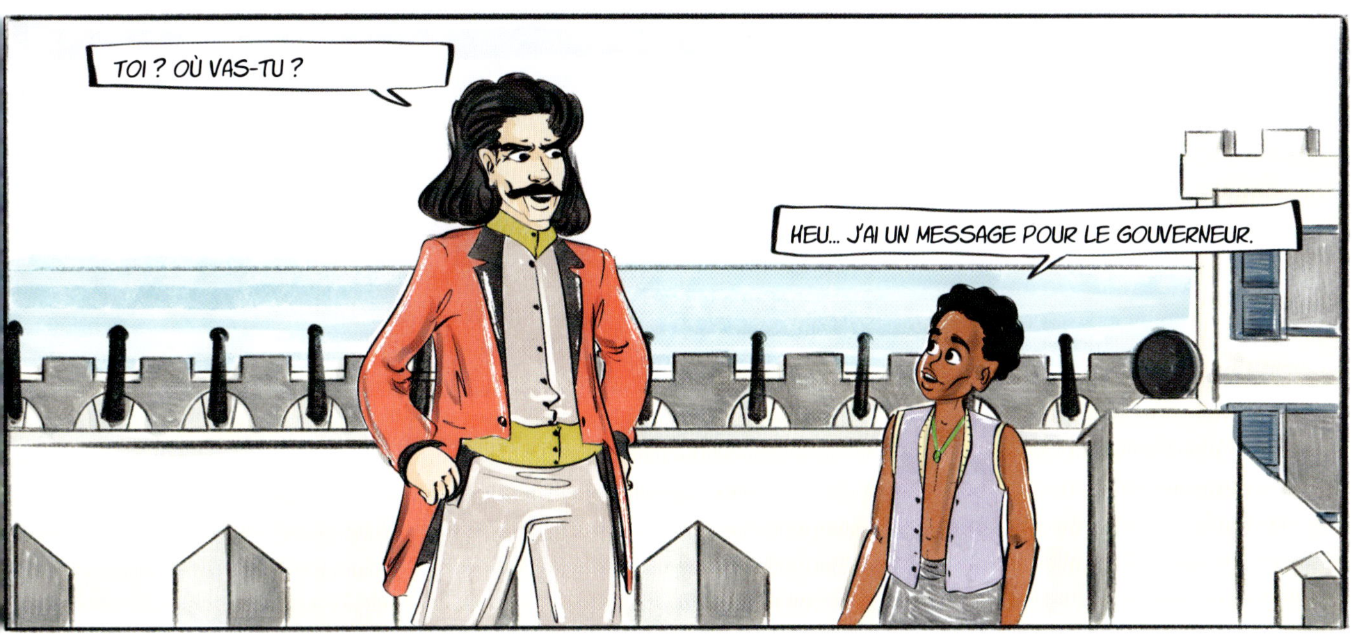
TOI ? OÙ VAS-TU ?
HEU... J'AI UN MESSAGE POUR LE GOUVERNEUR.

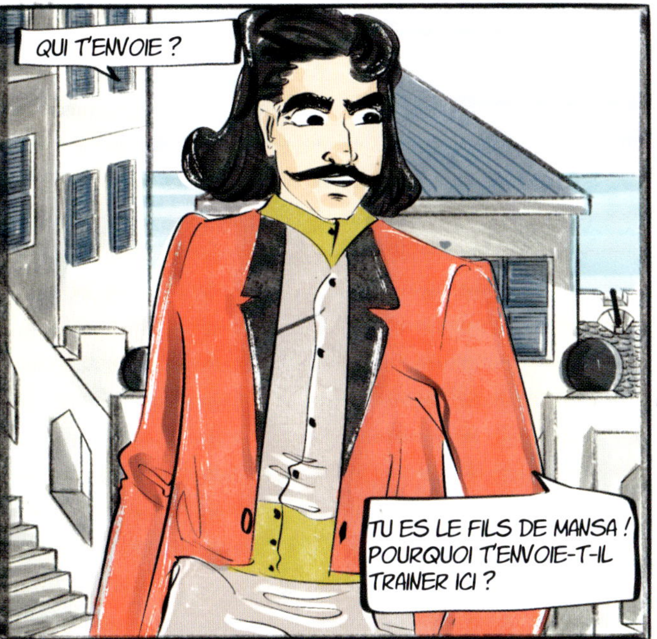
QUI T'ENVOIE ?

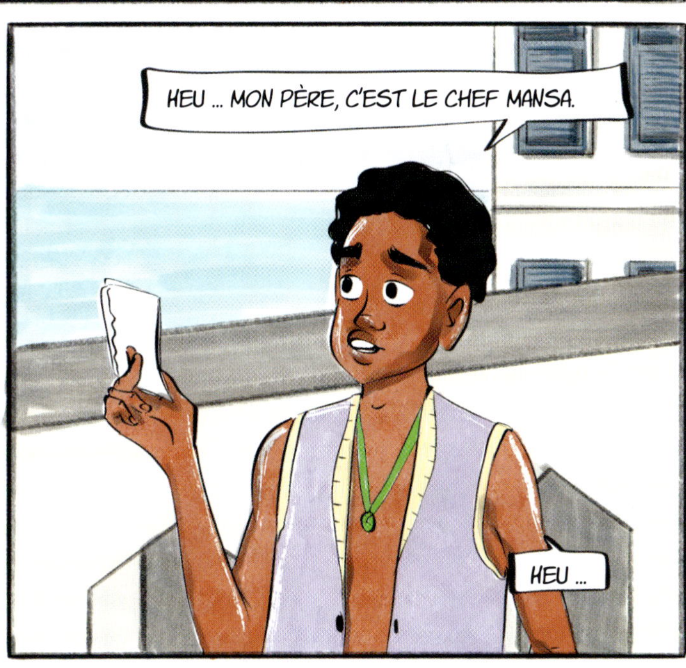
HEU ... MON PÈRE, C'EST LE CHEF MANSA.

TU ES LE FILS DE MANSA ! POURQUOI T'ENVOIE-T-IL TRAINER ICI ?
HEU ...

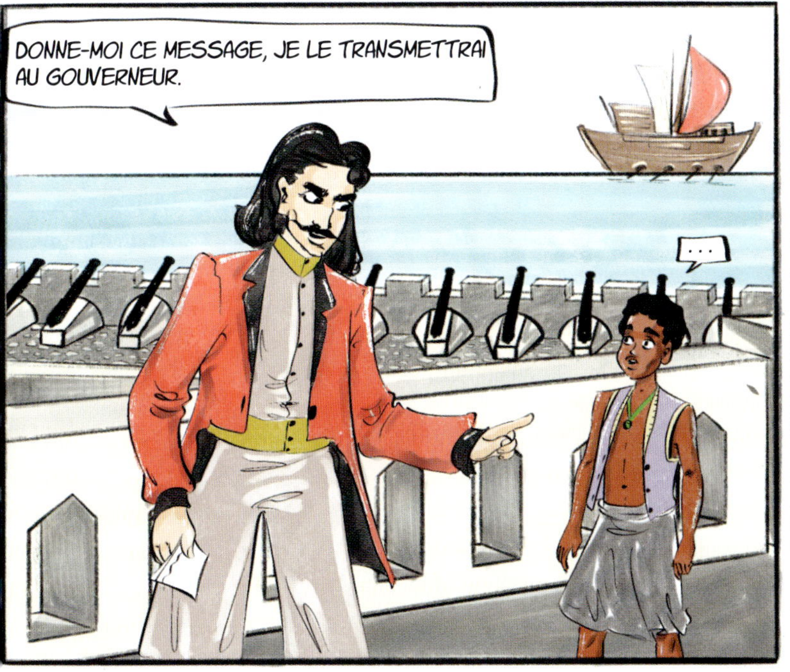
DONNE-MOI CE MESSAGE, JE LE TRANSMETTRAI AU GOUVERNEUR.
...

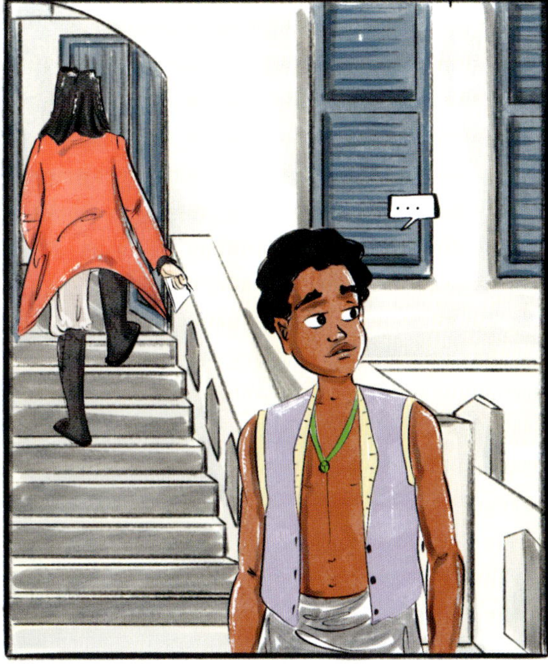
...

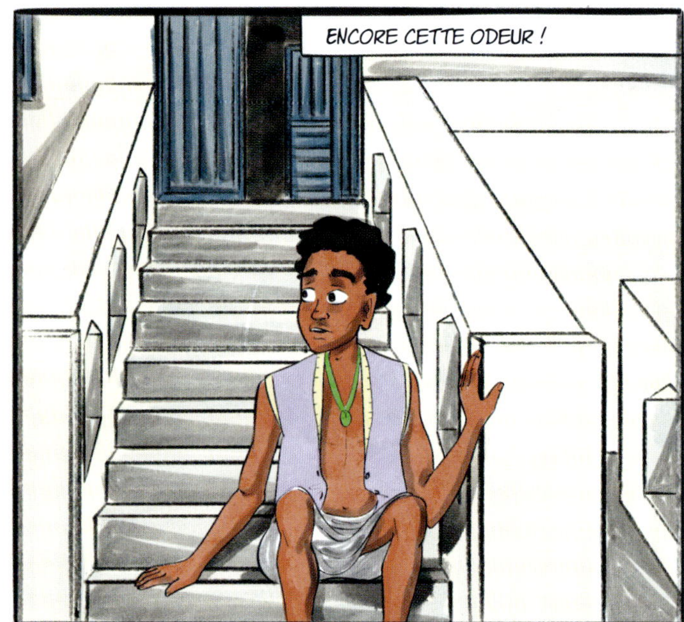
ENCORE CETTE ODEUR !

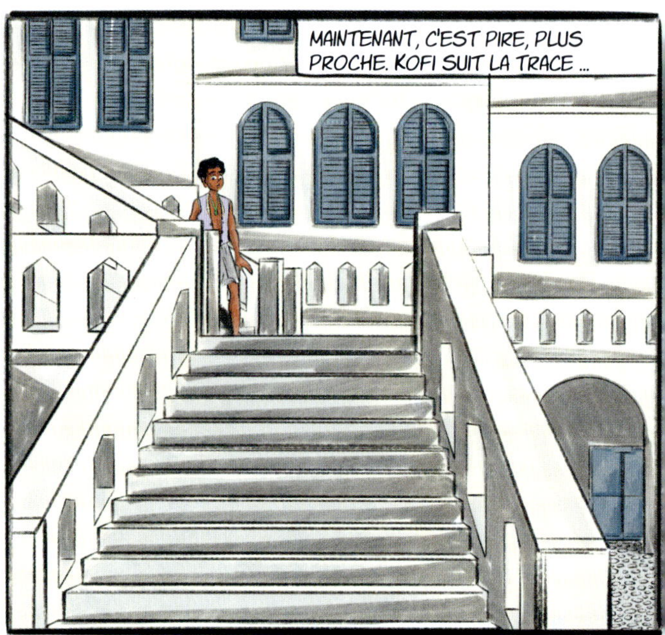
MAINTENANT, C'EST PIRE, PLUS PROCHE. KOFI SUIT LA TRACE ...

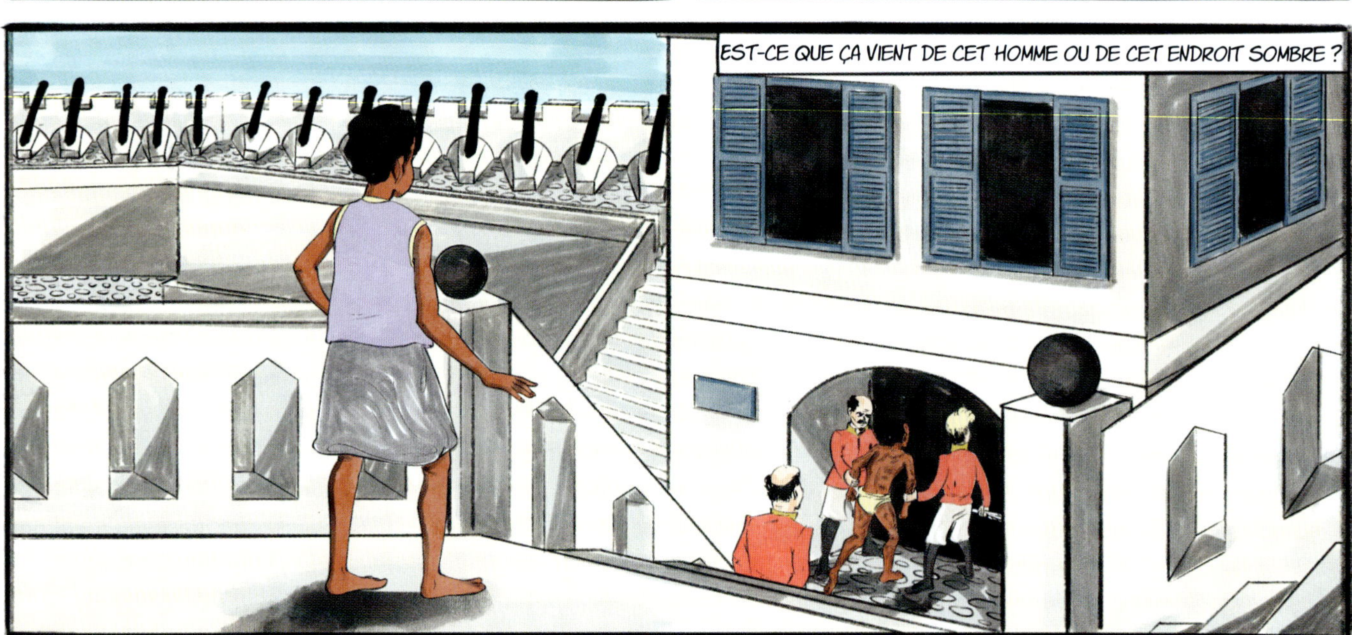
EST-CE QUE ÇA VIENT DE CET HOMME OU DE CET ENDROIT SOMBRE ?

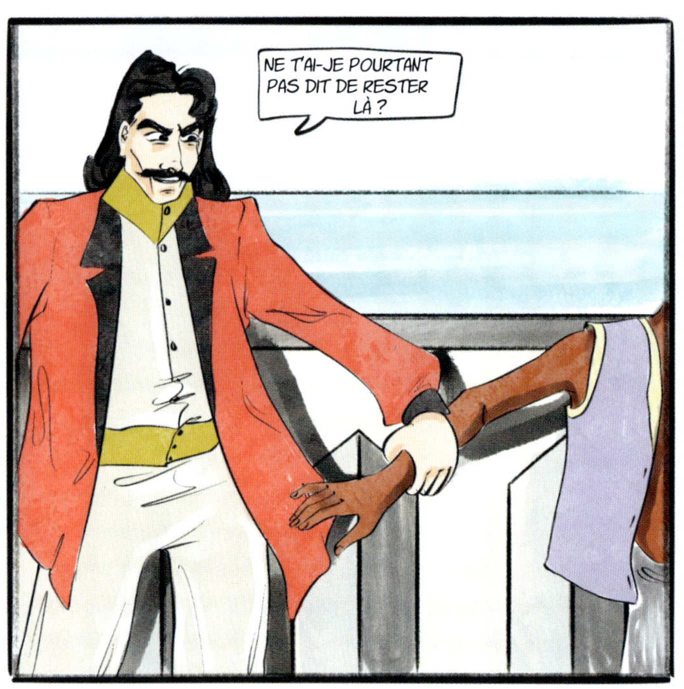
NE T'AI-JE POURTANT PAS DIT DE RESTER LÀ ?

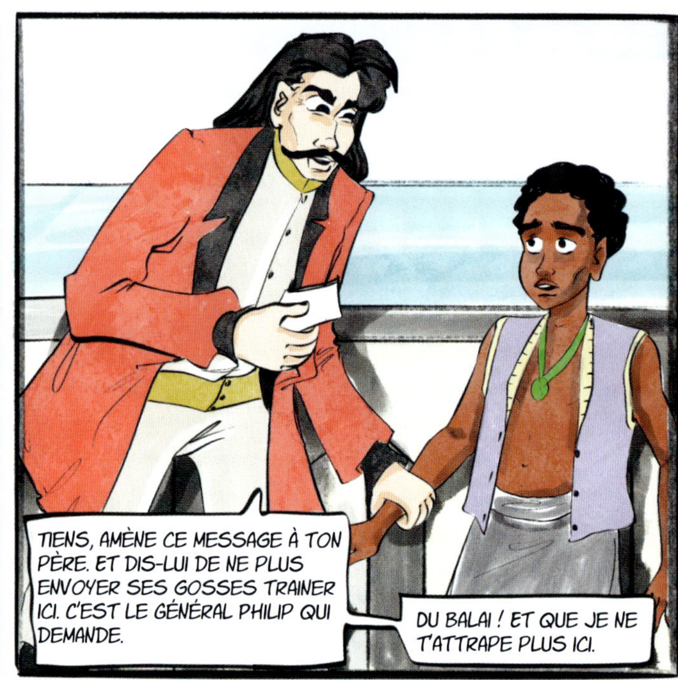
TIENS, AMÈNE CE MESSAGE À TON PÈRE. ET DIS-LUI DE NE PLUS ENVOYER SES GOSSES TRAINER ICI. C'EST LE GÉNÉRAL PHILIP QUI DEMANDE.
DU BALAI ! ET QUE JE NE T'ATTRAPE PLUS ICI.

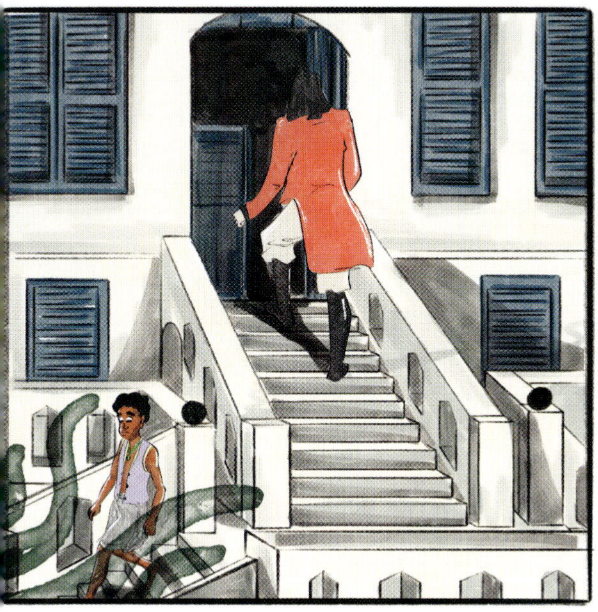
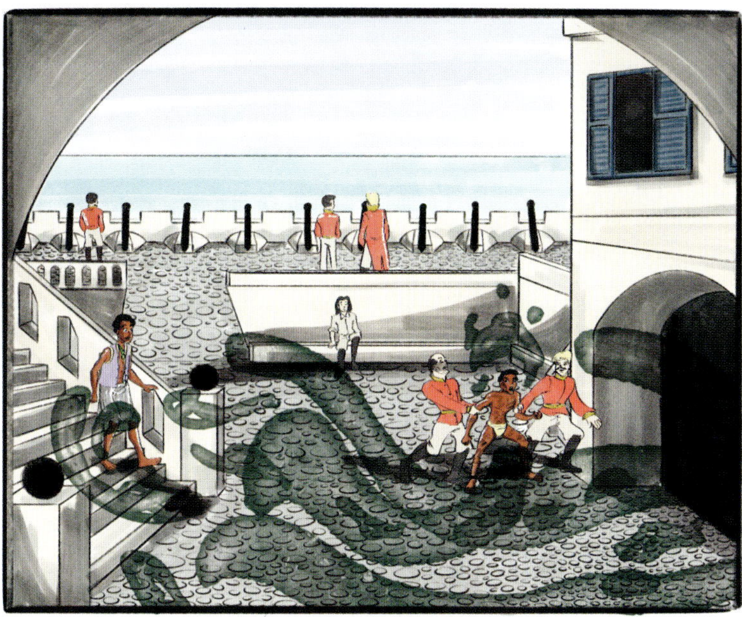
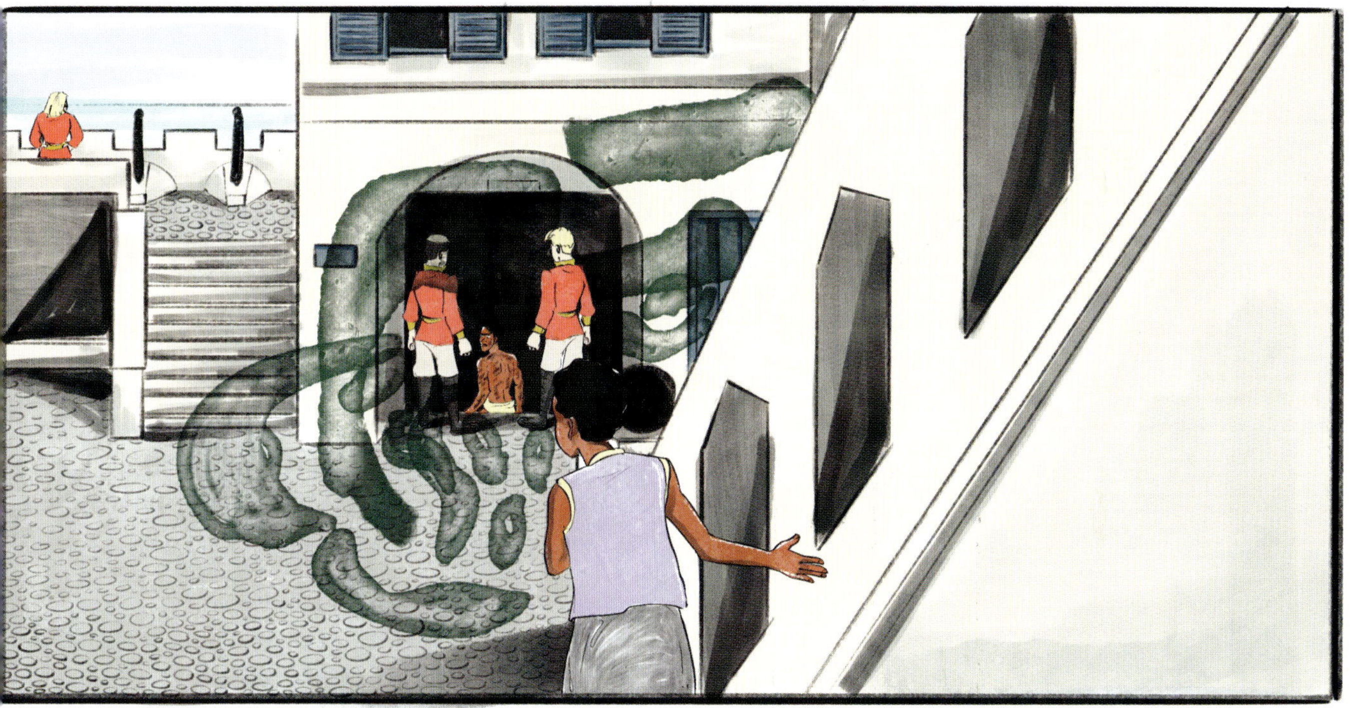
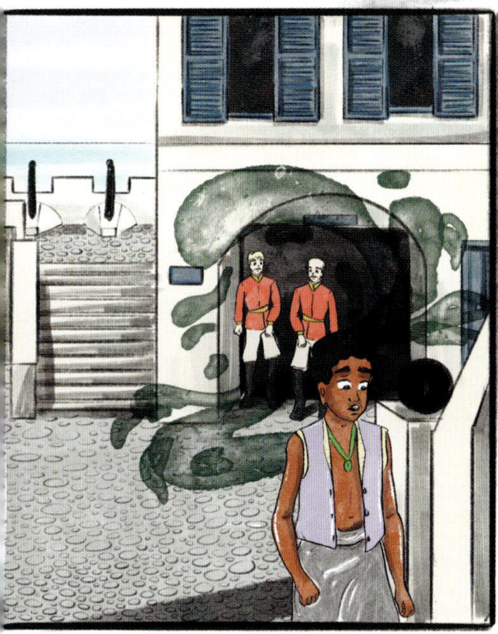
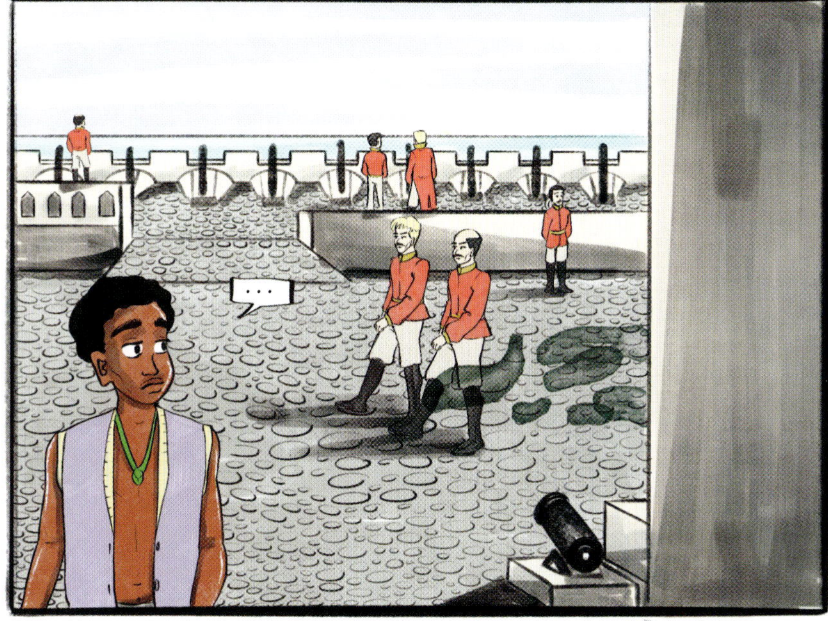

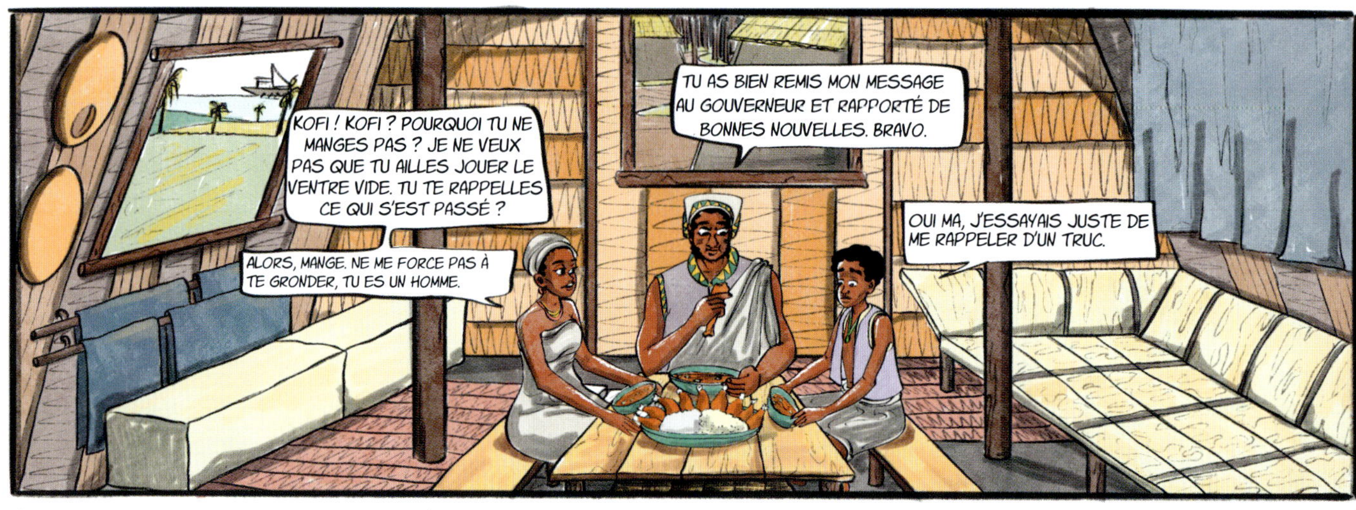
KOFI ! KOFI ? POURQUOI TU NE MANGES PAS ? JE NE VEUX PAS QUE TU AILLES JOUER LE VENTRE VIDE. TU TE RAPPELLES CE QUI S'EST PASSÉ ?
ALORS, MANGE. NE ME FORCE PAS À TE GRONDER, TU ES UN HOMME.
TU AS BIEN REMIS MON MESSAGE AU GOUVERNEUR ET RAPPORTÉ DE BONNES NOUVELLES. BRAVO.
OUI MA, J'ESSAYAIS JUSTE DE ME RAPPELER D'UN TRUC.

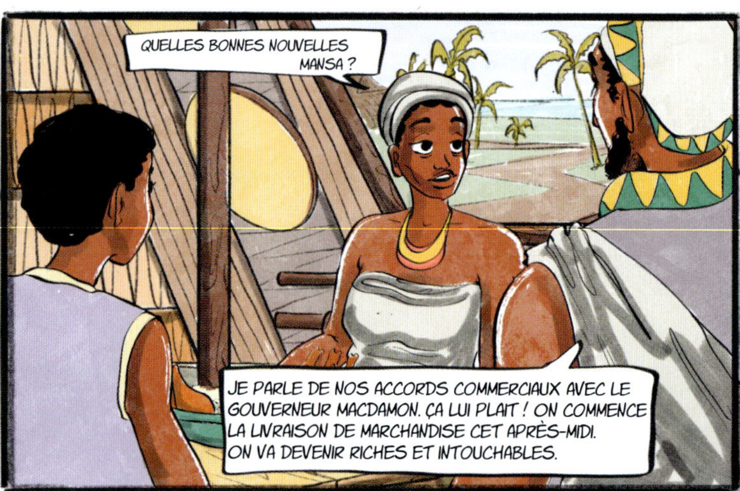
QUELLES BONNES NOUVELLES MANSA ?
JE PARLE DE NOS ACCORDS COMMERCIAUX AVEC LE GOUVERNEUR MACDAMON. ÇA LUI PLAIT ! ON COMMENCE LA LIVRAISON DE MARCHANDISE CET APRÈS-MIDI. ON VA DEVENIR RICHES ET INTOUCHABLES.

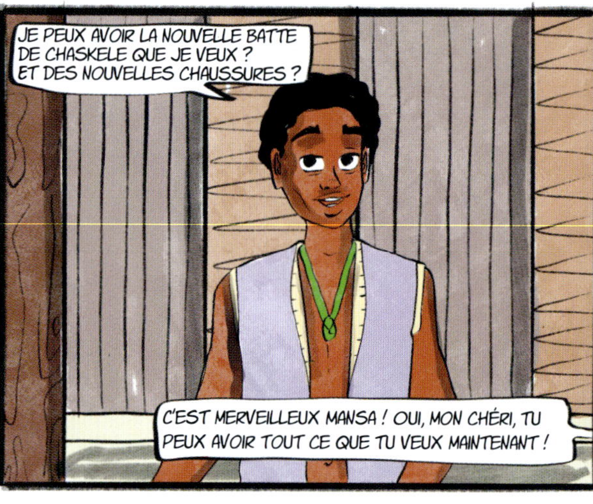
JE PEUX AVOIR LA NOUVELLE BATTE DE CHASKELE QUE JE VEUX ? ET DES NOUVELLES CHAUSSURES ?
C'EST MERVEILLEUX MANSA ! OUI, MON CHÉRI, TU PEUX AVOIR TOUT CE QUE TU VEUX MAINTENANT !

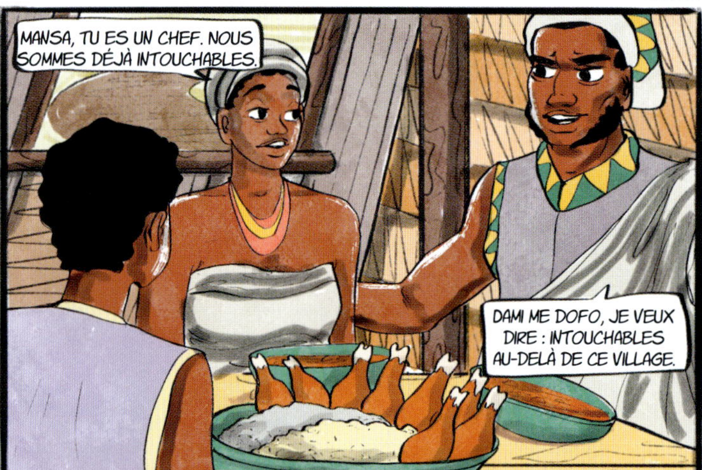
MANSA, TU ES UN CHEF. NOUS SOMMES DÉJÀ INTOUCHABLES.
DAMI ME DOFO, JE VEUX DIRE : INTOUCHABLES AU-DELÀ DE CE VILLAGE.

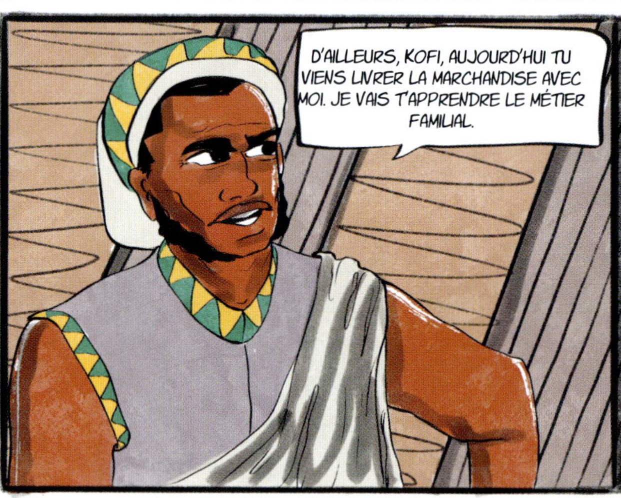
D'AILLEURS, KOFI, AUJOURD'HUI TU VIENS LIVRER LA MARCHANDISE AVEC MOI. JE VAIS T'APPRENDRE LE MÉTIER FAMILIAL.

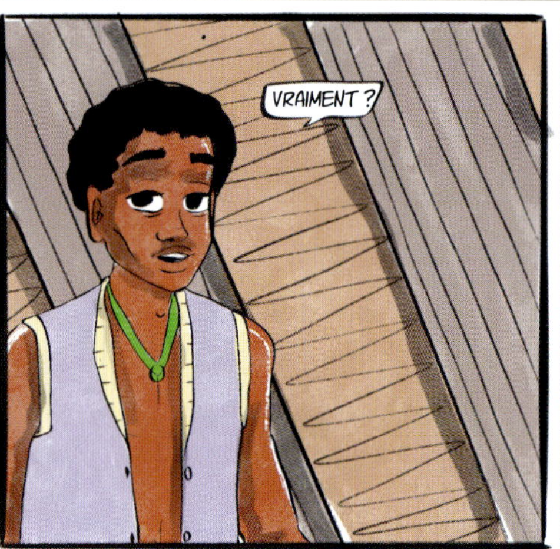
VRAIMENT ?

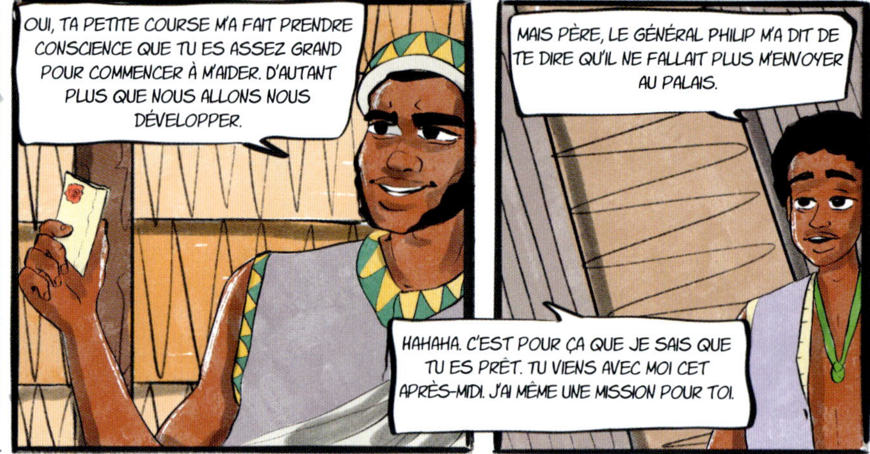
OUI, TA PETITE COURSE M'A FAIT PRENDRE CONSCIENCE QUE TU ES ASSEZ GRAND POUR COMMENCER À M'AIDER. D'AUTANT PLUS QUE NOUS ALLONS NOUS DÉVELOPPER.
MAIS PÈRE, LE GÉNÉRAL PHILIP M'A DIT DE TE DIRE QU'IL NE FALLAIT PLUS M'ENVOYER AU PALAIS.
HAHAHA. C'EST POUR ÇA QUE JE SAIS QUE TU ES PRÊT. TU VIENS AVEC MOI CET APRÈS-MIDI. J'AI MÊME UNE MISSION POUR TOI.

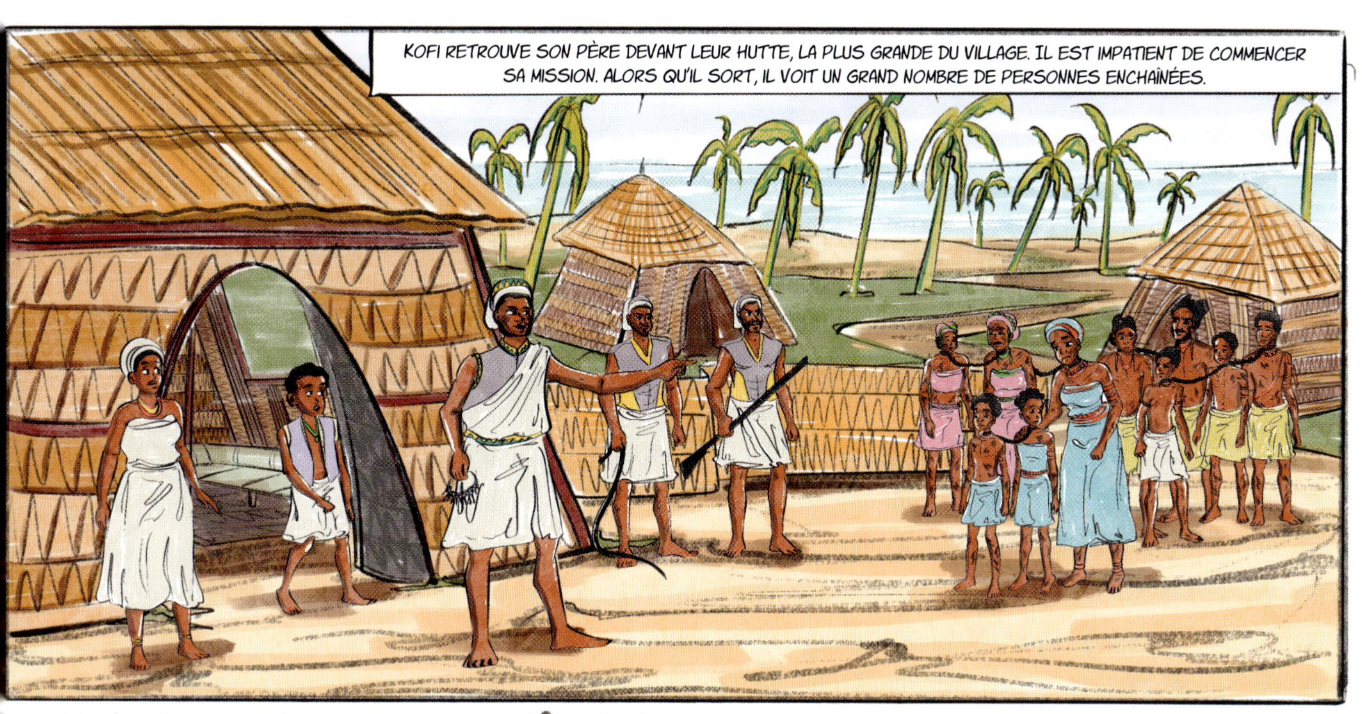
KOFI RETROUVE SON PÈRE DEVANT LEUR HUTTE, LA PLUS GRANDE DU VILLAGE. IL EST IMPATIENT DE COMMENCER SA MISSION. ALORS QU'IL SORT, IL VOIT UN GRAND NOMBRE DE PERSONNES ENCHAÎNÉES.

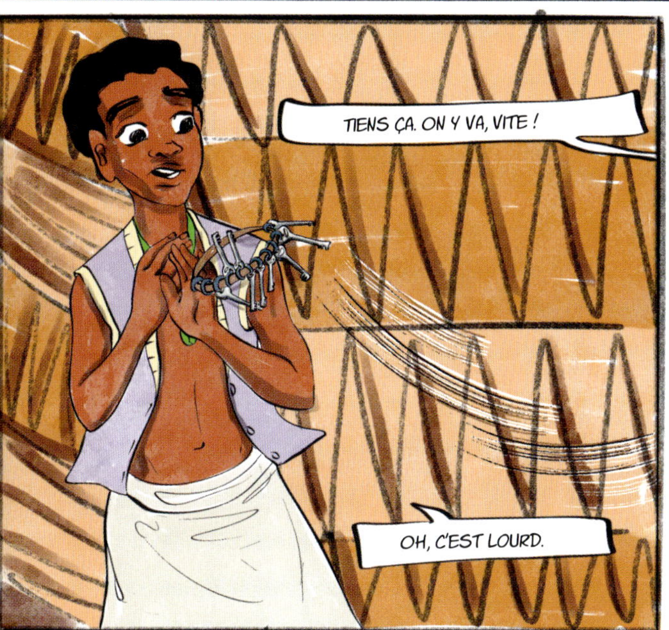
TIENS ÇA. ON Y VA, VITE !
OH, C'EST LOURD.

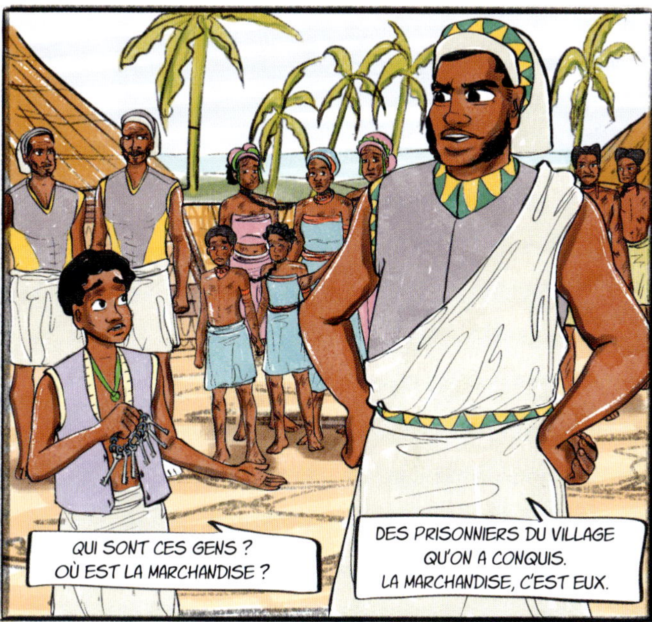
QUI SONT CES GENS ? OÙ EST LA MARCHANDISE ?
DES PRISONNIERS DU VILLAGE QU'ON A CONQUIS. LA MARCHANDISE, C'EST EUX.

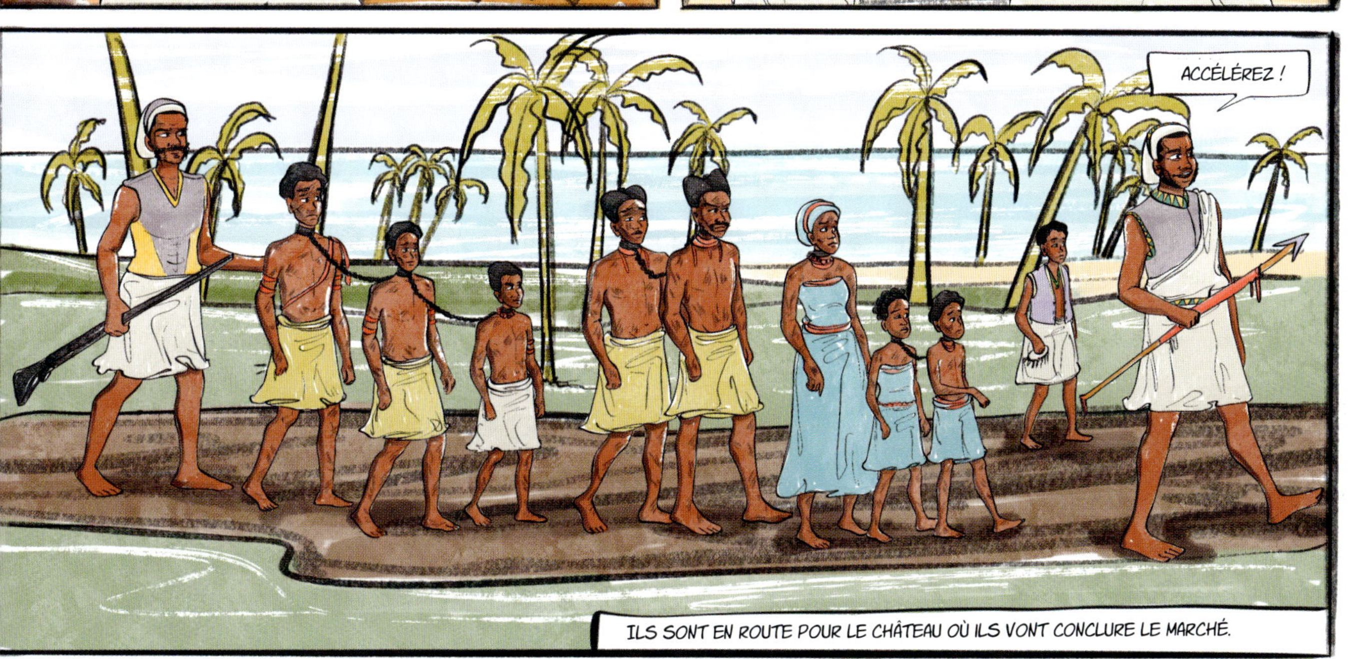
ACCÉLÉREZ !
ILS SONT EN ROUTE POUR LE CHÂTEAU OÙ ILS VONT CONCLURE LE MARCHÉ.

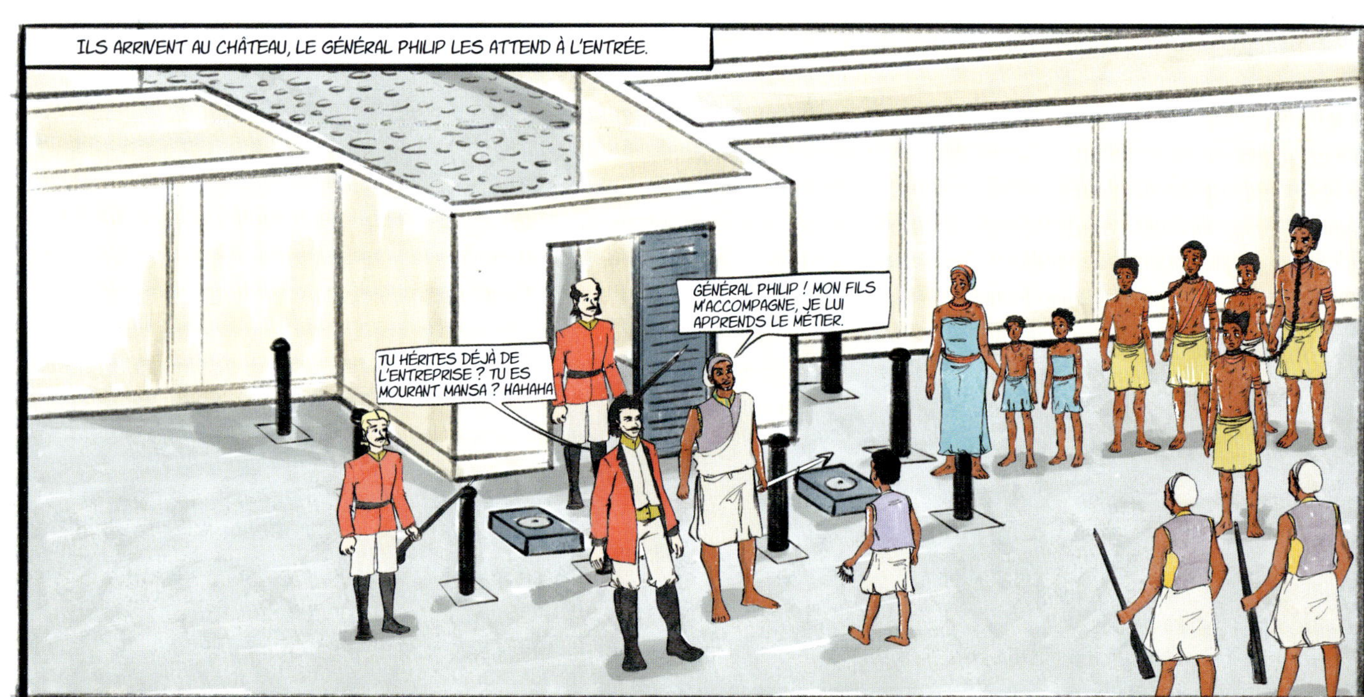
ILS ARRIVENT AU CHÂTEAU, LE GÉNÉRAL PHILIP LES ATTEND À L'ENTRÉE.
GÉNÉRAL PHILIP ! MON FILS M'ACCOMPAGNE, JE LUI APPRENDS LE MÉTIER.
TU HÉRITES DÉJÀ DE L'ENTREPRISE ? TU ES MOURANT MANSA ? HAHAHA

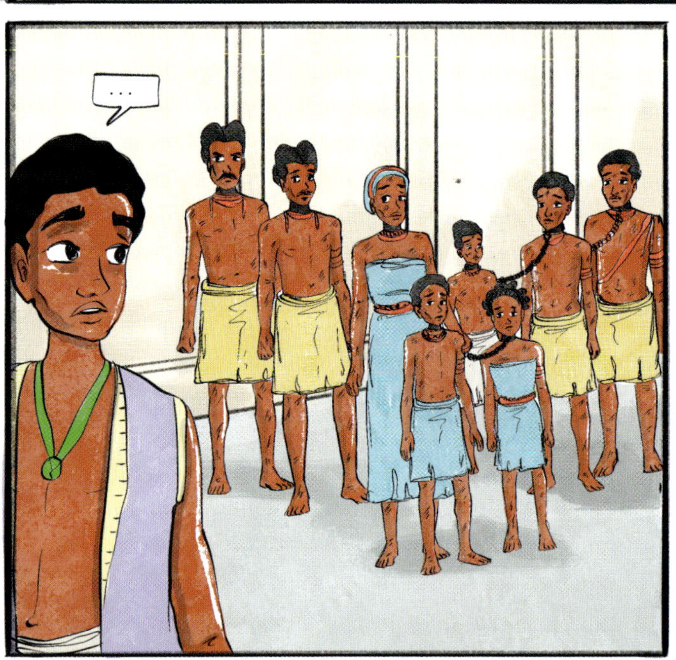
...

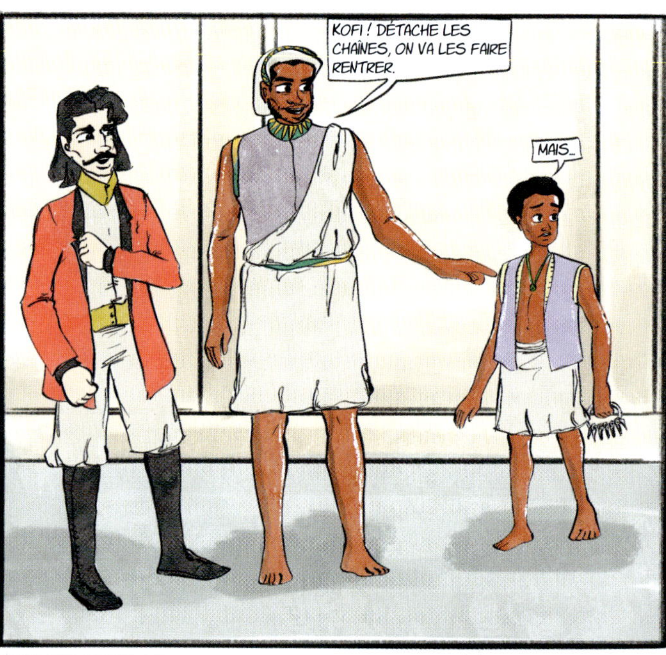
KOFI ! DÉTACHE LES CHAÎNES, ON VA LES FAIRE RENTRER.
MAIS...

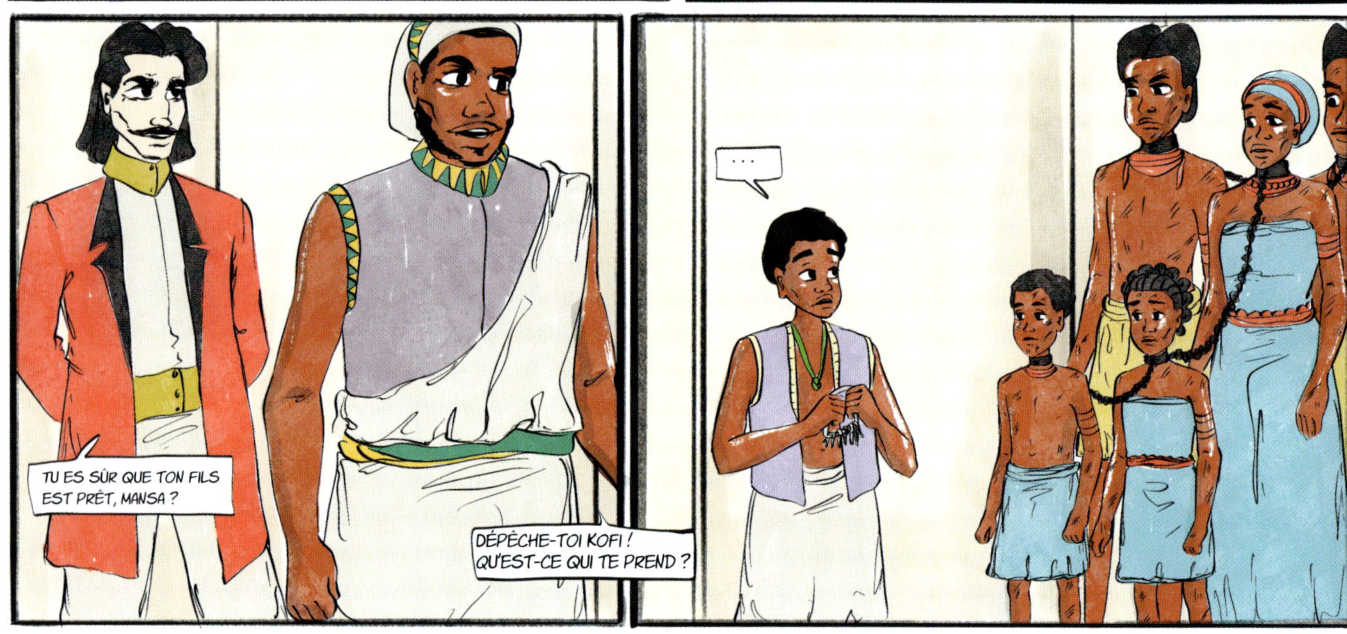
TU ES SÛR QUE TON FILS EST PRÊT, MANSA ?
DÉPÊCHE-TOI KOFI ! QU'EST-CE QUI TE PREND ?
...

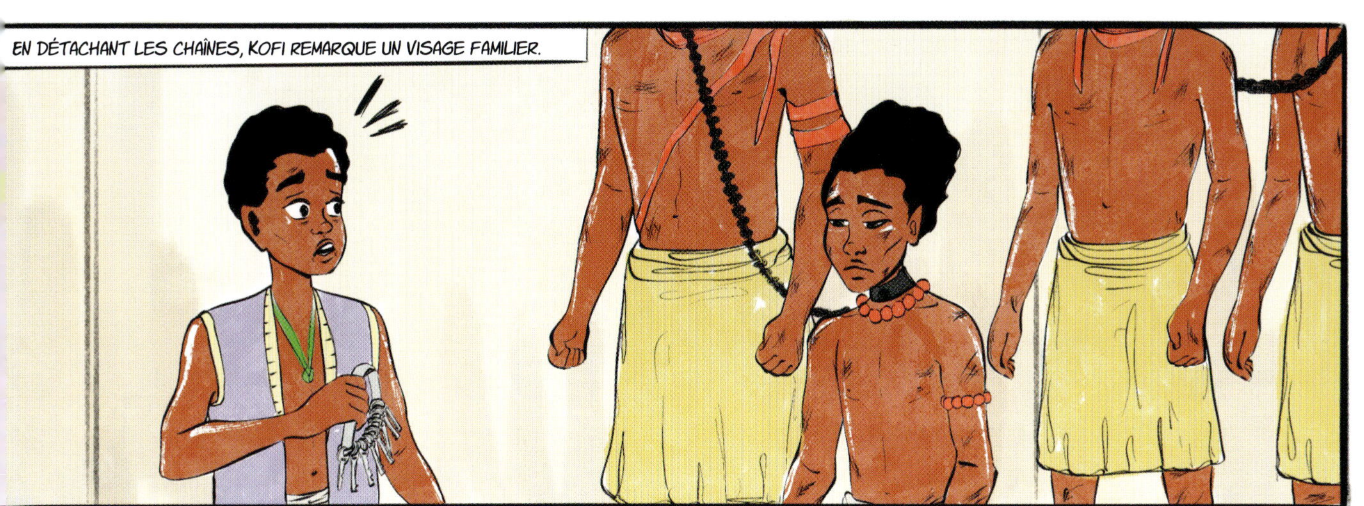
EN DÉTACHANT LES CHAÎNES, KOFI REMARQUE UN VISAGE FAMILIER.

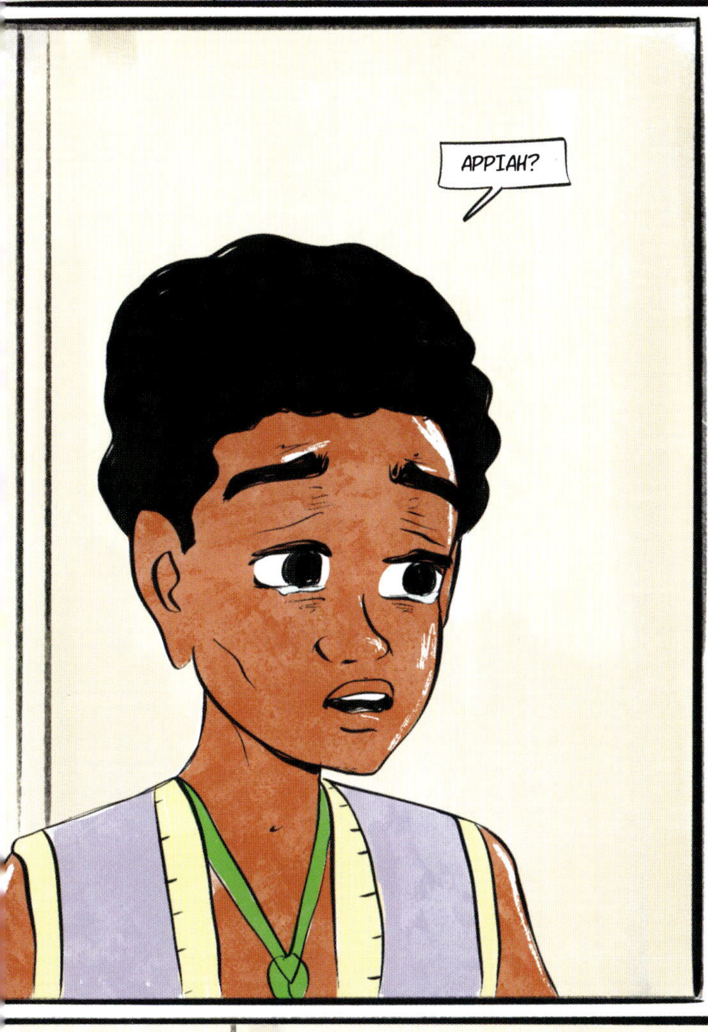
APPIAH?

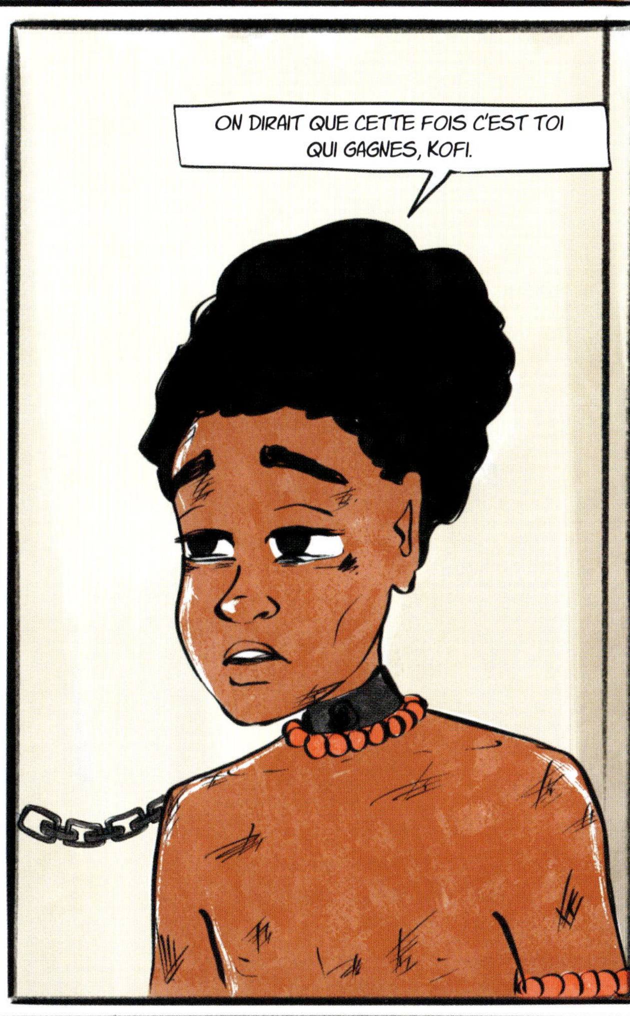
ON DIRAIT QUE CETTE FOIS C'EST TOI QUI GAGNES, KOFI.

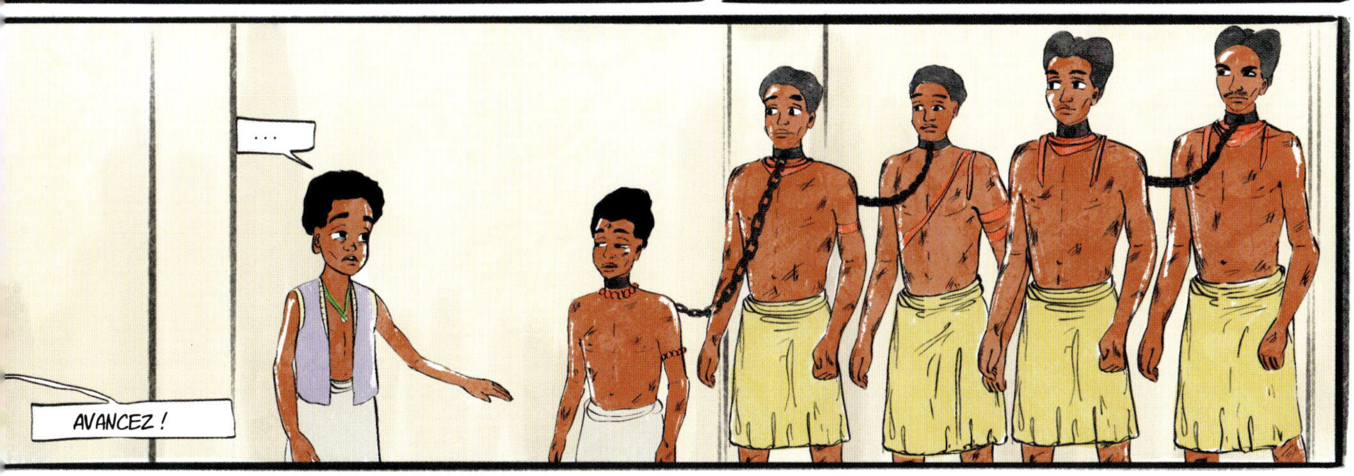
...
AVANCEZ !

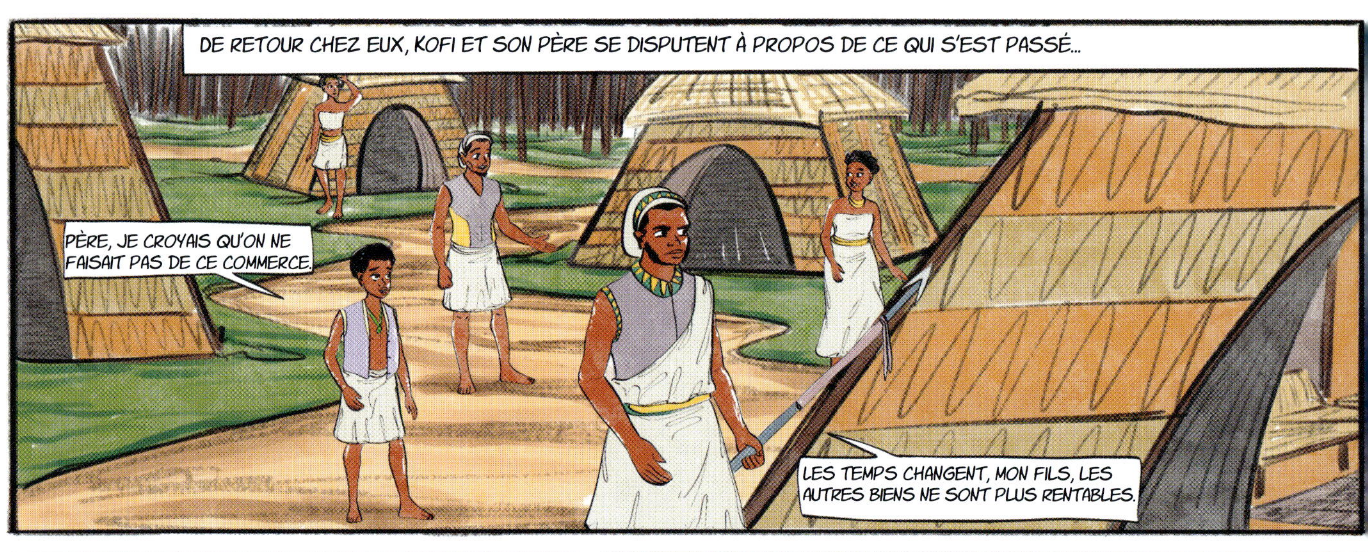
DE RETOUR CHEZ EUX, KOFI ET SON PÈRE SE DISPUTENT À PROPOS DE CE QUI S'EST PASSÉ...
PÈRE, JE CROYAIS QU'ON NE FAISAIT PAS DE CE COMMERCE.
LES TEMPS CHANGENT, MON FILS, LES AUTRES BIENS NE SONT PLUS RENTABLES.

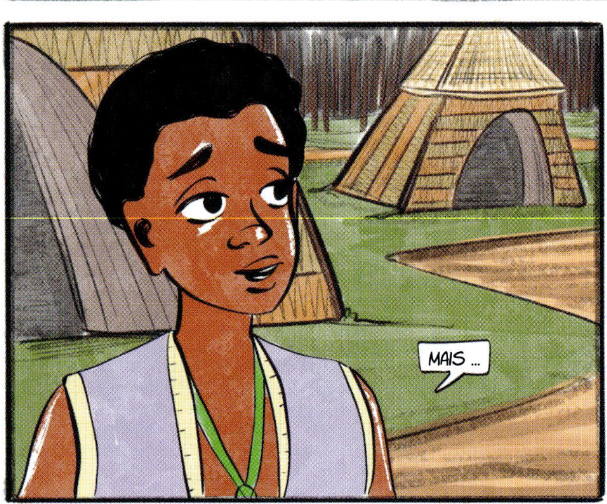
MAIS ...

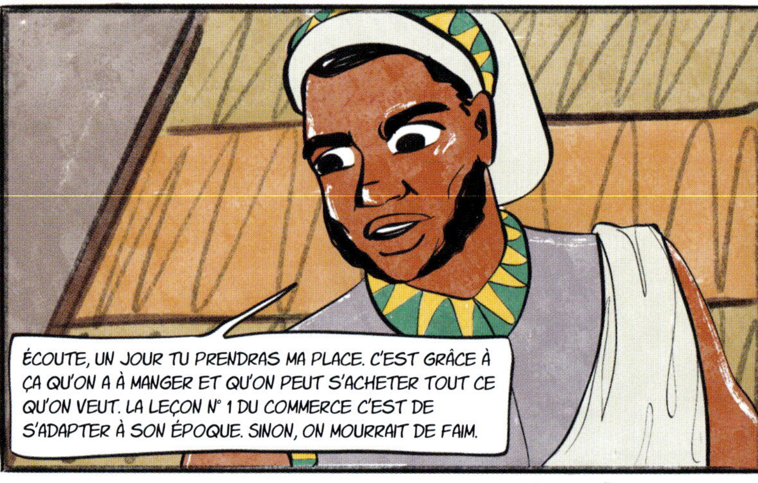
ÉCOUTE, UN JOUR TU PRENDRAS MA PLACE. C'EST GRÂCE À ÇA QU'ON A À MANGER ET QU'ON PEUT S'ACHETER TOUT CE QU'ON VEUT. LA LEÇON N° 1 DU COMMERCE C'EST DE S'ADAPTER À SON ÉPOQUE. SINON, ON MOURRAIT DE FAIM.

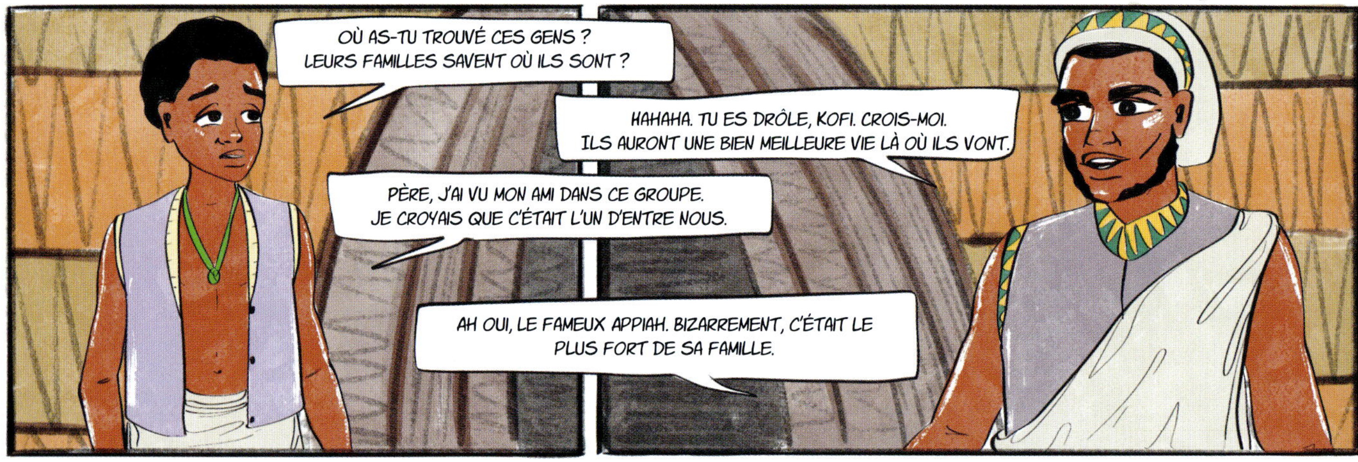
OÙ AS-TU TROUVÉ CES GENS ? LEURS FAMILLES SAVENT OÙ ILS SONT ?
HAHAHA. TU ES DRÔLE, KOFI. CROIS-MOI. ILS AURONT UNE BIEN MEILLEURE VIE LÀ OÙ ILS VONT.
PÈRE, J'AI VU MON AMI DANS CE GROUPE. JE CROYAIS QUE C'ÉTAIT L'UN D'ENTRE NOUS.
AH OUI, LE FAMEUX APPIAH. BIZARREMENT, C'ÉTAIT LE PLUS FORT DE SA FAMILLE.

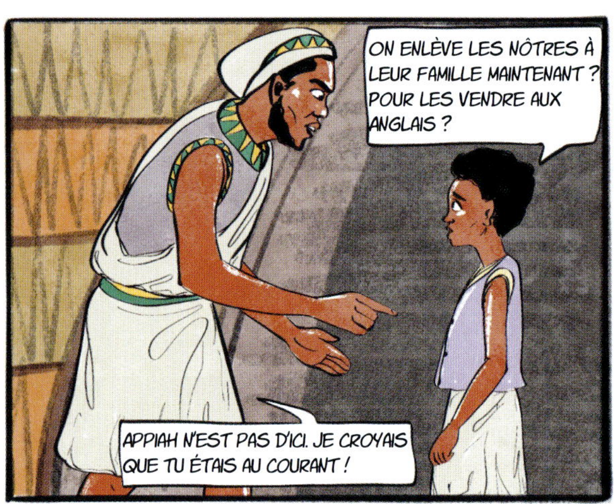
ON ENLÈVE LES NÔTRES À LEUR FAMILLE MAINTENANT ? POUR LES VENDRE AUX ANGLAIS ?
APPIAH N'EST PAS D'ICI. JE CROYAIS QUE TU ÉTAIS AU COURANT !

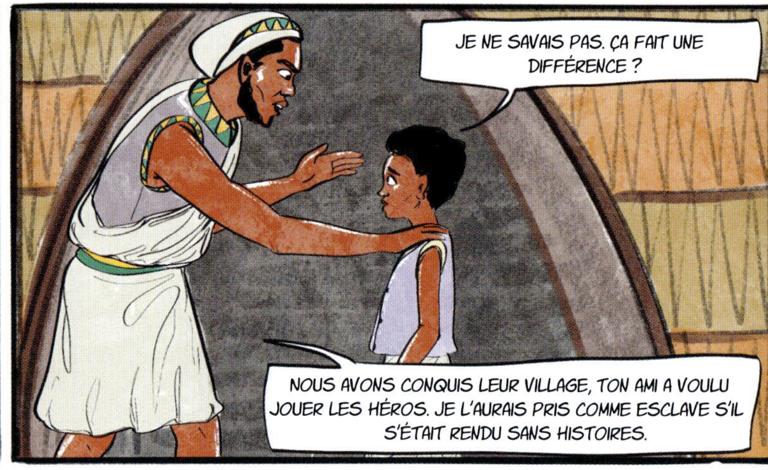
JE NE SAVAIS PAS. ÇA FAIT UNE DIFFÉRENCE ?
NOUS AVONS CONQUIS LEUR VILLAGE, TON AMI A VOULU JOUER LES HÉROS. JE L'AURAIS PRIS COMME ESCLAVE S'IL S'ÉTAIT RENDU SANS HISTOIRES.

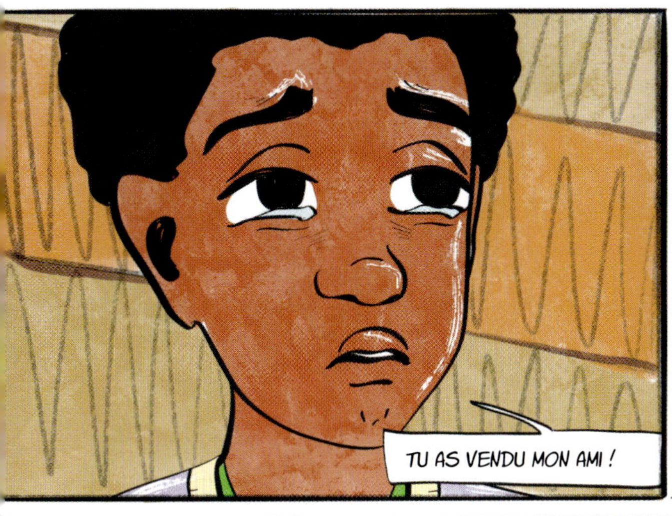
TU AS VENDU MON AMI !

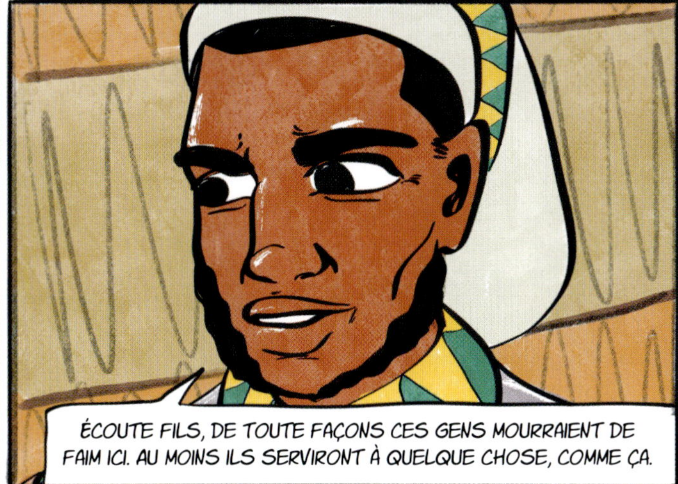
ÉCOUTE FILS, DE TOUTE FAÇONS CES GENS MOURRAIENT DE FAIM ICI. AU MOINS ILS SERVIRONT À QUELQUE CHOSE, COMME ÇA.

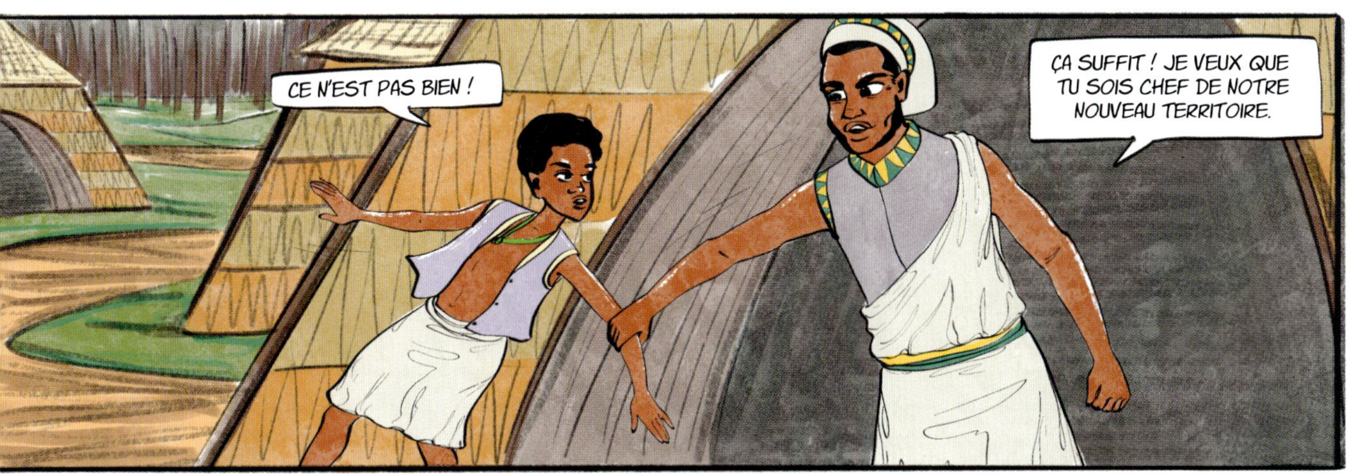
CE N'EST PAS BIEN !
ÇA SUFFIT ! JE VEUX QUE TU SOIS CHEF DE NOTRE NOUVEAU TERRITOIRE.

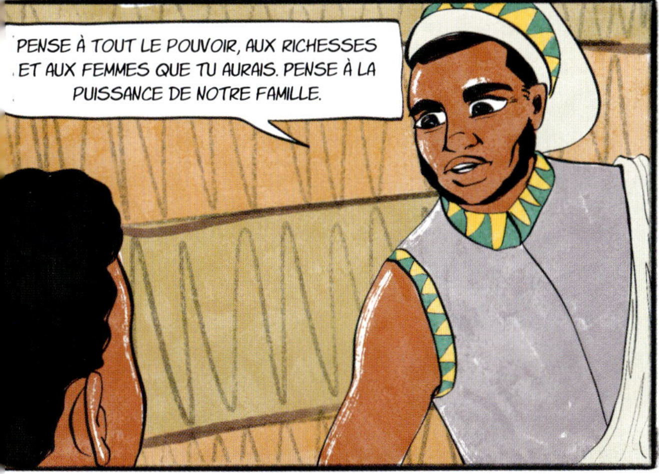
PENSE À TOUT LE POUVOIR, AUX RICHESSES ET AUX FEMMES QUE TU AURAIS. PENSE À LA PUISSANCE DE NOTRE FAMILLE.

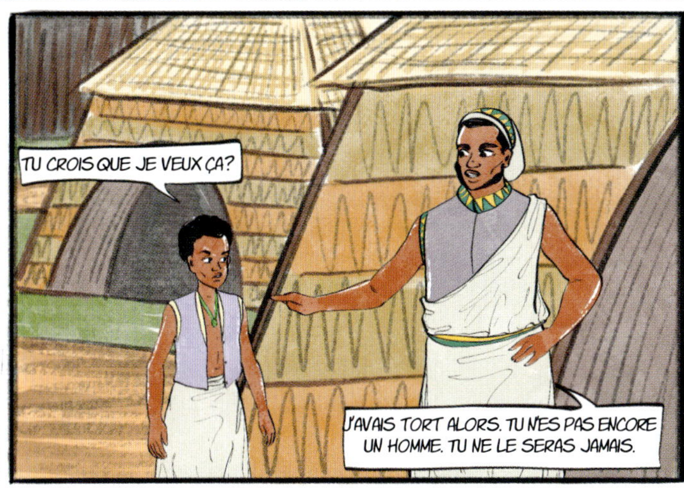
TU CROIS QUE JE VEUX ÇA?
J'AVAIS TORT ALORS. TU N'ES PAS ENCORE UN HOMME. TU NE LE SERAS JAMAIS.

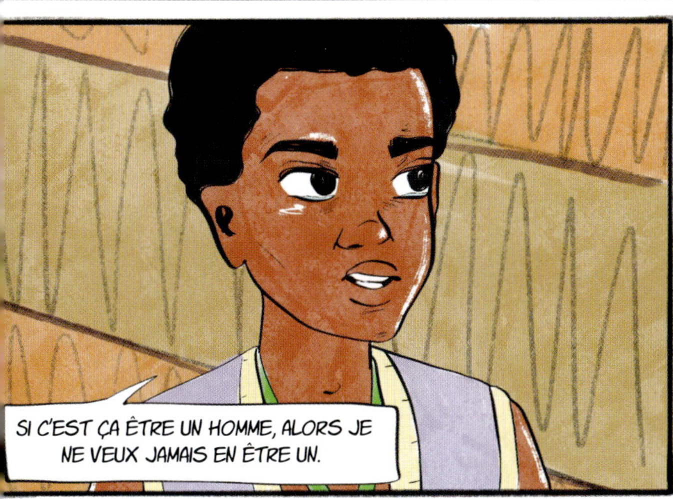
SI C'EST ÇA ÊTRE UN HOMME, ALORS JE NE VEUX JAMAIS EN ÊTRE UN.

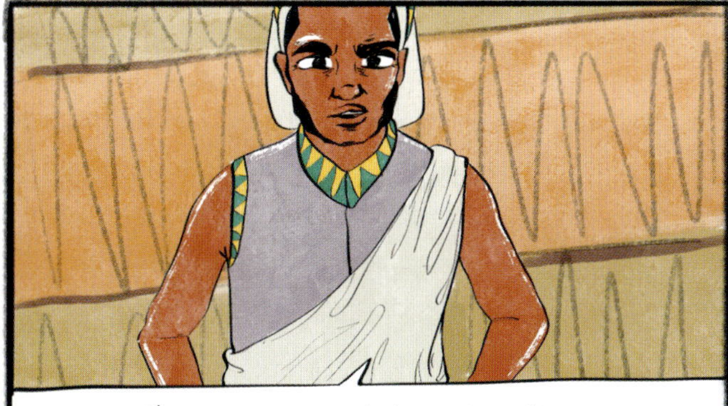
TU ES NÉ CHEF ET TU LE DEVIENDRAS. SI TU T'Y OPPOSES, JE N'AURAIS D'AUTRE CHOIX QUE DE T'EXILER. LÀ OÙ JE NE POURRAIS ASSURER TA SÉCURITÉ, ET TU PERDRAS TON NOM. TU SERAS SEUL.

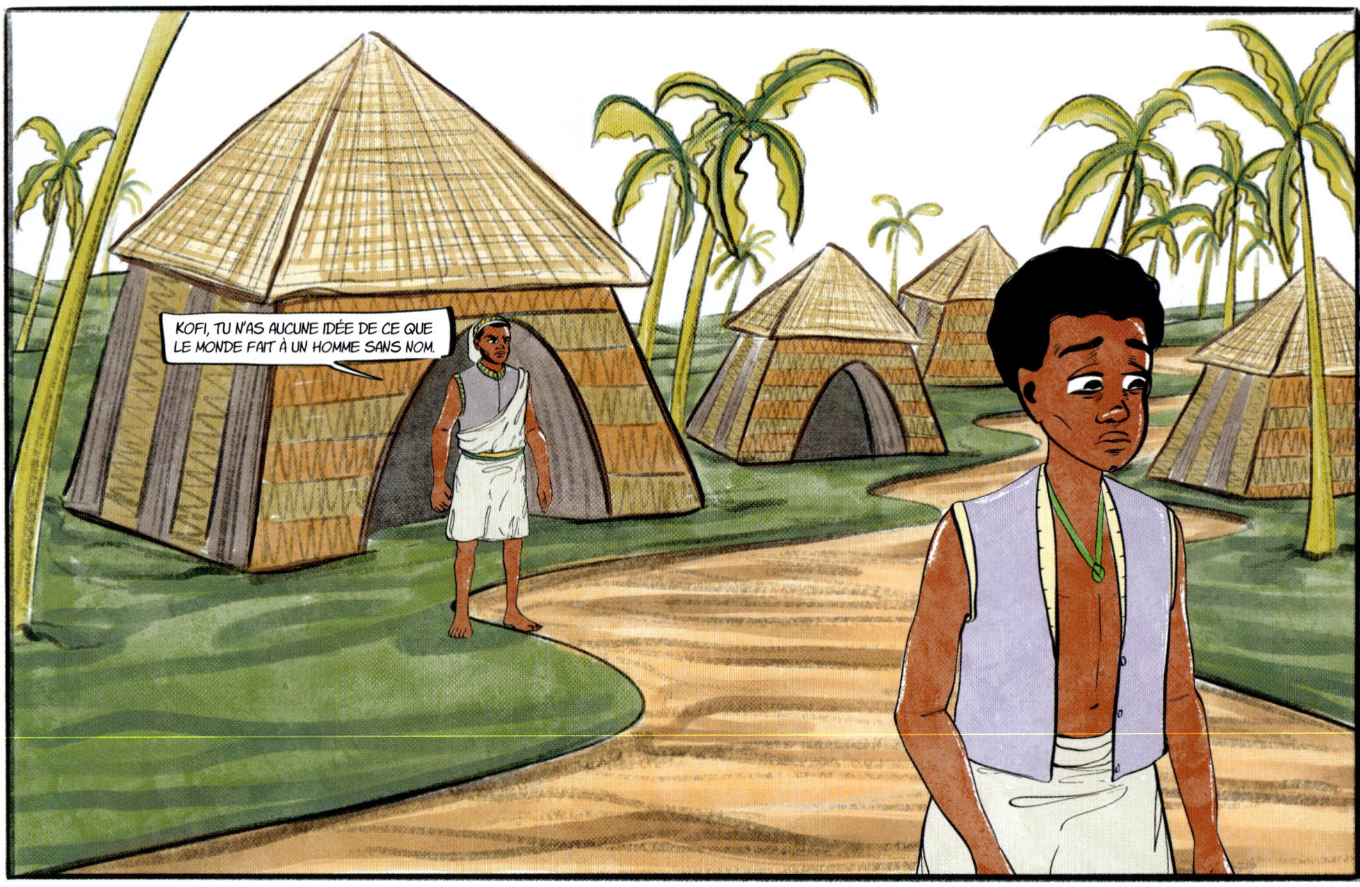

KOFI, TU N'AS AUCUNE IDÉE DE CE QUE LE MONDE FAIT À UN HOMME SANS NOM.

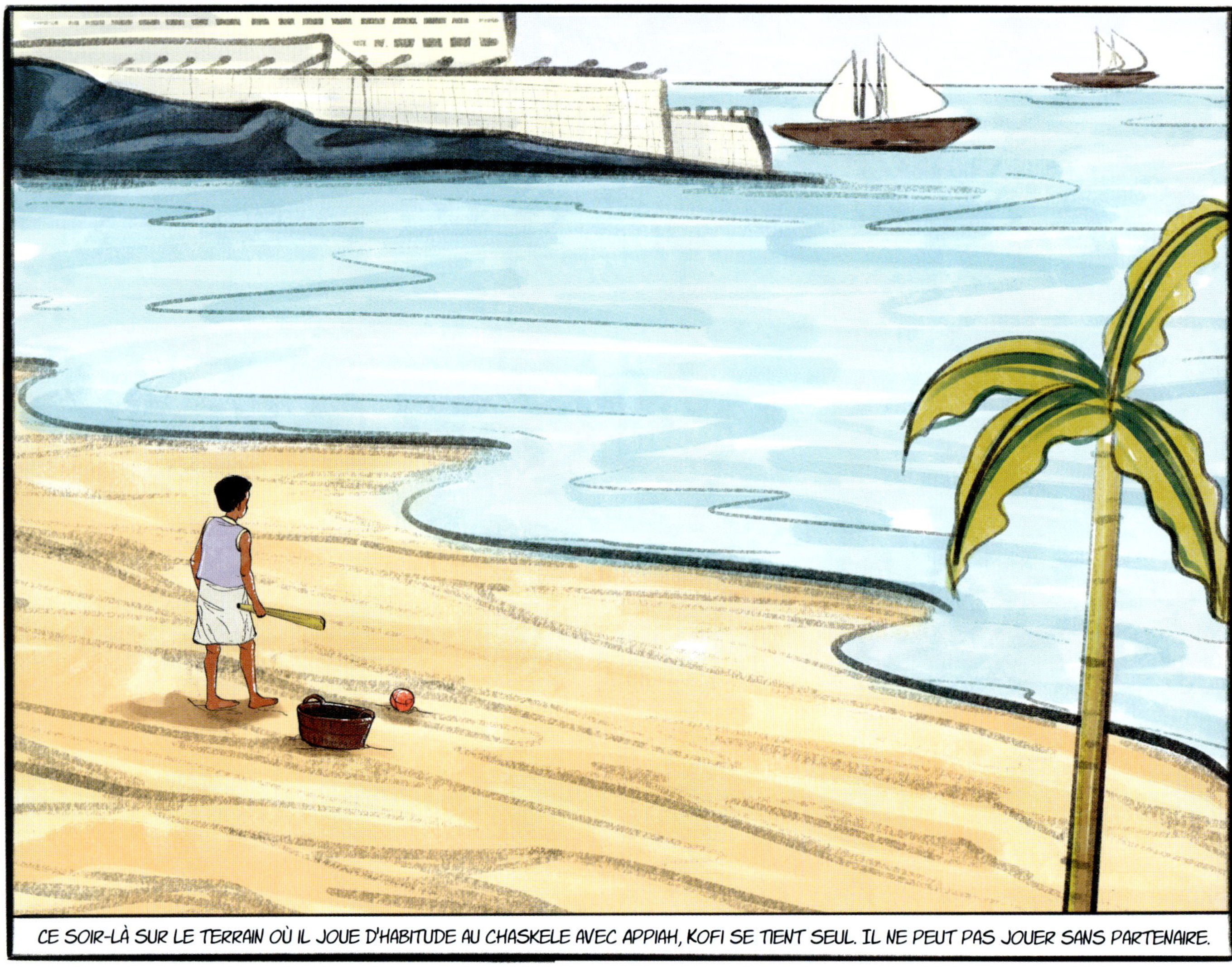

CE SOIR-LÀ SUR LE TERRAIN OÙ IL JOUE D'HABITUDE AU CHASKELE AVEC APPIAH, KOFI SE TIENT SEUL. IL NE PEUT PAS JOUER SANS PARTENAIRE.

FIN

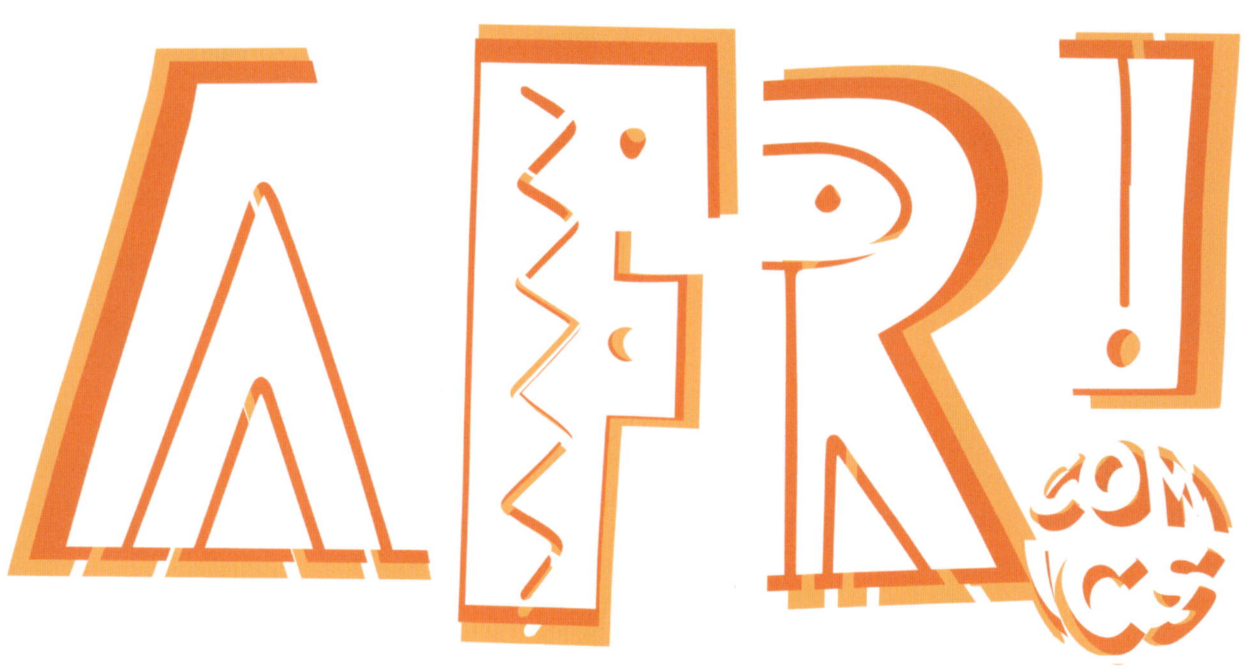
AFRI
COMICS

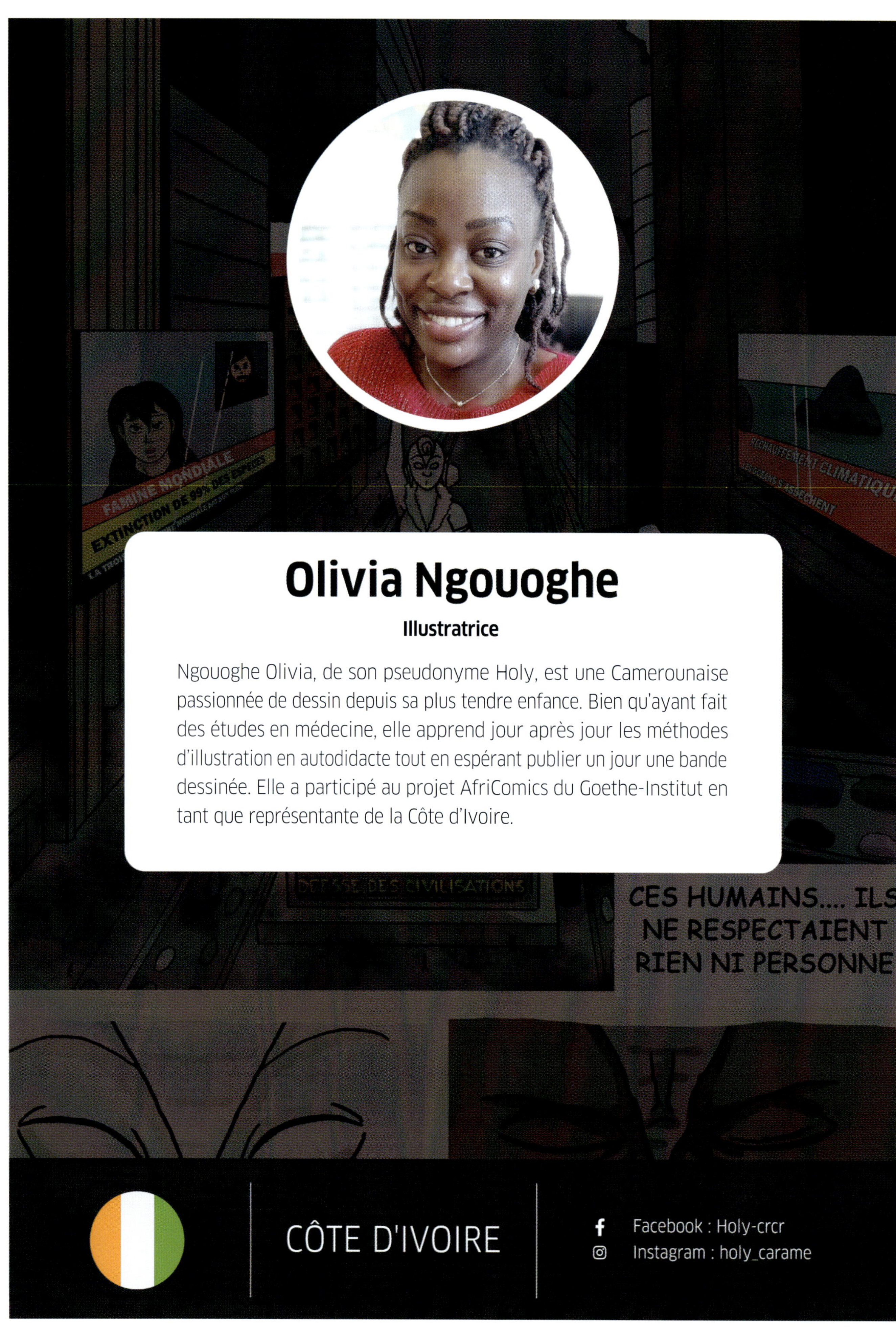

Olivia Ngouoghe

Illustratrice

Ngouoghe Olivia, de son pseudonyme Holy, est une Camerounaise passionnée de dessin depuis sa plus tendre enfance. Bien qu'ayant fait des études en médecine, elle apprend jour après jour les méthodes d'illustration en autodidacte tout en espérant publier un jour une bande dessinée. Elle a participé au projet AfriComics du Goethe-Institut en tant que représentante de la Côte d'Ivoire.

CÔTE D'IVOIRE

Facebook : Holy-crcr
Instagram : holy_carame

LE SOMMET

ACQUÉRIR?

ANNULER?

PAR HOLY

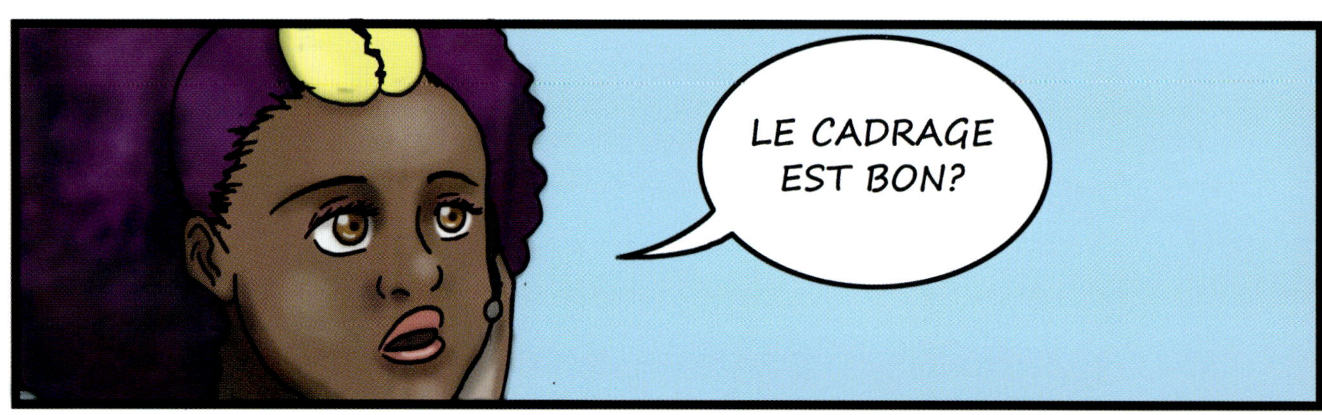
LE CADRAGE
EST BON?

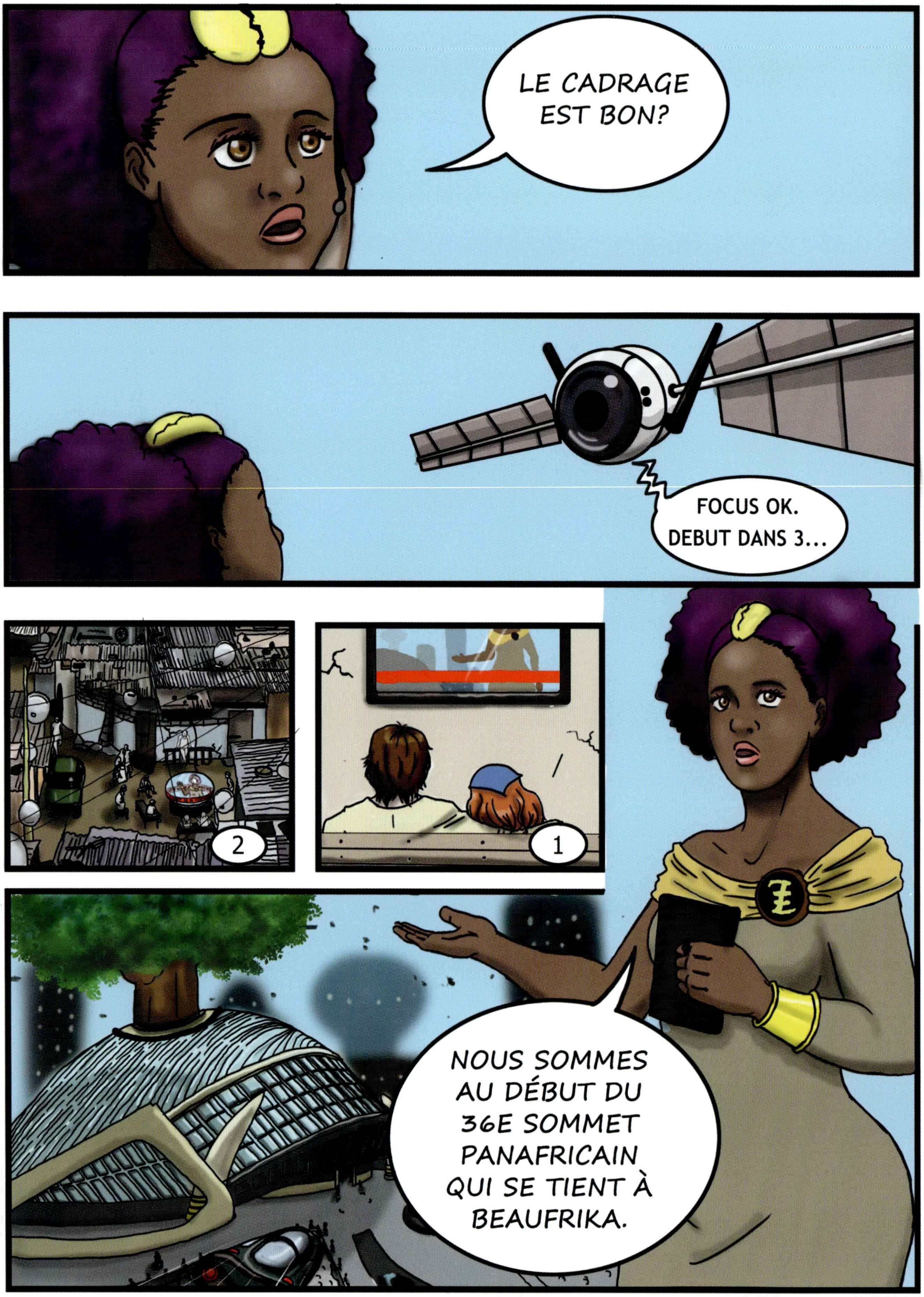

FOCUS OK.
DEBUT DANS 3...
2
1
NOUS SOMMES
AU DÉBUT DU
36E SOMMET
PANAFRICAIN
QUI SE TIENT À
BEAUFRIKA.

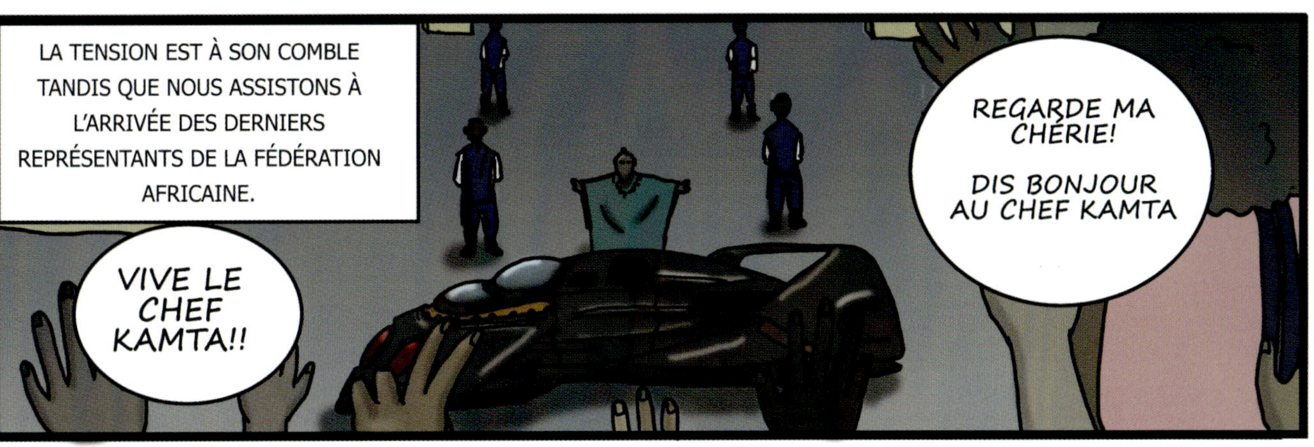
LA TENSION EST À SON COMBLE TANDIS QUE NOUS ASSISTONS À L'ARRIVÉE DES DERNIERS REPRÉSENTANTS DE LA FÉDÉRATION AFRICAINE.
VIVE LE CHEF KAMTA!!
REGARDE MA CHÉRIE!
DIS BONJOUR AU CHEF KAMTA

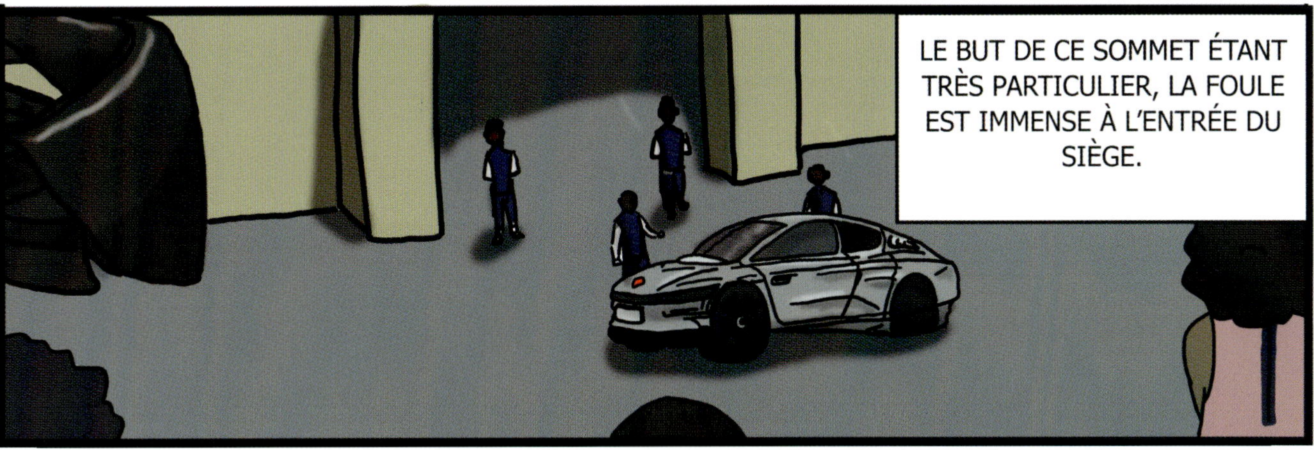
LE BUT DE CE SOMMET ÉTANT TRÈS PARTICULIER, LA FOULE EST IMMENSE À L'ENTRÉE DU SIÈGE.

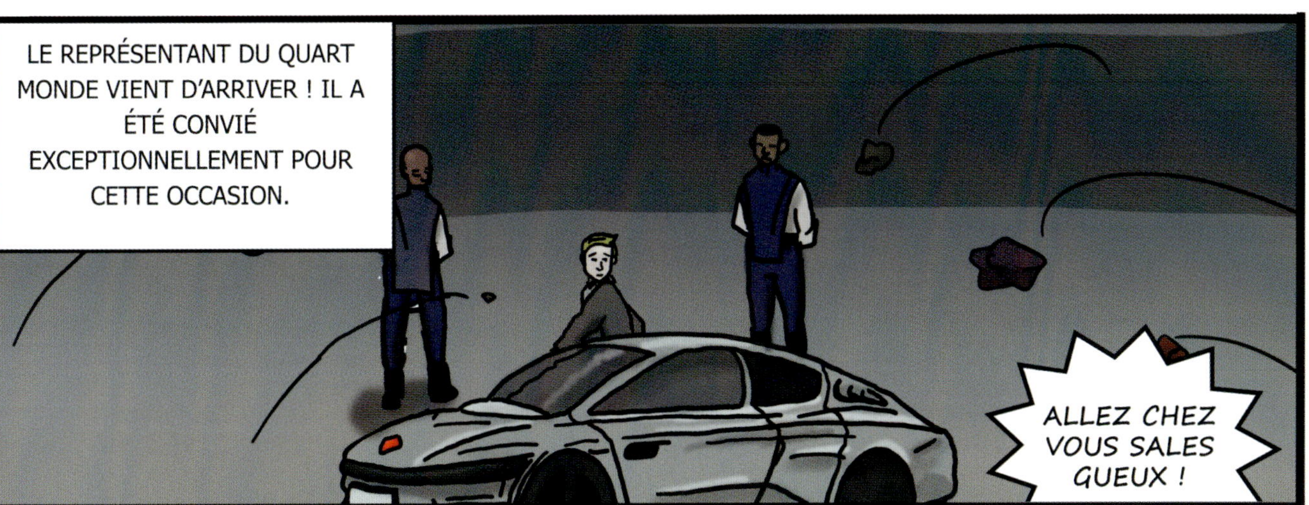
LE REPRÉSENTANT DU QUART MONDE VIENT D'ARRIVER ! IL A ÉTÉ CONVIÉ EXCEPTIONNELLEMENT POUR CETTE OCCASION.
ALLEZ CHEZ VOUS SALES GUEUX !

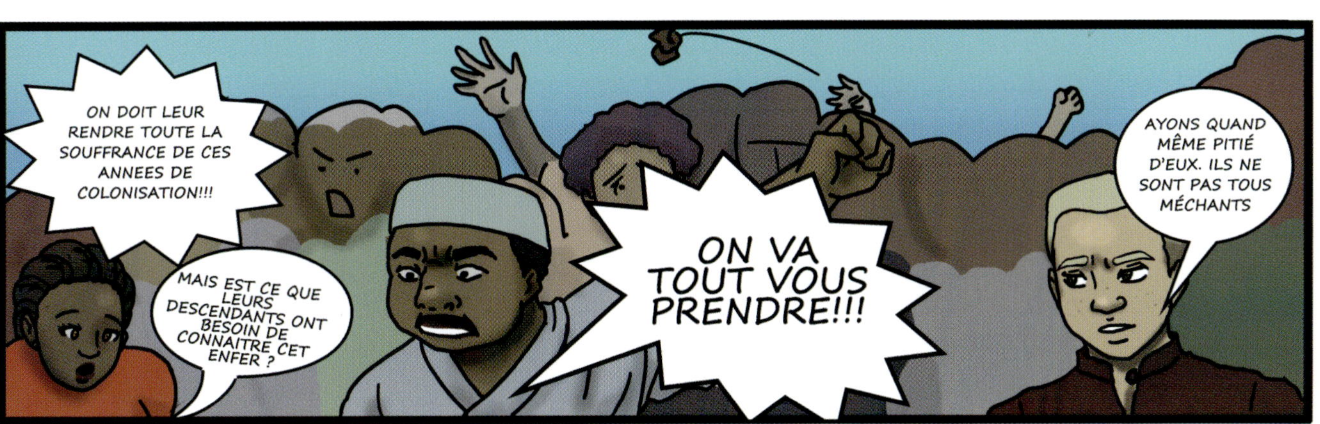
ON DOIT LEUR RENDRE TOUTE LA SOUFFRANCE DE CES ANNEES DE COLONISATION!!!
MAIS EST CE QUE LEURS DESCENDANTS ONT BESOIN DE CONNAITRE CET ENFER ?
ON VA TOUT VOUS PRENDRE!!!
AYONS QUAND MÊME PITIÉ D'EUX. ILS NE SONT PAS TOUS MÉCHANTS

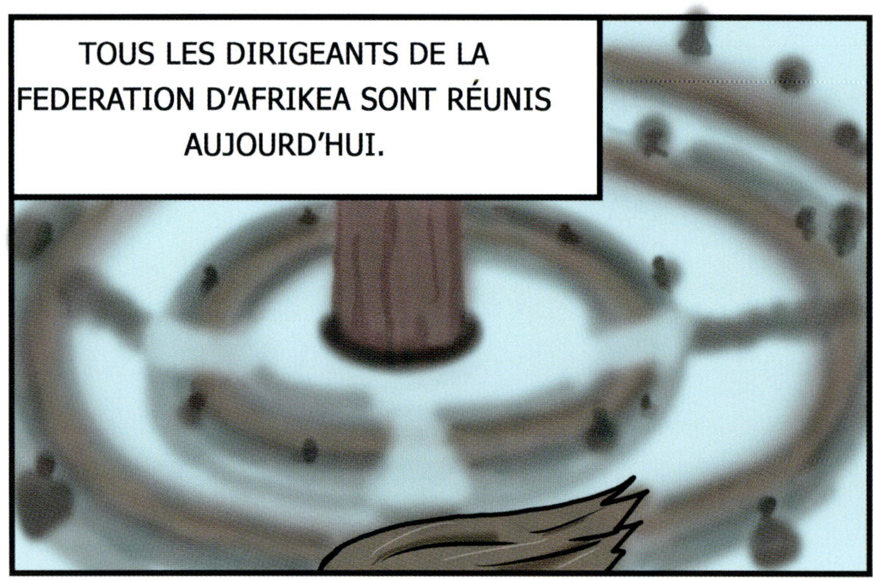

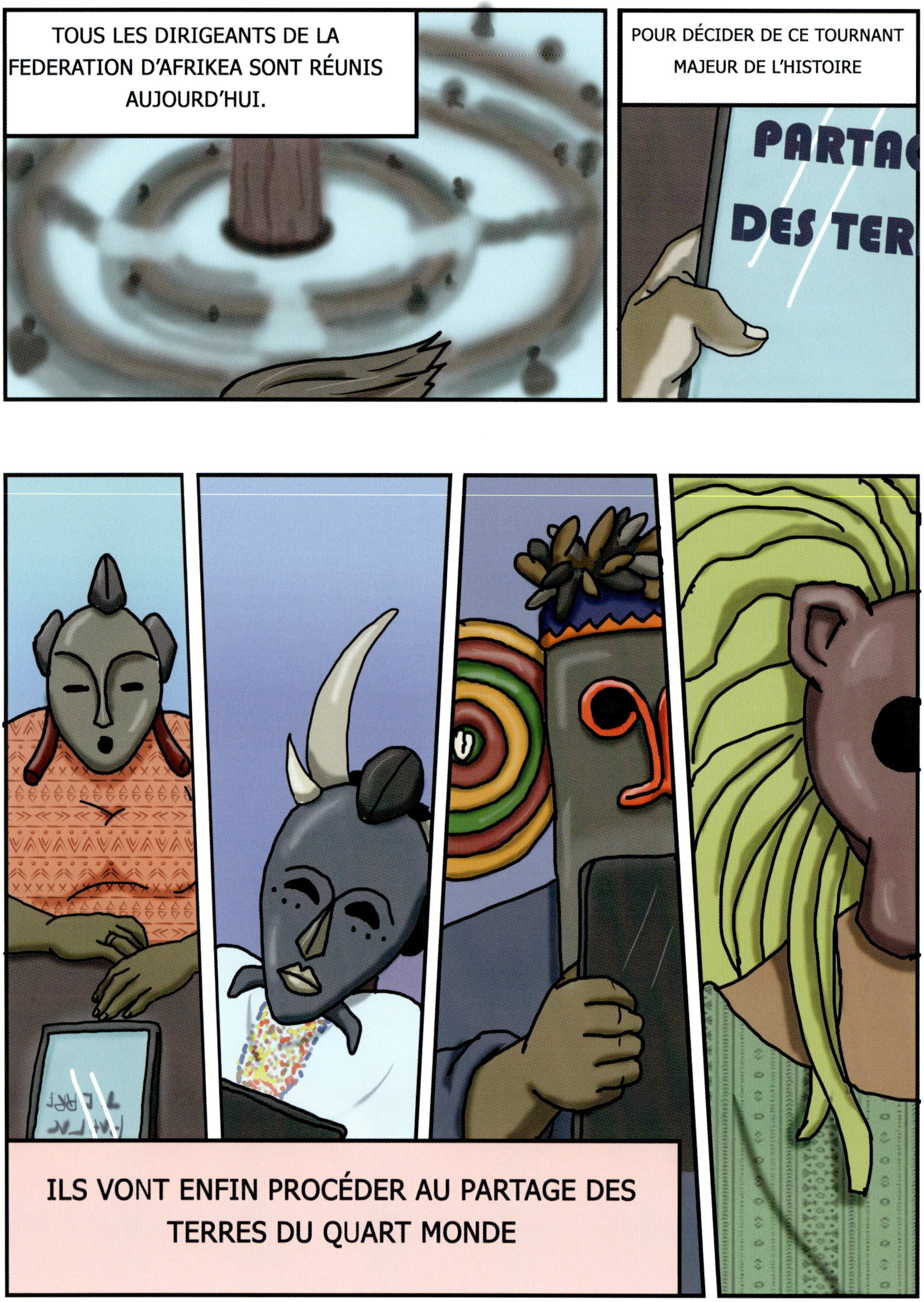

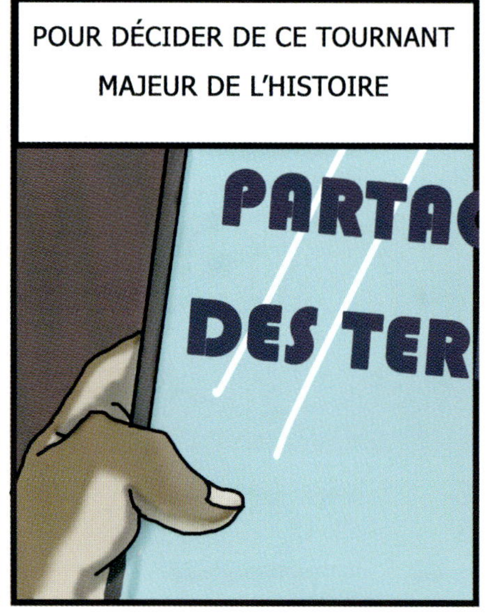

ILS VONT ENFIN PROCÉDER AU PARTAGE DES TERRES DU QUART MONDE

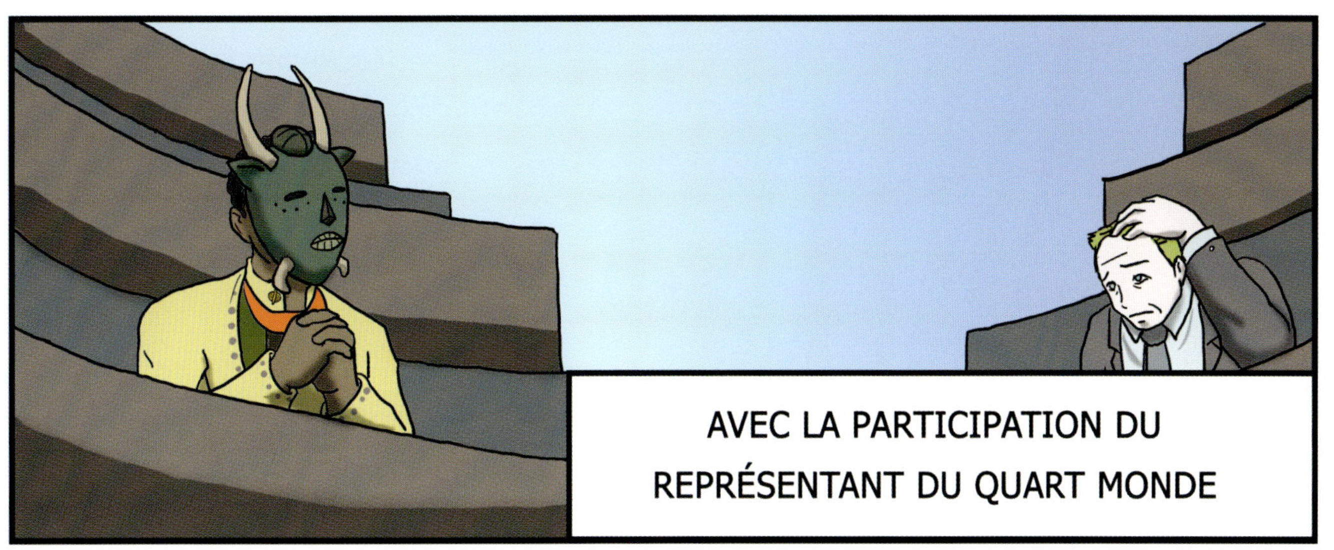
AVEC LA PARTICIPATION DU
REPRÉSENTANT DU QUART MONDE

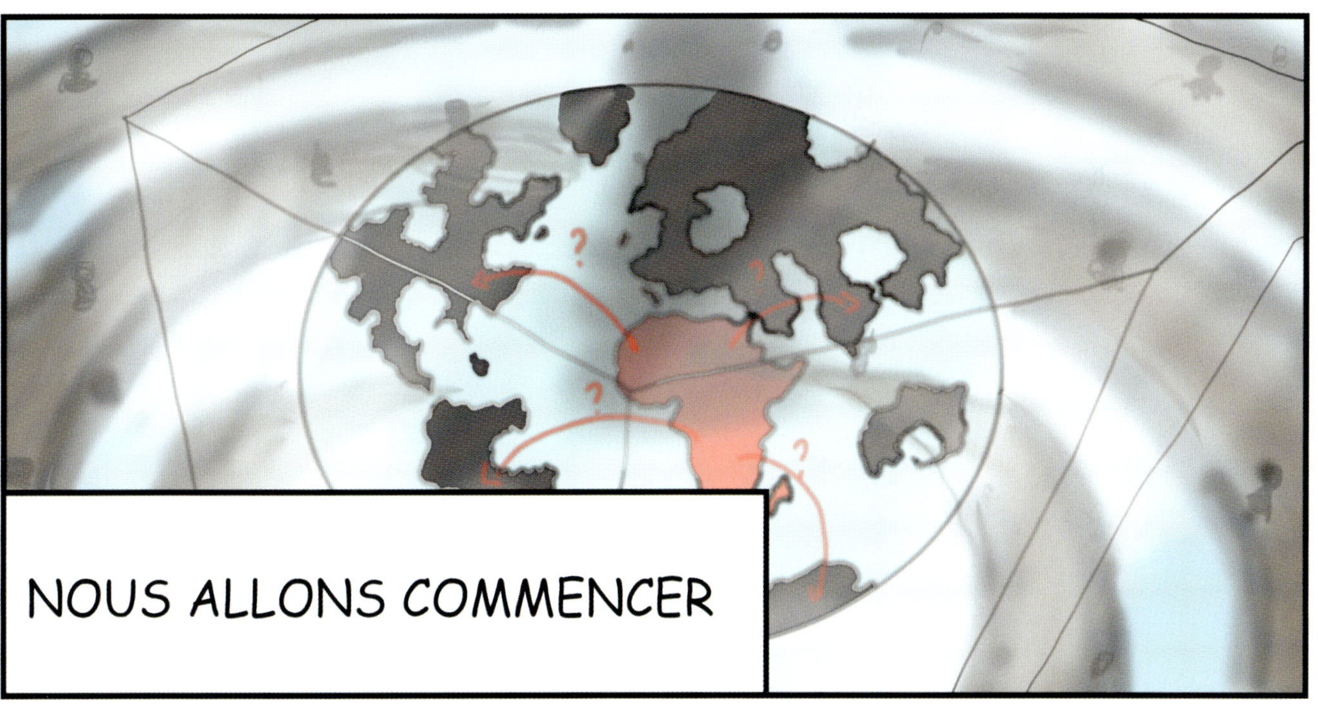
NOUS ALLONS COMMENCER

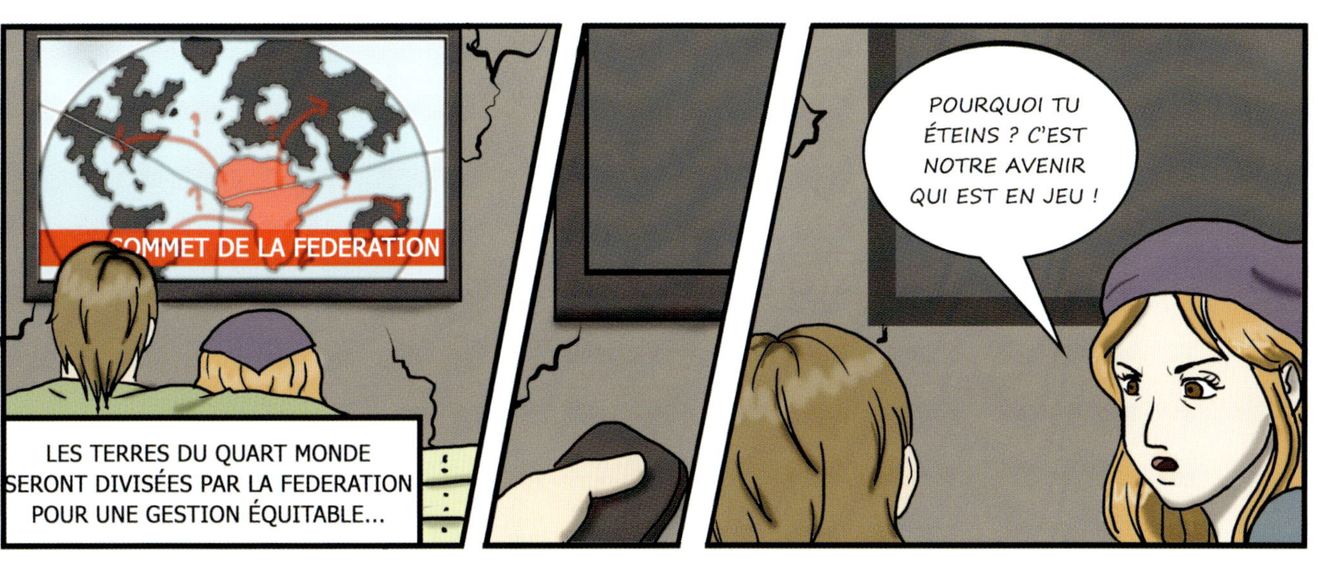
COMMET DE LA FEDERATION
LES TERRES DU QUART MONDE SERONT DIVISÉES PAR LA FEDERATION POUR UNE GESTION ÉQUITABLE...
POURQUOI TU ÉTEINS ? C'EST NOTRE AVENIR QUI EST EN JEU !

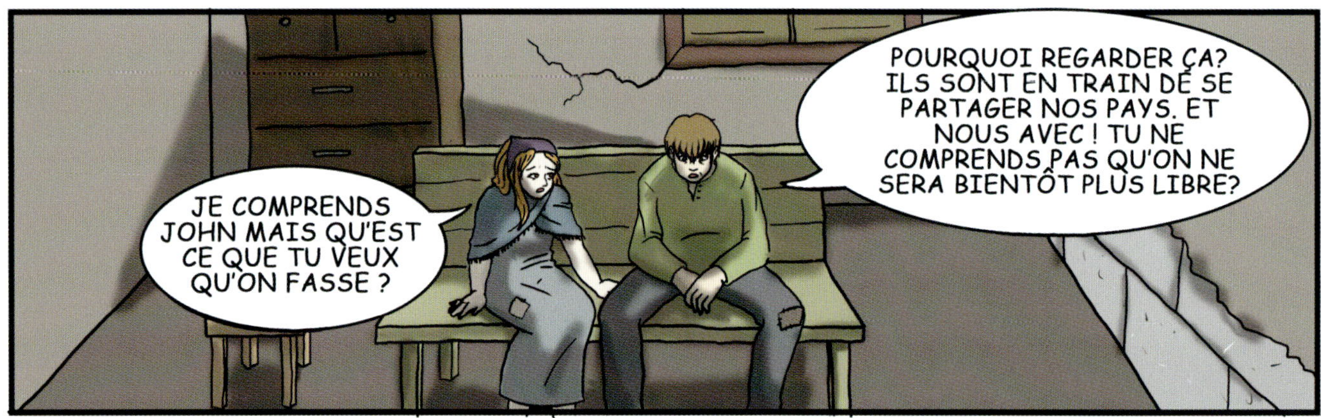
JE COMPRENDS JOHN MAIS QU'EST CE QUE TU VEUX QU'ON FASSE ?
POURQUOI REGARDER ÇA? ILS SONT EN TRAIN DE SE PARTAGER NOS PAYS. ET NOUS AVEC ! TU NE COMPRENDS PAS QU'ON NE SERA BIENTÔT PLUS LIBRE?

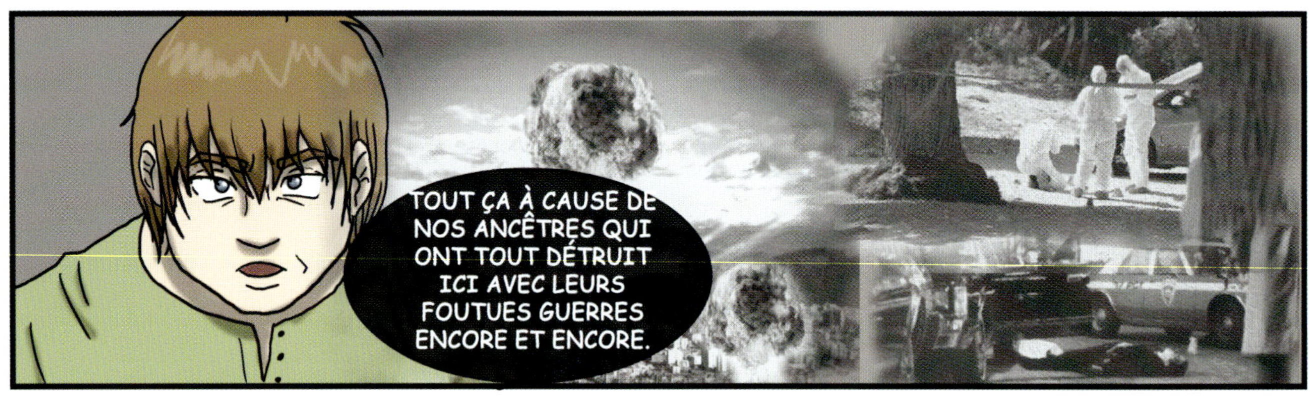
TOUT ÇA À CAUSE DE NOS ANCÊTRES QUI ONT TOUT DÉTRUIT ICI AVEC LEURS FOUTUES GUERRES ENCORE ET ENCORE.

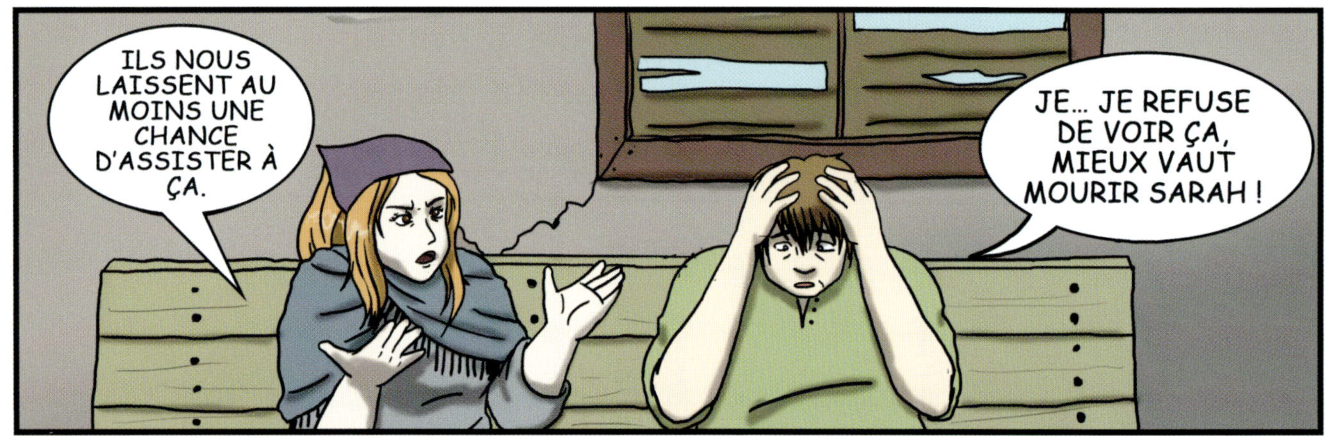
ILS NOUS LAISSENT AU MOINS UNE CHANCE D'ASSISTER À ÇA.
JE... JE REFUSE DE VOIR ÇA, MIEUX VAUT MOURIR SARAH !

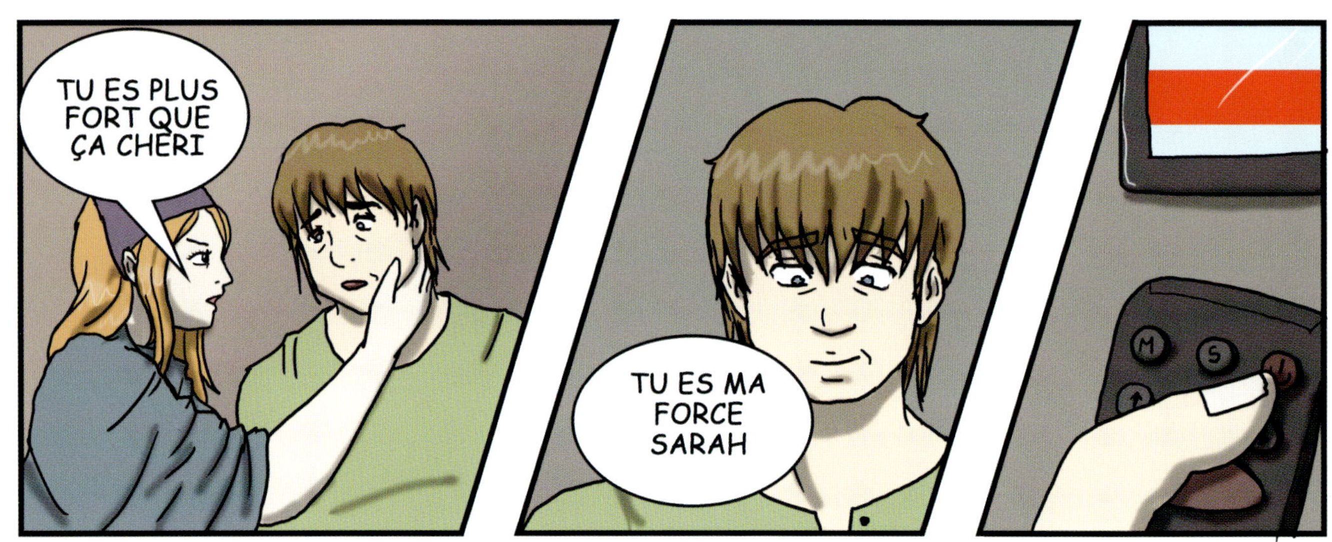
TU ES PLUS FORT QUE ÇA CHERI
TU ES MA FORCE SARAH

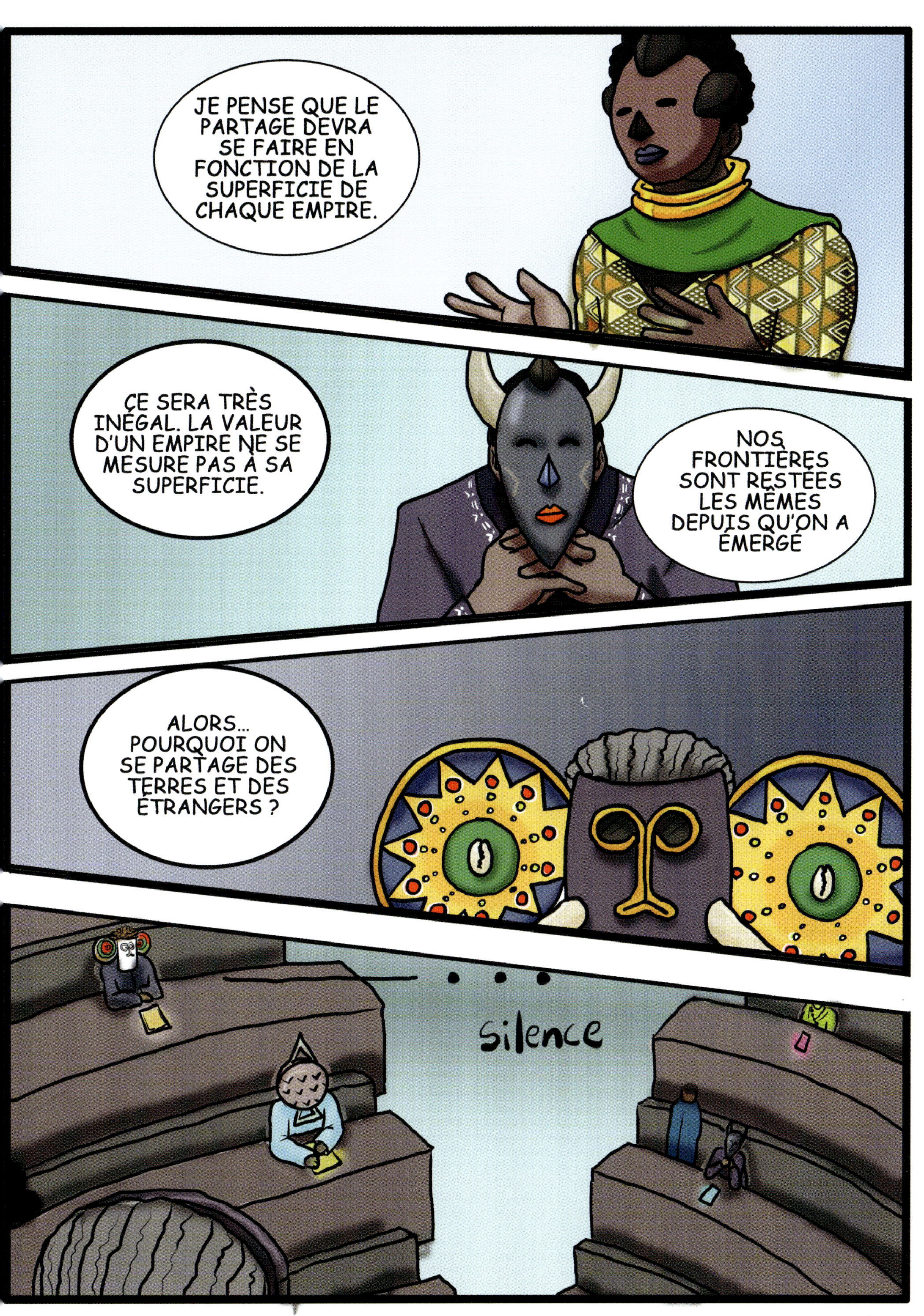
JE PENSE QUE LE PARTAGE DEVRA SE FAIRE EN FONCTION DE LA SUPERFICIE DE CHAQUE EMPIRE.
ÇE SERA TRÈS INÉGAL. LA VALEUR D'UN EMPIRE NE SE MESURE PAS À SA SUPERFICIE.
NOS FRONTIÈRES SONT RESTÉES LES MÊMES DEPUIS QU'ON A ÉMERGÉ
ALORS... POURQUOI ON SE PARTAGE DES TERRES ET DES ÉTRANGERS ?
...
silence

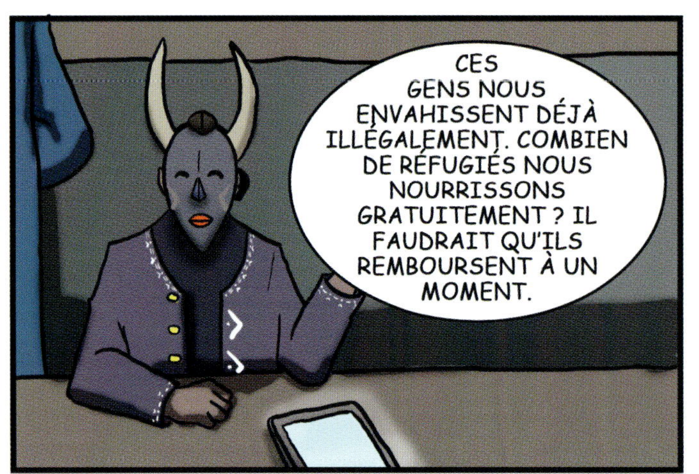

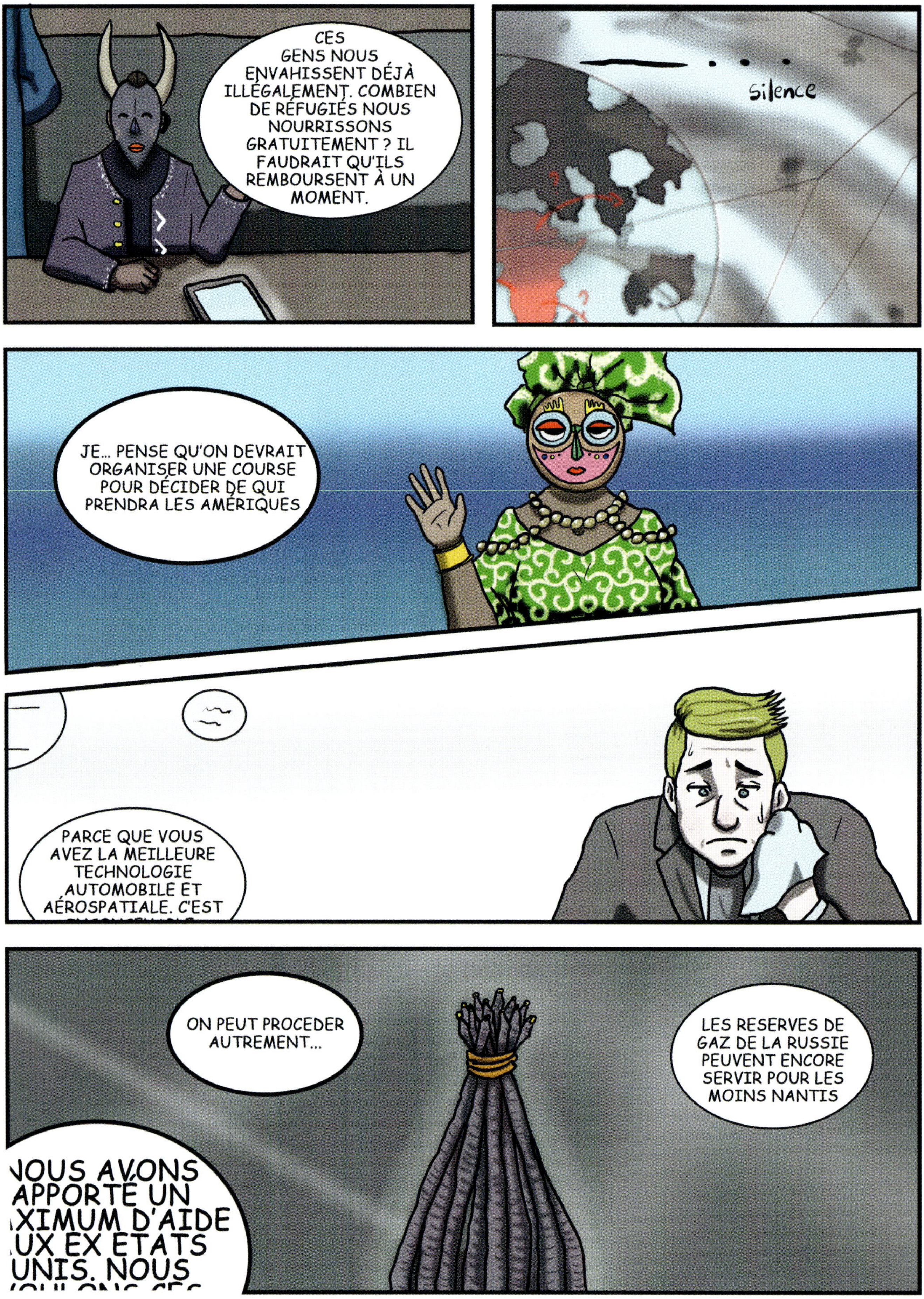

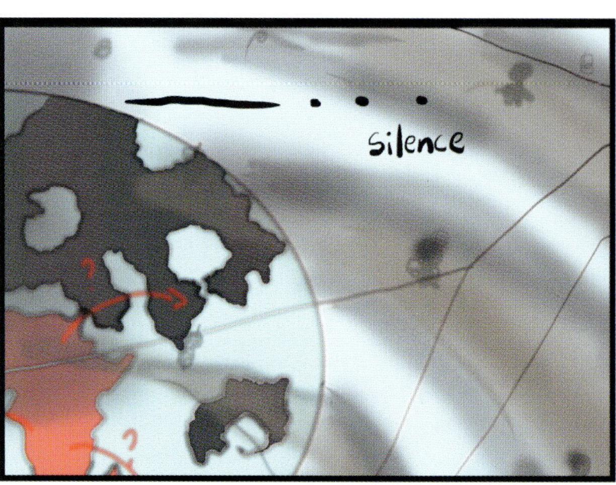

JE... PENSE QU'ON DEVRAIT ORGANISER UNE COURSE POUR DÉCIDER DE QUI PRENDRA LES AMÉRIQUES

PARCE QUE VOUS AVEZ LA MEILLEURE TECHNOLOGIE AUTOMOBILE ET AÉROSPATIALE. C'EST

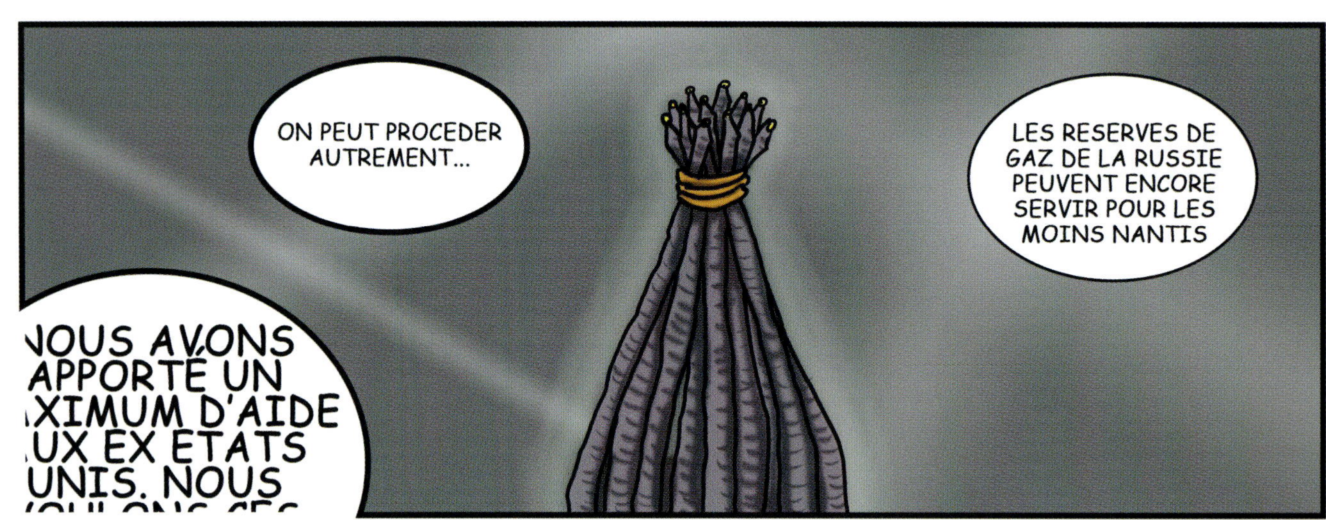

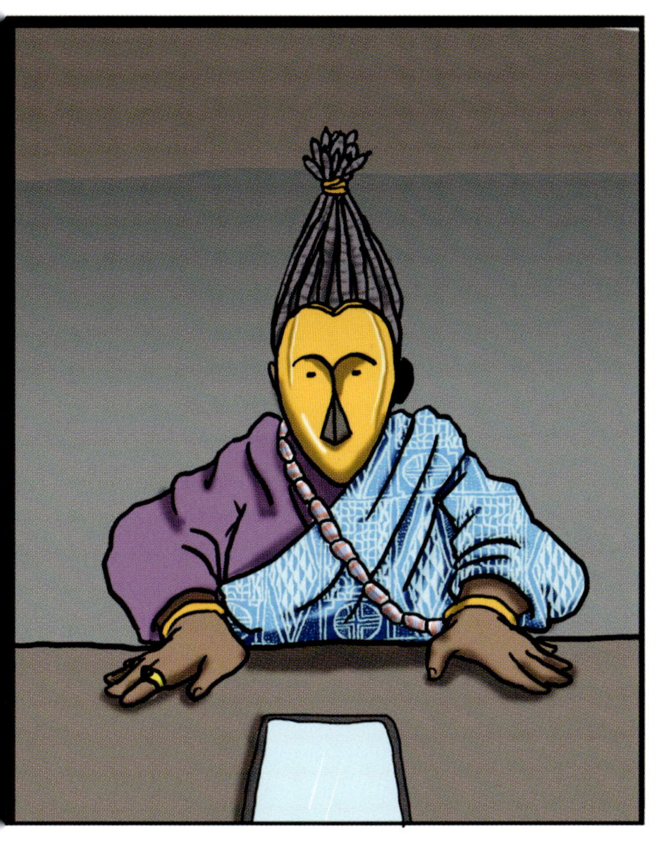

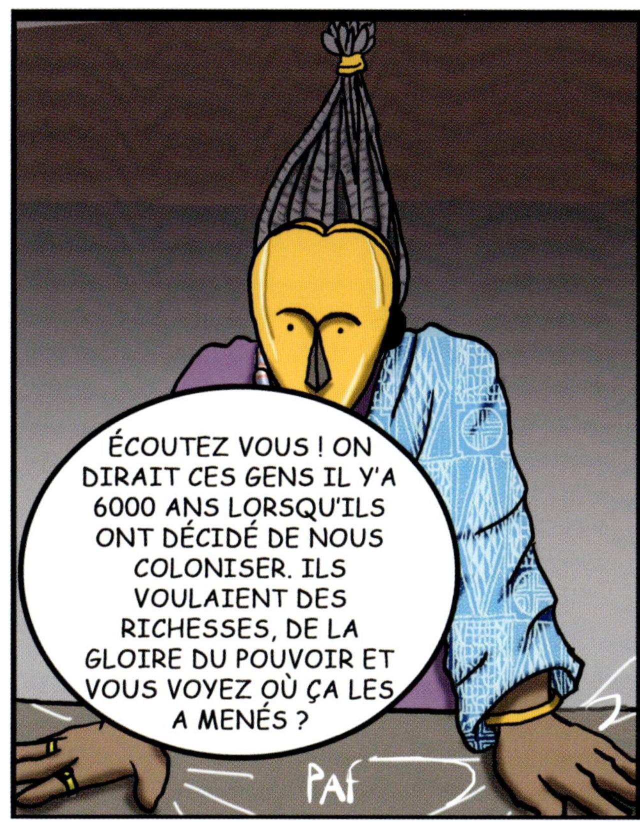
ÉCOUTEZ VOUS ! ON DIRAIT CES GENS IL Y'A 6000 ANS LORSQU'ILS ONT DÉCIDÉ DE NOUS COLONISER. ILS VOULAIENT DES RICHESSES, DE LA GLOIRE DU POUVOIR ET VOUS VOYEZ OÙ ÇA LES A MENÉS ?
PAF

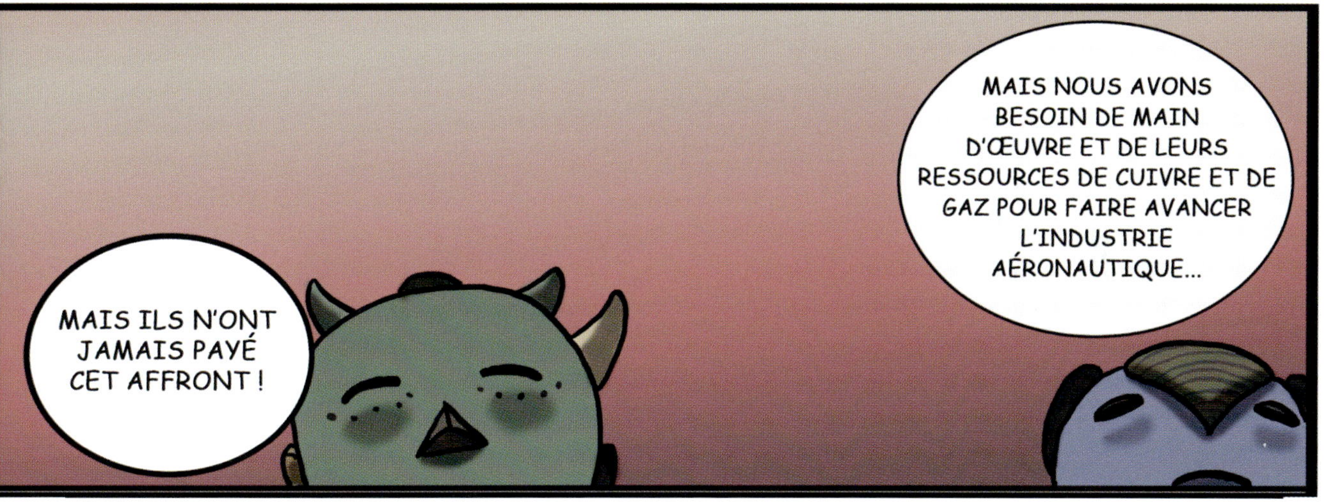
MAIS NOUS AVONS BESOIN DE MAIN D'ŒUVRE ET DE LEURS RESSOURCES DE CUIVRE ET DE GAZ POUR FAIRE AVANCER L'INDUSTRIE AÉRONAUTIQUE...
MAIS ILS N'ONT JAMAIS PAYÉ CET AFFRONT !

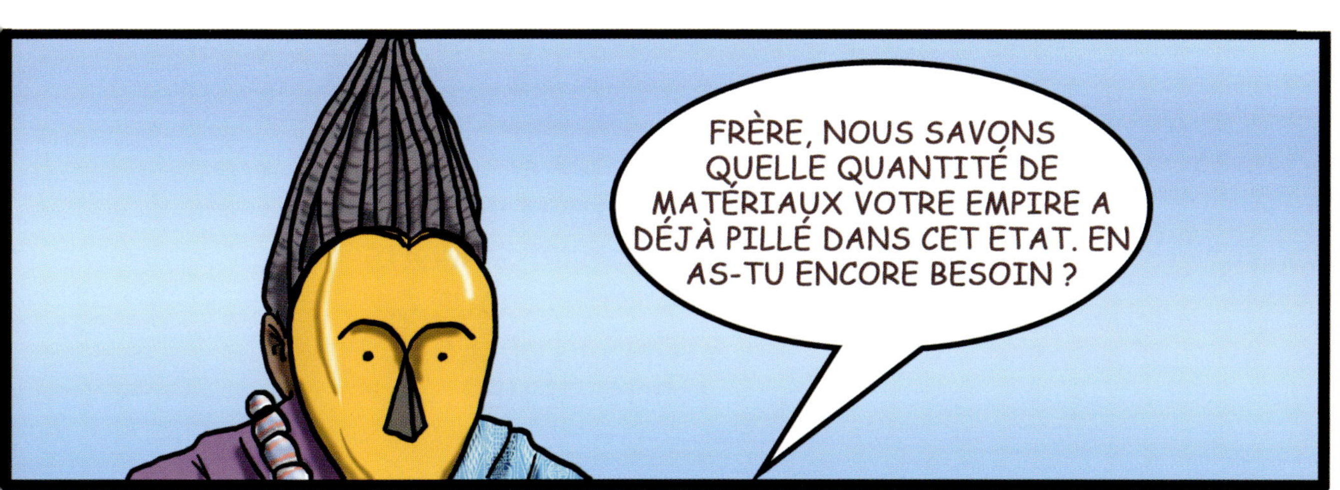
FRÈRE, NOUS SAVONS QUELLE QUANTITÉ DE MATÉRIAUX VOTRE EMPIRE A DÉJÀ PILLÉ DANS CET ETAT. EN AS-TU ENCORE BESOIN ?

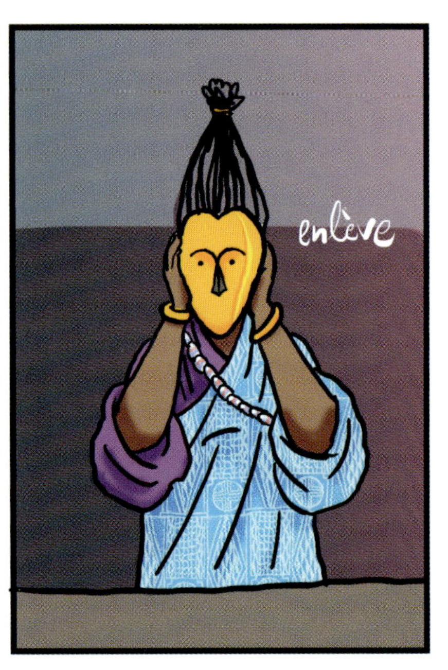

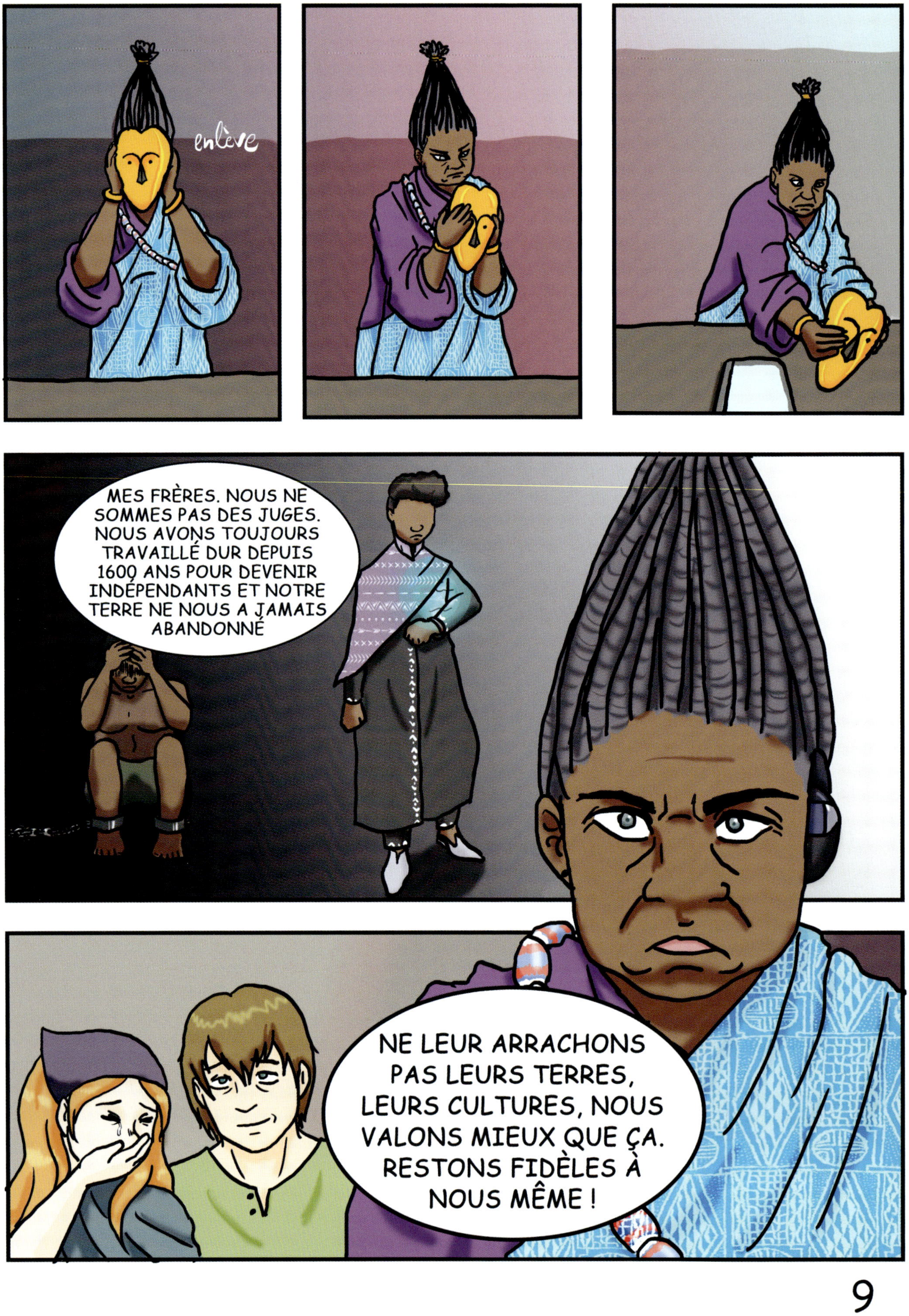

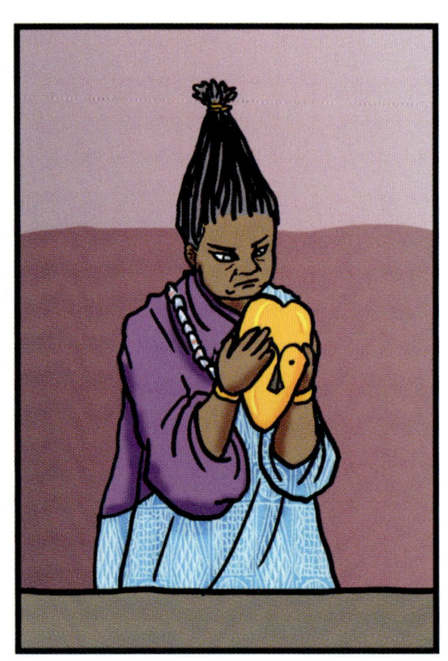

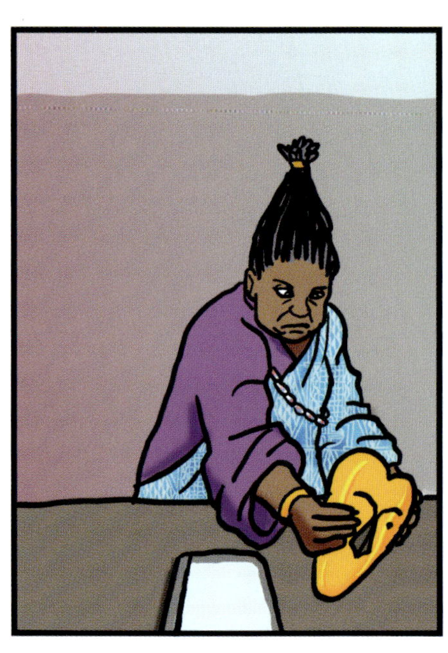

MES FRÈRES. NOUS NE SOMMES PAS DES JUGES. NOUS AVONS TOUJOURS TRAVAILLÉ DUR DEPUIS 1600 ANS POUR DEVENIR INDÉPENDANTS ET NOTRE TERRE NE NOUS A JAMAIS ABANDONNÉ

NE LEUR ARRACHONS PAS LEURS TERRES, LEURS CULTURES, NOUS VALONS MIEUX QUE ÇA. RESTONS FIDÈLES À NOUS MÊME !

9

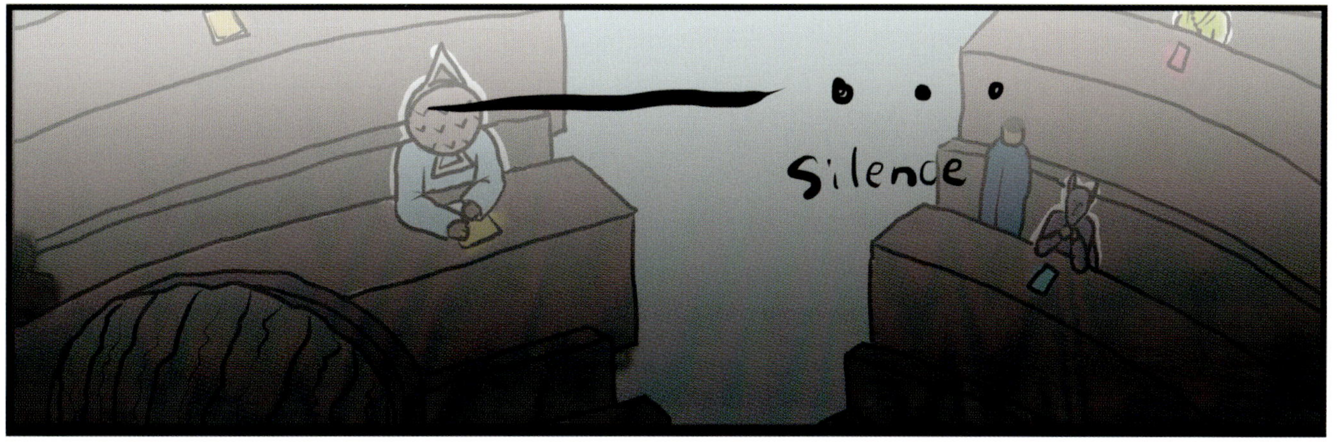
. . .
Silence

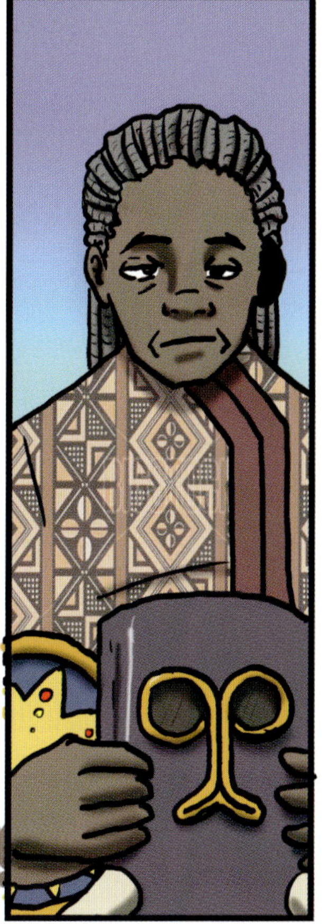

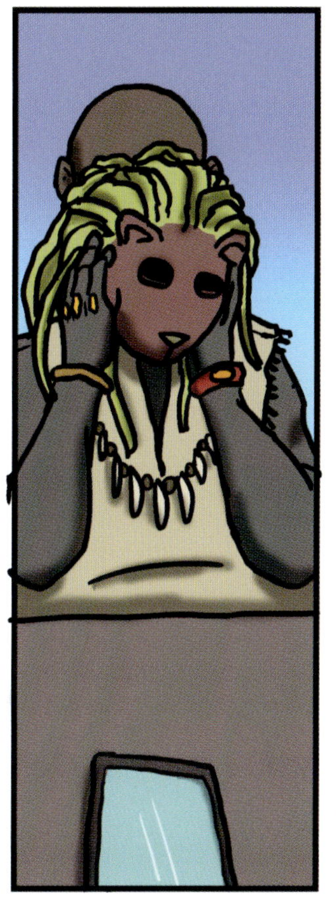

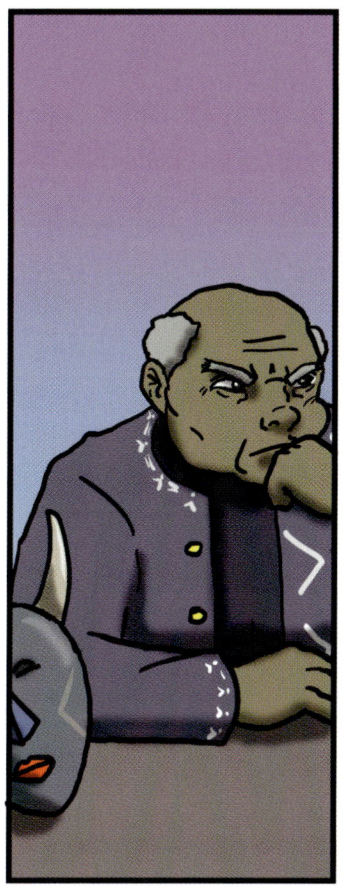

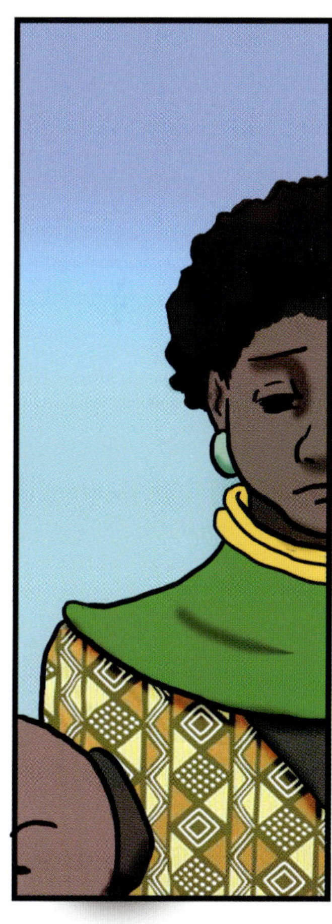

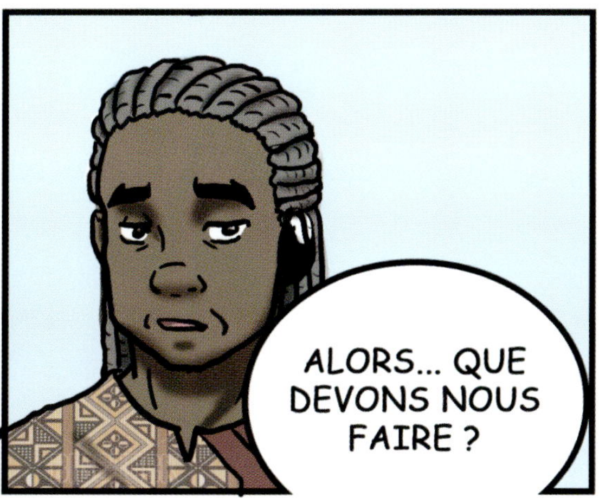
ALORS... QUE DEVONS NOUS FAIRE ?

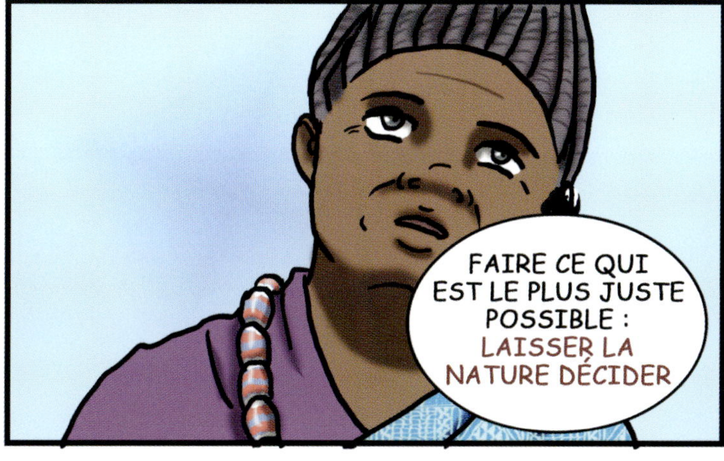
FAIRE CE QUI EST LE PLUS JUSTE POSSIBLE : LAISSER LA NATURE DÉCIDER

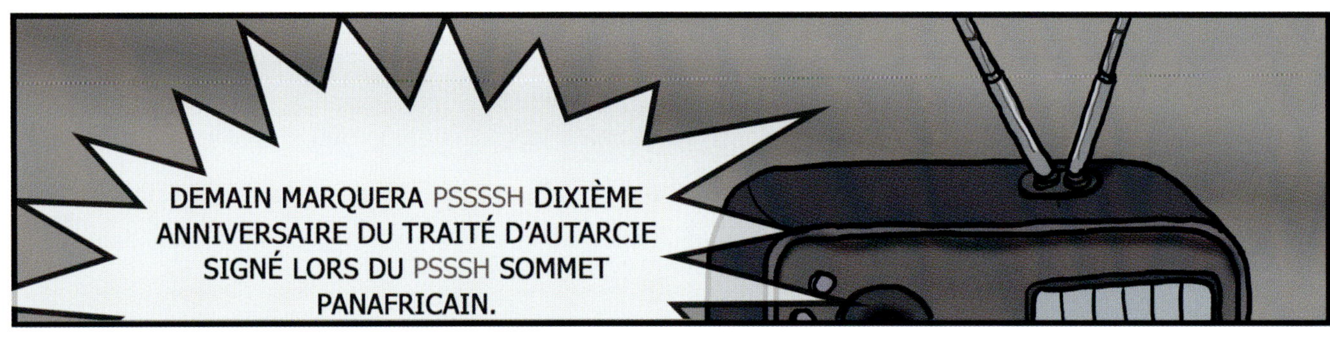
DEMAIN MARQUERA PSSSSH DIXIÈME ANNIVERSAIRE DU TRAITÉ D'AUTARCIE SIGNÉ LORS DU PSSSH SOMMET PANAFRICAIN.

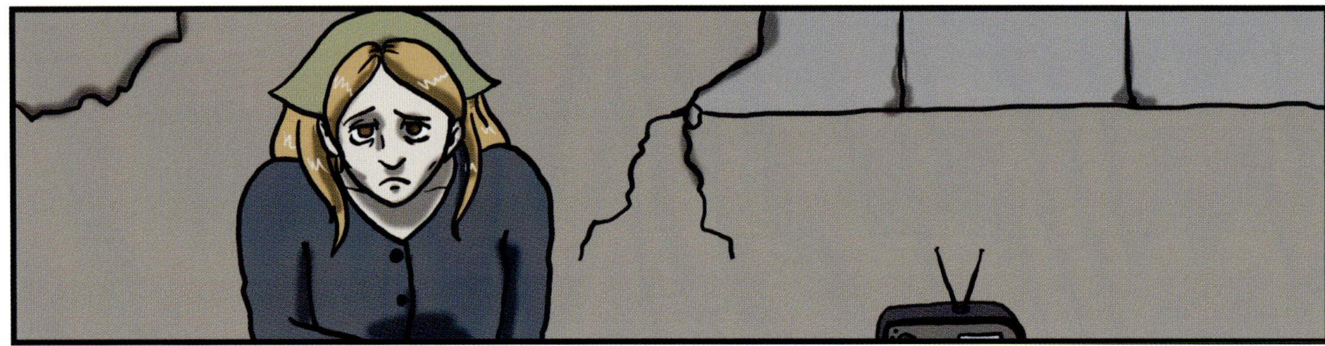

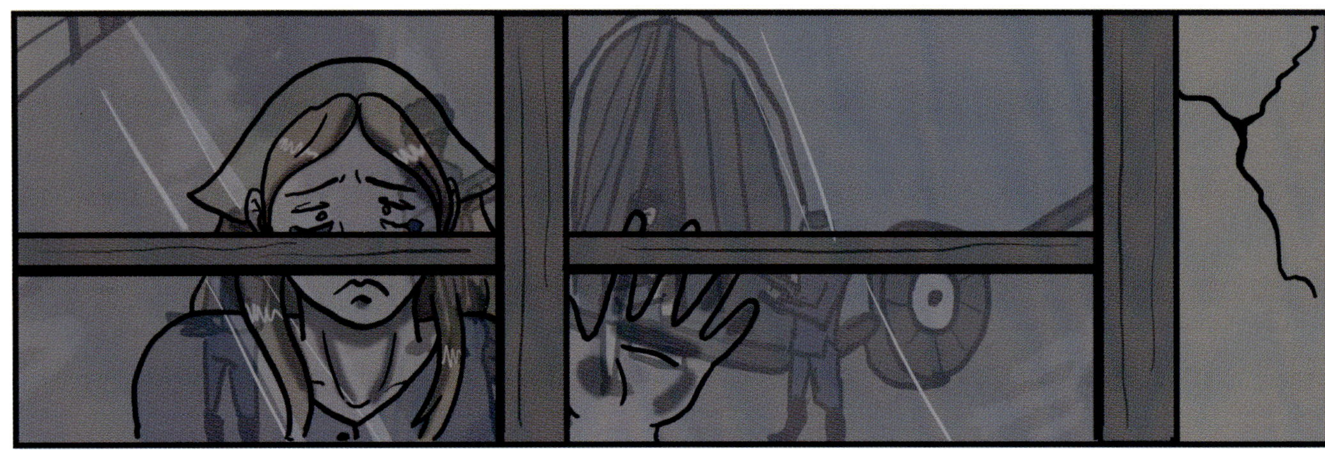

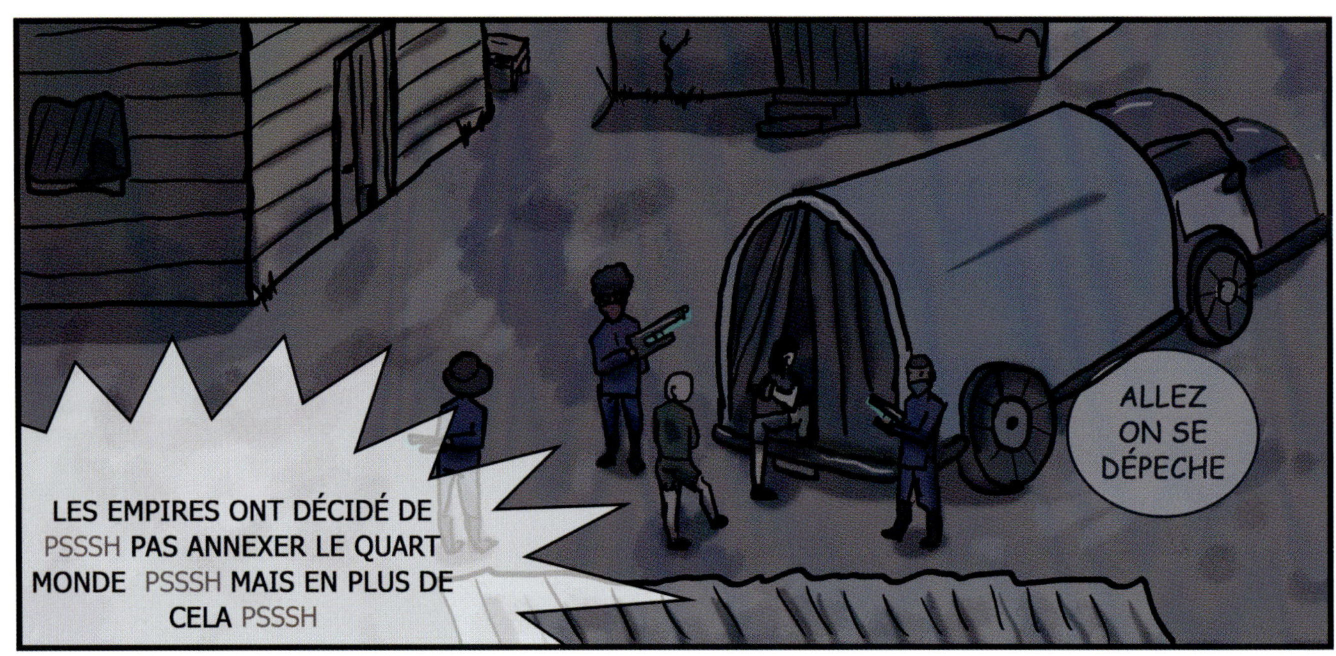
LES EMPIRES ONT DÉCIDÉ DE PSSSH PAS ANNEXER LE QUART MONDE PSSSH MAIS EN PLUS DE CELA PSSSH
ALLEZ ON SE DÉPECHE

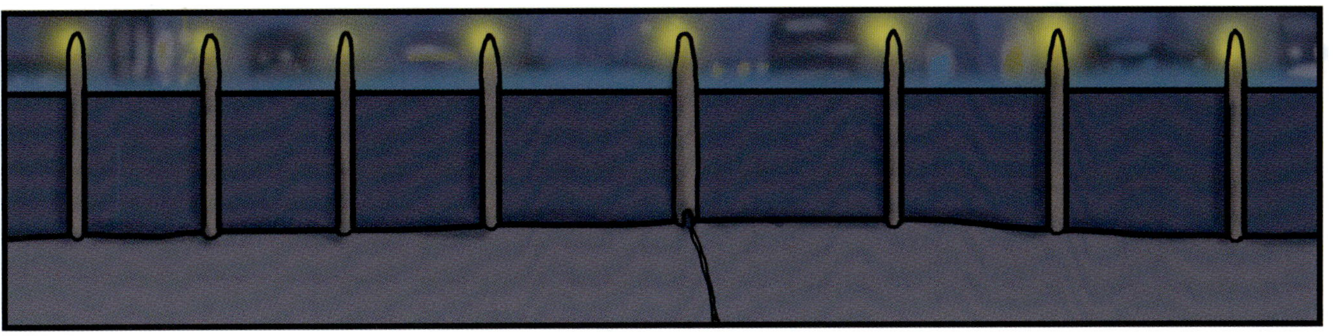

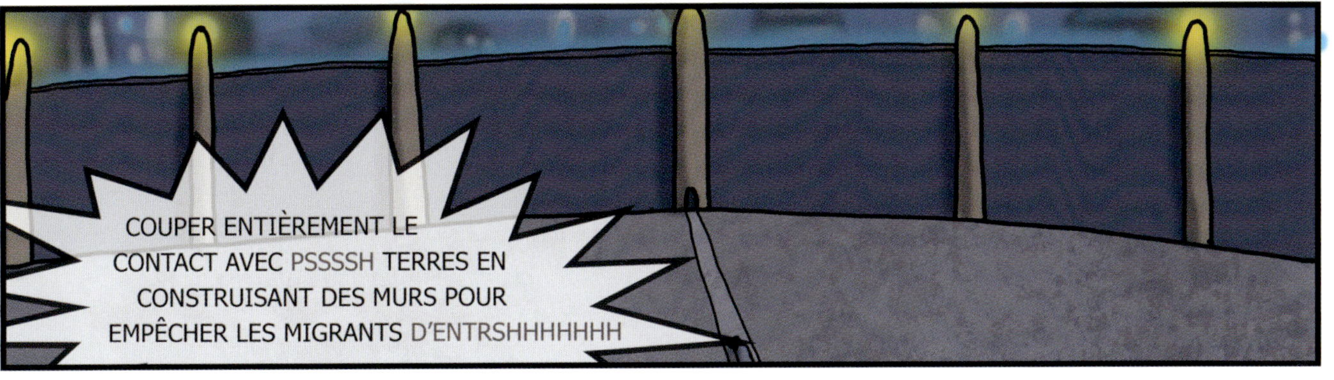
COUPER ENTIÈREMENT LE CONTACT AVEC PSSSSH TERRES EN CONSTRUISANT DES MURS POUR EMPÊCHER LES MIGRANTS D'ENTRSHHHHHHH

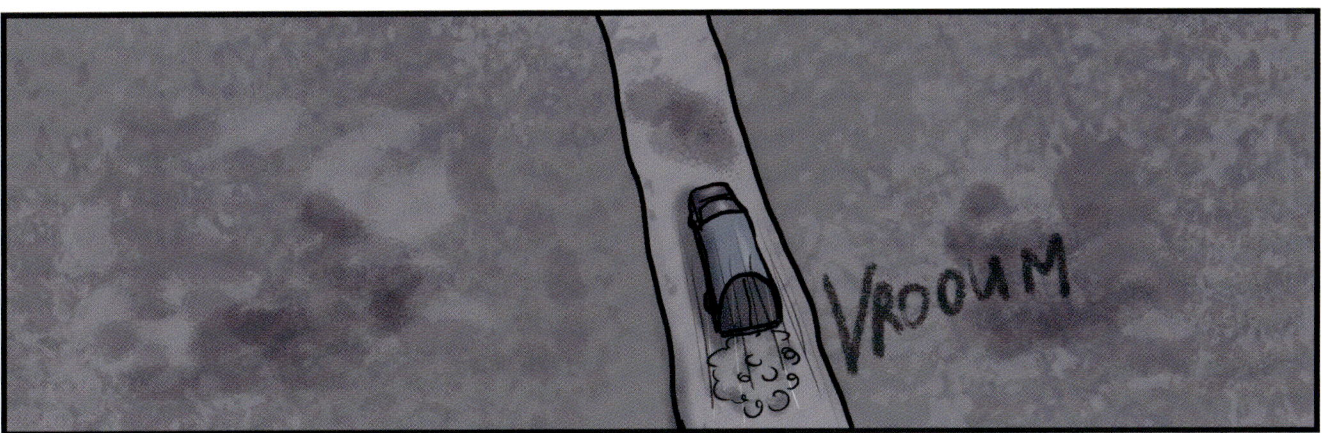
VROOUM

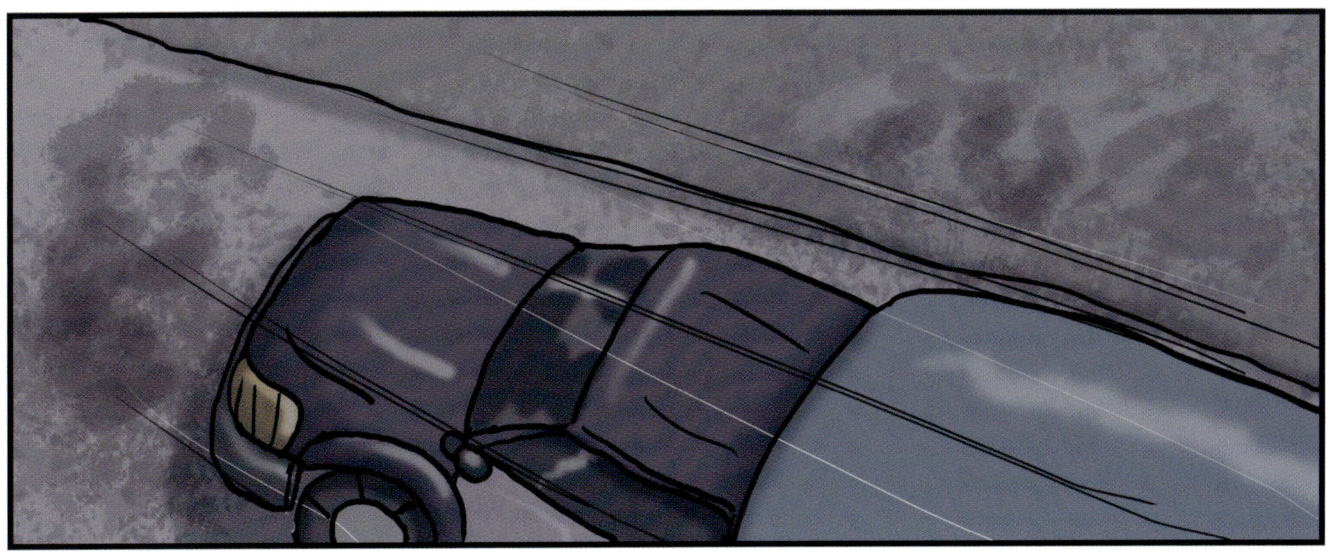

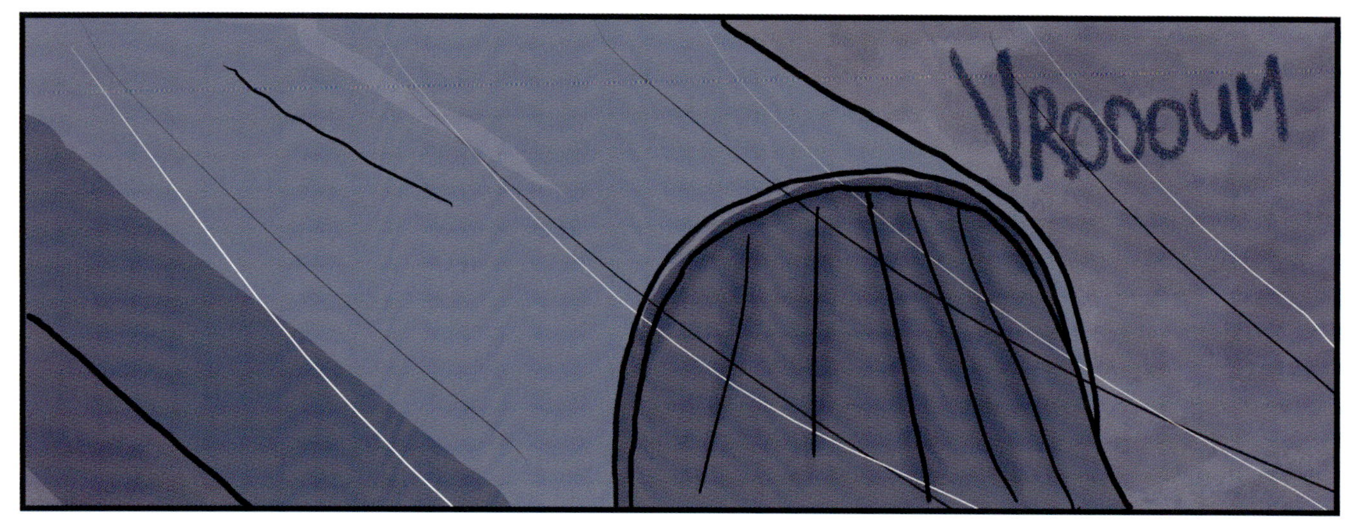

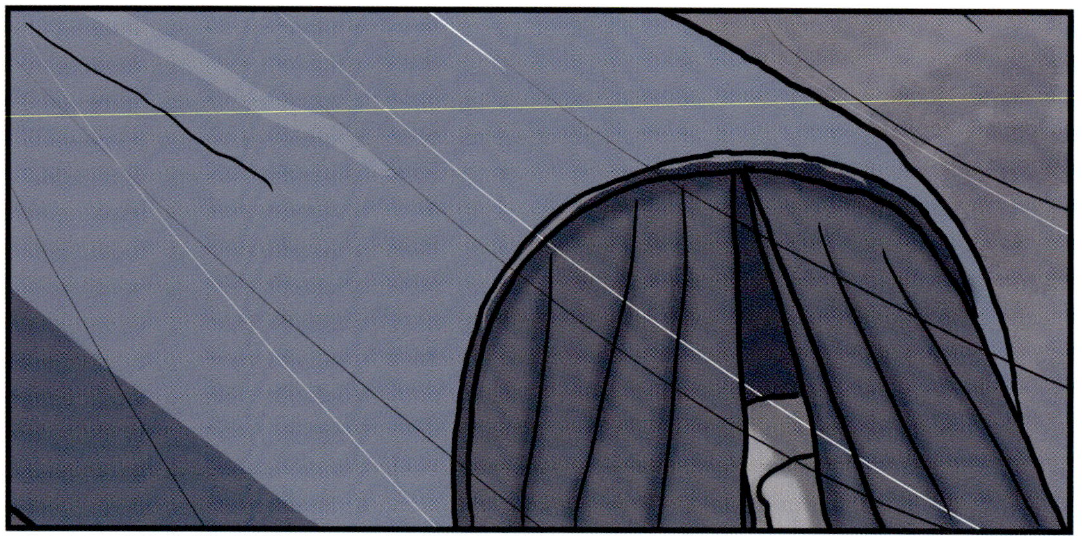

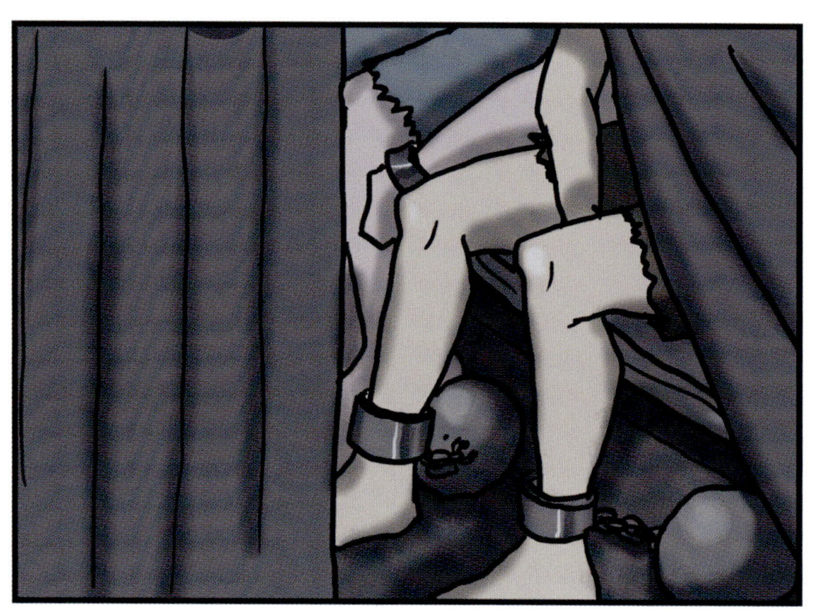

FIN

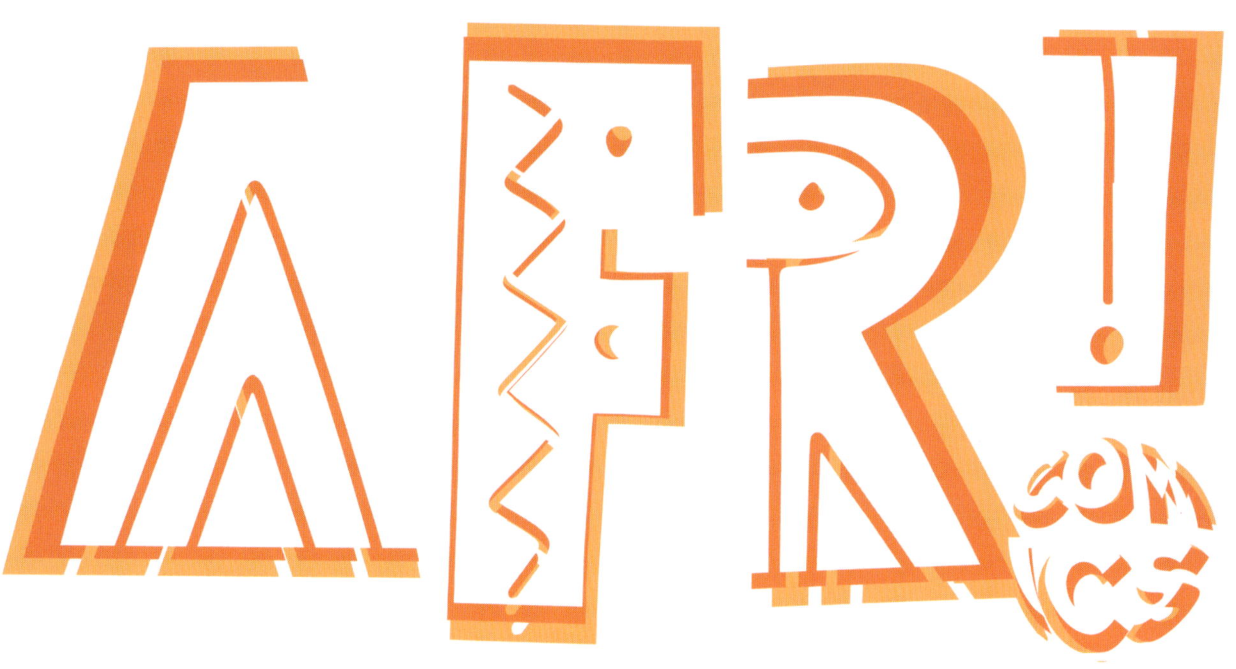
AFRI
COMICS

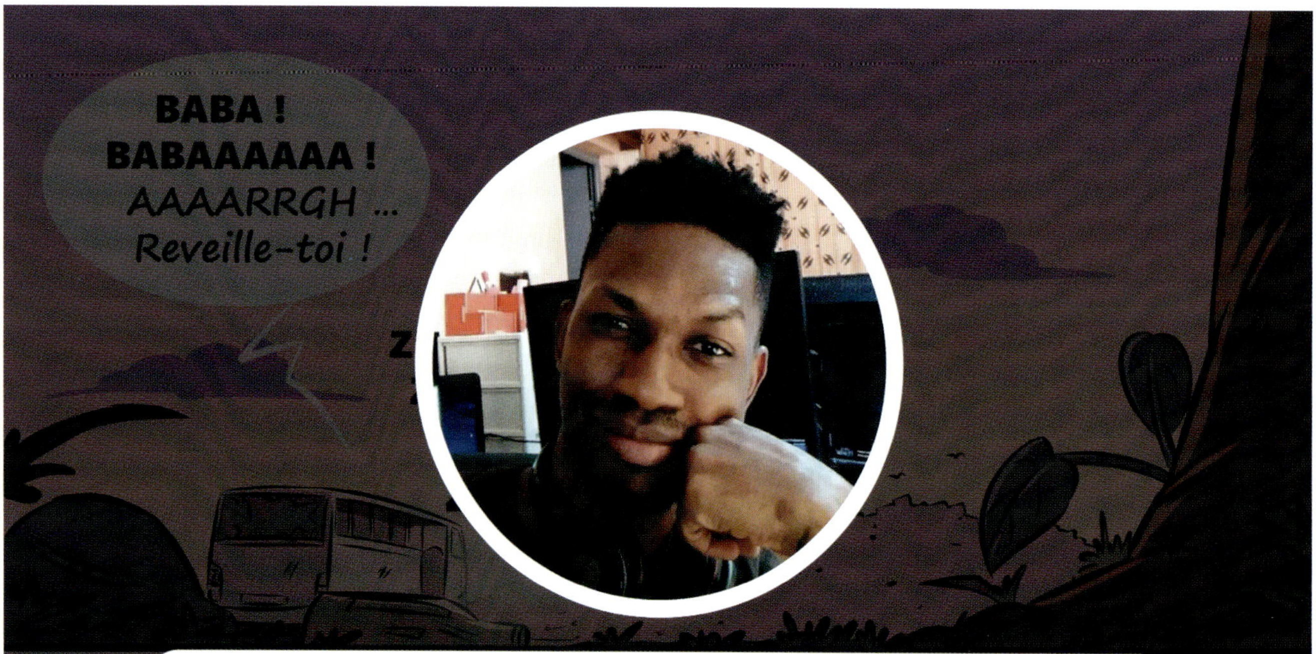

Patrice Mballa Asse

Artiste illustrateur | Auteur de Bandes dessinées

Patrice Mballa Asse est un jeune artiste illustrateur et auteur de bandes dessinées camerounais. Il est né le 5 Août 1990 à Ebolowa, dans le sud du pays. Il passe son enfance au village avec sa grand-mère qui lui raconte des petites histoires tous les soirs. Très passionné par la lecture dès son jeune âge, il lit des bandes dessinées comme Zembla, Blek, Super Picsou, Kouakou... C'est à l'âge de dix ans qu'il se découvre un talent pour le dessin en griffonnant à la craie sur le sol cimenté de la maison familiale. Après l'obtention d'un baccalauréat littéraire en 2009, il s'inscrit à l'université de Yaoundé I en filière Arts plastiques et Histoire de l'art où il obtient une licence en 2013 avant de s'inscrire en Master. Illustrateur et auteur de talent, le jeune artiste va s'illustrer au fil des ans sur la scène artistique nationale en publiant en 2016 son premier album de bande dessinée « ZOG ET MOB », aux Éditions Akoma Mba, lors du Salon international du livre de Yaoundé. Il est membre du collectif camerounais de bandes dessinées « A3 » qui organise depuis 2010 le Festival Mboa BD. Il participe à plusieurs ateliers internationaux de la bande dessinée depuis 2017. Il a représenté le Cameroun aux ateliers AfriComics organisé par le Goethe-Institut au Ghana en 2022.

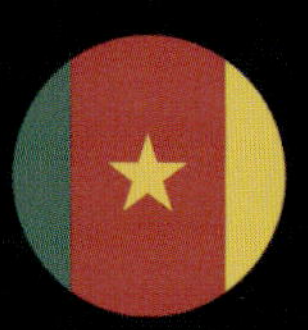

CAMEROUN

Facebook : patrice.mbala.79
Instagram : m bal labison

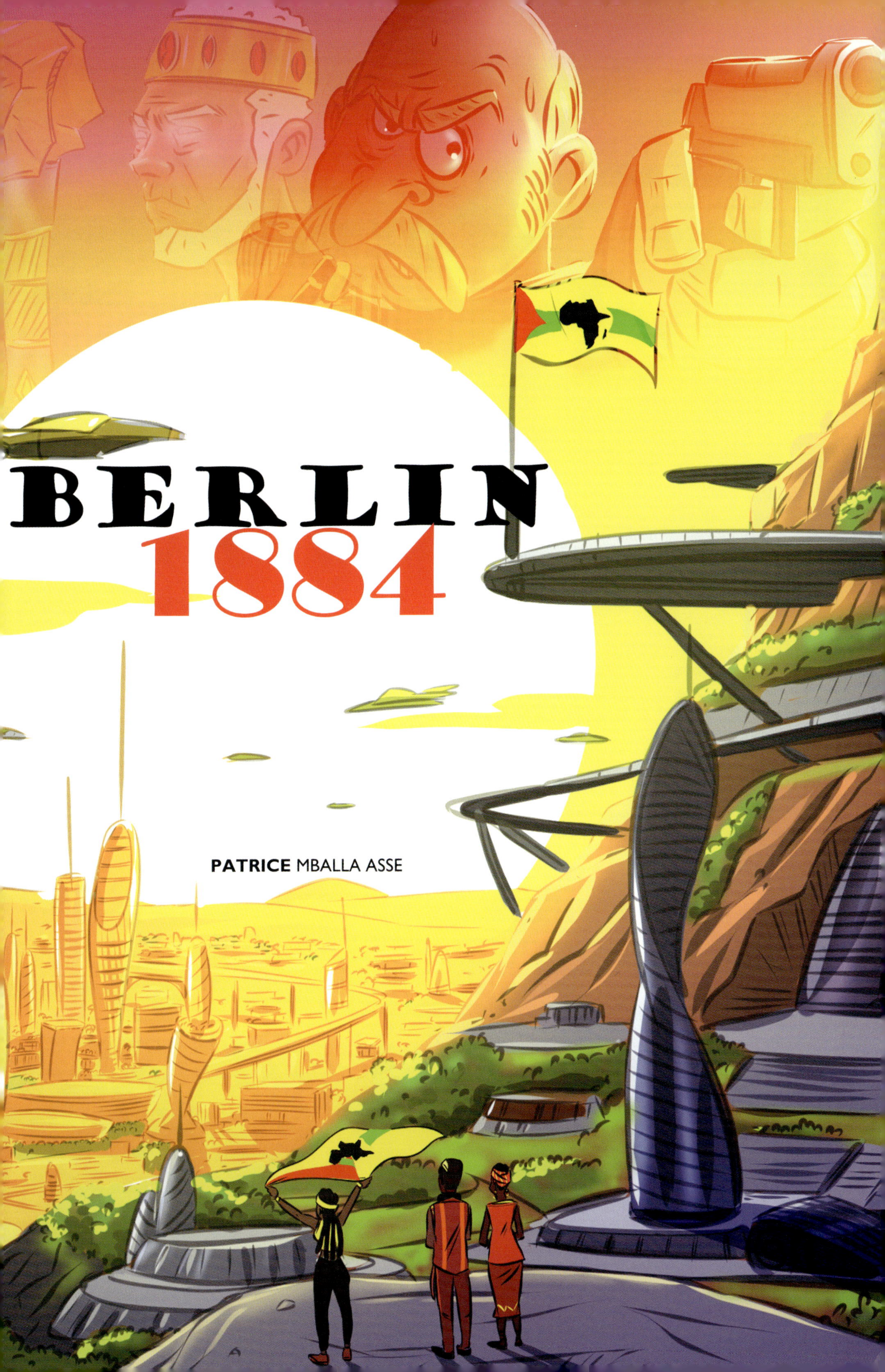
BERLIN
1884
PATRICE MBALLA ASSE

Scénario et dessin: Patrice Mballa

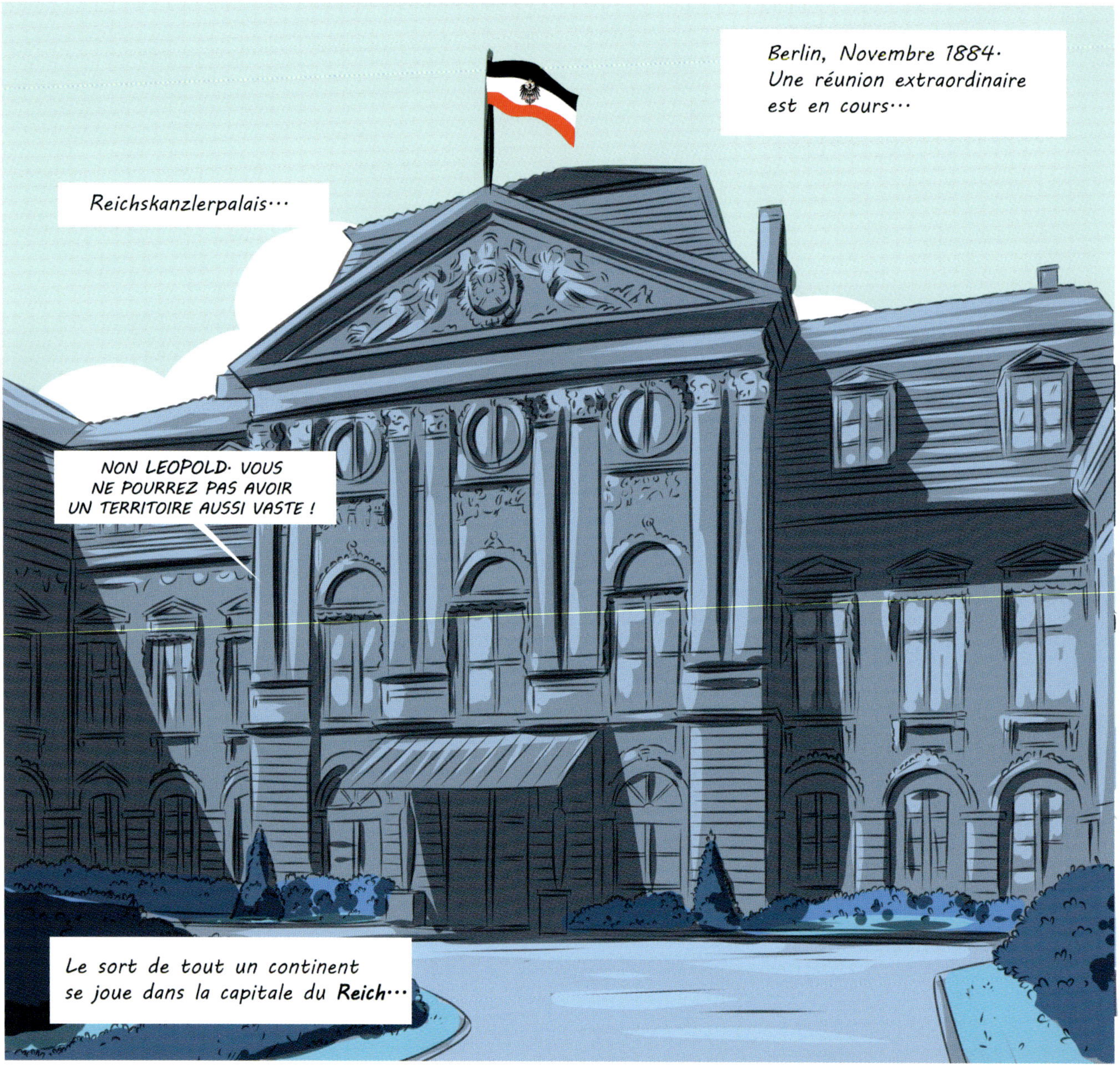

Berlin, Novembre 1884.
Une réunion extraordinaire est en cours…

Reichskanzlerpalais…

NON LEOPOLD. VOUS NE POURREZ PAS AVOIR UN TERRITOIRE AUSSI VASTE !

Le sort de tout un continent se joue dans la capitale du **Reich**…

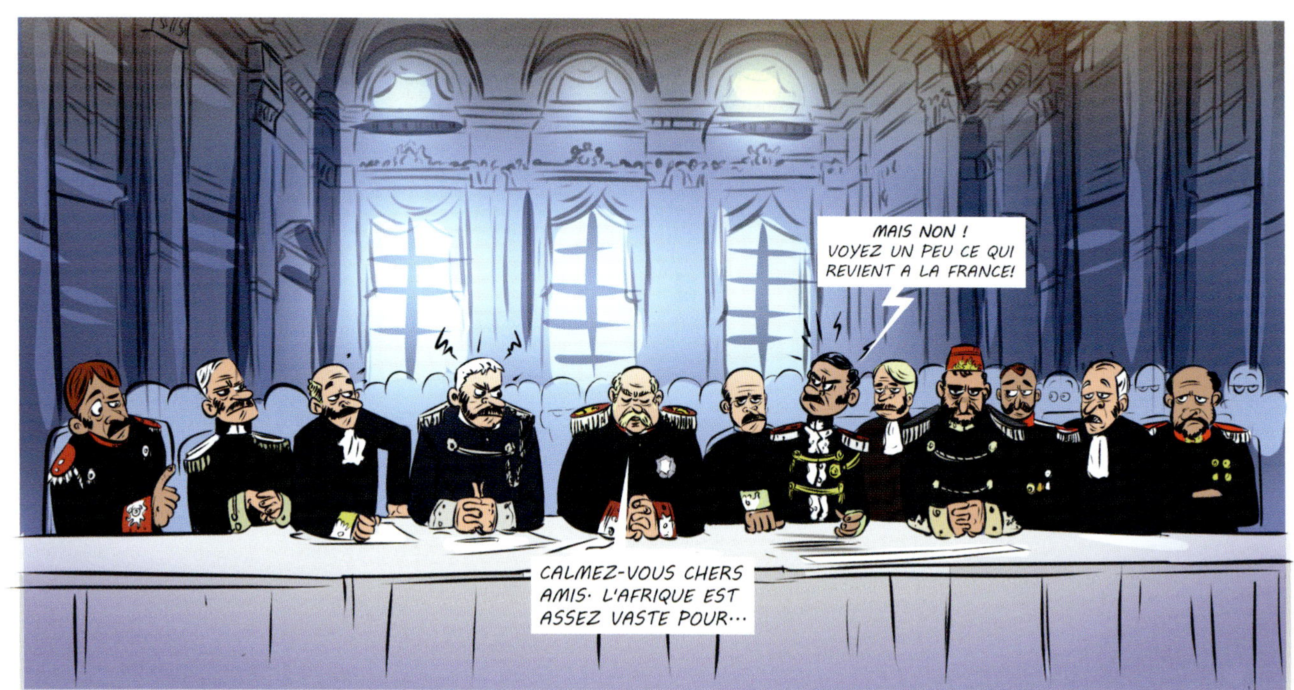

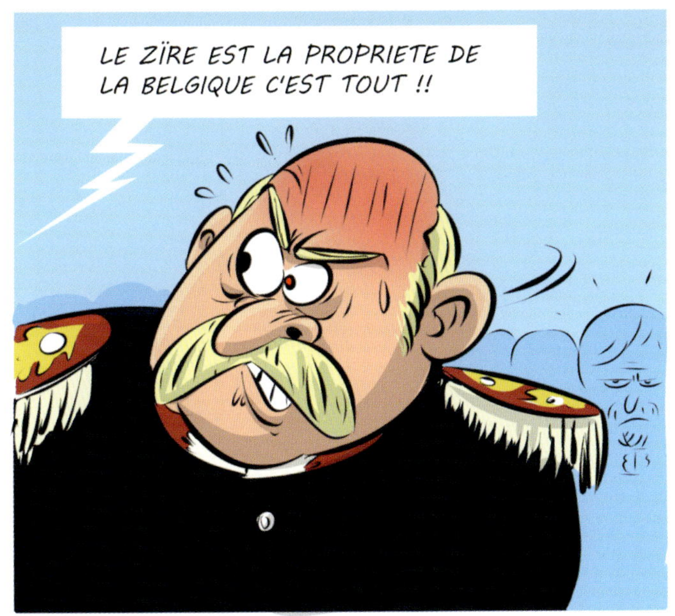
LE ZÏRE EST LA PROPRIETE DE LA BELGIQUE C'EST TOUT !!

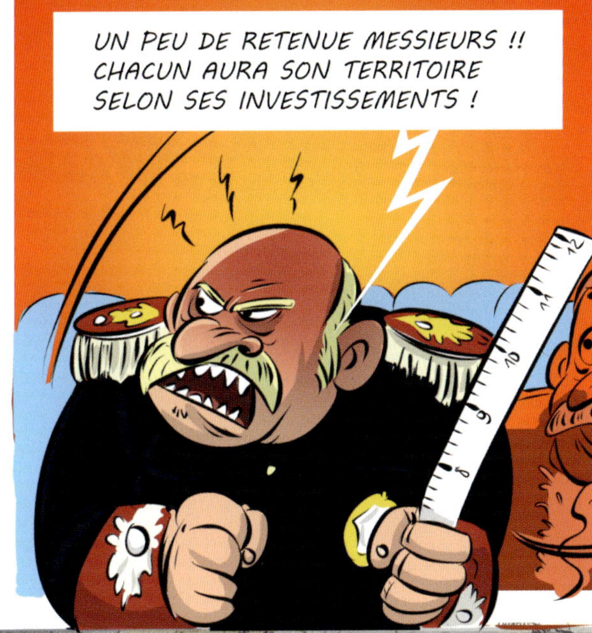
UN PEU DE RETENUE MESSIEURS !! CHACUN AURA SON TERRITOIRE SELON SES INVESTISSEMENTS !

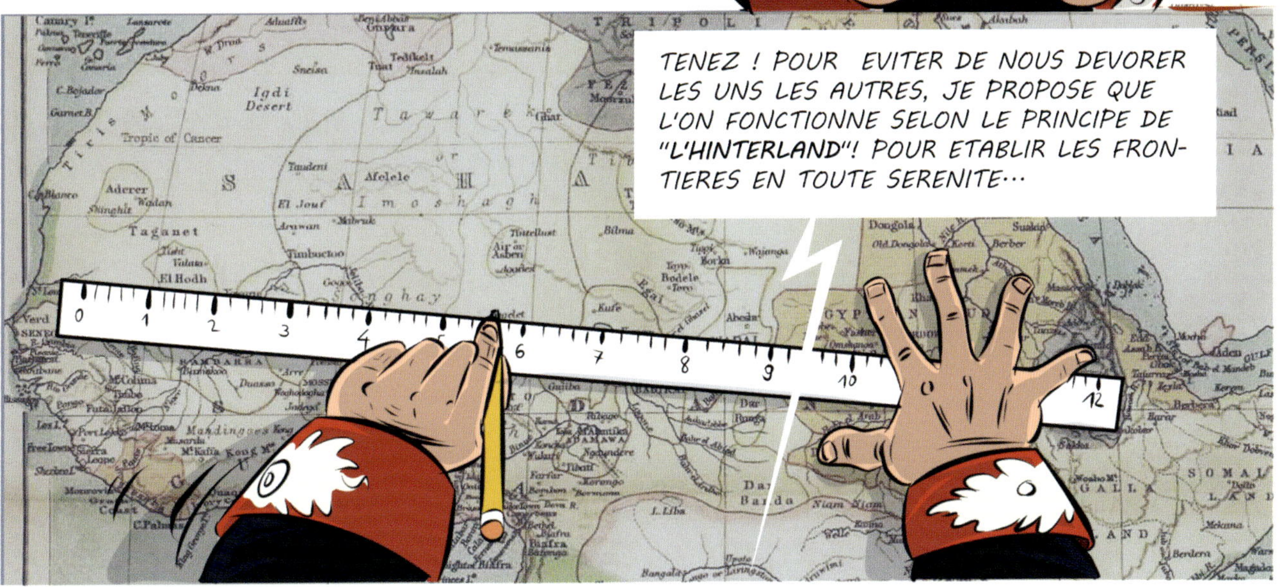
TENEZ ! POUR EVITER DE NOUS DEVORER LES UNS LES AUTRES, JE PROPOSE QUE L'ON FONCTIONNE SELON LE PRINCIPE DE "L'HINTERLAND"! POUR ETABLIR LES FRONTIERES EN TOUTE SERENITE...

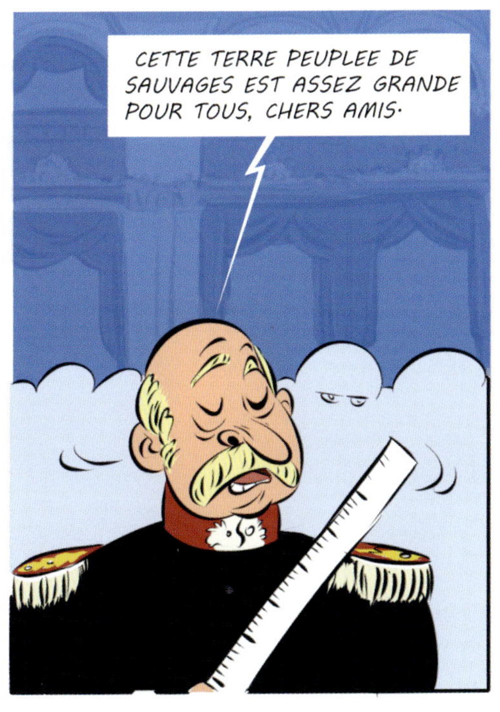
CETTE TERRE PEUPLEE DE SAUVAGES EST ASSEZ GRANDE POUR TOUS, CHERS AMIS.

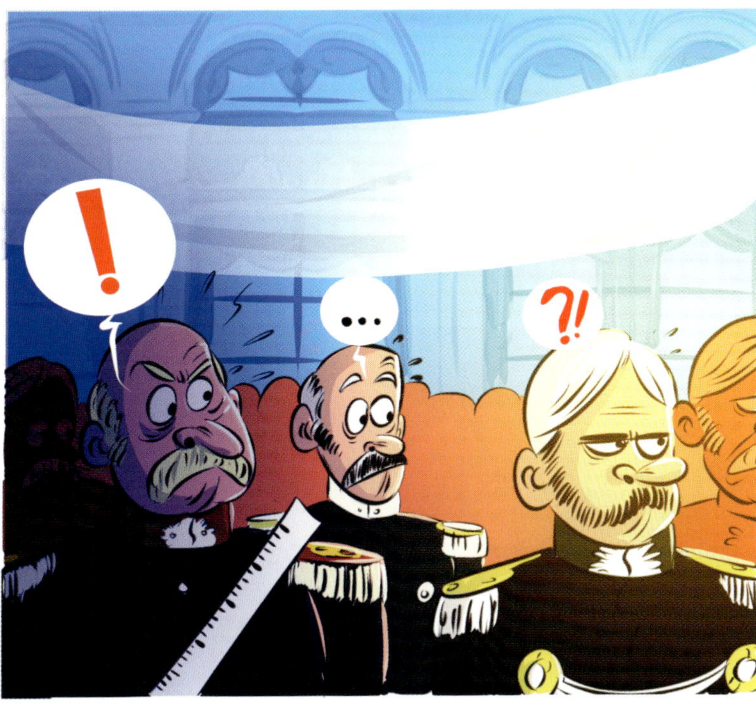
!
...
?!

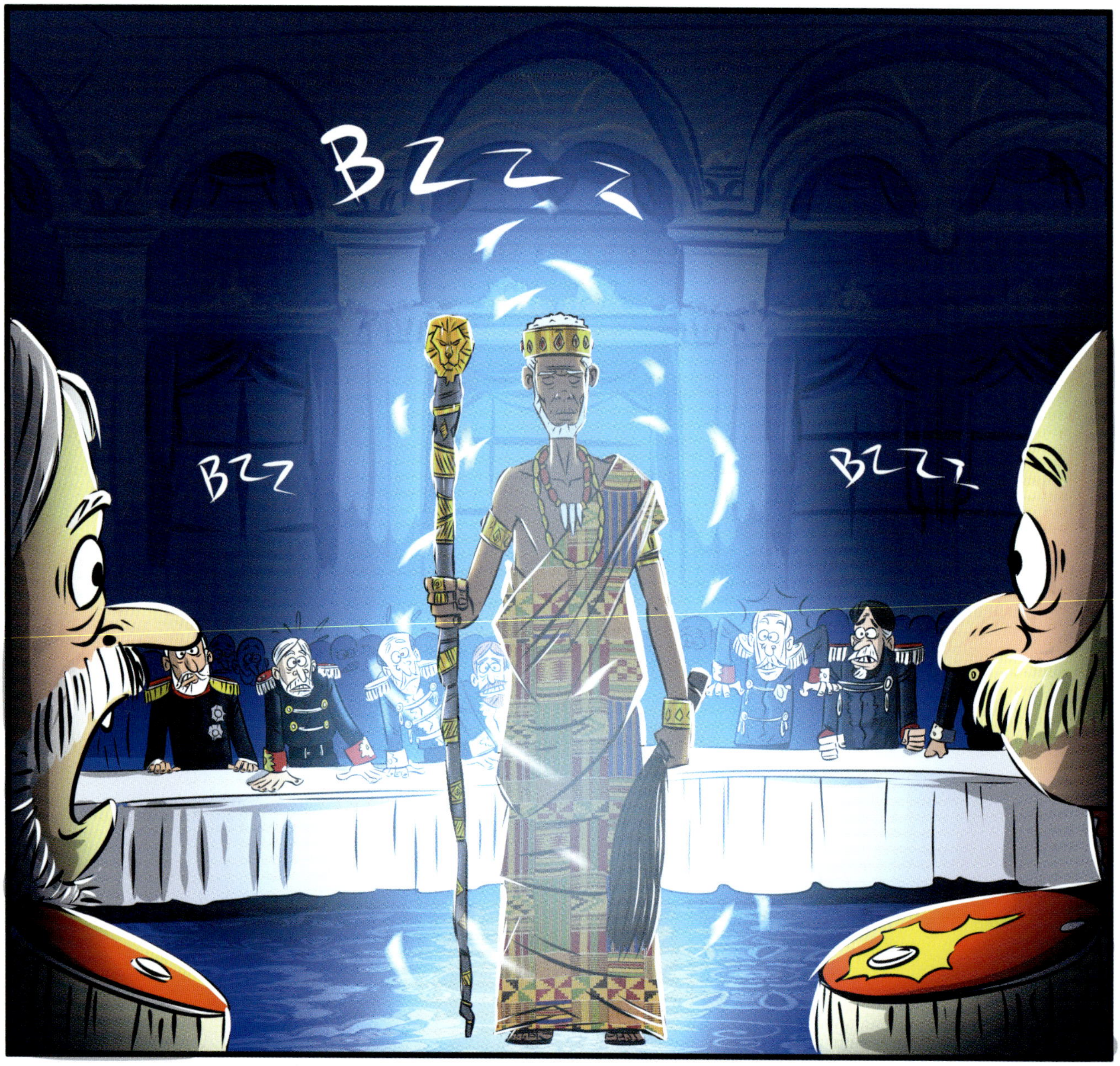

BZZZ
BZZ
BZZZ

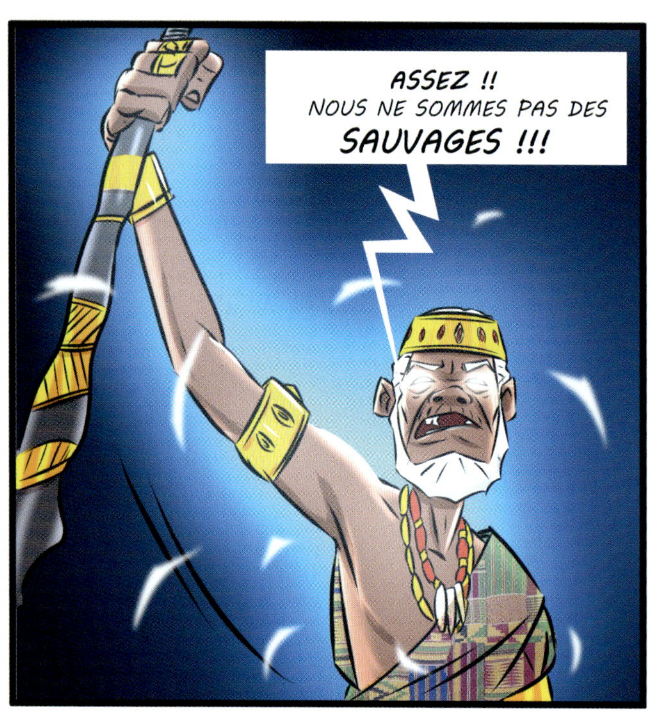
ASSEZ !!
NOUS NE SOMMES PAS DES
SAUVAGES !!!

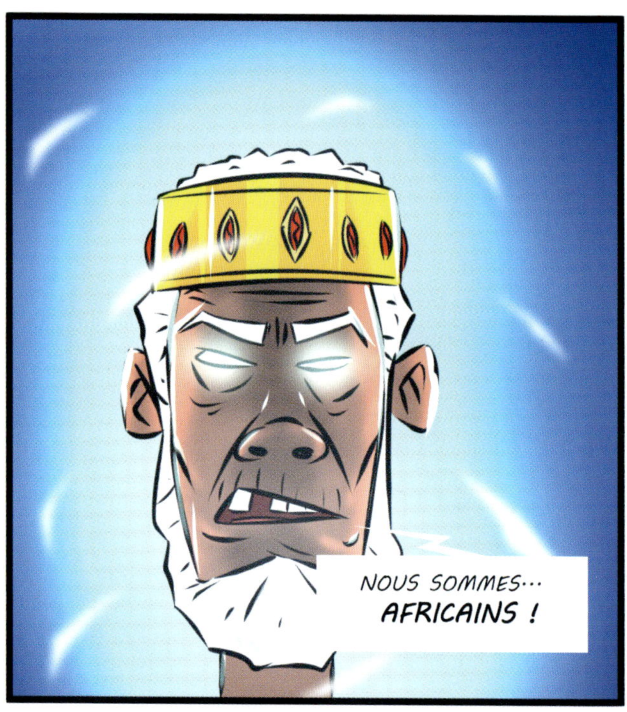
NOUS SOMMES…
AFRICAINS !

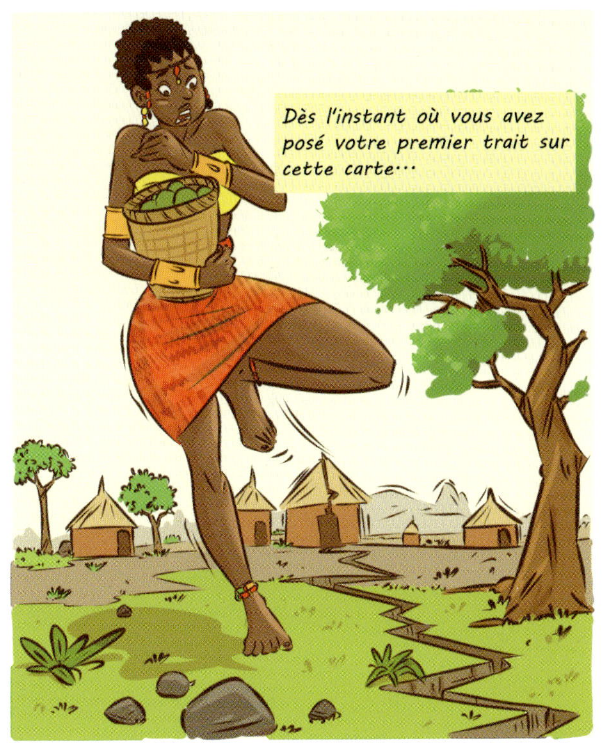
Dès l'instant où vous avez posé votre premier trait sur cette carte...

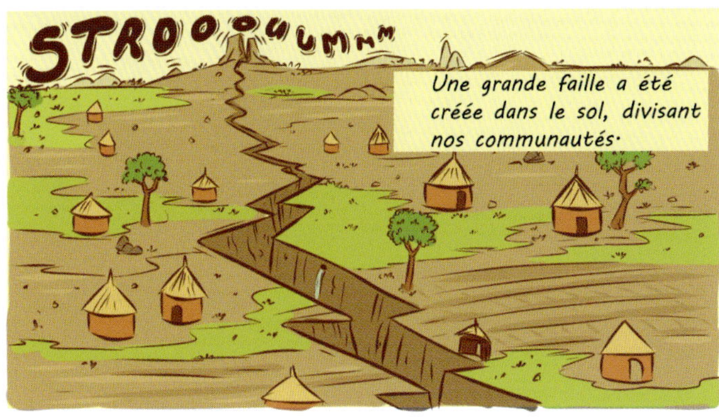
STROOOUUUMMM
Une grande faille a été créée dans le sol, divisant nos communautés.

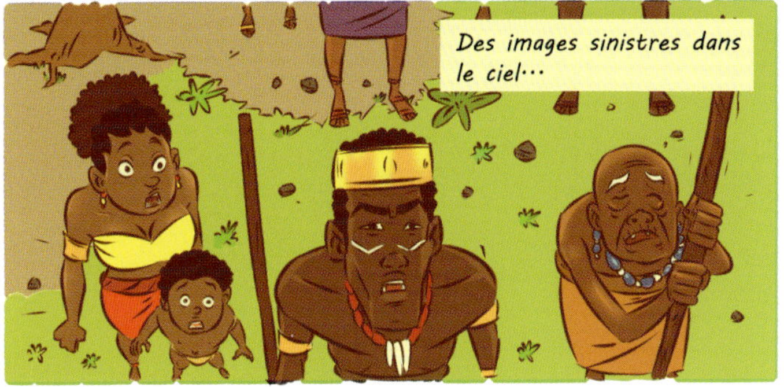
Des images sinistres dans le ciel...

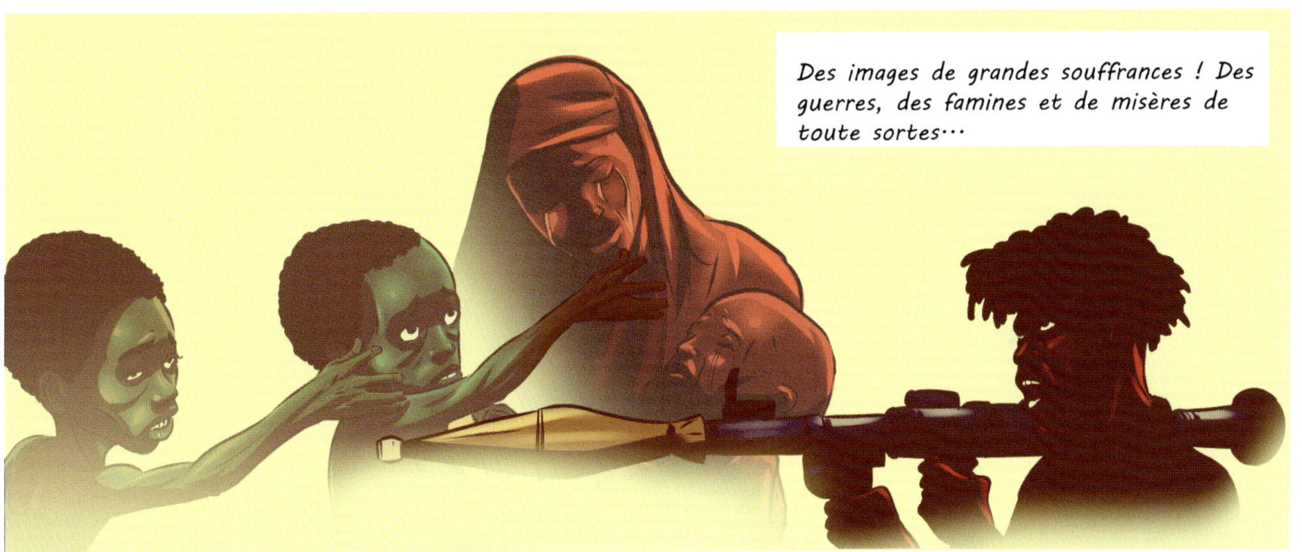
Des images de grandes souffrances ! Des guerres, des famines et de misères de toute sortes...

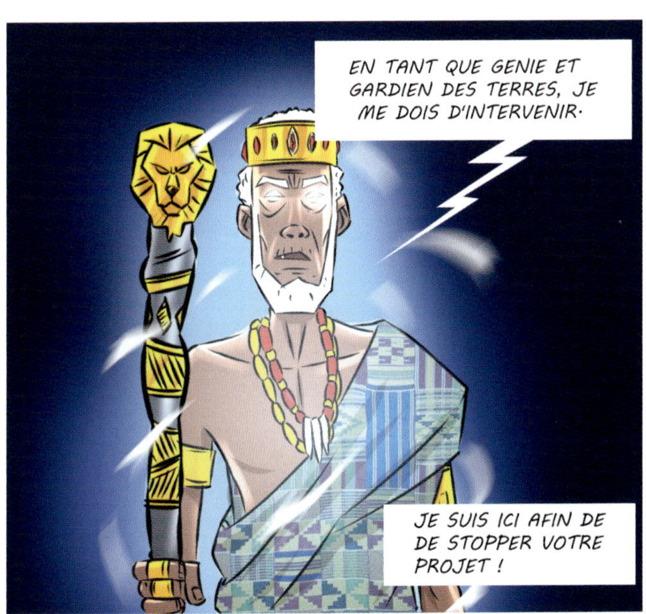
EN TANT QUE GENIE ET GARDIEN DES TERRES, JE ME DOIS D'INTERVENIR.
JE SUIS ICI AFIN DE DE STOPPER VOTRE PROJET !

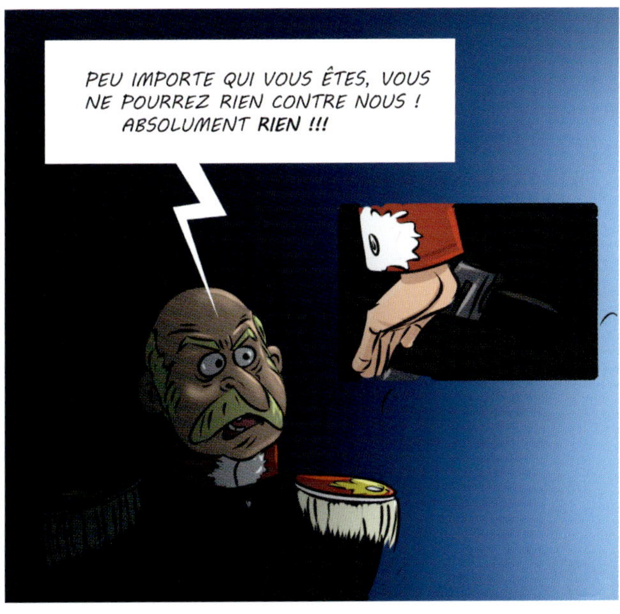
PEU IMPORTE QUI VOUS ÊTES, VOUS NE POURREZ RIEN CONTRE NOUS ! ABSOLUMENT RIEN !!!

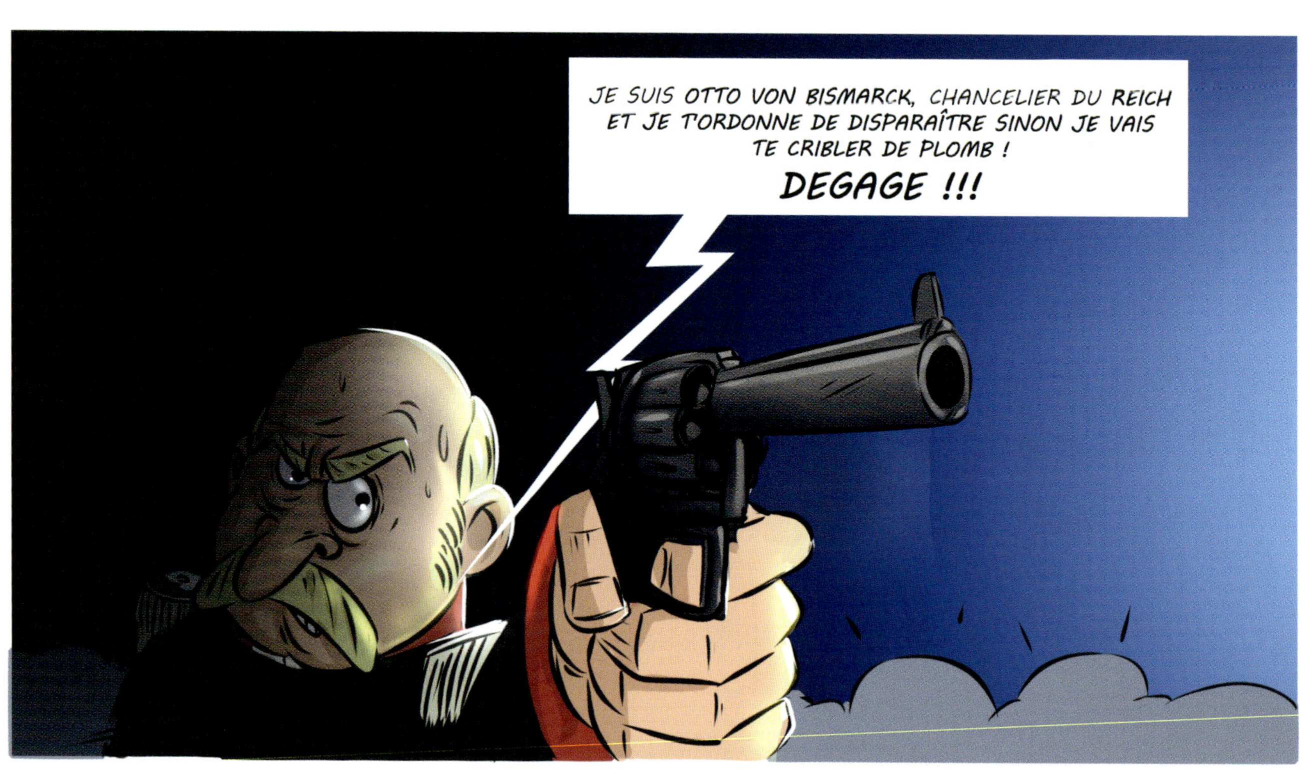
JE SUIS OTTO VON BISMARCK, CHANCELIER DU REICH ET JE T'ORDONNE DE DISPARAÎTRE SINON JE VAIS TE CRIBLER DE PLOMB !
DEGAGE !!!

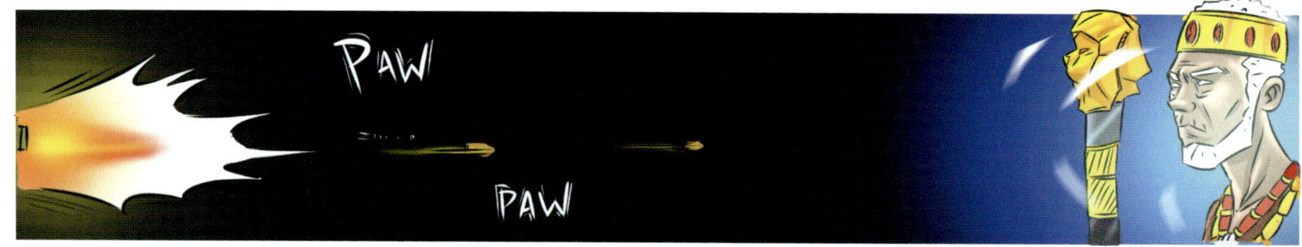
PAW
PAW

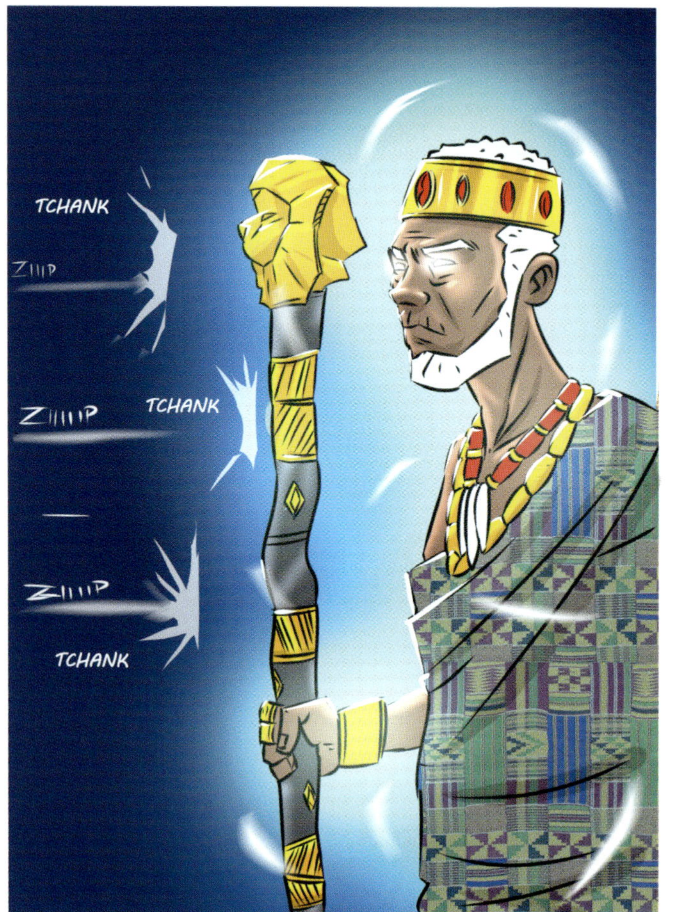
TCHANK
ZIIIP
ZIIIIP
TCHANK
ZIIIP
TCHANK

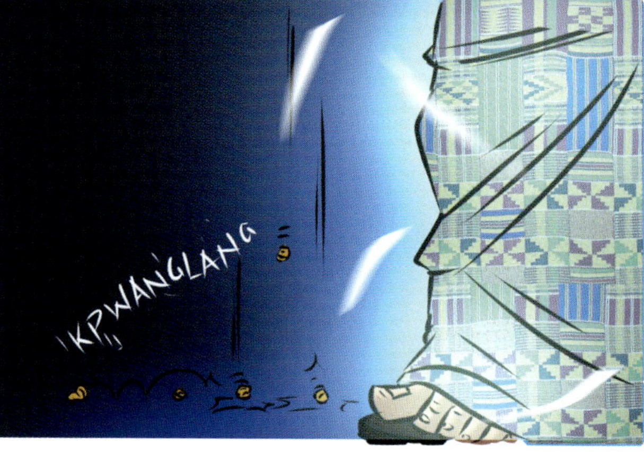
KPWANGLANG

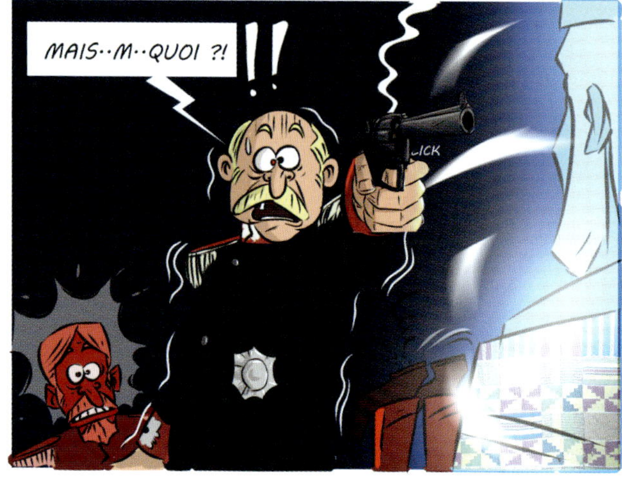
MAIS··M··QUOI ?!
!!

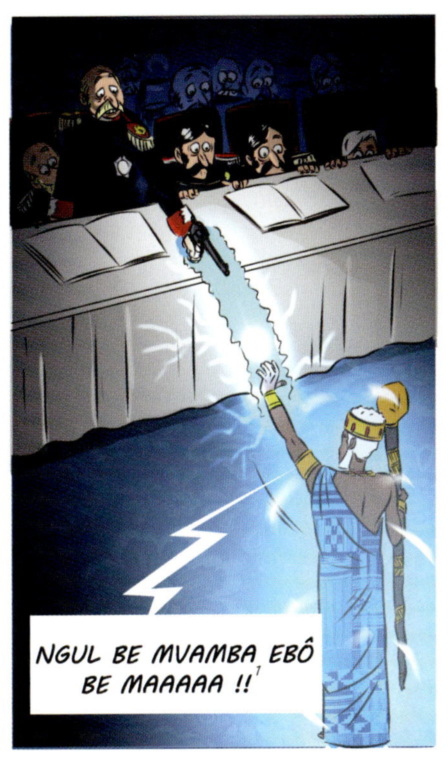

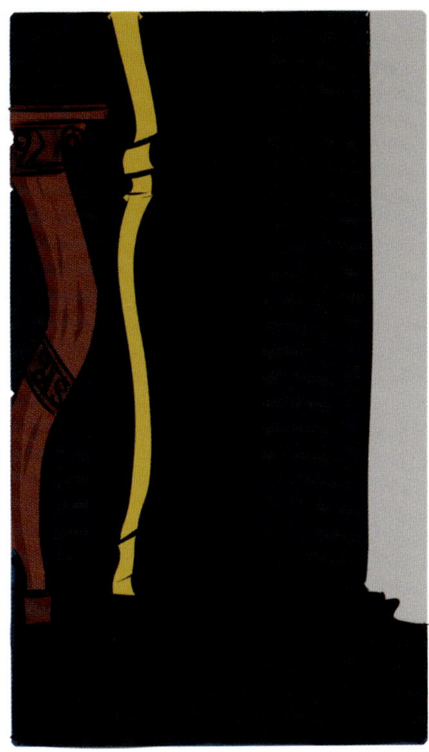

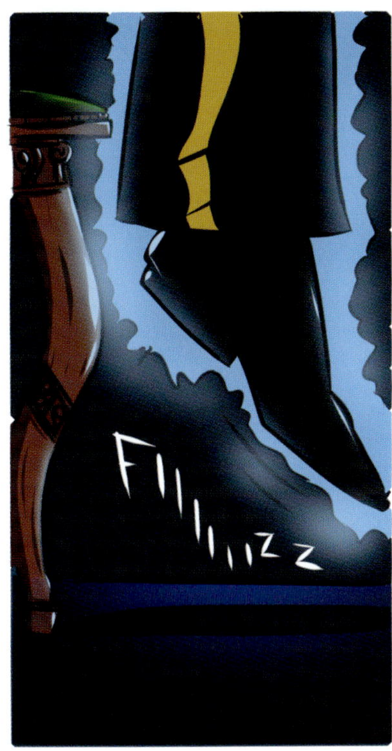

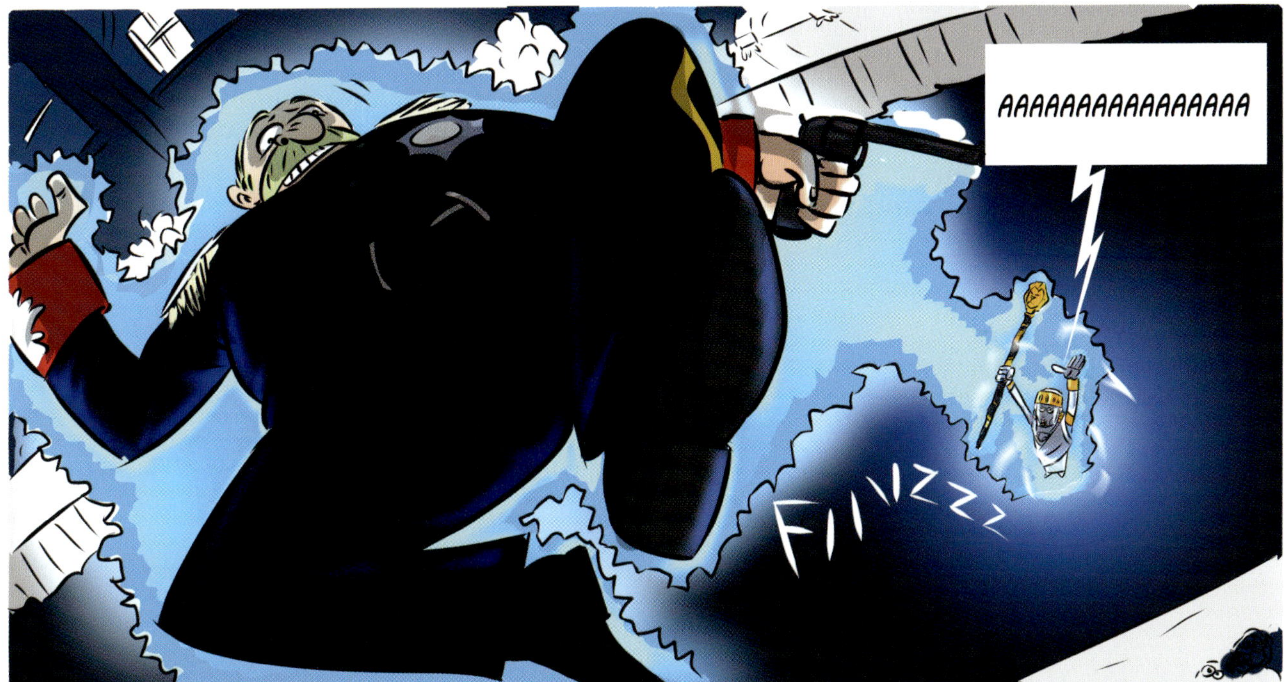

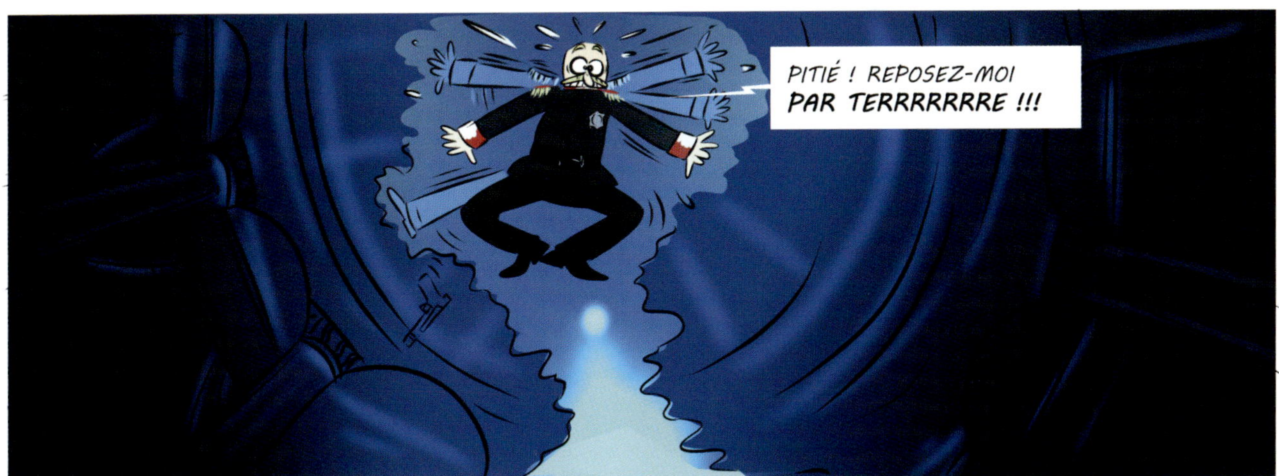

1 QUE LA FORCE DES ANCÊTRES SOIT EN MOI

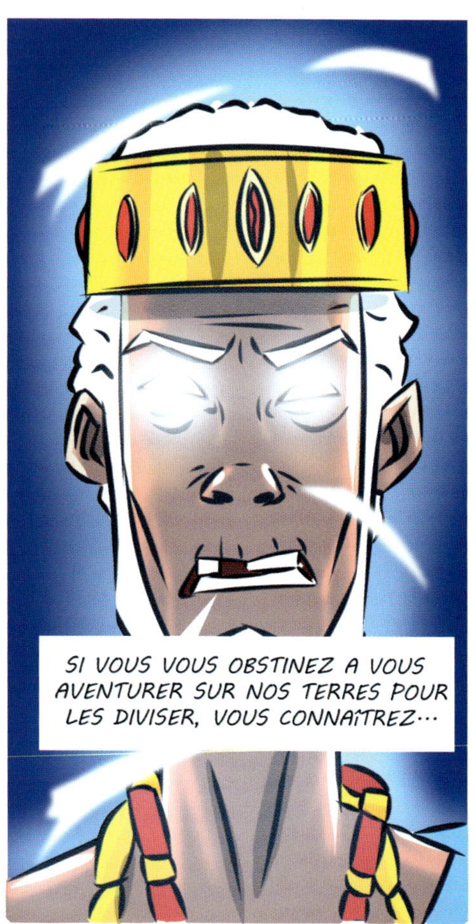
SI VOUS VOUS OBSTINEZ A VOUS AVENTURER SUR NOS TERRES POUR LES DIVISER, VOUS CONNAÎTREZ...

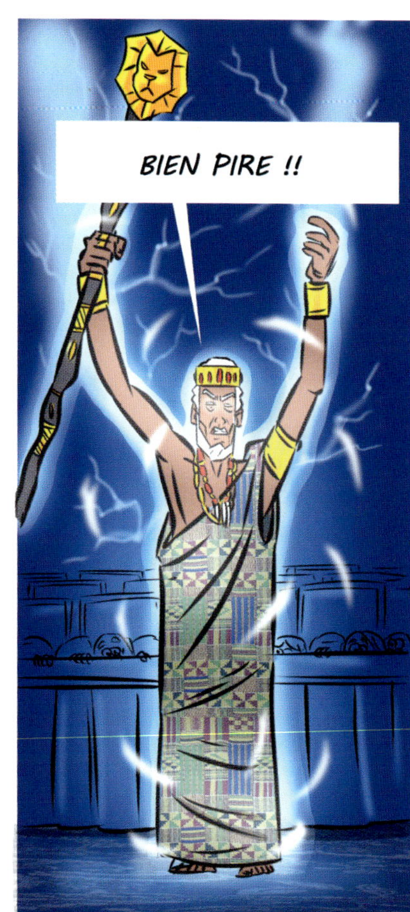
BIEN PIRE !!

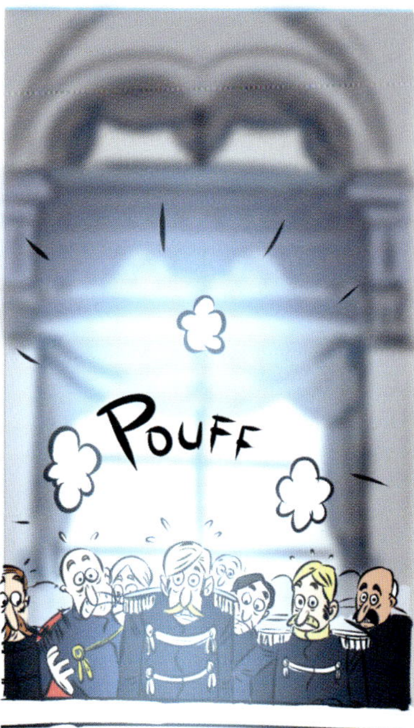
POUFF

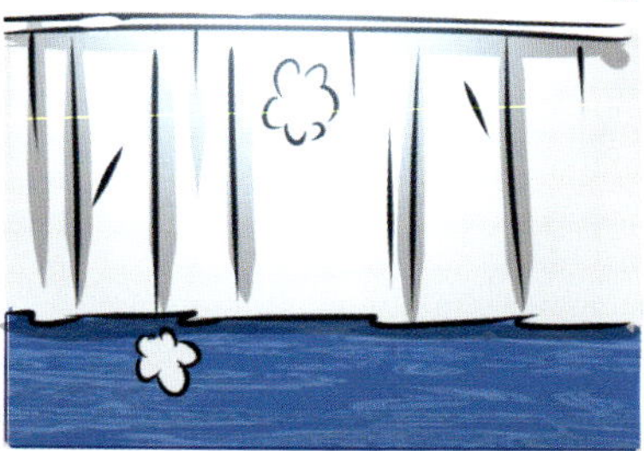

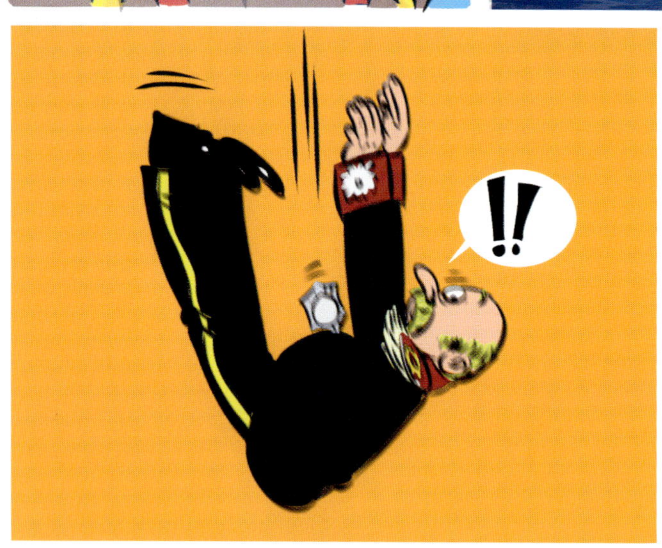
!!

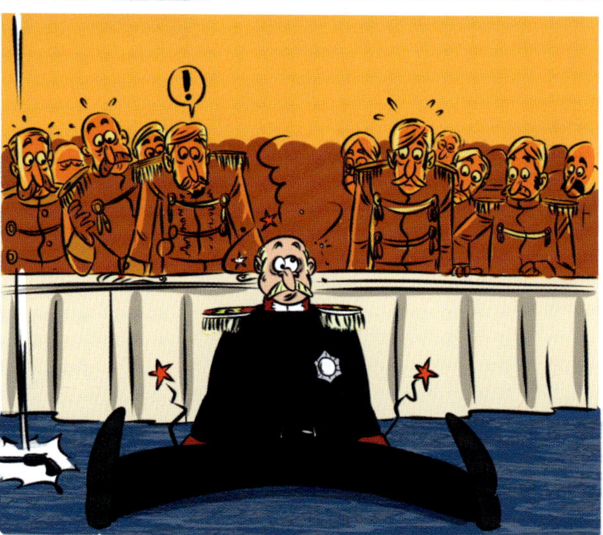
!

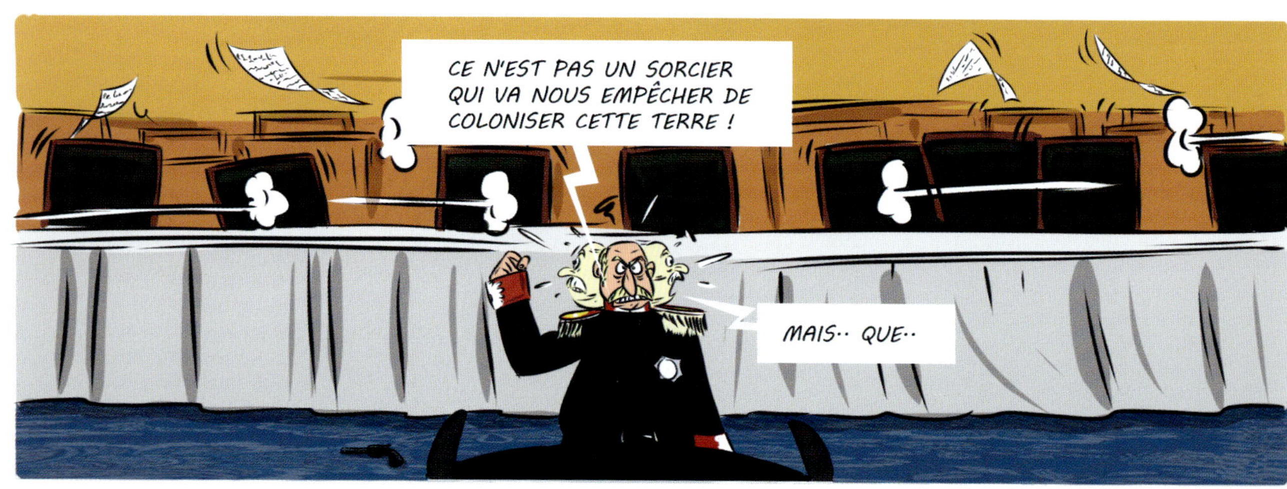
CE N'EST PAS UN SORCIER QUI VA NOUS EMPÊCHER DE COLONISER CETTE TERRE !
MAIS.. QUE..

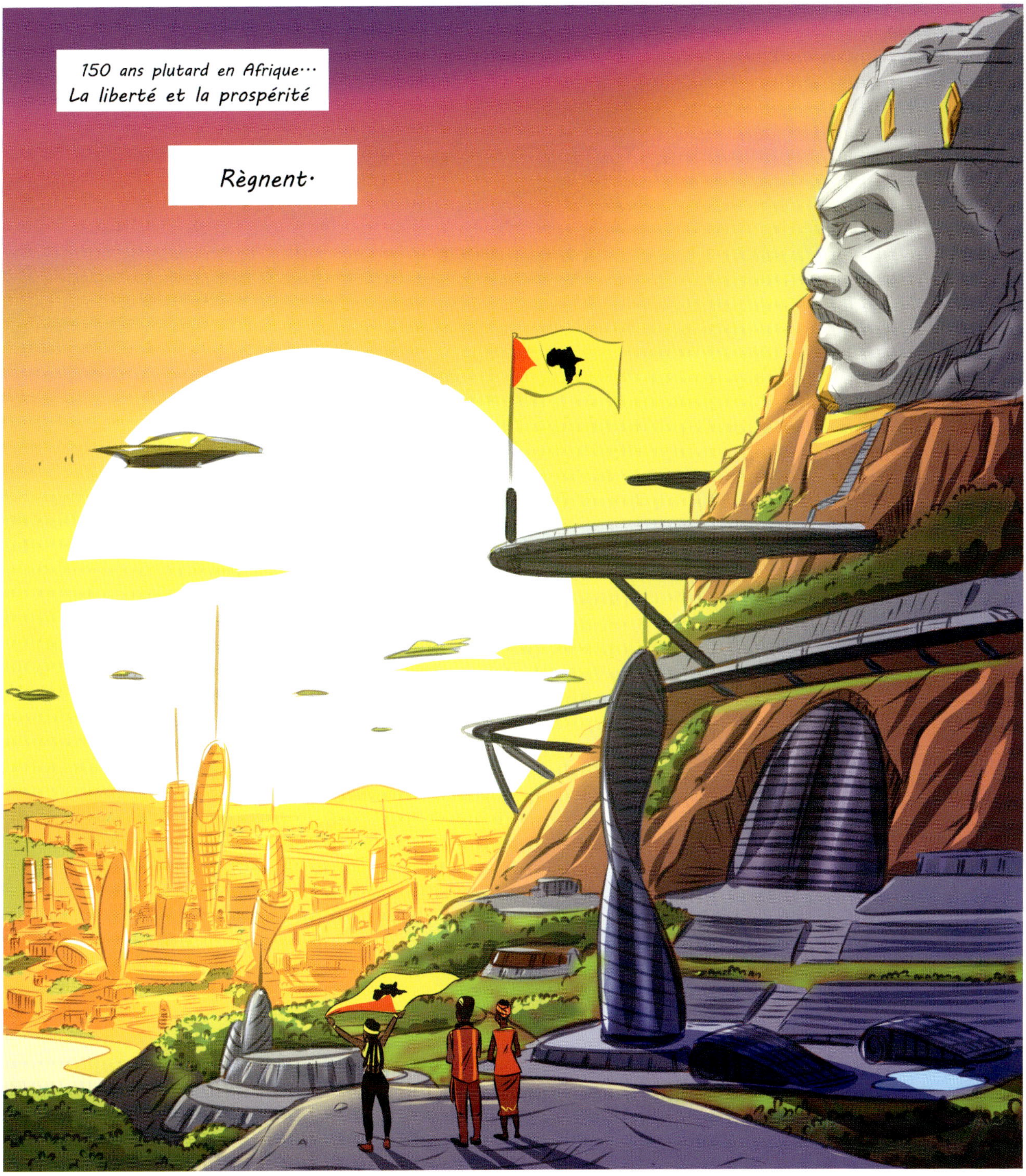

150 ans plutard en Afrique…
La liberté et la prospérité

Règnent.

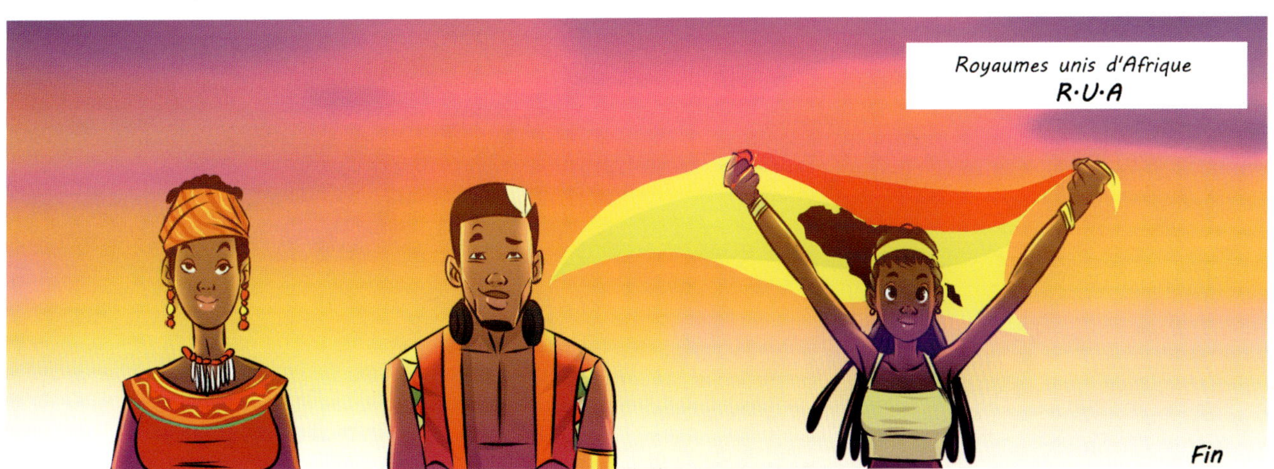

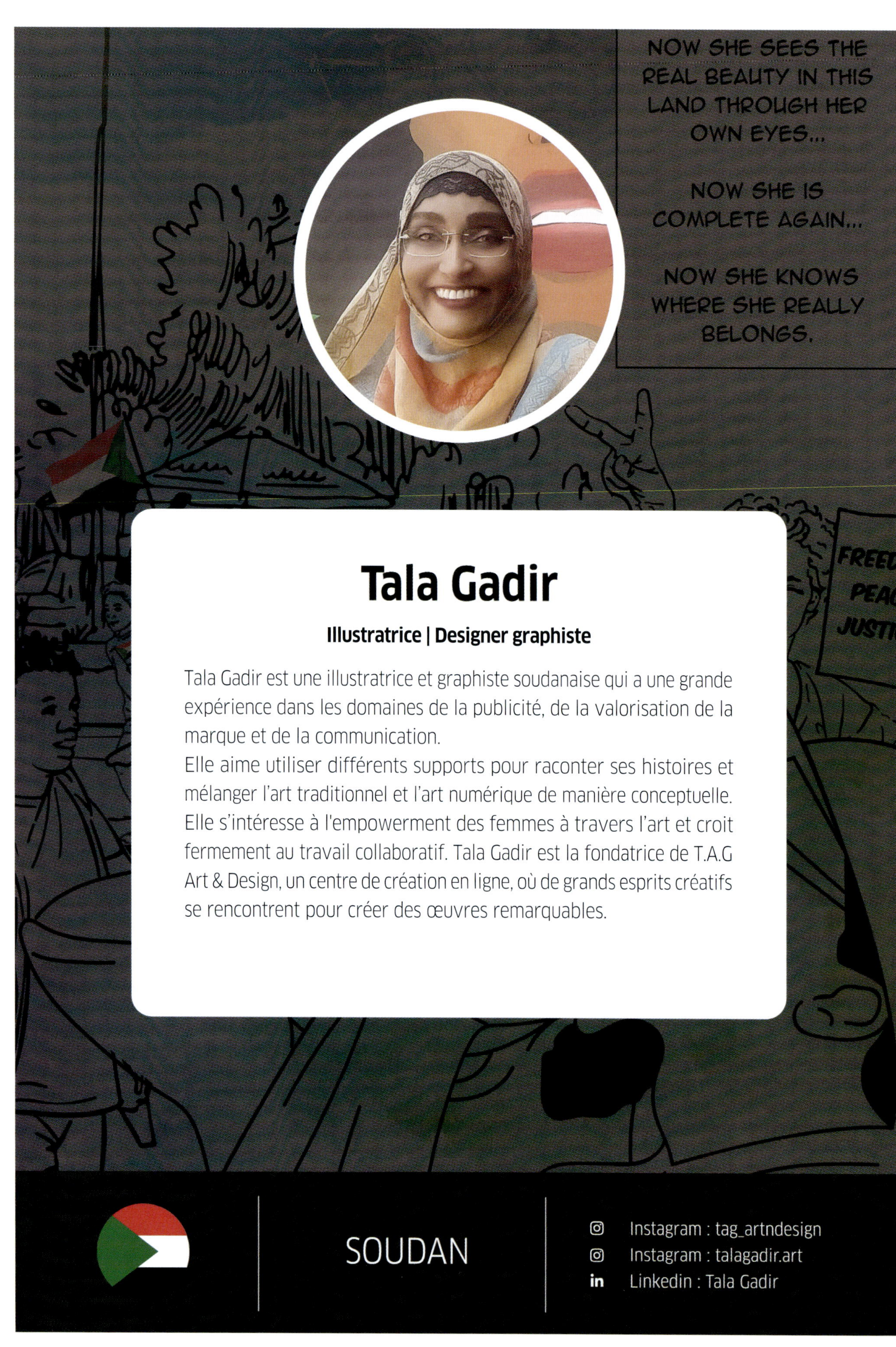

Tala Gadir

Illustratrice | Designer graphiste

Tala Gadir est une illustratrice et graphiste soudanaise qui a une grande expérience dans les domaines de la publicité, de la valorisation de la marque et de la communication.
Elle aime utiliser différents supports pour raconter ses histoires et mélanger l'art traditionnel et l'art numérique de manière conceptuelle. Elle s'intéresse à l'empowerment des femmes à travers l'art et croit fermement au travail collaboratif. Tala Gadir est la fondatrice de T.A.G Art & Design, un centre de création en ligne, où de grands esprits créatifs se rencontrent pour créer des œuvres remarquables.

SOUDAN

Instagram : tag_artndesign
Instagram : talagadir.art
Linkedin : Tala Gadir

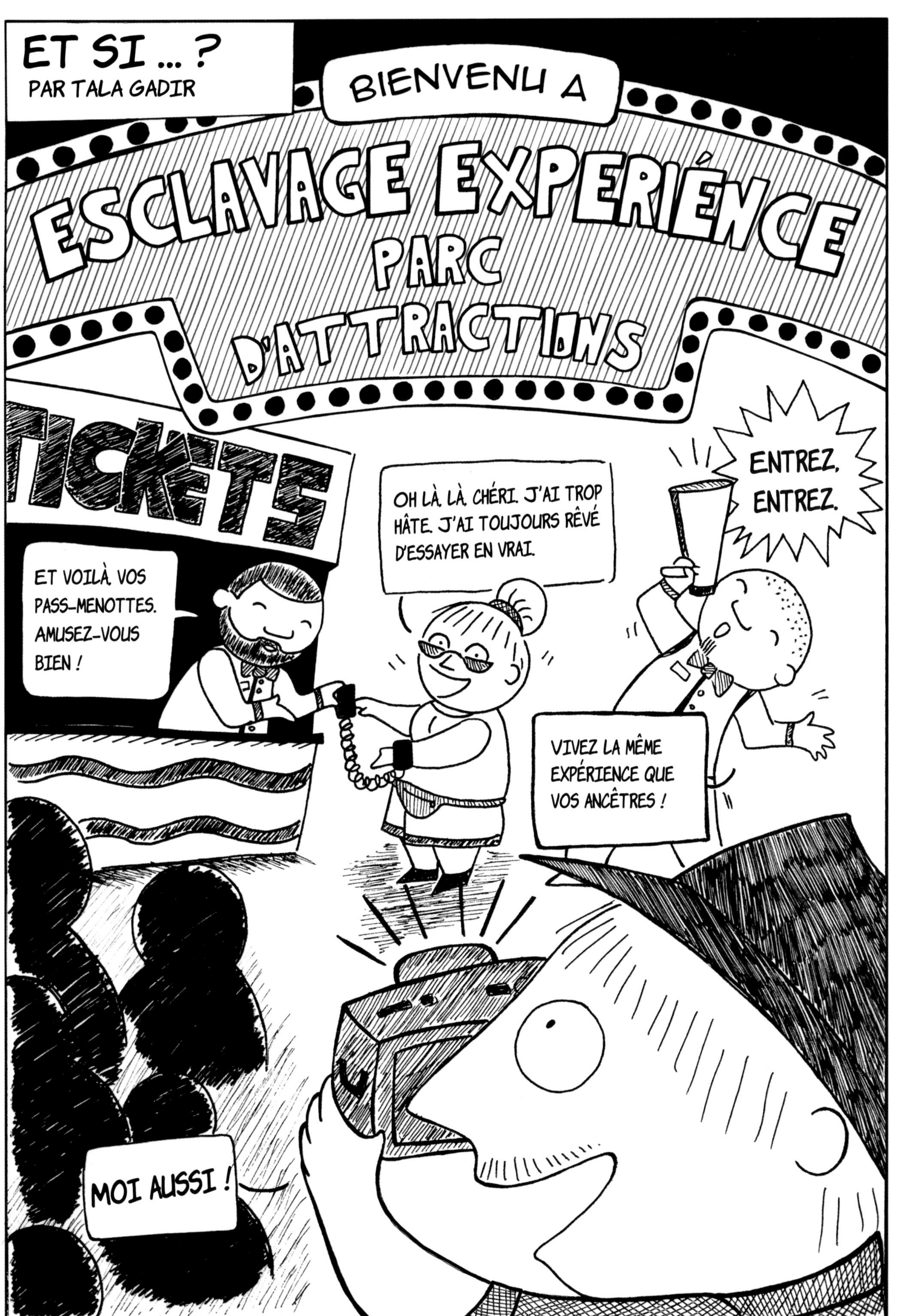
ET SI ... ?
PAR TALA GADIR
BIENVENU A
ESCLAVAGE EXPERIÉNCE
PARC D'ATTRACTIONS
TICKETS
ET VOILÀ, VOS PASS-MENOTTES. AMUSEZ-VOUS BIEN !
OH LÀ, LÀ, CHÉRI. J'AI TROP HÂTE. J'AI TOUJOURS RÊVÉ D'ESSAYER EN VRAI.
ENTREZ, ENTREZ.
VIVEZ LA MÊME EXPÉRIENCE QUE VOS ANCÊTRES !
MOI AUSSI !

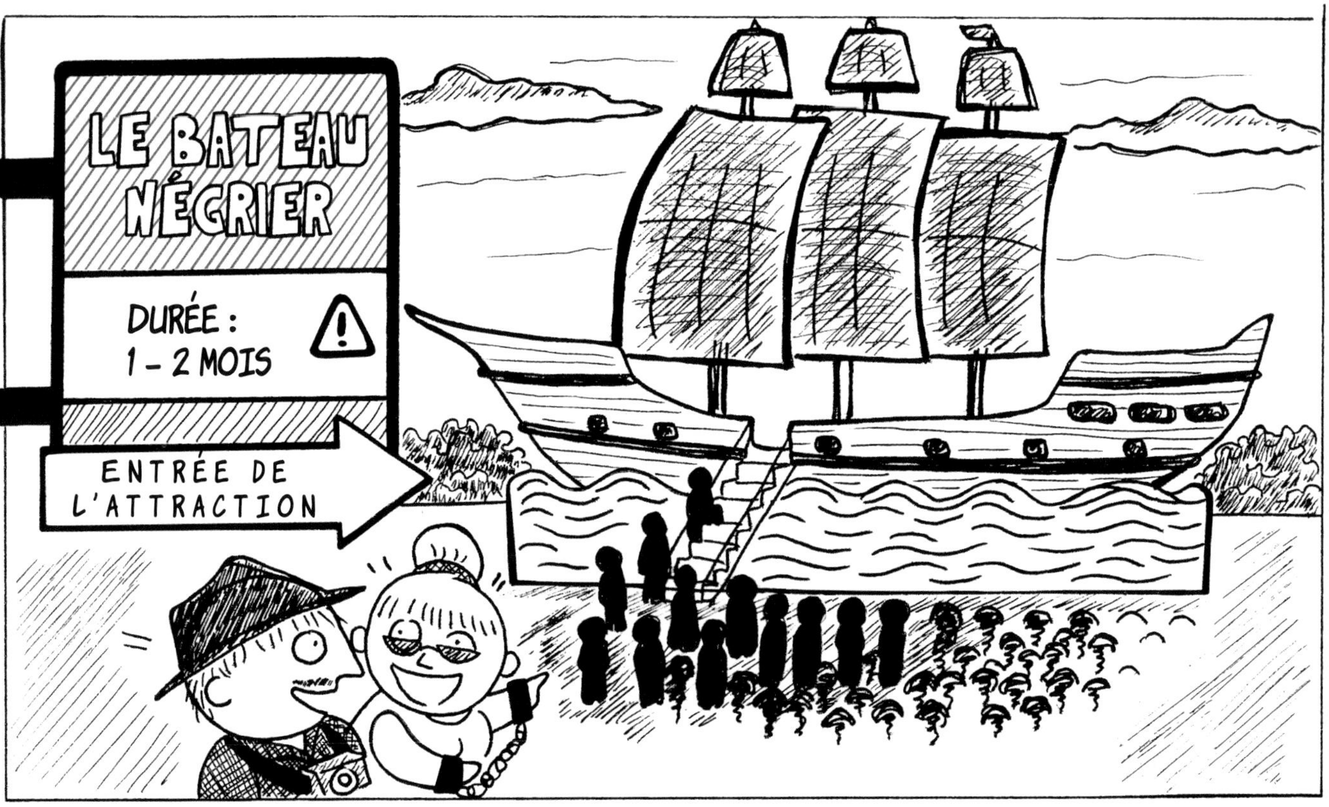

LE BATEAU NÉGRIER

DURÉE :
1 – 2 MOIS

ENTRÉE DE L'ATTRACTION

LE COUPLE ENTRE DANS LES COMPARTIMENTS OBSCURS ...
ET L'ATTRACTION COMMENCE.

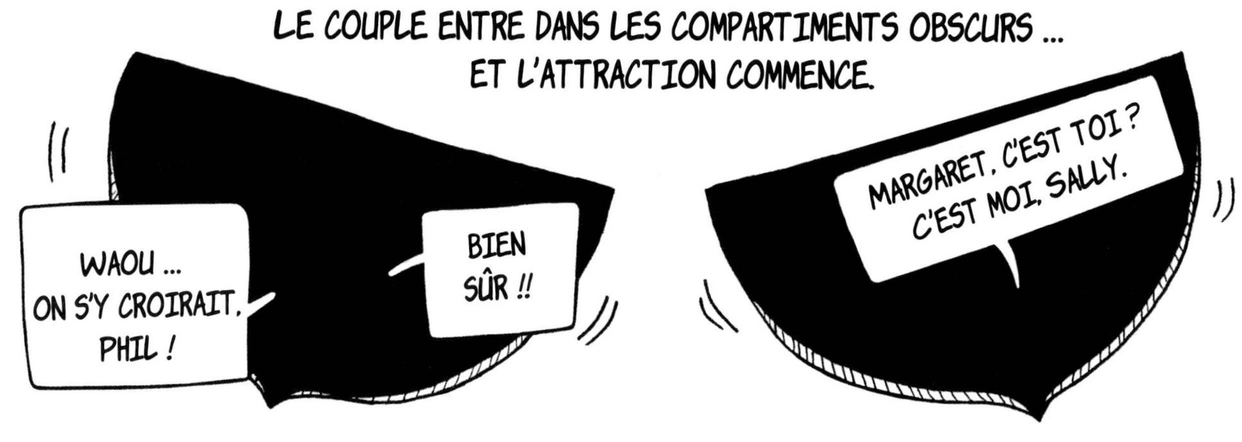

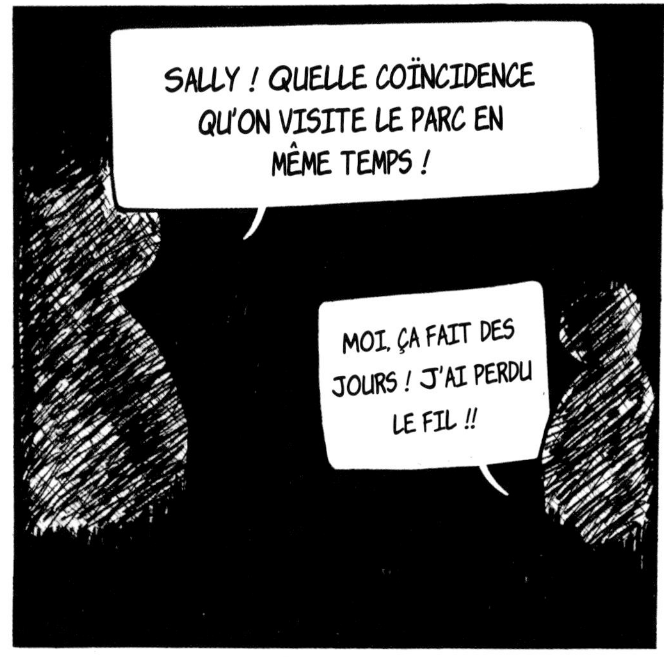

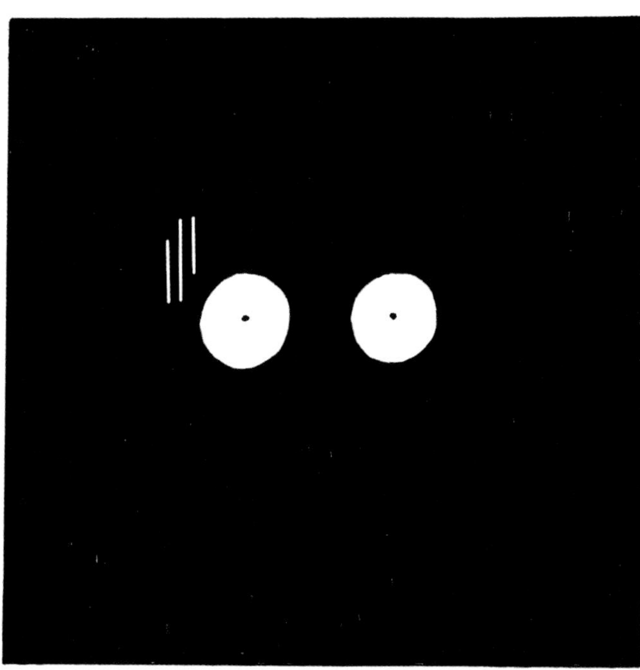

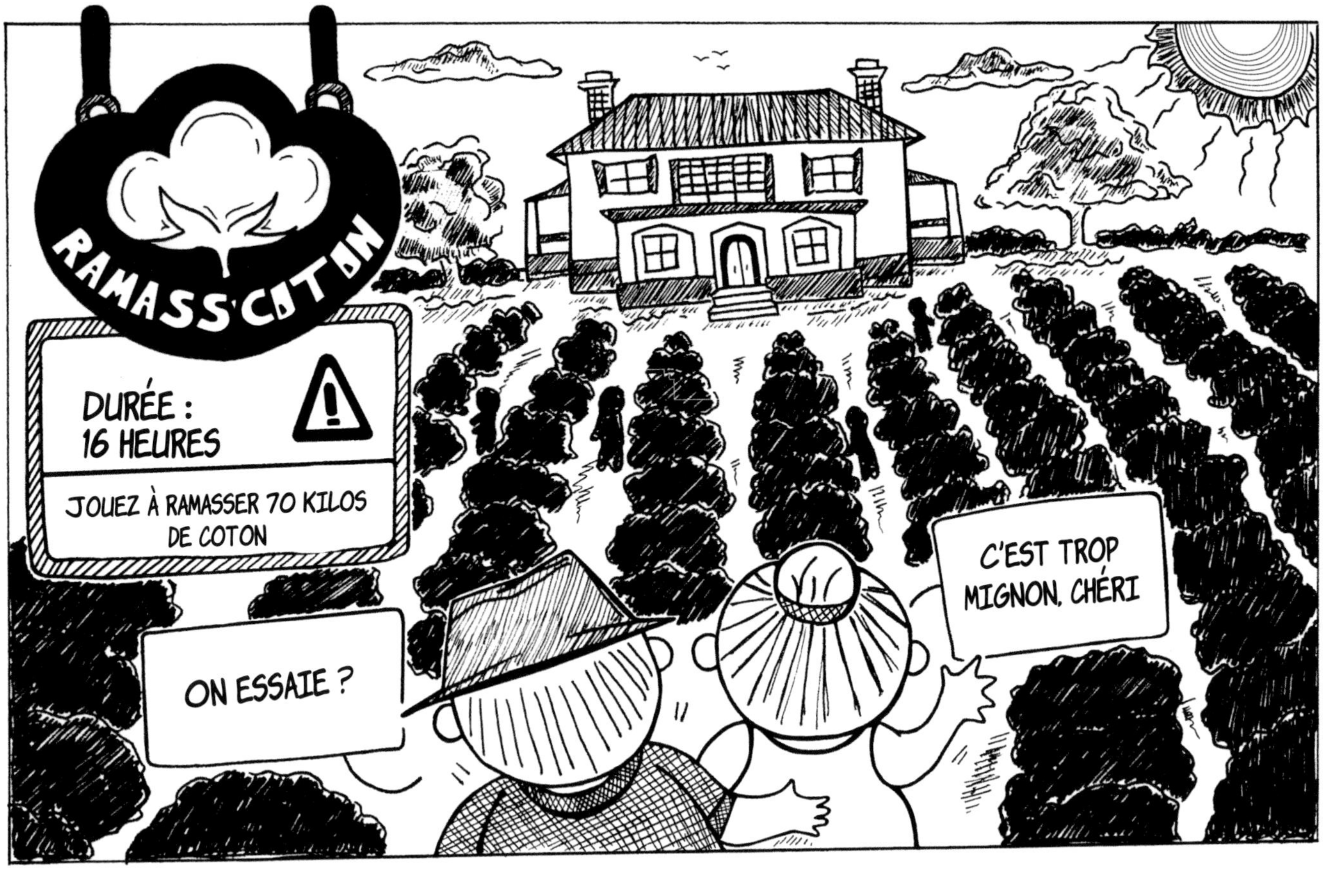

RAMASS'COTON

DURÉE :
16 HEURES

JOUEZ À RAMASSER 70 KILOS DE COTON

ON ESSAIE ?

C'EST TROP MIGNON, CHÉRI

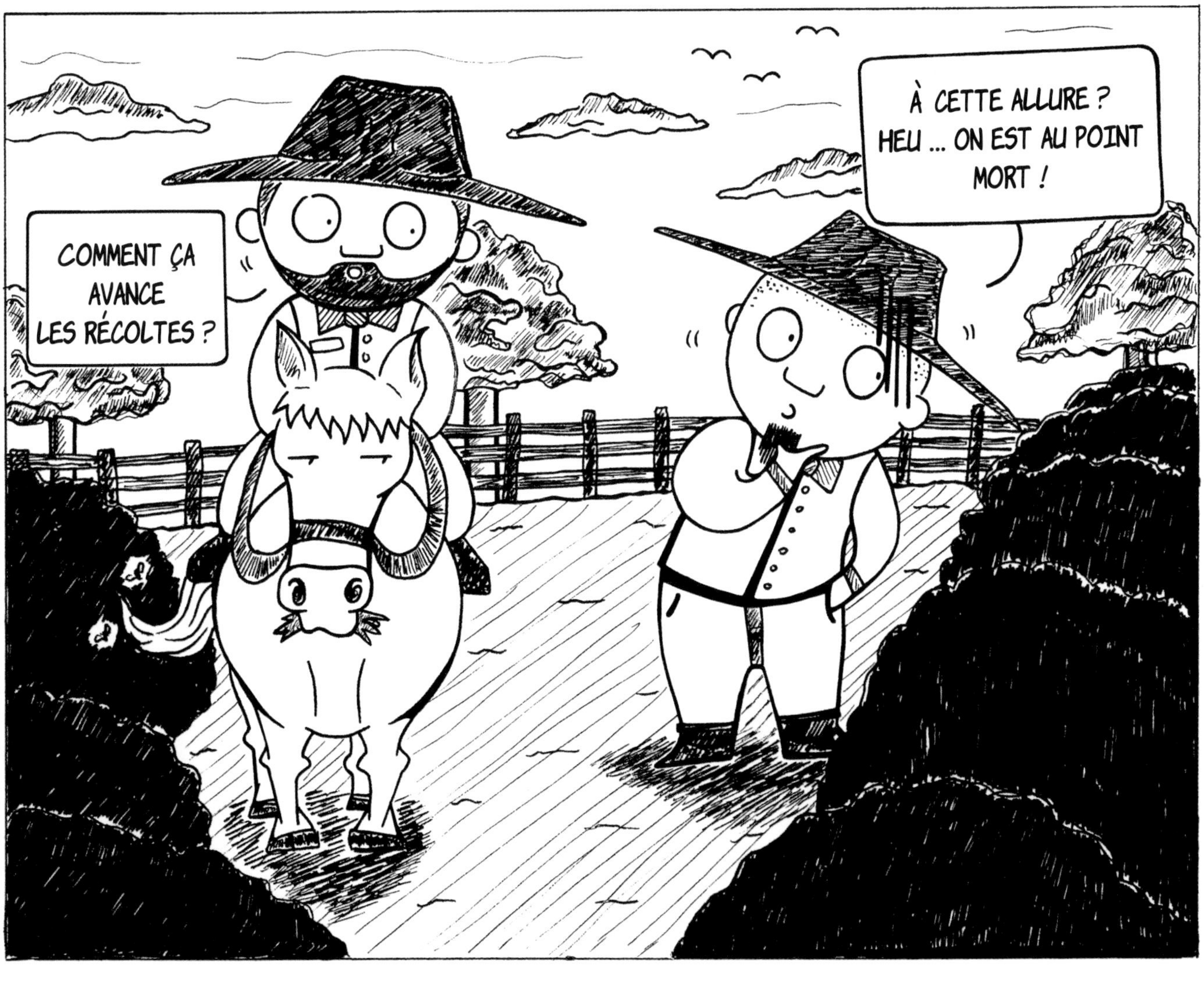

COMMENT ÇA AVANCE LES RÉCOLTES ?

À CETTE ALLURE ? HEU ... ON EST AU POINT MORT !

PEU DE TEMPS APRÈS

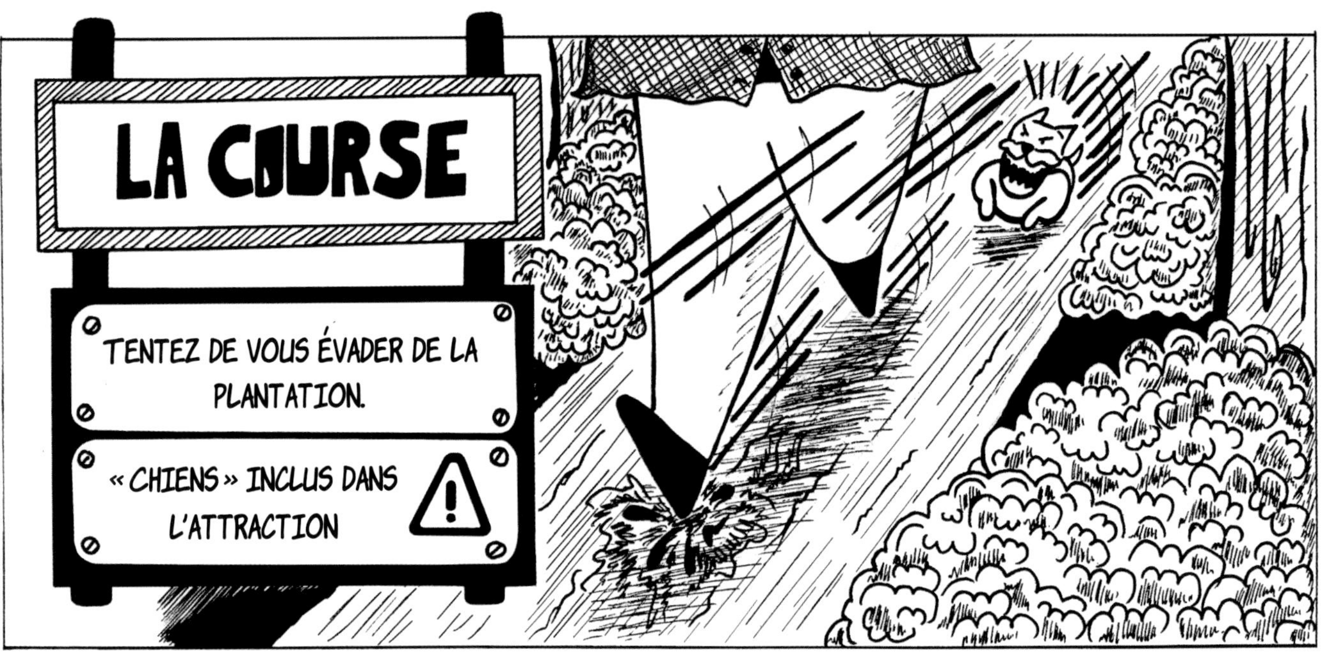
LA COURSE
TENTEZ DE VOUS ÉVADER DE LA PLANTATION.
« CHIENS » INCLUS DANS L'ATTRACTION

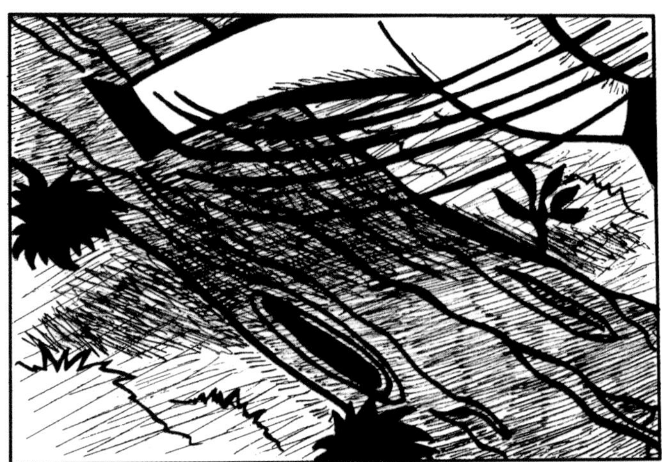

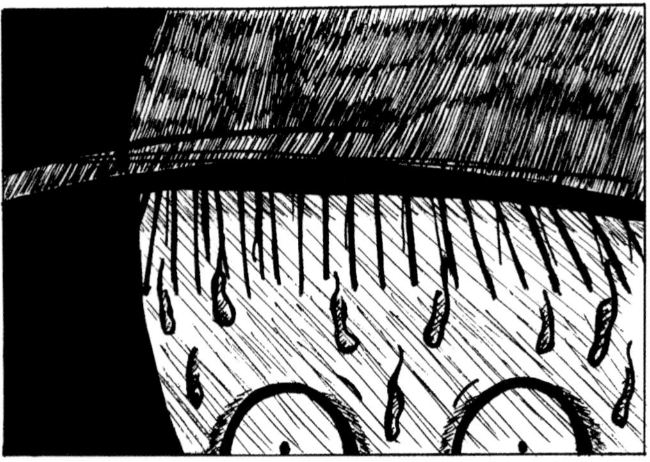

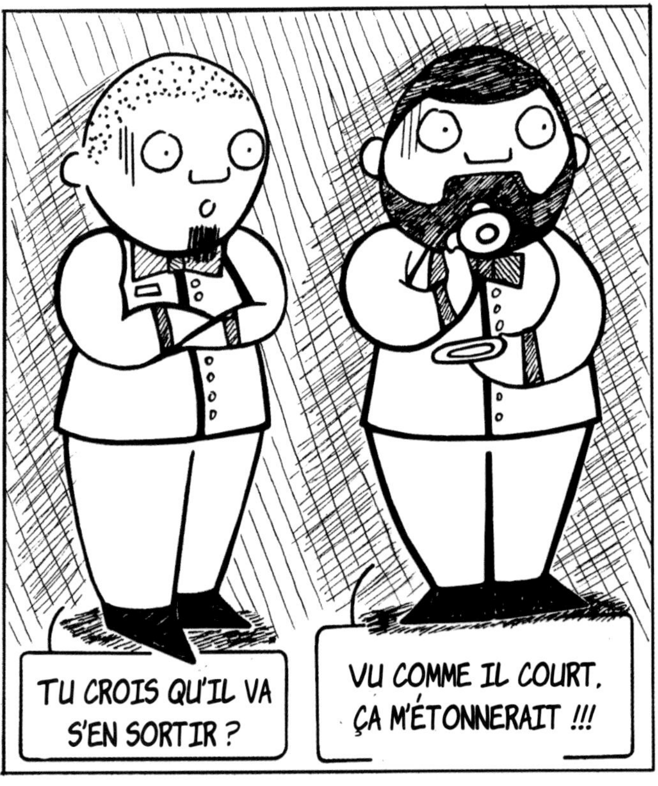
TU CROIS QU'IL VA S'EN SORTIR ?
VU COMME IL COURT, ÇA M'ÉTONNERAIT !!!

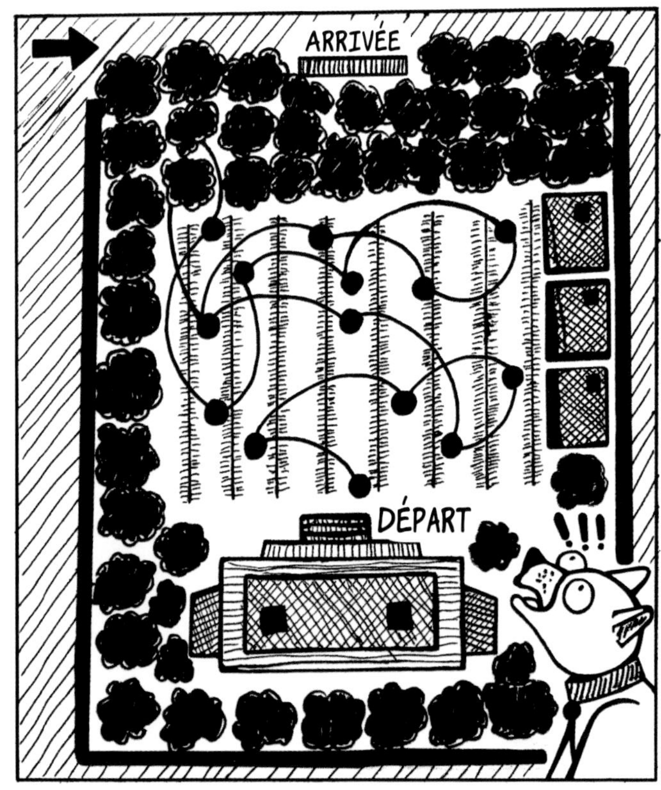
ARRIVÉE
DÉPART
!!!

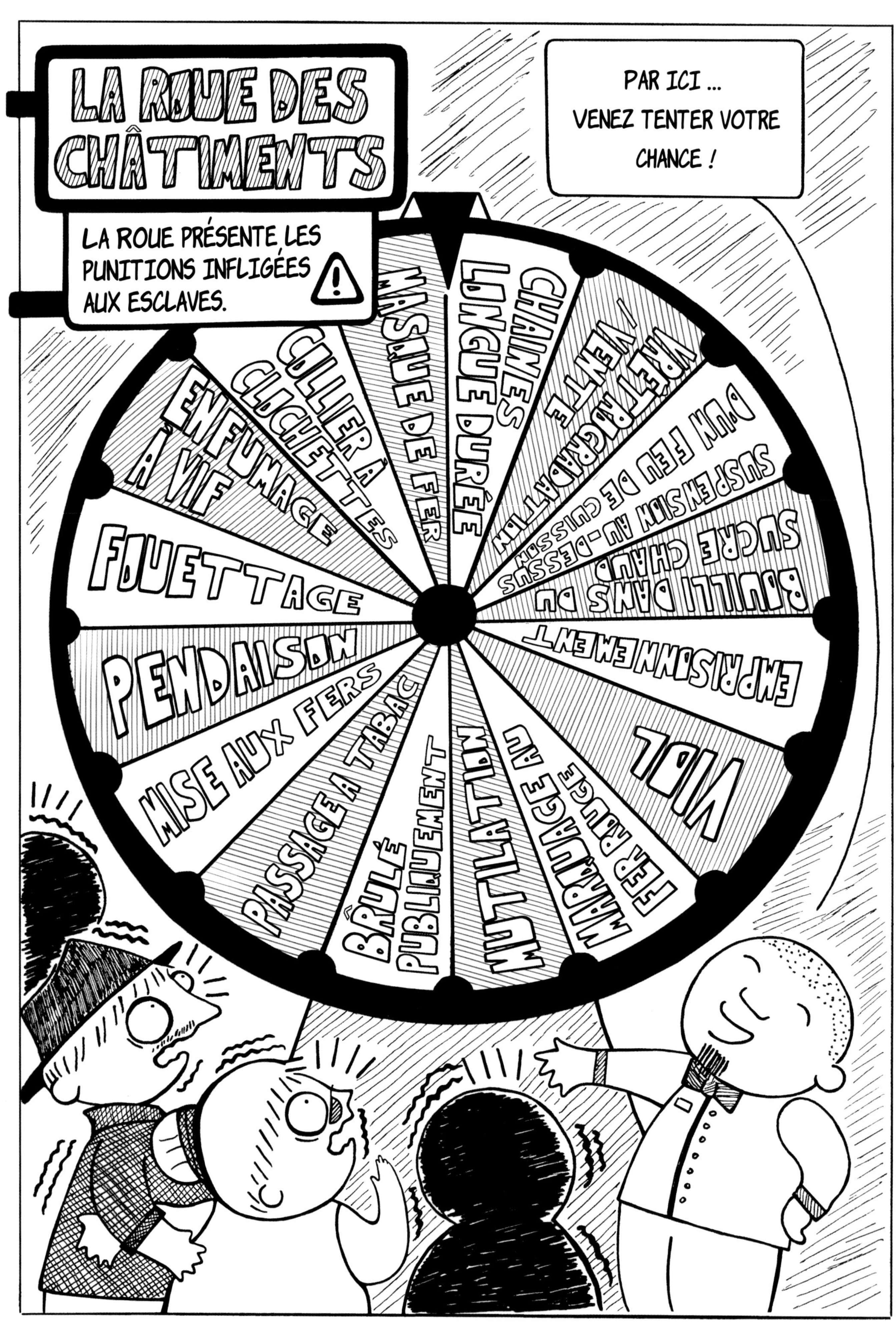
LA ROUE DES CHÂTIMENTS
LA ROUE PRÉSENTE LES PUNITIONS INFLIGÉES AUX ESCLAVES.
PAR ICI ... VENEZ TENTER VOTRE CHANCE !
CHAÎNES LONGUE DURÉE
VRET RAGRADATION VENTE
SUSPENSION AU-DESSUS D'UN FEU DE CUISSON
BOUILLI DANS DU SUCRE CHAUD
EMPRISONNEMENT
VIOL
MARQUAGE AU FER ROUGE
MUTILATION
BRÛLÉ PUBLIQUEMENT
PASSAGE À TABAC
MISE AUX FERS
PENDAISON
FOUETTAGE
ENFUMAGE À VIF
COLLIER À CLOCHETTES
MASQUE DE FER

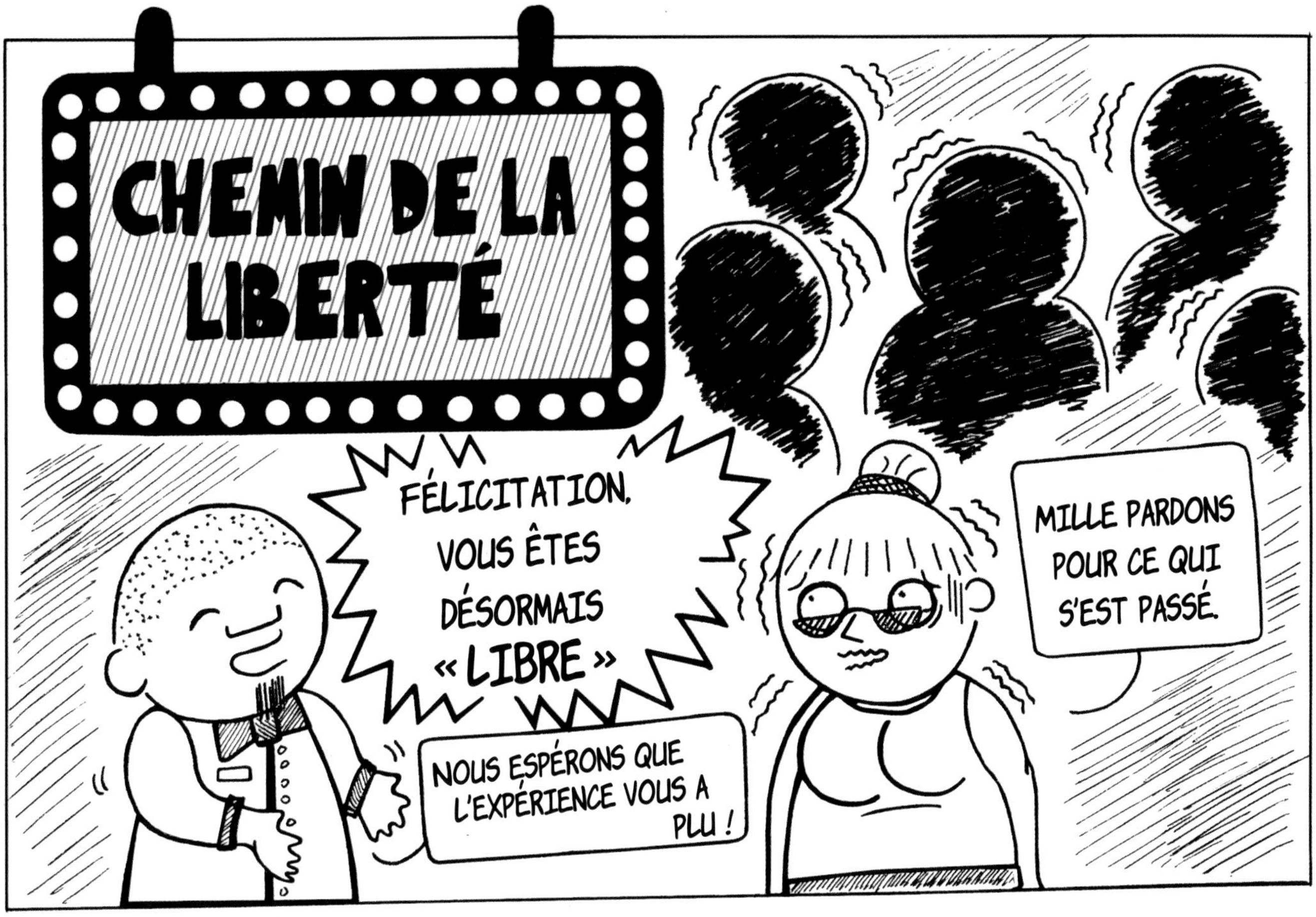

CHEMIN DE LA LIBERTÉ

FÉLICITATION, VOUS ÊTES DÉSORMAIS « LIBRE »

NOUS ESPÉRONS QUE L'EXPÉRIENCE VOUS A PLU !

MILLE PARDONS POUR CE QUI S'EST PASSÉ.

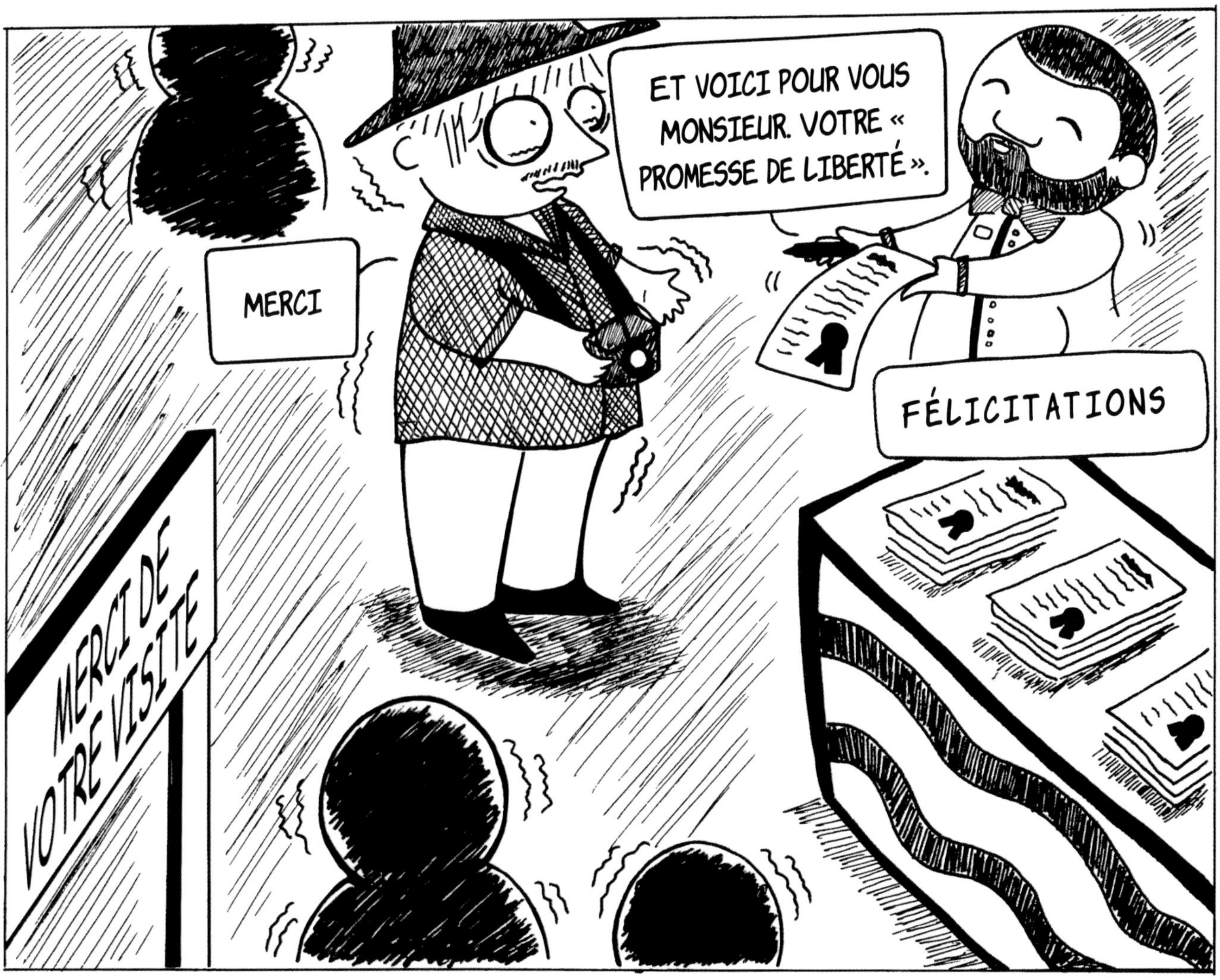

ET VOICI POUR VOUS MONSIEUR. VOTRE « PROMESSE DE LIBERTÉ ».

MERCI

FÉLICITATIONS

MERCI DE VOTRE VISITE

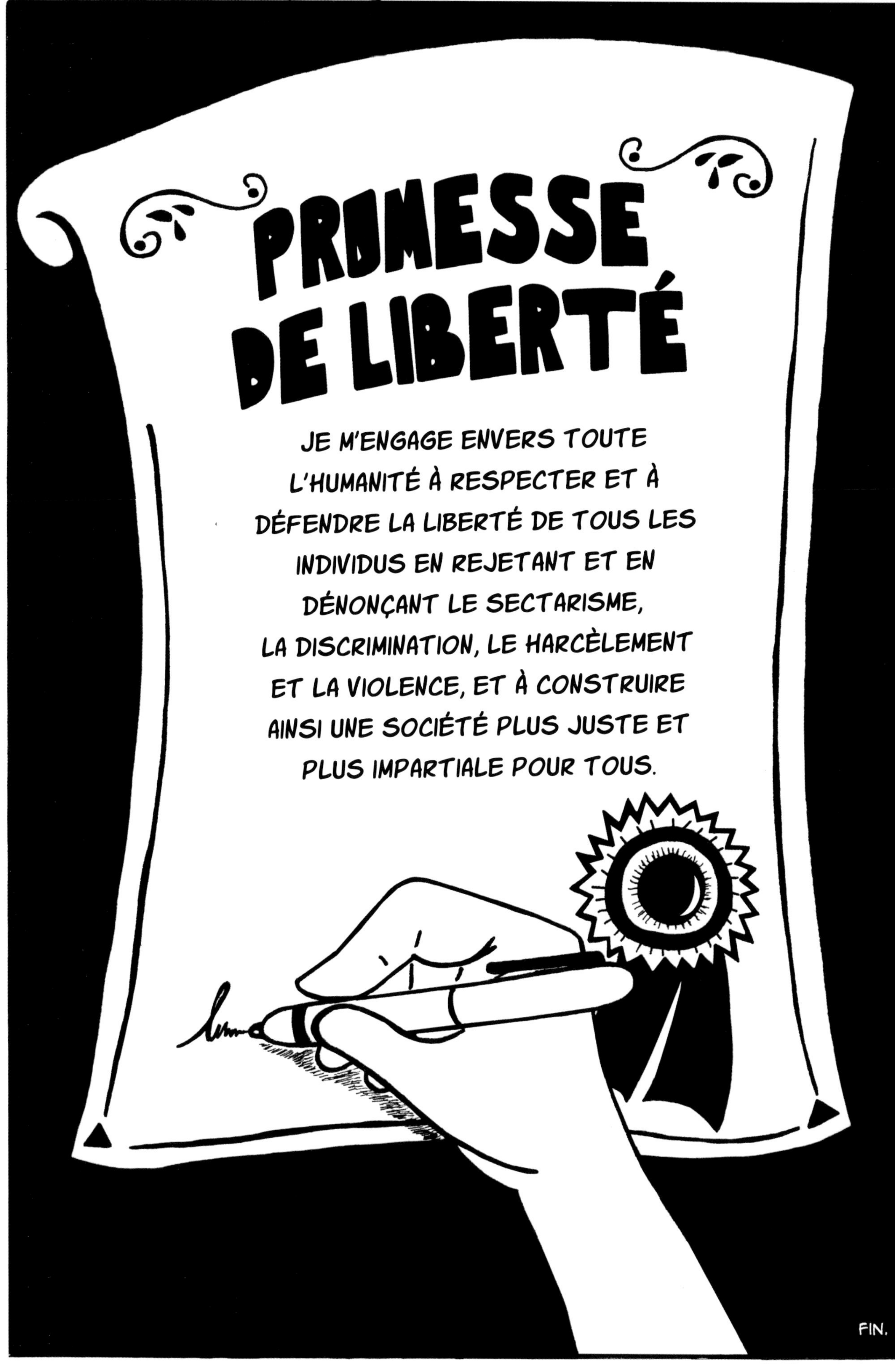
PROMESSE DE LIBERTÉ
JE M'ENGAGE ENVERS TOUTE L'HUMANITÉ À RESPECTER ET À DÉFENDRE LA LIBERTÉ DE TOUS LES INDIVIDUS EN REJETANT ET EN DÉNONÇANT LE SECTARISME, LA DISCRIMINATION, LE HARCÈLEMENT ET LA VIOLENCE, ET À CONSTRUIRE AINSI UNE SOCIÉTÉ PLUS JUSTE ET PLUS IMPARTIALE POUR TOUS.
FIN.

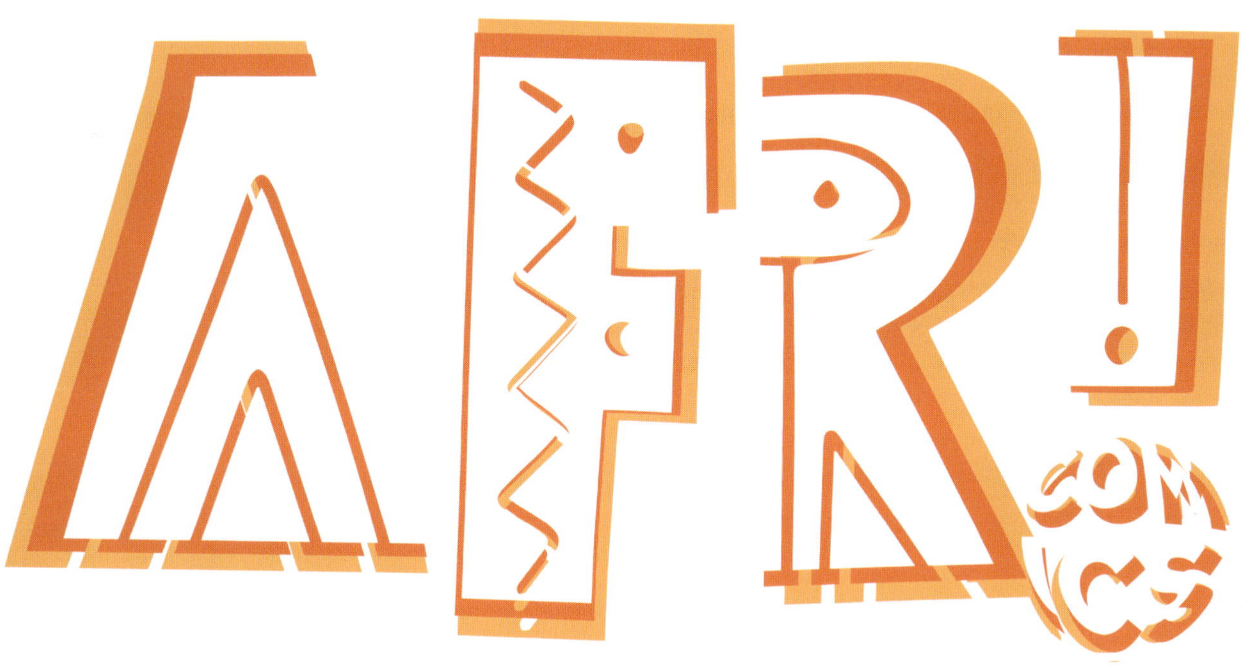
AFR!
COMICS

Remerciements

Nous tenons à remercier tous ceux qui ont contribué de près ou de loin au projet AfriComics et en premier lieu tous les artistes.

Par ailleurs, nous remercions les facilitateurs des ateliers : Akosua Hanson (Ghana), Birgit Weyhe (Allemagne), Déo (Togo), Delfina Bastos dos Santos (Angola), Dolph Banza (Rwanda), Hamed Eshrat (Allemagne), Hugues Bertrand Biboum (Cameroun), Ib Zongo (Burkina Faso), James Gayo (Tanzanie), James Kamawira (Kenya), Jérémie Nsingi (République démocratique du Congo), KanAd (Togo), Mikaël Ross (Allemagne), Nkosingiphile Mazibuko (Namibie), Omar Diakité (Sénégal), Roland Polman (Côte d'Ivoire), Sebastian Lörscher (Allemagne), Yihenew Worku (Éthiopie) et Yousif Elamin Elkhair Elamin (Soudan) pour leur inspiration et leurs conseils ;

tous ceux qui nous ont envoyé les vidéos rassemblées sur le site AfriComics : Akosua Hanson (Ghana), Art-Kanoon (Soudan), Bill Masuku (Afrique du Sud), Bill Masuku (Zimbabwe), Carnot Júnior (Angola), Goabaone Mogwe (Botswana), Hamed Eshrat (Allemagne), Inoussa Salogo (Burkina Faso), James Kamawira (Kenya), Jonarol Massengo (Congo), Judith Kaluaji (République démocratique du Congo), Kavula Bonolo (Afrique du Sud), KanAd (Togo), Lindomar Sousa (Angola), Matatizo Multimedia Productions Company (Tanzanie), Matthew Hansen (Ghana), Mola Boyika (République démocratique du Congo), Msanii Kimani wa Wanjiru (Kenya), Olímpio (Angola), Omar Diakité (Sénégal), Paul-Ivan Andjembe (Cameroun), Prince Ardayfio (Ghana), Ray Whitcher (Afrique du Sud), Roland Polman (Côte d'Ivoire), Santa Kakese (République démocratique du Congo), Sérgio Piçarra (Angola), Tom Dai (Soudan du Sud) et Yihenew Worku (Éthiopie) pour leur compétence et leurs idées originales ;

sans oublier les instituts Goethe de la région Afrique subsaharienne à Abidjan (Côte d'Ivoire), Accra (Ghana), Addis-Abeba (Éthiopie), Dakar (Sénégal), Dar es Salaam (Tanzanie), Kigali (Rwanda), Kinshasa (République démocratique du Congo), Khartoum (Soudan), Luanda (Angola), Lomé (Togo), Nairobi (Kenya), Ouagadougou (Burkina Faso), Windhoek (Namibie), Yaoundé (Cameroun) pour leur précieux soutien ;

un merci tout particulier va également à toutes les personnes qui ont contribué aux traductions : Annette David, Désirée Schneider, Holger Wolandt, Lea Hübner, Sarah Idrissi et Sonia da Silva.

AfriComics - pour en savoir plus :
www.goethe.de/africomics

SCHILER & MÜCKE